アジャイル
データモデリング

組織にデータ分析を広めるための
テーブル設計ガイド

ローレンス・コル ／ ジム・スタグニット ［著］
株式会社風音屋 ［監訳］
打出紘基 ／ 佐々木江亜 ／ 土川稔生 ／ 濱田大樹 ／ 妹尾拡樹 ／ ゆずたそ ［訳］

Agile Data Warehouse Design:
Collaborative Dimensional Modeling,
from Whiteboard to Star Schema

講談社

Agile Data Warehouse Design: Collaborative Dimensional Modeling, from Whiteboard to Star Schema
by Lawrence Corr with Jim Stagnitto
Copyright © 2013 DecisionOne Press

Translation copyright © 2024 by Kodansha Ltd.

Japanese translation rights arranged with DecisionOne Press
through Japan UNI Agency, Inc., Tokyo

　本書に掲載されているサンプルプログラムやスクリプト、および実行結果を記した画面イメージなどは、特定の設定に基づいた環境にて再現される一例です。本書の内容に関して適用した結果生じたこと、また、適用できなかった結果について、著者および出版社は一切の責任を負えませんので、あらかじめご了承ください。

- 本書に記載がない限り、2024 年 10 月 1 日現在の情報ですので、ご利用時には変更されている場合もあります。
- 本書に記載されている会社名、製品名、サービス名などは、一般に各社の商標または登録商標です。なお、本書では、™、®、© マークを省略しています。

For Lucy Corr

1923-2009

Thank you for listening

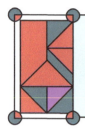

著者について

Lawrence Corr 氏は、データウェアハウスの設計者であり、教育者でもあります。DecisionOne Consulting 社の代表として、ビジュアルデータモデリング技術を用いたビジネスインテリジェンス（BI）システムの改善を支援しています。2000 年以来、世界中でアジャイルなディメンショナルモデリングの講座を定期的に開催し、何千人もの IT プロフェッショナルに DW/BI のスキルを指導しています。

Lawrence 氏は、ヘルスケア、通信、エンジニアリング、放送、金融サービス、公共サービスなどの企業向けにデータウェアハウスを開発、レビューしてきました。米国コネチカット州の Linc Systems Corporation 社ではデータウェアハウスの実践リーダーを、米国ニュージャージー州の Teleran Technologies 社ではデータウェアハウス製品担当バイスプレジデントを務めていました。また、Ralph Kimball Associate として、ヨーロッパと南アフリカの Kimball University でデータウェアハウスの授業を行い、Kimball 氏の記事や設計のヒントに貢献しました。妻の Mary 氏、娘の Aimee 氏とイギリスのヨークシャーに住んでいます。Lawrence 氏の連絡先は以下の通りです。

lcorr@decisionone.co.uk

Jim Stagnitto 氏は、ヘルスケア、金融サービス、情報サービス業界を専門とするデータウェアハウスおよびマスターデータ管理アーキテクトです。データウェアハウスとデータマイニングのコンサルティング会社である Llumino 社の創設者です。

Jim 氏は『Intelligent Enterprise』誌に掲載されていた Ralph Kimball 氏のコラムのゲスト寄稿者であり、Ralph Kimball 氏と Joe Caserta 氏による『The Data Warehouse ETL Toolkit』の寄稿者でもあります。アメリカのペンシルベニア州バックス郡に、妻の Lori 氏と愉快なペットたちと住んでいます。Jim 氏の連絡先は以下の通りです。

jim.stagnitto@llumino.com

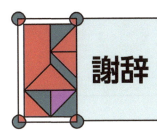

謝辞

BEAM✲に関する本書の作成にご協力いただいた皆様に感謝いたします（BEAM✲表記を使用）。

謝辞 [RE]

著者は	以下の人に感謝いたします	以下の場所で	以下の素晴らしい理由で
[誰が] MV, C	[誰に] MV, ML, C	[どこで] MV, ML, C	[なぜ] T
LawrenceとJim	RalphとJulle Kimball	The Kimball Group	ディメンショナルモデリングの発想など
Lawrence	Pat Harrell, Dave Taylor Linc Systems Richard Synoradzki	Linc Systems社	協調型モデリングのインスピレーション
Lawrence	Bob Hefner	Linc Systems社	キャリアアップの機会、そしてLinc Systems社のメンバーと出会う機会を得られたこと
Lawrence	Alan Simpson	Standard Life社	ファクト固有のカレンダー記法
Lawrence	John TelfordとJan Raven	Channel 4社	タイムラインとプロアクティブな設計のインスピレーション
Lawrence	Laurence Hesketh Geoff Hurrell	Northwards Fidelity社	鋭い視点、鋭い観察眼
Lawrence	MaryとAimee	家庭	平和、愛、理解
Lawrence	Ian Fleming John le Carré	印刷物や映画館	エンターテインメント、サスペンス
Jim	Joe Caserta	Caserta Concepts社	Lawrenceへの紹介、コーチング
Jim	Lori	家庭	限りない忍耐と愛とサポート
Jim	猫のSadie	家庭	笑いや癒し
LawrenceとJim	クライアント	イギリス、アメリカ、南アフリカ	数々のデザインのチャレンジ
LawrenceとJim	ビジネスパートナー	イギリス、アメリカ、南アフリカ	彼らの努力の結晶
LawrenceとJim	Roger Thomas Bob Young	JCK Consulting社 Ideal Systems社	BEAM✲の適用を受け入れてくれたこと
LawrenceとJim	Chris Adamson	Oakton Software社	著者としてのアドバイス、ディメンショナルモデリングの技術
LawrenceとJim	Rudyard Kipling[訳注1]	あらゆる図書館、Project Gutenberg[訳注2]	6人の信頼できる召使い、Baloo[訳注3]

訳注1　Rudyard Kipling氏が書いた物語「象のこども」では、6W（日本では5W1Hとも呼ぶ）を表す6人の召使いが登場します
訳注2　Project Gutenbergとは、著作権の切れた名作をインターネット上で公開する取り組みです。日本の青空文庫に相当します
訳注3　Rudyard Kipling氏が書いた作品「ジャングル・ブック」の登場人物のこと

目次

著者について iv
謝辞 v
はじめに xiv

PART 1　モデルストーミング　　　　　　　　　　　　　　　　　　1

第 1 章　データウェアハウスのモデリング方法　　　　　　　　　　2

1.1　OLTP vs DW/BI：2 つの異なる世界 3
　　1.1.1　ER モデリングへの反論 4
　　1.1.2　ディメンショナルモデリングの事例 7

1.2　データウェアハウスの分析と設計 13
　　1.2.1　データ駆動型分析 14
　　1.2.2　レポート駆動型分析 14
　　1.2.3　プロアクティブな DW/BI の分析・設計 16
　　1.2.4　アジャイルなデータウェアハウス設計 19
　　1.2.5　アジャイルなデータモデリング 21
　　1.2.6　アジャイルなディメンショナルモデリング 22

1.3　BEAM✲ 26
　　1.3.1　データストーリーと 7W フレームワーク 26
　　1.3.2　図表と表記法 26

1.4　まとめ 33

第 2 章　ビジネスイベントのモデリング　　　　　　　　　　　　34

2.1　データストーリー 35
　　2.1.1　ストーリータイプ 35
　　2.1.2　7W 39

2.2　BEAM✽ の実践：ストーリーを語る..........................**41**

2.2.1　1. イベントの発見：「誰が何をしますか？」と尋ねる.................42

2.2.2　2. イベントを記録する：BEAM✽ テーブル....................45

2.2.3　3. イベントを説明する：7W を使う 46

2.3　次のイベントは？ **73**

2.4　まとめ **74**

第 **3** 章　ビジネスディメンションのモデリング　　　　76

3.1　ディメンション..**77**

3.1.1　ディメンションストーリー 77

3.1.2　ディメンションを発見する 79

3.2　ディメンションを記録する **79**

3.2.1　ディメンションの主語...................................80

3.2.2　ディメンションの粒度とビジネスキー.....................80

3.3　ディメンショナル属性 **82**

3.3.1　属性のスコープ 83

3.3.2　属性の例 86

3.3.3　排他的属性と区分項目 89

3.3.4　7W を使って属性を発見する 91

3.4　ディメンション階層..**93**

3.4.1　なぜ階層が重要なのでしょうか？ 94

3.4.2　階層の種類 95

3.4.3　階層図 98

3.4.4　階層的な属性とレベルを理解する 101

3.4.5　階層を完成させる 105

3.5　ディメンションの履歴 **106**

3.5.1　現在値（CV）属性 107

3.5.2　値の修正と固定値属性 108

3.5.3　履歴値（HV）属性 108

3.5.4　変更ストーリーを説明する 109

3.5.5　ディメンションタイプを記述する 116

3.5.6　些細なイベント 116

vii

3.6	属性は十分ですか？	119
3.7	まとめ	119

第 4 章　ビジネスプロセスのモデリング　　121

4.1 複数イベントのアジャイルなモデリング 122
- 4.1.1 適合ディメンション 123
- 4.1.2 データウェアハウス・バス 127
- 4.1.3 イベントマトリックス 130
- 4.1.4 イベントシーケンス 132

4.2 イベントマトリックスを用いたモデルストーミング 134
- 4.2.1 マトリックスに最初のイベントを追加 135
- 4.2.2 次のイベントのモデリング 136
- 4.2.3 ロールプレイング・ディメンション 138
- 4.2.4 プロセスシーケンスの発見 143
- 4.2.5 マトリックスを使った欠損イベントの発見 146
- 4.2.6 マトリックスを使った欠損イベント詳細の発見 147

4.3 イベントの評価ゲーム 148

4.4 次のイベントの詳細なモデリング 152
- 4.4.1 適合ディメンションの再利用とその例 153
- 4.4.2 新しい詳細やディメンションのモデリング 155
- 4.4.3 イベントの完了 158

4.5 イベントは十分ですか？ 160

4.6 まとめ 162

第 5 章　スタースキーマのモデリング　　164

5.1 アジャイルデータプロファイリング 165
- 5.1.1 候補となるデータソースを特定する 166
- 5.1.2 データプロファイリングの手法 167
- 5.1.3 まだソースが存在しない場合：プロアクティブな DW/BI 設計
 171

5.1.4 データプロファイリングの結果を用いてモデルに注釈を付ける 172

5.2 モデルレビューとスプリントプランニング 175

5.2.1 チームによる見積もり 176

5.2.2 モデルレビューの実施 176

5.2.3 スプリントプランニング 178

5.3 スタースキーマの設計 179

5.3.1 ディメンショナルモデルにキーを追加する 180

5.3.2 緩やかに変化するディメンション 186

5.3.3 ディメンション定義の更新 190

5.3.4 時間ディメンション 193

5.3.5 ファクトテーブルのモデリング 194

5.3.6 「拡張スタースキーマ」図の描画 197

5.4 物理スキーマの作成 202

5.4.1 BI に適した命名規則を選択する 202

5.4.2 データドメインを使用する 203

5.5 DW/BI 設計のプロトタイピング 204

5.6 データウェアハウスマトリックス 205

5.7 まとめ 208

PART 2 ディメンショナルデザインパターン　209

第6章　誰が（Who）、何を（What）　210
人と組織、製品とサービスのディメンションのためのデザインパターン

6.1　顧客ディメンション　211
- 6.1.1　ミニディメンションパターン　211
- 6.1.2　合理的なスノーフレークパターン　217
- 6.1.3　「スワップ可能ディメンション」パターン　219
- 6.1.4　顧客との関係：埋め込まれた「誰が」　221
- 6.1.5　「階層マップ」パターン　224

6.2　従業員ディメンション　236
- 6.2.1　ハイブリッド SCD パターン　237
- 6.2.2　前値属性パターン　240
- 6.2.3　人事階層　241
- 6.2.4　多値階層マップパターン　242
- 6.2.5　階層マップの更新　246
- 6.2.6　多値階層マップに対する履歴の追跡　246

6.3　製品やサービスのディメンション　249
- 6.3.1　異なる種類の製品を説明する　250
- 6.3.2　不規則階層のバランスを調整する　251
- 6.3.3　マルチレベルディメンションパターン　253
- 6.3.4　部品展開階層マップパターン　257

6.4　まとめ　259

第7章　いつ（When）、どこで（Where）　260
時間と場所のディメンションのためのデザインパターン

7.1　時間ディメンション　261
- 7.1.1　カレンダーディメンション　263
- 7.1.2　期間カレンダー　268
- 7.1.3　前年同期比　269

7.2	時計ディメンション	275
	7.2.1 「日時計」のパターン - 日付と時刻の関係	276
	7.2.2 時刻キー	278

7.3	国際時間	279
	7.3.1 多国籍カレンダーパターン	281
	7.3.2 日付バージョンキー	284

| 7.4 | 海外出張 | 285 |
| | 7.4.1 時間ディメンションか時間ファクトか？ | 289 |

7.5	言語ディメンション	290
	7.5.1 言語カレンダー	291
	7.5.2 スワップ可能言語ディメンションパターン	291

| 7.6 | まとめ | 293 |

第 8 章 どれくらい（How Many） 294

高性能なファクトテーブルと柔軟な指標のためのデザインパターン

8.1	ファクトテーブルの種類	295
	8.1.1 トランザクション・ファクトテーブル	295
	8.1.2 定期スナップショット	297
	8.1.3 累積スナップショット	300

| 8.2 | ファクトテーブルの粒度 | 302 |

8.3	発展型イベントのモデリング	303
	8.3.1 発展型イベントの指標	307
	8.3.2 イベントタイムライン	309
	8.3.3 累積スナップショットを開発する	313

8.4	ファクトの種類	315
	8.4.1 完全加算型ファクト	315
	8.4.2 非加算型ファクト	316
	8.4.3 準加算型ファクト	317
	8.4.4 「異なる種類のファクト」のパターン	320
	8.4.5 ファクトレスファクトパターン	322

目次

8.5	**ファクトテーブルの最適化**	**324**
8.5.1	ダウンサイジング	324
8.5.2	インデックスの作成	325
8.5.3	パーティショニング	326
8.5.4	アグリゲーション	327
8.5.5	「ドリルアクロス」クエリパターン	331
8.5.6	「派生ファクトテーブル」パターン	336
8.6	**まとめ**	**339**

第9章 なぜ（Why）、どのように（How）　340
原因と結果のディメンションのためのデザインパターン

9.1	**「なぜ（Why）」のディメンション**	**341**
9.1.1	内部要因の「なぜ」のディメンション	342
9.1.2	構造化されていない「なぜ」のディメンション	343
9.1.3	外部要因の「なぜ」のディメンション	344
9.2	**多値ディメンション**	**345**
9.2.1	「重み付け係数」パターン	345
9.2.2	多値グループのモデリング	347
9.2.3	多値ブリッジパターン	349
9.2.4	オプションのブリッジパターン	352
9.2.5	ピボットディメンションパターン	356
9.3	**「どのように（How）」のディメンション**	**362**
9.3.1	退化ディメンションが多すぎませんか？	362
9.3.2	「どのように」ディメンションの作成	363
9.3.3	「範囲帯ディメンション」パターン	364
9.3.4	「ステップディメンション」パターン	366
9.3.5	「監査ディメンション」パターン	369
9.4	**まとめ**	**371**

xii

付録 **A**　**アジャイル宣言**　　　　　　　　　　　　　　373

付録 **B**　**BEAM ※ 記法とショートコード**　　　　　375

付録 **C**　**アジャイルなディメンショナルモデリングを**
　　　　　実践する人のための参考資料　　　　　380

訳者あとがき 384

事例集　**日本語版によせて**　　　　　　　　　　　　389

索引 445

xiii

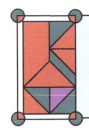

はじめに

ディメンショナルモデリングは今日のDW/BIの成功を支えていますが、それでもなお、十分なBIを提供することに苦労しています

　ディメンショナルモデリング[訳注1]は、1990年代半ばにRalph Kimball氏によって普及され始めて以来、今日のビジネスインテリジェンス（BI）アプリケーションの成功を支える高性能なデータウェアハウスを設計するためのデータモデリング技術として受け入れられてきました[訳注2]。しかし、データモデリングの段階に到達せず頓挫してしまう、BI構築プロジェクトは増え続けています。ディメンショナルモデリングがBIデータベース設計に革命を起こしたのと同様に、データウェアハウス/ビジネスインテリジェンス（DW/BI）にも、BI要件分析に革命を起こす新しい手法が必要であることが明らかになりました。

アジャイル手法による開発テクニックは役に立ちますが、BIアプリケーションの開発だけでなく、データウェアハウスの設計にも対応しなければなりません

　一方、アジャイル手法では、動くソフトウェアを早期にかつ頻繁にデリバリーし、変化に対応することでビジネス価値を創造することを信条とされており、アプリケーション開発の世界に革命的な影響を与えました。しかし、それはDW/BIの開発にも適用できるのでしょうか。スクラムやユーザーストーリーなどのテクニックを用いて協調的かつ段階的な開発を重視するアジャイルのスタイルは、データウェアハウス構築後の「BIアプリケーションの開発体験」を確実に向上させることができます。しかし、DW/BIに真に影響を与えるには、アジャイルは「データウェアハウスの設計自体」にも対処しなければなりません。残念ながら、これまでに登場したアジャイルなアプローチは、この重要な領域において曖昧で具体性に欠けています。既存のアプローチをマーケティング手法で新しく見せかけるのではなく、「アジャイルなBI開発」を実質的な改革や改善の伴うものにするには、「アジャイルなDW/BI開発」であるべきです。そのために、我々DW/BIの専門家は、真のアジャイル実践者が推奨するように、アジャイルを私たちのニーズに合わせて適応させつつ、その価値観と原則をかたく守る必要があります（付録A：アジャイル宣言を参照）。同時に、DW/BIに初めて向き合うアジャイルの実践者たちは、私たちが苦労して得たデータに関する教訓を学ばなければなりません。

この本は、BEAM✲、すなわちディメンショナルモデリングのためのアジャイルなアプローチについて書かれています

　この目的を念頭に置きつつ、本書ではBEAM✲（Business Event Analysis & Modeling、ビジネスイベント分析とモデリング）を紹介します。これは、アジャイル開発において、短期間の開発サイクルを繰り返しながら、BIのデータに求

訳注1　詳細は1.1.2で解説します
訳注2　業務システムの運用用途ではなく、いわゆるデータ分析用途で設計・構築され、データが集められたデータベースのことをデータウェアハウスと呼びます

められる要件を収集（モデルストーミング）し、それをディメンショナルモデル
に変換する、一連のコラボレーション技術です。私たちはBEAM✲のアプロー
チを「モデルストーミング（modelstorming）」と呼びます。データモデリング
とブレインストーミングのテクニックを組み合わせて、包括的で理解しやすいモ
デルを迅速に作成し、BIのステークホルダーを完全に巻き込むからです。

　BEAM✲のモデラーは、ステークホルダーにデータストーリーを語ってもら
うことでBEAM✲を実践していきます。ここでは、7Wというディメンション
の種類（誰が：Who、何を：What、いつ：When、どこで：Where、どれ
くらい：HoW many、なぜ：Why、どのように：HoW）を使って、測定す
る必要のあるビジネスイベントを表現します。BEAM✲モデルは、従来のER
（Entity-Relationship、実体関連）ベースのモデルとは根本的に異なるモデルス
トーミングをサポートします。表形式の表記とデータストーリーの具体例を使用
してビジネスイベントを定義します。また、スプレッドシート形式のデータ表示
に慣れているBIステークホルダーがすぐに理解できる形式で、データを提供し
ます。その上で、BEAM✲は最小粒度で記述されたデータスキーマへと簡単に
変換できます。これにより、BEAM✲はビジネス部門とIT部門のギャップを埋
め、データ定義に関する合意形成が行われることで、結果として生まれたデータ
ベースの設計に対してビジネス部門のメンバーはオーナーシップとプライドを持
つようになるでしょう。

BEAM✲は、BIのステーク
ホルダーと直接BI要件のモ
デルストーミングを行うため
に使用されます

この本は誰のためにあるのでしょうか

　この本は、データウェアハウスとBIシステムに携わるデータモデラー、ビジ
ネスアナリスト、データアーキテクト、ソフトウェア開発者を主な対象読者と
しています。BI要件の収集やデータウェアハウスの設計を直接担当する人だけ
でなく、アジャイルDW/BIチームの全メンバーは、標準的なER図に加えて
BEAM✲記法が、同僚とディメンショナルデザインのアイデアを共有したりデー
タにまつわるタスクを見積もるための強力なツールであると認識するでしょう。
本書を最大限に活用するためには「テーブル」「列」「行」「キー」「結合」などの
データベースの概念に関する基本的な知識が必要です。

　この本は、データウェアハウスにかかわる初心者に向けて、ディメンショナル
モデリングを短期間で学習するための基礎情報を提供します。また、本書で取り
上げたテクニックの背景知識をもっと知りたい方に向けて、後半の章と付録C
では他の参考書に掲載されている事例への参照を提供しています。これらはビジ
ネス上の洞察を深めるのに役立つはずです。経験豊富なデータウェアハウスのプ
ロフェッショナルであれば、この本がお馴染みのディメンショナルモデリングの

この本は、アジャイルな
DW/BIチーム全体のための
もので、要件を収集するだ
けでなく、設計のアイデアを
伝えるためにも役立ちます

この本は、DW/BIの初心者
と経験者の両方を対象として
います。ディメンショナルモ
デリングのクイックスタディ
ガイドであり、新しいディメ
ンショナル・デザインパター
ンの情報源でもあります

はじめに

パターンに新しい視点を提供し、その多くについて従来の本よりも詳細にカバーし、さらにいくつかの新しいパターンを追加していることに気付くことでしょう。すべての読者にとって、この本はビジネスユーザーとかかわり次のデータウェアハウス開発プロジェクトを開始するための、まったく新しいアジャイルな方法を提供します。

モデルストーマーの紹介、あるいはこの本の使い方

こんにちは、私はここです。
この本の要約です

すでにお気付きの方もいらっしゃるかもしれませんが、現在、左側に余白（安心してください、ここから広がっていくことはありません）があります。これは、急いでいる読者のために「早道」となる要約を提供するものです。私たちのテキストを巡るこのアジャイルな道筋は、David A. Taylor 氏の『Object Technology』シリーズに触発されたものです。本書の余白には、空白以外の登場人物もいます。彼らはあなたのアジャイルな DW/BI チームに必要な「モデルストーマー」たちです。私たちは「ヒント」「警告」「参考文献」「モデリングの対話例」など本文中の重要な機能を強調するために彼らを使いました。彼らは次のような順序で登場します（第 1 章から第 9 章まで）。

聡明なモデラーは、驚くなかれ、聡明なアイデアを持っています。それぞれのトピックから抽出された、彼のヒントやテクニック、実践的なモデリングアドバイスは、あなたの設計を改善するのに役立ちます。

経験豊富なディメンションモデラーは、これまでにすべてを経験しています。ある活動や決定が、あなたのやる気や時間、スピードを奪ってしまう可能性があるときに、彼は警告してくれます。この本の後半で、彼は「パターンユーザー（後述）」に補足し、彼らの推奨するデザインパターンを使用した場合の結果や副作用について教えてくれます。それでも彼は、それらのパターンを、少し注意した上で使うことを推奨します。

ノートテイカーは、新しいガジェットやテクニックを使う前に、必ず説明書の全文を読むメンバーです。現在のトピックについて追加情報があれば、彼らは常に「それをメモしておいてください」と言ってくれます。

アジャイルの実践者は、私たちが特にアジャイルであるとき、それをあなたに知らせます。設計技術が、アジャイル宣言の核となる価値やアジャイルソフトウェア開発の原則に従うたびに、彼らはその旗を振るでしょう。彼らが示す価値や原則は付録 A に記載されています。

モデルストーマーたちは、協調的なモデリングやチームの計画について説明するとき、特にホワイトボードなどの包括的なツールを使ってモデルストーミングを行うための実践的なアドバイスやヒントを提供するときに、大勢で現れます。

書記は、新しい BEAM✻ 図、表記規則、設計を迅速に文書化するためのショートコード（略記法）などを紹介するときに登場します。書記のすべてのショートコードは付録 B に記載されています。

アジャイルモデラーは、ステークホルダーとかかわり、モデルストーミングを促進します。ステークホルダーに「データストーリー」を語ってもらうため、彼女は 7W を使った具体的な BEAM✻ の質問例を挙げてくれます。

ステークホルダーとは、データソースを知っている、あるいは必要なデータについて知っているその分野の専門家、業務システムの IT スタッフ、BI ユーザー、BI 利用者です。彼らはデータウェアハウスの設計を支援できますが、DW/BI 開発チームのメンバーではありません。彼らは、「アジャイルモデラー」の質問に対する回答例を提供し、データストーリーを語り、自身の BI に関する難しい質問を投げかけます。

本の虫は、現在のトピックに関するさらなる読書を推奨します。彼女の推薦するすべての書籍は、付録 C にまとめられています。

アジャイル開発者は、ソフトウェアツールの使用に関する実用的なアドバイスがあるときや、ダウンロードできる便利なものがあるときに登場します。

頭を悩ます人は、データウェアハウスの設計で対処しなければならない、興味深い、または複雑な DW/BI の問題や要件を抱えています。

はじめに

　パターンユーザーは、「頭を悩ます人」の問題を解決する方法を知っています。彼らは、すでに使用され検証済みのディメンショナルモデリングのデザインパターンを使用する予定です。その中には、書籍として初めて紹介されるものもあります。

本書の構成

　本書は 2 部構成になっています。第 1 部では、BI データ要件収集のためのアジャイルなディメンショナルモデリングについて、第 2 部では、効率的で柔軟なスタースキーマ設計のためのディメンショナルデザインパターンについて解説しています。

第 1 部：モデルストーミング

　第 1 部では、BI ステークホルダーがデータに求める要件を「モデルストーム」する方法、アジャイルなデータプロファイリングによる要件の検証、ステークホルダーとともに行う要件のレビューと優先順位付け、チームとしての ETL タスクの見積もり、そしてスタースキーマへの変換方法について解説しています。その際、従来の BI 要件の収集方法ではなくアジャイルなデータモデリングを使用することでデータベース設計を加速し、その後、BI のプロトタイピングを行い、実際のレポートおよび分析要件を把握する方法を示しています。第 1 章では、ディメンショナルモデリングについて紹介し、第 2 章から第 4 章では、BEAM✲を使用してビジネスイベントとディメンションをモデリングするための段階的なガイドを提供しています。第 5 章では、BEAM✲モデルがどのように検証され、物理的なディメンショナルモデルと開発スプリントにおけるバックログに変換されるかについて説明しています。

BI ステークホルダーとの協調型モデリング

第 1 章：データウェアハウスのモデリング方法

- **データウェアハウスと業務システム**：アジャイルなデータベースデザインの基礎として、ディメンショナルモデリングを使用する動機を理解します
- **ディメンショナルモデリングの基礎**：ディメンショナルモデリングと ER（Entity-Relationship）モデリングを比較します。加えて、本書を通じて使用される、ファクト、ディメンション、スタースキーマの基本概念と語彙を学習します
- **分析と設計のためのアジャイルデータモデリング**：BI の要件を収集する際の問題。プロアクティブ（積極的・先行的）な DW/BI の課題と機会。アジャイル

BI 要件の収集に新しいアジャイルなアプローチが必要な理由。なぜディメンショナルであるべきなのでしょうか。どのように捉えるべきなのでしょうか

データウェアハウスの利点。なぜ BI ステークホルダーと一緒にモデリングするのか。モデルストーミングの事例：「アジャイル」なディメンショナルモデリングを使用して BI データ要件を収集します

- **BEAM✲ の紹介**：BEAM✲ と ER 図の比較

第 2 章：ビジネスイベントのモデリング

- **ビジネスイベントの発見**：ビジネスイベントを発見し、主語、動詞、および目的語を用いてデータストーリーを語ります
- **ビジネスイベントの記録**：ホワイトボード、スプレッドシート、BEAM✲ テーブルを使用して、イベントをステークホルダーと協力してモデル化します
- **イベント詳細の発見**：7W（誰が、何を、いつ、どこで、どれくらい、なぜ、どのように）を使用して、最小単位のイベント詳細を発見します。前置詞を使用して詳細をイベントに接続し、「データストーリーのテーマ」を定義して記述します。また、BEAM✲ ショートコードを使用して、「イベントストーリーのタイプ（離散型、反復型、発展型）」および潜在的なファクトテーブルの単位を記述します

BEAM✲ を使ったビジネスイベントの段階的なモデリング

第 3 章：ビジネスディメンションのモデリング

- **「詳細の詳細」のモデリング**：ステークホルダーとともにディメンションを発見し、その属性を記述します。「ディメンションストーリー」を語り、文脈を補強します
- **ディメンション階層の発見**：階層図を使って階層関係をモデル化し、ディメンションに追加すべき属性を特定します
- **履歴値要件の文書化**：「変更ストーリー」と BEAM✲ ショートコードを使用して、「緩やかに変化するディメンション」のポリシーを定義・文書化し、現在（as is）と履歴（as was）のどちらの観点でもビューを用いて正しく分析できるようにします

ディメンションと階層の段階的なモデリング

第 4 章：ビジネスプロセスのモデリング

- **複数のビジネスイベントのモデリング**：「イベントマトリックス」を使用したモデルストーミングにより、イベントとディメンションの関係を特定および文書化し、ストーリーボードを用いてデータウェアハウスを設計します。イベントストーリーを使用して、要件に優先順位を付け、開発スプリントを計画します
- **アジャイルデータウェアハウス開発のためのモデリング**：「適合ディメンション」を定義し、再利用します。ディメンションを一般化し、その役割を文書化します。インクリメンタルな開発を促し、「データウェアハウス・バス」のアーキテクチャを作成します

複数のビジネスイベントと適合ディメンションの段階的なモデリング

xix

はじめに

ステークホルダーのモデルの検証およびスタースキーマへの変換

第 5 章：スタースキーマのモデリング

- **アジャイルデータプロファイリング**：ステークホルダーのモデルをデータの実態に合わせてレビューし、適合させます。BEAM✱ モデルに注釈を付けることでデータソースと物理データ型を文書化し、モデルの実現可能性についてステークホルダーにフィードバックを提供することで、チームとしての ETL タスクの見積もりを行います
- **BEAM✱ テーブルからスタースキーマへの変換**：サロゲートキーを定義、使用してディメンションテーブルを完成させ、イベントテーブルをファクトテーブルに変換します。BEAM✱ テクニカルコードを使用してデータベース設計の決定を文書化し、BEAM✱ Modelstormer スプレッドシートを使用してデータベーススキーマを生成します。また、BI レポート要件を定義するためのプロトタイピングや、技術者向けに拡張されたスタースキーマと物理ディメンショナルマトリックスの作成も行います

◆ 第 2 部：ディメンショナルデザインパターン

第 2 部では、高性能なスタースキーマを設計するためのディメンショナルモデリングのテクニックについて説明していきます。ここでは、BEAM✱ とスタースキーマ ER 表記法を組み合わせた**デザインパターンアプローチ**により、DW/BI に求められる重要な**要件**を捉え、それに伴う議題や**問題**を説明し、パターンごとの**解決策**とそれを実行した**結果**を文書化することになります。これらのデザインパターンは、第 1 部で発見した 7W のディメンションタイプを中心に構成されています。7W を使って、顧客と従業員（誰が）、製品とサービス（何を）、時間（いつ）、場所（どこで）、ビジネス指標（どれくらい）、原因（なぜ）、結果（どのように）の複雑なモデリングを検証するという、「ディメンショナルな観点」から新たに確立されたディメンショナルな技術を初めて紹介します。

DW/BI チーム内での協調型モデリング。7W の各ディメンショナルタイプに関連したデザインパターンの使用

顧客、従業員、製品のディメンションのためのデザインパターン

第 6 章：誰が、何を（人と組織、製品とサービス）

- **顧客、従業員、組織のモデリング**：大規模かつ急速に変化するディメンションに対応します。「ミニディメンション」を用いて変化を追跡します
- **混合ビジネスモデル**：「排他的属性」と「スワップ可能ディメンション」を使用して、異なる性質の顧客（企業および消費者）と製品（有形財およびサービス）をモデル化します
- **緩やかに変化するディメンションの応用パターン**：ミクロおよびマクロレベルの変化をモデル化します。「ハイブリッド SCD（Slowly Changing Dimension）ビュー」を使用して、現在値、履歴値、前値のレポート要件を同時にサポートします
- **複雑な階層関係の表現**：「階層マップ」を使用して、顧客の所有権、従業員の

xx

人事報告構造、製品構成（部品表と製品バンドル）などの再帰的な階層に対応します

- **ビジネスイベント内のバリエーションのサポート**：「マルチレベルディメンション」を使用して、粒度が変化するイベントを記述することができます。イベントとは、例えば、個々の従業員またはチームに割り当てられた販売取引、単一製品または製品カテゴリー全体に対するウェブ広告のインプレッションなどです

第7章：いつ、どこで（時間と場所）

- **時間のディメンショナルなモデリング**：「カレンダー」と「時計」という異なるディメンションを使用します。また、日付キーを定義します
- **年初からの累計（YTD：Year-to-Date）分析**：「ファクトの鮮度」テーブルと「ファクト固有のカレンダー」を使用して、正しい YTD 比較を実現します
- **1 日における時間帯の区分け**：曜日や時間帯によって異なる固有のビジネスクロックを設計します
- **多国籍カレンダー**：時間と場所の両方に対応する多国籍なディメンションをモデリングします。複数のタイムゾーンと言語のレポートをサポートします
- **移動情報のモデリング**：イベントに時間と場所のディメンションを追加して、旅の出発地と移動経路、目的地を理解します

時間と場所のディメンションのためのデザインパターン

第8章：どれくらい（ファクトと指標、KPI）

- **パフォーマンスと使いやすさを追求したファクトテーブルの設計**：3 つの基本ファクトテーブルパターン（トランザクション、定期スナップショット、累積スナップショット）を定義します。イベントタイムラインを使用し、累積スナップショットを発展型イベントとしてモデル化します
- **柔軟な測定と KPI の基礎の提供**：最小単位の「加算型ファクト」を定義します。「準加算型ファクト」と「非加算型ファクト」を文書化し、かつその制約を理解します
- **ファクトテーブルのパフォーマンス最適化**：インデックス、パーティショニング、およびアグリゲーションを使用して、ファクトテーブルの ETL およびクエリパフォーマンスを向上させます
- **クロスプロセス分析**：「ドリルアクロス」処理や「マルチパス」のクエリを使用して、複数のファクトテーブルの結果を結合します。「派生ファクトテーブル」や統合データマートを構築し、クエリ処理をシンプルにします

効率的なファクトテーブルと柔軟なファクトをモデリングするためのデザインパターン

第9章：なぜ、どのように（原因と結果）

- **要因のモデリング**：プロモーション、天気、その他の因果ディメンションを使用して、イベントが「なぜ」発生するのか、また「なぜ」ファクトが異なるのかを説明します。テキストディメンションを使用して、構造化されていない理

原因と結果をモデル化するためのデザインパターン

由や例外の記述を扱います
- **イベントの説明のモデリング**：「どのように」のディメンションを使用して、イベントに関する追加の説明要素を収集します。過剰な退化ディメンションを「どのように」のディメンションとして統合したり、小さな「なぜ」および「どのように」のディメンションを組み合わせます
- **多値ディメンション**：最小粒度の各ファクトに対してディメンションが複数の値を持つ場合に、ブリッジテーブルと重み付け係数を使用して、ファクトの割り当てを処理します
- **「どのように」のディメンションを追加で提供**：シーケンシャルな動作を理解するための「ステップディメンション」、データ品質やリネージを追跡するための「監査ディメンション」、そしてファクトをディメンションとして扱うための「範囲帯ディメンション」を使用します

付録 A：アジャイル宣言

付録 A は「アジャイルソフトウェア開発宣言」の 4 つの価値と、その背後にある 12 の原則を示したものです。

付録 B：BEAM✲ 記法とショートコード

付録 B では、本書を通じて使用される BEAM✲ 表記を要約しています。これにより、データ要件のモデル化、データプロファイリング結果の記録、物理的なディメンショナルモデリングの設計に関する決定事項を表します。

付録 C：アジャイルなディメンショナルモデリングを実践する人のための参考資料

付録 C は、本書に含まれるアイデアを採用・応用するのに役立つ書籍、ウェブサイト、ツール（ハードウェアとソフトウェア）の一覧です。

 ## 協賛ウェブサイト

本書に付属する BEAM✲ Modelstormer スプレッドシートとその他のテンプレートをダウンロードするには、**modelstorming.com** にアクセスしてください。このサイトには、モデル例やコードリスト、記事、書籍へのリンク、そして、BEAM✲ やアジャイルデータウェアハウス設計に関する世界各地のトレーニングコースやワークショップのスケジュールが掲載されています。

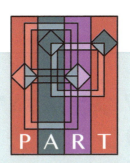

PART 1

モデルストーミング

アジャイルなディメンショナルモデリング。
ホワイトボードからスタースキーマへ

ディメンショナルモデリング：
これはデータモデラーだけに任せるには
あまりにも重要です。
Dimensional Modeling:
it's too important to be left to
data modelers alone.

― 発信者不明

第1章　データウェアハウスのモデリング方法
第2章　ビジネスイベントのモデリング
第3章　ビジネスディメンションのモデリング
第4章　ビジネスプロセスのモデリング
第5章　スタースキーマのモデリング

データウェアハウスの
モデリング方法

本質的に、あらゆるモデルは正確ではない。しかし、中には役に立つモデルもある。
Essentially, all models are wrong, but some are useful.

— George E. P. Box

ディメンショナルモデリングは、データウェアハウスの設計に最適です

　第1章では、データウェアハウスの設計にアジャイルアプローチを採用する理由について説明します。まず、データウェアハウスとオンライントランザクション処理（OLTP）データベースの基本的な違いを要約し、この2つの設計でまったく異なるデータモデリング技術を使用すべき理由についても触れていきます。次に、ERモデルとディメンショナルモデルを比較し、ディメンショナルモデルがデータウェアハウス／ビジネスインテリジェンス（DW/BI）になぜ最適であるかを示します。また、アジャイルソフトウェア開発の基本原理である、インクリメンタルな設計とデリバリーを可能にするディメンショナルモデリングについても紹介します。

「協調型」ディメンショナルモデリングはアジャイルなデータウェアハウス分析・設計に役立ちます

　従来のディメンショナルモデリングの利点についてご存知の読者は、アジャイルなディメンショナルモデリングの事例を紹介している1.2「**データウェアハウスの分析と設計**」まで進んでいただくとよいでしょう。そのパートではDW/BIの開発の流れを概観することで、従来のアプローチを検証し、日々複雑化するデータソースへの対応やより迅速なBIの提供における欠点を明らかにします。次に、分析および設計プロセスにビジネスサイドのステークホルダーを積極的に関与させるアジャイルデータモデリングという手法によって、この問題がいかに大幅に改善されるかを説明します。最後に、BEAM✲（Business Event Analysis and Modeling）を紹介します。BEAM✲とは、本書を通じて説明する「協調型」ディメンショナルモデリングのためのアジャイルな一連の技術です。

第1章　トピック一覧

- 業務システムとデータウェアハウスの違い
- ER（Entity-Relationship：実体関連）モデリングとディメンショナルモデリング
- データ駆動型分析とレポート駆動型の要件分析の限界

- プロアクティブ（積極的・先行的）なデータウェアハウス設計における課題
- BEAM✱の紹介：アジャイルなディメンショナルモデリング手法

1.1 OLTP vs DW/BI[訳注1]：2つの異なる世界

業務システムとデータウェアハウスには、根本的に異なる目的があります。業務システムはビジネスプロセスの「実行」をサポートする一方、データウェアハウスはビジネスプロセスの「評価」をサポートします。業務システムは、効率的にビジネスプロセスを実行するために、オンライントランザクション処理（OLTP）に最適化されている必要があります。一方、データウェアハウスはクエリパフォーマンスと利便性に最適化されていなければなりません。**表 1-1**は、この2つのタイプのシステムの使用パターンとデータベース管理システム（DBMS）に求められる要件が大きく異なることを表しています。

OLTPとDW/BIでは、DBMSの要件が根本的に異なります

基準	OLTP データベース	データウェアハウス
目的	個々のビジネスプロセスを実行する（ハンドルを回して歯車を動かす）	複数のビジネスプロセスを評価する（歯車が動く様子を観察する）
トランザクションの種類	INSERT（挿入）、SELECT（選択）、UPDATE（更新）、DELETE（削除）	SELECT（選択）
トランザクションの形式	事前に定義済み：処理内容は予測可能で、変動しにくい	アドホック：処理内容は事前予測が困難で、変化しやすい
何に最適化されているか	更新の効率と書き込みの一貫性	クエリパフォーマンスと利便性
更新頻度	リアルタイム。ビジネスイベントが発生したとき	定期的。例えば、スケジュールされた ETL（抽出、変換、ロード）による日次の更新。近年ではニア・リアルタイムが求められつつある
更新の並行性	高い	低い
履歴データへのアクセス	現在および直近の期間	現在と数年間の履歴
クエリ対象	明確・狭い	曖昧・広い
値の比較	あまり行わない	頻繁に行う
クエリの複雑さ	低い	高い
1トランザクションあたりのテーブルや結合数（JOIN 数）	少ない（1〜3）	多い（10〜）
1トランザクションあたりの行数	数十行	数百万行
1日あたりのトランザクション数	数百万回	数千回

表 1-1
OLTP データベースとデータウェアハウスの比較

訳注1 OLTP の対義語として、「オンライン分析処理（OLAP）」という言葉を使うこともあります

表1-1（続き）
OLTPデータベースと
データウェアハウスの比較

基準	OLTPデータベース	データウェアハウス
DB/DW全体のデータ量	GB～TB	TB～PB（多くのソース、履歴）
取り扱うデータ	主に無加工の詳細なデータ	詳細なデータ、集計データ、加工済みのデータ
設計手法	ERモデリング（正規化）	ディメンショナルモデリング
データモデル図	ER図	スタースキーマ

1.1.1 ERモデリングへの反論

ERモデリングはOLTPデータベースの設計に使用されます

ER（Entity-Relationship）モデリングは、OLTPデータベース設計における標準的なデータモデリング手法です。これは、すべてのデータを「エンティティ」「リレーションシップ」「属性」の3つのうちの1つに分類するものです。図1-1は、エンティティレベルのER図（ERD：Entity-Relationship Diagram）の例です。エンティティはボックスで、リレーションシップはボックスを結ぶ線で示されます。各リレーションシップの「カーディナリティ」（リレーションシップの両側で一致し得る値の数）は、多数を表す「カラスの足」[訳注2]、1を表す｜、ゼロを表すO（オプショナリティともいう）で示されます。

図1-1
ER図
（Entity-Relationship Diagram、実体関連図）

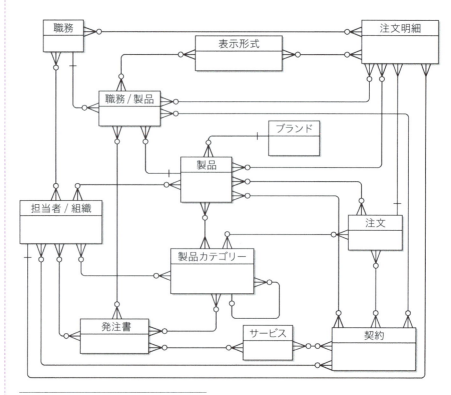

訳注2 三又の記号のことを指します

リレーショナルデータベースでは、ERモデルのE（エンティティ）はテーブル（表）として、その属性はカラム（列）として実装されます。R（リレーションシップ）はそのカーディナリティに応じて、既存のテーブルの中のカラムか追加のテーブルとして実装されます。1対1と多対1の関係はカラムとして実装される一方、多対多の関係は追加のテーブルを使用して実装され、新たな多対1の関係が作られます訳注3。

> エンティティはテーブルに、属性はカラムになります

ERモデリングでは一般に正規化という手法を用いて、データを「第3正規形（3NF：Third Normal Form）」に変換します。ERモデリングと正規化には具体的な技術目標があります。データの冗長性を減らし、リレーショナルデータベース管理システムによってデータを厳密な1対1、多対1の関係に落とし込むことです。

> 通常、ERモデルは第3正規形（3NF）です

 ## OLTPにおけるERモデリングの利点

OLTPにとって、正規化された、データの冗長性を省いたデータベースには大きな利点があります。それは、書き込みトランザクション（挿入、更新、削除）を非常に効率的に行うことができる点です。データの冗長性を排除することで、トランザクションを可能な限り小さくシンプルに保つことができます。例えば、ある通信事業者の顧客があるサービスを繰り返し利用した場合、冗長な詳細情報を繰り返し記録するのではなく、必要な情報のみを、顧客とサービスに関する必要最小限のテーブルに記録します。顧客やサービスの詳細情報が変更された場合には、（通常）1つのテーブルの1行のみを更新するだけで済みます。これによって、データベースの一貫性が失われるような更新異常を回避することができます。

> 第3正規形はトランザクション処理に効率的です

より高度な正規化もできますが、ほとんどのERモデラーにとって、モデルは第3正規形であれば十分です。第3正規形の依存関係を示した、リレーショナルモデルの発明者Edgar（Ted）Codd氏にまつわる、こんな記憶術も知られています訳注4。"The key, the whole key, and nothing but the key, so help me Codd"

訳注3　例えば「製品」に対応する1つの名前を追加する場合は、1対1の関係であり、「製品」テーブルのカラムに実装されることが多いです。「製品」が複数のカテゴリーを追加する場合は、多対多の関係を表現するために、「製品」と「カテゴリー」の関係を示す連想テーブルを1つ作成します

訳注4　直訳すると、「キー、キー全体、そしてキー以外の何ものでもない、だから助けてコッド」となります。
キー：テーブルに主キーを持つために、繰り返される値のグループを含めてはならない（第1正規形）
キー全体：すべての属性は、主キーに対し一意で機能的に従属していなければならない（第2正規形）
キー以外の何ものでもない：キー以外のフィールドを含む推移的従属関係が存在してはいけない（第3正規形）
コッド：このルールを提唱した理論家です

データウェアハウスにおける ER モデリングの欠点

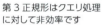

第 3 正規形はデータの取り込みを容易にする一方で、BI やデータウェアハウスにとっては大きなデメリットがあります。正規化によってテーブルや結合パスが増え、クエリ（SQL における SELECT）効率が悪くなり、正しいコードを書くのが難しくなります。例えば、図 1-1 の ER 図を見て、「製品カテゴリー」と「注文明細」の結合方法がいくつあるかわかるでしょうか。この第 3 正規形の ER 図に基づく物理テーブル設計では、多対多の関係を表すために、少なくとも 20 個以上の中間テーブルが追加で必要になります。このような第 3 正規形のデータベースに直面すると、BI による最も単純な類のクエリでさえ、複数のテーブルを結合するために複数の中間テーブルを経由することになります。このような長い結合パスを作ってしまうと最適化が難しく、多くの場合でクエリの実行速度は低下します。

さらに重要なのは、ユーザーが正しい結合パスを選択した場合、つまり SQL で正しく結合条件を表現できた場合にのみ、クエリは正しい答えを導き出せるということです。もし間違った結合が使用されていた場合、ユーザーは知らず知らずのうちに他の（潜在的に意味のない）問い合わせに対する結果を得てしまいます。第 3 正規形は人間にとっても機械にとっても複雑です。専門的なハードウェア（データウェアハウス製品）はクエリ／結合のパフォーマンスを常に向上させていますが、それを扱う人間側に存在する問題を解決するのははるかに困難です。スマートな BI ソフトウェアは、データベーススキーマの複雑さをセマンティックレイヤーで隠すことができますが、それは単に第 3 正規形を理解する負担を、クエリ時の BI ユーザーから設定時の BI 開発者に移しているだけです[訳注5]。もちろん、これは良い働きではあるものの十分ではありません。第 3 正規形モデルは、ビジネス・ステークホルダーがレビューや品質保証（QA）を行うには複雑すぎるままなのです。

加えて、時間が経過しても後から「同一条件で」データを比較できるように履歴情報を残そうとした場合、ER モデルはさらに複雑なものになっていきます。時系列でビジネスイベントを分析するには、たくさんのシンプルな説明属性を時系列の関係に変換する必要があります。つまり、実装上は既存の多対 1 の関係が多対多になり、さらに多くの物理テーブルと複雑な結合パスに変換されてしまいます[訳注6]。優れた BI ツールや開発者でさえ、このような時系列変化を追跡できるデータベース設計によって心が折れてしまうかもしれません。

訳注5　詳細は、訳者あとがきの「セマンティックレイヤーについて」をご参照ください

訳注6　例えば、ブランドの現在の状態のみを記録した「ブランド」テーブルに比べ、ブランド名の変更や統合の履歴を持つ「ブランド履歴」は、取り扱い方により一層の注意が必要です

決して小さくはないであろうデータモデルを、読みやすいER図の形で整理するのは簡単なことではありません。「死んだカラスは東へ飛ぶ（dead crows fly east）」[訳注7]という記憶術はモデラーが「カラスの足」の又を上か左に向けるように推奨しています。理論的には、これにより大量の変動するエンティティ（トランザクション）を左上に、少量の安定したエンティティ、つまりルックアップテーブル[訳注8]を右下に配置することになるはずです。しかし、このレイアウトが保たれることは滅多にありません。モデラーは密接に関連するエンティティやよく使われるエンティティを近くに配置して読みやすさを向上させようとします。この作業は、重なり合う線を減らすだけの行為にすぎません。大抵の場合、BIにかかわるステークホルダーや開発者は、ER図の視覚的な情報量に圧倒されてしまうのです。彼らは、コミュニケーションと理解を促すようなシンプルでヒューマンスケール[訳注9]な図を求めます。

線が重なり合ってしまうので、読みやすく大きなER図を書くのは難しいです

1.1.2 ディメンショナルモデリングの事例

ディメンショナルモデルは、ビジネスプロセスとその個々の事象を指標（ファクト）と説明（ディメンション）で定義します。このディメンショナルモデルにおいて、ディメンションはファクトのフィルタリング、グループ化、集計に使用できます。また、「データキューブ（立方体）」は単純なディメンショナルモデルを可視化するためによく使用されます。図1-2は、製品（何を）、時間（いつ）、場所（どこで）の3つのディメンションを持つ販売プロセスの多次元分析を示しています[訳注10]。これら3つのディメンションの値が交わる点に、販売数、販売収益、販売コストなどの興味深いファクトがあると考えられます。3次元のキューブは2次元のスプレッドシートの積み重ねであると考えられるため、データをこうして見ることは多くのBIユーザーにとって魅力的です。例えば、それぞれの販売場所に対応する1つ1つのスプレッドシートには、製品の行、期間の列があり、各セルにはそれぞれの製品、期間における収益の数値が入っています。

ディメンショナルモデルはスプレッドシートに精通したBIユーザーにとって魅力的です

訳注7　Oracle's Layout Guidelines をもとに訳者作成

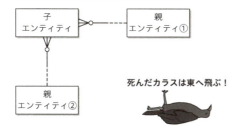

訳注8　複雑な計算や参照関係をあらかじめ単純化して整理したテーブル
訳注9　人間が理解し対処できる適切な規模
訳注10　この例では「3つのディメンション＝3次元」でデータを切り取っています

図 1-2
多次元的な分析

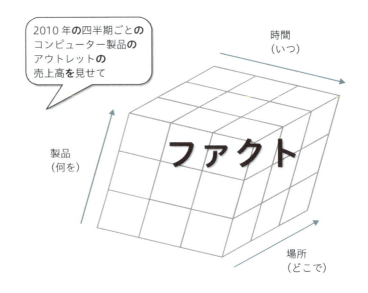

 ## スタースキーマ

スタースキーマはディメンショナルモデルを可視化するために使われます

　現実では、ディメンショナルモデルはスプレッドシートよりももっと複雑な（多くのディメンションを持つ）ビジネスプロセスを、より詳細に測定するために使用されます。3次元以上になるモデルを多次元キューブとして描くのは難しいですが（キューブ、つまり立方体では表現できないでしょう）、スタースキーマ図を使うと簡単に表現できます。図 1-3 は小売販売に関する古典的なスタースキーマです。前述のキューブの例に挙げた3つのディメンションとファクトに加えて、プロモーションという4番目の因果ディメンション[訳注11]を含んでいます。

訳注11 理由を表すディメンションのこと。9章で解説します

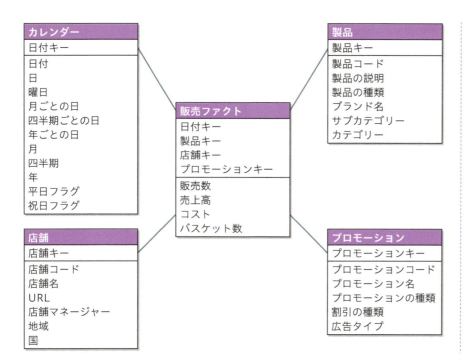

図 1-3
販売スタースキーマ

スタースキーマは、ディメンショナルモデルをリレーショナルテーブルとして物理的に実装することを表す用語でもあります。

スタースキーマ図は、ディメンショナルモデルにおける非正規化（N3NF：non-normalized）ER 表現です。データベースのモデリングツールで描画する際に、リレーショナルデータベース管理システムでファクトテーブルとディメンションテーブルを作成する SQL を生成するために使用されます。また、多次元データベースのデータキューブを文書化し、定義するためにスタースキーマが使用されることもあります。

ER 図は、少数のテーブルを一覧として表示する場合には最適です。では、少数のテーブルの数とはどれくらいでしょうか。ディメンショナルモデル（スタースキーマ）の数と同程度が限界です。

ファクトテーブルとディメンションテーブル

スタースキーマは、中央のファクトテーブルとそれを取り囲む多数のディメンションテーブルで構成されます。ファクトテーブルにはビジネスイベントの（定量的な）数値指標であるファクトが格納されます。ディメンションテーブルにはそのビジネスイベントの（定性的な）説明が、主にテキストで格納され、指標の

スタースキーマは、ファクトテーブルとディメンションテーブルで構成されます

背景情報を提供します。ファクトテーブルにはディメンションテーブルへの外部キー情報も含まれ、ディメンションテーブルごとのリレーションシップは多対多になります[訳注12]。ディメンションテーブルの外部キーを組み合わせたものはファクトテーブルの複合主キーとなり、ファクトの「粒度」つまり詳細の度合いを定義します[訳注13]。

ディメンショナル属性の階層によってドリルダウン分析が可能になります

本書では、「ディメンション」という用語はディメンションテーブルを指し、「ディメンショナル属性」という用語はディメンションテーブルのカラムを指します。

ディメンションには、データをフィルタリングしたりファクトをグループ化して集計するために使用される説明的な（ディメンショナル）属性の組み合わせが含まれています。フィルタリングの説明としてレポートの行ヘッダーやタイトル／見出し／脚注を適切に加えることがディメンションの役割です。また、ディメンショナル属性は、BIツールでドリルダウン分析を可能にするような階層的な構造を持つことが多くあります。例えば、四半期から月、国から店舗、製品カテゴリーから製品へのドリルダウンなどが挙げられます。

ディメンションテーブルは小さく、ファクトテーブルは大きいです

ただし、ディメンショナル属性はすべてがテキストであるとは限りません。ディメンションには数値や日付も含まれますが、これらは通常集計値として計算されるわけではなく、テキスト属性と同様にファクトのフィルタリングやグループ化のために使用されます。ディメンションテーブルはその列数にかかわらず、ファクトテーブルと比較すると非常に小さいものです。ほとんどのディメンションは100万行に至ることはないでしょう[訳注14]。

最も便利なファクトは、加算型ファクトです[訳注15]。用意されたディメンションのどんな組み合わせに対しても集計できます。最も便利なディメンションは、BIを使う人たちにとって馴染みのある説明的な属性をたくさん格納したものです。

◆ データウェアハウスにおけるディメンショナルモデリングの優位性

ディメンショナルモデルのおかげで、クエリパフォーマンスと利便性が最大化されます

図1-3でわかりやすく表されていますが、ディメンショナルモデルの最も明確な利点は「シンプル」であることです。テーブルの数やテーブル同士の結合の数が少ないこと、そしてファクトが図の中央に明示的に配置されることで、売上をどのように測定するかが考えやすくなり、必要なクエリを簡単に構築できるよう

訳注12 例えば、「販売」ファクトを通じた「製品」と「店舗」の関係のこと
訳注13 例えば、製品名と期間ごとに集計したファクトテーブルは、製品名、期間、店舗ごとに集計したファクトテーブルより指標の粒度が粗くなります
訳注14 ファクトテーブルが100万行を超えることは珍しくありません
訳注15 加算型ファクトについては5章で解説します

になります。例えば、BIユーザーが店舗別の製品売上を調査する場合には、製品ディメンションと店舗ディメンションの間に販売ファクトテーブルを介した短い結合パスが1つ存在するだけです。このように、関係するテーブルの数と結合パスの長さを制限すると、スター結合最適化（ファクトテーブルへの複数の結合を1回で処理する機能）などのDBMS機能を活用して、クエリのパフォーマンスを最大化することができます。

ディメンショナルモデルにおける利点の本質は「プロセス指向」であることです。この利点は段々と実感できるようになるでしょう。単に第3正規形のERモデルを非正規化してテーブル数を減らし、BIによるクエリが結合だらけにならないようにしただけではありません。最適なディメンショナルモデルは、どのビジネスプロセスを測定する必要があるか、ビジネス用語でどのように記述すべきか、どのように測定すべきか、という問いに対する回答にもなります。ディメンションとファクトに分かれたテーブルは、単なる非正規化データの集まりではなく、測定すべきビジネスイベントの詳細を記述する「7W」となります。

> ディメンショナルモデルはプロセス指向です。7Wのフレームワークを用いて記述されたビジネスプロセスを表現します

- **誰が**（**W**ho）関与しているのか。
- 彼／彼女らは**何を**（**W**hat）したのか。**何に**（**W**hat）対して行われたのか。
- それは**いつ**（**W**hen）起こったのか。
- **どこで**（**W**here）行われたのか。
- **どれくらい**（**H**o**W** many）記録されたのか。
- ——**どのように**（**H**ow）計測されるのか。
- **なぜ**（**W**hy）それが起こったのか。
- それは**どのように**（**H**o**W**）起こったのか。
- ——いかにして起こったのか。

The 7Ws Framework

7Wは、5Wや6Wを拡張したものです。これらはエッセイの執筆や調査報道において、「全体像」を把握するためのチェックリストとしてよく挙げられます。それぞれのWは「疑問詞」を指し、質問をするために使われる単語やフレーズです。設計フェーズでは、7Wを使うことで「問いを投げかける」というBIの主活動に意識が向くため、これらの単語やフレーズはデータウェアハウスのモデリングで特に活躍するでしょう。

> 7Wは疑問詞であり、質問を形成する言葉です

ファクトテーブルは動詞と対応します（ビジネスプロセスの活動が格納されます）。そこに含まれるファクトとそれを取り巻くディメンションは名詞であり、それぞれ7Wのどれかに分類されます。6W（誰が、何を、いつ、どこで、なぜ、どのように）はディメンションの種類を表し、7つ目のWはHow many（どれくら

い）で、ファクト自体を表します。BEAM✲のデータストーリー[訳注16]はこれらの7Wを使用することで、データ活用上重要な動詞と名詞の組み合わせを発見できます。

> スタースキーマは通常8～20個のディメンションを含みます

ディメンショナルモデルを突き詰めていくと6Wのいずれかが複数回現れるため、通常1つのモデルには6個以上のディメンションが含まれるでしょう。例えば、受注処理プロセスは3つの「誰が（Who）」ディメンション（顧客、従業員、運送業者）と2つの「いつ（When）」ディメンション（注文日、配達日）にモデル化できます。とはいえ、ほとんどのディメンショナルモデルは10個以上のディメンションを持つことはありません。最も複雑なビジネスイベントでさえ、20個のディメンションを持つことはほとんどないでしょう[訳注17]。

> スタースキーマはアジャイルでインクリメンタルなBIをサポートします

プロセス指向であるディメンショナルモデリングの大きな利点は、データウェアハウスのスコープや設計・開発を、次に測定すべき個々のビジネスプロセスからなるブロックに自然に分割し、管理しやすい状態にできることです。つまり、各ビジネスプロセスを個別のスタースキーマとしてモデル化することで、段階的に設計・開発・利用することが可能になります。アジャイルなディメンショナルモデラーおよびBIのステークホルダーは、一度に1つのビジネスプロセスに集中して、そのビジネスプロセスをどのように測定すべきかを理解することができます。また、アジャイルな開発チームは、モノリシックな設計[訳注18]よりも早く個々のスタースキーマを構築して段階的に提供することができます。さらに、アジャイルなBIユーザーも、最初から個別に1つ1つのビジネスプロセスを分析して、素早くデータの価値を得ることができます。その後、より価値のある洗練されたクロスプロセス分析[訳注19]へとステップアップすることも可能です。1つか2つのスタースキーマであれば、より少ない投資リスクでより早く提供できるので、わざわざ10個のスタースキーマを一気に開発する必要はないのです。

ディメンショナルモデリングは、アジャイルの原則に則ってスタースキーマを提供します。アジャイルの原則とは「価値あるソフトウェアを素早く継続的に提供して顧客を満足させる」や「短い間隔（数週間から数か月間）で、利用可能なソフトウェアを頻繁に提供する」といった内容です。

訳注16 計測すべきビジネス活動について、ナラティブ（語り口）形式で考えをまとめたもの。詳細は1.3で解説します

訳注17 「製品名」や「製品カテゴリー」といったディメンショナル属性の数は20個を超えることがありますが、「製品」「ユーザー」といったそれぞれのまとまりを持つディメンションの数が20個を超えることはまれです

訳注18 ソフトウェアアーキテクチャの1つのアプローチで、アプリケーションのすべての機能やコンポーネントを単一のコードベースで管理する方法のこと

訳注19 複数のビジネスプロセスを横断した分析のこと

1.2 データウェアハウスの分析と設計

元々、ディメンショナルモデリングと、第3正規形のERモデリングは、両者ともデータベースの「設計」に関する技法です。前者は後者よりもデータウェアハウス設計に適していると言ってもよいでしょう。BIでの分析を実現するために必要な情報やデータに求められる要件を満たすデータ構造の設計には、その前段階として、要件を発見するための何らかの「分析」が必要になります[訳注20]。データウェアハウスに求められる要件を理解するためには、データ駆動型分析（供給駆動型とも呼ばれます）とレポート駆動型分析（需要駆動型とも呼ばれます）という2つのアプローチが一般的に使用されます。図1-4は、従来の第3正規形のエンタープライズ・データウェアハウスと、近年のディメンショナル・データウェアハウスおよびデータマート[訳注21]の分析と設計の傾向を表しています。

> BIデータ要件を見つけるためには分析の技術が必要です

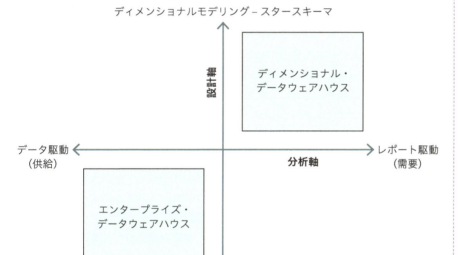

図1-4
データウェアハウスの分析と設計の傾向

[訳注20] 専門家や書籍によって定義やキーワードは異なりますが、一般的なシステム開発工程は、業務分析→要件定義→設計→実装→テスト→リリースといった流れになります。ここでの「分析」は、製品の売上を伸ばすような「データ分析」（レポート構築）ではなく、システム構築の要件を明らかにするための「業務分析」を指します

DW/BIシステムの開発工程

[訳注21] 「データマート」の概要や実装例については、本書の事例集パートにある、NE株式会社による寄稿文で紹介されています

1.2.1 データ駆動型分析

データ駆動型分析のアプローチでは、業務データソースを分析することでデータに求められる要件を定めます。この方法は従来のIT部門主導のデータウェアハウス構築で広く採用されており、他のアプローチは選択肢から外されていました。データウェアハウスの設計とは、「単にER技術を使って複数のデータソースを再モデリングし、単一の『完璧な』第3正規形のモデルを作成することである」と誤解されていたため、データを利用するユーザーの関与を避けていたのです。そのため、モデルが構築された後にようやくユーザーはBIに求める要件を伝えることができました。

しかし、従来のデータウェアハウス設計は、ユーザーの意見を聞かないがゆえにデータ要件の優先順位やスコープを判断できず、時間と費用がかかるものでした。また、ソースデータであるOLTPの視点に大きく影響されていたため、クエリを書く難易度が高く、緊急度の高いビジネス上の質問に答えられることはほとんどありませんでした。純粋なデータ駆動型の分析・設計は、「それ（システム）を作ればきっと彼（ユーザー）が来る」や「フィールド・オブ・ドリームス（夢の野球場）」と呼ばれるようになり[訳注22]、やがてユーザーから得られた意見に基づく分析とソースデータのプロファイリング、ディメンショナルモデリングを含むハイブリッドな手法に取って代わられるようになりました。

最新のデータプロファイリングツールや手法を使うことでデータ駆動型分析は大きな恩恵を受けられますが、それでも業務システムにおけるデータモデルが複雑化するにつれて、データ駆動型分析だけに頼ることのデメリットはますます深刻になっていきます。特に、業務システムが汎用性の高いデータモデルに基づいて構築されたERP (Enterprise Resource Planning) システムのようなパッケージアプリケーションである場合、この傾向が顕著になります[訳注23]。

このような問題があるにもかかわらず、データ駆動型分析は多くのデータウェアハウスプロジェクトでいまだに採用され続け、データ要件を決めるための主要なアプローチとなっています。IT部門のスタッフはビジネス部門のステークホルダーやBIユーザーとあまりかかわりたくないと考えており、このアプローチは彼らの技術的なコンフォートゾーンの中で完結できるものだからです。

1.2.2 レポート駆動型分析

一方、レポート駆動型分析のアプローチでは、BIユーザーがレポートに何を求めているかを読み解くことによって、データに求められる要件を得ることがで

サイドノート：

- 純粋なデータ駆動型分析では、初期段階でのユーザー関与がないまま進んでしまいます

- かつて、データ駆動型分析では、BIユーザーのニーズを満たさないデータウェアハウスの設計につながってしまいました

- パッケージアプリケーションは特に分析が難しいデータソースです

- ITスタッフはデータ駆動型の分析に慣れています

- BIユーザーに少人数のグループインタビューを行うことでレポート要件を集めます

訳注22 後者は映画のタイトル、前者はその映画のキャッチフレーズをシステム開発に当てはめたものです
訳注23 近年であればSaaSと呼ばれる業務用のウェブサービスでも同じ特徴が見受けられます

きます。これらの要件は、ステークホルダーに 1 人ずつまたは少人数のグループでインタビューをすることで収集されます。何度もミーティングを重ね、インタビューメモと詳細なレポート定義（通常はスプレッドシート、文書、スライドのモックアップ）を見比べながらデータへの要件リストを作成し、利用可能なデータソースでそれらを満たせるかチェックします。要求事項をまとめたドキュメントはステークホルダー間で共有しましょう。ステークホルダーの承認を経た後には、そのドキュメントはデータモデリングと BI 開発を推進するために使用します。

　レポート駆動型分析では、データウェアハウスの設計時にステークホルダーが抱える緊急度の高いレポート要件に集中し、効率的に開発できるように優先順位を付けます。スコープを慎重に管理することで、迅速にレポートを提供できるようになるでしょう。

ユーザーを巻き込むことで、より成功しやすいデータウェアハウスを作ることができます

　残念ながら、レポート駆動型分析であればすべてうまくいくというわけではありません。企業や部門横断的な視点を得るために必要なレポート要件を「すべて」集める取り組みには、多くの人々にインタビューする時間が必要です。また、ステークホルダーたちに「次に必要なレポート」のさらにその先を検討させ、長期的な要件を十分に細かく説明してもらうには、かなりのインタビュースキルが求められます。その性質上、詳細な分析要件は層の形で積み重なり、複雑になっていきます。そのため、要件収集のための予算を豊富に持つ、経験豊富なビジネスアナリストでさえも、困難と感じることがあります。BI ユーザーにとって、「次のレポート」の先にある将来の情報ニーズを明言することは困難です。なぜなら、これらのニーズは「次のレポート」が提供する回答や、その回答が引き金となる予想外の新たなビジネスの取り組みに左右されるからです。要件をまとめ、ビジネス・ステークホルダーにフィードバックし、データ用語についての合意と承認を得るという一連の作業は非常に長い期間に及ぶプロセスとなり得ます。

将来的に拡張しうる BI レポート要件を事前に完全に把握することは不可能です

　レポート要件に過度に依存すると、当初はうまくいっていたはずのデータウェアハウス設計が、長期的な変化に対応できなくなります。これは、経験の浅いディメンショナルモデラーが、現時点のレポート要件に過度に最適化した設計を行った場合によく起こります。それよりも、これらのレポートを手がかりとみなし、BI が真の柔軟性[訳注 24]を提供するために、より詳細にモデル化すべき「基礎となるビジネスプロセス」を発見することが重要です。初期の要件分析が長引いて予算や意欲がなくなると、状況はさらに悪化します。素早くイテレーション[訳注 25]を回せないため、真の BI 要件を発見できないまま、柔軟性に欠ける設計に陥ります。一部の評論家は、ディメンショナルモデリングは「レポート中心」

現在のレポートだけに焦点を当てすぎると、柔軟性に欠けるディメンショナルモデルになってしまいます

訳注 24　広範囲の要件、シナリオ、またはビジネス環境の変化に対応できる能力のこと
訳注 25　「設計」「開発」「テスト」「改善」から構成される短い開発サイクル。短期間で繰り返すことで問題の発見や改善を容易にします

で、データマートレベルでは個々の部門の現在のレポートニーズを満たすのに適しているが、全社視点でのエンタープライズなデータウェアハウス設計には適していないと不当な評価を下すようになりました。これは悲しい誤解です。なぜなら、ディメンショナルモデリングは、サマリーレポートの要件をリバースエンジニアリングして作り上げるものではないからです。ディメンショナルモデリングを正しく使用して、最小単位のビジネスプロセスを「反復的」かつ「段階的」にモデル化すれば、ディメンショナルモデリングにこのような限界が生まれることはありません。

1.2.3 プロアクティブなDW/BIの分析・設計

歴史的な経緯として、データウェアハウスはOLTPの開発に後れをとってきました（技術としても年代としても）。多くの場合、データウェアハウスが構築されるのは、十分に開発された業務システムがレポート目的には不十分であることが判明し、BIバックログ[訳注26]が多く蓄積された後のことでした。この「リアクティブ（消極的・後発的）」なアプローチは、図1-5のタイムラインの例で説明されています。

> 初期のDWは、OLTPのレポート問題に対処するためのものでした

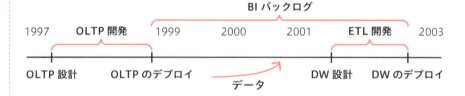

図1-5 リアクティブなDWのタイムライン

現在[訳注27]では、DW/BIもOLTPの開発に追い付き、「プロアクティブ（積極的・先行的）」に取り組まれるようになりました。図1-6のタイムラインに示すように、多くの新しいデータウェアハウスは新しい業務ソースシステムと同時に開発されます。OLTPとDW/BIという2つの異なる世界の時間軸は、並び合うようになったのです。

> OLTPとDWのデプロイのラグがなくなりつつあります

図1-6 プロアクティブなDWのタイムライン

訳注26 BIに対する要求リストのこと
訳注27 「現在」とは、この本の初版が発売された2011年を指しています

以下のようなビジネス主導のさまざまな理由から、DW/BI は着実にプロアクティブになってきています。

- DW/BI 自体が日々の業務における意思決定をよりサポートするようになりました。業務レポートと分析レポートの間の（主に技術的な）区分が曖昧になってきています。ますます洗練された業務プロセスが（ほぼリアルタイムの）BI の力を活用し、ステークホルダーはすべてのレポートニーズに対してワンストップで応える仕組み、すなわちデータウェアハウスを求めています
- 組織（特に DW/BI の導入や運用に成功している組織）は、近い将来、新しい主要な業務システムごとに、独自のデータマートが必要になるか、既存のデータウェアハウスと統合する必要があることを認識しています
- BI のステークホルダーは、「不完全な」暫定ソリューションとしてのレポートを管理せざるを得なくなったり、その開発バックログに悩まされることを望んでいません

データウェアハウス構築における プロアクティブな設計の利点

業務システムのデータモデリングよりも先行して、データウェアハウスの設計を行うと、BI のステークホルダーはデータについて何を検討すべきかを設定しやすくなります。つまり、新しい OLTP システムがまだ開発中で追加機能を簡単に組み込むことができる段階で、理想の情報要件を規定することができます。これは、分析上必須となるデータを定義する上で特に重要です。BI にとって重要なデータが、業務システム観点では重要でないとみなされてしまうことがあります。例えば、重要なデータに非 NULL 制約をかけてほしいと事前に指定することで、そのデータを最初から確実に収集できます。また、業務システムの運用担当者によって、改修が（うっかり）後回しにされることを防ぎます。

ETL プロセス[訳注28] は、安定したデータソースにアクセスできない限り開発するのが難しい／不可能と思われがちです。しかし、データソースが未定義であったりまだ目的が定まっていない時点であればむしろ、アジャイル ETL チームは、プロアクティブなデータウェアハウスモデルに基づいて、彼らにとっての「完璧な」データ抽出のインターフェース仕様を定義し、それを OLTP 開発チームに伝えることができます。これは、ETL の設計者にとって、適切な「変更データキャプチャ（CDC：Change Data Capture）」機能（一貫して維持されるタイムスタンプや更新理由コードなど）をすべてのデータソースに組み込む絶好のタイミングです。結果として、ETL プロセス上でデータがいつどのような理由で変更されたか（履歴を記録すべき、正しい過去の値に対する正しい変更なのか、

プロアクティブな DW/BI は、業務上の要求に対応しつつ、その場しのぎの対応を避け BI のパフォーマンス問題を未然に防ぎます

プロアクティブにデータウェアハウスを設計することで、データを BI で利用しやすくなります

プロアクティブな DW 設計は、ETL の変更データ取得も効率化できます

訳注 28 ETL ジョブと呼ぶこともあります。データ取得・変換の処理を指します

履歴を追う必要のない、誤りの修正なのか）を簡単に検出することができるようになるはずです。

ソースとなる業務システム側のデータベースのスキーマがまだ利用できない状況でも、ETL 設計者と OLTP 設計者がフラットファイル[訳注29]によるデータ抽出に合意すれば、ETL 開発を進めることができます。OLTP が、BI 側のニーズを満たしたスケジュールで指定された抽出結果を提供できると、後は ETL の変換とロード処理を開発するだけで、このソースをプロアクティブなデータウェアハウス設計の目標に適合させることができます。

データウェアハウスにおけるプロアクティブな分析の課題

DW/BI にとって、要件の分析がプロアクティブであることは大きな利点となる可能性がありますが、残念なことに図 1-6 のタイムライン上に「データ」が遅れて現れることで、データウェアハウス設計者はさらなる分析上の課題に向き合うことになります。つまり、BI の要件収集は、実際のデータが利用可能になる前に行わなければなりません。このような状況では、プロアクティブなデータモデラーは、プロアクティブなスケジュールに合わせて BI データ要件を提供するために、従来の分析技術に頼ることがより困難になります。

プロアクティブな分析はデータが存在する前に行われます

プロアクティブなレポート駆動型分析の課題

もし BI のイメージを膨らませるためのデータやアプリケーションをステークホルダーが見たことがない場合、レポート要件の収集に向けたインタビューを従来の手法のまま行うと問題が発生します。既存のレポートがないため、ビジネスアナリストは、アイスブレイクとしてよく用いられる「いつもよく見ているレポートはどうすればもっと改善できますか？」といった質問をすることができません。そもそも「このデータを使ってどのように意思決定をしていますか？」と質問するための対象データがないのです。また、新しい業務システムが追加されることによって、ステークホルダーがこれまで測定も管理もしたことがなかったまったく新しいビジネスプロセスがすぐに使用可能になるとしたら、「どのような意思決定を行いますか？ どのような情報があれば、意思決定の速度や精度が上がりますか。」といったさらにオープンな質問も通用しなくなる可能性があります。

データが存在しない段階でのレポート駆動型分析は難しいものです

プロアクティブなデータ駆動型分析の課題

IT 部門はデータ駆動型分析に頼ることができません。新しいソースデータベースが存在していなかったり、まだ開発中である、または代表的なデータが（テス

プロファイル対象となるデータがなければ、データ駆動型分析はできません

訳注29 文字で表されるデータを列挙して格納するファイルのこと。例として CSV ファイルなどが挙げられます

トデータのみで）ほとんどもしくはまったく入力されていない場合、データプロファイリングツールやデータベースをモデリングし直すスキルはほとんど役に立ちません。安定した（十分に文書化された）データベーススキーマを持つパッケージアプリケーションを使用して新しい業務システムを実装する場合でも、それらは通常複雑すぎて、先に分析する対象を絞らなければデータプロファイリングはできません。データベースのごく一部しか現在使用／入力されておらず、IT部門の稼働リソースや業務理解が十分でない場合、作業に時間がかかる一方でたいした価値を生み出すことはできません。

データから要件へ：「鶏が先か卵が先か」という難題

　データがあり、かつユーザーが（BI を通じた情報へのアクセスが完璧でない状態で）そのデータをある程度利用した経験がない限り、IT とビジネスのステークホルダーはどちらも、真の BI 要件を十分に定義することができません。詳細な要件が早期に定義されなかった場合、プロアクティブなデータウェアハウスの設計は、適切な情報をタイムリーに提供できなくなります。この状況が繰り返し発生すると、データが利用可能になるたびに、改修タスクが BI バックログに積み上がってしまいます。この「データの後に要件[訳注30]」／「鶏が先か卵が先か」という難問を解決するために、プロアクティブなデータウェアハウス設計には、データベースの分析と設計に対する新しいアプローチが必要です。これは、従来のデータモデリングやディメンショナルモデリングとは異なります！

> プロアクティブな DW 設計には、データ分析、モデリング、設計への新たなアプローチが必要です

1.2.4　アジャイルなデータウェアハウス設計

　図 1-7 のタイムラインにまとめられているように、従来のデータウェアハウス開発プロジェクトは「ウォーターフォール型」開発の一種を採用しています。このタイムラインの形と「ウォーターフォール」という言葉から、「十分に詳細な要件が集まり、「最初に行う十分な設計（BDUF：Big Design Up Front）」が完成すれば、後は万事うまくいく」と考えられがちです。しかし、このアプローチは DW/BI にとって、要件を網羅的に収集する能力に依存しています。また、全データへのアクセスとそれがもたらす BI の価値を、ウォーターフォールの最終局面まで（または虹にたどり着くまで！[訳注31]）先送りすることになります。このような理由から、「純粋な」ウォーターフォール（分析 1 回、設計 1 回、開発 1 回など）型の DW と BI の開発を意図的に選択することも、自然とそうなっていくこともまれです。

> 従来のデータウェアハウスは、設計と開発において、ほぼ直列またはウォーターフォール方式を採用していました

訳注30 データがないと具体的な要件を定義できません
訳注31 虹の根元にたどり着くことができないように、ウォーターフォール型のアプローチでは BI の価値を得る段階までたどり着くことが難しいことを暗喩しています

第1章 データウェアハウスのモデリング方法

図 1-7
ウォーターフォール方式の
DW 開発タイムライン

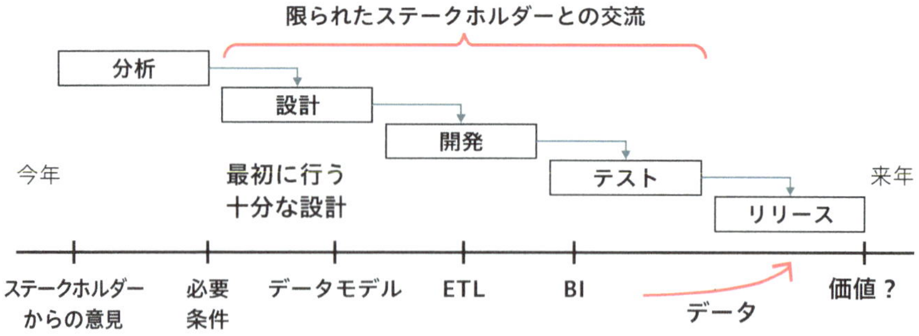

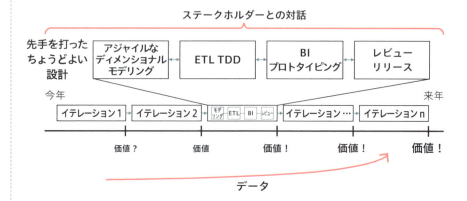

ディメンショナルモデリングは、インクリメンタルな開発を可能にします

　ディメンショナルモデリングでは、開発者が初期の段階的な BI 機能をスタースキーマごとにリリースしフィードバックを得ながら調整できるため、純粋なウォーターフォール型開発におけるリスクを軽減できます。しかし、他の多くのデータモデリング手法と同様に、ディメンショナルモデリングもほぼ直列なアプローチで分析と設計を行います（「最初に行う十分な要件収集（BRUF：Big Requirement Up Front）」を完了させた後に「最初に十分な設計を行う」データモデリングに着手する）。そのため、先に述べた固有の制約の影響を受けたり、価値提供を始めるまでに時間がかかったりします。

アジャイルなデータウェアハウス設計・開発は、反復的で協調的です

　アジャイルなデータウェアハウス開発は、図 1-8 のタイムラインで示すように、DW の設計と開発のすべての側面において、反復的・段階的・協調的なアプローチをとることによって先行分析に伴うリスクをさらに低減し、BI の価値をよりタイムリーに提供しようとするものなのです。

図 1-8
アジャイル方式の
DW 開発タイムライン

アジャイルは、動くソフトウェアを早期かつ頻繁に提供して、価値を創出することに重点を置いています

　BDUF を避け、代わりに最初のイテレーションでの「先手を打ったちょうどよい設計（JEDUF：Just Enough Design Up Front）」と各イテレーションにおける「必要なものを、必要なときに、必要なだけ行う（JIT：Just-In-Time）」詳細設計をしましょう。アジャイル開発では、将来に向けて網羅的な要件や設計文書を作るのではなく、動くソフトウェアを素早く頻繁に提供し、価値を生むこ

20

とに集中します。

アジャイルなDW/BIにおいて（価値を生む）動くソフトウェアとは、クエリ可能なデータベーススキーマ、ETLプロセス、BIレポート／ダッシュボードの組み合わせです。よって、1回のイテレーションで提供できる（価値を生む）動くソフトウェアの最小セットは、1つのスタースキーマ、そのスタースキーマを作るためのETLプロセス、そしてスタースキーマにアクセスするBIツールまたはアプリケーションということになります。

さらに、アジャイルのタイムラインでは素早く頻繁にリリースを行います。そのため、このリリーススケジュールに合わせてデータベーススキーマを設計するには、データに求められる要件の分析が完成した後にデータモデリングを始めるという従来の手順ではなく、アジャイルな代替案が必要です。

> DW設計にとって、実用最小限の動くソフトウェアはスタースキーマです

> アジャイルなデータベース開発にはアジャイルなデータモデリングが必要です

1.2.5 アジャイルなデータモデリング

アジャイルなモデリングとアジャイルなデータベース技術に関するいくつかの本の著者であるScott Ambler氏（www.agiledata.org）は「アジャイルなデータモデリング」を次のように定義しています。「データモデリングとは、データ指向的な構造を探索する行為です。進化的なデータモデリングとは、データモデリングを反復的かつインクリメンタルな方法で実行することです。アジャイルなデータモデリングとは、進化的なデータモデリングを協調的な方法で行うことです。」

「協調的」「インクリメンタル」「反復的」という言葉は、アジャイル開発の文脈で特定の意味を持ち、それぞれが大きな利点をもたらします。

> アジャイルなデータモデリングは協調的かつ進化的です

> 分析と設計を組み合わせた協調的なモデリングで、ステークホルダーを積極的に巻き込みます

- **協調的なデータモデリング**では、ステークホルダーと一緒にデータをモデリングすることで、データ要件を明らかにします。これにより、分析と設計を効果的に組み合わせ、ステークホルダーのデータ要件を記録する（文書のみの）「初期段階（the establishing shot）」を経ずに、データモデル（動作するソフトウェアと文書）の作成という「核心（cuts to the chase）」訳注32 に直接迫ることができます
- **インクリメンタルなデータモデリング**では、ステークホルダーに確認しながらモデリングを段階的に進めることで、より多くのデータ要件を引き出します。後になってからステークホルダーが自分たちの要件を正確に理解したり、後からデータが必要になる場面や、実装の準備を進めることで要件が明確になるといった場面を指しています。インクリメンタルなモデリングと開発は、開発を進めることによって新たなデータ要件を引き出し、そのデータ要件を次の開発に反映させることで、素早く頻繁なソフトウェア提供を実現するためのス

> 進化的なデータモデリングは、要件が広がり変化したときにそれを取り込むことによって、インクリメンタルな開発をサポートします

訳注32 cuts to the chase とは、要点を述べることを意味します。映画のクライマックスで追跡シーンが多く使われたことに由来します

ケジュール管理戦略なのです

- **反復的なデータモデリング**は、既存のデータ要件をよりよく理解したり、既存のデータベーススキーマを改善するのに役立ちます。例えば、リファクタリングを繰り返して誤りを修正したり、新しく利用可能になった属性やビジネスで重要度が上がった属性を追加する取り組みを指します。反復的なモデリングと開発は、ソフトウェアの価値を高める改善戦略なのです

1.2.6 アジャイルなディメンショナルモデリング

ディメンショナルモデリングでは「測定する価値のある 1 つのビジネスプロセス」を 1 つのまとまりとして扱います。アジャイルなデータモデリングは、この特徴を最大限に活かし、ウォーターフォールなどの他プロジェクト方式よりも DW/BI にとって大きなメリットをもたらします。

DW/BI がアジャイルなディメンショナルモデリングから受ける恩恵

- アジャイルなモデリングを行うと「分析麻痺」訳注33 を回避できます。BI バックログには大量の（無限とも言える）リクエストが積まれて、しかもリクエストの内容や優先順位は常に変動します。錯綜した情報の中から「適切な」レポートを見つけようと試行錯誤しているうちに、分析麻痺に陥ってしまいます。アジャイルなディメンショナルモデリングを実施することで、ステークホルダーが現在または次に測定したいと思っている少数（有限）の比較的安定したビジネスプロセスに全員が集中できるようになります

アジャイルなディメンショナルモデリングは、1 つ 1 つのレポートではなくビジネスプロセスに焦点を当てます

- アジャイルなディメンショナルモデリングでは、現在のサマリーレポートの定義から、その背景にある詳細なビジネスイベントを解読する必要はありません。特定のレポート要件に縛られることなくビジネスプロセスをモデリングすることで、より柔軟でレポートに依存しない企業全体のデータウェアハウス設計を実現します

アジャイルなディメンショナルモデリングにより、レポートにとらわれない柔軟な設計を実現します

- アジャイルなデータモデリングによって、新しい業務システムの導入直前に DW/BI に存在する「データが先か、要件が先か」の行き詰まりを打破することができます。プロアクティブでアジャイルなディメンショナルモデリングにより、BI のステークホルダーは新しいビジネスプロセスを計測の観点から定義し、業務アプリケーションの開発やパッケージ構成に BI 要件をタイムリーに提供することができます

アジャイルなモデリングにより、プロアクティブな DW/BI は業務システムの開発に影響を与えられるようになります

- アジャイルなモデリングの進化的アプローチは、真の BI 要件は徐々に増えていくという性質に合致します。BI プロトタイピングや実際の BI の使用に伴って反復的かつ段階的にディメンショナルモデリングを行うことで、ステークホルダーはリアルなデータ要件を（再）定義することができます

進化的なデータモデリングは、段々と増加していく BI 要件をサポートします

- 協調型モデリングにかかわるステークホルダーの多くは、のちに完成したディメンショナルデータモデルの直接のユーザーになります。将来の BI ユー

協調型モデリングにより、ステークホルダーはディメンショナルな思考を身につけることができます

訳注 33 Analysis paralysis、検討ばかりで行動につながらない状態

ザーと何らかの形でディメンショナルモデリングを一緒に行うことで、彼らは初期段階から、データに対するディメンショナルな思考法や、共通の適合ディメンションやファクトの定義方法を学びます
- 協調型モデリングでは、ステークホルダーが設計プロセスに参加するため、彼らはデータウェアハウスに強い熱意を持つようになります。具体的には、データウェアハウスに対する所有意識が生まれます。データモデルに対して自分たちが関与したと感じます。彼らはモデルの意味を自然に理解できるため、IT 部門からトレーニングを受ける必要はありません。データウェアハウスは、IT 部門が多くのレポート要件を読み解いて独自に解釈したものではなく、ビジネス専門家のグループ自身によって直接設計されたものとなります。そのため、データ用語について合意された内容がモデルに反映されています

> 協調型モデリングにより、ステークホルダーはデータウェアハウスに対して誇りを持つようになります

ステークホルダーが自ら作成したデータモデルに抱く愛情を過小評価してはいけません。

アジャイルなディメンショナルモデリングと従来の DW/BI 分析

アジャイルなディメンショナルモデリングを採用するからと言って、DW/BI を分析する従来の作業が完全になくなるわけではありません。しかし、アジャイルなディメンショナルモデリングを実施し、そのビジネスプロセスのデータをモデリングしておくことで、データ駆動型分析やレポート駆動型分析をアジャイルに行うことができるようになります。作業量が大幅に減り、品質や価値が向上します。

> アジャイルなディメンショナルモデリングは従来の分析作業自体もアジャイルにします

アジャイルなデータ駆動型分析

アジャイルなデータ駆動型分析は、「ターゲットデータプロファイリング」によって効率化されます。すぐに扱うであろうデータモデルに関連したデータソースだけに絞り込み、各イテレーション内で分析を行いましょう。ターゲットデータプロファイリングでは「テスト駆動型開発（TDD）」と呼ばれるアジャイル開発の手法をサポートしています。詳細な物理データモデリングを始める前に、テスト対象となるデータソースを特定し、データモデルと ETL プロセスのテスト内容を定義します。データソースの準備前で ETL のテストが定義できない場合、アジャイルなデータモデラーはテストできない物理モデリングに時間を浪費する必要はありません。この場合、アジャイルなデータウェアハウスモデルは新しい OLTP システムのテスト駆動型開発を支援できます[訳注34]。

> アジャイルなデータ駆動型分析では「ターゲットデータプロファイリング」を行います

訳注34 TDD では、テストが先で、設計・実装はその後に行います。テストできないということは、その設計・実装が正しいか判断できないということであり、作業にムダ・ムラ・ムリが生じやすい状態と言えるでしょう。この場合、OLTP システムに DW/BI 要件を前もって伝えることで、ソースとなる OLTP システムの設計・実装・テストにも役立ちます

アジャイルなレポート駆動型分析

アジャイルなレポート駆動型分析は、BIプロトタイピングの形式で行われます。早期にディメンショナルデータベースのスキーマを提供して、サンプルデータを抽出、変換、ロード（ETL）できるようになると、スプレッドシート、文書、スライドでモックアップを作るのではなく、レポート要件を満たすより良いプロトタイプをユーザーが実際に使っているBIツールで作成できます。利用可能なデータさえあれば、BIツールで何ができるかをステークホルダー全員が理解した上で、ユーザーが要件を定義し、開発者がその要件を満たすことを約束します。これは本来そうあるべき自然な流れです。

> アジャイルなレポート駆動型分析ではBIのプロトタイピングを行います

アジャイルなディメンショナルモデリングの要件

アジャイルなモデリングでは、IT・ビジネス双方のステークホルダーが仕事のやり方を変え、新しいツールやテクニックを採用する必要があります。

- 協調型モデリングを行う際には、寛容な姿勢が必要になります。データモデラーはステークホルダーと定期的に会う（ビジネスアナリストとしての役割を果たす）心構えが必要であり、一方でビジネスアナリストとステークホルダーにはデータモデリングに積極的に参加することが求められます。不慣れな領域での**交流**や協力を促すため、関係する全員に、簡単なフレームワーク、チェックリスト、ガイドラインが必要です
- ビジネス・ステークホルダーは、従来のデータモデルをあまり好みません。たとえそれが自分たちを対象とした概念モデル（表1-2「**データモデルの種類**」を参照）であってもです。彼らは、データモデラーが好む（そしてデータベースモデリングツールが生成する）ER図や表記法は複雑すぎる、または抽象的すぎると感じるでしょう。ステークホルダーを巻き込むには、アジャイルなモデラーは使いやすく共有しやすいシンプルなツールを使って、抽象度の低い、より「**受け入れやすい**」データモデルを作成する必要があります。受け入れやすいモデルとは、データベース管理者（DBA）やETL/BI開発者が使用するような、技術的な仕様[訳注35]が定義された論理的および物理的なスタースキーマに、簡単に変換できるものを指します
- コラボレーションを促進し、イテレーションをサポートするために、アジャイルなデータモデリングは**迅速に**行われる必要があります。ステークホルダーが複数のモデリングセッションに参加する場合、それぞれのセッションに何日も何週間もかかることを望んではいません。また、アジャイルなモデラーもスピードを求めています。ステークホルダーとの関係を悪化させたくはありません。共通のビジネス用語（適合ディメンション）を定義し、要件に優先順位を付けるための経験と知識を持つステークホルダーのグループで

> 協調型モデラーには、**交流**を促す技術が求められます

> 協調型モデリングでは、シンプルで「受け入れやすい」表記法とツールを使わなくてはなりません

> データモデリング・セッション（モデルストーム）は、数日ではなく数時間で**迅速に**行う必要があります

訳注35 主キーやデータ型など

モデリングを行うことで、最良の結果が得られるでしょう。このような人たちと個別に、ましてやグループで長時間のミーティングを計画するのは大変なことです。アジャイルなデータモデリングのテクニックとして「モデルストーミング」を身につけなくてはなりません。これは、従来のアプローチよりも迅速でシンプル、簡単で、楽しく、必要に応じてその場で行うスタンドアップモデリングです訳注36

- ステークホルダーは漸進的（常に機能を追加し続けている状態）でありたいので、同じ場所のモデル設計を繰り返している（すでに作業を終わらせたはずの箇所を修正し続けている）と感じることを望んでいません。彼らは、明確な進捗と目に見える結果を感じたいのです。アジャイルなモデラーは現在の詳細なデータ要件である**「必要なものを、必要なときに、必要なだけ行う」モデリング**と「全体像」を示す**「先手を打ってちょうどよく設計する」モデリング**のためのテクニックを必要としています。これは将来のイテレーション内容を予測し、設計の手直しを減らすのに役立ちます

- 開発者は**データベースの変化を受け入れる**必要があります。彼らは、BDUFデータモデリングの副産物である（概念的に）安定したデータベース設計を扱うことに慣れています。サポートスタッフと呼ばれる人たちの方が、ユーザーのリアルな要件に合わせてデータベースを変更することに慣れているでしょう。アジャイルな ETL および BI 開発者は、進化するデータウェアハウス設計に効率的に対応するためにデータベースの影響分析および自動テストをサポートするツールを必要とします

- データウェアハウスの設計者は、**データモデルの変更を受け入れる**必要があります。進化していくことを前提とした設計においてはデータベースの大幅な作り直しが何度も求められるでしょう。そのような大規模修正をなるべく減らしたいと望むことは自然な反応です。しかし、一般的なデータモデルの型に頼ることは避けなければなりません。理解しやすさを損ない、クエリパフォーマンスを低下させ、ステークホルダーを遠ざけるおそれがあります。アジャイルなデータウェアハウスモデラーは、「今日」の BI 要件に集中する一方で「未来」の BI 要件を信頼して表現できるディメンションのデザインパターンを必要としています

「必要なものを、必要なときに、必要なだけ」「先手を打ったちょうどよい設計」といったアプローチをサポートし、DW チームが変化を受け入れることを可能にするアジャイルなディメンショナルモデリングは、一見無理難題のように思えるかもしれませんが、心配しないでください。すべての人やすべての物事を一晩でアジャイル化する特効薬はありませんが、これらのアジャイルなモデリングに対応できる実証済みのツールやテクニックがあります。

訳注36 「スタンドアップモデリング」は、アジャイル開発における短い会議「スタンドアップミーティング」を念頭に置いています

アジャイルなモデラーは、設計の手戻りを減らすために、「必要なものを、必要なときに、必要なだけ行う」モデリングと「先手を打ってちょうどよく設計する」モデリングをバランスよく行う必要があります

進化的な DW 開発には、自動テストをサポートする ETL/BI ツールが有効です

DW デザイナーは変化を受け入れ、モデルを進化させなければなりません

これらの要件に対応するために、アジャイルなディメンショナルモデリングの技術が存在します

第1章　データウェアハウスのモデリング方法

1.3　BEAM✲

BEAM✲はアジャイルなディメンショナルモデリング手法です

BEAM✲は、ビジネスイベントの詳細を発見し、文書化するために使用されます

BEAM✲は、ディメンショナル・データウェアハウスやデータマートを設計するためのアジャイルなデータモデリング手法です。BEAMとは「Business Event Analysis & Modeling」の略で、その名のとおり、ビジネスイベントに基づいたデータ要件分析とデータモデリングを組み合わせた手法です。末尾の✲（6点オープンセンターアスタリスク）は、成果物であるスタースキーマと7Wの関係性を表しています。

BEAM✲は2つの要素で構成されています。1つ目は、反復可能で協調的な一連のモデリング技術です。これは、ビジネスイベントの詳細を迅速に「発見」するための手法です。もう一方は、網羅的なモデリング記法です。これは、ビジネス・ステークホルダーの理解を助け、またIT開発者にとってはビジネスイベントを簡単に論理的かつ物理的なディメンショナルモデルに変換できるよう、表形式の形で「記述」するための手法です。

1.3.1　データストーリーと7Wフレームワーク

BEAM✲のモデラーとBIのステークホルダーは、7Wを使用してデータストーリーを語ります

BEAM✲では、BIのステークホルダーに「データストーリー」を記述してもらうことで、現時点のレポート要件に閉じない本当のニーズを考えてもらいます。データストーリーとは、ナラティブ（語り口）形式で考えをまとめたもので、測定が必要だろうと思われるビジネス活動について、ディメンションの詳細を明らかにします。BEAM✲のモデラーは、7Wに基づくシンプルなフレームワークで質問を行います。7W（誰が、何を、どこで、いつ、どれくらい、なぜ、どのように）を使うことで、BEAM✲はステークホルダー全員がディメンショナルに考えられるように促します。BEAM✲のモデラーがステークホルダーに尋ねる質問は、ステークホルダーがBIを利用し始めたとき、データウェアハウスに投げかける質問と同じタイプのものです。つまり、その際、ステークホルダーは「誰が、何を、いつ、どこで、なぜ、どのように」という質問を組み合わせて、自分たちのビジネスをどのように分析するか考えることでしょう。

1.3.2　図表と表記法

BEAM✲テーブルによって「具体例を用いたデータモデリング」が実施しやすくなります

「データ例テーブル」（＝BEAM✲テーブル）は、BEAM✲のモデリングツールや図表の種類の中で最も重要なものです。BEAM✲テーブルはデータストーリーを表形式で表現し、サンプルデータを用いてデータ要件を記述するために使われます。そうすることで、「（抽象化するのではなく）具体例を用いた協調型

データモデリング」が実施しやすくなります。BEAM✲テーブルは通常、7W に対するステークホルダーの回答を元に 1 列ずつホワイトボード上に構築されていき、その後スプレッドシートを使用して恒久的に文書化されます。結果として得られた BEAM✲ モデルは、従来のデータモデルというよりもむしろ表形式のレポート（図 1-9 参照）のように見えます。

BEAM✲（データ例）テーブル

　BEAM✲ テーブルにはステークホルダーの興味を引く効果もあります。ステークホルダーはビジネス上の問いに答えてくれるレポートを求めています。BEAM✲ テーブルはレポートそのものではありませんが、ステークホルダーが目に見える形で進捗を確認するには十分です。後からモデリングされる抽象的なディメンショナル属性を例として使っておくことで、ステークホルダーはより具体的なカラムのソートやフィルタリング方法を想像しやすくなります。

BEAM✲ テーブルは、シンプルな表形式のレポートのような見た目をしています

図 1-9
「顧客の注文」
BEAM✲ テーブル

顧客の注文 [DE]

顧客は	製品を 注文する	注文日に	数量	売上高で	割引で	注文 ID を 使って
[誰が]	[何を] MD,GD	[いつ] MD	[小売単位]	[$, £, €]	[$, £, €, %]	[どのように] GD
Elvis Priestley	iPip Blue Suede	2011 年 5 月 18 日	1	$249	0	ORD1234
Vespa Lynd	POMBook Air	2011 年 6 月 29 日	1	£1,400	10%	ORD007
Elvis Priestley	iPip Blue Suede	2011 年 5 月 18 日	1	$249	0	ORD4321
Phillip Swallow	iPOM Pro	2011 年 10 月 14 日	1	£2,500	£150	ORD0001
ウォルマート	iPip G1	10 年前	750	$200,000	$10,000	ORD0012
アメリカ上院	iPOM+ プリンター	昨日	100	$150,000	$20,000	ORD5466
アメリカ上院	iPip Touch	昨日	100	$25,000	$1,000	ORD5466

BEAM✲ ショートコード

　BEAM✲ はシンプルなため、ステークホルダーとデータモデリングを行うときにスムーズに扱うことができるでしょう。それでいて、現実世界のデータの複雑さをしっかりと捉え、対処するために使われるディメンショナルモデリングのデザインパターンを記述できる柔軟な表現力があります。これらを両立するために、BEAM✲ モデルでは英数字の「ショートコード」を使用します。これは専門のモデリングツールを必要とするグラフィカルな表記ではなく、スプレッドシートのセルに記録できるデータプロパティの (主に) 2 文字の略語です。ショートコードを追加することで、BEAM✲ テーブルは以下のような用途に使用できます。

BEAM✲ はショートコードを使って技術的なデータの特性を記録します

BEAM✲ショートコードは、ディメンショナルモデリングの略語として機能します

- 履歴の記録ルールを含むディメンショナル属性の文書化
- 集計ルールを含むファクト属性の文書化
- データプロファイリングの結果の記録、データソースと要件の対応付け
- 物理的なディメンショナルモデルの定義：ファクトテーブルとディメンションテーブル
- スタースキーマの作成

　データ型やNULLを許容するかなどの一般的なデータ特性や、「緩やかに変化するディメンション」「ファクトの加算性」[訳注37]といったディメンショナルモデリング固有の特性を書き出すにあたって、BEAM✲ショートコードは、ディメンショナルモデラーのための略記法として機能します。ショートコードはBEAM✲のあらゆる種類の図表の注釈に使用できますが、技術的な詳細に関心がないステークホルダーとのモデリングでは、簡単に隠したり無視したりすることができます。ショートコードとその他のBEAM✲の表記規約は、本文中で太字で強調されます。付録Bはショートコードの参考リストです。

BEAM✲とER図の比較

ザクロ社の例でBEAM✲を説明します

　本書では、架空の会社であるザクロ社（POM：Pomegranate Corporation）を例にしてBEAM✲の動作を説明します。まず、ザクロ社の注文処理データモデルのER図（図1-10）と、顧客の注文イベントのBEAM✲テーブル（図1-9）を比較します。

図1-10
注文処理のER図

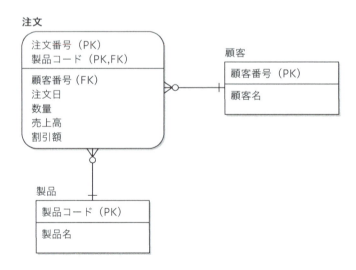

訳注37 いずれも後の章で解説します

ER 図を見ると、顧客が一度に複数の製品を注文する可能性があることがわかります。また、BEAM✲ テーブルにも同じ情報が記録されており、例示されたデータから次のようなこともわかります。

- 顧客は個人、企業、政府機関です
- 昨日製品が売れました
- 製品は 10 年前から販売されています
- 製品によって価格は大きく異なります
- 製品はバンドル（2 つの製品で構成される）である可能性があります
- 顧客は同じ製品を同じ日に再度注文することができます
- 注文はドルとポンドの両方で処理されます
- 注文は単品でも大量でも可能です
- 割引についてはパーセンテージと金額の両方で記録されます

> 具体的な例を用いたデータモデルは、ER モデルよりも多くのビジネス情報を記録できます

さらに、BEAM✲ テーブルを見れば、ザクロ社がどのような製品を販売しているか、どのような会社かある程度想像が付くかもしれません。このデータから、ザクロ社のスタッフ（架空の人物）がどのような人物であるかもわかってしまうかもしれません！

> 具体例の方が得られる情報量が圧倒的に多いのです！

 ## データモデルの種類

アジャイルなディメンショナルモデラーは、取得または伝達しようとする技術的な詳細度合いや、共同作業者や聞き手の前提知識や立場に応じて、異なるタイプのモデルを利用して進める必要があります。「概念データモデル（CDM：Conceptual Data Model）」は、技術的な詳細が最も少なく、ビジネス・ステークホルダーとデータ要件を検討するためのものです。また「論理データモデル（LDM：Logical Data Model）」は、モデラーがデータベース固有のレベルまで具体化することなくより技術的な詳細を記録することを可能にし、「物理データモデル（PDM：Physical Data Model）」は、データベース管理者が特定のデータベース管理システムのためのデータベーススキーマを作成するために使用されます。表 1-2 は、各モデルタイプの詳細度、DW/BI プロジェクトにおける対象者、およびそのレベルのモデリングをサポートする BEAM✲ の図表を示しています。

> 「概念データモデル」「論理データモデル」「物理データモデル」はこの順番で、より技術的な詳細を、より技術的な読者に対して提供していきます

表 1-2
データモデルの種類

詳細	概念データモデル	論理データモデル	物理データモデル
エンティティ名	✓	✓	
リレーションシップ	✓	✓	
属性	任意	✓	
カーディナリティ	任意	✓	✓
主キー		✓	✓
外部キー		✓	✓
データ型		任意	✓
テーブル名			✓
カラム名			✓
DW/BI 利用者	データモデラー ビジネスアナリスト ビジネスエキスパート ステークホルダー BI ユーザー	データモデラー ETL 開発者 BI 開発者	データモデラー データベース管理者 データベース管理システム ETL 開発者 BI 開発者
BEAM✻ の図表	データ例テーブル 階層図 タイムライン イベントマトリックス	ショートコードを用いた概念図 拡張スタースキーマ	拡張スタースキーマ イベントマトリックス

BEAM✻とER記法を組み合わせ、さまざまな対象者に向けた協調型モデルを作成します

　表 1-2 の詳細レベルに基づくと、図 1-10 の注文処理 ER 図は主キー、外部キー、カーディナリティを示すため論理データモデルとなります。一方、図 1-9 の BEAM✻ テーブルに追加の列やショートコードを加えることで、論理データモデルとして扱えるようにもできますが、それぞれの図表タイプは、現状のままが利用者に適したものなのです。BEAM✻ テーブルは、従来の ER 図ベースの概念モデルよりもステークホルダーとの協調型モデリングに適しています。BEAM✻ の他の図表とショートコードは、論理／物理スタースキーマ設計に関する開発者との共同作業において ER 図を補完し、強化します。

BEAM✻は、イベントマトリックス、タイムライン、階層図、拡張スタースキーマも使用します

BEAM✻ の図表の種類

　BEAM✻ モデリングツールは、データ例テーブルだけではありません。BEAM✻ モデラーは、イベントマトリックスや階層図、タイムライン、拡張スタースキーマも使用し、ビジネスと技術の間にある異なるレベルの設計におけるさまざまな側面で共同作業を行います。表 1-3 は、BEAM✻ の各図表タイプの使用法をまとめたもので、データモデル型、利用者、詳細が記載されている章を一覧にしています。

BEAM✱ は、アジャイルの中核となる「プロセスやツールよりも個人と対話を」「包括的なドキュメントよりも動くソフトウェアを」「契約交渉よりも顧客との協調を」という価値観を支持します。また、BEAM✱ は、これらの価値観と「ムダなく作れる量を最大限にする」というアジャイルの原則も支持します。DW 実践者がステークホルダーと直接作業して「要件文書よりもコンパイル[訳注38]可能なデータモデルを」「モックアップよりも動く BI レポート／ダッシュボードのプロトタイプを」作成するよう促しているのです。

表 1-3
BEAM✱ 図表の種類

図表	使用方法	データモデル型	利用者	どの章で説明されているか
BEAM✱（データ例）テーブル	サンプルデータを使ってビジネスイベントとディメンションを 1 つずつモデリングし、7W の詳細を文書化します。また、データテーブルの例を用いて、物理的なディメンションテーブルとファクトテーブルを説明し、ディメンショナルデザインパターンを解説します。	ビジネス[訳注39] 論理 物理	データモデラー ビジネスアナリスト ビジネスエキスパート ステークホルダー BI ユーザー	2 章
階層図	ディメンション内の階層的な関係を発見し、ステークホルダーに対して詳細な情報を提供するよう促します。また、レポートや OLAP キューブの定義において、階層図は BI のドリルダウン設定や集計レベルの定義に役立ちます。	ビジネス	データモデラー ビジネスアナリスト ビジネスエキスパート ステークホルダー BI ユーザー	3 章
タイムライン	ビジネスイベント間の時間的関係を探ります。タイムラインは、プロセスの効率性を測定するために、いつ、どのような手順で、どの程度の時間がかかるかというファクトを発見するために使用されます。	ビジネス	データモデラー ビジネスアナリスト ビジネスエキスパート ステークホルダー BI ユーザー	8 章

訳注 38 実装可能な形式へ変換すること
訳注 39 概念と同義です

第 1 章　データウェアハウスのモデリング方法

表 1-3（続き）
BEAM✲図表の種類

図表	使用方法	データモデル型	利用者	どの章で説明されているか
イベントマトリックス 	モデル内のすべてのイベントとディメンション間の関係を記録します。イベントマトリックスは、バリューチェーンの一連におけるイベントを記録し、複数のディメンショナルモデルをまたいだ適合ディメンションの定義と再利用を促進します。これらは、抽象的な ER 図の代わりに使用され、データウェアハウスやマルチスキーマデータマート 訳注40 の全体像を読みやすい形で提供します。	ビジネス 論理 物理	データモデラー ビジネスアナリスト ビジネスエキスパート ステークホルダー BI ユーザー ETL 開発者 BI 開発者	4 章
拡張スタースキーマ 	個々のディメンショナルモデルを可視化し、物理的なデータベーススキーマを生成します。 拡張スタースキーマでは、標準的なスターにBEAM✲ショートコードが加えられています。これにより、一般的なデータモデリングツールが直接サポートしていない、ディメンションの特性や設計手法を記録します。	論理 物理	データモデラー データベース管理者 データベース管理システム ETL 開発者 BI 開発者 テスター	5 章

訳注 40 複数のテーブルからなるデータマートのこと

1.4 まとめ

- データウェアハウスと業務システムは根本的に違うものです。両者には根本的に異なるデータベース要件があり、まったく異なる手法でモデル化されるべきです

- ディメンショナルモデリングは、ビジネスプロセスの測定、クエリのパフォーマンス、および理解しやすさに最適化された、よりシンプルなデータモデル（スタースキーマ）を作成できるため、高性能なデータウェアハウスの設計に適した技法です

- スタースキーマは、ビジネスプロセスの測定可能なイベントをファクトテーブルとディメンションとして記録し、説明します。これらは、任意の非正規化されたデータ構造ではありません。各ビジネスイベントの詳細を完璧に説明する 7W（誰が、何を、いつ、どこで、どれくらい、なぜ、どのように）の組み合わせを表します。スタースキーマでは、ファクトテーブルは動詞を表し、そこに含まれるファクト（指標）と参照するディメンションは名詞を表します

- ディメンショナルモデリングはビジネスプロセスに焦点を当てます。スタースキーマやビジネスプロセスの単位でデータベースを段階的に設計することで、アジャイル開発をサポートします

- 適切なデータベース設計技術をもってしても、データウェアハウスの詳細な要件をタイムリーに収集するためには数多くの分析上の課題があります

- データ駆動型とレポート駆動型の分析には両方とも課題があります。アジャイルな業務アプリケーション開発と並行してプロアクティブに行われる DW/BI 開発では、その課題がさらに深刻になります

- 反復的、段階的、協調的なデータモデリング技術は、従来の BI データ要件収集に代わるアジャイルな方法です

- BEAM✳ は、BI のステークホルダーが彼ら自身のディメンショナル・データウェアハウスの設計に関与するためのアジャイルなデータモデリング手法です

- BEAM✳ データストーリーは、7W フレームワークを使用して、ビジネスイベントをディメンショナルに発見、記述、文書化します

- BEAM✳ のモデラーは、ホワイトボードやスプレッドシートなどのシンプルなモデリングツールを使って包括的なデータモデルを作成することで、コラボレーションを促進します

- BEAM✳ モデルは、ステークホルダーとのコミュニケーションを改善するために、ER データの抽象化やグラフィカルな表記ではなく、サンプルデータを格納した表と英数字のショートコードを使用します。これらのモデルはスタースキーマに容易に変換することができます

- BEAM✳ は、ディメンショナル・データウェアハウスの設計をモデルストーミングするための理想的なツールです

第2章 ビジネスイベントのモデリング

賢者のように考えよ、しかし民衆の言葉で伝えよ。
Think like a wise man but communicate in the language of the people.
— William Butler Yeats (1865-1939)

ビジネスイベントとは、測定可能で最も詳細なビジネスプロセスの情報です

「ビジネスイベント」とは、ビジネスプロセスを実行する際に人や組織が行う個々の行動のことです。顧客が製品を購入したり、サービスを利用したり、証券会社が株を売買したり、サプライヤーが部品を納入したりすると、関連する組織の業務データベース内にビジネスイベントの痕跡が残されます。これらのビジネスイベントには、DW または BI システムが評価するビジネスプロセスの、最も詳細で測定可能な情報が含まれています。

BEAM✱ のモデラーは、データストーリーを探ることで BI データ要件を抽出します

BEAM✱ では、データの発見やデータモデリングを段階的に進めるために、ビジネスイベントごとの開発を行います。BEAM✱ のモデラーは、ビジネス・ステークホルダーにイベントの「データストーリー」を語ってもらうことで、効率的なディメンション設計に必要な、明確かつ簡潔な BI データ要件を迅速に収集することができます。

この章は、BEAM✱ テーブルと 7W を使用してイベントの詳細を記述するためのガイドとなります

この章では、ディメンショナルモデリングに対する BEAM✱ の協調型アプローチについて説明し、ビジネスイベントの見つけ方とそのデータストーリーを BEAM✱ テーブルに記録する方法を順番に紹介していきます。BEAM✱ テーブルとは、スタースキーマに簡単に変換できるシンプルな表形式のことです。各ステップに従うことで、7W（誰が、何を、いつ、どこで、どれくらい、なぜ、どのように）をどのように使用すれば、ステークホルダーがビジネスプロセスについてディメンショナルに考え、情報を提供してくれるようになるのかを学ぶことができます。その情報をもとにディメンションとファクトが作られます。これらは、ステークホルダー自身が設計に関与した「彼らのためのデータウェアハウス」となるのです。

第 2 章 トピック一覧

- データストーリーとその種類：離散型、発展型、反復型
- ビジネスイベントの発見：「誰が何をしますか？」と尋ねる

- イベントの記録：BEAM✳ テーブルの使用
- イベントを詳細に説明する：7W とストーリーテーマの使用
- ホワイトボードを使ったモデルストーミング：実践的な協調型モデリング

2.1 データストーリー

「データストーリー」は、アジャイルソフトウェア開発のリーンな[訳注1]要件収集手法である「ユーザーストーリー」に相当するものです。どちらもビジネス・ステークホルダーによって言語化されます。ユーザーストーリーが機能要件に焦点を当て、ポストイット（付箋）やインデックスカードに書き出されるのに対し、データストーリーはデータ要件に焦点を当て、ホワイトボードやスプレッドシートに書き出されます。

ビジネスイベントは活動（動詞）を表すものなので、強い物語性（ナラティブ）を持っています。BEAM✳ では、これらのイベントに内在する物語を使い、「データストーリー」を語ることでその要素（名詞）を発見します。BEAM✳ のイベントは、多くの類似したデータストーリーの原型となります。例えば、「社員が約束の日に社用車を運転する」はただのイベントですが、「James Bond 氏が 1964 年 9 月 17 日にアストンマーティン DB5 を運転する」は、データストーリーです。イベントストーリーはデータストーリーの一種であり、5 つのテーマに沿って各イベントの意味を明らかにし、さらなる詳細を引き出すのに役立ちます。

2.1.1 ストーリータイプ

BEAM✳ では、時系列に沿ったストーリー展開の仕方に基づいて、ビジネスイベントを「離散型」「発展型」「反復型」の 3 種類のストーリーに分類します。図 2-1 は、ストーリータイプごとにタイムラインの例を表しています。例えば「商品の購入」は、ある時点で発生する離散型イベントの例です。1 つ 1 つの購入は（ほとんど）互いに関連性がなく、発生タイミングは予測不可能です。また、「卸売の注文」は、注文処理を完了するために必要な、不規則な期間を表す発展型イベントです。1 つ 1 つの注文は予測不可能な間隔で発生します。最後の「銀行からの利息の請求」は反復型イベントで、定期的に金利が発生します。つまり、ある請求と次の請求は、予測可能な間隔で順を追って発生します。

アジャイルなデータウェアハウスデザインにおけるデータストーリーは、アジャイルソフトウェア開発におけるユーザーストーリーに相当します

イベントストーリーは、ビジネスイベントの物語を使用して、BI データの要件を発見します

イベントストーリーは時間の表し方によって「離散型」「発展型」「反復型」のいずれかになります

訳注1　無駄を省いた状態のこと

第 2 章　ビジネスイベントのモデリング

図 2-1
ストーリータイプごとの
タイムライン

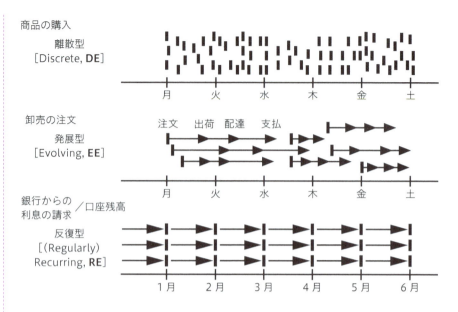

離散型イベント

離散型イベントは「特定の時点」または短い期間のストーリーです

　離散型イベントは、「特定の時点（point-in-time）」、または短い期間のストーリーです。通常、業務システムで記録される最小単位のトランザクションを表します。離散型イベントの例としては、以下のようなものが挙げられます。

- 顧客が小売店で商品を購入する
- ユーザーがウェブページを閲覧する
- 従業員が電話する

離散型イベントストーリーは即座に「完了」します。後から変更されることはありません

　離散型イベントは、発生した瞬間、またはその直後に完了します。「直後」とは、データウェアハウスのETL更新サイクル内に収まることを意味します。つまり、BIから参照される時点において、それらのイベントはすでに「終了」したか、何らかの最終状態に達しています。離散型イベントストーリーは一般的に、1つの動詞（「購入する」「閲覧する」「電話する」など）と1つのタイムスタンプに関連付けられます。1つの動詞、1つのタイムスタンプという規則には例外もありますが、イベントストーリーが離散型であるためには、その要素が時間とともに変化してはいけません。もし、その規則が変化する場合、そのイベントストーリーは発展型イベントです。

発展型イベント

　発展型イベントとは、数日、数週間、数か月かけて進行するストーリー（軌跡）です。これらは通常、ストーリーが始まった時点でデータウェアハウスにロードされます。発展型イベントの例としては、以下のようなものがあります。

- 顧客がオンラインで製品を注文し、配達されるのを待つ
- 学生が大学のコースに申し込み、入学が許可される
- 従業員が保険金請求の処理をする

　多くの場合、発展型イベントは一連の離散型イベント（物語に例えるなら一連の章立て）を表します。BIのステークホルダーは、それらのイベントを別々に捉えるのではなく、複雑で時間のかかる1つのビジネスプロセスにおける、いくつかのマイルストーンとみなします。図2-1において、各注文イベントの後に続く矢印は、出荷、配達、支払というマイルストーンを示しています。それぞれの動詞（「注文する」「出荷する」「配達する」「支払する」）はそれぞれ離散型イベントとしてモデル化できますが、ステークホルダーの視点からは、これらのイベントを組み合わせて「複数の動詞」からなる発展型イベントストーリーを作成したときにのみ、注文処理プロセスにおける本当に重要な指標が見えてきます。

　タイムラインは（私たちがどれだけタイムラインを好きかお気付きでしょうか）、発展型イベントを視覚化する素晴らしい方法であり、マイルストーンや興味の対象であるインターバル（期間指標）をモデリングするための貴重なツールです。タイムラインを使ったモデリングについては、第8章で説明します。

反復型イベント

　反復型イベントとは、毎日、毎週、毎月などの予測可能な間隔で発生し、定期的に計測されるストーリーです。図2-1では、各反復型イベントの前にある矢印の線が、そのイベントが測定される期間を表しています。反復型イベントの例としては、以下のようなものがあります。

- 毎晩、小売店で商品を棚卸しする
- 毎月、銀行口座の残高と、利息の請求額または支払額を計算する
- 毎分、テレビチャンネルの視聴率を計算する

　反復型イベントは、通常、離散型イベントのサンプリングや集計に使用されます。特に、在庫水準や口座残高のような累積的な計測が必要な場合に使われます。

このようなケースでは、離散型イベントからでは累積的な指標を導き出すのが大変です。例えば、ある時点の口座残高を計算する場合、その口座における過去の全期間に発生したすべての取引を集計する必要があります。しかし、反復型イベントを使えば、気象台での1時間ごとの降雨記録のように、定期的に「自動」で発生する最小単位の測定イベントを表すこともできます。

イベントとファクトテーブル

これら3種類のBEAM✲イベントストーリーは「ビジネスモデル（概念データモデル）」を表しており[訳注2]、ディメンショナル・データウェアハウスにおけるスタースキーマに見られる3種類のファクトテーブルに対応しています。表2-1は、ストーリータイプとファクトテーブルの関係を示しています。

> イベントは、「ビジネスモデル（概念データモデル）」です。「物理データモデル」であるファクトテーブルに対応します

> 表2-1
> ストーリータイプとそれに対応するスタースキーマの種類

BEAM✲ストーリータイプ	スタースキーマの種類／物理ディメンショナルモデル
離散型	トランザクション・ファクトテーブル
反復型	定期スナップショット
発展型	累積スナップショット

離散型イベントは「トランザクション・ファクトテーブル」として実装されます。離散型イベントの場合、ステークホルダーが知るべき情報は、データウェアハウスにロードされる前にすべて記録されています。それぞれの離散型イベントストーリー（ファクトレコード）は一度挿入されるだけで更新されることはないので、ETLプロセスをとてもシンプルなものにできます。

> 離散イベントは「トランザクション・ファクトテーブル」となります

反復型イベントは「定期スナップショット」型のファクトテーブルとして実装されます。主に「準加算型」と呼ばれる特徴を持ち、特定の時点における状態の計測値に関心がよせられます。複数の期間にわたって慎重に報告されなければならない指標です。

> 反復型イベントは「定期スナップショット」となります

発展型イベントは「累積スナップショット」型のファクトテーブルとして実装されます。予測可能な順序で最初のイベントが発生した直後にデータウェアハウスにロードされ、その後イベントストーリー全体が完了するまで、マイルストーンとなるイベントが発生するたびに更新されます。

> 発展型イベントは「累積スナップショット」となります

第5章では、イベントをスタースキーマに変換するための基本的な手順について説明します。第8章では、トランザクション・ファクトテーブル、定期スナップショット、および累積スナップショットの設計について、より詳しく説明します。

訳注2　表1-2をご参照ください

2.1.2 7W

7Wを使ってイベントストーリーを語りましょう

BEAM✻は、7W（誰が、何を、いつ、どこで、どれくらい、なぜ、どのように）を使って、データ要件を発見し、イベントの詳細としてモデル化する取り組みです。ステークホルダーが必要とする全イベントの詳細は、7種類のWのいずれかに分類されます。7Wは、人や組織（誰が）、製品やサービスなどのモノ（何を）、時間（いつ）、場所（どこで）、数値的尺度（どれくらい）、理由（なぜ）、イベントの方法（どのように）を表しており、これらの7Wを組み合わせてイベントストーリーを形成します。

7Wのそれぞれを使うことで、ストーリーについて詳しく聞くことができます

7Wのそれぞれは疑問詞でもあり、質問を構成するのに使える単語やフレーズです。そして、7Wを用いた質問こそあなたがすべきことなのです。例えば、ステークホルダーに「誰が」の質問をすることで、彼らが分析したい人や組織を発見できます。ステークホルダーに「何を」の質問をすることで、彼らが分析したい製品やサービスを発見できます。これらの質問を適切な組み合わせと順序で行うことで、ステークホルダーが分析する必要のあるビジネスイベントを発見することができるのです。

イベントの詳細を把握したら、BEAM✻テーブルにディメンションの種類を記載できるようになります。この知識を利用して、イベントの詳細情報をディメンションやファクトとしてモデル化します。本書の第2部では7Wに特化したパートとして、ディメンションの種類に応じたBIの一般的な課題やディメンショナルモデリングのデザインパターンについて説明します。

◆ ディメンショナルに考える

ステークホルダーは、7Wによって、データとBIクエリについてディメンショナルに考えられるようになります

イベントの詳細を発見するために行う7Wの質問は、ステークホルダーがクエリやレポートを定義する際に行う質問を反映しています。例えば、あるステークホルダーが「昨年より好調な販売拠点はどこですか？」という質問に答えるクエリを作成したいとき、「どこで、いつ、どれくらい」について考えることになるでしょう。もしくは、「製品のプロモーションに素早く反応しているのはどの顧客ですか？」という質問に答えるクエリを作成したいときには、「誰が、いつ、何を、なぜ」について考えるはずです。7Wはデータを自然かつディメンショナルにモデル化する方法に直結するため、ステークホルダーが7Wを使い始めると、データについてディメンショナルに考えるようになります。表2-2は、各7Wが表現するデータの種類と、それに対応する物理的なディメンションやファクトの例を示しています。

表 2-2
7Wのデータ、
ディメンションやファクト

7W	データ	ディメンションやファクトの例
誰が（Who）	人、組織	従業員、顧客
何を（What）	モノ	製品、サービス
いつ（When）	時間	日付／カレンダー、時刻／時計
どこで（Where）	場所	店舗、病院、配送先
なぜ（Why）	理由、因果	昇進、天気
どのように（How）	トランザクションID、ステータスコード	注文ID（退化ディメンション）、通話状態
どれくらい（How Many）	指標、KPI	売上高、数量（ファクト）

7Wを使う：BEAM✻シーケンス

図 2-2 のフローチャートは、7W の使用順序（BEAM✻ シーケンス）と、各段階で得られる情報を示しています。まず、「誰が、何を」を使ってイベントを発見します。そこから、そのイベントがいつ起こるのかを発見し、具体的なイベントの例を使ってイベントストーリーを記述し始めます。その後、そのイベントに関連するすべての人、組織、製品、サービス、タイムスタンプ、場所の詳細を発見するために、必要な回数だけ「誰が、何を、いつ、どこで」を尋ねます。最後に、そのイベントを完璧に説明する情報としての数量や原因、その他必要な情報がないか明らかにするために、「どれくらい、なぜ、どのように」の質問をします。

7Wの質問を特定の順序で繰り返し行うことで、イベントの詳細を発見できます

図 2-2
BEAM✻ シーケンス：
7W フローチャート

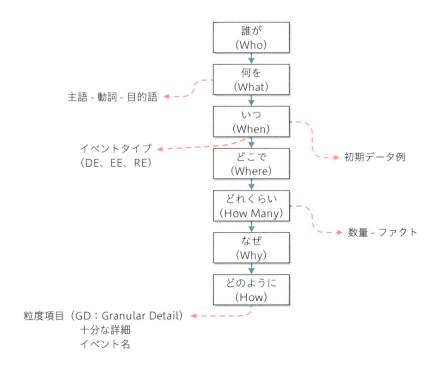

7Wの使い方に慣れてくれば、7Wが自然な順序で流れていくことがわかるでしょう。例えば、数量（どれくらい）の答えは、「なぜ」という質問につながります。もし、割引されている数量を発見したら、自然に「なぜ、一部の注文には割引があるのですか？」と疑問に思うはずです。「なぜ」に対する回答も同様です。「プロモーションのため」という回答は「どのように」の質問（「プロモーションはどのように行われますか？」）とその回答（「割引券やコードを使って行います」）につながっていくかもしれません。

7Wの質問と、イベントの詳細に対する回答が、自然と交互に流れていきます

ただし、BEAM✱シーケンスにこだわりすぎる必要はありません。もし、ステークホルダーが関連するイベントの詳細をランダムに思い出したり（できれば一度に思い出さないでほしいですね）、順番通りに覚えていなかったりしても大丈夫です。ただし、できるだけ早くフローチャートに戻り、7Wがすべてカバーされていることを確認するようにしてください。

イベントの詳細を発見する順番が変わっても大丈夫です

7W（誰が、何を、いつ、どこで、どれくらい、なぜ、どのように）のシンプルなフローチャートを壁に貼ってください。そうすることで、ステークホルダーの誰もがディメンショナルな想像力を働かせるようになり、次にあなたが尋ねる質問の種類を理解するようになるでしょう。

2.2　BEAM✱の実践：ストーリーを語る

イベントのモデリングは、「発見する（Discover）」「記録する（Document）」「説明する（Describe）」という3つのステップで構成されています。これらを7Wに付随する「3D」と呼びます。表2-3に、各手順とそれに対応する手法を示します。

手順	BEAM✱手法
1. イベントの発見	「誰が何をしますか？」という質問
2. イベントの記録	BEAM✱テーブル
3. イベントの説明	7Wとイベントストーリー

表2-3
イベントのモデリング手順

以降の章では、架空の多国籍企業でコンピュータ技術、家電、ソフトウェア、コンサルティングを手がけるザクロ社の注文処理を例に用いて、イベントモデリングの手順を説明します。この最初の具体例では、注文の作成を離散型イベントとして詳細にモデル化します。第4章では、出荷、配送、およびその他の関連イベントを要約レベルでモデル化します。第8章では、これらのイベントのいくつかを1つの発展型イベントとして組み合わせ、ステークホルダーが注文処理プロセス全体のパフォーマンスをより簡単に分析できるようにします。

ザクロ社の注文プロセスをモデリングしていると想像してください

2.2.1　1. イベントの発見：「誰が何をしますか？」と尋ねる

主語、動詞、目的語の3つが必要です

　BEAM✻モデラーは、最初の2Wを使って簡単な質問をすることで、ビジネスイベントを発見します。

> 誰が何をしますか？

　この最初の率直な問いに対する答えは、「イベント」を示します。イベントとは行動のことで、行動とは「動詞」が関与していることを意味します。動詞が絡むと、「誰か」あるいは「何か」がその行動をしていることになります（主語）。また、「誰か」あるいは「何か」がその行動の対象となります（目的語）。よって、言語学的には最も単純なストーリーである、「主語・動詞・目的語」の組み合わせがこの質問の回答となるのです。

興味の対象となる、つまり測定が必要なビジネス活動を発見するために、この質問をします

　「誰が何をしますか？」というフレーズを覚えておきましょう。これを用いると、興味のあるビジネスイベントを指す主語・動詞・目的語をステークホルダーに挙げてもらうことができます。このフレーズは、「ある活動を思い浮かべてください。誰が（あるいは何が）それを行いますか？　彼らは何をしますか？　誰に、あるいは何に対してそれを行いますか？」を短く言い換えたものなのです。どのような形式の質問を使うにせよ、実際に発見したいのは現在のスコープ内で興味のある「ビジネス活動」（動詞）なので、うまく機能させるためには何らかの修飾が必要かもしれません。やりやすい方法で始めるとよいでしょう。

> 次のイテレーションやリリースの範囲内で
> 報告したいことは、
> 誰が何をすることですか？

　それに対して、ステークホルダーはこう答えるかもしれません。

> 顧客が製品を
> 注文することでしょうか？

「誰が何をしますか？」に対する答えがイベントの「主節」になります

　これで、モデリングを始めるために必要なものが揃いました。主語は「顧客」、動詞は「注文する」、そして目的語は「製品」です。この主語・動詞・目的語の組み合わせは、イベントの「主節」と呼ばれ、ストーリー「全体」を発見するため補足の質問をする際によく再利用します。

一度に1つのイベントに集中する

　それほど驚くことではありませんが、「誰が何をしますか？」というオープンな質問をすると、ステークホルダーは興味のある多くの主語・動詞・目的語の組み合わせを述べることができます。実際、ステークホルダーは、いくつかのビジネスイベントの主語・動詞・目的語をすぐに思い付くでしょう。例えば、「医者は何をしますか」や「運転手は何をしますか」のように、主語を1つ選んで質問を作り替えるだけでも、大量の回答が返ってくるかもしれません。ステークホルダーにとっては、通常、任意の主語について計測すべきいくつかのイベントがあり、それぞれには異なる動詞が伴います。例えば、医者は薬を「処方する」だけでなく、症状を「診断」し、手術を「行い」、予約を「取る」こともあります。また、運転手は、荷物を「届ける」だけでなく、配達先から「出発」し、支払いを「受け取り」、返品された商品を「回収する」こともあります。主語・動詞・目的語の組み合わせは、それぞれ異なるイベントを表し、それぞれが各々のBEAM✲テーブルに記録される必要があります。

> ステークホルダーは、通常、複数のイベントに関心を持ちます。その多くは同じ主語や目的語を共有します

　熱心なステークホルダーたちに、1つずつ、じっくりとイベント（動詞）に集中してもらうには、ある程度の自制心が必要です。すべてのデータを収集するための十分な時間があるとステークホルダーに伝えて安心させつつ、あるイベントの要素をすべて集め終わるまでは、それ1つに集中する必要がある旨も理解してもらいましょう。今取り組んでいるイベントを記録している間に、ステークホルダーが他のお気に入りのイベントを忘れてしまうことはないので、心配はいりません。

> ステークホルダーを一度に1つのイベント（動詞）に集中させましょう

責任主体の特定

　可能な限り、イベントの「責任主体」を特定します。「責任主体」とは、動詞が説明する活動を実際に行う人または組織です。これはビジネスプロセスの詳細な「最小単位」のイベントを発見するのに役立つので重要です。逆に、サマリーイベント[訳注3]は柔軟性がなく、現在のレポート要件にしか対応できないので避けるべきです。例えば、ステークホルダーが製品レポートについてのみ考えすぎている場合、「製品は収益を上げます」と答えるかもしれません。しかし、ステークホルダーには根本的なビジネスプロセスについて考えてもらう必要があります。それを促すため、「製品はどのように収益を上げますか？　誰がそれを実現させているのですか？」のように尋ねましょう。それに対して、ステークホルダーは「顧客が製品を購入します」あるいは「販売員が製品を販売します」と答えるかもしれません。この2つはどちらもイベントの主語・動詞・目的語の適切

> 責任主体（通常は「誰が」）は、最小単位のビジネスイベントを発見するのに役立ちます

訳注3　不要な詳細も含めて集約しすぎたイベントのこと

第2章　ビジネスイベントのモデリング

な組み合わせ（主節）であり、モデル化してデータウェアハウスに読み込むべき詳細な取引を特定するのに役立ちます。

まだ詳細な要素が存在するのであれば、必要に応じて、後からいつでもサマリーイベントを追加して、クエリを効率化できます。ステークホルダーの関心がある最も細かい離散型イベントを必ず最初にモデル化してください。その後、それを元にして反復型イベントや発展型イベントを（後のイテレーションで）モデル化し、ステークホルダーが必要とするパフォーマンス指標を簡単に取得できるようにします。第8章では、これを実現するためのイベントモデリングとディメンショナルな設計の手法を説明します。

「誰が何をしますか」と聞いても、必ずしも実際の「誰が」「何を」の詳細が得られるとは限りません。特に目的語は「どれくらい」を含む7Wのいずれにもなり得ます。また、自動化された反復型イベントの場合、それを引き起こす責任主体である「誰が」という主語が存在しない場合があります。例えば、「店舗に商品がある」や「気象台が気温を記録する」はどちらも有効なイベントですが、どちらも「誰が」の詳細がありません。「店舗」と「気象台」は「どこで」という種類の主語であり、「気温」は「何を」を表す目的語というよりは「どれくらい」を表す目的語です。

このことに気をとられて、すべてのケースで実際の人（誰が）や物（何を）を提供するようにステークホルダーを説得しなくて大丈夫です。最も重要なことは、測定に値する動詞を含む主節をステークホルダーに提供してもらうことです。もし、主節に「誰が」や「何を」が含まれていなくても、7Wのそれぞれを用いて他の構成要素を探索する過程で、イベントに関連する要素はすぐに明らかになるでしょう。

> サマリーイベントは後からいつでも追加できます。最初は最小粒度の詳細に集中すべきです

> 主語と目的語は、必ずしも「誰が」と「何を」であるとは限りません。7Wのどれであってもいいのです

> 動詞がある限り、より多くのWの質問を連続して行うことで、関連する「誰が」や「何を」をすぐに見つけるでしょう

> 動詞の場合、三人称単数現在形を使います

🔴 動詞

動詞は、あらゆる言語の中で最も難しい要素の1つです。時制、格、人称が多数あるため、動詞は表現方法で混乱することがあります。例えば、「買う」という動詞は、「buy - bought - buying - buys」と書くことができます。BEAM✳では、三人称単数現在形の「buys」を使いましょう。これは単純に、「he」「she」「it」のすぐ後に続くということです。英語では、この動詞は常にsで終わります。例えば、「to call」は「calls」に、「review」は「reviews」に、「audit」は「audits」に、「will sell」は「sells」になります。この標準的な形は自然に理解しやすいため、動詞の表記方法を簡単に統一できます。

2.2.2 2. イベントを記録する：BEAM✱テーブル

ステークホルダーからイベントに関する情報を提供してもらえたら、そのイベントをBEAM✱のサンプルデータテーブルを用いて文書化し、全員が見ることができるホワイトボードやスクリーンに表示する必要があります。図2-3は、「顧客による製品の注文」イベントの初期テーブルです。これが「普通の」スプレッドシートの表に見えるなら、それは良いことです。なぜなら、このモデルを見る対象者はビジネス・ステークホルダーであり、彼らは通常スプレッドシートに慣れ親しんでいることが多いからです。

イベントは、ホワイトボードやスプレッドシートにBEAM✱の表として記録されます

図 2-3
初期のイベントテーブル

BEAM✱の重要な表記規則を図2-3に示します。ここでは、主語（顧客）と目的語（製品）は大文字で、列のヘッダーになっています。動詞（注文する）は小文字で記載され、目的語の上の特殊な行に配置されています[訳注4]。この行は、まもなく他の小文字の単語を格納するために使用される予定です。大文字で書かれた列のヘッダーは、最終的にファクトまたはディメンションとなるイベントの詳細です。小文字の単語は、その後に続く詳細とイベントを結び付け、主節との関係を明確にします。これらはイベントストーリーを読みやすくしますが、物理的なデータベース設計の構成要素ではありません。

訳注4 ● 日本語には英語の大文字や小文字に相当する概念がありません
● 簡便のため、必要な場合を除き、BEAM✱テーブルの列ヘッダーには英語を表記しません

45

ホワイトボードにデータテーブルを描く際、サンプルデータ行の間や下に枠線を引かないでください。線を少なくすることによって、フリーハンドで素早く綺麗に描くことができ、同時に、サンプルデータに未定義な余地があることを視覚的に示します。つまり、ステークホルダーはいつでもサンプルデータを追加して、例外を明らかにするためのより興味深いストーリーを説明することができます。

イベントが完成するまで名前を付けないでください

テーブルの残りの部分は空白のままで、サンプルデータ用のいくつかの空白行と、イベント名を入力するためのスペースが上にあります。ステークホルダーが提供する詳細な情報を歪める可能性があるため、この時点ではイベント名を付けないでください。

「詳細の詳細」のための作業スペースを確保します

これで、イベントの詳細とその意味を明確にするためのサンプルデータ（イベントストーリー）を記録するためのテーブルが完成しました。図 2-3 では、テーブルの上に「詳細の詳細」を記録するためのメモ書き用スペースが確保されています。「詳細の詳細」とは、BEAM✲ テーブルにイベントを記録する作業の途中で得た、イベントには直接属さない重要な詳細情報です。これらは、イベントの記録が完了した後にディメンショナル属性としてモデル化する必要があります。

BEAM✲ モデルストーマースプレッドシートは、modelstorming.com からダウンロードすることができます[訳注5]。このスプレッドシートには、カスタマイズ可能な SQL DDL とシンプルなテーブル／エンティティ図を生成するための関数にリンクされたテンプレート BEAM✲（サンプルデータ）テーブルが含まれています。DDL を使用して物理的なデータベーステーブルを定義したり、BEAM✲ モデルを他のデータベースモデリングツールにエクスポートしてスタースキーマを作成したりすることができます。

2.2.3　3. イベントを説明する：7W を使う

すべてのイベントストーリーには「いつ」の詳細が必要です

BEAM✲ は「語らずに示す（show, don't tell）」[訳注6] という格言に従い、長い説明文ではなくイベントストーリーを用いてイベントを説明し、モデル化します。しかし、有用なストーリーの具体例について尋ねる前に、もう 1 つ詳細を知っておく必要があります。それは、そのイベントがいつ起こるのかを把握することです。2 つ目のシンプルな「W」の質問、つまり「いつ（When）」に関する質問をすることで、それを知ることができます。

訳注5　遷移先のサイトは英語のみです
訳注6　主に文学や映画、演劇の分野で使われる、ストーリーテリングの技法です。直接的に情報を説明するのではなく、具体的な描写や行動、対話などを通じて、読者が状況や感情を感じ取ることができるようにします

◆ いつ（When）？

すべてのイベントストーリーには、少なくとも1つの決定的な瞬間があります。時間の要素がなければ、BIによる分析は意味をなしません。したがって、イベントを発見した直後に「いつ」の詳細についても尋ねる必要があります。再びイベントの主節を用いて、前後に「いつ」を付け加え、ステークホルダーに尋ねましょう。

> 「顧客は製品をいつ注文しますか？」
> または
> 「いつ顧客は製品を注文しますか？」
> CUSTOMER orders PRODUCT when?
> or
> When do CUSTOMERs order PRODUCTs?

「When」に関する質問をすることで、「いつ」の詳細を発見します

それに対して、（運が良ければ）ステークホルダーが回答するかもしれません。

> 注文日に
> On order date

これは確かに、あなたが望んでいた前置詞を含む前置詞句です。前置詞「on（に）」の後に名詞「order date（注文日）」が続きます。相手が実際の日付／時刻を答えたら、それらを何と呼ぶべきか尋ねることで、この詳細を表す名詞を探します。汎用的な呼称となる名詞を確認することができたら、日付や時間の実際の値を用いて、イベントの時間的な性質を理解するためのストーリー例を作ることができます。「いつ（when）」に関する質問の一般的な形は、「主語 動詞 目的語 when?」または「When 主語 動詞 目的語？ その日付／時間を何と言いますか？」です訳注7。回答は「on / at / every 時間を表す名前」という形で求められます。

「いつ」の詳細とともに使用される前置詞「on」は、記録された時間の粒度が日付であり、時刻は利用できないか重要ではないことを示唆しています。前置詞「at」は、そのイベントが発生した時刻が記録されており、重要であることを意味します。ステークホルダーが「いつ」に関する具体例を挙げるたびに、前置詞と例が一致することを確認するべきです。そうすれば、イベントストーリーを正しく読み取ることができます訳注8。

前置詞と「いつ」の詳細の名前を探します

「いつ」の前置詞には、利用可能、あるいは必ず必要とされる時間の粒度に関する手がかりが含まれます

訳注7　日本語では「いつ 主語 目的語 動詞 ?」あるいは「主語 目的語 動詞 とき、その日付／時間を何と言いますか？」という順序になります

訳注8　● 英語では、日付の前置詞は「on」、時刻の前置詞は「at」を用います（例：**on** July 1st / **at** 10 AM）
　　　● 日本語では、日付の場合も時刻の場合も、同じ助詞「に」を用います（例：7月1日に／午前10時に）。そのため、助詞を確認するだけでは重要な時間の粒度がわかりません

前置詞

前置詞とは、文中の名詞、代名詞、語句を結び付け、それらの関係を表す言葉です。これらの関係には、時間（when）、所有（who / what）、近接（where）、量（how many）、原因（why）、方法（how）が含まれます。典型的な前置詞の例としては、with、in、on、at、by、to、from、for があります。BEAM✲ は、前置詞を次のように使います。

- イベントの主節と詳細を関連付ける
- 主節、前置詞、詳細の組み合わせからなる自然言語の文を用いて、イベントストーリーを構築する
- イベントとその詳細との関係を明確にする
- 「いつ」の詳細である時間の粒度（on、at）や「どこ」の詳細に含まれる方向性（from、to）といったイベントの詳細なルールを発見する

表に「いつ」の詳細と前置詞を追加します

前置詞を含むフレーズが確認できたら、図 2-4 が示すようにイベントテーブルに追加し、前置詞「on」を新しい詳細情報「注文日」の上に書き込みます。これで、主語、目的語、および1つ目の日時の情報が揃ったので、イベントストーリーをテーブルに記入し始めることができます。

図 2-4
最初の「いつ」の詳細を追加

顧客は	製品を注文する	注文日に
		on
CUSTOMER	orders PRODUCT	ORDER DATE
［誰が］	［何を］	［いつ］

「いつ（When）」の前置詞
on：日付
at：日付と時間
every：反復型のイベント

「いつ」の詳細

「いつ」の詳細を表す前置詞は非常に重要です。「注文日に（on order date）」、「注文時に（at call time）」、「各四半期に（every sales quarter）」は、それぞれのイベントについて、どの程度詳細に時間が利用可能、あるいは必要かを示す重要な手がかりを含んでいます[訳注9]。

訳注9　日本語では「〜に」という助詞が「いつ」の詳細を見つける手がかりになります

イベントストーリーの収集

あなたが発見したすべてのイベントの詳細について、ステークホルダーに具体例（サンプルデータ）を挙げてもらうよう求めるのは、以下のようなメリットがあるからです。

- 具体例を尋ねて有益な回答を得ることは、あなたがアジャイルであることと、適切な人々、つまり自分たちのデータを理解しているステークホルダーと一緒にモデリングしていることを明確に示します
- サンプルデータを用いることで、最小限の記述で各イベント詳細の意味を明確にできます
- サンプルデータを用いることで、より現実に即した具体的な議論を行うことができます。ステークホルダーは、自分たちのデータがレポート上でどのように表示されるかを可視化できます
- 典型的な値、外れ値、古い値、新しい値、最小値、最大値などのイベントストーリーを示すことで、イベントが時間の経過とともにどのように変化するかを示すことができます
- サンプルデータを素早く収集することで、ストーリータイプを理解し、最終的にはイベントの「最小粒度」（各イベントストーリーを一意に識別する詳細の値の集合）を定義することにつながります

少なくとも1つの「いつ」の詳細が得られるまで、サンプルデータを集め始めないでください。「いつ」の詳細があることで、ストーリーを伝える、より興味深いサンプルデータを得るのに役立ちます。

イベントストーリーのテーマ

イベントを迅速にモデル化するためには、最小限のストーリーを用いて、それぞれの詳細を可能な限り完全に記述する必要があります。次の5つのテーマを説明するストーリーを収集することで、たった5、6行の例で知るべきことをほとんど発見でき、文書化することができます。

- 典型的なストーリー
- 極端なストーリー
- 反復ストーリー
- 欠損ストーリー
- グループストーリー

役に立つイベントストーリーは、5つのテーマに沿っています

第 2 章　ビジネスイベントのモデリング

テーマは、7W の各データ範囲を発見するのに役立ちます

　図 2-5 は、7W の中でテーマが少しずつ異なる様子を示しています。イタリック体の記述は、各「W」に対して（典型的なストーリーや極端なストーリーを使用して）説明したい値の範囲を示唆しています。この情報をもとに、あなたは「具体例を用いたモデリング」を始める準備が整いました。各テーマについて、ステークホルダーにイベントのストーリーを語ってもらいましょう。

図 2-5
ストーリーテーマのテンプレート

主語 SUBJECT	目的語 **動詞** **verb** OBJECT	日付／時刻 に on/at/every DATE/TIME	場所 で／から／まで at/from/to LOCATION	数量 with/for QUANTITY	理由 から for REASON	方法 で／用いて in/using MANNER
［誰が］	［何を］	［いつ］	［どこで］	［どれくらい］	［なぜ］	［どのように］
典型的	典型的／主要	典型的	典型的	典型的／平均	典型的／通常	典型的／通常
極端な	極端な	極端な	極端な	極端な	極端な	例外
反復	反復	反復	反復	反復	反復	反復
欠損	欠損	欠損	欠損	欠損	欠損	欠損
グループ	複数／バンドル		マルチレベル	多値		多値
割合						
古い、低い値	*古い、低い値*	*必要かつ最古の最も新しい*	*近い*	*最小、負 0*	*通常*	*通常*
新しい、高い値	*新しい、高い値*	*未来の*	*遠い*	*最大、正確*	*例外*	*例外*

典型的なストーリー

まず、「典型的なイベントストーリー」を尋ねることから始めます

　各イベントテーブルの情報整理は、各詳細に対する一般的な／通常の／代表的な値を含む「典型的」なイベントストーリーを埋めるところから開始すべきです。例えば、「誰が」に関するデータでは、頻繁に訪れる顧客が該当するでしょう。同様に、「何を」に関する詳細では、人気のある製品が該当するかもしれません。また、「どれくらい」の詳細では、他の典型的な値と合致する平均値を探します。この例のストーリーを完成させるには、各詳細に対する典型的な値をステークホルダーに尋ねれば良いでしょう。

極端なストーリー

値の幅を調べるために、「極端なストーリー」を尋ねます

　典型的な例に続いて、各詳細について極端な値を持つ別の例をステークホルダーに尋ねます。極端な例を 2 つ挙げてもらうことで、データウェアハウスが表現しなければならない値の範囲を把握できます。これは特に「いつ」の詳細にとって重要です。なぜなら、「いつ」の詳細はどれだけの履歴が必要で、どれだけ迅速にデータをデータウェアハウスに読み込まなければならないかを示しているからです。

50

「いつ」の詳細について、**今日**、**昨日**、**今月**、**5年前**などの「相対的な時間表現」を使用して、最も新しい値と最も古い値を取得することで、モデルが完成してから長い時間が経過しても、イベントストーリーの関連性を維持できるようにします。最新値が**昨日**であれば、このビジネスプロセスについてデータウェアハウスは日ごとの更新が必要であることがわかります。図 2-6 における上から 5 番目と 6 番目のイベント例は、データウェアハウスがこのイベントのために 10 年の履歴をサポートする必要があり、毎日の更新が必要であることを示しています。

最新の「いつ」のイベントストーリーが**今日**の場合、データウェアハウスを日ごとよりも高い頻度で、おそらくほぼリアルタイムで更新する必要があります。この場合、ETL 処理が大幅に複雑化し、開発コストが増大します。そのため、これが不可欠な要件であり、予算の承認が得られることを確認する必要があります。もし不可欠な要件であるなら、**今日**というのが「1 時間前」なのか「10 分前」なのかを確認する必要があります。

「誰が」「何を」したのかについては、新旧の値、つまり、活動を停止した顧客と新規顧客、生産中止となった製品と発売されたばかりの製品などを尋ねます。

反復ストーリー

いくつかの極端な例を集めたら、典型的なストーリー（最初の行）とできるだけ類似した「反復ストーリー」を求めることで、それぞれのイベントストーリーが何をもって一意になるのかを確認しましょう。「典型的な値が同じ組み合わせで再び現れることはありますか？」と聞くことでこれを達成できます。例えば、あなたは以下のように質問するかもしれません。

> この顧客は、同じ日にこの製品を再度注文することができますか？

図 2-6 の上から 3 番目のイベントストーリーは、この質問への回答が「可能です」であることを示しています。新たな詳細をイベントに追加するたびに、反復ストーリーに戻り、その詳細を前述の質問にヒアリング対象として追加することによって、イベントを一意に区別するために使用できるか確認します。例えば「この顧客は、同じ日に、**同じ販売場所で**、この製品を再度注文できますか？」。もし、このイベントが実施可能であれば、典型的なストーリーの値を複数回記入します。

一意な値は、主語、目的語、最初の「いつ」の詳細だけで特定できるかもしれませんが、最後の質問で「どのように」の詳細を発見するまで特定できないかもしれません。

ETL の適時性と DW の履歴要件を文書化するために、「相対的な時間表現」を記述します

高い値や低い値と同様に、古い値や新しい値を探します

何を使って個々のイベントストーリーを一意に識別できるのか明らかにするためには、「反復ストーリー」が必要です

イベントがまだ一意にならなければ、「典型的なストーリー」を繰り返します

第 2 章　ビジネスイベントのモデリング

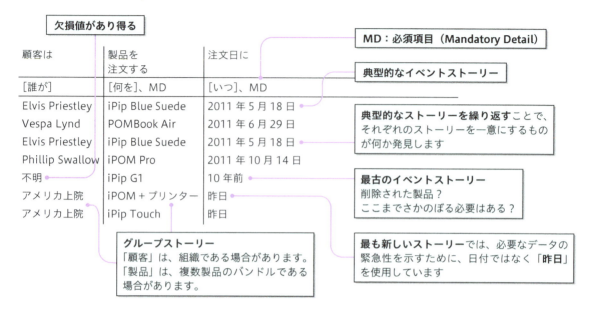

図 2-6
イベントストーリーの追加

欠損ストーリー

「欠損ストーリー」は、BI アプリケーションで欠損値をどのように扱うかを文書化します。また、イベントの必須項目を特定するのに役立ちます

　イベントのどの詳細が欠損値（不明、該当なし、利用不可など）を許容し、どれが許容しないのかを発見するためには「欠損ストーリー」が必要になります。欠損ストーリーを使用して、ステークホルダーが欠損値をレポートにどのように表示させたいかを文書化します。欠損ストーリーを埋めるとき（図 2-6 の上から 5 番目のストーリーなど）、必須項目には通常の値を使用し、入力が必須ではない詳細にはステークホルダーと決めたデフォルトの欠損値ラベル（例えば「N/A」「不明」）を使用しましょう。数量を示す詳細については、欠損値を NULL（欠損を数学的に正しく表現したもの）として扱うか、ゼロまたは他のデフォルト値で置き換えるかを確認する必要があります。欠損を許容しない「必須項目」については、その列タイプにショートコード **MD** を追加することで文書化します。

「欠損ストーリー」は極端に欠損していても問題ありません

MD：必須項目（Mandatory Detail）。イベント詳細は、通常時（データエラーがない場合）には必ず存在します。

　欠損ストーリーは、極端にまばらなことがあります。必須でないすべての項目の値が欠損値になり得ます。今まで実際に見てきた、どのイベントストーリーより多くの欠損値を含んでいても、問題ありません。

たまに、イベントの件名が常に欠損していることがあります。例えば、小売店での販売イベントは、「顧客が店舗で製品を購入する」と記述されるかもしれませんが、顧客名は記録されません。イベントが物理的なファクトテーブルとして実装されるとこの仮想的な詳細は削除されますが、イベントストーリーを語るときには最小単位のイベントに全員が焦点を当てます。イベントストーリーには「名無しさん」または「名無しの権兵衛」と入れておくべきかもしれません。

発展型イベントはその性質上、イベント開始時には不明である多くの正常な欠損値を持っています。例えば、注文の「実際の配達日」や保険金請求の「最終支払額」などです。しかし、多くの詳細が欠損している離散型イベントや反復型イベントを見つけたのであれば、それはステークホルダーにとって使いにくいであろう、一般化されすぎた万能（one size fits all）なイベントを、無理にモデル化しようとしていることを示す手がかりかもしれません。そのような場合は、個別のビジネスイベントを明確に定義する詳細が常に存在している、より具体的な複数のイベントテーブルに分けてモデル化する方がよいのかもしれません。

発展型イベントには、多くの欠損値があるでしょう。離散型イベントや反復型イベントの場合、これは一般化しすぎているという警告です

グループストーリー

ある項目について、詳細が示す意味のバリエーションを明らかにするためには、「グループ」を含むイベントの例が必要です。例えば、典型的な注文イベントは、製品を注文する個人である顧客から構成されています。しかし、これは常にそうなのでしょうか。ステークホルダーに聞いてみてください。

「グループストーリー」は、その項目の意味が多様であることを強調します

> 顧客は
> 常に個人ですか？

> 製品とは、複数の製品を束ねたような、
> より複雑なものでもよいのでしょうか？

図 2-6 の最後の 2 つのイベント例は、グループをテーマとしたものです。これらから、顧客は個人だけでなく組織も含まれること、複数の製品をバンドルにしたものも注文できることがわかります。顧客にはさまざまなタイプ（B2B：企業間、B2C：企業から消費者）があり、製品／サービスのバンドルがあると知ることで、これらの詳細をディメンションとしてどのように実装するかを慎重に考えられるようになります。第 6 章では、顧客タイプの混在したディメンション、マルチレベルディメンション、階層マップを、第 9 章では、多値ディメンションを取り上げます。これらのデザインパターンは、グループをテーマとした例で表面化した、より厄介なモデリングの問題を解決するために使えます。

混合型ビジネスモデル（B2BやB2Cの製品、サービス）は大抵「グループストーリー」によって発見されます

各イベントの詳細が持つ意味を全員が明確に理解できる程度の数のイベントストーリーだけを求めるべきです。すべてのストーリーを記録しようと躍起にならないでください。それはデータウェアハウスの役目です。すべてのイベント詳細を発見することに専念しましょう。

追加の「いつ」の詳細は？

最初の「いつ」の詳細を記録し、いくつかのストーリーの始まりを収集した後は、さらに「いつ」の詳細を探し続けます。可能な限り早くすべての「いつ」の詳細を発見することは有益です。なぜなら、それは「ストーリータイプ」を決定するのに役立ち、それが結果として、さらなる詳細を探す際により洞察に満ちた質問をする助けになるからです。今のところ、あなたはこう尋ねています。

「ストーリータイプ」を発見するために、より多くの「いつ」の詳細が必要です

> 顧客による製品の注文に関連する、
> 他の日付や時間はありますか？

それに対して、ステークホルダーが次のように答えるかもしれません。

> はい、
> 注文は配達予定日に配達される予定です。

長い期間、短い期間を表現するには「いつ」の例を使います

図 2-7 に示すように、この新しい「いつ」の詳細をイベントテーブルに追加します。次の「いつ」の詳細に進む前に、追加の「いつ」ごとに、具体例を集めましょう。このとき、マイルストーンの間にある興味深い時間間隔（非常に短いものと長いもの）を表現するために、既存の日付／時刻の例を調整しても良いかもしれません。

2.2 BEAM✱の実践：ストーリーを語る

図 2-7
2つ目の「いつ」の詳細を追加

顧客は	製品を 注文する	注文日に	配達予定日に **配達**される
[誰が]	[何を]、MD	[いつ]、MD	[いつ]
Elvis Priestley	iPip Blue Suede	2011年5月18日	2011年5月22日
Vespa Lynd	POMBook Air	2011年6月29日	2011年7月4日
Elvis Priestley	iPip Blue Suede	2011年5月18日	2011年5月22日
Phillip Swallow	iPOM Pro	2011年10月14日	該当なし
不明	iPip G1	10年前	該当なし
アメリカ上院	iPOM＋プリンター	昨日	3日後
アメリカ上院	iPip Touch	昨日	3日後

2つ目の「いつ」の詳細
前置詞句は動詞を含み、発展型イベントを表すことがあります

配達予定日がない注文
店舗受け取りか、注文のキャンセル？

2つ以上の「いつ」の詳細がある場合、ステークホルダーが時系列を説明できるように簡単な年表を描き、「いつ」のペアの間の最も興味深い期間には名前を付けてもらうとよいでしょう。

ストーリータイプの決定

すべての「いつ」の詳細を特定し、サンプルデータとともに文書化した後、この情報に基づいてストーリータイプを決定します。このタイプは、後に続く詳細のタイプ、特に「どれくらい」の詳細についての強い手がかりとなります。

ストーリータイプを知ることで、より多くの詳細を発見できます

反復型イベント

イベントに「いつ」に関する詳細と時間間隔とセットになる「**every**」が含まれ、定期的に発生することがストーリーの例を通じて確認された場合、そのイベントは「反復型イベント」になります。その場合、しばしば残高や合計などの指標が含まれているでしょう。「どれくらい」の質問をするときには、これらを確認する必要があります。

反復型イベントには、「いつ（when）」の詳細と時間間隔とセットになる「**every**」が含まれます

発展型イベント

もし、「いつ」に関する詳細が2つ以上ある場合、それは発展型イベントである可能性があります。いずれかの時点に関する詳細が初期時点では不明、またはイベントの作成後（およびデータウェアハウスへのロード後）に変更可能である場合、それは間違いなく発展型イベントであると言えるでしょう。その場合、複

イベントが少なくとも1つの変更可能な詳細を持つ場合、それは発展型イベントです

55

数の「いつ」で構成された、後から変わりうる期間指標に注目する必要があります。

イベントが発展する場合は、どう発展していくかを説明するために、初期状態と最終状態を示すストーリーの例をステークホルダーに求める必要があります。できるだけ空の状態のイベントストーリーと、完成されたイベントストーリーが必要です。

ステークホルダーがあなたの「いつ」に関する追加質問にこう答えた場合を、少し想定してみてください。

> ご注文は配達日にお届けし、
> お支払いは支払日に行われます。
>
> Orders are *delivered on* delivery date and *paid on* payment date.

発展型イベントには、それ自体を離散型イベントとしてモデル化すべきかもしれない「追加の動詞」が含まれています

この回答により、注文がデータウェアハウスにロードされる時点で「実際の」配達日や支払日が不明であり、イベントが発展型であることがわかります。

これらの「いつ」の詳細の前置詞「on」の前には、動詞「deliver」と「pay」が付いていることに注目しましょう。これらの動詞は、それ自体が最初の注文イベントの少し後に発生するイベントです。しかし、ステークホルダーがこのように回答した場合、彼らはそれらを主に注文イベントのマイルストーンとして見ています。したがって、これらの動詞は、発展型である注文イベントにおける「いつ」の詳細としてモデル化し続けるべきではあるのですが、「配達」と「支払い」を個別の離散型イベントとしてモデル化したくなるかもしれません。念のため、「誰が何を配達しますか」「誰が何を支払いますか」と問いかけ、配達と支払いが注文レベルでしか利用できない場合に失われる重要な詳細がないかを確認しましょう。

ステークホルダーが複数の「いつ」の詳細情報を提供する場合、前置詞（「at」「on」など）の後に続く動詞に注目します。複数の動詞は、関連するマイルストーンイベントの処理順序を特定することができます。これらのイベントは、現在の発展型イベントの一部としてモデル化することができ、さらに詳細があると思われる場合は、それ自体を独立したイベントとしてモデル化できます。発展型イベントのモデル化の詳細については、第4章と第8章を参照してください。

離散型イベント

あるイベントが反復するものでも、発展するものでもないのなら、それは消去法で離散型イベントでしょう。新しい詳細を発見するたびに、その例の値が変わりうるか再確認しましょう。もし、詳細が変化しないか、変化が新たな調整イベントとして処理されるなら、そのイベントは離散型であり続けます。図 2-7 では、「注文日」と「配達予定日」（該当する場合）は注文時に既知で後からは変更されないので、これまでモデル化されてきた注文イベントは離散型です。

> 離散型イベントに含まれる詳細は変化しません

 ## 誰が、誰に、誰から、誰と（Who）？

ストーリータイプを特定したら、今度は図 2-2 の 7W フローチャートの一番上に戻って、そのイベントに関連する他の「誰が（Who）」がいるかどうかを確認します。「誰が」の質問の一般的な形式は「主語 動詞 目的語 from／for／with who?」です[訳注10]。現在の主語、動詞、目的語を使うと、次のように尋ねることができます。

> 他にステークホルダーがいるかどうか、「誰が」の質問をします

> 顧客は製品を誰に注文しますか？
> CUSTOMER orders PRODUCT from *whom*?

それに対して、ステークホルダーはこう答えるかもしれません。

> 販売員です。

もしそうなら、新しい「誰が」をテーブルに追加し、既存のイベントストーリーと結び付く販売員の例を尋ねます。例えば、グループストーリーを続けるには、次のように尋ねます。

> 注文を担当する販売員は
> いつも 1 人なのですか？

図 2-8 では、イベントストーリーでザクロ社の優秀な販売員を紹介していますが、同時に、販売員がいなくても注文ができること、個人ではなく営業チームが担当する注文もあることを示しています（グループストーリーが追加されています）。

訳注 10 日本語の場合は「主語 目的語 誰から／誰に／誰と 動詞？」となります

第2章 ビジネスイベントのモデリング

図 2-8
2つ目の「誰が」の詳細を追加

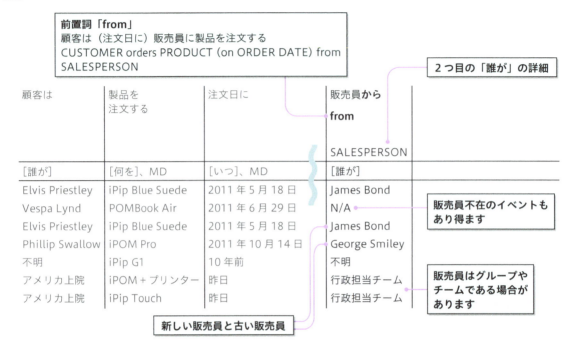

イベントストーリーでは、従業員の実名を使わないでください。従業員のパフォーマンスが低下した場合のストーリーをモデリングする必要があるかもしれません。そのような場合に、その場にいる誰かや他の人に責任を負わせたくないでしょう。代わりに有名な架空の人物を使ってみてください。これは法的な問題を回避でき、ちょっとした娯楽にもなります。ただし、やりすぎは禁物です。実際のイベントのストーリーや詳細から皆の目が逸れないようにしましょう。

🔶 何を（What）？

「何を」の質問をしましょう（特に、まだ「何を」の詳細がない場合には）

次に、そのイベントに関連する追加の「何を（What）」を尋ねます。一般的な質問形式は、「主語 動詞 目的語 何を／何のために（with／for **what**）？」です[訳注11]。「何を」の質問は、とりわけ主節にまだ「何を」の詳細が含まれていない場合に有効です。

> 顧客はメンテナンス料を何のために支払いますか？
> CUSTOMER pays MAINTENANCE FEE for *what*?

訳注 11 日本語の場合は「主語 目的語 何を／何のために 動詞？」となります

ステークホルダーは「何を」に関する詳細を提供してくれるはずです。例えばそれは「ソフトウェア製品」で、前置詞「for」とともにテーブルに追加されます。あなたは「何を」の詳細が他にもないかを確認するために、似たような「何を」に関する質問を繰り返し続けることができますが、「詳細の詳細」を収集しないように注意してください（コラム参照：**詳細の詳細**）。

 ## どこで（Where）？

次に探すべきは、「どこで（Where）」です。イベントの主節に「どこで」を加えて尋ねます。

> 顧客は製品を
> どこで注文しますか？

次は「どこで」を尋ねます

つまり、特定の地理的な場所（またはウェブサイトのアドレス）でイベントが発生するかどうかを調べようとしています。もしステークホルダーが次のように反応した場合、

> オンライン、または小売店で。

オンラインショップや小売店は、販売場所として一般化できるかもしれません。一般化は、例を用いて明確に文書化すべきです

テーブルを拡張し、イベントにおける「どこで」の詳細としてウェブサイトのURLや小売店の所在地を記録します。ステークホルダーの回答を「顧客は販売場所で製品を注文する」と一般化できるかもしれません。「販売場所」という詳細名を付けると、ウェブサイトと小売店を同じ列に記録できます。このように一般化された詳細を定義する場合、その意味が例によってはっきりと記されていることを確認する必要があります。図 2-9 では、「販売場所」という詳細の例で、店舗、ウェブサイト、コールセンターという3種類の場所を示しています。

> ### ◆ 詳細の詳細
>
> 　新しいイベントの詳細が、イベント全体の詳細ではなく、既存の詳細に対する追加の特性だと判明することがあります。それは、イベントについての詳細ではなく「詳細の詳細（Detail about Detail）」です。「何を」について自由形式の質問をしすぎると、不必要な詳細を得てしまうことがあります。次のような例です。*「顧客が製品を注文するときに何がありますか？」* という形で「何を」についての質問をすると「*製品タイプがあります*」と答えるかもしれません。このとき、製品タイプというイベント詳細はイベントに記録されないと失われてしまうでしょうか？　それとも他のところに属するのでしょうか？

新しい詳細がイベント全体に属するものであり、すでにある詳細をさらに詳しく説明するだけの「詳細の詳細」ではないことを確認します

「詳細の詳細」は、通常直感的に見分けることができますが、もし疑問が残るのであれば、その詳細が文章内の位置によって影響を受けるかどうかで確認できます。主節の真ん中に新しい詳細を入れ替え、入れ替える前と入れ替えた後の両方を読みましょう。もしそのイベントがまだ意味をなしているなら、その詳細は位置依存ではなく、イベントに属していることになります。しかし、（詳細の前置詞を変えただけで）イベントの説明として意味が通らなくなるなら、その詳細は本来個別の詳細に関する情報で、実際に説明される詳細のすぐ右側に置かなければ意味をなしません。例えば

顧客は**ある製品タイプ**の製品を購入します
（CUSTOMER orders PRODUCT **with PRODUCT TYPE**）

これは大丈夫そうですが、新しい詳細を主語の後[訳注12]に配置してみてください。

ある製品タイプの顧客は製品を購入します
（CUSTOMER **with PRODUCT TYPE** orders PRODUCT）

おっと、明らかにこれは意味をなしません。顧客には製品タイプがなく、製品にはあります。つまり、製品タイプは、「製品」の直後（右側）に置かれた場合にのみ意味を持ちます[訳注13]。これは文章の中の位置に依存します。このことから、製品タイプは、イベント全体ではなく「製品」を説明するものであり、したがって「詳細の詳細」であることがわかります。

イベントを使用して有効なファクトテーブルを定義できるように、イベントに直接関係しない詳細はすべて削除することが重要です。ただし、「製品タイプ」が製品に関する詳細であるという重要な発見は完全に破棄しないようにしなければなりません。これは明らかに、ステークホルダーが報告対象として使いたいと思うものです。テーブルに追加する代わりに、「製品」列の上、詳細の詳細を記録するために確保されたスペースに配置することができます。この「詳細の詳細」は、まもなく「製品」ディメンションを定義する際に使用されます。

先ほどの「誰が」の問題で出てきた「販売員」の詳細にも同じテストを適用できます。イベントの主節に置き換えて、自分自身に問いかけてみてください。

「詳細の詳細」は捨てずにおきましょう。ディメンションを定義するために使います

訳注12 日本語文では「主語の前」に配置しています
訳注13 日本語の場合、「製品タイプ」は「製品」の直前（左側）に置かれた場合にのみ意味を持ちます

> 販売員から顧客は製品を購入します
>
> 顧客は製品を購入します、販売員から
>
> （スターウォーズのヨーダのように）奇妙に聞こえますが、それでも意味が通ります。追加された「誰が」の詳細は主節のどこに置いても意味が失われないことがわかります。したがって、「販売員」に関する情報は、文章上の位置に影響を受けることがなく、イベントに関する詳細であることがわかります。

もし、いくつかの詳細を一般化していることに気付いたら、イベントストーリーが本当に似ているのか質問する必要があります。もし、ストーリーの詳細が大きく異なる場合は、それらを別々のイベントテーブルにモデル化することをおすすめします。なぜなら、過度に一般化されたイベントは、すぐにステークホルダーにとって無意味なものになってしまうからです。

図 2-9
「どこで」の詳細を追加

「どこで」の詳細

顧客は	製品を注文する	注文日に	販売拠点で	配達先住所に
[誰が]	[何を]、MD	[いつ]、MD	[どこで]	[どこで]
Elvis Priestley	iPip Blue Suede	2011年5月18日	POMStore NYC	Memphis, TN
Vespa Lynd	POMBook Air	2011年6月29日	store.POM.com	London, UK
Elvis Priestley	iPip Blue Suede	2011年5月18日	POMStore NYC	Memphis, TN
Phillip Swallow	iPOM Pro	2011年10月14日	POMStore London	該当なし
不明	iPip G1	10年前	Amazon.com	該当なし
アメリカ上院			1-800-MY-POM	Washington, DC
アメリカ上院			1-800-MY-POM	Washington, DC

「販売拠点」には小売店、ウェブサイト、コールセンターなどがあります

「どこで」の詳細について追加で尋ねるときは、既存の「誰が」や「何を」の詳細ではなく、イベント自体が発生する場所を探していることを強調してください。これにより、イベントの発生や結果に影響を及ぼさない「詳細の詳細」（顧客の住所や工場の住所など）が回答に混入することを一時的に避けることができます。これらの住所は、イベントが完成すると、「顧客」や「製品」のディメンショナル属性としてモデル化されます（第3章参照）。

個々の場所が、「誰が」や「何を」の詳細ではなく「誰が何をするか」の詳細であることを確認します

Wタイプの収集が終わるたびに、前のWタイプに素早く目を通し、不足している詳細がないかをチェックするとよいでしょう。「どこで」の質問を終えたら、「どこで」の詳細の中に、ステークホルダーに追加の「誰が」「何を」「いつ」を想起させるものがあるかどうかを確認します。

ホワイトボードを使ったモデルストーミング

　アジャイルの実践者にとって、ホワイトボードはお気に入りの協調型モデリングツールです。デザインの一部であれば一気にモデルストーミングするのに最適なツールではありますが、BEAM✲テーブルのすべての列を表示するには、たとえ大きなホワイトボードでも対応しきれないことがあります。ここでは、イベントモデリングにBEAM✲や他のツールを使用するための実践的なアドバイスを紹介します。

- ホワイトボードの延長／交換には、巻けるタイプのホワイトボードシートを使用します。大きな付箋紙やフリップチャート紙、マスキングテープも使えますが、反復的なデザインには適していません。2.5cmのマス目が入ったシートはイベントのテーブルで大活躍します

- 「主要項目」すなわちイベントの主節と最初の「いつ」の詳細を、メインのホワイトボードか最初のシートに書いてください。もし、この最初の3列がホワイトボードに収まらない場合は、ホワイトボードが小さすぎるか、あなたの文字が大きすぎます。こうすることで、他のWのブロックのための拡張シートを追加または削除しつつ、主要な詳細を前面かつ中央のままにできます。本書の後半の章と同様に、「誰が」「何を」「いつ」「どこで」「どれくらい」「なぜ」「どのように」の各シートを少なくとも1枚ずつ用意し、詳細を分割することをおすすめします

- 「書記」にモデルを記録してもらいながら進めましょう。従来のインタラクティブなモデリング作業では、記録する情報や使用するモデリングツールの技術的な性質から、書記もデータモデリングチームのメンバーに入ることが多いでしょう。一方で、BEAM✲では、書記はスプレッドシートを使える人なら誰でもなれます。これは、アジャイルチームにおける「現場の顧客」や「プロダクトオーナー」（ステークホルダーの1人）にとって理想的な役割です

- ホワイトボードのスペースが限られていて、即席のモデルストーミングのために書記がいない場合は、写真を撮っておくと、その場で消すことができます。ほとんどのスマートフォンやタブレット端末のカメラはこの作業に十分すぎるほど適しています。また、ホワイトボードの画像を自動的に

- 補正（映り込みを抑える、コントラストを上げる、遠近感を修正する）し、その結果をグループにメールで送信するスキャナーアプリを活用することもできます。フラッシュをオフにすることを忘れないでください
- 途中で消す必要がある場合でも、主な詳細とサンプルデータはボードに残してください。スペースに余裕があれば（なければ別のフリップチャートに）消去した詳細の名前を一覧として見えるようにしておきます
- 黒であれば、どんな色でも OK です[訳注14]！ もし成果物の写真を撮るつもりなら、仕上がりを良くするために黒のホワイトボードマーカーを使い続けてください。黒のマーカーのみを使うことを推奨するため、BEAM✽の表記法は意図的に色分けされていません。なぜ、虹色のホワイトボード図が多いのでしょうか。時々、よく考えられた配色をする人がいます（しかし、男性人口の8%が色覚障害であることを忘れてはいませんか？）。しかし、多くの場合、それは黒のマーカーが足りないか、乾いているからです。今すぐ、黒のマーカーを買ってきてください。今すぐです！

- モデルストーミングの際に、興味、対話、貢献、意欲のレベルを上げたいなら、全員に（黒の）マーカーを持たせてください。BEAM✽に慣れてきたら、ステークホルダーに自分たちのイベントストーリーをボードに書いてもらいましょう。この方法がうまくいくかどうかは、あなたのスタイル、ステークホルダーのスタイル、全員の手書き文字、モデルストーマー[訳注15]の人数に依存します。ホワイトボードモデルを全員で編集することは、少人数の仲間同士ならうまく機能することがありますが、学校に戻って大人数で授業を受け、「板書しなさい」と言われている気分には誰もなりたくありません
- より大人数のステークホルダーを集めたモデリングセッションでは、プロジェクターを使用し、投影されたスプレッドシートに直接モデリングしていくことができます。その場合は、短焦点のインタラクティブプロジェクターと注釈を付けるためのソフトウェアの使用を検討します。これらのツールを使えば、影を落とすことなく、投影されたインタラクティブなホワイトボードを囲んでモデルストーミングを行うことができます。ただし、モデリングを邪魔するようなガジェットは使わないように注意しましょう

- BEAM✽Modelstormer スプレッドシートを使用している場合、各テーブルの主要な詳細（主語、目的語、最初の「いつ」の詳細）が固定されているため、各イベントストーリーのコンテキストを失うことなく水平方向に

訳注14 元ネタは、世界初の量産車モデル T を作った Henry Ford 氏の言葉「Any customer can have a car painted any color that he wants so long as it's black」。効率性と統一性のため、当初モデル T は黒色のみで提供されました
参考）https://corporate.ford.com/articles/history/the-model-t.html

訳注15 モデルストーミングについてアドバイスしてくれる人たち。詳細は「はじめに」にあるモデルストーマーの紹介をご参照ください

スクロールできます。このスプレッドシートでは、BEAM✲テーブルと同期してピボットされたERテーブル図も描かれるため、いつでも全詳細のリストを確認できます

付録Cでは、協調型モデリングの取り組みを向上させるための推奨ツールや追加の参考文献を紹介しています。

どれくらい（How Many）？

「どれくらい（How Many）」の質問は、物理データウェアハウスでファクトになるイベントに関連する量や、BIレポートやダッシュボードで指標やKPI（重要業績評価指標）を発見するために使用されます。ここでも、イベントの主節をステークホルダーへの質問として繰り返しますが、今回は「どれくらい」とセットで問います。文法的な意味を持たせるために「何個」「いくら」などに変形してから挿入します。例えば

ファクト、指標、KPIを発見するために「どれくらい?」と尋ねます

> 顧客は、何個の製品を注文しますか？
> 製品の注文はいくらになりますか？

どちらの場合も、数量に名前を付ける必要があります。これらの質問に対する答えとして、「注文数」と「売上」が図2-10のイベントテーブルに追加され、さまざまな値の例を示しています。イベントに関連付けるべき興味深い数量があるかどうかを確認するために、各詳細について「どれくらい」を質問する必要があります。以下のように尋ねられます。

> 何人の顧客が
> 製品を注文していますか？

ステークホルダーはおそらく「数千」と答えたいのでしょうが、各注文イベントのストーリーでは、常に顧客は1人です。このように、答えが常に1である詳細、または詳細がない（必須ではない）場合には、名前を付けてイベントに追加する有用な数量はありません。数量に関するすべての詳細を確認したら、一般的な質問でフォローアップする必要があります。

> このイベントの評価指標は、
> 他に何かありますか？

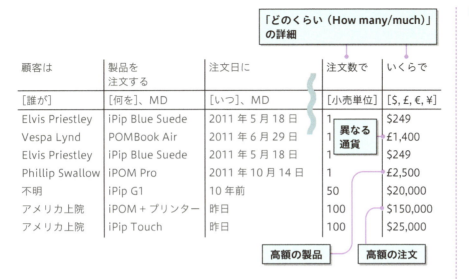

図 2-10
数量の追加

測定単位

　ステークホルダーに数量に関する値の例を教えてもらうとき、その測定単位も確認する必要があります。ある数量が複数の単位で取得されていることが判明した場合、有用な加算型ファクトを作成するために、データウェアハウス内の基準となる単位で保存する必要があります。したがって、その単位が何であるかをステークホルダーに尋ねる必要があります（第8章では、加算型ファクトの設計について詳しく説明します）。 数値の列タイプに、［$］や［Kg］などの角括弧型表記を使用して測定単位を記録します。列タイプに［どれくらい］と記すより、測定単位を記した方が、その数の単位を明確にするので有用な説明になります。

各数量の標準的な測定単位を尋ねます

> ［　］：角括弧は、「誰が」「どこで」といった詳細の種類と、「どれくらい」の詳細
> に対する測定単位を示します

列のタイプには複数の測定単位を記載できます

　数量が複数の単位で報告される必要がある場合、基準となる単位を最初にしたリスト形式で記録できます。図 2-10 は、売上をドルとポンドで記録した例です。列タイプが［$, £, €, ¥］と書かれている場合、アメリカ合衆国ドルがデータウェアハウスの標準単位であることが記録されていますが、BI アプリケーションでは、ポンド、ユーロ、円での売上報告が必要であることを示しています。

期間

　「期間」は、「どれくらいかかるか」という質問から発見できます。例えば、「**顧客が製品を注文するにはどれくらいの時間がかかりますか？**」といった具合です。もしステークホルダーがイベントをある1時点とみなすなら、期間はない（記録

期間と発展型イベントを発見するために「どれくらい?」と尋ねます

されない、あるいは重要でない）でしょう。期間について尋ねることは、イベントを発展型としてモデル化すべきかどうかをテストするもう1つの方法です。期間を計算することで、「いつ」の詳細の欠落を見つけ、現在のイベントと密接に関連する他のイベント（動詞）を明らかにすることができます。それらはすべて発展型イベントの一部となるはずです。

派生数量

派生数量は、BIのレポート要件を定義するのに役立ちます

モデラーの中には、期間をモデル化する必要性に疑問を持つ人もいるかもしれません。テーブル内にタイムスタンプが存在する場合、期間は保存せずとも計算できます。しかし、BEAM✲テーブルは、データおよびレポート要件を文書化するためのBI要件モデルであり、物理的な保存モデルではありません。期間やその他の派生指標をイベントの詳細として文書化することで、それらのビジネスにおける名称を把握し、（ストーリーにおける）最大値と最小値を文章化する機会となります。これにより、ダッシュボードのアラートやその他の条件付きレポートの閾値として使用できるようになるのです。

BEAM✲イベントテーブルは、列ごとに物理的なファクトテーブルに変換されるわけではありません。イベントテーブルがスタースキーマとして物理的に実装される際には、数値を除く詳細の大部分はディメンションの「外部キー」に置き換えられ、数量の一部はBIツールでの計算またはデータベースのビューに置き換えられます。このプロセスについては、第5章で説明します。

なぜ（Why）？

今こそ「なぜ?」と尋ねるときです

「なぜ（Why）」の詳細を把握することが、イベントをモデル化する次のステップです。他の「W」の質問と同様に、イベントの主節を使った「なぜ」の質問をします。

> なぜ、
> 顧客は製品を注文するのでしょうか？

この質問の形式は少し自由すぎるかもしれませんが

> なぜ、顧客は、
> この日付に、この場所で、これらの製品を、
> この個数注文するのでしょうか？

という質問によって、ステークホルダーはイベントの数量の変動を具体的に説明する要因の特定に焦点を当てます。「なぜ」の詳細には、プロモーション、キャンペーン、特別なイベント、外部市場の状況、規制の状況、あるいは、データがすぐに手に入る、自由形式のテキストで表された理由までもが含まれます。例えば、ステークホルダーが次のように答えたとします。

> 製品をプロモーションしたからです。

この場合、図 2-11 に示すようにイベントテーブルを拡張し、典型的な状況と例外的な状況を表すストーリー例を追加することになります。プロモーションの「典型的なストーリー」は「プロモーションなし」であり、「なぜ」の詳細を尋ねたことによってステークホルダーが別の値引き額も提示してくれたことに注目してください。第 9 章では、「なぜ」の詳細を因果ディメンションとしてモデル化することについて詳しく説明しています。

イベントストーリーに数量の大きなばらつきがある場合、「なぜ」の詳細をモデリングしている最中に指摘します。これらのばらつきを説明できるような理由があるかどうか、ステークホルダーに尋ねてください。因果関係の説明がきちんと記録されていれば、追加の数量（「どれくらい」）を発見する手がかりになるかもしれません。

「なぜ」の詳細は数量のばらつきを説明することが多いです

「なぜ」について、典型的なストーリーと例外的なストーリーを発見してみましょう

図 2-11
「なぜ」の詳細を追加

「なぜ（why）」の詳細

「なぜ」の詳細である「プロモーション」の存在によって数量「値引き」が追加されました

顧客は	製品を注文する	注文日に	いくらで	プロモーションで	値引きで
［誰が］	［何を］、MD	［いつ］、MD	［$, £, €, ¥］	［なぜ］	［$, £, €, ¥, %］
Elvis Priestley	iPip Blue Suede	2011 年 5 月 18 日	$249	プロモーションなし	0
Vespa Lynd	POMBook Air	2011 年 6 月 29 日	£1,400	発売記念イベント	10%
Elvis Priestley	iPip Blue Suede	2011 年 5 月 18 日	$249	プロモーションなし	0
Phillip Swallow	iPOM Pro	2011 年 10 月 14 日	£2,500	スタークーポン	£150
不明	iPip G1	10 年前	$20,000	お試し価格	$2,500
アメリカ上院	iPOM + プリンター	昨日	$150,000	新規取引	$20,000
アメリカ上院	iPip Touch	昨日	$25,000	新規取引	$1,000

どのように (How) ?

最後の「W」の質問は、「どのように (How)」の詳細を発見するものです。「どのように」は、ビジネスイベントの実際の仕組みそのものを指します。イベントの主節を使った「どのように」の質問によって、これらの詳細を発見します。

「どのように」の質問が最後の質問です

> 顧客は
> どのように製品を注文しますか？

多くの場合、詳細には、各イベントを捕捉する業務システム由来のトランザクション識別子が含まれます。ステークホルダーが以下のように回答したとします。

トランザクションID（「どのように」の詳細）はイベントの区別に役立ちます

> 顧客または販売員は、
> 注文IDを持つ注文レコードを作ります。

この場合、図 2-12 のように注文IDをテーブルに追加します。注文IDにより、「顧客が製品を注文したことをどのように知ることができますか？　どのような証拠がありますか？」「似たような注文をどのように区別しますか？」といった、他の「どのように」に関する質問に対しても同様に適切な答えが得られるかもしれません。これらの質問では、注文というイベントストーリーが存在し、互いに区別できるという運用上の証跡を明示的に求めているのです。

図 2-12
「どのように」の詳細を追加

> 「どのように」の詳細である注文IDはイベントの証跡を提供します。ソースシステムを識別することができるかもしれません。

顧客は	製品を注文する	注文日に	注文数で	いくらで	注文IDを使って
[誰が]	[何を]、MD	[いつ]、MD	[小売単位]	[$, £, €, ¥]	[どのように]
Elvis Priestley	iPip Blue Suede	2011年5月18日	1	$249	ORD1234
Vespa Lynd	POMBook Air	2011年6月29日	1	£1,400	ORD007
Elvis Priestley	iPip Blue Suede	2011年5月18日	1	$249	ORD4321
Phillip Swallow	iPOM Pro	2011年10月14日	1	£2,500	ORD0001
不明	iPip G1				ORD0012
アメリカ上院	iPOM + プ...				ORD5466
アメリカ上院	iPip Touch				ORD5466

> 粒度は「**注文ID＋製品**」です。同じ顧客が同じ日に同じ製品を同じ数量、同じ価格で注文したイベントを識別します。

「どのように」の質問は複数回行い、より説明的な「どのように」の詳細があるかどうかを確認する必要があります。一般的には、方法や状態の説明を求めることになるでしょう。適切に言い換えられた「どのように」の質問は次のようになります。

> お客様は、
> どのような方法で
> 製品を注文することができますか？

「どのように」の詳細も同様に説明的になり得ます

次のようにステークホルダーが反応するかもしれません。

> クレジットカードや発注書を使います。
> これを「支払い方法」と呼びましょう。

複数の動詞からなる発展型イベントは、動詞ごとに1つのトランザクションIDおよび／または記述的な「どのように」の詳細を持つことができます。第5章では、トランザクションIDの「どのように」を、ファクトテーブル内の「退化ディメンション」としてモデル化します。第9章では、より記述的な複数の「どのように」を異なる「どのように」のディメンションとして別々にモデル化します。

イベントの粒度

各イベントストーリーは一意に識別できなければなりません（そうでなければ、レコードの重複エラーを識別する方法がなくなります）。したがって、各イベントストーリーにおける値の組み合わせを他のイベントと区別できるように、イベントに関する詳細情報を十分な数だけ持つ必要があります。この詳細の組み合わせを「イベントの粒度（Event Granularity）」と呼びます[訳注16]。イベントの粒度を発見するのは、反復ストーリーテーマの役割です。反復ストーリーのすべての詳細が典型的なストーリーと一致する場合、粒度を定義するのに十分な詳細をまだ把握できていないことになります。

「イベントの粒度」とは、一意性を保証するイベント詳細の組み合わせです

ほとんどの場合、イベントの粒度は「誰が」「何を」「いつ」「どこで」の組み合わせで定義できますが、時には7Wのほとんどを通じて一意であることを頑なに拒むような詳細情報もあります。可能性は極めて低いですが、同じ顧客が同じ製品を同じ時間に同じ価格で同じ営業担当者に注文し、同じ日に同じ場所に配達されるかもしれません。このような場合、業務ソースシステムは、トランザクション識別子、例えば注文ID（「どのように」の詳細）を作成し、これを使用してこれらのイベントのインスタンスを区別できるようにしています。

トランザクションID（「どのように」の詳細）を使って粒度を定義できます

訳注16 粒度をgrainと呼ぶこともあります

「粒度項目」はGDと表記します

　イベントの粒度を明らかにしたら、その粒度を組み合わせによって定義している、それぞれの「粒度項目」の列タイプにショートコード **GD**（粒度項目、Granular Detail）を追加して、それを文書化します。図2-12は、注文イベントの粒度が注文IDと製品の組み合わせで定義されていることを示しています。これは、業務システムにおける注文明細に相当します。

　GDn：粒度項目、Granular Detail（またはDimension）。単体で、あるいは他と組み合わせて、イベントの最小単位もしくは一意性を定義する項目。例えば、GD1とGD2は、粒度項目を示す異なる2つのグループを表します。

 ## 十分な詳細

粒度だけではまだ不十分で、すべての詳細が必要です

　イベントの粒度を定義するのに十分な詳細が得られたからといって、詳細の追加を止めるべきではありません。ステークホルダーがまだ関連する詳細を提供しているなら、それらを追加し続けましょう。イベントの一意性は最低条件です。目指すべきは「完全な」ストーリー（または、少なくとも現在知られている限りのストーリー）を伝える完全な詳細のセットです。

 ## イベント名

イベント名には、イベントの主語と動詞をよく使います

　ステークホルダーが納得し、認識されているビジネスプロセスと一致するような、短く説明的なイベント名を付けることが必要です。この名前は、多くの場合、イベントの動詞を変形したものを使うことができます。もし、動詞が他のイベントと共有されている場合（例えば、卸売注文や購入注文など、他のタイプの注文をモデル化する必要があるかもしれません）、一意な名前を作るために、主語と動詞の組み合わせが必要になります。慣習として、イベント名は大文字の複数形にします[訳注17]。図2-13では、完成したイベントテーブルが、主語と動詞を使用して「顧客の注文（CUSTOMER ORDERS）」と名付けられ、スプレッドシートに転記されています。

訳注17 日本語の名詞に複数形の概念はありません

2.2 BEAM✳ の実践：ストーリーを語る

図 2-13
イベントの文書化

イベント名
主語 動詞（複数形の名詞）

イベントストーリータイプ
DE：離散型イベント

GD：粒度項目（Granular Detail）
注文 ID+製品で各イベントを一意に特定します。

二重線は詳細が十分であることを示します。
イベントは完了しました（現時点では）。

顧客の注文（CUSTOMER ORDERS）[DE]

顧客は	製品を注文する	注文日に	配達予定日に配達される	販売員から	販売拠点で	配達先住所に
[誰が]	[何を]、MD、**GD**	[いつ]、MD	[いつ]	[誰が]	[どこで]	[どこで]
Elvis Priestley	iPip Blue Suede	2011 年 5 月 18 日	2011 年 5 月 22 日	James Bond	POMStore NYC	Memphis, TN
Vespa Lynd	POMBook Air	2011 年 6 月 29 日	2011 年 7 月 4 日	N/A	store.POM.com	London, UK
Elvis Priestley	iPip Blue Suede	2011 年 5 月 18 日	2011 年 5 月 22 日	James Bond	POMStore NYC	Memphis, TN
Phillip Swallow	iPOM Pro	2011 年 10 月 14 日	該当なし	George Smiley	POMStore London	該当なし
不明	iPip G1	10 年前	該当なし	不明	Amazon.com	該当なし
アメリカ上院	iPOM + プリンター	昨日	3 日後	行政担当チーム	1-800-MY-POM	Washington, DC
アメリカ上院	iPip Touch	昨日	3 日後	行政担当チーム	1-800-MY-POM	Washington, DC

注文数で	いくらで	プロモーションで	値引きで	注文 ID を使って
[小売単位]	[$, £, €, ¥]	[なぜ]	[$, £, €, ¥, %]	[どのように]、**GD**
1	$249	プロモーションなし	0	ORD1234
1	£1,400	発売記念イベント	10%	ORD007
1	$249	プロモーションなし	0	ORD4321
1	£2,500	スタークーポン	£150	ORD0001
50	$20,000	お試し価格	$2,500	ORD0012
100	$150,000	新規取引	$20,000	ORD5466
100	$25,000	新規取引	$1,000	ORD5466

　イベントの動詞を使っても良い名前をうまく付けられない場合、「どのように」の詳細の 1 つを使用してみてください。例えば、主節が「顧客は製品を購入します（Customer Buys Product）」だった場合、「顧客は購入します（CUSTOMER BUYS）」というイベント名ではなく、購入 ID（PURCHASE ID）や請求番号（INVOICE NUMBER）などの「どのように」の詳細を使用して、「顧客の購入（CUSTOMER PURCHASES）」や「顧客の請求書（CUSTOMER INVOICES）」に置き換えた方が良いかもしれません。

　イベントの主語は、ステークホルダーの最初の視点に基づく、あくまでも「主観的」なものです。異なるステークホルダーは、まったく同じイベントを異なる主語で表現するかもしれません。

　最初のイベントに関する詳細がすべて明らかになった後、より良い主語やイベント名を確立するためにその詳細を入れ替えてみることで、何かしらの別の視点を使用して記述できるかもしれません。例えば、イベント「営業担当者は卸売業者に製品を販売する」は、「卸売業者は営業担当者に製品を注文する」と並べ替えられ、「営業担当者の販売」ではなく、「卸売業者の注文」と名付けられるかも

動詞がうまくはまらない場合は、「どのように」の詳細を使ってみましょう

イベントの主語は「主観的」です！

イベントに名前を付ける前に、その主語を変更する必要があるかもしれません

71

しれません。最初の主語（営業担当者）はイベントのストーリーを引き出すのに役立ちましたが、主語としての仕事はこれで終了です。

主語と動詞の組み合わせでイベント名が決まらない場合は、目的語と「どのように」の詳細を使ってみてください。

イベントの記録を完成させる

テーブルの見出しにあるイベント名の後ろにストーリータイプを追加します

イベントの詳細がすべて揃ったので、やっと安心してストーリータイプを定義することができます。おさらいすると、イベントの「いつ」の詳細が「every」を伴う場合は反復型、「いつ」の詳細が複数あり変わりうる場合は発展型、それ以外は離散型イベントでした。ストーリータイプはテーブルコード（**DE**、**RE**、**EE**）のいずれかを用いて記録し、それをイベント名のヘッダーに配置します。テーブルコードはテーブル名の後に記載し角括弧で囲みます（例：図2-13）。

［DE］：離散型イベント（Discrete event）
［RE］：反復型イベント（Recurring event）
［EE］：発展型イベント（Evolving event）

テーブルが完成したことを示すため、右端に二重線を書きます

図2-13のように、スプレッドシートを使ってイベントを記録し終わったら、右端に二重線を書き、いったん表が完成したことを示します。BEAM✱の表は画面や印刷物より広いので、これが視覚的な手がかりになります。二重線が見えない場合は、右にスクロールするか、続きのページを探して詳細を確認する必要があります。

完成したストーリーを、やっと伝えることができます

完成した表を見渡すことで、ステークホルダーは完成したイベントのストーリーを読めるようになりました。

- *Elvis Priestley 氏（これは本当に彼の名前なのでしょうか？）は、2011年5月18日に、POMStore ニューヨークの James Bond 氏から、iPip Blue Suede 1 台を、249 ドル（値引きを伴うプロモーションなし）で注文しました。注文 ID は ORD1234 で、テネシー州メンフィスへ 2011 年 5 月 22 日までに配達されます。*
- *Vespa Lynd 氏は、2011 年 6 月 29 日に POMBook Air を注文し、2011 年 7 月 4 日に store.POM.com からイギリス・ロンドンへ配達します。発売記念イベント 10% 割引で 1,400 ポンドです。注文 ID は ORD007 です。*

これらの文章の前置詞を少し調整し、詳細（主に「どれくらい」）を並べ替えると、具体例から「顧客の注文」のイベントストーリーを一般化したものを構築できるようになります。最終的なドキュメントにはこう書かれているかもしれません。

　*顧客*は、*注文日*に、*販売拠点*の*販売員*から、*数量*の*製品*を、*値引き*を伴う*プロモーション*で、*いくら*で注文します。*配達予定日*までに*配達先*に配達予定で、*識別子は注文ID* です。

2.3　次のイベントは？

　最初のイベントの詳細をすべて記述した後、他のイベントに移る前に、それらが表すディメンションをモデリングするべきです。これはまさにステークホルダーがあなたに望んでいることです。なぜなら、ステークホルダーは、これまでに発見された詳細が魅力的であることよりも、たくさんの記述的属性を使用してイベントを分析できるということの方が知りたいはずだからです。もしステークホルダーが多くの「詳細の詳細」を教えてくれるなら、それは彼らが、最小粒度のビジネスイベントを集約・フィルタリングし、興味深いレポートを作成するために必要な、ディメンショナル属性を定義することに熱心であることを示しています。そして、それこそがまさに第 3 章で学ぶ方法です。

　その後実施されるモデルストーミングのイテレーションで、ディメンションの共通言語を確立すると、ステークホルダーは、イベントからイベントへ直接移行し、共通の詳細（ディメンション）と例を再利用してイベントのストーリーを迅速に伝えたいと思ってくれるはずです。これは、第 4 章で説明する「イベントマトリックス」のテクニックを使って、早い段階から推奨したい習慣です。

　BEAM✲は、イベントストーリーを語るコツをつかむと、急速に進み、多くのイベントを次々と記述していきます。しかし、ストーリーの段階であまりに多くのイベントをモデル化しないように注意する必要があります。これはバランスをとるための行為です。確かに、ステークホルダーは複数のイベントをモデル化する必要があります。なぜなら、プロセス横断的な分析要件を記述し、発見順ではなく重要度に基づいて優先順位を付け、次のスプリントでやることを決めるためです。しかし、次のスプリントで実装できる以上に多くの詳細なイベントストーリーを語ると、不必要に時間がかかり、何がすぐに利用できるようになるかについて非現実的な期待を抱かせてしまう可能性があります。また、最終的実装時点で、ビジネスの現実や変更された要件、利用可能な知識を反映しない、恐ろしい「最初に行う十分な設計」につながる可能性があります。

一般化された「顧客の注文」のストーリー

最初のイベントをモデル化したら、それに対応するディメンションを次にモデル化すべきです

すでに共通のディメンションに関する共通言語を持っている場合、次のイベントへすぐに移行できます

次のプリントやイテレーション、リリースの詳細なデータ要件をジャストインタイム（JIT：Just-In-Time、必要なものを、必要なときに、必要なだけ）でモデリングするため、イベントストーリーの作成をいったん保留すべきです。アジャイルな開発スケジュールに合わせましょう。第4章の「先手を打ったちょうどよい設計」のテクニックを参考に、将来リリースされるイベントの上位レベルのモデルを（さらに迅速に）作成するための、「先行したモデリング」を行ってください。これらのモデルは、ステークホルダーが現時点で詳細にモデル化すべきイベントを決める上で必要な情報を提供します。また、それらのイベントをより柔軟に設計できるようにします。つまり、モデリングを先に行っておくことで、将来のBI開発のイテレーションにおいて手戻りが少なくなります。

2.4 まとめ

- ビジネスイベントとは、DW/BIのデータ要件を生み出す測定可能なビジネス活動を表しています。BEAM✲は、ビジネス・ステークホルダーとのモデルストーミングを通じてビジネスイベントを発見するため、データストーリーを語る技術を使用します

- BEAM✲は、3つのイベントストーリーのタイプ（離散型、発展型、反復型）を定義します。これらは、トランザクション・ファクトテーブル、累積スナップショット、定期スナップショットという3つのファクトテーブルの種類と一致します

- 各BEAM✲イベントは、「主語、動詞、目的語」を含む主節から成り立っており、「前置詞、詳細を表す名詞」を含む前置詞句がその後に続きます。主語、目的語、詳細はそれぞれ7Wの1つであり、すなわちディメンショナルデータベース設計に属する可能性がある名詞です

- BEAM✲モデラーは、7Wを使ってビジネスイベントを発見し、そのタイプ、粒度、ディメンション、指標を記録します。これらは、ファクトテーブルを設計する上で必要な情報をすべて網羅します

- BEAM✲モデラーは、抽象的なデータモデルを避けます。代わりに、彼らは「具体例を用いたモデリング」を行います。すなわち、ステークホルダーに、データストーリーを通じてBIデータ要件を説明してもらいます。BEAM✲モデラーは、データ例テーブルを使用してこれらの要件を文書化します

- イベントストーリーは、ビジネスイベントに関するデータストーリーの例です

- イベントストーリーの例とは、文章です。主節、前置詞、詳細が組み合わされています

- イベントストーリーは、イベントの詳細を簡潔に記述し、5つのテーマ（典型的な、極端な、欠損、反復、グループ）のそれぞれについて例を示すことでその意味を明確にします

- 「典型的なテーマ」と「極端なテーマ」のストーリーで、データの範囲や例外を探ります

- 「典型的なストーリー」と「反復ストーリー」は、イベントの一意性（最小粒度）を表します

- 「欠損ストーリー」を利用して、BEAM✲のモデラーは必須項目を発見し、BI アプリケーションが欠損値をどのように表示すべきかを文書化します

- 「グループストーリー」はビジネスモデルの混在や多値の関係など、イベントの複雑さを明らかにします

- BEAM✲ショートコードは、必須項目、粒度項目、ストーリータイプを文書化するために使われます。BEAM✲記法の他の要素は、「W タイプ」、測定単位、完成されたイベントモデルを文書化します

第3章 ビジネスディメンションの モデリング

私には6人の信頼できる召使いがいる（私が知っていることはみな彼らが教えてくれた）。
彼らの名前は「何を」「なぜ」「いつ」「どのように」「どこで」「誰が」である。
I keep six honest serving-men (They taught me all I knew);
Their names are What and Why and When and How and Where and Who.

— Rudyard Kipling, *The Elephant's Child*

> レポーティングという目的を達成するためには、ビジネスイベントを完全に記述したディメンションが必要です

ビジネスイベントとその数値の計測は、アジャイルなディメンショナルモデリングのほんの一部でしかありません。BEAM✲イベントテーブルを作っただけでは、データウェアハウスやデータマートを設計するにはまだ不十分です。BIの柔軟性を高めるには、これまでにモデル化したイベントの最小単位の詳細と、それらを実用的な方法で分析できるようにする抽象的な表現の両方がステークホルダーにとって必要です。これらの説明的な属性を提供するデータ構造がディメンションです。

> BEAM✲のモデラーは、ディメンションを定義するために階層図を描き、変更ストーリーを語ります

BEAM✲では、7Wとデータ例テーブルの例に加え、「階層図」と「変更ストーリー」を使用してディメンショナル属性の発見と定義を行います。階層図はBIのドリルダウン分析をサポートする属性間の階層的な関係を調べるために使用され、変更ストーリーはステークホルダーが「緩やかに変化するディメンション」を処理するためのビジネスルールを記述できるようにします。

> この章では、イベントストーリーの詳細からディメンションをモデル化する方法を説明します

本章では、これらBEAM✲のツールやテクニックを使用して、個々のイベントの詳細から完全なディメンション定義をモデリングする方法について説明します。第2章で扱ったイベントストーリーの項目「顧客」と「製品」を具体例として用いて、ステークホルダーとともにディメンションをモデルストーミングしていきます。

> 第3章 トピック一覧

- ビジネスイベントのディメンションをモデリングする
- 7WとBEAM✲テーブルを使用してディメンショナル属性を定義する
- 階層図を描いてディメンションの階層をモデリングする
- 変更ストーリーでディメンションの履歴を説明する

3.1 ディメンション

　ディメンションは、ビジネスや組織の重要な名詞であり、分析の対象となるビジネスイベントの主語、目的語、補足情報を示しています。これは、7Wのうちの6つのいずれかに属します。つまり、イベントストーリーにおける「誰が、何を、いつ、どこで、なぜ、どのように」を表します。さらに、ディメンショナル属性はステークホルダーに馴染みのある用語を用いてビジネスイベントを説明します。これらは、データストーリーをより興味深いものにするための形容詞を表しています。BIの観点に立つと、ディメンションはデータウェアハウスへのユーザーインターフェースであり、データへの入口になります。ディメンショナル属性は、ビジネスプロセスのパフォーマンス指標をロールアップしてフィルタリングするさまざまな興味深い方法を提供してくれます。BIアプリケーションでは、ディメンションを利用することで、レポート上の数値をグループ化する行ヘッダーや、レポートのフィルタリングに使用する値のリストが提供されます。また、ディメンショナル属性同士の階層的な関係を利用することで、ドリルダウン分析や最小粒度の測定値に対する効率的な集計が可能になります。例えば、「製品」や「顧客」ディメンションの説明情報を増やした結果、属性が50個以上になることもあります。

　ディメンションのデータ値（または個々のディメンショナル属性）は、その「メンバー」と呼ばれます。

3.1.1 ディメンションストーリー

　ディメンションは、記述的な参照データ（形容詞や名詞）を表すため、ビジネスイベントのような強い物語性がありません。イベント（およびイベントストーリー）が、例えば「顧客が製品を買う」「社員がサービスを売る」「James Bond 氏がアストンマーティンDB5を運転する」など、買う・売る・運転するなどの「刺激的」で能動的な動詞と関連付けられる一方、ディメンションは、「ある」(is, has) などの静的な動詞と関連付けられます。「顧客には性別や国籍がある」「製品には製品タイプや容量がある」といった様子です。これらは「ある」という状態であり、「Vespa Lynd 氏は女性である。彼女はイギリス人である」「iPOM Pro はコンピューターである。500GBのディスクを搭載している」といった多くの「is/has」データストーリーの原型です。これらの文章は重要ではありますが、「誰が、誰に、何を、いつ、どこで行うのか」という物語性がないため、ストーリーとして捉えられることはほとんどありません。ディメンションストー

ディメンショナル属性とは、イベントを身近なビジネス用語で表現した名詞や形容詞のことです

ディメンションストーリーは物語性が弱いです。主語や目的語の情報量は多いですが、動詞の情報量は少ないです

> BEAM✱モデラーは「物語」と「筋書き」をディメンションの定義に役立てます

リーには、ページをめくるような面白さがないのです！

　データストーリーはディメンションと（イベントの詳細としての）ファクトを発見するのに非常に有効であり、7W は常に強力なチェックリストであり続けますが、ディメンションストーリーの弱い物語性に隠された情報を明らかにするためには追加のテクニックが必要です。ステークホルダーが、属性と ETL 処理および BI レポートに影響のあるビジネスルールを網羅したストーリーを、より興味深く語れるように、BEAM✱モデラーはディメンションに物語性を持たせる必要があります。そのために、BEAM✱モデラーは 2 つの「仕掛け」を使用します。

> 階層図はディメンションがどのように構成されているのか確認するのに役立ちます

- **階層図**は、ディメンションのメンバー（イベントストーリーの値）をどのように「整理」（これは能動的な行為です）してグループにすべきか、ステークホルダーに確認するために使用されます。グループであれば、一般的にディメンションの個々のメンバーよりもはるかに「カーディナリティ」が低いため、レポートの行ヘッダーやフィルターに適しています。また、これらのグループを起点にすることで、種類が少なく階層の上部にある、BI 分析のためのイベントストーリーを語ることができます。多くのグループは互いに階層的な関係を持っています。この階層を調査することで、ステークホルダーに説明的な属性の追加を促し、BI のドリルダウンおよび集計機能を設定するために必要な情報を得ることができます。

> 変更ストーリーは、ディメンション属性がどのように変化し、レポート作成のためにどのように履歴情報を扱うべきかを説明します

- **変更ストーリー**は、各ディメンショナル属性が履歴の値をどのように扱うべきかを文書化したデータストーリーです。ディメンションメンバーがどのように「変化」（これも能動的な行為です）するかをステークホルダーに尋ねることで、どの属性が変化しうるか、そうでないか（ただし誤りの訂正は可能）を記述するだけでなく、現在の値または過去の値を使用したレポートの優先順位も表明してもらうことになります。ステークホルダーに値の変化について考えてもらうことで、既存の属性と似たような動作をする別の属性を思い出させ、変化を捉える補助的なビジネスプロセスの発見につながる可能性があります。これらの補助的なプロセスの中には、それ自体をビジネスイベントとしてモデル化する必要があるほど重要なものが含まれることがあります。

　属性や関係の「カーディナリティ」は一意な値の数を表します。カーディナリティの高い属性は一意な値の数が多く、カーディナリティの低い属性は一意な値の数が少ないです。

3.1.2 ディメンションを発見する

ディメンションを発見するためには、複雑な技術は必要ありません。モデリングしたイベントがすでにあるので、そこでわかっているイベント項目からディメンションを簡単に得ることができます。追加の記述的属性を持つ各イベント項目がディメンションになります。ほとんどの場合、少なくとも各ディメンションのメンバーを一意に識別するID（ビジネスキー）があります。これは通常「誰が、何を、いつ、どこで、なぜ」それぞれの詳細に当てはまります。第2章の「顧客の注文」イベントから抽出できるディメンション候補は以下のとおりです。

> イベントストーリーを語ることで、ディメンションをイベントの一部として発見します

- 顧客［誰が］
- 製品［何を］
- 注文日［いつ］
- 配達期限日［いつ］
- 販売員［誰が］
- 販売場所［どこで］
- 配達先住所［どこで］
- プロモーション［なぜ］

> イベントの項目とその追加の説明がディメンションになります

このリストには、イベントにおける数量や「どのように」に関する情報（注文IDなど）は含まれません。なぜなら、それらには個別のディメンションテーブルでモデル化する必要がある追加要素がないためです。イベントがスタースキーマに変換されると、これらの情報はファクトテーブル内のファクトおよび「退化ディメンション（DD：Degenerate Dimension）」に直接変換されます。第9章では物理的なディメンションが必要なケースについて説明します。

DD：退化ディメンション（Degenerate Dimension）[訳注1]。ファクトテーブルに格納されているディメンショナル属性のこと

3.2 ディメンションを記録する

ディメンションは、（追加属性を持つ）イベントの項目を1つずつ取り上げ、まずは主語からBEAM✲テーブル（データ例テーブル）としてモデリングしていくことで記録されます。図3-1は、「顧客の注文（CUSTOMER ORDERS）」というイベントの主語である「顧客（CUSTOMER）」を使用して、同じ名前の

> BEAM✲のテーブルを使ってディメンションをモデル化します

訳注1　縮退ディメンション、逆ディメンションと表現されることもあります

第 3 章　ビジネスディメンションのモデリング

ディメンションを定義している様子を示しています。ディメンションは単数形ですが、イベントは複数形であることに注意してください[訳注2]。

3.2.1　ディメンションの主語

イベントの項目は、ディメンションテーブルの最初の属性である「主語」にもなります。ディメンションのこの必須属性は、ショートコード **MD**（Mandatory Detail、必須項目）で示されます。適切な主語の名称については、ステークホルダーに尋ねる必要があります。通常、ディメンションの主語は、顧客名、製品名、または従業員名などの「名前」属性になるでしょう。属性の名前が決まったら、イベントテーブルから具体例を取得し、重複を取り除き、ディメンションテーブルに記入します。図 3-1 では、顧客名の重複が削除されていることに注意してください。

イベントの項目は、ディメンションの主語になります

図 3-1
「顧客」ディメンションの
モデル化

顧客は	製品を注文する	注文日に
[誰が]	[何を]、MD	[いつ]、MD
Elvis Priestley	iPip Blue Suede	2011 年 5 月 18 日
Vespa Lynd	POMBook Air	2011 年 6 月 29 日
Elvis Priestley	iPip Blue Suede	2011 年 5 月 18 日
Phillip Swallow	iPOM Pro	2011 年 10 月 14 日
不明	iPip G1	10 年前
アメリカ上院	iPOM + プリンター	昨日
アメリカ上院	iPip Touch	昨日

ディメンション名
イベントの項目から参照

顧客	
顧客名	**属性名** 新規に作成
MD	
Elvis Priestley	
不明	
Vespa Lynd	
Phillip Swallow	**重複を排除したイベント例**
アメリカ上院	

MD は、ディメンションの主語が必須であることを表します

3.2.2　ディメンションの粒度とビジネスキー

次に、ディメンションの粒度を定義して、表現しようとしているイベントと正確に一致させます。これまでモデル化したイベントストーリーは、読みやすさの

各ディメンションメンバーを一意に識別するビジネスキーを要求します

訳注 2　日本語では単数形と複数形を区別しません。「CUSTOMER」は単数形、「CUSTOMER ORDERS」は複数形ですが、「顧客」と「顧客の注文」にそのような違いはありません

80

ために顧客名と製品名を使用していましたが、これらを一意に識別するための「ビジネスキー」を特定する必要があります。ビジネスキーは、ソースシステムの参照テーブルにおける主キーです。ビジネスキーは、「各［ディメンション名］を一意に識別するものは何ですか」または「ある［ディメンション名］を別のものとどのように区別しますか」という質問によって発見できます。例えば、以下のようになります。

> 顧客を一意に識別するものは何ですか？

それに対して、ステークホルダーはこう答えるでしょう。

> 顧客 ID です。

これがあなたが必要とするもの（単一かつ普遍的で信頼できる識別子）かどうかをチェックするため、ステークホルダーに以下のポイントを確認しましょう。

- **顧客 ID は必須項目**。すべての顧客は、常にこのビジネスキーの値を持っていなければなりません。そうでない場合は、このキーを補うために、他のビジネスキーが必要です
- **顧客 ID は一意**。重複する値はありません。新しい顧客に、過去の無効になった顧客 ID が割り当てられることはありません
- **顧客 ID は不変**。ID は変更、もしくは再割り当てされません

> ビジネスキーは一意かつ必須でなければなりません

顧客 ID がステークホルダーによる上のチェックに通ると仮定して（これはできるだけ早くデータプロファイリングで確認する必要があります）、図 3-2 で示すように、既存の顧客名と一致させるためこの識別子の属性をディメンションテーブルに例として追加します。また、列コード **BK** を使用してそれが「ビジネスキー（Business Key）」であることを示した上で、**MD** を使用してそれが必須であるとマークします。顧客ディメンションにおける唯一のビジネスキーだからです。動詞「has」はほとんど価値をもたらさないので[訳注3]、省略してもかまいません。「ディメンションの主語」と「ディメンションの属性」の間の意味的なつながりがわかりづらい場合（および属性名から明らかでない場合）は、動詞や前置詞[訳注4]を追加するとディメンションの要素をストーリーとして読みやすくすることができます。

> ディメンションの主語の直後に、識別子の属性を追加します

訳注3　ここでの動詞「has」は、ディメンションストーリー「顧客は顧客 ID を持つ（CUSTOMER has CUSTOMER ID）」における動詞「持つ」を意味します
訳注4　日本語では「助詞」に相当します。名詞の働きを補助し、文の構成要素間の関係を明確にします

図 3-2
ディメンションへの
ビジネスキーの追加

顧客名	顧客 ID
MD	**BK, MD**
Elvis Priestley	C0010
不明	N/A
Vespa Lynd	C0997
Phillip Swallow	C9990
アメリカ上院	B0023

- 顧客 ID は顧客を一意に識別します
- BK - ビジネスキー（Business Key）
- MD - 必須項目（Mandatory Detail）
- 「顧客 ID」には内包された意味があるかもしれません
  - C - 消費者（Consumer）
  - B - ビジネス（Business）

適切な顧客識別子を発見することが難しい場合があります。複数存在していることもあります

BK：ビジネスキー（Business Key）。ディメンションの要素を一意に識別することができる、ソースシステムにおける主キー

　顧客のビジネスキーをどうするかは悩ましい問題です。顧客データが複数のソースから生まれる場合、すべてのビジネスプロセスを横断して、すべての顧客を一意に識別する単一のビジネスキーは存在しない可能性があります。運が良ければ、顧客データの主要なソースは 1 つしかないか、マスターデータ管理（MDM：Master Data Management）アプリケーションによって、データウェアハウスで使用できるマスター顧客 ID が生成されているでしょう。そうでない場合は、ステークホルダーとの議論に向け準備をする必要があります。すべての顧客レコードに信頼できる識別子を持たせるために、いくつかのビジネスキーを代替キー[訳注5]としてモデル化する必要があるかもしれません。

3.3 ディメンショナル属性

すでにある「詳細の詳細」を利用して、新たな属性について尋ねてみてください

　ディメンションの粒度を定義したら、残りの属性を特定する準備が整いました。イベントのモデリング中に「詳細の詳細」として識別された、候補となる属性の短いリストがすでにある場合があります。図 3-3 は、「製品」ディメンションに追加された、「製品タイプ」という「詳細の詳細」を表しています。これらの候補となる属性は、ステークホルダーが使いたいと明らかに望んでいるため、まずはここから始めるのが良さそうです。候補となる属性がない場合は、ステークホルダーに以下のように尋ねてみるのもよいでしょう。

> レポーティングをする上で、［ディメンション名］のどのような属性が気になりますか？

訳注5　主キーの代わりに使用できる列やその組み合わせ。詳細は 5.3.1 で解説します

3.3 ディメンショナル属性

> どのような属性で［ディメンション名］のソート、
> グループ化、フィルタリングが
> できるようにしたいですか？

こういった質問により、属性のリストを作成していきます。また、それぞれの属性がスコープに入っていることを、1つずつ確認する必要があります。

3.3.1 属性のスコープ

ディメンションに属性を追加する前に、まず確認すべきことが2つあります。その属性が本当にそのディメンションに含まれるべきものであるか、プロジェクトにおける次の一区切りまでに実装の工数が収まるかを確認しましょう。新しい属性のデータが他の属性やイベントの詳細と同じデータソースから容易に手に入りそうかをステークホルダーに尋ね、属性の実装可能性を初期段階でチェックしましょう。このとき、まだ存在しない属性や、イテレーション内で扱うべきデータソースの数を大幅に増やしてしまうような属性には注意する必要があります。また、「予算が無限にあればほしい」程度の属性を追加せずに済ませるための良い方法は、具体的な利用例を集めることです。ステークホルダーがうまく例を挙げられなかったり、全員が同意する具体例を得られない場合、その属性の価値は限定的かもしれません。

新しい属性が、現在のプロジェクトやイテレーション、リリースの範囲内であることを確認します

図 3-3
「詳細の詳細」の値が入力された製品ディメンション

製品タイプ → 「詳細の詳細」はディメンションの属性になります

顧客は	製品を注文する	注文日に
[誰が]	[何を]、MD	[いつ]、MD
Elvis Priestley	iPip Blue Suede	2011年5月18日
Vespa Lynd	POMBook Air	2011年6月29日
Elvis Priestley	iPip Blue Suede	2011年5月18日
Phillip Swallow	iPOM Pro	2011年10月14日
不明	iPip G1	10年前
アメリカ上院	iPOM + プリンター	昨日
アメリカ上院	iPip Touch	昨日

「詳細の詳細」由来の**属性名**

製品

製品説明	製品コード	製品タイプ
MD	BK	MD
iPip Blue Suede	IPPBS16G	
iPip G1	IPPG15G	
iPOM Pro	IPMP35G	
POMBook Air	PBA20G	
iPOM + プリンター	PB009	
iPip Touch	IPMT8G	
利用不可	N/A	

イベントの一意な例と欠損値ラベル「利用不可」

新しい属性が、各ディメンションメンバーに対して1つの値しか持たないことを確認します

　この章の図の例のように、スプレッドシートのBEAM✻テーブルに直接モデリングする場合は、イベントの主な詳細と同様に、ディメンションの主語とビジネスキーの列を固定してください。新しい属性を追加するために水平方向にスクロールしても、それらが表示され続けるようになります。

　ステークホルダーから提案された属性のほとんどが現在のスコープ内にある場合、続けてそれらが現在検討しているディメンションに属するかを確かめましょう。任意の時点（「今」を含む）で、各ディメンションメンバーに対する値のパターンが1つしかない属性を探します。履歴を無視すると、これはディメンションの主語と1対1または1対多の関係である属性です。変更ストーリーを参照する際には履歴値を考慮することになりますが、現時点では、以下のような「特定の時点」における質問をすることで、それぞれの新しい属性をチェックします。

> 任意の1時点において、
> 例えば複数の［新しい属性名］が
> ［ディメンション名］に属する可能性はありますか？

　この質問は、望まない条件を確認できるように慎重に表現されています。つまり、答えが「**いいえ**」なら、その属性はディメンションに属することになります。答えが「**いいえ**」であることは我々にとってよいことで、属性とディメンションの関係が多対多または多対1でないことを示し、その両方を選択肢から外すことができます。具体的には以下のように尋ねることになるでしょう。

> 任意の1時点において、
> 例えば複数の「顧客タイプ」が
> 「顧客」に属する可能性はありますか？

　ステークホルダーが「**いいえ**」と答えた場合、図3-4のように「顧客タイプ」をディメンションに追加します。試しに「顧客」に属さないもの、例えば「製品タイプ」についても質問してみましょう。

> 任意の1時点において、
> 例えば複数の「製品タイプ」が
> 「顧客」に属する可能性はありますか？

　短い答えとしては「**はい**」でしょう。ステークホルダーはしっかりと以下のように答えてくれるかもしれません。

> はい。顧客はいつでも、
> 異なる製品タイプに属する複数の製品を
> 購入・使用できます。

　製品タイプは明らかに顧客に属していないので、「はい」という回答でそれを確認することができました。ただし、あなたやステークホルダーは常識的に考えてこれを顧客の属性として検討することはなかったでしょう。

図 3-4
顧客ディメンションに
「顧客タイプ」を追加

顧客

顧客名	顧客 ID	顧客タイプ
MD	BK, MD	**MD**
Elvis Priestley	C0010	消費者
不明	N/A	不明
Vespa Lynd	C0997	消費者
Phillip Swallow	C9990	消費者
アメリカ上院	B0023	政府

「顧客タイプ」は必須です。
すべての顧客は顧客タイプを持つ必要があります

しかし、「顧客」が見つからない場合、「顧客タイプ」は「不明」と表示されます

　「**はい**」（複数の値が常にあり得る）の答えを解釈する際には、少し直感を働かせる必要があるかもしれません。もし、あなたが次のように尋ねたとします。

> 1 人の顧客が
> 複数の住所情報を持つことはできますか？

　答えは「**はい**」かもしれませんが、直感的に「顧客の住所」は「顧客」に属するべきだと感じるでしょう。この問題をどのように解決するかは、1 人の顧客が興味の対象となる住所をいくつ持っているかによって決まります。次のように尋ねられます。

> 各顧客の地理情報を分析する際に使える
> 主要な住所はありますか？

もし回答が

> はい、
> 請求先住所です。

であれば、属する単一値の属性が見つかりました。また、顧客が他にいくつまで住所情報を持つことができるかを確認する必要があります。例えば、自宅住所と勤務先住所のように顧客が2つまで追加の住所情報を持つ場合、その意味や名前をより正確にしてディメンション内の別の属性として定義できます。

> いくつかの固定値がある場合は、個別の属性としてモデル化できます

顧客が複数の住所情報を持つことができる場合（数百の場合もあります）、「顧客の注文」イベントの「どこで」がわからないケースを発見することもあるかもしれません。住所でいうと、例えば配達先住所のような、顧客が家族や友人にギフトを注文したり、再販業者が依頼者のために製品を注文したりしている場合です。この場合、問われている住所は顧客のものではありません。代わりに、配達先住所情報という別のビジネスイベントに属しており、後から新しいディメンションとして取り扱うべきものです。この作業により、顧客とこれらの住所情報の間にある多対多の関係が適切に扱われます。

> 検討中の属性が複数の値を持つ場合、それはビジネスイベントの別のディメンションを表す可能性があります

もし「（例えば時間が経過した場合など）複数の［属性名］が［ディメンション名］に所属する可能性はありますか？」という質問の答えが「いいえ」であれば、その属性はディメンションに属します。回答が「はい」の場合は属さない可能性が高いものの、除外する前にさらに調査が必要な場合があります。特定の属性がないディメンションを作っても誰も満足しない場合は、何らかの方法でその属性を修飾するか（例：プライマリー住所）、ディメンションの粒度を調整する必要があるかもしれません。

> 検討中の属性は、属性名を修飾する（例：メイン ... またはプライマリー ... など）ことで、単一の値に入力を制限できます

顧客が複数の住所を持っており（例：法人顧客のオフィスや店舗）、その場所ごとに固有のイベント活動があるとします。このとき、ステークホルダーがそれらの場所を個別の顧客として分けて扱う場合、顧客ディメンションの粒度を顧客の場所に合わせる必要があるかもしれません。この場合、粒度を顧客と場所ごとに1行になるよう再定義し、新たに複合ビジネスキーを定義することで、各メンバーを一意に識別します。

> あるいは、重要な属性に合わせて、ディメンションの粒度を調整する必要があるかもしれません

前の例では、顧客の住所を単一の属性として扱っています。実際には、住所は国、県、市、町といった複数のディメンショナル属性、つまり地理的な階層を表す属性になります。このことがステークホルダーによく理解されていれば、個々の属性は後からモデル化できます。

3.3.2 属性の例

属性がディメンションに属することを確認できたら、その属性をBEAM✲テーブルに追加し、ディメンションの主語として適切な値の例をステークホルダーから提示してもらいましょう。ディメンションの主語には、イベント（第2章の「イベントストーリー」を使用して捕捉）からコピーした典型的な例と例外的な

> ディメンションの主語となる要素に適した例を、新しい属性ごとに挙げてもらいます

例（「極端なストーリー」や「グループストーリー」）がすでに含まれています。これらは通常、それぞれの新しい属性として興味のある値を提供するようステークホルダーに促すものでもあります。ステークホルダーは通常、レポートに表示したい値を提供してくれるでしょう。

　例を挙げる目的は、各属性の定義について全員が明確に合意していることを確認することです。属性の意味や使い方が不明確であったり、意見が対立したりする場合は、追加の例を求めます。ある属性の値の例についてステークホルダーの合意が得られない場合、同音異義語（同じ名前だが異なる意味を持つ2つ以上の属性）を発見することがあります。挙げられたすべての意味を有効なものとして取り扱いたいのであれば、それぞれのセットに一意な名前を付け、独自の例を持つ別の属性としてモデル化する必要があります。

> ステークホルダー間で例について合意できない場合、同音異義語（似た名前を持つ複数の属性）が存在する可能性があります

　ステークホルダーがある属性の例を挙げるのに苦労している場合、その属性がまだ存在しないか、または現時点で有用であると言えるほどには理解されていない「あったら便利かもしれない」程度の属性であるかもしれません。注意してください。

記述属性

　ビジネスキーやその他の暗号化されたコードの例を文書化する際には、その値に隠された意味がないかどうかを確認します。例えば、図3-2のデータでは、「顧客ID」が法人顧客と個人顧客を区別するために使用できる「スマートキー」であることが示されています。これは、「顧客タイプ」とどのように一致するのでしょうか。データプロファイリングを通じてこの点をさらに調査することになります。もしかすると、ETL処理の品質保証のための追加テストとしても有用かもしれません。提供されたすべてのコードについて、あなたは以下のようにステークホルダーに尋ねましょう。

> ビジネスキーなどのコードが「スマートキー（隠された意味を持つキー）」なのかを確認してください

> 既存のレポートやスプレッドシートで、[ビジネスキーやその他の暗号コード]をよりわかりやすいラベルに変換しているものはありますか？

　もし「はい」なら、この「レポートロジック」をETLコードに変換し、これらのラベルを「記述属性」訳注6 としてディメンションに定義することで、一貫してメンテナンスされていて誰もが利用できるものにしたいはずです。モットーは

> すべての暗号コードを解読する記述属性をモデリングしましょう。BIクエリで復号しないように！

訳注6　コード値が示す意味をラベルとして記述した属性のこと

「**クエリ時に SQL で復号しない！**」です。BI アプリケーションでディメンショナル属性のデコードが必要な場合、あなたとステークホルダーはディメンションの定義が十分にできていなかったと考えられます[訳注7]。

意味が埋め込まれた「スマートキー」には注意が必要です。スマートキーの寿命が尽きるまでスマートであり続けることはほとんどなく、ビジネスプロセスの進化に伴い、複数の意味を持ち過剰になってしまうことがよくあります。つまり、BI アプリケーション上でスマートキーやその他のコードを解読して、説明のためのラベルを提供すべきではありません。埋め込まれたレポートロジックが、時間の経過とともに変化するこれらのコードに追従することは、ほぼ不可能です。そのため、データウェアハウス内に実装された記述属性を利用すべきなのです。

コードを使うことで、多言語対応をしてもソートの順番が一貫したものになります

コードよりも BI に適した記述属性を見つけられたとして、ステークホルダーがレポート上でそのコードを使わないようであれば、ディメンションの最終バージョンではそのコードを削除または非表示にする方が良いでしょう。ただし、記述属性を複数の国の言語に翻訳する多国籍データウェアハウスを設計している場合、これらの暗号化されたコードを値のソートに用いることで、レポートごとに言語を変えても値の並び順が変わらないことができます。第 7 章では、各国の言語を処理するためのテクニックを説明します。

「はい」または「いいえ」のような単純な回答を持つフラグ属性（例：「リサイクルフラグ」）は、それに対応した記述的な値を持つレポート表示用の属性（例：「リサイクル可能」もしくは「リサイクル不可能」）に拡張するとより便利に利用することができます。

必須項目

MD というコードを使うことで、ステークホルダーがその属性を必須だと考えていることを記録しておきましょう

ある属性のデータ例を埋めていく際、その属性が必須であるかどうかを尋ねましょう。ステークホルダーが必須と考える場合、その列タイプとして **MD** というコードを追加する必要があります。ただし、**MD** は、データウェアハウスにおいて必ずしも属性を非 NULL と定義するものではありません。**MD** はステークホルダーの理想的な見解を示しているだけで、データウェアハウスは実際の運用システムのデータ品質に対処しなければならないかもしれません。必須だと思われている属性を文書化しておくことで、ETL プロセスがテストできるルールを把握し、ディメンション階層を定義するために有用な属性を特定できるようになります。

訳注7　例えば、図 3-4 で「顧客タイプ」列を追加しなかった場合、代わりに BI アプリケーション側で「顧客 ID」の接頭辞が何かに応じた復号処理（デコード）を行う必要があります

欠損値

各属性について、「欠損値」に相当する例を必ず1つ挙げなければなりません。もしイベントストーリーからそのディメンションの主語が欠損している可能性がすでに指摘されている場合、「主語が欠損している例」がイベントからコピーされているはずです。もしそうでなければ、イベントに行を追加するのと同様に、ディメンションにも欠損行を追加する必要があります。この行では、各属性に対して「欠損値」をどのように表示したいかをステークホルダーに尋ねて記入しましょう。

> 各ディメンションには、表示値の欠損を記録するための欠損行が必要です

逆説的ですが、必須属性であっても欠損値を尋ねる必要があります。例えば、「顧客タイプ」が顧客の必須属性である場合、顧客を含むすべての販売イベントにおいて、顧客タイプの存在を信じられるでしょう。しかし、特定の販売イベント（例：匿名の現金取引）で顧客が見つからない場合、顧客タイプも見つからないということになります。図3-4は、顧客が見つからない場合、ステークホルダーは顧客タイプを「不明」と表示してほしいということを表しています。

> 必須属性でも欠損値が必要です

もしステークホルダーがデータウェアハウスでさまざまなタイプの「欠損」（例：「該当なし」「エラーによる欠損」「後日挿入予定」）を区別できるようにする必要があれば、ディメンションに異なる説明値を持つ特殊ケースの欠損ストーリーを追加し、ETLプロセスでイベントに正しい「欠損」バージョンを割り当てるために、もうひと頑張りする必要があるでしょう。この実装については第5章で説明します。

> 欠損にいくつか種類があった場合、複数の欠損ストーリーが必要になります

例は出しすぎても駄目です。ディメンションには通常イベントの詳細よりもはるかに多くの属性があるので、少数の属性について徹底的に例を集めるのではなく、できるだけ多くのディメンショナル属性自体を発見する方が大切です。

3.3.3 排他的属性と区分項目

欠損値や必須項目の例を調べていくと、互いに「排他的属性」、すなわち同じメンバーに対して両方の値を持つことができない属性のペアやグループに出くわすことがあります。図3-5は、排他的顧客属性の例を示しています。顧客は「生年月日」と「性別」、または「産業分類コード（SIC CODE）」[訳注8]と「従業員数」の情報を保持することができますが、4つの値すべてを同時に持つことはできません。これは「異なる種類のディメンション」を発見したことを示す場合が多いです。つまり、それがたとえ同様のビジネスイベントに含まれており似た方法で

> タイプが混在するディメンションには、多くの場合、相互に「排他的な属性」が含まれます

訳注8　正確には UKSIC：United Kingdom Standard Industrial Classification of Economic Activities。イギリスで使われている産業分類コード。日本では『日本標準産業分類』がよく知られています

第3章　ビジネスディメンションのモデリング

計測されているとしても、まったく別物として取り扱うべき多様なパターンの組み合わせがそのディメンションには含まれているということです。今回の場合では、顧客ディメンションには法人と個人が含まれているようです。同時に両立しない要素はショートコード **Xn**（**n** は属性グループ番号）を用いて「排他的属性」としてマークしておきましょう。図 3-5 において、個人属性はグループ 1 で X1 とマークされており、法人属性はグループ 2 で X2 とマークされています。排他的属性は多くの場合、ビジネスモデルが混在していることを表しています。例えば、企業間取引（B2B）と企業 - 消費者間取引（B2C）、製品とサービスの提供などです。

図 3-5
排他的顧客属性

顧客名	顧客 ID	顧客タイプで	誕生日に生まれ	性別で	産業分類コードで	従業員数で
MD	BK, MD	**MD**, **DC**	X1	X1, MD	X2, MD	X2
Elvis Priestley	C0010	個人	1894 年 9 月 13 日	男性	N/A	-
不明	N/A	不明	-	不明	不明	-
Vespa Lynd	C0997	個人	1980 年 7 月 5 日	女性	N/A	-
Phillip Swallow	C9990	個人	1975 年 3 月 1 日	男性	N/A	-
アメリカ上院	B0023	政府	N/A	N/A	6111	100
Internet Exports	B007	法人	N/A	N/A	9121	9

排他的属性は、少なくとも 1 つの「区分項目」を持っています

　排他的属性を発見した場合、その「区分項目」を見つける必要があります。「区分項目」とは、その属性の有効性や適用可能性を制御する 1 つ以上の属性のことを指します。顧客の場合、**X1** または **X2** の属性が有効かどうかを決定する「顧客タイプ」という 1 つの属性が存在します。これは、コード **DC** で区分項目としてマークされています。ディメンションに複数の区分項目が含まれる場合、各 **DC** コードの後に、その属性によって制御される排他的属性グループ番号のリストを付ける必要があります。例えば、「顧客」の複数の **DC** 属性の 1 つが「顧客タイプ」である場合、それは排他的属性グループ **X1** と **X2** のいずれかを選択する役割を果たすため、**DC1,2** と記載されます。

- **DCn,n**：区分項目（Defining Characteristic）。どの排他的属性が有効であるかを指示します
- **Xn** 　：排他的（Exclusive）属性または属性グループ

区分項目は、カーディナリティが低く、必須項目であるべきです。つまり、少数の排他的属性グループを制御するために、少ない種類の対応する値を持ち、常に値が存在する必要があります。これらの特性により、**DC** 属性はディメンション階層の重要な階層レベルを表すようになります。**DC** 属性が必須ではなくカーディナリティが高い場合、またはディメンションが排他的属性グループで溢れている場合、それは「万能（one size fits all）」な汎用ディメンションをモデル化しようとして苦戦しそうになっているのかもしれません。

排他的属性グループは、必要であれば入れ子にすることができます。例えば、「営利」と「非営利」の組織が別の列に記述される場合、**DC3,4** と記された追加の区分項目「法人タイプ」は、**X3** と **X4** と記されたそれらの記述的属性を制御します。これらはすべて法人固有の属性なため、営利法人の属性はコード **X2, X3**、非営利法人の属性はコード **X2, X4** とマークされます。この 2 つのコードの組み合わせは、「法人」という排他的グループ **X2** を構成することになります。また、これらの区分項目「法人タイプ」も法人固有の属性なため、**X2, DC3,4** という完全な形でマークされなければなりません。

図 3-5 の排他的属性のいくつかは必須項目（**MD**）に指定されていますが、これはディメンションメンバーのサブセット（部分集合）だけに適用されるので、常に値が存在するというわけではありません。コードの組み合わせ **Xn**、**MD** は「排他的必須属性」を意味していますが、属性はその排他的属性グループが有効な場合にのみ必須となります。

区分項目と排他的属性グループを定義すると、1 つの BEAM✽ テーブル内でサブセットをモデル化することができるようになります。サブセットは後で制限付きビュー（またはスワップ可能ディメンション。第 6 章を参照）として定義して、使いやすさとクエリパフォーマンスを向上させるのに役立ちます。また、重要な ETL 処理ルールやチェックにもつながっていきます。

③.③.④ 7W を使って属性を発見する

すべてのディメンショナル属性は、イベントの詳細と同じように、7W のいずれかに該当します。したがって、ステークホルダーが最初に提示した属性が枯渇し始めた場合、7W を用いた質問リストを使用することで追加の属性を聞き出しやすくなります。ディメンションに関する情報収集では、網羅的に W を使った質問が有効に働くわけではないので、イベントにおける物語の流れを追うために使用した BEAM✽ の順序に固執する必要はそこまでないでしょう。「誰が、何を、いつ、どこで」というディメンションでは、そのディメンションと同じ W タイプの質問から始めると有益なことが多いです。「誰が」および「何を」のディメンションでは、多くの場合で、種類を示す属性のメンバーの例が回答になります。

区分項目は、カーディナリティが低く、必須であるべきです

排他的属性グループは、他の排他的属性のグループと入れ子にできます

属性は、その Xn グループが有効である場合にのみ必須にできます

排他的属性サブセットは、別のテーブルとして実装できます

7W をチェックリストとして使用し、属性を発見します

例えば、次のように質問します。

> 顧客は誰で、
> 製品は何ですか？

ザクロ社のステークホルダーはこんな例を挙げて答えるかもしれません。

> 顧客は消費者、企業、慈善団体 ...
> 製品はコンピューター、ソフトウェア、アクセサリー ...
> そしてサービスであることもあります。

このような回答は、（まだ把握していない場合）顧客タイプや製品タイプといった属性を見つけることにつながります。表 3-1 は、他の 7W にヒントを得た、顧客と製品に関する質問とその回答例です。

表 3-1
7W 属性に関する質問と回答の例

BEAM※ モデラーの質問	ステークホルダーの回答
顧客の他に**誰**が関係していますか？	主な連絡先、配偶者、スポンサー、意思決定者、オーナー（親会社）、紹介者
製品にかかわっている人物は**誰**ですか？	メーカー、卸売業者、サプライヤー、マーケター、プロモーター、プロダクトマネージャー、発明家、デザイナー、開発者、著者
顧客について知っておくべき重要な日付は**いつ**ですか？	生年月日、卒業年月日、初回購入日、最終購入日、更新日
製品のマイルストーンとなる日付は**いつ**ですか？	発売日、競合他社参入日、特許満了日、製造中止日
顧客は**どこ**にいますか？	本社、営業地域、勤務先住所、自宅住所、最寄りの営業所
製品やサービスに関する**地理的な情報**（**どこ**）は何ですか？	原産国、製造工場、言語、市場、電圧
顧客の詳細な説明やグループ化に用いる、**単一値の数量**（**どれくらい**）はありますか？	ライフタイムバリュー、ロイヤルティスコア、現在の残高、従業員数、扶養家族数
何の数量（**どれくらい**）が製品の説明に使われますか？	重量、サイズ、容量、定価
なぜ、または**どのように**して顧客は顧客になるのでしょうか？	流入経路、見込み顧客の獲得経路、紹介

ステークホルダーから適切な属性名（顧客タイプ）の代わりに例（「個人」または「法人」など）が示された場合は、一致する要素に対してこれらの例を新しい列でディメンションテーブルに追加し、その列の名前を尋ねるようにしてみてください。

3.4 ディメンション階層

階層構造は、個別に扱うには多すぎたり少なすぎたりする情報を扱うための仕組みです。ディメンション階層は順々にカーディナリティが低くなる属性の連なりを表現します。個々のビジネスイベントは一貫した高いレポートレベルまでロールアップしておき、その後ドリルダウンしていくことで、徐々に詳細まで調査できるようになります。もし階層を持たなかった場合、BI レポートは細かすぎる情報に圧倒されてしまうでしょう。

では、どの程度の情報だと多すぎると言えるのでしょうか。日常生活においては、365 日（または 366 日）は多すぎるという意見で一致しているようです。これは日次で個別に扱うには多すぎる日数ですが、大きな仕事や活動をこなしたり、傾向を見たりするには短すぎる期間です。そこで、私たちは 1 日を週、月、四半期、学期、季節などの長い期間に分類し、より大きな計画を立てたり、生活のパターンや傾向を見たりすることができるようにしています。図 3-6 は、2012 年の第 1 四半期の日数をどのように階層的にグループ化したかを示しています。組織は、多くの会計期間や地理的な場所、人々、製品、サービスを扱うため、当然のようにこのようなグループ化を行います。名前の通り、組織（organization）は物事を整理（organize）します。その過程で内容（7W）が十分に揃えば、通常それらを階層的に整理していきます。ビジネスを表現する 7W の大部分には事実上階層構造があり、それらを標準化した上でデータウェアハウス内のディメンションで利用できるようにすることが極めて重要です。

ディメンション階層は BI のドリルダウン分析を可能にします

たくさんのものを扱うとき、私たちは自然に、それらをより数の少ないグループに階層的に整理する傾向があります

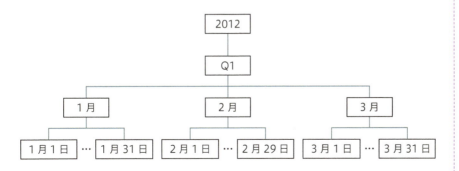

図 3-6
カレンダー：バランス階層

第3章　ビジネスディメンションのモデリング

3.4.1　なぜ階層が重要なのでしょうか？

アジャイルなディメンショナルモデラーが階層を利用するのには、次のような理由があります

　厳密にいうと、ドリルダウンやドリルアップのレポートには明示的な階層は必要ありません。ディメンションに BI ユーザーがドリルアップしたい属性が含まれている限り、既存のレポートに属性を追加すれば実質的にドリルダウンでき、属性を削除すればドリルアップすることができるからです。ただし、モデリングや実装を行う上で、各ディメンションに少なくとも 1 つの階層を明示することには、多くの重要な利点があります。それらは以下のとおりです。

階層を定義することは、追加の属性を把握するためのきっかけになります

- 階層はディメンショナル属性を深く理解するために必要なきっかけになります。階層構造についてステークホルダーに質問するということは、彼らがデータをどのように整理したいのかという「要望」をヒアリングするということです。データのまとめ方について議論することは、ディメンションのストーリーにまだ足りていない文脈を追加し、BI フレンドリーな属性をステークホルダーから引き出し、優れたディメンションをモデル化するための 1 つのテクニックです。ステークホルダーが 7W を階層として捉えるとき、類似したディメンション要素の判別に使える低レベルの属性と、多くのディメンションメンバーをグループ化できる高レベルの属性が記述されます

ディメンションを大幅に拡充する可能性のある、ステークホルダーが持った「非公式」なデータソースを階層により明らかにできます

- ステークホルダーが自分の好きな階層レベルを説明するとき、彼らはしばしば、カテゴリー情報が格納された「非公式」なデータソース（スプレッドシート、個人データベース）を追加で提供してくれます。ステークホルダーが管理するこれらのデータソースには、BI に不可欠な階層の定義が含まれていることが多くあります。階層定義は業務を遂行するという活動において不可欠ではないため「正式」な OLTP データベースに含まれていないのです。多くの業務アプリケーションでは、レポート作成のために生のトランザクションに課される上位レベルのグループ化について意識せず、各階層の一番下で気楽にその機能を実行しています。例えば、受注処理システムは 1 つの日付がどのように会計期間に組み込まれるかを知ることなく、日々受注を処理できます。同様に、現在ビジネス上で売上をどのように地理的にまとめているか（あるいは昨年はどのようにまとめていたか）を知らなくても、商品を正しい番地／郵便番号に出荷することができます

階層は、計画を立てるプロセスの発見に役立ちます

- 階層は、組織が事業計画を立てるために存在します。階層について話し合うことで、ステークホルダーは事業計画の策定プロセスについて考えるようになります。また、予算、目標、予測を表す新たなイベントやデータソースの発見にもつながるでしょう。設計するディメンションが共通の階層レベルを持ち、実績値をロールアップして、これらの計画と比較できるようにする必要があります

BI ユーザーと BI ツールは、シンプルなドリルダウンを可能にするためにデフォルトの階層構造を必要とします

- BI ユーザーは、デフォルトの階層構造と、それに基づいた BI ツールの「クリックすれば自動でドリルダウンできる」機能を好みます。例えば、ユー

94

ザーが「四半期」をドリルダウンした場合、通常はデフォルトで月次の詳細データを表示したいと思うでしょう。明示的な階層は予測可能な分析ワークフローを確立し、初めてデータを探索する（新しい）BI ユーザーにとって非常に有用です。「クリックによるドリルダウン」は、手動でレポート行ヘッダーを追加したり削除したりするよりも手間やミスが少なくて済みます

- 誰もが、共通のドリルダウンとドリルアップの要望を迅速に実現したいと考えています。データウェアハウスにおける効率的なデータ集計戦略を実現するためには明確な階層が必要です。マルチディメンショナルデータベースにおけるオンライン分析処理（OLAP）キューブ[訳注9]、リレーショナルデータベースにおける集約ナビゲーション／クエリ書き換え最適化、BI ツールにおけるプリフェッチマイクロキューブ[訳注10]はすべて、階層定義を利用してクエリパフォーマンスを最適化します

3.4.2 階層の種類

データウェアハウスや BI アプリケーションは、バランス階層（Balanced Hierarchy）、不規則（アンバランス）階層（Ragged Hierarchy）、可変深度（再帰的な）階層（Variable Depth Hierarchy）の 3 種類を取り扱うことになります。これらの階層には、単純な単一親とより複雑な複数親の 2 種類があります。図 3-7 に示す 6 種類のうち、単一親のバランス階層は実装と利用が最も簡単で、最初のモデリング作業の主な焦点となるべきものです。

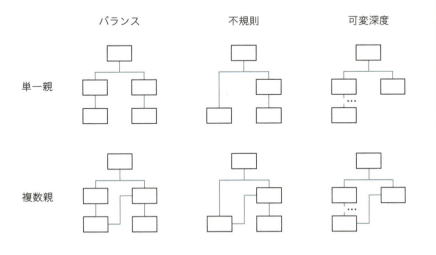

図 3-7
階層の種類

訳注 9 「キューブ」の解説は図 1-2 をご参照ください
訳注 10 BI で可視化するため事前に抽出された小さいキューブのこと

バランス階層

バランス階層は深さの数が固定（既知）でそれぞれに固有のレベル名があります。図 3-6 のカレンダーデータの例が示すように、時間（「いつ」）はバランス階層の一例です。この例では日・月・四半期・年の 4 つのレベルがあります。階層は常に 4 つのレベルで構成されバランスがとれています。すなわち、日は月に、月は四半期に、四半期は年に、常にロールアップされます。また、月に属さず四半期または年にのみ属するような例外的な日付は存在しません。

バランス階層であることは、各階層のユニーク数（一意な値の数）とは無関係です。例えば、1 か月の日数が 28 日から 31 日の間で異なったり、1 年の日数が 365 日から 366 日の間で異なるとしても、カレンダー階層は「深さ」という点でバランスがとれています。ただし、図 3-6 が唯一の時間階層というわけではありません。日→会計期間→会計四半期→会計年度、日→週→年という代替階層がすべて同じカレンダーディメンションに存在する可能性があります。これらはそれぞれ別のバランス階層です。

階層は、その各レベルに属性を追加することでディメンションに実装されます。バランス階層の場合、固定レベルはそれぞれ 1 レベル上の親属性と厳格な多対 1 の関係、およびその下の子レベルと 1 対多の関係を持つ必須の属性でなければいけません。

> バランス階層は階層の数が変わりません

> 各レベルのメンバー数は変動する可能性があります

> バランス階層のレベルは必須属性です

不規則階層

不規則（またはアンバランス）階層は、深さの最大数が既知で、各階層に一意な名前がある点では、バランス階層と似ています。一方で、すべてのレベルがすべてのパスの上下に存在する（値を持つ）わけではないため、一部のパスは他のパスよりも短く表示されます。例えば、図 3-8 の製品階層は不規則階層です。なぜなら POMServer のサブカテゴリーがないからです。この製品は事実上、それ自体がサブカテゴリーになります。

> 不規則階層は、階層のレベルの一部が欠けている（値が存在しないレベルがある）ので、バランスが崩れています

図 3-8
製品についての不規則階層

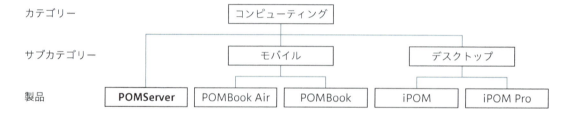

階層に欠けがあったとしても、必須項目ではない属性を使用することでディメンション内の不規則階層をモデル化できますが、値の不足によるこのギャップは BI のドリルアップやドリルダウンで問題を引き起こします。このとき、階層の歪みがわずかであれば、ステークホルダーの協力を得ることで、バランス階層として再設計し、レポート機能を改善することができます。例えば、値に欠けのある項目が含まれるレベルを削除するか、不足分を埋める新しい値を作成するという方法です（図 3-8 の例ではサブカテゴリーの値を「サーバー」にしました）。不規則階層のバランス調整の詳細は、第 6 章を参照してください。

> わずかに不規則な階層であれば、レベルを削除したり、欠損値を埋めたりしてバランスをとってみましょう

可変深度階層

可変深度階層では、名前が付けられていないレベルが存在し、その深さが可変（未知）です。可変深度の各レベルが固有の名前を持たないのは、通常それらがすべて同じタイプだからです。例えば、スタッフとマネージャーの関係を記録する人事情報の階層では、すべてのレベルが従業員です。また、部品や小部品から構成される製品の部品表は、1 つ 1 つの部品自体が他の部品や小部品から構成されています。ソースデータにおいて、可変深度階層は通常再帰的関係（自分自身と結合するテーブル）を用いて表現されるため、再帰的階層とも呼ばれます。

> 多くの場合、可変深度階層は再帰的な関係を表します

「再帰的な結合関係」は、深さの異なる階層を簡潔に記録するために業務データベース設計で使用されますが、データウェアハウスでは非常に扱いづらいです。ステークホルダーや BI ツールにとって理解しがたいものであるため、ビジネスプロセスの測定には実用的ではありません。第 6 章で説明する階層マップのテクニックを使って、効率的なレポート作成のために「展開」する必要があります。

複数親階層

図 3-6 の時間階層は、各子レベルの値が 1 つの親レベルの値にロールアップされるため、「単一親」階層です。一方、図 3-9 は、製品（iPipPhone）が複数の製品タイプに属する「複数親」製品階層です（iPipPhone は電話であり、メディアプレーヤーでもあります）。複数親階層では、それぞれの子レベルが複数の親にロールアップできます。もし複数親の製品階層を使用して製品タイプレベルに売上をロールアップする場合、複数のタイプに分類される製品について何らかの処理を行う必要があります。さもなければ、2 つの親を持つ製品の売上が製品タイプやサブカテゴリーレベルで二重にカウントされることになります。

> 複数親階層には、同じ階層に 2 つ以上の親を持つメンバーが含まれます

図 3-9
複数親階層「製品」

（図：サブカテゴリー「モバイル」→製品タイプ「電話」「メディアプレーヤー」→製品「POMkia 6310」「iPipPhone」「iPip Touch」「Faraday」。iPipPhone は電話とメディアプレーヤーの両方に属する）

複数親の可変深度階層は、多対多の再帰的な関係を形作ります

複数親階層は、不規則階層や可変深度階層にすることもできます。後者は、ソースシステムでは通常、多対多の再帰的関係で表現されます。複数親階層および可変深度階層は、ディメンションテーブルで直接モデル化することができません。第6章では、これらの複雑な階層に対応し、複数の親にまたがるクエリを実行した際のファクト割り当てを処理するための追加構造（階層マップ）について説明します。この章の残りの部分においては、階層はディメンションテーブル内でモデル化された単一親階層であると仮定します。

1つのディメンションには、さまざまなタイプの複数の階層を格納できます。複数のビジネスプロセスをまたいだ比較に使う追加属性や共通レベルを発見しやすくしたり、デフォルトの BI ドリルダウン機能を有効化したりするため、各ディメンションに最低でも1つはバランス階層をモデル化するようにしましょう。

3.4.3 階層図

階層図は、階層を可視化する手軽な方法です

階層図は、単一または複数の階層をモデル化するために使用される、シンプルで手軽に描ける図です。階層図において、ディメンション階層はディメンション名を下に、階層の最上位属性を上に置いた縦棒で表現されます。レベルは棒の上に昇順で表されます。図 3-10 は、時間および製品に関する3つの階層図の例です。

階層図は *Microsoft OLAP Solutions,* Erik Thomsen et al. (Wiley, 1999) で説明されている "Multidimensional Domain Structures (MDS)" を元にしています。

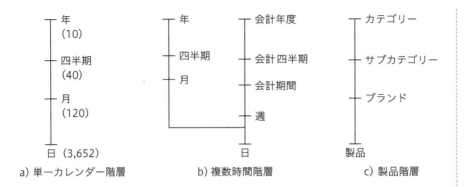

図 3-10
時間と製品に関する階層図

a) 単一カレンダー階層　　b) 複数時間階層　　c) 製品階層

階層図を作成する場合、図 3-10a と図 3-10c のようにレベルの間隔を均等にしたり、図 3-10b のように相対的な集約度を大まかに示すこともできます。図 3-10b では、より詳細な情報を表すレベルは、そうでないレベルよりも親から離れた下の場所に置かれています。相対的な間隔で表すことで、ステークホルダーは各レベルでどの程度まで詳細にドリルダウンできるのか、またはさまざまなレベルでどのように選択可能なフィルターが配置されるのかを視覚的に理解することができます。また図 3-10a のように、レベルにおおよそのカーディナリティを付けることもできます。階層図のカーディナリティに大きなギャップや急激な変化があると、ステークホルダーに「より詳細な」ドリルダウンや、さらに興味深い説明を提供するはずの不足しているレベルの提供を促すことができるかもしれません。

階層図は、1 つの階層内のレベルを視覚的に比較するだけでなく、図 3-10b のように 1 つのディメンションについて複数の階層を比較したり、図 3-11 のようにイベントに関連するすべてのディメンションを見比べるためにも使えます。

階層図では、レベルを等間隔に配置することも、階層による集約度合いに比例して配置することもできます

階層図は、単一または複数の階層を表すことができます

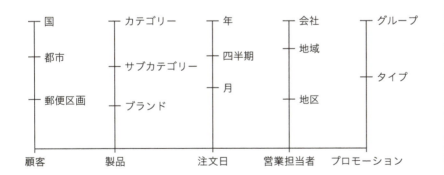

図 3-11
「顧客の注文」イベントに関連する階層図

顧客　　製品　　注文日　　営業担当者　　プロモーション

99

🔷 階層タイプのモデリング

　階層図はシンプルなバランス階層の属性レベルを発見するために使用されることが理想ですが、必要に応じて不規則階層、複数親階層、可変深度階層をモデル化することも可能です。図 3-12a は、図 3-8 で紹介された不規則階層「製品」の階層図です。欠損している／してもよいレベルは括弧で囲まれています。図 3-12b では、子階層「製品」と複数の親階層「製品タイプ」との間の二重線によって、図 3-9 のような複数親階層が表現されています。図 3-12c では、マネージャーと従業員の再帰的関係（第 6 章参照）によって人事階層の深さが変化するため、2 つのレベル間に円形のパスを追加してモデル化しました。これらのアノテーションを組み合わせることで、どんなに複雑な階層でもモデル化できます。

> 階層図は、アノテーションすることで不規則階層・複数親階層・可変深度階層をモデル化することができます

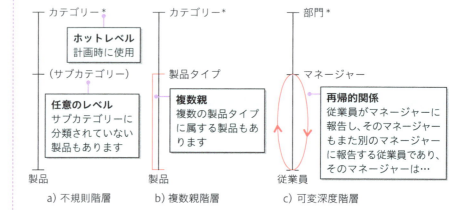

図 3-12
不規則階層・複数親階層・可変深度階層の階層図

🔷 クエリのモデリング

　同じイベントの複数のディメンション階層図を組み合わせたイベント階層図は、レポートおよびダッシュボード設計時のクエリをモデル化するために利用できます。図 3-13 に示したように、イベント階層図では、1 つまたは複数のクエリを、参照レベルを結ぶ線として定義することが可能です。ここで、X はクエリのフィルタリング（WHERE 句）、O はクエリの集約（GROUP BY 句）に使用されるレベルを表しています。このように、イベント階層図は、OLAP キューブや集約ファクトテーブルのディメンションをモデル化するために使うこともできます。

> イベント階層図は、クエリ、OLAP キューブ、集約の多次元性をモデル化できます

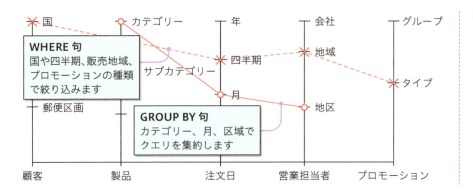

図 3-13
クエリを定義するための
イベント階層図

イベントをモデリングする際には、イベント階層図を使うことで主要なディメンショナル属性を把握しやすくなります。イベントテーブルの上に階層図を描くことで、イベントの詳細（ディメンションやファクト）をモデリングしつつ、同時に「詳細の詳細」（ディメンショナル属性）を階層的に記録できます。

3.4.4 階層的な属性とレベルを理解する

階層を理解するために、ステークホルダーにディメンションの構成要素をどう整理すべきか尋ねる必要があります。ひとまず、「製品」を最下位とする階層図を作成し、次のように尋ねましょう。

「階層化」を付け加えると誘導尋問のようになってしまいますが、一般的にステークホルダーは必要となる階層について十分な知識を持っており、通常は候補となる階層レベルを順番に提示してくれます。この情報は役に立ちます。新しい属性がある場合は、それらの属性がディメンションに属していること（ディメンションと多対 1 の関係があること）を確認し、それらを候補として考慮する前に具体例を求めてください。

ホワイトボードに単純な時間階層（図 3-10a と図 3-10b）を描くことで、ステークホルダーに階層図を紹介することができます。このよく知られた階層を相対的な間隔の基準として使い、階層間の大きなギャップを埋めるためのレベル追加を検討するようステークホルダーに促しましょう。いずれ、この図を使用して独自のカレンダーレベルをモデル化し、明示的なカレンダーディメンションを設計したいと思うでしょう（第 7 章を参照）。

ステークホルダーに新しいレベルを階層図に追加してもらいます

　候補となる属性が階層図の縦線のどこに位置するかをステークホルダーに尋ね、彼らが提案する場所にその属性を追加するか、または彼らに追加してもらうのがよいでしょう。図 3-14 は製品階層図の「ブランド」と「カテゴリー」の間に「サブカテゴリー」を追加したものです。

図 3-14
「サブカテゴリー」を製品階層の正しいレベルに追加

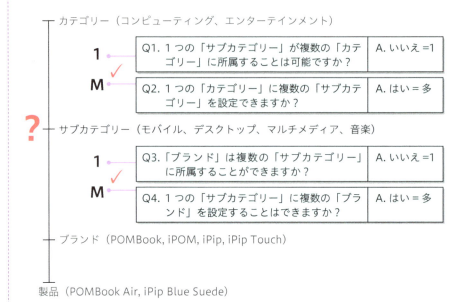

各レベルの候補が正しい親子関係を持っていることを確認します

　新しいレベルの候補が追加されるたびに、それが既存のレベルに照らして適切な位置にあることを確認する必要があります。そのレベルの要素は、親（存在する場合）と多対 1 の関係、および子と 1 対多の関係である必要があります。あなたやステークホルダーがそのことに確信を持てない場合は、次のような「仮置き」の質問を網羅的に行い、階層図に一時的にカーディナリティに関する確認結果を記載することで、関係を確認できます。まずは、親との関係から質問し始めます。

> １つの［候補要素］は
> （同時に）複数の［親］に所属できますか？

- 答えが「**はい**」の場合は、親のすぐ下に「多」と書いてください
- 答えが「**いいえ**」の場合は、親のすぐ下に「1」と書いてください

> １つの［親］は
> 複数の［候補要素］を持つことができますか？

- 答えが「**はい**」の場合は、候補要素のすぐ上に「多」と書いてください
- 答えが「**いいえ**」の場合は、候補要素のすぐ上に「1」と書いてください

例えば、「サブカテゴリー」が「カテゴリー」の下に属しているかどうかを確かめるためには、次のように尋ねます。

> 1つの「サブカテゴリー」は
> 複数の「カテゴリー」に所属することができますか？

そして

> 1つの「カテゴリー」は
> 複数の「サブカテゴリー」を持つことができますか？

図3-14のように、候補要素（サブカテゴリー）の上に「多」があり、親（カテゴリー）の下に「1」がある場合（上の質問への回答は「**いいえ**」「**はい**」）、我々が期待していた多対1関係があり、その候補要素は親の下の階層に属していることになります。新しいレベルの下の子がディメンション自体の場合、その候補は正しい位置にあります（新しいレベルはディメンションと1対多のリレーションシップを持つことがすでに判明しています）。そうでない場合は、階層図を指差しながら（指差しは常に有効です）さらにいくつかの簡単な質問をして、子の関係が1対多であることをテストします。

新しいレベルとその親との間のリレーションシップが多対1である場合、さらにそのレベルとその子との間のリレーションシップが1対多であることも確認しましょう

> 1つの［候補要素］は
> 複数の［子］を持てますか？

- 答えが「**はい**」の場合は、子のすぐ上に「多」と書いてください
- 答えが「**いいえ**」の場合は、子のすぐ上に「1」と書いてください

> 1つの［子］は
> 複数の［候補要素］に所属できますか？

- 答えが「**はい**」の場合は、候補要素のすぐ下に「多」と書いてください
- 答えが「**いいえ**」の場合は、候補要素のすぐ下に「1」と書いてください

例えば、「サブカテゴリー」が「ブランド」の上位に位置することを確認するために質問する場合、

> 1つの「カテゴリー」は
> 複数の「ブランド」を持つことができますか？

そして

> 1つの「ブランド」は
> 複数の「サブカテゴリー」に所属できますか？

子（ブランド）の上に「多」、候補要素（サブカテゴリー）の下に「1」が書かれた状態で終われば（答えは「はい」「いいえ」）、それは多対1の関係を正しく示しています。候補だった要素が正しい位置にあることを確認したので、階層の次のレベルを探す作業に進むことができます。

同じレベルにある階層属性

1対1の関係とは、属性が同じレベルにあることを示します

レベルとレベルの間に2つの「1」が書かれている場合、これは1対1の関係を示しており、取り扱いを検討している属性が既存の階層属性と同じレベルにあることを意味します。この場合、階層にドリルダウン機能を追加することはできないため、挿入するべきではありません。しかし、レポートのラベルとしてより適切であることが証明された場合は、既存の属性を置き換えることができます。例えば、「カテゴリー名」は「カテゴリーコード」と同じレベルにありますが、不可解なコード値より、ドリルダウンレポートでカテゴリーを説明するラベルとして役立ちます。ただし、属性が階層に追加されなくても、ディメンションテーブル内には存在するため、レポートの表示形式の代替手段として使用できることを忘れないでください。したがって、階層から「カテゴリーコード」を除外しても、デフォルトのドリルダウンで使えなくなるだけです。個別に作ったドリルダウンレポートでは「カテゴリーコード」を使用できます。

階層に属さない属性

多対多は、属性が同じ階層に属さないことを示します

レベル間に2つの「多」が書かれている場合、これは多対多の関係を示しており、2つのレベルは同じ（バランス）階層に属さないことを意味します。図3-10bで「週」と「月」が異なる時間階層にあるように、その候補を含む階層を定義したい場合は、現在の階層とは別の並列階層にする必要があります。

誤ったレベルの階層属性

逆のリレーションシップは、属性を階層図上で別の場所に再配置する必要があることを意味します

もし、書き込みが終わった時点であなたが想定していたものと逆のリレーションシップが書かれていた場合、その属性は間違ったレベルにあります。親（多対

1を探している）と1対多になってしまっていたら、その候補は低すぎる場所にあるので、レベルを上げるべきなのです。もし子供（1対多を探している）と多対1になってしまっていたら、その候補は高すぎる場所にあるので、レベルを下げるべきです。移動させた後、必ず新しい親レベルと子レベルに対して再度検証を行ってください。

図3-14の階層図のように、各階層レベルの名前の後にいくつか値の例を括弧付きのリストで記します。ホワイトボードのスペースが限られている中で階層図のモデルストーミングを行っている場合や、ステークホルダーがディメンションのデータ例テーブルのコピーを参照できない場合に、特に有効です。

3.4.5 階層を完成させる

各階層を完成させる前に、「ホット」な計画レベルがないか確認します

新しいレベルにとっての正しい位置を見つけた、もしくはそもそも属していなかった場合、そのレベルを破棄することになります。その後、既存のレベルを指差しながら、その上または下に他のレベルが存在するかどうかをステークホルダーに尋ねることによって、さらにレベルを探していきます。ステークホルダーが新しいレベルを洗い出し終えたら、階層に関連する質問をもう1つ尋ねましょう。

> ［ディメンション］に関連する計画、
> 予算、予測、または目標がありますか？
> ある場合、それらはどのレベルに設定されていますか？

*を用いてホットレベルをマークし、それらに対応する追加の計画関連のイベントと「ロールアップ・ディメンション」をモデル化する準備をします

計画や目標が設定された特定の階層レベルをステークホルダーが提示してきた場合、これらにアスタリスク（*）を付けて「ホット」であること、つまり多くのBIで比較され特に重要なレベルになる可能性があることを表現します。クエリのパフォーマンスを向上させるため、これらのレベルに合わせて集約またはOLAPキューブを設計する必要がありそうです（第8章を参照）。計画関連のイベント自体は、それらが必要とする追加のホットレベル・ロールアップ・ディメンションと一緒にモデル化する必要があります。例えば、月は通常、「いつ」を示す階層のホットレベルです。ロールアップ・ディメンション（基本のカレンダーディメンションから派生した別の物理ディメンション）として、計画および集約されたファクトの粒度に一致するよう実装されます（第4章と第8章を参照）。

ホットレベルは、異なるWタイプの階層が論理的または物理的に交差する場所に現れることが多くあります。例えば、「製品」と「従業員」階層（図3-12）では、「カテゴリー」と「部門」がホットレベルにあたります。このとき、人事階層と製品階層の間には事実上1対1の関係が存在します。1人の社員（製品販

ホットレベルは、異なるWタイプの階層が交差するところにあります

売マネージャー）が1人の社員グループ（部門）を担当し、1人の製品グループ（カテゴリー）を担当します。この社員は、このような階層に要約された多くのレポートをほしがるでしょう。

すべてのレベルが必須であることを確認し、不規則階層にならないようにします

階層のモデリングが完了したら、各レベルが必須の属性であることを確認します。一部のレベルが必須ではなかった場合、バランス階層ではなく不規則階層になってしまう可能性があります。データプロファイリングを通じて特定のレベル属性にNULLが含まれていることが発覚した場合、ステークホルダーと問題を解決する前に（図3-12aのように）名前の周りに括弧を付けて、不足しているレベルを文書化するために階層図を更新してください。クロスプロセス分析を成功させるためには、ホットレベルが必須として扱われることが特に重要です。

ディメンション階層図が完成したら、ディメンションテーブルにおけるレベル属性も階層順序に合わせて並べ替え、低レベル属性から高レベル属性の順に配置します（左から右の順で読みます）。階層的に列を並べておくことは可読性を高め、物理ディメンションテーブル内の階層的な関係を大まかに文書化するのに役立ちます。

3.5 ディメンションの履歴

ディメンション属性が履歴をどのように扱うかを定義する必要があります

ディメンションに格納すべきすべての属性を発見し、例を用いてそれらを説明し、その階層的な関係についてもモデル化した後に、ステークホルダーから伝えてもらわなければならないもう1つの情報があります。それは、その履歴をどのように扱うかということです。この情報は、ディメンションの時間的特性または「SCD（Slowly Changing Dimension、緩やかに変化するディメンション）」ポリシーと呼ばれます。

「緩やかに変化するディメンション」は、履歴イベントのレポーティング方法を劇的に変化させます

ステークホルダーは、イベントの履歴（特に、法的拘束力のある金融取引の履歴など）を保存する必要性を直感的に感じている一方で、ディメンションは（比較的静的な）参考データと捉え、値に変更があった場合に更新し、最新の状態に保っておけばよいと考えているかもしれません。動的なビジネスイベントと比較して、ディメンションが比較的静的であることは事実ですが、データウェアハウスがイベントを時間軸に沿って正確に比較し、ステークホルダーの継続的なニーズを満たすデータウェアハウスの機能に、緩やかに変化するディメンションの履歴情報、あるいはその欠如が深刻な影響を与える可能性があります。例えば、ニューヨークを拠点としていた顧客であるDean Moriarty氏が、今年の初めにカリフォルニアに転居することになったとします。BIのクエリで「州別の注文合計、今年と昨年の比較」を行う場合、Moriarty氏のすべての注文を現在の所在地であるカリフォルニアに関連付けるべきでしょうか。それとも、Moriarty氏

の昨年の注文はニューヨーク（昨年の場所）に関連付け、今年の注文だけをカリフォルニアに関連付けるべきでしょうか。BIユーザーが過去2年間におけるカリフォルニアでの最大消費者を調べたい場合、昨年ニューヨークにいたときの支出額が多いMoriarty氏をクエリに含めるべきでしょうか、それともロサンゼルスに移ってからはそれほど支出額が多くないため除外すべきでしょうか。別の言い方をすれば、「クエリは顧客の状態に関する現在の値と過去の値どちらを使うべきか？」ということです。シンプルな答えはあるのでしょうか。

3.5.1 現在値（CV）属性

業務システムは一般的に「今このとき」に焦点を置いているため、参照先のデータやマスターデータは現在の情報に偏っています。例えば、受注処理システムでは「今年のモデル」にあたる製品だけを選択して、顧客の現所在地に出荷できるようになっています。このように用途が限定されているため、業務データベースアプリケーションでは参照データが変更されると上書きされることが多いのです。同じ更新をディメンショナル属性に適用すると、現在の値のみを保持することになります。

現在の値の記述のみを含むディメンショナル属性は、「as is」のレポートに使われます。すなわち、現在の情報でイベント履歴をロールアップし、あたかもすべてが現在と同じ属性のままイベントが起こってきたかのように表現します。先ほどの例では、「現在値（**CV**：Current Value）属性」を用いると、Moriarty氏によるカリフォルニア（彼の現在の場所）へのすべての注文を、彼がその注文をしたタイミングではどこに住んでいたかにかかわらず、今の情報でロールアップします。これは、業務システムから直接履歴を分析しようとするステークホルダーが慣れ親しんでいるレポートの一般的なスタイルです。**CV**属性を使うことでデータウェアハウスからも既存の運用レポートと同じ結果を生成できるようになるため、ステークホルダーの最初の受け入れ基準として使われることもよくあります。

ただし、DW/BIシステムにおいて現在の値が唯一の情報である場合、残念なことに過去の値と比較できないという問題が起こってしまいます。**CV**属性を用いると「過去3年間に...を買った顧客は今どこにいるのか」「今年と昨年の売れ筋商品は何か」のような質問には答えられるかもしれませんが、次のような質問には答えられません。「その顧客はどこで、どのような製品を購入したのか」「購入時の製品はどのようなものだったのか（どのように説明され、分類されたのか）」など、**CV**属性が更新（上書き）されるとディメンションの変更履歴が失われてしまうため、これらの質問には答えられなくなってしまうのです。

現在値のみを保持するという方式のもう1つの限界は、過去の分析結果を再現できないことです。イベント詳細は変更されていないにもかかわらず、まったく同じ

業務システムは、一般に、現在の値を参照することがデフォルトです

「現在値（**CV**：Current Value）属性」は、業務システムによる報告結果と一致する「as is」レポートに利用します

現在値のみしか保持していない場合、ディメンションの変更履歴が失われ、潜在的に重要なBIでの問いに正しく答えることができません

現在の値のみを保持する設計では、ディメンションが変更された際、過去のレポートの再現ができなくなります

フィルターを適用した同じレポートを後で実行したとしても異なる結果が得られることがよくあります。これは、そのイベントのグループ化、ソート、フィルタリングに使用した参照データが、当時の情報から現在の値に変更されているためです。業務システムをデータソースとしたレポートではよくある問題ですが、データウェアハウスでも同じことが起こることをステークホルダーは望んでいません。

現在値属性は「履歴の再生成」に役立ちます

一方で、**CV** 属性には良い側面もあります。履歴としては不完全／不正確な属性であっても、ある種の履歴比較には有用で、「履歴の再生成」、つまり意図的にすべてが現在と同じように記録されたと見せかけることが可能になります。例えば、今年と昨年の販売経路別売上を比較したいセールスマネージャーは、比較のために今日時点の販売チャネル構造が昨年も存在していたかのように振る舞う必要があるかもしれません。これはまさに、販売チャネルを記述する **CV** 属性が行うべき集計です。

3.5.2 値の修正と固定値属性

時間の経過とともに変化しないものの修正することは可能な「固定値（FV：Fixed Value）属性」については、履歴としても現在の値が正しいです

また、間違いが訂正された場合は現在の値を常に正解として扱い、以前入っていた誤った値は二度と使ってはなりません。例えば、業務データベースで顧客や従業員の生年月日が変わってしまった場合、実際には生年月日が（正しい日付から別の日付に）変わることはないので、それは修正すべきだったのでしょう。誰かがわざわざ更新したのだから、最新(現在)の値が正しいのだろうと思われます。生年月日は変更できないが修正できる（正しくないと修正される）「固定値（**FV**：Fixed Value）属性」の一例です。

3.5.3 履歴値（HV）属性

履歴値（HV）属性は「as was」のレポーティングに利用されます

履歴値（**HV**：Historic Value）属性は、履歴としても正しいディメンションの値を提供し、時系列のイベントや測定をグループ化およびフィルタリングすることで「as was」のレポーティングに利用されます。つまり、すべてに関してイベント発生時の「as it was」として報告されることになります。Moriarty 氏の例に戻ると、HV である顧客の「州」属性は、昨年の注文をニューヨークに、今年の注文をカリフォルニアに紐付けます。

HV 属性を保持することはより多くの ETL リソースを必要としますが、より柔軟なレポーティングを実現します

ディメンションの履歴を保持するためにはより多くの ETL 対応が必要となりますが、**HV** ディメンションを使用して構築されたデータウェアハウスはより柔軟です。**HV** ディメンションを使うと、デフォルトで「当時はどうだったのでしょうか？」という質問に正しく答えられるだけでなく、履歴を「as is」レポートでは現在の値に、「as at」レポートでは会計年度などの特定の日付に、最小限の労力で差し替えられるのです。「as is」と「as was」の両方のレポーティングを実現する **HV** ディメンションのテクニックについては第 6 章で説明します。

3.5 ディメンションの履歴

ディメンショナル属性として履歴情報を保持しておくことで、アジャイルの原則「要求の変更はたとえ開発の後期であっても歓迎します」をサポートします。現在の値または過去の値のどちらを使用するかステークホルダーの気が変わっても、ETL 開発者が「髪をかきむしり」ながらデータウェアハウスを再読み込みする必要はありません。

3.5.4 変更ストーリーを説明する

ディメンションが履歴情報をどのように処理するかを正確に把握するために、各属性の変更ストーリーを保持する行をディメンションテーブルに追加し、値の記入をステークホルダーに手伝ってもらいましょう。それぞれの属性について、値の変更が発生するかどうかを尋ねることから始めます。

> 「製品」の「製品名」は
> 変更されることがありますか？

答えが「**いいえ**」であれば、その属性を固定値としてショートコード **FV** でラベル付けしましょう。その上で、図 3-15 のように最初の行（含まれる要素の中で典型的なもの）からその例の値を変更ストーリーにコピーし、時間が経過しても変わらないことを示します。それが完了したら、次の属性に移ります。

答えが「**はい**」であれば、属性の値は固定されていないため、ステークホルダーが過去の値を欲しているか／必要としているか（両者は必ずしも一致しません）を確認するために次の質問をする必要があります。例えば、「製品タイプ」が **FV** でない場合、次のように質問します。

変更ストーリーを説明してもらうことを通じて、時間が経つにつれ変化することのある属性を発見します

> 「製品」の「製品タイプ」が変更された場合、
> レポートのグループ化およびフィルタリングに
> その履歴情報は必要ですか？

「現在値と履歴値のどちらが必要ですか」という質問は絶対にしないでください。その答えは必ず「現在値」であり、あなたが知りたいことは何も教えてくれません。ステークホルダーは現在のビジネスイベントに大きな関心を抱いており、業務システムと同じように、現在の値を使用してそれらのイベントが適切に記述されることを望んでいます。しかし、属性の履歴も同様に重要であるかどうかを確認する必要があります。また、履歴値と現在値を二者択一の選択肢として提示することは非常に誤解を招きやすいです。なぜなら、現在値は最新のイベントという履歴を正しく説明するので、**HV** 属性には現在値が必ず含まれているからです。

履歴値に関する質問の仕方：現在値が重要であることはすでに知っているでしょう

第 3 章　ビジネスディメンションのモデリング

図 3-15
変更ストーリーを用いた
ディメンション履歴のモデル化

HV：履歴値（Historic Value）
少なくとも 1 つの HV 属性が含まれます

FV：固定値（Fixed Value）
変更点は修正のみです。変更内容は追跡されません

HV：履歴値
すべての変更内容が追跡されます

HV/CV：履歴値と現在値
HV（デフォルト）と CV のバージョンの両方が必要です

製品［HV］

製品説明	製品コード	製品タイプ	ブランド	サブカテゴリー	カテゴリー	発売日
MD, **FV**	BK, MD	MD, **HV**	MD, HV	MD, **HV/CV**	MD, **HV/CV**	MD, **FV**
iPip Blue Suede	IPPBS16G	MP3 特別版	iPip	特別版	エンターテインメント	2009 年 3 月 30 日
iPip G1	IPPG15G	MP3	iPip	音楽	エンターテインメント	2000 年 10 月 23 日
iPOM Pro	IPMP35G	タワー	iPOM	デスクトップ	コンピューティング	2006 年 8 月 6 日
POMBook Air	PBA20G	ラップトップ	POMBook	モバイル	コンピューティング	2008 年 1 月 28 日
iPOM + プリンター	PB009	バンドル	iPOM	デスクトップ	コンピューティング	2009 年 3 月 2 日
iPip Touch	IPMT8G	PDA	iPip	マルチメディア	エンターテインメント	2007 年 9 月 4 日
利用不可	N/A	N/A	N/A	N/A	N/A	-
iPip Blue Suede	**IPPBS16G**	**MP3**	**iPip**	**音楽**	**エンターテインメント**	**2009 年 3 月 30 日**

変更ストーリー
FV 属性の値は典型的な例（1 行目）を
コピーしています

変更後の値
新しい値は、製品のサブカテゴリーの履歴値を
記録していることを表します

CV 属性を定義する前に、履歴が本当に不要かどうか、念のため再確認してください

　「履歴値が必要ですか」という質問に対する答えが「**いいえ**」であった場合、ステークホルダーに対して、彼らが現在の値にしか関心を持たなくて大丈夫か、そして彼らが構築しようとしている BI の限界を十分に理解しているかどうかを再度確認してください。CV 属性しかないために、履歴の解釈を誤ったりレポートの再現性がなくなるという問題は、具体例を用いて説明するのが一番です（後述の「**CV 変更ストーリーの文書化**」を参照）。特に、この手の決断が初めてのステークホルダーにとっては。

初期時点では CV レポートを提供しつつ、データウェアハウスには HV 属性を保存しておくことで、将来的な柔軟性を持たせる必要があるかもしれません

　多くの属性において、**CV** に関するステークホルダーの回答は「ストレージとしての意向」ではなく「レポーティングとしての意向」として捉えるとよいでしょう。彼らは当然ながら、（初期段階での）BI レポートがどのように動作してほしいかを教えてくれています。それは、彼らがよく知る（そして愛着のある）既存の業務レポートと同じようなものであることが多いですが、データウェアハウスに情報をどのように保存するかを教えてくれているわけではありません。それは彼らの役割ではないのです。非常に大きなディメンションや非常に変動が激しい属性を除けば、（法律や規約に則った）**HV** 属性を効率的に保存しておけば、レポート用にデフォルトで **CV** バージョンを提供することができます。

110

CV 変更ストーリーの文書化

　属性の履歴はまったく不要であるとステークホルダーに確認できた場合（例えば、「現在の状態」や「LTV：Life Time Value」などの明示的な現在値属性がほしい場合）、その属性を **CV** とラベル付けします。その変更ストーリーを記入するために、速度を優先して（**FV** の場合と同様に）属性の典型的な例をコピーするか、明確さを重視してステークホルダーに変更後の値を尋ねるかを選択できます。後者を選ぶ場合、サンプルデータの最初の行にある典型的な例も、この新しい値に変更する必要があります。**CV** 属性の典型的な例と変更ストーリーの両方には、新しい現在値が入っており、これは履歴が存在しないことを「語らずに示す」ものです。図 3-16 は、「顧客名」を例にしています。顧客である Elvis Priestley 氏が J.B. Priestley に名前を変更すると、BEAM✻ ディメンションの最初と最後の行は J.B. に更新されます（Elvis 氏はビルを出て行ってしまったのです！）。モデルストーミング中に既存の例を上書きする様子を見せることで、履歴が失われるという点を強調します。これにより、ステークホルダーは、**CV** 属性に関する決定を再考するかもしれません。

> **CV** 属性の場合、その典型例を属性の変更ストーリーにそのままコピーするか、より良い方法としては、変更ストーリーの行を埋める新しい値を（時間が許す限り）尋ねて、典型例として扱われる値を置き換えます

 ## HV 変更ストーリーの文書化

　もしステークホルダーが製品タイプのように属性の履歴値を保持したいと言う場合、属性のラベルを **HV** に設定し、変更ストーリーとして記載する新たな具体例を教えてもらいましょう（図 3-15 を参照）。ただし、元の典型的な例は更新せず、新たな例の追加のみを行ってください。すると、**HV** 属性は最初の行と最後の行で値が異なるようになります。これによって、その属性が変更可能であり、同じディメンションメンバー（図 3-15 の例にある製品コード「IPPBS16G」）に対する属性の履歴値が時間の経過とともに変化することが、はっきりと示されます。

　もしあなたやステークホルダーが、ある属性に **HV** と **CV** の両方のデータが必要だと判断した場合、それを **HV/CV** あるいは **CV/HV** の「ハイブリッド」な属性（デフォルトの属性ラベルを先頭に記載）としてラベリングできます。図 3-15 では、サブカテゴリーとカテゴリーのデフォルトは **HV** ですが、**CV** としてレポートする際にも利用可能です。両属性とも、その変更ストーリーはより複雑な **HV** の振る舞いを反映しています。

> **HV** 属性の場合、その属性の変更ストーリーとして記載する新しい例を尋ねますが、典型的な例は変更しません

> **HV** と **CV** のショートコードを組み合わせることで、「ハイブリッド」な時間的要件を文書化できます

　特殊な時系列データベースの格納技術を使用していない限り、ハイブリッド属性の CV 値と HV 値は、同じディメンション内の別の物理列として、または「ホットスワップ可能」な別のディメンションに格納する必要があります。これを実装するための「ハイブリッド SCD」デザインパターンについては、第 6 章を参照してください。

CV/PV を使用して、1つ前の値の要件を文書化します

　変更頻度が非常に低いという理由で、いくつかの属性についてはステークホルダーは現在の値と1つ前の値（最終変更の前の値）のみを残しておくだけで満足する場合があります。これらの属性は、BEAM✳︎ モデルで **CV/PV** とラベル付けされ、物理的なスタースキーマで個別の列として実装できます。このデザインパターンは、「緩やかに変化するディメンション（SCD：Slowly Changing Dimension）のタイプ3」として知られています。

- FV：固定値（Fixed Value）、または SCD タイプ 0
- CV：現在値（Current Value）のみ、または SCD タイプ 1
- HV：履歴値（Historic Value）、または SCD タイプ 2
- PV：前値（Previous Value）、または SCD タイプ 3

 ## ビジネスキーと変更ストーリー

ビジネスキー（BK：Business Key）はデフォルトで FV にすべきです

　一般に、ディメンションに含まれるメンバーを一意に識別しディメンションの粒度を定義するビジネスキーは、時間の経過とともに変化しないようにする必要があります。固定値（**FV**）として定義して、その典型的な値を変更ストーリーにコピーするだけでよいでしょう。もしそうではなくビジネスキーが変化しうることがわかっている場合は、**CV** または **HV** ルールをモデル化し、より複雑な ETL プロセスを設計した上で厄介な変化を特定し、変更発生時に適切に処理する必要があります。

 ## 修正を検知する：グループ変更ルール

HV の ETL プロセスは、修正と変更を判別する必要があります

　HV の更新を扱う ETL の複雑さの1つは、エラーを上書きする修正と履歴を保存すべき真の変更をどのように区別するかということです。**FV** および **CV** 属性では修正と変更を同様に扱うため、これは問題にはなりません（**FV** 属性の更新は常に修正です）。修正、小さな変更、大きな変更を見分けられるようにすることは重要で、これは特に顧客のような大規模で変動の激しいディメンションの ETL を設計する際に価値を発揮します。なぜなら、すべての変更を追跡することは不可能、あるいはそもそも必要ないかもしれないからです。

修正の検知に役立つ「更新理由」情報がソースシステムに存在することは滅多にありません

　理想的には、ソースシステムは最も重要な **HV** 属性を更新するための理由を表す列を用意すべきです。しかし、残念ながら、明確に理由が記述されていることはまれです。プロアクティブなディメンショナルモデリングの多くの利点の1つは、事前に作成した **HV** 定義を利用して、新しい業務システムがまだ開発の初期段階にあるうちに、更新通知だけでなく更新理由の通知も組み込んでもらえるよう ETL 設計者が要求できることです。

更新理由が利用できない場合、次善の策として、同時に変更されるべき属性をまとめたグループに基づいて重要な変更を特定するビジネスルールを定義する方法があります。一度に複数の属性に影響を与える「大きな」変更のみを追跡する「グループ変更ルール」の例としては、次のようなものがあります。

「もし、*顧客の住所の『番地』が変更されても『郵便番号』に変更がない場合、その更新は修正（または同じ郵便番号エリア内での小さな変更）として処理し、元々入っていた住所は保存しません。一方、『番地』と『郵便番号』が一緒に変更された場合には、これを大きな変更として処理します。つまり、顧客の転居前の住所も保存し、履歴を追跡できるようにします*」

このようなルールは「どの属性が同時に変更されるか」といった一般的な質問や、「この属性が変更された場合、他のどの属性も変更されなければならないか」といった属性ごとの具体的な質問で見つけられます。また、質問を何らかの活動に結び付けることもできます。例えば、次のような質問です。

> 顧客が本当に引っ越した場合
> （住所の修正ではなく）、
> 他にどのような属性を変更すべきなのでしょうか？

このような質問は、既存の属性間の変更依存性を明らかにするだけでなく、見逃している属性を発見するのにも役立ちます。これは、BEAM✲モデラーが属性を発見するための秘密兵器の1つです。変化という活動について議論することは、静的なディメンションに物語性を持たせるもう1つの方法であり、ステークホルダーの考えを刺激することができます。彼らはこう答えるかもしれません。

> 「番地」「郵便番号」「都市」はすべて一緒に
> 変更されると思います。
> もし、これらのうち1つか2つだけが変わった場合は、
> おそらく同じ郵便区画・都市内での引越しか
> 値の修正だと思われます。
> もし顧客が同じ市内で引越しをした場合、
> 以前の住所は必要ありません。
> しかし、別の都市に移動した場合は、
> 以前の住所も使用したいと思うでしょう。

「グループ変更ルール」は、修正や小さな変化を検出するのに役立ちます

これらのルールを発見するために、同時に変更される属性を尋ねましょう

変更グループについて尋ねることで、見逃した属性を見つけることにもつながります

HV*n* を使用して、一緒に変更する必要がある「条件付き HV グループ」属性を定義します

このようなグループ変更ルールをシンプルにモデル化するには、番号付き HV コードを使用して「条件付き HV グループ」を定義します。すなわち、同じ番号付きグループのすべてのメンバーが同時に変更される場合にのみ HV として機能すると属性を定義します。図 3-16 では、ステークホルダーによるルールは「番地」「郵便番号」「都市」を CV、HV1 とマークすることによって文書化されています。これらはデフォルトで CV（リストにおける最初の時間的なショートコード）であるため、個々の変更は修正として扱われます。さらに、これらはすべて条件グループ HV1 のメンバーであり、顧客が別の都市に転居するとき（3 つの属性すべてが変化するとき）、HV として働き、住所の履歴情報を保存します。ただし、この顧客が例外的で、別の都市のまったく同じ住所に移動できるような場合は除きます。このようなまれなタイプの移動に対応するために、「郵便番号」と「都市」は独自のグループ（HV3）に入れた方が良いかもしれません。

図 3-16
CV の変更ストーリーとグループ変更ルールのモデル化

CV：現在値のみを保持 顧客が名前を変更した場合、履歴値は保存されません。C0010 の全バージョンで Elvis が J.B. になります	HV1：グループ変更ルール グループ 1 内の CV 属性は、すべてのメンバー（番地、郵便番号、都市）が一緒に変更された場合のみ変更履歴を追跡されます	HV2：国情報の変更は、住所にまつわるすべての属性（グループ 2）が一緒に変更されない限り、ただの修正として扱われます

製品 ［HV］

顧客名	顧客 ID	顧客タイプ	番地	郵便番号	都市	国
MD, **CV**	BK, MD	MD, FV	**CD, HV1, HV2**	**CV, HV1, HV2**	**CV, HV1, HV2**	**CV, HV2**
J.B. Priestley	C0010	個人	1 Graceland	38116	Memphis	アメリカ
不明	N/A	不明	不明	-		不明
Vespa Lynd	C0997	個人	12 Eton Sq	SW1	London	イギリス
Phillip Swallow	C9990	個人	45 Rummidge Rd	B14	Rummidge	イギリス
アメリカ上院	B0023	政府	1 Capital Hill	20510	Washington DC	アメリカ
J.B. Priestley	**C0010**	**個人**	**4 Chapel St**	**BD1 5DL**	**Bradford**	**イギリス**

住所変更ストーリーに「大きな」変更が見られます。アメリカからイギリスになりました

住所属性はデフォルトで **CV** になっています。個々の属性変更は、修正または小さな変更として扱われます

属性は複数の HV*n* グループに属したまま、デフォルトでは HV にしておくことができます

図 3-16 の 3 つの HV1 属性は、「国」とともにグループ HV2 にも入っていることに注目しましょう。つまり、「国」が変化しなくても 3 つすべて（グループ HV1）が変化したときにそれらの履歴は追跡されますが、「国」自体は 4 つのアドレス属性すべて（グループ HV2）が変化したときにのみ履歴が追跡されます。ある属性が常に HV でありながら条件付き HV 属性（HV3）としても扱われる場合、**CV, HV3** ではなく **HV, HV3** とマークするのが適切です。

有効日付範囲

各属性に関する変更ストーリーと時間の経過に関するビジネスルールの把握が完了したら、図3-17のように、「有効開始日」「有効終了日」「現在有効か」の3属性をディメンションテーブルに追加しましょう[訳注11]。追加されたこれらのSCD管理属性によって、ETLプロセスは変更を追跡し各項目の現在のバージョンにフラグを付けることができます。これらの属性は、**HV**ディメンションを多数の小さなイベントとして記録可能な「些細なイベント」テーブルに効果的に変換します。

> 有効日付範囲を得るため、各ディメンションに管理のための属性を追加します

> 図3-17
> ディメンションテーブルの有効日付範囲

有効日付範囲
製品の各履歴バージョンが有効な日付範囲を記録します。現在のバージョンの終了日は、DBMSで許容される最大の日付です

製品 [HV]

製品説明	製品コード	製品タイプ	有効開始日から	有効終了日まで	現在の値か
MD, **FV**	BK, MD	MD, **HV**	MD	MD	MD
iPip Blue Suede	IPPBS16G	MP3 特別版	2009年3月30日	2009年9月1日	いいえ
iPip G1	IPPG15G	MP3	2000年10月23日	3000年1月1日	はい
iPOM Pro	IPMP35G	タワー	2006年8月6日	3000年1月1日	はい
POMBook Air	PBA20G	ラップトップ	2008年1月28日	3000年1月1日	はい
iPOM + プリンター	PB009	バンドル	2009年3月2日	3000年1月1日	はい
iPip Touch	IPMT8G	PDA	2007年9月4日	3000年1月1日	はい
利用不可	N/A	N/A	-	-	-
iPip Blue Suede	**IPPBS16G**	**MP3**	2009年9月2日	3000年1月1日	はい

現在フラグは、その変更ストーリーがこの製品の現在のバージョンを表していることを示します

有効日付範囲を追加することで、緩やかに変化するディメンションのタイプ2（SCDタイプ2）の実装方法を理解している読者は、BEAM✲ディメンションの変更ストーリー行がこのETL手法といかに密接に関係しているか気付くでしょう。これは意図的なものです。BEAM✲モデルは、最小限の変更で物理的なディメンショナルモデルに変換できるように設計されています。ただし、BEAM✲モデラーがHV属性をSCDと呼んだり、パズルの最後のピースとなるサロゲー

> 変更ストーリーは「緩やかに変化するディメンションのタイプ2」とよく似た挙動をしますが、ビジネスユーザーにはこのETLの専門用語を使わないでください

訳注11 2024年現在はデータウェアハウスの性能が向上したため、「有効終了日」「現在の値か」列をSQLの関数で論理的に定義しても、ある程度までは処理を実行できるようになりました。詳細は、訳者解説「SCDタイプ2について」をご参照ください

HV 属性を含まないディメンションを［CV］と記します

トキーをビジネス・ステークホルダーと一緒にモデル化しようとしないことも重要です。SCD タイプ n といった用語やサロゲートキー（第 5 章で説明）は、スタースキーマの設計や実装に関するトピックなので、ETL や BI の開発者と議論すべきです。ビジネスユーザーと議論すべきではありません。

3.5.5 ディメンションタイプを記述する

ディメンションを（今のところまで）完成させたら、イベントの場合と同様にテーブルの最後に二重線を加え、表のヘッダーにそのディメンションタイプを追加します。これは時を表すショートコード［HV］か［CV］のいずれかです。ディメンションに少なくとも 1 つの HV 属性が含まれる場合はディメンションを［HV］と記し、そうでない場合は［CV］と記して、ディメンションに含まれる属性が CV・FV・PV のいずれかであること、つまりメンバーに複数の履歴バージョンが含まれないことを示します。

3.5.6 些細なイベント

すべてのイベントが重要なビジネスプロセスであるとは限りません

「些細なイベント」には細部に関する情報がほとんどありません。多くの場合、外部の活動を表します

時折、それ自体は重要なビジネスプロセスを表すのに十分な詳細や発生頻度を持たない、ディメンションに近そうなイベントを発見することがあります。例えば、次の「誰が何をするのか」というイベント発見のための質問に対する回答を想像してみてください。

> 顧客が（新しい）住所に引っ越しました。
>
> Customer moves (to a new) address.

あなたはいくつかのイベントストーリーをモデル化し、図 3-18 の「顧客の引越し」イベントテーブルを完成させています。この回答は完全に受け入れ可能なイベントのはずで、主語 - 動詞 - 目的語の主節がちゃんとあり、「誰が」の主語（顧客）、能動態の動詞（「引っ越す」）、「どこで」の目的語（住所）、「いつ」の詳細（引越し日）を含みますが、それだけです。7W の質問をすべてしているにもかかわらず、それ以外の「誰が、何を、なぜ、どのように、どれくらい」の詳細情報が欠けているのです。なぜ顧客が引っ越すのか、いくらかかるのか、誰が手伝うのか、それはザクロ社のビジネスの外側で起きたイベントなのでわかりません。BEAM✲ の用語では、「顧客の引越し」は（顧客にとってかなり大きなイベントであるにもかかわらず）「些細」なイベントです。「些細なイベント（Minor Events）」とは、必ずしも興味を持たれるわけではなく、それ単体で分析するには詳細情報が十分でない活動のことを指します。しかし、そこから得られるデー

タの値は、組織の他のはるかに興味のある「重要（Major）」なイベントを正しくラベル付け、グループ化、フィルタリングする上で重要になります。

顧客の引越し［DE］		
顧客は	新しい住所に**引っ越す**	引越し日に
［誰が］	［どこで］	［いつ］
J.B. Priestley	Bradford	2009年5月18日
Vespa Lynd	Venice	2009年10月14日
Phillip Swallow	Rummidge	1983年1月1日
Felix Leiter	Langley	昨日

図 3-18
些細な「顧客の引越し」イベント

 **HV 属性：
ディメンションのみで構成される些細なイベント**

　もしステークホルダーに教えてもらった動詞を「**has**（持つ）」の形に置き換えても重要な情報が失われない場合、多くのケースで主語と目的語が同じディメンションの属性かもしれないことを示しています。例えば、引越しという行為そのものは重要ではなく、ステークホルダーが気にするのは顧客住所の履歴情報だけである場合、「顧客が引越し日に引っ越す（"customer **moves to** address on **move** date"）」は「顧客が有効日に住所を持っている（"customer has address on effective date"）」に置き換えることができます。このように、顧客ディメンションにおける単純な「**has**」イベントは HV 属性としてモデル化できます。

些細なイベントは、発生頻度が低ければ HV 属性としてモデル化できます

　イベントの主語と目的語が同じもの（例えば「顧客」）を指しており、「いつ」以外の情報を持たない場合、イベントによって表される変化があまり頻繁に発生しないという前提で、イベントオブジェクトは主語となるディメンションの HV 属性として処理できます。毎日または毎月変化するものであれば「急速に変化するディメンション（rapidly changing dimension）」になるため、イベントのまま取り扱い、ファクトとしてモデル化するのが適切です。

 重要なイベントの中にある些細なイベント

　明示的なビジネスプロセスがない場合、ザクロ社はどのようにして顧客の引越しが起きたことを検知できるのでしょうか。その情報は、他の重要なビジネスイベントの副産物として記録される必要があります。通常、顧客は製品を注文するタイミングで新しい住所を知らせてくれます。顧客の転居が頻繁に起こるものではない場合、これらの変更は **HV** ディメンションで把握できます。一方で、例え

些細なイベントが頻繁に起こる場合、それらは他の、より興味深い重要なイベントの追加情報としてモデル化できます

ば一部の（おそらく好ましくない）消費者がローンを申し込むたびに新しい住所情報を提出するなど、頻繁に引っ越している顧客がいる場合、新しい住所はローン申請イベントの詳細情報であり、「引越し」もそのイベントの一部です（重要なイベントの中にある些細なイベント）。注文イベントの場合、新しい住所または異なる住所でも実際にはギフト購入のために登録した第三者の配送先住所である可能性があります。つまりイベント別に管理されるべき「どこで」の詳細情報であり、したがって、「誰が」の顧客ディメンションに含まれる属性ではなく、別のテーブルに含めるべき「誰が・どこで」を表すディメンションです。

もし少数の詳細情報（通常、「いつ」を含む3つのW）を持つ些細なイベントを発見したら、これらの詳細がいつどのように計測されたかを尋ねてみてください。もっと重視すべき重要なイベントの中で、そのイベントの捉え方をモデル化することができるかもしれません。

ある組織にとっての些細なイベントが、別の組織にとっては重要なイベントになることもあります

図 3-18 と図 3-19 はどちらも「顧客の引越し」イベントを対象としていますが、些細なイベントとしてモデル化した図 3-18 と図 3-19 のモデルは大きく異なります。両方のテーブルのイベントストーリーを読むと、これらは実際には同じ人に起きる同じイベントですが、図 3-19 では引越し会社のデータウェアハウス用にとても詳細にモデル化されていることがわかります。この「顧客の引越し」は、その会社にとって明確に重要なイベントです。

図 3-19
重要な「顧客の引越し」イベント

顧客の引越し［DE］

顧客は	新しい住所に**引っ越す**	引越し日に	チームリーダーと	代理店によって販売された	コンテナタイプで	前の住所から	引越し費用で	契約番号で
[誰が]	[どこで]	[いつ]	[誰が]	[誰が]	[何を]	[どこで]	[£]	[どのように]
J.B. Priestley	Bradford	2009年5月18日	DD	AL	大	Memphis	2001.00	M3434
Vespa Lynd	Venice	2009年10月14日	RTD	GS	中	London	2500.34	M2342
Phillip Swallow	Rummidge	1983年1月1日	DL	JB2	小	Euphoria	3000.99	M2122
Felix Leiter	Langley	昨日	IF	JB1	小	Miami	1750.41	M5666

3.6 属性は十分ですか？

ディメンションや階層のレベルに十分な数の属性があることを確認するには、どうすればよいのでしょうか。魔法のような確認方法はありません。ステークホルダーは単にアイデアを出し尽くすだけです。まだ可能な限り多くの属性を発見できていないと感じても、心配せずにアジャイルに行動し、次に進んでください。主要な階層と **HV** 属性、および各ディメンションの最小粒度の明確な定義がある限り、将来のイテレーションでも比較的簡単に属性を追加できます。とはいえ、ステークホルダーとのモデルストーミングの大きなメリットは、共通の（「適合した」、第 4 章を参照）ディメンショナル属性を早期に定義できることです。そのため、ステークホルダーが初めて関心を持ってくれているタイミングを逃さないようにしましょう。

3.7 まとめ

- ディメンショナル・データウェアハウスの価値は、ディメンションの質によって決まります。優れたディメンションには「ディメンショナル属性」が含まれます。ディメンショナル属性は、ビジネスイベントを説明する際に「用語」を使用します。これは BI ステークホルダーにとって馴染みがあり説明的な言葉です。これこそが、具体例を用いてステークホルダーと対話し、モデルストーミングを通じて彼らが必要なディメンションのモデリングや用語の定義を行う最大の理由です

- ディメンション自体は、イベントのモデリングによって発見されます。すなわち、ほとんどの「誰が、何を、いつ、どこで、なぜ」というイベントの詳細情報がディメンションになります。これらの情報をそれぞれ独自の BEAM✲ ディメンションテーブルの対象としてモデル化することで、ディメンショナル属性を発見することができます。一方で、「どのように」に関する情報は、同様の手順でディメンションにできるものの、追加の説明的な属性は基本的にありません。説明的でない「どのように」の詳細は「退化ディメンション」となり、ファクトとなる「どれくらい」の詳細とともにファクトテーブルに格納されます

- ディメンションの主語に対してモデル化する必要がある最初の追加属性は、その識別子です。これは「ビジネスキー（**BK**：Business Key）」で、各ディメンションのメンバーを一意に識別し、ディメンションの粒度を定義します。ディメンションが複数のソースシステムから作成される場合、ディメンションに属する 1 つのメンバーに対して複数の **BK** が存在する可能性があります。ディメンションにおける一意な **BK** は、複数のソースシステムキーを合成したものになることもあります

- さらに、各ディメンションの詳細を説明する具体例を提供するようステークホルダーに依頼することで、ディメンショナル属性の要件を収集します。属性タイプのチェックリストとして 7W を使用します。例

を用いることで、必須属性（MD）や、排他的属性の組み合わせ（X*n*）とその区分項目（DC*n, n*）を発見できます

- 「階層図」は、ステークホルダーがディメンションのメンバーをどのような階層構造で整理したいか（するつもりか）を記述し、ドリルダウン分析や予算実績管理のレポートをサポートします。これらの図を描くことは、ステークホルダーに追加の階層属性とデータソースを求める上で役に立ちます。階層の「ホット」なレベルは、よく使う集計粒度を表し、追加の計画イベント、ロールアップ・ディメンション、およびサマリーテーブルを作る機会を特定するのに便利です

- 階層には、バランス階層、不規則階層、可変深度階層の 3 種類があります。各タイプは単一親または複数親にすることができます。単一親のバランス階層は、ディメンション的に最も実装しやすい階層であり、BI での取り扱いが最も簡単です。一方、不規則階層をバランス階層に修正し、複数親階層や可変深度階層を表現するには、追加のテクニックが必要です（第 6 章を参照）

- 「変更ストーリー」は、ディメンションの履歴がどのように処理されるかを表現します。**CV・HV・FV・PV** というショートコードは、各属性の「時間的特性」を文書化するために使用されます。時制を表すこれらのコードに番号を振ることで、複数の属性を含む「グループ変更ルール」を定義できます

- 「些細なイベント」とは、発生頻度が低く、詳細がほとんどないイベントのことです。通常、個別のイベントとしてモデル化するほど重要なビジネスプロセスを表すものではありません。多くの場合、**HV** のディメンショナル属性として、あるいは他の重要なイベント（分析する価値のあるビジネスプロセス）の追加情報としてモデル化できます

ビジネスプロセスのモデリング

> 時間が存在する唯一の理由は、すべての物事が同時に起こらないようにするためだ。
> The only reason for time is so that everything doesn't happen at once.
>
> — Albert Einstein

　ビジネスプロセスの集計・分析に向けデータウェアハウスやデータマートを設計する取り組みには、単一のビジネスイベントのモデリングにとどまらない迅速な対応が求められます。極めて単純な場合を除き、ほとんどすべてのビジネスプロセスは複数のビジネスイベントで構成されているため、BI にかかわるステークホルダーは必ず複数のプロセスを横断した分析（クロスプロセス分析）を行いたいと考えるでしょう。複数イベントの要件をモデル化し始めると、すぐに以下の 2 つの重要なポイントに気付くはずです。

> BI のステークホルダーは、プロセス測定に複数のイベントを必要とします

- **ステークホルダーはイベントを時系列ごとにモデル化します。** あるイベントのモデル化を完了させると、ステークホルダーはその直後や直前にある関連イベントを自然と思い浮かべるはずです。これらのイベントの連なり（イベントシーケンス）は、全体を通じて測定する必要があるビジネスプロセスやバリューチェーンを表しています

> イベントシーケンスは、ビジネスプロセスやバリューチェーンを表しています

- **ステークホルダーは異なるイベントを同じ 7W で表現します。** あるイベントを 7W で定義すると、ステークホルダーは同じ項目を持つ他のイベント、特にその主語や目的語を共有するイベントについて考え始めます。これらの共通化された項目は、ディメンショナルモデリングにおける「適合ディメンション」として知られており、クロスプロセス分析の基礎となります

> イベントは、クロスプロセス分析をサポートする共通のディメンションを持っています

　この章では、BEAM✲ の最も強力な成果物である「イベントマトリックス」を使用して、データウェアハウスをストーリーボード化する方法を説明します。具体的には、複数のイベントを素早くモデル化した上で、重要なビジネスプロセスと適合ディメンションを特定し、開発の優先順位を決定するための方法を示します。

> イベントマトリックスは、複数のイベントをモデリングするためのアジャイルなツールです

第4章 ビジネスプロセスのモデリング

第4章 トピック一覧

- アジャイルな DW 設計における適合ディメンションの重要性
- イベントマトリックスを用いたイベント順序のモデルストーミング
- スクラムを用いて開発するイベントやディメンションの優先順位付け
- 適合ディメンションを用いたイベントストーリーのモデル化とその例

4.1 複数イベントのアジャイルなモデリング

> アジャイルな設計者は、リリースごとにモデリング範囲を限定したくなるかもしれません

データウェアハウスをアジャイルに導入し、エンタープライズ BI に必要な複数のビジネスイベントを処理できるようにすることは特に難しい取り組みです。アジャイルの原則である「価値ある動くソフトウェアの早期かつ頻繁な提供」を達成するため、アジャイルな設計者はリリースごとにモデリングする範囲をビジネスプロセスやステークホルダーの部門ごとに絞りたくなるかもしれません。しかし、残念ながら、これはすぐに図 4-1 に示す「サイロ型データマート」というアンチパターンに陥るおそれがあります。

> その結果、サイロ化したデータマートが発生し、プロセス横断的な分析ができなくなる可能性があります

初期スコープを厳しく管理することで、BI ユーザーはアジャイルに構築されたデータマートを早期に受け取り、部門ごとに個別の価値ある洞察を得ることができます。しかし、部門やプロセスをまたいだ分析を行おうとすると、説明や尺度が互換性を持たなかったり欠損したりしているため、必要な比較ができないことに気付きます。それぞれのデータマートを一から作り直すことは考えたくもないので、各部署がデータを「部署独自の方法」で見ることができるように、ソースシステムからデータを再抽出することになります。このような余計な作業のコストと、「信頼できない複数の情報源（multiple versions of the truth）[訳注1]」から生じる一貫性のないクエリ結果、あるいは矛盾した結果により、BI のステークホルダーは頭を悩ませることでしょう。

図 4-1
共有できないサイロ型
データマート：
データウェアハウスの
アンチパターン

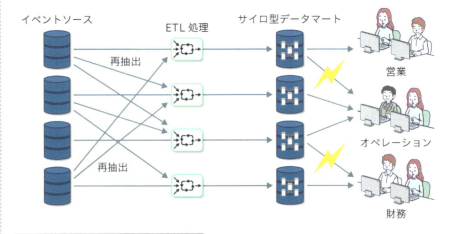

[訳注1] 「信頼できる唯一の情報源（SSOT：Single Source of Truth）」と対比させた表現

サイロ型データマートは技術的負債の一例です。アジャイルソフトウェア開発では、「必要最小限（just barely good enough）」なコードをリリースしたとき、意図的に技術的負債を負います。これは、早期に実用化されたソフトウェアのビジネス価値が、負債の利子、つまり将来のイテレーションでコードをリファクタリングするための余分な労力を上回るならば、とても理にかなった方法です。しかし、DW/BI プロジェクトにおいて、何テラバイトもの不正確な履歴データをリファクタリングするという、高金利な技術的負債を解消するためのコストは、恐ろしく高くなる可能性があります。

データベースの技術的負債は特に大きくなりがちという事実は、データ要件収集とデータウェアハウス設計自体に従来の非アジャイルなアプローチをとり、ETL と BI 開発におけるアジャイルの実践を見送る良い理由かもしれません。しかし、この「最初に行う十分な設計」への回帰には問題があります。それは、時間とともに進化していくモダンな BI 要件の性質や頻繁なデリバリーと相性が悪いことです。さらに、DW/BI の開発プロジェクトが開始時点でアジャイル方式でない場合、後からアジャイル方式に変えることはほぼ不可能です。

その代わりに、アジャイルなデータウェアハウスモデラーはアジャイルな（およびディメンショナルな）開発を維持しつつ、次の開発スプリントに向けたビジネスイベントの「必要なものを、必要なときに、必要なだけ」で詳細なモデリングと、将来 BI 上でクロスプロセス分析ができるようにするための「先手を打ったちょうどよい設計」のバランスをとることによって、技術的負債を減らす必要があります。そのために、モデラーは先行してほどよく詳細に、かつ迅速にモデリングすることで、次のスプリントで必要とされるディメンションのうち、どれをエンタープライズに向けた BI 設計の将来性を証明してくれる「適合ディメンション」として扱うべきかを検討する必要があります。

> データウェアハウス設計のスコープが狭すぎると、技術的な負債が大きくなります

> 従来の「最初に行う十分な設計」はアジャイルな BI の要件に合致しません

> アジャイルなディメンションモデラーは、先に適合ディメンションを定義するのに十分な程度モデリングすることで、技術的負債を軽減できます

(4.1.1) 適合ディメンション

図 4-2 は、2 つのイベント（「顧客の注文」と「製品のキャンペーン」）から得た情報を組み合わせた、キャンペーン活動と売上高の関係を調査する「プロモーション分析レポート」です。このレポートが作成可能なのは、2 つの異なるイベントに「製品」と「プロモーション」に関する同じ定義を用いたディメンションがあるからです。つまり、この適合ディメンションによって、2 つのイベントからの指標を互換性のある粒度で集計し、レポート上で隣り合わせに並べることができます。このように集計結果を並べたり、「ドリルアクロス」訳注2 することは当たり前のように見えますが、それぞれのイベントを処理する業務システムが異なる場合（例：Oracle ベースの注文処理アプリケーションと SQL Server ベース

> 適合ディメンションを用いることで、異なるイベントの指標を組み合わせて比較できます

訳注2　異なるビジネスプロセスの指標を、適合した行ヘッダーを使用して並べること。詳細は 8.5.5 で解説します

の顧客関係管理システム)、このレポートが2つのデータセットを実際に組み合わせて分析する初めての機会になる可能性があります。もし各ソースシステムで製品やプロモーションの分類名や定義が異なり、それぞれのスタースキーマでこれらの「非適合」なディメンションを使ってしまっているのであれば、指標を集計する分析軸の定義が揃わないため、複数のイベントを組み合わせた分析は不可能でしょう。

図 4-2
適合ディメンションによって、クロスプロセス分析が可能になる

複数のファクトテーブルで共有されているディメンションを「適合ディメンション」と呼びます

　適合ディメンションの最も単純な技術的定義は、たとえファクトテーブルが複数のデータベースサーバーに分散していても複数のファクトテーブルで共有される単一の物理的なディメンションテーブルです。または、マスターとなるディメンションの正確な複製であることもあります。ディメンションが異なる場合においても、それらが「適合属性」を含む場合は、その属性レベルで適合させることができます。「適合属性」とは、ビジネス上同じ意味を持ち、同じレポート行のヘッダーに並べられる属性です。属性レベルの適合ディメンションには、次の3つのタイプがあります。

- **スワップ可能ディメンション**［**SD**：Swappable Dimension］は適合ディメンションの1つです。例えば、顧客ディメンション（100万人）とそのサブセットの保証延長顧客ディメンション（10万人）は、同じ顧客をまったく同じように記述していれば適合しているということになります。この2つのディメンションにより、製品の販売状況や延長保証の請求状況について、全顧客とそのうち保証期間内の顧客とを比較できるようになります。スワップ可能ディメンションについては、第6章で説明します
- **ロールアップ・ディメンション**［**RU**：Rollup Dimension］には、基礎となるディメンションと共通する「適合属性」があります。図 4-3 は、「いつ」を示す適合ディメンションの例である「カレンダー」および「月」を示しています[訳注3]。これらの2つのディメンションは、月・四半期・年のレベルで、日次および月次の単位の指標を比較するために使います。ロールアップ・ディメンションは通常、予算や目標などの計画イベントの記述やファクトテーブルの集計に使用されます
- **ロールプレイング・ディメンション**［**RP**：Role-Playing Dimension］は、単一の物理的なディメンションでありながら、複数の論理的な役割があります。例えば、「カレンダー［RP］」ディメンションを用いて「注文日」および「支払日」を表します

> スワップ可能ディメンション、ロールアップ・ディメンション、ロールプレイング・ディメンションは、ディメンショナル属性レベルで適合します

ロールプレイング・ディメンション
「注文日」「出荷日」などに使います

カレンダー［RP］

日付	曜日	週	月	四半期	年
1959年8月21日	金曜日	34	1959年8月	1959年第3四半期	1959
1961年12月10日	日曜日	50	1961年12月	1961年第4四半期	1961
2011年10月14日	水曜日	42	2011年10月	2011年第4四半期	2011
2011年10月31日	日曜日	44	2011年10月	2011年第4四半期	2011

適合属性

ロールアップ・ディメンション
属性レベルで適合します。同じ値の組み合わせを含みます

月［カレンダー RU］

月	四半期	年
1961年12月	1961年第4四半期	1961
1959年8月	1959年第3四半期	1959
2011年10月	2011年第4四半期	2011

図 4-3
属性レベルで適合する「いつ」のディメンション

訳注3 「カレンダー」が基礎となるディメンション、「月」がロールアップ・ディメンションです

> 「適合指標」は、共通の測定単位を持つ互換性のあるファクトに依存します

ディメンションは多くのビジネスプロセスで共有されることが多い一方、ファクトは通常、単一のプロセスまたはイベントに固有のものです。しかし、互換性のある計算方法と共通の測定単位を持ち、プロセス間での集計や比較が可能であれば、「適合指標」を作るためにファクトを使うこともあります。例えば、販売売上とサポート売上がともに税引き前の金額である場合、それらを組み合わせて地域ごとの売上合計を作れます。

> データの適合は政治的な課題です。BEAM✲は、それを解決できるステークホルダーと一緒にモデル化することで、この問題に取り組んでいます

データの適合は、技術的な課題というよりはむしろ政治的な課題であり、組織内の多くの部門や運用システムにまたがるデータ定義に関する合意が必要です。ステークホルダーとモデルストーミングを行うことで、適合ディメンションの価値を、データの適合を実現できるまさにその当事者たちに対して強調できます。BEAM✲が推奨するように、具体例を用いて複数のイベントをモデル化すると、適合性を阻害するような矛盾がすぐに明らかになります。ステークホルダーは、ディメンションが提供する潜在的なビジネス価値を理解すれば、これらの不整合に対処し、ディメンションを適合させるために努力するようになります。

> 同音異義語とは「同じ名前だが意味が異なる」という非適合なデータ用語です

同音異義語は「同じ名前だが意味が異なる」というデータ用語です。同音異義語は、適合ディメンションや適合属性の対義語にあたります。例えば、ザクロ社の営業部門と財務部門は「顧客タイプ」という用語を使用していますが、営業部門には5種類の顧客があり、財務部門には3種類の顧客しかありません。適合させた「顧客タイプ」にステークホルダーが同意できない場合は、2つの固有の名前「営業顧客タイプ」と「財務顧客タイプ」の詳細を定義する必要があります。しかし、同音異義語ごとにこのアプローチをとってしまうと、互換性のないレポートを残すことになり、データウェアハウスの分析力を弱めてしまいます。モデルストーミングで具体例を通じてこの問題に向き合うことで、営業と財務のステークホルダー間で、例えば4つの説明的な値を持つ新しい適合したバージョンの顧客タイプに合意できるかもしれません。

> 同義語とは「意味は同じだが名前が異なる」という適合可能なデータ用語です

同義語は「意味は同じだが名前が異なる」というデータ用語です。組織では、同じディメンションや属性であっても、異なる部門やビジネスプロセスで異なる名称をよく使います。例えば、保険会社では顧客加入者・加入者・保険契約者・権利者という用語を使い分けますし、製薬会社では医師・医者・医療提供者・開業医という用語を同じ人に対して呼び分けることがあります。

適合ディメンションを定義する際に具体例を用いてモデリングすることの価値は、いくら強調してもしすぎることはありません。ステークホルダーはデータ用語の意味を完全に理解していると思いがちですが、お互いに具体例を出し合うと曖昧さや意見の違いがすぐに露呈します。

4.1.2 データウェアハウス・バス

　図 4-4 は、図 4-1 のサイロ型データマートとはまったく異なるデータマート・アーキテクチャを示しています。今回は適合ディメンションを用いてデータマートを実装したので部門間で共有が可能となり、クロスプロセス分析ができます。これらの価値あるディメンションは、「データウェアハウス・バス」と呼ばれる、データマートの統合規格を定義します。この呼び名は、USB（ユニバーサル・シリアル・バス）デバイスをコンピューターに接続するように、各データマートを適合ディメンションのバスに「接続する」ことに由来します。

> 適合ディメンションはデータマートをプラグインするための「データウェアハウス・バス」の規格を定義します

　データウェアハウス・バスは、単体のデータマート実装プロジェクトやサイロ化してしまったデータマートのアンチパターンと比較して、以下のような追加の作業が初期時点で必要です。

> データウェアハウス・バスの定義には、より多くの初期作業が必要です

- ビジネスプロセス／イベントを十分にモデル化することで、潜在的に価値のある適合ディメンションを特定し、適合性の問題を明らかにする
- 一貫性のないビジネス用語をステークホルダーに適合してもらうという政治的課題に正面から向き合う
- 現在のスコープ内のイベントソースだけでなく、複数の業務データソースからディメンショナル属性を積極的に適合させる、より堅牢な ETL プロセスを構築する
- 適合ディメンション（マスターデータ）の管理体制を確立し再利用を強制するだけでなく、適合ディメンションを定期的にリファクタリング（改良）することで、適合ディメンションの使用を促進する。これにより、個々の BI プロジェクトで適合度を薄めかねない独自の「より良い？」バージョンの適合ディメンションを開発する必要性がなくなる

　ディメンション同士を適合させることで、技術的負債や手戻りが少なくなり、長期的にはアジリティが向上します。最初に適合ディメンションが定義されると、それを使用することを約束した自己組織的なアジャイルチームは個々のビジネスイベントやプロセスのデータマートを並行して開発し、自身のデータソースや計測に関する専門家になれます。

> その結果、技術的負債を減らし、長期的なアジリティを向上させられます

　データマートチームは、適合ディメンションのデータウェアハウス・バスを遵守する限り、「ローカル（非適合）ディメンション」を新たに開発できます。ローカルディメンションは、イベントに関する固有の情報を記述するために常に必要とされます。ローカルディメンションは適合ディメンションに追加して使われますが、適合ディメンションの代わりに使われることはありません。

適合のための初期コストは高くなりますが、データウェアハウス・バスはそれでもアジャイルな JEDUF（先手を打ったちょうどよい設計）の手法です。バスが定義されれば、詳細なモデル化や積極的な適合が必要なディメンションはその時点の開発スプリントで必要なもののみです。つまり、段階的に適合させていくことができます。

図 4-4
データウェアハウス・バスのデザインパターン

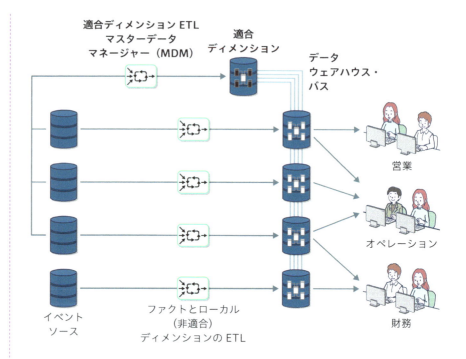

ディメンショナルマトリックスは、データウェアハウス・バスを設計するための理想的な適合プランニングツールです

適合の計画やデータウェアハウス・バスの設計に最も役立つツールは「ディメンショナルマトリックス」です。これはビジネスプロセスを表す行とディメンションを表す列の行列です。行のプロセスに列のディメンションがかかわる可能性があれば、交差するマス目にチェックマークを入れます。図 4-5 は、ザクロ社の製造プロセスに関するディメンショナルマトリックスの例です。この図は、見た目こそシンプルですが、複雑な関係を一目で確認できる、非常に強力なツールです（この本の例のみならず、現実の複雑な設計にも応用できます）。個々のテーブルやデータウェアハウスレベルの ER 図と比較して、ステークホルダーや IT 部門が容易に理解できる形式であるこのモデルの明確さは、本当に感動的です。マトリックスに目を通してみてください。

図 4-5
ディメンショナルマトリックス

まず、ディメンションの列に目を通すと、そのディメンションを適合させられる可能性が示されます。データウェアハウス・バスを形成する可能性のある適合ディメンションには、複数のチェックマークが表示されます。クロスプロセス分析をサポートするこれらの有益なディメンション（万歳！）と、そうでない非適合ディメンション（残念！）が対比されることで、どんな人でも適合を目指して努力しやすくなります。

マトリックスの列に目を通し、適合する可能性のあるディメンションを特定します

続けて、プロセスの行に目を通すと、ビジネスプロセスの複雑さを推定できます。一般に、ディメンションのチェックマークが多いほどプロセスが複雑で、ビジネスイベントの定義や実行にかかるリソースが多くなる可能性があります。

マトリックスの行に目を通し、プロセスの複雑さを比較します

アジャイルな DW/BI 構築プロジェクトを始めるには、まず抽象度の高いディメンショナルマトリックスを作成するとよいでしょう。これは、初めから「ビジネスプロセスの計測をディメンショナルに捉え、適合させていく観点」でデータウェアハウスの設計を行うことに役立ちます。さらに、後述するイベントマトリックスの追加機能を加えたくなるかもしれません。

ディメンションを適合させる計画を立てるために、抽象的なマトリックスから始めます

抽象的なディメンショナルマトリックスを用いて全体像を示すことで、ディメンションの適合についてビジネスとITのシニアマネジメントからの支持を得ます。

第 4 章　ビジネスプロセスのモデリング

4.1.3　イベントマトリックス

イベントマトリックスは、ディメンショナルマトリックスのモデルストーミング版です

イベントマトリックスとは、ディメンショナルマトリックスをより詳細化したものです。これは、7W のフレームワークを用いたビジネスイベントごとのモデルストーミングツールであり、ステークホルダーと一緒に記入するように設計されています。図 4-6 は、図 4-5 の製造工程をイベントマトリックスにしたものです。このマトリックスに追加された内容は以下のとおりです。

BEAM＊イベントのストーリーテリングとスクラムのプランニングのための詳細が書かれています

- **イベントシーケンス**。これはビジネスイベントを時間や価値、プロセスの順序で記録したもので、主節（主語・動詞・目的語）の短いストーリー（誰が何をするのか）を含んでいます
- **BEAM＊シーケンスのディメンション**（誰が、何を、どこで、なぜ、どのように）。これは以下の作業に役立ちます。7W を使ってマトリックスを埋めること、イベントストーリーのまとめを読むこと、同じ W タイプのディメンションを再利用する機会を発見すること、最も重要な「誰が」「何を」のディメンション（通常は顧客、従業員、製品）への適合に集中すること
- **ステークホルダーグループ**。この列には、イベントの関心や、そのオーナーシップを埋めます。チェックマークは、そのステークホルダーがイベント詳細のモデルストーミングにかかわった、またはかかわるべきであると表すことができます
- **重要度と見積もり**。この行や列では、スクラムのプロダクトバックログに積まれたイベントとディメンションに優先順位を付け、スプリントバックログの ETL タスクを見積もります

130

詳細／ディメンション（BEAM✲シーケンス）→　部署／グループ →

プロセスシーケンス

イベント（タイム／バリューシーケンス）↓

イベント（誰が何をするのか）	ディメンション数	重要度	見積もり	誰が：従業員	仕入先	再販業者	運送業者		何を：部品	製品	製造工程	試験		どこで：工場	倉庫	店舗		なぜ&どうやって：契約	配送方法	発注		ステークホルダーのグループ：営業	マーケティング	財務	製品開発	製造	
重要度									90	100																	
見積もり			40	15					10	15																	
製造計画 工場が製造計画を作る	2									✓				✓									✓	✓	✓	✲	
部品表 部品から製品を作る	2	100	30						✲	✲															✓	✲	
発注書 従業員が部品を発注する	6			✓	✲				✲					✓				✓		✲				✲		✓	
部品の納入 仕入先が部品を納入する	6				✓		✲		✓					✓					✲	✓				✓		✲	
仕入先への支払い 従業員が仕入先へ支払う	4			✓	✓				✓											✓				✲			
部品在庫レベル 工場が部品の在庫を抱える	2								✓					✓										✓		✲	
品質検査 従業員が製品の品質を検査する	6		20	✓	✓				✓	✓		✲		✓											✓	✲	
製造工程 工場が製造工程を進める	5			✓					✓	✓	✲			✓											✓	✲	
製品在庫レベル 倉庫が製品の在庫を抱える	2									✓					✓							✓	✓	✓			
倉庫からの出荷 運送業者が製品を出荷する	7					✓	✲			✓					✓	✓		✓	✲			✓					
			90	4	4	1	2	0	7	6	1	1	0	6	2	1	0	2	2	3	0	2	2	6	4	7	0

✲：イベントオーナー

✓：ディメンションを参照するイベント

✲：ディメンションを作成するイベント

✓：関心を持つステークホルダー

図 4-6
イベントマトリックス

4.1.4 イベントシーケンス

バリューチェーンの順番でイベントをマトリックスに表示します

図 4-6 のマトリックスのイベント行を見ると、イベントがあいうえお順で表示されていないことに気付くでしょう。その代わりに、「製造計画」イベントから始まり、「倉庫からの出荷」イベントで終わる「バリューシーケンス」の順番で記載されています。この順序において、イベントは成果物の価値が高くなっていくように並んでいます。この例では、潜在的には価値があるが直接的には顧客価値を生まない「計画」から始まり、価値の低い部品の「調達」、そして価値の高い製品の「製造」と「出荷」という順序で進みます。このように事業活動を順序付けたものは、一般的に「バリューチェーン」と呼ばれます。

 ### タイム／バリューシーケンス

バリューシーケンスはタイムシーケンスを表すこともできます。これは、ステークホルダーが前後のイベントを考えるのに役立ちます

「バリューシーケンス」は時間の順序（タイムシーケンス）を表すこともできます。一般に、成果物の顧客価値が低い活動は、成果物の顧客価値が高い活動より前に行われます。少なくとも、私たちの多くはマクロなビジネス活動をそのように考えています。例えば、製造業では、部品の調達を製品の組立・出荷・販売の前に行います。同様に、サービス業では、時間とお金をかけて低価値（高コスト）な見込み客を獲得し、それを潜在的価値のある顧客へ、さらに高価値（低コスト）のリピーターへと変えていきます。実際には、バリューチェーンで説明されるミクロレベルのビジネスイベントの多くは同時かつ非同期に発生する（互いの完了を待つわけではない）ため、バリューシーケンスは厳密には時系列ではないかもしれません。しかし、タイム／バリューシーケンスは非常に直感的であり、このようにイベントを文書化することで、ステークホルダーは前後のイベントについて考えたり、バリューチェーンのずれ（イベントとイベントの間にあるはずなのに見落としているイベント）を見つけやすくなります。

「誰が次に何をすることで価値を高めるのか」を尋ねることで、ビジネス価値を高めるものから順に、イベントをイベントマトリックスに追加しましょう。

 ### プロセスシーケンス

厳密な順序で発生するイベントは、多くの場合プロセスのマイルストーンとなります

バリューチェーンの時系列は通常柔軟ですが、中には時系列を厳格に取り扱うべきイベントも存在します。これらのイベントは、注文の処理や保険金請求など、重要で時間のかかる「プロセス」を完了させるため、順番に発生しなければなりません。

これらのイベントをまとめて「プロセスシーケンス」と呼びます。プロセスシーケンスは「プロセス（開始）イベント」から始まり、いくつかの「マイルス

トーンイベント」が後に続きます。イベントマトリックス上ではインデント訳注4を使って表記されます。

　図4-6は、「発注書」から「仕入先への支払い」までのプロセスシーケンスを示しています。これは、納品は「発注（PO：Purchase Orders）」が処理された後にのみ発生し、支払いは納品された後にのみ行われることを記したものです。これらのイベントは、適合ディメンション「発注」を共有していることに注目してください。これは各イベントテーブルの退化ディメンション「発注番号」にすぎないかもしれませんが、これにより納品と支払いのイベントが最小粒度の項目で紐付き、ステークホルダーは納品と支払いを通じて各発注の進捗を追跡できるようになります。「発注」を「発注書」イベント（マトリックスでは＊と表記）で作成することにも注意してください。従業員は発注処理を行ったときに発注番号を作ります。これによりイベントプロセスの順序がより厳密になります。つまり、支払いや納品は発注番号を参照するため、発注番号を作成するイベントの後に発生しなければなりません。

> マイルストーンイベントを、そのきっかけとなるイベントの下にインデントして表示します。ディメンション（または退化ディメンション）を作成するイベントは「＊」と表記され、多くの場合プロセスシーケンスの開始を表します

発展型イベントとしてプロセスシーケンスをモデル化する

　業務の流れ、つまりプロセスシーケンスを特定することで、それらのプロセスごとにまとめられる発展型のマイルストーンイベントをモデル化できるようになります。これにより、それぞれを詳しく簡単に比較できるようになります。例えば、「発注」から「仕入先への支払い」までを発展型イベントとしてモデル化できます。このイベントには、注文日、注文数、注文金額、「部品の納入」というイベントから得られる実際の配送時間と配送数、そして支払日と金額が含まれます。この単一の発展型イベントにより、ステークホルダーは、部品の配送遅延や平均配送時間、および未配送の注文数など、仕入先を評価する指標を簡単に確認できます。

> プロセスのマイルストーンイベントを、所要時間を追加指標として提供する単一の発展型イベントとしてモデル化できます

プロセスシーケンスを用いてイベントを充実させる

　プロセスシーケンス自体もまた、重要なマイルストーンイベントに不足している情報を得る手助けをしてくれます。マトリックスの形で情報を整理することで、最初のきっかけとなるイベントのディメンションを明らかにし、それを後続のマイルストーンイベントに加えることができます。例えば、図4-6では「発注」イベントの「契約」ディメンションを「部品の納入」と「仕入先への支払い」のマイルストーンイベントに加えます。このディメンションを追加できるのは、プロセスシーケンスの厳密な時系列があり、元の発注に関するすべての情報が、納入

> プロセスシーケンスは、マイルストーンとなるイベントの詳細をさらに見つけるのに役立ちます

訳注4　行の始めに空白を入れること。段落構造を視覚的に区別しやすくします

または支払いの時点でわかっているからです。

4.2 イベントマトリックスを用いたモデルストーミング

> モデルストーミングは「開幕・探索・閉幕」の三幕構成です

　Dave Gray 氏、Sunni Brown 氏、James Macanufo 氏は、著書『Gamestorming』（O'Reilly 2010）訳注5 の中で、有用なブレインストーミングゲームは「議論から始まり、代替案を探り、決定で閉じる」という両端が尖った鉛筆の形をしていると説明しています。BEAM✻テーブル・階層図・イベントマトリックスを使ったモデルストーミングも同じように、図 4-7 で示す形状に対応します。

> 図 4-7
> A から B への
> モデルストーミングの「形」

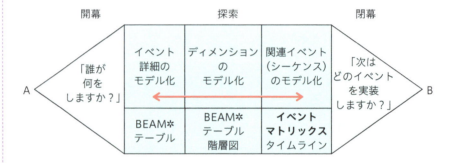

> モデルストーミングの会議は最大4時間までにしましょう。もし時間が足りないようであれば、別の日に再度予定を組みましょう

　ほとんどのアジャイル開発と同様に、モデルストーミングでは実施する時間枠を設定する必要があります。最初のモデルストームでは4時間を目安に行います。最初の（最も重要な？）イベントテーブルとそのディメンションテーブルをモデル化するために2時間を確保します。関連するイベントをマトリックスでモデル化するために1時間、さらにイベントの優先順位付けと最も重要なイベントやディメンションが詳細までモデル化できたかの確認に1時間を確保します。時間が足りませんか？　でも、超過しないでください。時間が足りない場合は、無理に延長せず、別の日に再度予定を組みましょう。

> イベントマトリックスを用いて、最も重要なイベントと適合ディメンションを特定します

　これまで、「誰が何をしますか？」という質問を用いて、モデルストームを開始する方法（A 地点）を紹介しました。そして、BEAM✻テーブルと 7W データストーリーを語る技術を使って、質問に対して得られた回答を、単一のイベントと紐付くディメンションとして「とても詳細に」モデル化する方法にも触れました。それでは、続けて、次のスプリントで最も重要なイベントと適合ディメンションを特定し、B 地点として実装を決定する方法について説明しましょう。この方法では、イベントマトリックスを用いてさらに「いくつか」のイベントを

訳注5　Dave Gray ほか（著）、野村恭彦（監訳）、武舎広幸・武舎るみ（訳）『ゲームストーミング』オライリー・ジャパン（2011）https://www.oreilly.co.jp/books/9784873115054/

「ほどよく詳細に」かつ迅速にストーリーボード化することが求められます。マトリックスを用いてどのようにそこに到達するかを示すために、例としてザクロ社の注文処理を対象とする BI 要件のモデリングを続けます。

4.2.1 マトリックスに最初のイベントを追加

まずは白紙のマトリックスから始めましょう（**modelstorming.com** からテンプレートをダウンロードできます）。最初の「顧客の注文」イベントをその主節とともに追加し、その上に数行を以前のイベントと計画（重要度とタスクの見積もり）用に残しておきます。一緒に「誰が、何を、どこで、なぜ、どのように」の順に並べられた BEAM✱ シーケンスに、イベントのディメンションを列として追加しますが、このとき各 W タイプの間に追加のディメンションのために空白列を残しておくとよいでしょう。その際、ステークホルダーには、「いつ」のイベントがページの上から下に向かって並んでいるようにモデル化していること（したがって「いつ」の列はない）、「どのように（how）」のイベント自体はページの横軸でモデル化されますが、イベントがどのように計測されるかはモデル化されないこと（したがって「どれくらい（how many）」の列はない）を説明してください。

> 最初のイベントの主節とディメンションを追加して、イベントマトリックスを作り始めます

「注文 ID」のような退化ディメンションを追加することも忘れないでください。これらのディメンションはテーブルとしてはモデル化されませんが（追加の説明的な属性がないため）、複数のイベントに登場する「適合ディメンション」かもしれないので、マトリックスに記録しておく必要があります。プロセスシーケンスを特定する上でこれらのディメンションがいかに重要かすぐにわかるでしょう。

> 退化ディメンションも適合できるので、追加しておきましょう

イベントから参照されるディメンションにチェックマークを入れます。その際、そのイベントを通じていずれかのディメンションに新しい値が作られるか、ステークホルダーに確認してください。例えば、次のように尋ねるとよいでしょう。

> 顧客が製品を注文した場合、
> 新しい顧客レコードが
> 生成されることはありますか？

> イベントによって何か新しいディメンションの値が作られていないか確認します

イベントによって新しい値が作られるかもしれないディメンション（顧客、配送先住所、注文 ID など）には、チェックではなく ✱ 印を付けて、この重要な依存関係を記録しておきましょう。最終的なマトリックスは図 4-8 のようになります。

図 4-8
イベントマトリックスへの
「顧客の注文」の追加

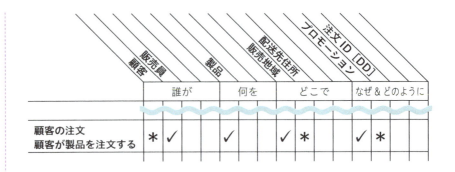

4.2.2 次のイベントのモデリング

マトリックスに追加する新しいイベントを確認します。または、次の動詞を順番に確認していきます

マトリックス上の最初のイベントを無事に文書化できたので、時間に余裕がある限り多くの関連イベントを続けてモデル化しましょう。次のイベントも、最初のイベントとまったく同じように、「**誰が何をしますか？**」と質問することで発見します。もし、ある時点でためらいを感じる場合や、「いつ」の順番通りにイベントを発見したい場合は、マトリックス上の最後のイベント（今のところ、唯一のイベント）を指差し、より誘導的に問いかけ、ステークホルダーの注意を引くとよいでしょう。

次に何が起こるかは、ステークホルダーが属する部門の視点に依存します

> 次に何が起こりますか？

ステークホルダーは、「**注文の後に梱包します**」または「**注文の後に出荷します**」と言うかもしれません。この2つの動詞を一度に与えられた場合、次に起こるのが梱包であることは明らかですが、あまり馴染みのないイベントをモデル化する場合には、全員が合意している明確な順序がないことがあります。その場合は、簡単なタイムライン図を描くと時系列順に並べ替えられるようになります。特に、複数の立場にいるステークホルダーが混在している場合、「次に何が起こりますか？」に対する答えは、それぞれの部門の視点によって異なる可能性があります。

同じイベントを表す動詞の同義語に注意します

また、複数の動詞が同じイベントを参照するケースに注意してください。ステークホルダーが同じ活動に対して複数の動詞を使ったり、複数の活動が不可分なためソースシステムによって単一のトランザクションとして記録される場合もあります。例えば、同じ人が短期間に製品の梱包と出荷を行った場合、この2つのタスクは1つの出荷イベントとして記録されるかもしれません。もし懸念があるのであれば、各動詞を別々のイベントとしてモデル化しておきましょう。疑わしい追加情報がなかったり、後からそれらが単一のトランザクションであることが判明したりした場合には、情報を失うことなくイベントを統合できます。新

しい動詞（「**出荷する**」とします）が決まったら、それを使って「誰が何をしますか？」と尋ね、次のイベントの主節（主語 - 動詞 - 目的語）を得ることができます。

> 誰が何を出荷しますか？

イベントの最小粒度の詳細をモデル化するための、「責任主体（誰が）」と「対象（何を）」の識別にステークホルダーが集中できるように、この質問が設計されていることを忘れないでください。例えば、ステークホルダーが以下のように答えたとします。

> 倉庫作業員が製品を出荷します。

次のイベントと新しいディメンションを追加します。その適合ディメンションにチェックを入れます

図4-9のように、後でイベント名を追加できるように十分なスペースを確保しつつ、この新しい主節を「顧客の注文」の下のマトリックスに追加します。次に、新しい主語（倉庫作業員）と目的語（製品）が適合ディメンションになる可能性があるか、ディメンション列を確認します。「製品」はすでにマトリックスに登録してあるので、ステークホルダーが話している「製品」が以前説明されたものと同じであることがわかったら、新しいイベントの行でその用途にチェックマークを付けます。可能性は低いと思いますが、「出荷」によって新しい製品が作成されないことも確認する必要があります。作成される可能性がある場合はチェックではなく＊を付けます。

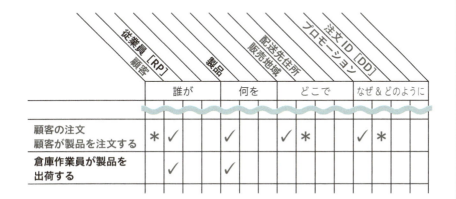

図4-9
イベントマトリックスに「倉庫作業員が製品を出荷する」を追加

4.2.3 ロールプレイング・ディメンション

「倉庫作業員」は新しいディメンションのように見えますが、追加する前に既存のディメンションの同義語であるかどうかを確認する必要があります（W タイプを使うと便利です）。倉庫作業員は「誰が（Who）」ですが、すでに、他の「誰が」が 2 つ存在します。「顧客」と「販売員」です。これらのいずれかは倉庫作業員に似ているでしょうか。顧客は明らかに違いますが、倉庫作業員と販売員は、同じ人ではないものの、同じ組織の従業員という特定の種類の「誰が」かもしれません。そうであれば、多くの共通属性（従業員 ID、部署、入社日など）を共有する、1 つのロールプレイング適合ディメンションとしてモデル化できます。ステークホルダーに確認してみましょう。

新しいディメンションがすでにマトリックスにあるディメンションと同義であるかどうかを確認します

ロールプレイング・ディメンションを識別するには [RP] を使います

> 倉庫作業員や販売員は
> 従業員ですか？

請負業者が物流を担っているため、倉庫作業員はザクロ社の従業員ではありません。しかし、答えが「**はい**」の場合、適合した従業員ディメンションに 2 つの異なる役割があることが判明します。これを記録するには、販売員ディメンションを従業員に改名し、「ロールプレイング・ディメンション（RP：Role-Playing Dimension）」であることを示すためにディメンションの種類を表すコード [**RP**] を追加します。この変更は、図 4-9 のマトリックスと、図 4-10 のディメンションテーブルに反映させる必要があります。ただし、マトリックス上にある新しい出荷イベントの主語は「倉庫作業員」のままにしておくべきです。なぜなら、ステークホルダーがイベントの説明に使用した特定の従業員の役割を記録しておきたいからです。

役割をイベントの詳細として表記します。RP ディメンションを表す [ ] タイプを付けます

「倉庫作業員」や「販売員」などの役割名がイベントテーブルの列ヘッダーとして使われるため、「顧客の注文」の「販売員」列の名前を変更する必要はありませんが、「従業員」ディメンションと関連付ける必要があります。図 4-10 のように「[ ] タイプ表記」を使用して列タイプにロールプレイング・ディメンション名を追加することで、「従業員」などのイベント情報を既存のディメンションの役割として記載します。

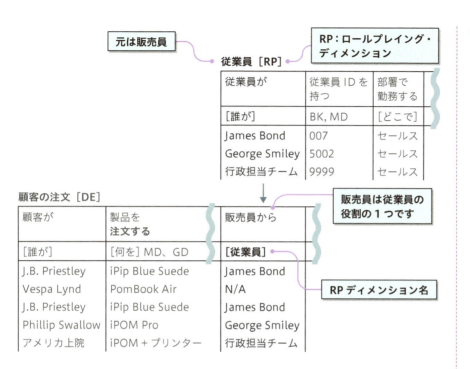

図 4-10
ロールプレイング・ディメンションとイベント詳細の役割

　[ ] タイプ表記は、イベントの詳細やディメンショナル属性のタイプを指定するために使用します。序盤では、すべてのイベント詳細に［誰が（Who）］［何を（What）］［どこで（Where）］などの「W タイプ」を入力しておくと、皆が 7W を用いてディメンショナルに考えやすくなり便利でしょう。詳細が RP ディメンションの役割の 1 つであるなら、W タイプの代わりに RP ディメンションの名称を [ ] に入力します（例えば、［従業員］や［カレンダー］など）。他の詳細はそのディメンションにちなんで命名するため、修飾する必要はありません。数量を表す場合、タイプは測定単位になります。例えば、第 2 章では［£］［$］が登場しました。一方で、はい／いいえフラグは、許容される値を示す［はい／いいえ］タイプで表記できます。

　ロールプレイング・ディメンションは、同じイベント内で複数の役割を演じることができます。例えば、注文と出荷の両方の詳細を含む発展型イベントでは、「従業員」が「販売員」と「倉庫作業員」両方の役割で 2 回登場することがあります。同様に、最も一般的なロールプレイング・ディメンションである「カレンダー」は、「注文日」と「出荷日」の役割を果たすことになります。

　イベントの役割を表記するために [ ] 記法を用いる場合、スペースを節約するためにその一般的な W タイプ（例えば、［誰が］や［何を］）を削除できます。なぜなら、これはすでにディメンションテーブル内やマトリックス上に記載されているからです。

[ ] タイプ表記を使って、W タイプ、測定単位、フラグ値、RP ディメンション名を記録します

RP ディメンションは、同じイベントで複数の役割を果たすことができます

ロールプレイング適合ディメンションをできるだけ早く定義します

スタースキーマの実装を始める前に、いくつかのイベントをモデル化し、適合ディメンションがないかを探しましょう。また、それがロールプレイング・ディメンションである可能性を検討すべきです。これは、手戻りを減らすために重要な作業です。ディメンションやその属性の名前を設計段階で変更し、再利用しやすくすることは、実装段階での改修と比べて、簡単に行うことができるためです。

イベントマトリックスを使用して、複数のイベントにわたって適合させるべきかどうかを確認するまでは、ディメンションを実装しないでください。

ロールプレイング・ディメンションは、より適合的であるものの、当初はステークホルダーにアピールできないかもしれません

従業員ディメンションのロールプレイは正しいアプローチなのでしょうか。ステークホルダーは、こうした一般化に対してビジネス上のメリットを見出せないと、不安に感じることがあります。例えば、営業担当者と倉庫スタッフの活動をまとめる意義が腑に落ちない場合などです。ステークホルダーから懸念の声が上がった場合は、現在の範囲を超えたディメンションに適合することによる「大局的」な利益[訳注6]を見出すよう、彼らを促すとよいでしょう。また、販売や物流に関する問い合わせをする際には、営業担当者や倉庫担当者といった条件でフィルタリングされたリストを選択でき、すべての従業員を検索する必要がないことを保証できます。

新しいイベントの主節を7Wで使い、さらに詳細を確認します

新しいイベントをマトリックスに追加したら、イベントテーブルを記入するときとほぼ同じように、そのイベントの残りの詳細を尋ねます。唯一の違いは、「いつ」「どれくらい」の質問はマトリックスに必要ないため、無視することです。マトリックスの「誰が」「何を」「どこで」の列の見出しをチェックリストとして使い、次のように質問できます。

> 倉庫作業員は、誰のために／誰へ／誰を使って
> 製品を出荷しますか？
> 倉庫作業員は、何を使って／どのように
> 製品を出荷しますか？
> 倉庫作業員は、どこから／どこへ
> 製品を出荷しますか？

マトリックスに新しいディメンションを追加し、イベントで用いるすべてのディメンションにチェックを入れます

これらの「誰が、何を、どこで」という質問に対して、ステークホルダーは、「顧客（誰が）」と「配送先住所（どこで）」を潜在的な適合ディメンションとして特定し、「運送業者（誰が）」、「配送方法（『誰が』というよりは『どのように』）」、「倉庫（どこで）」を新たなディメンションとして導入するかもしれません。あなたが（より良いのはステークホルダー自身が）これらをマトリックスに追加する

訳注6　例えば、営業と物流の部署を含む全社視点での社員の分析がしやすくなるため、人員配置、採用計画、給与設計などに役立ちます

と、図 **4-11** のようになるはずです。

	顧客	従業員[RP]	運送業者	製品	販売地域	配送先住所	倉庫	プロモーション	注文ID[DD]	配送方法
	誰が			何を		どこで			なぜ&どのように	
顧客の注文 顧客が製品を注文する	*	✓		✓		✓	*		✓	*
倉庫作業員が製品を 出荷する	✓	✓	✓	✓		✓	✓			✓

図 4-11
マトリックスに
出荷ディメンションを追加

◉ 一般化：モデルを駄目にする警告

　「従業員［RP］」のようなロールプレイング・ディメンションは、一般化の例です。データモデリングではモデルの柔軟性を高めてより多様なものを表現するために、また、データベース設計では作成と保守が必要なデータベースオブジェクトの数を減らすためによく使われる手法です。

　一般化されたデータモデルは、パッケージアプリケーションのベンダーにとって有益です。なぜなら、ベンダーは新しい顧客や業界ごとに変更する必要のないデータベースを作成したいからです。一般化により、顧客や業界特有の意味やビジネスルールをデータモデルから削除することで、データ駆動型のアプリケーションロジックを参照できるように位置付けます。

　よくある一般化されたデザインパターンは、1 つの関係者エンティティですべての「誰が」の詳細（人物と組織）を表し、関連するエンティティの関係者ロールでさまざまな種類、立場、肩書き、責任（顧客、従業員、仕入先など）を表すというものです。このデータベースパターンは、人々が生涯を通じて保持する可能性のある複数の地位や、同時に持つ可能性のある複数の責任を記録できます。しかし、データウェアハウスをモデリングする際に一般化を行ってもよいのでしょうか。BI のステークホルダーが、ID を変更するスパイや犯罪者、政治的なロビイストになる政府規制当局など、役割を変更する人々を明確に探している場合、複数の役割を果たす一般的な「誰が」のディメンションがまさに必要かもしれません。

　しかし、ステークホルダーが役割の切り替えにあまり関心がない場合や、利用可能なデータソースに役割の変更を把握する信頼できる手段がない場合、この設計の柔軟性は無駄になってしまいます。さらに悪いことに、ステークホルダーが本当にやりたいことの妨げになる可能性もあります。例えば、顧

一般化によって、より小さく、より柔軟なデータモデルを作成し、パッケージアプリケーションに対応します

関係者と関係者ロールは、あらゆるタイプの人や組織をモデル化するために使う、一般化されたエンティティのよくある例です

ステークホルダーは、一般化することに、明確な BI 上の利点を見出さないかもしれません

第 4 章　ビジネスプロセスのモデリング

客と従業員を表す単一のディメンションに、可能な限りの「誰が」に関連する属性が含まれていると、顧客と従業員の属性のみを含む個別のディメンションと比較して、使い勝手が非常に悪くなります。

アジャイルなデータウェアハウスのモデラーは、一般化には慎重になるべきです。シンプルさよりも柔軟性を重視するデータモデルは、理解しにくく、BI に利用するのが難しいことで有名です。データ構造がアプリケーションインターフェースによってユーザーから完全に隠されているため、トランザクションソフトウェア製品では機能することがあります。しかし、高度な一般化や抽象化に依存する「汎用データモデル」は、たとえ BI ツールがセマンティックレイヤーを提供してもうまく機能しません。BI ユーザーは、理解しにくい抽象的なデータモデルではなく、はるかに単純でわかりやすいデータモデルを必要としています。これにより、アドホックなクエリを効率的に作成・実行できるようになります。

モデルストーミングの大きな利点の 1 つは、ステークホルダーができ上がったデザインに当事者意識を持てることです。抽象化を強制されると、その感覚は失われ、もはやモデルやデータが自分のものではなく、誰かのものであると考えてしまいます。抽象化された用語「関係者ロール（Party Role）」を見たステークホルダーの多くは、それをホスト、ゲスト、押しかけ客といった「宴会（Party）の役割」と勘違いするでしょう。または、政治を専門にしているステークホルダーは、「政党（Party）の役割」だと誤認してしまうかもしれません。極端な例ですが、一般化がいきすぎて、データモデルがほとんど何でも表現できるようになると、ステークホルダーにとっては何の意味も持たなくなります。これでは、単にデータを格納するだけのデータ構造を設計するのではなく、ステークホルダーが大切に使うデータ構造を設計するという、モデルストーミングの目標が達成できません。「誰が、何を、いつ、どこで、なぜ、どのように」といった興味深い項目をできるだけ具体的にモデル化することで、意味のあるクエリを作成し、その結果を解釈するために必要なデータモデルの理解を促進できるのです。

ステークホルダーは、ビジネスプロセス間の共通性（適合性）の理解が向上して分析が改善されるなど、明らかなビジネス上のメリットがある場合は、「合理的な」レベルの一般化に納得します。しかし、単に技術的なメリット、つまりデータベース管理の削減や ETL の合理化のみが目的であれば、スタースキーマや ETL プロセスを設計するまで一般化を先延ばしにすべきです。

一般化が生み出すデータモデルを BI ユーザーが理解し、クエリを書くのは困難です

一般的ではなく具体的にデータ要件をモデルストーミングすることで、ステークホルダーが設計に当事者意識を持つことを促進します

「技術的な利点のみ」の一般化は、スタースキーマの設計まで先延ばししてください

4.2.4 プロセスシーケンスの発見

最後の 2 つの W、「なぜ（Why）」と「どのように（How）」は、プロセス内での類似性と密接な関係から、マトリックス上で一緒にグループ化されています。「なぜ」と「どのように」は、非適合ディメンションの最も一般的なタイプですが、適合させると「どのように」から「なぜ」に、またはその逆にタイプが変わることがあります。これは、イベントに原因と結果の関係があり、それがプロセスの順序を表している場合によく起こります。このような順序を発見するには、次のように尋ねます。

> なぜ、
> 倉庫作業員が製品を出荷するのですか？

「なぜ」と「どのように」の適合ディメンションは、しばしばプロセスの順序を表します

そして回答を得ます。

> 顧客からの
> 注文があったからです。

これは前回の注文イベントの主節とよく似ています。ステークホルダーは、「注文」が「出荷」の理由であると言っています。彼らの答えを「どのように」の質問に変えることで、この根拠、すなわち 2 つのイベントを結び付ける適合ディメンションを見つけられます。

> 出荷した製品を、顧客が注文したと、
> どのように知ることができますか
> （どのようなデータからそうわかるのですか）？

以下の回答を得ます。

> 各出荷品には
> 注文 ID が記載されています。

適合した退化ディメンションは、プロセスイベントの「どのように」の詳細と、マイルストーンイベントの「なぜ」の詳細を表します

この回答により、注文の「どのように」の詳細（注文 ID [DD]）が、実態としては出荷の「なぜ」の詳細であることがわかります。つまり、プロセスシーケンスの一部にこの 2 つのイベントが含まれており、中でも出荷は「顧客の注文」のマイルストーンとして扱われている可能性が高いでしょう。この順序がどの程度厳密かは、「無料サンプルや交換用の製品・部品はどうしますか？ これらの出荷をどのように処理しますか？」と尋ねることで確認できます。もし、「注文処理プロセスを計測する際に、これらを考慮したくありません」という答えが

返ってきたら、それらはマーケティングや製品サポートのデータマートに関連したイベントであり、別のスプリントや別の日に扱うべきものなのかもしれません。あるいは、ステークホルダーは「サンプルや代替品を出荷するときに疑似的な注文を作成する」と言うかもしれません。いずれにせよ、対象範囲内の出荷はすべて「注文」のマイルストーンイベントであり、注文 ID は「どのように／なぜ」の適合した退化ディメンションです。

図 4-12 は完成した出荷イベントを示しており、現在は「製品の出荷」に名前が変わりました。最終的な「どのように」の詳細は「出荷番号」の退化ディメンションです。新しいイベント名と主節は、プロセスシーケンスを表現するために、「顧客の注文」の下にインデントされています。「出荷は注文の後に起こり、逆はない」という順序は、「顧客の注文」が注文 ID の作成者（注文 ID 列の＊で示される）であることで確認できることに注意してください。「顧客の注文」は、「製品の出荷」が参照する「注文 ID」を作成するために、最初に発生しなければなりません。

> インデントを使ってマイルストーンイベントを表記することで、プロセスシーケンスを表現します

> 図 4-12
> 出荷イベントに「なぜ」と「どのように」のディメンションを追加

	顧客	従業員[RP]	運送業者	製品	販売地域	配送先住所	倉庫	プロモーション	注文ID [DD]	配送方法	出荷番号 [DD]
	誰が			何を		どこで			なぜ & どのように		
顧客の注文 顧客が製品を注文する	＊	✓		✓		✓	＊		✓	＊	
製品の出荷 倉庫作業員が製品を出荷する	✓	✓	✓	✓		✓	✓		✓	✓	＊

共通の退化ディメンション（取引 ID など）が存在する場合、イベントがプロセスシーケンスにおけるマイルストーンであることを意味することが多いです。

> 次のイベントを尋ねますが、厳密な時系列を気にする必要はありません

「出荷」イベントを記録し終わったら、次のイベントの探索を新たに開始します。時系列上で次に並んでいるイベントか、マトリックスにある「顧客」や「製品」といった代表的なディメンションを見たステークホルダーが次に思い浮かべるものになるでしょう。次のイベントが時系列における次のイベントと一致しなくても、心配せず、大丈夫です。無理に話の方向を変える必要はありません。ステークホルダーが自由に思い付いたイベントを追加すれば、マトリックス上で欠けている「次」のイベントをマトリックス上のギャップとして発見するのはずっと簡単です。次の「誰が何をしますか？」という質問に対して、ザクロ社のステークホルダーがこう答えたと想像してください。

> 顧客が返品しました。

プロセス内の例外的なステップは、イベント名を括弧で囲んで文書化します

図 4-13 は、「返品」が新しい「問題の原因」ディメンションとともに追加された後のマトリックスを示しています。返品は、顧客が製品を注文して受け取らなければ行えないため、「製品の出荷」に依存します。しかし、このイベントの順序は例外的です。注文のごく一部しか返品されません。プロセス内の省略可能または例外的なイベントは、括弧で囲むことで文書化できます。これは、このイベントを必須の／例外的でないプロセスのマイルストーンとは別に処理した方がよいと示す視覚的な手がかりになります。例えば、ほとんどすべての注文が出荷につながるので、「注文」と「出荷」のイベントは価値ある発展型の注文イベントとしてまとめることができます。しかし、「返品」ははるかに少ないため、「注文」イベントを複雑にするより、別のカスタマーサポートプロセスの一部として扱う方がよいかもしれません。例外的なイベントは、しばしば、考慮すべきイベントや他のプロセスが欠損している可能性を示しています。

図 4-13
マトリックスに「返品」を追加

	顧客	従業員 [RP]	運送業者	製品	販売地域	配送先住所	倉庫	プロモーション	問題理由	注文ID [DD]	配送方法	出荷番号 [DD]
	誰が				何を		どこで			なぜ & どのように		
顧客の注文 顧客が製品を注文する	*	✓			✓	*			✓		*	
製品の出荷 倉庫作業員が製品を出荷する	✓	✓	✓	✓		✓	✓			✓	✓	*
（返品） 顧客が返品する	✓			✓		✓			✓	✓		

ステークホルダーは、2つのイベントのうちどちらが先に起こるか判断に迷うことがあります。悩ましい「鶏と卵」のイベントは、同時に発生することもあれば、ループすることも、互いに排他的であることもあります（例：支払いか返品か）。完璧な順序にこだわる必要はありません。ただ、マトリックス上でイベントの上または下に、先行または後続するものであると誰もが納得するものを隣り合わせに並べればよいのです。

4.2.5 マトリックスを使った欠損イベントの発見

「返品」をマトリックスに追加した場合「『製品の出荷』の後、『返品』の前に、何か起きますか？」という明白な質問をすることで、シーケンスに欠落しているイベントがないか調べられます。もしギャップがあるなら、何が入るかをステークホルダーに考えてもらうこともできます。以下のように尋ねましょう。

> 出荷と返品の間に、何か難しいこと、価値のあること、コストや時間のかかることが起こっていませんか？

この質問によって、ステークホルダーは「顧客の苦情」を思い浮かべるかもしれません。このイベントが新しいプロセスの開始を意味することにステークホルダーが同意した場合、図 4-14 のようにマトリックスに追加し、「返品」をそのプロセスのマイルストーンとしてインデント表示します。例外的なステップの括弧が「返品」から削除されていることに注目してください。すべての苦情が返品につながるわけではありません。例えば、製品がまだ届いていないという苦情（別のイベント「運送業者の配達」をマトリックスに追加します）があるかもしれません。しかし、苦情のうち返品につながる割合は高いため、ステークホルダーは返品日をこの新しい顧客サポートプロセスの標準マイルストーンとみなすには十分です。

マトリックス上のギャップを探し、イベントに欠損がないか調べます

大きな時間差や値の変化を探してください。それらはしばしば新しいプロセスの開始を意味します

図 4-14
「運送業者の配達」
「顧客の苦情」「販売の目標」
をマトリックスに追加

	顧客	従業員 [RP]	運送業者	製品	製品タイプ [RU]	販売地域	配送先住所	倉庫	プロモーション	問題理由	注文 ID	配送方法	出荷番号 [DD]
	誰が			何を			どこで			なぜ、どのように			
販売の目標 販売員が製品タイプの目標を持つ		✓			✓	✓							
顧客の注文 顧客が製品を注文する	*	✓		✓	✓	✓	*		✓		*		
製品の出荷 倉庫作業員が製品を出荷する	✓	✓	✓	✓			✓	✓				✓	✓	*
運送業者の配達 **運送業者が製品を配達する**	✓		✓	✓	✓		✓					✓	✓	✓
顧客の苦情 顧客が製品への苦情を言う	✓	✓		✓	✓					✓	✓		
返品 顧客が返品する	✓			✓	✓			✓			✓	✓		

プロセスシーケンス内のイベントの正しい位置を見つけようとすると、あるプロセスの終了と別のプロセスの開始を表す追加のイベントを明らかにするのに役立つことがよくあります。この例では、「配達」はほとんどの注文にとっての最終的なマイルストーンです。一方、クレームや返品は、ありがたいことに、多くの注文には含まれません。図 4-14 の行頭の空白は、「運送業者の配達」が注文処理プロセスを完了させ、「顧客の苦情」が新しいカスタマーサポートプロセスを開始させることを示しています。プロセスの最初と最後のイベントを記述することは、特に重要です。これらのイベントは、原因と結果、または始まりと終わりを表し、プロセスのパフォーマンスを測定するために必要な最も基本的なイベントです。ステークホルダーは、これらのイベントの少なくとも一部をモデル化するまでは満足しないでしょう。

> プロセスにおける最初と最後のイベントをモデル化します。これらはほぼすべてのプロセスパフォーマンス測定の基礎となります

　図 4-14 に、もう 1 つの新しいイベントを示します。「販売の目標」です。これは注文やカスタマーサポートのプロセスの一部ではないので、行頭の空白はありません。しかし、ステークホルダーは販売目標が注文を促進すると考えているので、タイム／バリューシーケンスに沿って「顧客の注文」の前にこのイベントを配置しました。その主節である「販売員が製品タイプの目標を持つ」から、ロールプレイング・適合ディメンション「従業員」を利用すべきことはすぐにわかります。しかし、ステークホルダーが、目標を個々の製品ではなく製品タイプに設定したと述べているため、適合ディメンション「製品」を再利用できません。ただし、このイベントが「製品」に属性レベルで適合するので、製品タイプのレベルでも「製品」に適合させられます。これを記録するには、ロールアップ・ディメンション「製品タイプ[**RU**]」を追加し（可能であれば「製品」のすぐ右に追加して、そこから派生したことを示します）、各「製品」関連イベントにチェックを入れて、「製品タイプ」レベルの「販売目標」と比較できることを示すようにします。ロールアップには新しい属性がなく、「製品タイプ」と、その上の製品階層にある適合した製品属性（「サブカテゴリー」や「カテゴリー」など、「製品」ですでに定義されているもの）を含むだけなので、現時点でこれ以上モデル化する必要はありません。

> ロールアップ（**RU**：Rollup）・ディメンションを基礎となるディメンションの隣に追加し、そのレベルにロールアップできるすべてのイベントにチェックを入れます

4.2.6 マトリックスを使った欠損イベント詳細の発見

　ステークホルダーが現在関心を持つすべてのイベント（または時間の許す限り多くのイベント）を追加したので、適合する可能性があるディメンションをすべて集められたはずです。このタイミングで各イベントに再度目を通して、さらに再利用できるか確認するのがよいでしょう。各イベントについて、参照していない各ディメンションを指差して尋ねます。

> 最終的なディメンションを用いて、イベントに欠損がないか再確認します

> なぜこのディメンションは、このイベントの詳細ではないのですか？

　このように空いているセルを順番に指すだけで、同じスプレッドシートやホワイトボードにすべてのイベントとディメンションをマトリックスの形でまとめたことによるメリットが最大限に働きます。この確認によって、貴重な適合イベント詳細を見落としていたことに、最後の最後ではっと気付くことがよくあります。

4.3 イベントの評価ゲーム

ステークホルダーに各イベントの重要性を評価してもらいます

　次のリリースでどのイベントを実装するかを決めるには、ステークホルダーの協力が必要です。マトリックスにイベントの重要度を記録する列を追加し（図4-15）、ステークホルダーにいくつかの簡単なルールに基づいて各イベントを評価するよう依頼しましょう。

イベントの評価ルール

- より高く評価したイベントはより重要であり、可能な限り早く実装すべきです
- すべてのイベントに重要度を設定します
- すべてのイベントを異なる重要度で評価しますが、以下の例外があります
    - 完了したイベントの重要度は 0 です
    - （現時点で）本当に重要でないイベントの重要性は、すべて 100 にすることができます
- イベントを 100、200 のように 100 ポイント刻みで評価します（なぜこの刻みが有効なのかはすぐにわかります）
- 重要度の評価は、イベントを重要度で並べ替えるために用いるだけで、相対的なビジネス価値を測るためには用いません。イベント A の重要度が 100 で、イベント B の重要度が 500 の場合、B は A より重要なだけで、5 倍重要というわけではありません

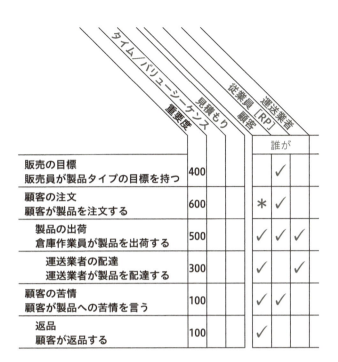

図 4-15
イベントの重要度評価

ダウンロードした BEAM✲マトリックステンプレートを使っている場合、イベントの重要度を含む計画列（図 4-15）とディメンションの重要度を含む計画行（図 4-16）を隠したり、消したりすることができます。実際にイベント行を重要度の列でソートする前に、まずイベントシーケンスを表す列を埋めてください。そうすることで、重要度によるソートが完了した後でも、イベントをタイム／バリューシーケンスに沿って再ソートすることができます。

まず、最初のイベントを高く評価します。次に、そのイベントに関連する他のイベントを評価します

重要度を付加するルールを理解したら、ステークホルダーがモデル化した最初のイベントを評価することから始めます。理論的には、これが最も重要なイベントのはずなので、これが最も高い重要度を持つように値を提案できます。例えば、マトリックスにまだ実装されていない 10 のイベントが記述されている場合、重要度を 1,000 と提案します。このイベントが最も重要であり続けるとは限りません。ステークホルダーは、最後の最後にあまり詳細にモデル化されていないイベントに高い重要性を与えることもできますが、最初に 1,000 という評価を付けることでイベントの評価ゲームは始まります。図 4-15 では、最初の「顧客の注文」が最も重要で、「運送業者の配達」ではなく「製品の出荷」が続いています（おそらくステークホルダーは、運送業者からデータを容易に入手できないと認識しているのでしょう）。また、ステークホルダーは、カスタマーサポートに関するイベントは今のところ重要でないと評価しています。

重要度の投票を依頼するのは、モデルストーミングに参加する一部のステークホルダーだけに絞りましょう。議論が白熱しすぎる可能性があるからです。アジャイル DW/BI 開発の管理にスクラムを使っている場合、要件の優先順位付けは、プロダクトバックログを管理するプロダクトオーナーの役割です。ステークホルダーの一部は、プロダクトオーナーの代理として、リリースやスプリントプランニング[訳注7]の前に知見を提供し、プロダクトバックログへ反映できます。これらの会議では、ソースデータのプロファイリング結果と DW チームの ETL タスクの見積もりをもとに、プロダクトオーナーがイベントの重要性を冷静に調整します。

> ディメンション重要度の行を追加し、各ディメンションを最重要イベントより高く評価します

すべてのイベントの評価が終わり、同順位のものがあれば調整します。重要なイベントの重要度は必ず異なる値で評価しましょう。そして、マトリックスにディメンション重要度を記入する行を追加します（図 4-16）。ディメンションの評価はイベントの後に行います。ディメンションが重要になるのは、それを使うイベントが重要である場合だけだからです。ステークホルダーがどのイベントが重要かを決定したら、各ディメンションを最も重要なイベントより高く評価します。これは、イベントに基づくファクトテーブルが実装される前に、ディメンションを実装する必要があるからです（外部キー依存関係があります）。

ディメンションの重要度の評価は、イベント評価と同じルールに従いますが、いくつかの追加・変更事項があります。

> ディメンションの評価ルール

- ディメンションの重要度は 5 ポイントまたは 10 ポイント単位で評価します。すると、ディメンションの評価をイベントと BI レポート要件（レポートユーザーストーリー）の間に納めることができます。これがイベントとイベントの間に 100 ポイントの差を付けている理由です
- ディメンションを、自身が属する最も重要なイベントより高く評価します。すでに実装済みの場合は 0 とします。例えば、重要度 500 のイベント B が、ディメンション C を用いたイベントの中で最も評価が高い場合、C の重要度は 505 から 595 の間でなければなりません
- ディメンションを、自身が属するイベントより重要度が高いすべてのイベントより低く評価します
- 適合ディメンションを、非適合ディメンションより高く評価します
- イベントの重要度を変更した場合、そのディメンションを再評価する必要があります

> ディメンションとイベントを、単一のプロダクトバックログ上で正しくソートするように評価します

図 4-16 では、最初にイベントを重要度でソートして、ディメンションを評価しました。「顧客の注文」と「製品の出荷」がトップになったので、その重要度

訳注7　スプリントプランニングとは、開発チームが短期間（通常 1～2 週間）で達成する作業内容と目標を決める会議です

ポイント（600 または 500）をディメンションにコピーします。次に、ステークホルダーが、注文のディメンションを 610 ～ 670、出荷のディメンションを 510 ～ 540 と評価しました。このスコアリングにより、単一のプロダクトバックログに転送したときに、ディメンションとイベントを正しくソートできます。

図 4-16
ディメンションの重要度評価

その後のスプリントでは、ステークホルダーやプロダクトオーナーは、BI レポート要件にも優先順位を付ける必要があります。これらの「レポートユーザーストーリー」はステークホルダーにとってデータモデルよりも重要かもしれませんが、クエリで用いられるスタースキーマバックログの項目より低く評価しなければなりません。図 4-17 は、優先順位を付けたレポート、ディメンション、およびイベント要件を含むプロダクトバックログを表します。

BI レポート要件を、それが計測するイベントよりも低く評価する必要があります

「カレンダー」ディメンション	680
「製品」ディメンション	670
「顧客」ディメンション	660
「顧客の注文」イベント	**600**
「大口の注文」レポート	595
「今年の注文」レポート	590
「運送業者」ディメンション	510
「製品の出荷」イベント	**500**
「出荷の遅延」レポート	495

図 4-17
DW/BI の
プロダクトバックログ

最も重要なイベントやディメンションを、具体例とともにモデル化したら、モデルストーミングは完了です。そうでない場合は…

スクラム、スプリントプランニング、タイムボックスについてより詳しく知りたい方は、*Scrum and XP from the Trenches*, Henrik Kniberg (InfoQ.com 2007) を参照してください[訳注8]。

マトリックス上のすべてのイベントとディメンションの評価を終えたとき、最も重要なイベント（通常は上位1つか2つ）とそのすべてのディメンションを具体例とともにモデル化していれば、モデリング作業はひとまず終了です。ここまでいったらモデルストーミングを終わらせることができます。あなたは、十分な情報を持ってB地点に到達したのです。しかし、非常に重要だと評価したイベントの中に、マトリックスにしか存在しないものがあるのであれば、スタースキーマの設計とスプリントプランニングに進む前に、さらに1つか2つのイベントを詳細にモデル化する必要があるかもしれません。

4.4 次のイベントの詳細なモデリング

例えば「製品の出荷」（重要度：500）のような、詳細にモデリングすべきイベントをマトリックス上で見つけてモデリングを開始するとき、まずは新しいBEAM✻テーブルを作成し、イベントの主節をコピーすることから始めましょう。ただし、さらなる詳細をコピーする前に、興味深いイベントのストーリーを伝えるための新しい「いつ」の詳細を求めてください。「製品の出荷」の場合、次のように尋ねます。

次の重要なイベントのためにBEAM✻テーブルを作り、「いつ」の詳細を尋ねます

> 倉庫作業員は、いつ製品を出荷しますか？

ステークホルダーは答えます。

> 出荷日です。

可能な限り、適合ディメンションや具体例を再利用します

この内容を図4-18のテーブルに追加し、最初の「顧客の注文」イベントで行ったように、イベントストーリーを求めます。前回との唯一の違いは、すでに具体例がある適合ディメンションの候補を用いることです。これらの例を可能な限り再利用することで、適合性があることを示しましょう。

訳注8　Henrik Kniberg（著）、後藤章一（訳）『塹壕よりScrumとXP』InfoQ（2008）
https://www.infoq.com/jp/minibooks/scrum-xp-from-the-trenches/

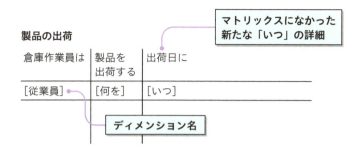

図 4-18
新しいイベントテーブル
「製品の出荷」

4.4.1 適合ディメンションの再利用とその例

　新しいイベントを記述するために適合ディメンションを用いる場合は、既存の例を再利用することで、新しいイベントのストーリーを既存のストーリーに関連付けるべきです。適合ディメンションの例を使用して、同じ顧客、製品、従業員などがイベントに関与していることを表現する方法が身に付くと、今度は同じ例を繰り返し書く手間を減らしたくなるでしょう。

適合した例を用いて、新しいイベントストーリーを既存のストーリーに関連付けます

　適合ディメンションの具体例を複製する際に、長い正式名称ではなく短いビジネスキーを使うことで作業を高速化したいと思う人もいるでしょう。ディメンションのビジネスキーを参照する外部キーがイベントテーブルに含まれることで、物理テーブルへの変換が容易になるので、これは良いデータモデリング手法のように見えるかもしれません。しかし、イベントの物理的なモデル化を急ぐことは逆効果です。ビジネスキーの大半は暗号のような不可解なコードなので、イベントテーブルとストーリーの可読性と説明力を奪ってしまいます。そして、第5章で説明するように、ビジネスキーはディメンショナルに構築されたデータウェアハウスにおいて最適な外部キー（または主キー）にはなりません。

イベントストーリーを早く伝えるために、可読性のないビジネスキーを使ってはいけません

◆ イベントストーリーにおける略語の使用

　ビジネスキーの代わりに、「具体例の略語」を使いましょう。これは以前にモデル化した具体例を略したものです。図 4-19 では、従業員と製品の例を略した単語を用いて出荷ストーリーを表しています。ビジネスキーよりも略語の方が、イベントストーリーの読みやすさを維持しつつ、ホワイトボードのスペースを節約し、ストーリーを早く伝えることができます。また、文書化されたモデルに対して、後から「すべて置換」機能を適用すれば、比較的簡単に、正式名称を用いた例へと拡張できます。

「具体例の略語」を使うことで、ストーリーを簡潔にし、可読性を上げます

第 4 章　ビジネスプロセスのモデリング

図 4-19
イベントストーリーを
伝えるための略語の使用

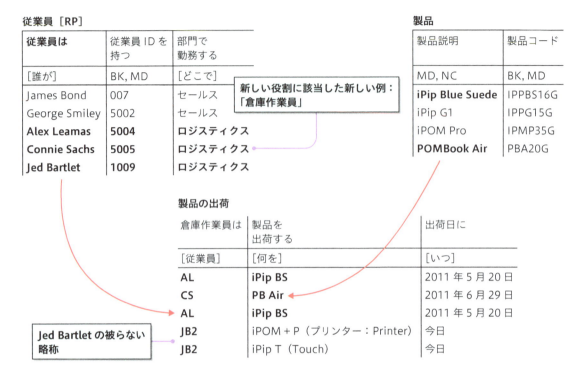

必要であれば、連番を追加して、略語を一意に保ちます

　混乱を避けるため、略語はディメンション内で一意に保つようにしてください。略語が一意でない場合は、それに連番を追加するだけで対処できます。例えば、お気に入りの社員が James Bond 氏と Jed Bartlet 氏であれば、JB1 と JB2 としてストーリーに登場させることができます。もちろん、James Bond 氏は例外です。彼のビジネスキーである社員 ID 007 は非常に有名なので、彼のイニシャルよりも説明的であり、多くのイベントに関するストーリーで非常にうまく使うことができます。

　ステークホルダーに、モデル化しておいた BEAM✲ディメンション表と「最新」のイベントマトリックスを配布して、適合例の再利用と略語の解読を支援しましょう。ディメンションの表にすべての属性を示す必要はなく、主語となるディメンションの具体例の略語と、役割のサブタイプ（倉庫作業員や販売員など）を識別する 1 つか 2 つの区分項目だけを示すようにします。

154

適合ディメンションに新しい例を追加する

　ストーリーの新しいイベントを既存のイベントと紐付けるだけでなく、新しいイベントについてできる限り詳細まで理解できるようにしたいはずです。それを確実に実現するために第 2 章で説明したような「典型的な」「極端な」「反復」「欠損」「グループ」がテーマのストーリーを教えてもらいましょう。これらのテーマをすべてカバーし、ロールプレイング・ディメンションの新しい役割を説明するには、これまでにモデル化した BEAM✲ のテーブルにはない例が必要になります。

　ステークホルダーから新しい例が提供されたら、それをイベントストーリーで用いる前に、適切なディメンションテーブルにその例を追加してみましょう。これにより、その例を略語として使えるようになります。さらに、ディメンショナル属性の値を埋める作業を通じて、欠落している属性や非適合な属性を発見できます。適合性のチェックを行うことができるのです。例えば、「手数料」は「販売員」の必須（**MD**）属性ですが、販売員だけでなく倉庫作業員の役割も果たさなければならない適合ディメンション「従業員［RP］」の必須でない排他（**X**）属性であると考えられます。

　具体例を求めることで、適合ディメンションを定義し、使用することを全員に促します。BEAM✲ の適合ディメンションテーブルからコピーすればよいのです。

> 5 つのイベントストーリーのテーマをカバーし、新たなディメンションの役割を説明するために必要な新しい例を求めます

> 新しい例を追加して適合ディメンションをテストします

4.4.2　新しい詳細やディメンションのモデリング

　「誰が（倉庫作業員）」「何を（製品）」「いつ（出荷日）」というテーマの具体例を埋めた後、BEAM✲ の 7W の順番（図 2-2 を参照）に沿って「誰が」「何を」「どこで」と進む前に、他の「いつ」の詳細がないかを尋ねてください。これらの各 W タイプについて、マトリックスから関連するディメンションを 1 つずつコピーし、例を挙げてもらいます。

　次の W タイプに移る前に、現在のタイプについて追加の詳細がないか常にチェックしましょう。イベントストーリーが蓄積されていくのを見ると、ステークホルダーは、マトリックスのサマリーレベルでモデリングしたときには思い付かなかった追加の詳細を提案するようになることがよくあります。追加の「誰が」「何を」「どこで」「なぜ」「どのように」の詳細がないか、ステークホルダーに関連する列を確認してもらい、それらをすぐにマトリックスへ追加します。それらも適合ディメンションになるかもしれません。

　図 4-20 は、出荷イベントに追加された 4 つの「誰が」「どこで」の詳細を示しています。「顧客」と「配送先住所」は適合ディメンションです。具体例の略語が使われています。一方、「運送業者」と「倉庫」は新しく、まだディメンショ

> マトリックスからより多くのディメンションをコピーする前に、追加した「いつ」の詳細を求めます

> 追加の「誰が」「何を」「どこで」「なぜ」「どのように」の詳細がないか、忘れずに確認してください。もしあれば、それらをマトリックスに追加します

> 新しい詳細に［?］マークを付けて、そのディメンション属性をモデリングするためのリマインダーとします

ンテーブルとしてモデル化されていません。これらのような新しい詳細／ディメンションは、マトリックス上にすでにあるものの、イベントが完了するときに、具体例を用いて属性レベルでモデル化する必要があることを思い出せるよう、タイプ［？］として記録しましょう。

図 4-20
出荷イベントに詳細を追加

？：まだ詳しくモデル化されていない、新しいディメンション

製品の出荷

倉庫作業員は	製品を出荷する	出荷日に	顧客へ	運送業者を用いて	倉庫から	配送先住所まで
[従業員]	[何を]	[いつ]	[誰が]	[誰が？]	[どこで？]	[どこで]
AL	iPip BS	2011 年 5 月 20 日	JBP	Fedex	Baton Rouge	TN
CS	PB Air	2011 年 6 月 29 日	VL	UPS	Dublin	UK
AL	iPip BS	2011 年 5 月 20 日	JBP	Fedex	Baton Rouge	TN
JB2	iPOM + P	今日	US S（上院：Senate）	DHL	New Jersey	DC
JB2	iPip T	今日	US S	DHL	New Jersey	DC

具体例の略語を用いた適合ディメンション

「どれくらい？」と尋ねて、マトリックス上でモデル化されていないイベントの指標を発見します

「どこで」の詳細に続いて、「どれくらい」の詳細を尋ねます。これらの定量的な詳細は、「いつ」の詳細と同じく、イベントマトリックスには記載されません。だからこそ、イベントを BEAM✲ テーブルのような表形式でモデル化する必要があるのです。マトリックスは、（適合）ディメンションを用いてイベントをどのように記述するのかを示します。「どれくらい」の例は、イベントをどのように測定するのかを示します。

指標におけるストーリーの差異を説明するために、マトリックスから既存の「なぜ」のディメンションを追加し、追加で「なぜ」の質問をします

図 4-21 では、新たに 2 つの数量に関する詳細である「出荷数」と「送料」が、「なぜ」の詳細である「注文 ID」とあわせて追加されました。数量の例はステークホルダーから提供された新しいものですが、注文 ID は以前にモデル化された「顧客の注文」イベントから複製しました。なぜなら、注文 ID を、マトリックス上でイベントをつなぐ適合ディメンションとみなしたからです。既存の「なぜ」を記入したら、続けて追加の「なぜ」の質問を行い、なぜ数量が変化するのかも忘れずに記録しましょう。もし、出荷のようなイベントがプロセスのマイルストーンであると知っているならば、そのプロセス内で類似の詳細が変化する（または変化しない）理由を尋ねるべきです。例えば以下の質問をします。

なぜ、出荷数と注文数が異なることがあるのですか？

そして、回答を得ます。

> 商品の在庫が少なく、注文を完全に満たすことができない場合、注文を数回に分けて出荷することがあるからです。

「なぜ」の回答によって、追加の例や新しい「なぜ」の詳細が必要だとわかることがあります

これは、注文と出荷の間に1対多の関係があることを示しています。また、出荷イベントを一意にするような詳細の組み合わせがまだ見つかっていないこともわかります。これを記録するために、テーブルに新しい「反復ストーリー」を追加します。図4-21では、元の注文（ORD5466）の単位に関する情報（注文ID、製品）を複製することで、同じ注文明細のための同じ出荷イベントが複数存在するかもしれないことを示しています。

図 4-21
新しい数量と、前のイベントから複製した「なぜ／どのように」の詳細と、さらなる「反復ストーリー」を追加

顧客の注文 [DE]

顧客は	製品を注文する	注文日に	注文IDで
[誰が]	[何を] MD, GD	[いつ]	[どのように] DD, GD
J.B. Priestley	iPip Blue Suede	2011年5月18日	ORD1234
Vespa Lynd	POMBook Air	2011年6月29日	ORD007
J.B. Priestley	iPip Blue Suede	2011年5月18日	ORD4321
Phillip Swallow	iPOM Pro	2011年10月14日	ORD0001
アメリカ上院	iPOM + プリンター	昨日	ORD5466
アメリカ上院	iPip Touch	昨日	ORD5466

注文イベントの「どのように」の詳細が、出荷イベントの「なぜ」の詳細になります

製品の出荷

倉庫作業員は	製品を出荷する	出荷日に	出荷数を	送料で	注文IDで
[従業員]	[何を]	[いつ]	[小売単位]	[$]	[なぜ] DD
AL	iPip BS	2011年5月20日	1	4	ORD1234
CS	PB Air	2011年6月29日	1	10	ORD007
AL	iPip BS	2011年5月20日	1	4	ORD4321
JB2	iPOM + P	今日	50	100	ORD5466
JB2	iPip T	今日	100	50	ORD5466
JB2	iPOM + P	今日	50	100	ORD5466

具体例では、同じ注文IDの同じ製品を複数回に分けて出荷しています

「なぜ」の詳細である注文 ID によって、「製品の出荷」に注文ディメンションをさらに追加できます。しかし、これらのディメンションはすでに「顧客の注文」テーブルとマトリックスにしっかり記録されているため、時間がない場合は、ステークホルダーの関与なしに後で追加できます。確認のため、ステークホルダーにこの方法をとることを伝えておきましょう。ステークホルダーが関心を持っているうちに、モデルストーミングを、新しい出荷の詳細、特にマトリックスに記録されていない「いつ」「どれくらい」の詳細や最小粒度の詳細の把握に集中させるべきです。また、新しいディメンション（一時的に [?] を付けた詳細）の属性をモデルストーミングする時間も必要です。

他で記録されていない、「いつ」「どれくらい」の詳細や最小粒度の詳細を用いて、イベントを完成させることに集中します

注文イベントに関する便利なディメンションを出荷イベントに追加することは可能ですが、「注文数」や「売上」といった「どれくらい」の詳細を追加することは避けるべきです。なぜなら、注文と出荷の関係が 1 対多なので、集約した際にこれらの指標を過大評価してしまうからです。例えば、2 分割した出荷イベントで、どちらも元の注文数 10 個を記録する（つまり重複する）と、合計 20 個となり、注文売上高も正しい値の 2 倍になってしまいます。

あるイベントから別のイベントに指標をコピーしないでください。ファクトの二重計上につながるおそれがあります

注文指標は、注文イベントとそれに続く注文ファクトテーブルのみに正しい粒度（注文明細）で保存すべきであり、出荷イベントの出荷明細にも保存することは避けた方がよいでしょう。第 8 章では、出荷と注文を組み合わせて 1 つの発展型注文イベントを作成し、それによって提供される追加の指標をモデリングする方法について説明します。ここでは、出荷イベントの詳細について説明します。

4.4.3 イベントの完了

イベントの粒度と種類を記録して、イベントテーブルを完成させます

「どのように」の詳細である「配送方法」と「出荷番号」をマトリックスからイベントテーブルにコピーし、具体例を求めてください（どちらもまだ表形式でモデル化していないため）。「出荷番号」の例によって、同じ日に同じ顧客に同じ製品を送る、2 分割された注文の出荷を区別できる詳細を、最終的に明らかにしたことが確認できるはずです。これがパズルの最後のピースとなり、「製品の出荷」イベントの粒度とタイプを定義できます。粒度は「出荷番号、注文 ID、製品」の組み合わせであり、これらの詳細に **GD**（Granular Detail/Dimension、粒度項目／ディメンション）と記録します。ビジネスの観点では、この粒度の組み合わせを「出荷品目」と呼ぶこともあります。この粒度によって、ストーリータイプが **DE**（Discrete Event、離散型イベント）になります。図 4-22 は、この情報を最終的なスプレッドシート版のイベントテーブルに追加したものです。

4.4 次のイベントの詳細なモデリング

イベントテーブルのモデリングが終了したら、［?］マークを付けた詳細のディメンションテーブルのモデリングを忘れないでください。モデルストーミングを終了する前に、これらの詳細のディメンション属性を定義する必要があります。

図 4-22
「製品の出荷」イベントの完了

完成したイベントは離散型

製品の出荷 [DE]

倉庫作業員は	製品を出荷する	出荷日に	顧客へ	運送業者を用いて	倉庫から	配送先住所まで
[従業員]	[何を] **GD**	[いつ]	[誰が]	[誰が]	[どこで]	[どこで]
AL	iPip BS	2011 年 5 月 20 日	JBP	Fedex	Baton Rouge	TN
CS	PB Air	2011 年 6 月 29 日	VL	UPS	Dublin	UK
AL	iPip BS	2011 年 5 月 20 日	JBP	Fedex	Baton Rouge	TN
JB2	iPOM + P	今日	US S	DHL	New Jersey	DC
JB2	iPip T	今日	US S	DHL	New Jersey	DC
JB2	iPOM + P	今日	US S	DHL	New Jersey	DC

出荷数で	送料で	注文 ID のため	配送方法で	出荷番号で
[小売単位]	[$]	[なぜ] DD, **GD**	[どのように]	[どのように] DD, **GD**
1	4	ORD1234	通常	SN001
1	10	ORD007	通常	SN002
1	4	ORD4321	通常	SN001
50	100	ORD5466	お急ぎ便	SN003
100	50	ORD5466	お急ぎ便	SN003
50	100	ORD5466	お急ぎ便	SN004

GD - 粒度項目（Granular Detail）
イベントの最小粒度は出荷品目です。つまり、出荷番号・注文 ID・製品の組み合わせです。

モデルストーミングセッションでは、マトリックスを使って複数のイベントをモデル化し、迅速に優先順位を付けることから始めたくなることがあります。これは、すでに手順を理解しているステークホルダーには効果的ですが、モデルストーミングを始めたばかりの担当者には抽象的すぎる場合があります。多くの BI ステークホルダーは、データモデルよりもレポートを定義することを望んでいることを忘れてはなりません。レポートのように見えるイベントテーブルとサンプルデータ（最も重要なイベントのものでなくても）から始めることは、ステークホルダーがマトリックスを理解し、その価値を理解するのに役立ちます。

4.5 イベントは十分ですか？

> 主語別のマトリックスを統合し、DW 全体に及ぶ適合性の概観を提供します

図 4-14 の販売目標、注文処理、カスタマーサポートの各イベントに図 4-6 の初期の製造イベントを追加すると、イベントマトリックスは図 4-23 のようになるはずです。このマトリックスによって、特にプロセスを開始するイベント（例：「発注書」や「顧客の注文」）のディメンションを再利用し、後続のマイルストーンイベントに引き継ぎやすくなっていれば、このマトリックスは役目を果たしています。つまり、マトリックスは、各イベントを可能な限り説明的にするために、ディメンションを最大限に再利用するよう促すべきなのです。さらに、「製品の出荷」と「倉庫からの出荷」のディメンションが似ていることから、実は同じ種類のイベントかもしれないと思えるようになれば、マトリックスは同様に役目を果たしていると言えるでしょう。実際には、再販業者への卸売と消費者への小売は完全に別のシステムで処理されており、まったく異なるかもしれません。それでも、両方のイベントのディメンションを統一することにビジネス上の価値があるかもしれないと気付かせる点で、マトリックスはその役割を果たしているのです。

イベントマトリックスは、「包括的なドキュメントよりも動くソフトウェアを」というアジャイルの価値を支えるための素晴らしいテクニックです。イベントマトリックスは、適合ディメンションに基づく動くソフトウェアを作成するのに役立つ十分に包括的な文書ですが、さらに追加情報が必要な場合は、イベントマトリックスのスプレッドシートセルからリンクします。例えば、イベントとディメンションの URL を BEAM✲ テーブルまたはスタースキーマモデルに挿入できます。

> マトリックスにすべてのイベントが含まれることはなく、含まれるすべてのイベントが実装されるわけではありません

図 4-23 のイベントマトリックスは、DW/BI の開発スプリントを数回行うには十分かもしれませんが、ザクロ社のデータウェアハウスにとって完全なマトリックスでしょうか。注文後の顧客からの請求や支払い、出荷前の製品構成はどうでしょうか。人事、財務、研究開発など、他の分野のイベントはどうでしょうか。これらのイベントの多くは、当分の間スコープから外れるかもしれませんし、計測する価値があるほど興味深い追加情報を取得することはできないでしょう。

> マトリックスの役割は、次のリリースのために適合ディメンションを特定することです

アジャイルな DW の設計者は、マトリックスに存在しうるすべてのイベントを最初にモデル化するのではなく、次のリリースのために十分な程度、マトリックスを完成させることに集中します。次のリリースのために適切なイベントの優先順位が付けられ、かつ将来のリリースで再び用いるであろう適合ディメンションを理解するのに十分な詳細がマトリックスに含まれていれば、ひとまずその役割は終わります。

4.5 イベントは十分ですか？

イベントマトリックスを大きくして壁に貼り、誰もが見られるようにしましょう。イベントやディメンションのモデリングにどのような方法（BEAM✳テーブル、ER表記、フリップチャート、ホワイトボード、スプレッドシートの投影など）を選ぶにせよ、一度に数個以上の詳細を見ることは不可能です。イベントとディメンションの表が壁一面を覆っていたり、スプレッドシートの中に埋もれていたりしても、マトリックスを使えば、ステークホルダーや DW チームは一目で設計全体を把握できます。

図 4-23
完全なイベントマトリックス？

イベント（誰が何をするのか）	従業員 [RP]	仕入先	再販業者	運送業者	顧客	部品	製品	製品タイプ [RU]	製造工程	試験	工場	倉庫	販売地域	配送先住所	契約	プロモーション	問題の理由	配送方法	注文ID [DD]	出荷番号 [DD]	発注 [DD]
	誰が					何を						どこで			なぜ、どのように						
製造計画 工場が製造計画を作る								✓	✓		✓										
部品表 製品は部品を含む						✳	✳														
発注書 従業員が部品を購入する	✓	✳				✳						✓		✓							✳
部品の納入 　仕入先が部品を納入する		✓		✳		✓						✓						✳		✓
仕入先への支払い 　　従業員が仕入先へ支払う	✓	✓				✓															✓
部品在庫レベル 工場が部品を保管する						✓					✓										
品質検査 従業員が製品の品質を検査する	✓	✓				✓	✓	✓		✳	✓										
製造工程 工場が製造工程を進める	✓						✓	✓	✓	✳	✓										
製品在庫レベル 倉庫が製品を保管する							✓	✓				✓									
倉庫からの出荷 運送業者が製品を出荷する				✓	✳		✓	✓						✓	✓		✓		✳		
販売の目標 販売員が製品タイプの目標を持つ	✓							✓					✓								
顧客の注文 顧客が製品を注文する	✓				✳		✓	✓						✓	✳	✓		✳			
製品の出荷 　倉庫作業員が製品を出荷する	✓			✓	✓		✓							✓	✓				✓	✓	✳
運送業者の配達 　　運送業者が製品を配達する				✓	✓		✓							✓					✓	✓	
顧客の苦情 顧客が製品への苦情を言う	✓				✓		✓	✓									✓	✓			
返品 　顧客が返品する					✓		✓	✓									✓	✓			

イベントマトリックスは常に最新状態を保ってください。イベントマトリックスは、初期計画の手段や一度限りのモデリング手法ではありません。データウェアハウスの設計を継続的に記述するために使います。モデルストーミングを行うときはいつでも参照し、更新してください。ちゃんと管理されているマトリックスがあることで、適合ディメンションを再利用し、強化していくべきということを、誰もが常に認識しておくことができます。

4.6 まとめ

- 「必要最小限」なディメンショナルモデリングは、現在の部門別報告要件に対応するデータマートの早期かつ頻繁な導入につながりますが、クロスプロセス分析やエンタープライズレベルの BI をサポートできない互換性のないデータサイロという形で、技術的負債を抱え込むことにもなります。DW/BI はデータ量が多いため、この負債を返済するのは大変です

- サイロ型データマートを回避し、技術的負債を減らすために、アジャイル DW 設計者は、現在の開発スプリントとリリース計画よりも先に、「適合ディメンション」を特定および定義するのに十分なだけのモデリングを行う必要があります。ディメンショナルモデルにおけるこの再利用可能な要素によって、複数のビジネスプロセスにある指標を組み合わせて比較するために必要な、共通の行ヘッダーとフィルターが提供され、「ドリルアクロス」レポートが可能になります。十分に文書化され、公開され、メンテナンスされている適合ディメンションのセットは、データウェアハウス・バス・アーキテクチャを形成し、真にアジャイルなデータマートの段階的な開発を支援します

- 適合ディメンションは、複数のスタースキーマで共有される単一のディメンションテーブル、または同期されたコピーです。基礎となるディメンションから派生し、ビジネス上の意味と値が同一の属性レベルで適合する「スワップ可能［SD］」なサブセットまたは「ロールアップ［RU］」にもなり得ます。同じイベントや異なるイベントで複数の役割を果たす、一般化された適合ディメンションを、「ロールプレイング［RP］・ディメンション」と呼びます

- アジャイルなディメンションモデラーは、ビジネス・ステークホルダーとともに具体例を用いてモデリングすることで、適合ディメンションを定義します。BEAM✲ データストーリーの例を用いることで、ディメンションを適合させることの価値を、それを政治的に実現することができるその人たち自身に向けて強調します。具体例は、適合の妨げとなるビジネス用語の矛盾を素早く明らかにすることもできます

- 「イベントマトリックス」は、イベントとディメンションの関係を文書化したモデリングおよび計画手法です。データウェアハウス設計全体のストーリーボードとして機能することで、最も価値のある適合ディメンションを特定し開発の優先順位を付けるために十分な詳細を示します

- イベントを「タイム／バリューシーケンス」に沿ってイベントマトリックスに並べると、プロセスのワークフローにおける大きな時間のずれや価値の飛躍が目立つようになるので、欠損イベントを見つけやすくなります。また、厳密な時系列の「プロセスシーケンス」（ビジネスプロセスにおけるすべてのマイル

ストーンイベントを組み合わせた、発展型イベントになり得る候補）を特定し、プロセスの始まりと終わりを捉えることで、プロセス全体を通じたパフォーマンス測定をサポートします

- 新しいイベントをモデル化する場合、可能なら適合した「具体例の略語」を再利用することによって、ストーリーを素早く伝えることができます。コード値とは異なり、略語は、ストーリーを簡潔かつステークホルダーが読みやすい状態に保つのに役立ちます。また、適合ディメンションの検証、再利用、強化にも役立ちます

スタースキーマのモデリング

オレたちはみんなドブの中にいる。でもそこから星を眺めている奴らだっているんだ。
We are all in the gutter, but some of us are looking at the stars.

— Oscar Wilde

この章では、以下3つについて解説します

利用可能なデータソースと照らし合わせたBEAM✻モデルの検証

本章では、BEAM✻モデルを柔軟で効率的なディメンショナル・データウェアハウスモデルに変換するための、スタースキーマの設計プロセスを解説します。

アジャイルなアプローチでは、初めに「テストファースト設計」を行います。これは、「データプロファイリング」の手法を使用して、ソースシステムで利用可能なデータに対してBEAM✻モデルを検証する取り組みです。この取り組みによって、ソースデータの特性や問題点を文書化した「注釈付きモデル」が作成されます。これは、ステークホルダーとのモデルのレビューやDW/BIチームとの開発スプリントプランニングに使用されます。

BEAM✻モデルからスタースキーマへの変換

次に、修正されたBEAM✻モデルにサロゲートキーを追加し、論理的なディメンショナルモデルに変換します。そして、得られたファクトとディメンションを、BEAM✻とER表記を組み合わせた「拡張スタースキーマ」として描くことによって文書化します。

プロトタイピングによるDW設計の検証

最後に、スタースキーマを使用して物理データウェアハウススキーマを生成します。ここでは、物理データウェアハウススキーマをBIプロトタイピングによって検証し、物理ディメンショナルマトリックスの作成によって文書化します。

第5章 トピック一覧

- ステークホルダーのデータ要件を確認するためのデータプロファイリング
- データソースとプロファイル指標を用いてBEAM✻モデルに注釈を付ける
- 注釈付きモデルのレビュー、開発スプリントの計画
- BEAM✻モデルを論理的、物理的なディメンショナルモデルに変換する
- データウェアハウスにおけるサロゲートキーの重要性
- 緩やかに変化するディメンションに対応する設計
- 加算型ファクトの定義
- 拡張スタースキーマ図の描画と物理スキーマの作成

- **BIプロトタイピングによるディメンショナルモデルの検証**
- **物理ディメンショナルマトリックスの作成**

5.1 アジャイルデータプロファイリング

　BEAM✻モデルを実行可能なデータウェアハウス設計に変換する最初のステップは、「アジャイルデータプロファイリング」を行い、モデルにおいて優先度の高いイベントおよびディメンションのデータソース候補を特定することです。データプロファイリングとは、データソースを調査して、その構造、中身、およびデータ品質を確認するプロセスです。アジャイルデータプロファイリング（図 5-1 参照）には次のような特徴があります。

> 優先度の高いイベントとディメンションの候補となるデータソースをプロファイリングし、そのデータ構造、中身、品質を確認します

- 利用可能なすべてのデータソースではなく、ステークホルダーが次回のリリースに向けて優先したいビジネスイベントや適合ディメンションのデータソース候補に**対象を絞り込みます**
- ディメンショナルモデルを定義するためのデータモデリング作業として、**早期に実施します**
- モデルが変化に対応できるように、**頻繁に行います**。これは、データウェアハウスと並行して開発されるような新しいデータソースに対して特に重要です
- 複雑さを認識し、ETL タスクの見積もりに役立てるために、データのロードを担当する **DW/BI チームメンバーが行います**
- アジャイルデータプロファイリングは、**ビジネスモデル**訳注1 **にも記録されます**。これにより、技術的なデータモデルが提案される前に、データプロファイルを利用してステークホルダーと BEAM✻ の BI データ要件モデルをレビューできます

> 「アジャイルデータプロファイリング」は、モデリングの活動として、ターゲットとなる DW スキーマが作成される前の早い段階で行います

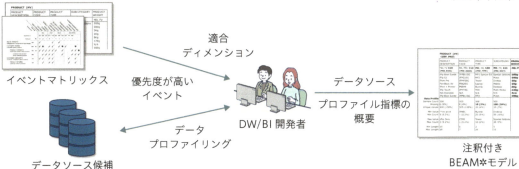

図 5-1
アジャイルデータプロファイリング

訳注1　ここでは概念データモデルのことを指しています。詳細は表 1-2 をご参照ください

業務システムをデータプロファイリングするアンチパターンは、対象のデータに関する理想的なスキーマを事前に定義した上で、データソースをターゲットにETL し、すべてのエラーを記録することです。これは非常に大変で時間がかかります。この実現不可能なデータプロファイリングをくれぐれも行わないでください。アジャイルなデータウェアハウスの設計者は、まったく新しいソースを定義するときに役立つ「プロアクティブ（積極的・先行的）」な DW/BI 設計を意図的に行う場合を除き、ソースをプロファイリングする前に詳細な物理モデルを作成してはいけません。

> アジャイルデータプロファイリングは、テスト駆動設計の一種と考えましょう

アジャイルデータプロファイリングは、テスト駆動（またはテストファースト）設計（TDD：Test-Driven Design）の一種です。ソースデータのプロファイリングにより、SQL DDL（データ定義言語：Data Definition Language）やETL コードを開発する前に、データウェアハウスモデルの適合性やデータウェアハウスデータベースの内容をテストするための指標を決めることができます。プロファイリングがまだ可能でない場合、プロアクティブな DW/BI 設計は、新しい業務システムに先行するテスト仕様とみなすことができます。すなわち、このテストは「業務システムは、BI に必要なデータをこの仕様に従って提供できますか？」と問うものにもなるのです。

5.1.1 候補となるデータソースを特定する

データウェアハウスは、最新かつ正確で、利用可能なデータをソースとすべきです。つまり、実際の作業としては、各ファクトとディメンションの「記録システム（SoR：System-of-Record）」を特定することになります。例えば、従業員の給与データに対する支払いシステムのような、特定のタイプのデータに対する権威あるソースです。データは、下流のコピーではなく、記録システムから直接抽出すべきです。「コピーのコピー」ではなく、大元のデータから抽出することで、レイテンシー、システム依存性、データ品質の問題を軽減します。唯一の例外は、下流のシステムが明示的にデータ品質を向上させるか、独自のデータ形式を汎用的なものに変換している場合のみです。

> 大元の記録システムを見つけてください。レイテンシーやデータ品質の問題を引き起こす可能性があるので、下流のデータをコピーすることは避けましょう

> イベントやファクトには、独自のソースがあることが多いです

ビジネスイベントとそれらが提供するファクトについては、特定のイベントタイプに対してソースシステムが1つしかないことが多いため、元のトランザクションを作成し維持する記録システムを見つけることは比較的簡単です。例えば、請求処理システムは請求提出イベントのソースとして明らかで、おそらく唯一の選択肢です。しかし、請求をしている顧客や保険商品はどこから取得すべきでしょうか。このようなディメンションの記録システムを特定することははるかに困難です。

適合ディメンションは複数のビジネスプロセスに共通するもので、それらのプロセスは購入したエンタープライズ向けソフトウェアパッケージと特注の社内アプリケーションを組み合わせて実装されている場合があります。複数の業務システムが、顧客、製品、従業員といった共通の参照データ（マスターデータと呼ばれることもあります）を別々に管理していることもよくあります。このようなデータは、最も価値のある適合ディメンションの候補です。適合ディメンションの最適なソースを見つけたり、未来の適合と再利用の妨げとなる矛盾に気付くためには、現在優先的に取り組んでいるイベントの範囲に収まらないシステムをプロファイリングする必要があるかもしれません。また、ディメンションの最適なデータソースを1つに定められない場合もあります。

> 適合ディメンションには複数のソースがあり、それらをプロファイリングして適合の矛盾を特定する必要があります

運が良ければ、適合ディメンションごとに1つのシステムが記録システムとして宣言されていることがあります。しかしその場合でも、他のシステムからのファクト（イベント）が別のビジネスキーを使用しており、追加のディメンショナル属性を持つ場合があります。その場合、それらを適合させるETLプロセスでは、記録システムとその他のソースにあるキーを一致させ、次のスプリントのために「完璧な」適合ディメンショナル属性のセットを作成し、最終的にはこれらのソースからファクトをロードできるようにする必要があります。

> 適合ディメンションを作成するETLプロセスでは、必要なキーと属性をすべて取得するためにソースをマージする必要があるかもしれません

もっと運が良ければ、「マスターデータ管理（MDM：Master Data Management）」システムが、最も重要な適合ディメンションのプロファイリング対象となるソースを特定する手助けをしてくれるかもしれません。MDMは、業務システム全体で参照データを取得、クレンジング、同期します。ETLが複数のソースを適合させるときに必要な、相互参照されたビジネスキーを提供してくれるのです。

> マスターデータ管理システムは、ディメンションの適合をサポートします

データウェアハウスモデルの作成や更新を行う前に、早めのプロファイリングを行ってください。そうすることで、発見したデータ品質の問題が、既存の記録システムに由来するものであり、新しく作成されたデータベースやそれを構築するためのETLプロセスの問題ではないことがわかります。逆の手順で行ってしまうと、ステークホルダーは課題の切り分けをしづらくなり、無意味な犯人探しにつながることがあります。

5.1.2　データプロファイリングの手法

データプロファイリングは今や一般的な取り組みなので、データソースをグラフィカルに可視化できる洗練されたプロファイリングツールがあり、独立したアプリケーションやデータモデリング、ETLツールのモジュールとして容易に利用できます。しかし、専門的なツールがなくても、単純なSQLスクリプト、BI

> 専用のデータプロファイリングツールは非常に強力ですが、SQLスクリプトやBIツールを使用すればプロファイリングを行うことができます

ツール、スプレッドシートを使えば有益なデータプロファイリングが可能です。データプロファイリング技術に関する詳細な議論は本書の範囲を超えていますが、データウェアハウスでのデータソースが目的に適しているかどうかを素早く評価するための 3 つの基本的なチェック方法があります。

 ## 欠損値

どのようなソースであれ、最も良いテストは欠損値を数え欠損率を計算することです

データプロファイリングの価値を最も直接的に示せるのは、ステークホルダーが必須項目であると判断したデータに欠損値があると早期に発見することです。各候補であるデータソースのカラム / フィールドで NULL または空白の出現回数を数え、欠損の割合を計算することで、欠損値をプロファイリングしましょう。ソースデータが NULL になる頻度を知ることはどの列にも必要ですが、特にステークホルダーが必須項目（**MD**）であると認定した列には不可欠です。列の NULL 値をカウントする SQL は以下です。

```
SELECT COUNT(*) FROM ［ソーステーブル］ WHERE ［ソースカラム］
IS NULL
/* 文字のカラムの場合は、下を追加すべきです */
OR ［ソースカラム］ = "
```

データベース以外のソース（CSV ファイルなど）を扱う場合は、ソースデータを外部テーブルとしてマッピングすることができます。また、基本的な ETL を行い、最小限の変換で DBMS テーブルに移動させることで、SQL クエリや BI ツールを使ってプロファイリングできるようになります。

 ## 一意な値と頻度

ソースカラムの一意性をチェックし、キーの候補や階層レベルを特定します

各データソース候補について、把握しておくべきもう 1 つの重要な特性は、そのソースに含まれるユニーク数と各値の頻度です。一意な値の数や割合を計算する SQL は以下のとおりです。

```
SELECT COUNT(DISTINCT ［ソースカラム］), COUNT(DISTINCT［ソー
スカラム］)/COUNT(*) * 100
FROM ［ソーステーブル］
```

一意な値の割合が 100％ のソース列はビジネスキーの候補になり得ます。一方で、一意な値の割合が低い列はその集合が有効な階層構造であることを表しているかもしれません。列の各値をその頻度によってランク付けするための SQL は次のとおりです。

```
SELECT ［ソースカラム］, COUNT(*) FROM ［ソーステーブル］
GROUP BY ［ソースカラム］ ORDER BY 2
```

ソースカラムにおける値の出現頻度を可視化することで、NULL でないにもかかわらず、情報量のない列を見つけることができます。例えば：

- ほぼすべて同じ値になっている列（デフォルト値と等しい）
- 空白またはスペースのみの文字列（論理的には NULL と等しい）
- 正しいデータ入力を怠けるための適当な日付。例えば "1/1/01" など

ソースカラムの値を頻度別に可視化し、質の悪いコンテンツを発見します

データプロファイリングではテーブルをフルスキャンする必要があるため、中には非常に多くのリソースを消費してしまうクエリもあります。トランザクションのパフォーマンスに悪影響を及ぼす可能性があるので、稼働中の業務システムを直接プロファイリングすることは避けましょう。データウェアハウスのチームの、運用サポートチームからの第一印象が悪くなってしまいます。代わりに、自分のサーバー上にあるデータソース候補のスナップショット（オフラインコピー）を使用するか、営業時間外まで待ちましょう。

データの範囲と長さ

データプロファイリングの簡単なテストにおける 3 つ目のカテゴリーは「ソースデータの範囲」です。これを特定するためには、数値型の列では最小値や最大値、平均値、日付型の列では最古と最新の日付、文字型の列では最短と最長の文字列をクエリします。このクエリは、データウェアハウスのデータ型を定義し、日付範囲を設定するのに役立つだけでなく、エラーを表す値として記録することが多い外れ値を発見するのにも役立ちます。

データ範囲をクエリすることで、データ型を定義し、エラーを表す外れ値を見つけるのに役立ちます

ソースデータに信頼できるタイムスタンプがある場合は、データが挿入／更新された月、四半期、年ごとにデータプロファイリングのクエリをグルーピングして、時間の経過とともにデータ品質がどのように変化するかを確認してください。運が良ければ、最も品質が悪い問題のデータはデータウェアハウスの履歴のスコープより古いかもしれません。

独自のデータプロファイリングによるチェックの自動化

データプロファイリングツールを持っていないが、チェックする必要のあるソースカラムが数百～数千もある場合、SQL を生成する SQL を使用してデータプロファイリングのテストを作成し、その結果をテーブルに書き込むことで、BI ツールから参照して分析やプレゼンテーションを行うことができます。例えば、以下の SQL は、スキーマ内のすべての列の NULL をカウントし、結果を「プロファイル結果」テーブルに書き込む一連の INSERT 文を生成します：

SQL スクリプトを使用してデータプロファイリングを行い、結果をテーブルに書き込むクエリを生成します

```
SELECT
'INSERT INTO プロファイル結果（テーブル名，カラム名，欠損値）
SELECT '''
|| テーブル名
|| ''', '''
|| カラム名
|| ''', COUNT(*) FROM '
|| テーブル名
|| ' WHERE '
|| カラム名
|| ' IS NULL;'
FROM SYS.すべてのテーブルカラム
WHERE …
```

「SQL data profiling script」とウェブで検索すれば、お使いのデータベースプラットフォームに合わせた既製のスクリプトが見つかるはずです。そのスクリプトは、上記で推奨されたテストやその他のテストをすべて作成し、結果を表形式で保存します。

既成のプロファイリング用スクリプトをウェブで検索します

データプロファイリング、データ品質の測定、データ品質に継続的に対処するための ETL 技術の詳細については、以下の書籍を参照してください。

- *Data Quality: The Accuracy Dimension*, Jack E. Olsen (Morgan Kaufmann, 2003)
- *The Data Warehouse ETL Toolkit*, Ralph Kimball, Joe Caserta (Wiley, 2004), Chapter 4, pages 113–147

5.1.3 まだソースが存在しない場合：プロアクティブな DW/BI 設計

プロファイリングするソースがない場合はどうでしょうか。これは必ずしも大きな問題ではなく、ただ先読みして対応する必要があるというタイミングの問題だけかもしれません。アジャイルな BI システムが新しい業務システムと並行して開発される場合、「プロアクティブなデータウェアハウスの設計」は、業務システムの開発やパッケージ化されたソリューションの導入に先行することができます。当初は、DW/BI 設計のヒントになるようなソースデータは存在せず、おそらくソースデータモデルも存在しないでしょう。パッケージ化されたソースのように、データモデルが十分に文書化されていても、システムが構成され、実際のデータが移行されるまでは、それほど有用な情報は提供されません。

ソースデータの定義がまだ流動的である（存在しない）場合、ETL 開発は特に困難ですが、これはアジャイルなデータウェアハウスチームにとって、より良い「データ協定」を交渉するチャンスです。業務システム開発チームがまだ設計モードである間に、BEAM✱ モデルを使って BI データ要件の詳細な仕様を提供することができます。業務システムのアジャイルな開発チームは、データウェアハウスが必要とする重要な BI 情報を自分たちのシステムが確実に取得できるようにするために、早期の情報提供を歓迎するでしょう。このような協力体制があれば、ディメンション設計と ETL 開発を進めることができます。

ソースデータベースの開発がデータウェアハウスの設計より遅れている場合、BEAM✱ テーブルに基づいて抽出ファイルのレイアウトを定義し、業務システム開発チームにその納品スケジュールに同意してもらうことで、ETL 開発の遅延を回避できます。その後、アジャイルな ETL チームは、最初は空のファイルをスタースキーマの対象にマッピングして作業に取り掛かることができます。

新しい業務システムのデータ取り込みが始まったら、初期データと事前に合意した抽出ファイルをできるだけ早期にプロファイリングすべきです。実装と仕様の間にずれがないか確認し、問題があれば早期に報告することで、業務システム開発チームは仕様や納期を守ることが容易になります。成果物は必ず検証しましょう！

> プロアクティブな DW/BI 設計者は、（まだ）プロファイリングする安定したデータソースがない状況に対処しなければなりません

> ソースデータが存在しない状況を、理想的な BI データソースを定義する機会と捉えましょう

> ソースが利用可能になったらすぐにプロファイリングします

5.1.4 データプロファイリングの結果を用いてモデルに注釈を付ける

データプロファイルを、ステークホルダーに馴染みのあるBEAM✳︎フォーマットで提示します

　データプロファイリングの結果はステークホルダーに提示すべきです。そうすることで、ステークホルダーはデータの問題点を確認できるため、次にやることを決定し、必要であればデータの実態に基づいて開発の優先順位を変更することができます。データプロファイリングツールは、データウェアハウスチームに多くの有用なグラフィカルなレポートを提供できますが、BEAM✳︎モデルのプロファイリング結果は、モデルストーミングのステークホルダーが慣れ親しんだフォーマットであるBEAM✳︎モデル自体で提供するのが最適です。

BEAM✳︎テーブルを拡張してプロファイリング指標を記録し、ソースデータの問題を強調するために注釈を付けます

　図5-2では、「製品」ディメンションがデータプロファイリング結果を示すレコード数や割合、最小値、最大値などで拡張されています。これらの簡単なプロファイリング指標は、潜在的な問題を浮かび上がらせるための素晴らしいスタート地点であり、データプロファイリングツールによって生成される、より高度な指標や可視化で補強することができます。図5-2の表には、データソース、利用できない詳細、新しい属性、定義の不一致を示す注釈も付けられています。以下のセクションでは、使用されるモデルレビュー表記法について説明します。

 ## データソースとデータ型

各カラムには、ソース名、データ型、長さを追加します

　それぞれのディメンショナル属性とイベント詳細について、そのデータソース候補を波括弧（{ }）の中に記録します。例えば、**{ERP. 従業員 . グレード}**は、ERPシステムにおける従業員テーブルまたはファイルの、グレードカラムまたはフィールドを示します。BEAM✳︎テーブルの全カラムのデータソースが単一のソーステーブルまたはファイルである場合、テーブルヘッダーにそのテーブル名やファイル名を追加し、BEAM✳︎の各列にはソースとなる個々のカラム名またはフィールド名のみを表記します。例えば、図5-2のテーブルヘッダーは、すべての「製品（Product）」属性のソースがERPシステムのPRDテーブルにあることと、「サブカテゴリー（Sub Category）」列のソースがPRD_SCAT列であることを示しています。テーブルやカラムが複数のソースから派生したものである場合は、カンマで区切るか、波括弧で囲んだ参照番号を記載し、ハイパーリンクを付けた補足の文書や脚注でマッピングルールを詳しく説明します[訳注2]。同じデータに対して競合するソースがある場合は、スラッシュ（/）で区切ります[訳注3]。カラムのソースを特定するだけでなく、表5-1のコードを使用して、データ型と長さも記録する必要があります。

訳注2　例えば「製品説明」列がCRMシステムのPRDテーブルにあるDESC列からも情報を得られる場合、{ERP_PRD_DESC, CRM_PROD_DESC}とカンマ区切りで記載します。あるいは、{1,2}と記載し、脚注で「ソース1（ERPシステム、PRDテーブル、DESC列）、ソース2（CRMシステム、PRDテーブル、DESC列）」と記載します

訳注3　例えば、{ERP_PRD_DESC / CRM_PRD_DESC}とスラッシュで区切ります

5.1 アジャイルデータプロファイリング

図 5-2
データソースとプロファイリング結果に基づく、注釈付きのディメンションテーブル

- すべての列におけるデータソース：
  システム - ERP
  テーブル - PRD
- 属性タイプの不一致
  「サブカテゴリー」が必須と定義されていますが、データソースには欠損値があります
- データソース：
  カラム - PRD_TYPE Char(50)
- 「製品重量」に関するデータソースがありません
- 新しい属性
- 非 NULL

製品 [HV]
{ERP, PRD}

	製品説明	製品コード	製品タイプ	サブカテゴリー	製品重量	発売日
	MD, FV **C20** {PRD_DESC}	BK, MD, **C10** {PRD_CODE}	~~MD~~, HV, **C50** {PRD_TYPE}	~~MD~~, HV, **C15** {PRD_SCAT}	~~MD,FV~~	D, NN {PRD_LAUNCH}
	iPip Blue Suede	IPPBS16G	MP3 特別版	特別版	~~100g~~	2009 年 3 月 30 日
	iPip G1	IPPG15G	MP3	音楽	~~500g~~	2000 年 10 月 23 日
	iPOM Pro	IPMP35G	タワー型 PC	デスクトップ	~~5Kg~~	2006 年 8 月 6 日
	POMBook Air	PBA20G	ノート PC	モバイル	~~1Kg~~	2008 年 1 月 28 日
	iPOM + プリンター	PB009	バンドル	デスクトップ	~~6Kg~~	2009 年 3 月 2 日
	iPip Touch	IPMT8G	PDA	マルチメディア	~~120g~~	2007 年 9 月 4 日
	利用不可	N/A	N/A	N/A	~~N/A~~	-
	iPip Blue Suede	IPPBS16G	MP3	音楽	~~100g~~	2009 年 3 月 30 日
データプロファイル						
サンプル数	500	500	500	500		500
欠損値	0 (0%)	0 (0%)	**10 (2%)**	**100 (20%)**		0 (0%)
ユニーク数	500 (100%)	500 (100%)	20 (4%)	10 (2%)		400 (80%)
最小値	** 製品なし	IP001	バンドル	デスクトップ		2000 年 10 月 23 日
最小値の数	1 (0.2%)	1 (0.2%)	25 (5%)	50 (10%)		1 (0.2%)
最大値	zPip Zero	ZZ99	タワー型 PC	特別版		2009 年 3 月 30 日
最大値の数	1 (0.2%)	1 (0.2%)	10 (2%)	10 (2%)		5 (1%)
最小文字数	10	5	3	5		
最大文字数	20	7	20	15		

- 製品タイプの一部が欠損している = エラー
- サブカテゴリーの欠損が多い = 意図的な、不規則階層

データソースの参照を、（図 5-2 のように）テーブルヘッダーの下と列タイプの下の新しい行に記載しておくと、不要なときは非表示にできます。例えば、モデルのレビュー中で、ソース名がステークホルダーにとって意味がない場合などです。

コード	データ型
Cn	文字データ型（Character）。"n" は最大長を表します
DT	日付と時刻（Date and Time）
D	日付（Date）
Nn.n	数値データ型（Numeric）。「n.n」は桁と精度を表します
T	テキスト（Text）。自由形式のテキストを保持するために使用される長い文字列データ
B	Blob。文書、画像、音声などを保持するために使用されるバイナリオブジェクト

表 5-1
データ型のコード一覧

追加データ

追加データを強調する場合は、*斜体*を使用します

　候補となるデータソースのプロファイリング中に、ステークホルダーが要求していなかった関連データが発見される可能性は極めて高いです。その中に、現在重点的に扱っているイベントのファクトやディメンショナル属性となりうるものが存在していたら、モデルに追加して検討すべきです。特に、適合ディメンションをさらに再利用するための追加のビジネスキーは非常に重要なものです。新しいカラムを強調するために、***太字の斜体***を使用してください。

 利用できないデータ

利用できないデータを強調するには、~~取り消し線~~を使用します。テーブル全体が利用できない場合は、マトリックス上でもそれを強調します

　データソースが見つからない場合、または唯一の利用可能なソースがほとんど情報を持っていない場合は、利用できないカラムとその具体例に**太字の取り消し線**を使用してください。図 5-2 は、「製品重量」が利用できないことを示しています。イベントやディメンション全体が利用できない場合は、テーブル全体とイベントマトリックスの該当する行またはカラムに取り消し線を引く必要があります（そして、できるだけ早くステークホルダーに通知してください）。図 5-3 は、製品ディメンションに信頼できるソースがない状況（幸い、そのような状況には滅多になりませんが）を示しています。もし本当にそうであれば、イベントテーブルの製品詳細のすべてに取り消し線を引き、それらを利用できないようにします。

図 5-3
ディメンション全体のデータソースがないことを示す BEAM✻ 図

製品 [HV]

製品説明	製品コード	製品タイプ	ブランド
~~MD, FV~~	~~BK, MD~~	~~MD, HV~~	~~MD, HV~~
~~iPip Blue Suede~~	~~IPPBS16G~~	~~MP3 特別版~~	~~iPip~~
~~iPip G1~~	~~IPPG15G~~	~~MP3~~	~~iPip~~
~~iPOM Pro~~	~~IPMP35G~~	~~タワー型 PC~~	~~iPOM~~
~~POMBook Air~~	~~PBA20G~~	~~ノート PC~~	~~POMBook~~

すべての情報に取り消し線を引きます：
ディメンションが必要とする適切なデータソースが見つかりませんでした

 NULL と属性の不一致

~~MD~~ を使用して、必須データの欠損を強調します。その他の不一致がある列コードには取り消し線を引きます

　属性定義の不一致が見つかった場合、該当する列コードに太字の取り消し線を使用して強調する必要があります。例えば、図 5-2 の「サブカテゴリー」列は、ステークホルダーが全製品を必須（**MD**）と定義していました（したがって、デ

フォルトの製品階層でも良いレベルのはずです)。しかし、データプロファイリングにより、製品の 20%で欠損していることが判明したため、~~MD~~ と表しました。

ステークホルダーが必須項目として明示しなかったイベント詳細やディメンショナル属性について、「非 NULL な」ソースを **NN**(Not NULL)として強調することは非常に有効です。これらの珍しいケースでは、ステークホルダーが考えていたよりも信頼性が高いデータを入手できるので、以前は考慮しなかった新たな切り口の分析ができるようになることがあります。

> 欠損のないソースデータを NN(Not NULL)として強調します

モデルにソース定義を注釈として追加するには、次の表記法を使用します:

{ソース} :データソースとなるシステム、テーブル、カラム、ファイル、フィールドの名前
値　　　 :利用不可または誤ったデータ、もしくは矛盾する定義
NN　　　 :Not NULL。この列は NULL 値を許容しません

5.2　モデルレビューとスプリントプランニング

プロファイリングの結果をモデルに追加したら、ステークホルダーのモデルレビューに先立ち、DW/BI チームで初めてのスプリントプランニング(図 5-4)を開きましょう。データプロファイリングの結果を確認して新たに得た知識をもとに、チームはデータの問題を重要度でランク付けし(表 5-2 を参照)、利用可能なイベントを取り込むための ETL タスクの見積もりを人月単位で提示すべきです。

> データプロファイリングの結果を用いて、データの問題をランク付けし、ETL のタスクを見積もります

> 図 5-4
> 初期見積もり

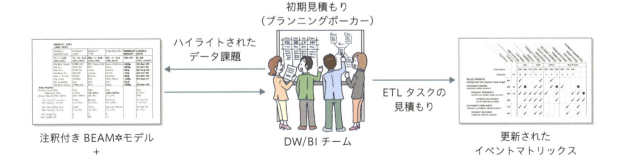

175

5.2.1 チームによる見積もり

見積もりはアジャイルなDW/BIチームの活動であり、チーム全員が関与すべきです。これにより、徐々に具体化されていく設計に全員がキャッチアップし続けることができます。見積もりでは、誰もが有益な貢献をすることができます。例えば、BI開発者は、過去にデータソースから直接レポートを作成した経験からデータソースに精通している場合、ETLの見積もりに貢献することがよくあります。

プランニングポーカーを実施して、チームによる偏りのない見積もりを作成します

チーム見積もりの欠点は、「一番よく知っている人」や「一番声が大きい人」が、他のメンバーの見積もりに影響を与えることです。これを避けるには、「プランニングポーカー」が効果的です。トランプのような専用のカードを使って、全員が同時にタスクの見積もりを公開します。そうすることで、チームは異なる意見から多くを学ぶことができます。

ディメンションとイベントの見積もりをイベントマトリックスに追加します

タスクの見積もり結果に合意すると、各テーブルごとの合計がイベントマトリックスに追加されるので、関連するディメンションとイベントの見積もりの合計を計算することで「スタースキーマの見積もり」を算出できるようになります。これらの見積もり結果は、チームの「ベロシティ(イテレーションごとに提供される作業量)」と合わせて使用することで、次のスプリント後のプロトタイプや次のリリースで提供できるものについてステークホルダーに見通しを伝えられます。

チームのベロシティを計算する方法や、アジャイルチームでプランニングポーカーを使った見積もりをする方法については、この本を読んでみてください。
Scrum and XP from the Trenches, Henrik Kniberg (InfoQ.com 2007)
Chapter 4: How we do Sprint Planning

注釈付きのデータモデルとタスクの見積もりについて、できるだけ早くステークホルダーと一緒にレビューしてください。レビューを遅らせると、データウェアハウスに対する非現実的な期待が高まることがあります。ステークホルダーにあまり長い間夢を見させないようにしましょう！

5.2.2 モデルレビューの実施

ステークホルダーと注釈付きモデルをレビューし、次のリリースで何が実現可能かの認識を合わせます

注釈付きモデルとイベントマトリックスの見積もりによって、ステークホルダーとのモデルレビュー(図5-5)の準備ができました。このミーティングの目的は、現在利用可能なデータソースとタスクの見積もりに基づいて、次のリリースで何が達成できるか、ステークホルダーと認識を合わせることです。データソースの状態が良く、ビジネスの優先事項が変わっていなければ、ミーティングはすぐに終わるはずです。そうでない場合は、ステークホルダーが最も注目すべき深刻なデータの問題と大規模なタスク見積もりに集中する必要があります。

5.2 モデルレビューとスプリントプランニング

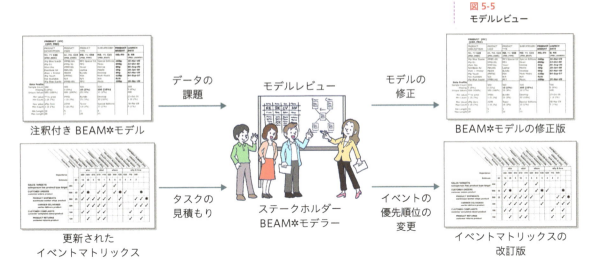

図 5-5
モデルレビュー

　欠損している主要なソースを最初にレビューすることで、最も深刻な問題（表5-2 を参照）から順番に取り組んでいきます。図 5-3 のように打消し線が引かれており、イベントやディメンションのソースが完全に欠損している場合、優先順位の大幅な見直しが必要になることがあります。一般的に、個々の詳細が欠損しているだけであれば一般的に混乱は少ないですが、中には欠損が許されないものもあります。適合ディメンションのデータソースが矛盾する問題は非常に深刻です。将来のイテレーションに連鎖的な影響を及ぼし、とても大きな技術的負債が蓄積される可能性があるからです。

データソースの欠損や適合ディメンションにおける競合といった、深刻なデータ問題に注力します

重要度	問題	影響
1	適合ディメンションの欠損	停止
1	イベントの欠損	停止
3	ビジネスキーの欠損または不正確な値	停止
3	適合ディメンションにおけるデータソースの矛盾	停止
5	イベントの粒度が異なる	停止 / 一時停止
6	非適合ディメンションの欠損	一時停止
6	イベントの詳細がない（または不十分）	一時停止
8	必須項目である値の欠損	一時停止
8	階層関係が不正確	一時停止
10	ディメンションの属性がない（または不十分）	続行
10	ディメンションの詳細と属性の値が一致しない	続行
12	新たなイベント詳細またはディメンション属性	続行
停止	：大幅な見直しや優先事項の再検討が必要です	
一時停止	：物理的なデータベースを開発する前にフィードバックをします	
続行	：（慎重に）進めますが、モデル内のずれや、BI を拡張する機会についてフィードバックをします	

表 5-2
データソースの問題に重要度で順位を付与（1= 最高、12= 最低）

ステークホルダーの助けを借りてモデルを見直します

それぞれのテーブルや列の問題を確認しながら、ステークホルダーの協力を得て、モデル（各テーブルとマトリックスの両方）を更新します。彼らに手助けを求めて次のように判断してもらいましょう。

> この項目を追加、除外、または調整すべきですか？
> これらの矛盾するデータソースのうち、どれを選ぶべきですか？

ステークホルダーがイベントの優先順位を変更したい場合は、それに応じてマトリックスを修正します

レビューを終える際には、データの問題とタスクの見積もりを踏まえてイベントの優先順位を変更したいかどうかをステークホルダーに確認しましょう。ただし、彼らが合意した変更に基づいてタスクの見積もりも調整する必要があることを念頭に置いてください。ステークホルダーが優先順位を変更したい場合は、第4章で説明した「イベントの評価ゲーム」を再度実施して、マトリックスを修正します。

5.2.3 スプリントプランニング

修正されたモデル、見積もり、優先順位を用いて、スプリントバックログを定義します

モデルレビューの後は、スプリントプランニングを開催します（図 5-6）。ここで、DW/BIチームはモデルの修正案に基づいて見積もりを調整し、プロダクトオーナーは「スプリントバックログ」に掲載するデータ項目を決定します。スプリントバックログとは、次のスプリントで実装するデータやユーザーストーリー（テーブルやBIレポート/ダッシュボード）のリストです。チームが見積もりを調整しやすくするために、簡単なスタースキーマを描く必要があるかもしれません。この時点で、本書で後述するデザインパターンをいくつか導入することになります。

図 5-6
スプリントプランニング

BEAM✲モデルの修正版

イベントマトリックスの改訂版

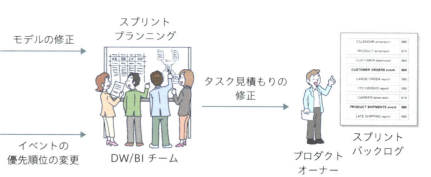

すでに実装されたディメンションの見積もりはゼロとし、実装が不可能なテーブルや優先順位の低いテーブル（プロファイリングされていないもの）の見積もりはすべて空白のままにします。また、退化ディメンションの開発工数はファクトテーブルの見積もりに含まれるため、これらの見積もりも空白にします。加えて、適合ディメンションを共有する2つのスタースキーマの見積もりの合計に、適合ディメンションの見積もりを二重計上してはいけません。適合ディメンションの見積もりは、複数の属性ソースをマージおよび適合させるためのすべてのタスクが含まれるように、それぞれ十分に高くしておくべきです。

5.3 スタースキーマの設計

データの実態と優先順位の変更を反映させたBEAM✻モデルを更新すれば、ディメンショナルモデルの論理データモデルとスタースキーマを作成する準備が整ったことになります。これらは、DW/BIチームが物理データウェアハウスを作成し、ETLとBIアプリケーションを設計するために使用します。この設計作業には、図5-7に示すような技術的な手順だけが含まれ、いずれもステークホルダーの参加や情報提供は必要ありません。

> これでモデルをスタースキーマとして描画する準備が整いました

図5-7
（論理）ディメンショナルモデルの作成

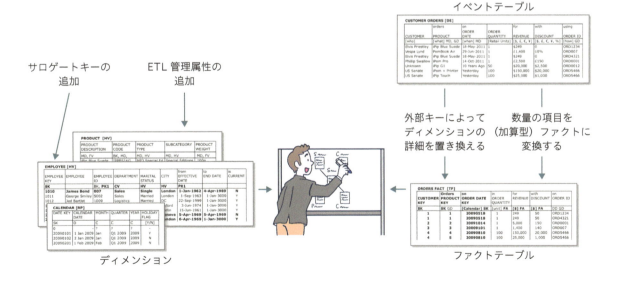

179

BEAM✲Modelstormer のスプレッドシートを使用している場合は、生成されたカスタマイズ可能な SQL DDL を使用して、BEAM✲ モデルをスタースキーマレイアウト用のグラフィカルなモデリングツールにコピーします。まだ行っていない方は、スプレッドシートのテンプレートをダウンロードし、**modelstorming. com** で詳しい使い方をご覧ください。

5.3.1 ディメンショナルモデルにキーを追加する

BEAM✲モデルをディメンショナルモデルに変換するには、キーを追加するだけです

BEAM✲ ビジネスモデルと、物理データベーススキーマの作成に使用できるディメンショナルモデリングとの主な違いは、ディメンションテーブルとファクトテーブル間の関係を定義する主キーと外部キーを追加している点です。データウェアハウスのキー定義は純粋な開発実装作業であるため、これらのキーについてビジネス・ステークホルダーと話し合う必要はありません。

◆ 主キーの選択：ビジネスキー vs サロゲートキー

ディメンションの主キーとしてビジネスキーを使用しないでください。代わりに（データウェアハウスの）サロゲートキーを使用してください

モデルストーミング中に、各ディメンションで少なくとも 1 つの属性を「ビジネスキー（コード **BK** で示される）」として定義し、各ディメンションメンバーを一意に識別しました。ビジネスキー（例：製品コードや顧客 ID）は、ソースシステムの参照テーブルで一意の「主キー」です。これらは、類似した見た目のディメンションテーブルの「候補キー」のように見えます。しかし、ソースシステムのビジネスキーは、データウェアハウスが必要とするような、複数のビジネスプロセス全体で一意で、安定し、最小限であり、非 NULL なキーにはなりません。代わりに、ディメンショナルモデラーは、ディメンションの主キーとして「（データウェアハウスの）サロゲートキー（**SK**）」を使用します。これらは、ETL プロセスによって各ディメンションテーブルの行に一意に割り当てられる整数の連番であり、BI アプリケーションでディメンションをファクトテーブルに結合するために使用されます。その際、それらのキーは外部キーとして機能します。

> ### ◆ データベースキーの定義
>
> **主キー**（**PK**：Primary Key）：テーブルの各行を一意に識別するためのカラムまたはカラムの組み合わせ。一意であることに加えて、主キーは理想的には以下のようなものであるべきです。
>
> - **安定**：時間の経過とともに値が変化しない
> - **最小**：短くする。使用するカラムを可能な限り減らす（理想的には 1 列）
> - **非 NULL**：テーブル内のすべての行に値が存在する

外部キー（**FK**：Foreign Key）：1つの（子または参照）テーブル内のカラムまたはカラムの組み合わせで、別の（親または参照される）テーブルの主キーと関連付けられています。ディメンショナルモデルでは、ファクトテーブル内の外部キーは、それに対応するディメンションの主キーと関連付けられています。

複合キー（**Composite Key**）訳注4：2つ以上のカラムで構成されるキー。BEAM✲モデルでは、同じキーコードのグループに同じ番号を付けることで識別します。例えば、同じテーブル内の2つの列にPK1とマークする場合、その2列を組み合わせた複合キーがプライマリーキーです。

代替キー（**Alternate Key**）：主キーの代わりに使用できるカラムまたはカラムの組み合わせ。キーごとに別の番号を付与することで識別します。例えば、同じテーブル内のPK1、PK2、PK2とマークされた3つの列は、主キーと複合代替キーを表します。

候補キー（**Candidate Key**）：キーとして機能する可能性のあるカラムまたはカラムの組み合わせ。

ナチュラルキー（**NK**：Natural Key）：データベース外の「現実世界」で何かを一意に識別するために使用されるキー。例えば、製品パッケージに印刷されたバーコードやIDカードに記載された社会保障番号など。ナチュラルキーの値は、ステークホルダーが知っていて、レポートやクエリで直接使用されることもあります。私たちの大好きな営業マン、James Bond氏が持っている社員ID「007」は、人事システムを超えて独自の体系を持ち、ナチュラルキーとなったのです。

サロゲートキー（**SK**：Surrogate Key）：データベースやアプリケーションによって自動生成された値（通常は連番）を持つキー。その値自体には意味を持ちません。ナチュラルキーの代わりに使用します。

ビジネスキー（**BK**：Business Key）：ソースシステムから継承される主キー。ソースシステム内では意味のあるナチュラルキーであったり、システムが生成した意味のないサロゲートキーであったりします。一方で、データウェアハウスに到達するまでには、ウェアハウス外のビジネスにとって意味を持つようになっているため、それはビジネスキーと呼ばれます。

データウェアハウスのサロゲートキーがもたらすメリット

データウェアハウスにおけるサロゲートキーは、単にサロゲートキーと呼ばれ、ソースシステムのビジネスキーと比較して次のようなメリットがあります。

> サロゲートキー ＝ DW/BIの大きなメリット

訳注4 Compound Keyとも呼ばれます

ビジネスキーの変化からデータウェアハウスを切り離す

サロゲートキーを用いることで、ビジネスキーの管理方法の変更や不具合から
データウェアハウスを保護できます。例えば、ビジネスプロセスが新しいパッケー
ジのアプリケーションに移行する際にビジネスキーが変更された場合でも、数
百万または数十億のファクトに影響を与えることなく、ディメンション内で更新
することができます。ビジネスキーが製品の製造中止や顧客の離反によって再利
用される場合、新しいサロゲートキーを持つ新しいディメンションの行をこれら
の再利用コードに割り当てることで、以前の利用と区別できます。このようなビ
ジネスキーの不安定さは、古いトランザクションをアーカイブしておけば業務シ
ステムとしては問題ないためしばしば隠蔽されますが、データウェアハウスの利
用方法を長期的な視点で見たときに問題が表面化します。

ビジネスキーが変更または
再利用された場合、サロゲー
トキーを用いることでファク
トへの影響を防ぐことができ
ます

ディメンションにある複数のビジネスキーに対処する

複数の業務システムが、同じ適合ディメンションに関する情報を、異なるビ
ジネスキーを用いて格納していることがあります。サロゲートキーを使用するこ
とで、これらのデータソースから得られるイベントをデータウェアハウス上で統
合できます。また、サロゲートキーを使用することで、ディメンションにどのビ
ジネスキーが最適かという論点を回避できます。最も無難な答えは、「最適なビ
ジネスキーは存在しない」です。これらはすべて、ディメンションに格納する必
要がある重要な非キー属性です。複数のビジネスキーは、ETL プロセスの中で、
複数のソースから得られたファクトにサロゲートキーを外部キーとして割り当て
るために使用されます。さらに、これらのキーは、さまざまなステークホルダー
のグループにとって分析的な価値を持つ場合があります。特に、ステークホル
ダーがデータベース以外で使用する「ナチュラルキー」の場合は、その価値が高
くなります。

サロゲートキーは、複数の
ソースシステムに由来する
複数のビジネスキーを持つ
適合ディメンションに対して、
単一の主キーを提供します

ディメンションの履歴を効率的に追跡する

データウェアハウスでは、緩やかに変化するディメンション（SCD）の記述
属性と、急速に変化するファクトの履歴を両方取り扱う必要があります。サロ
ゲートキーは、この履歴をディメンションテーブルに直接保存し、クエリ時に正
しい履歴情報と履歴ファクトを効率的に結合する簡単なメカニズムを提供しま
す。

サロゲートキーにより、ディ
メンションの履歴を追跡し、
ファクトに効率的に結合でき
ます

ディメンションの欠損値の取り扱い

すべてのディメンションには、ビジネスイベントのエラーや細かな変化に対
応するために、「欠損」または「該当なし」を表す特別なレコードが少なくとも
1 つは必要です。例えば、店舗や電話による顧客の注文は販売員によって処理さ

サロゲートキーは、ビジネス
キーが存在しない特別なディ
メンションの欠損値を表すこ
とができます。例：「顧客な
し」、「日付なし」

れますが、オンライン注文はそうではないので、当然、販売員ディメンションを持ちません。オンライン注文が他の注文と同じファクトテーブルにロードされると、NULLまたは欠損している販売員IDは、販売員ディメンションの「販売員なし」レコードを指す特別なサロゲートキー値に置き換えられます。こうすることにより、「販売員」でグループ化された注文クエリがオンライン注文を含められるようになりつつ、ステークホルダーによって定義されたラベル「欠損」を使用して表示することができます。販売員の外部キーがNULLのままだと、オンライン注文は常に除外されてしまいます。すべてのディメンションに特別な欠損行があることで、クエリの結合が簡単になります。すべてのファクトで必ず一致するディメンションレコードが見つかるため、すべての結合を内部結合にできます。

各ディメンションのデフォルトの欠損行に、サロゲートキーの値として「0」を予約します。この行の「0」を使用して、BEAM✲ディメンションテーブル例のデータに記録されているステークホルダーの欠損ラベルを保持します。さまざまな種類の欠損が必要な場合は、負の値を持つサロゲートキーを使用して、「不明」「該当なし」「エラー」などを表す特別な行を追加できます。これにより、通常のディメンション値は正の整数を使用することができます。特別な値のサロゲートキーを一貫して使用することで、ETL処理を大幅に簡略化することができます。

マルチレベルディメンションへの対応

ビジネスイベントの中には、「階層レベルが変わりうる」ディメンションの詳細を持つものがあります。例えば、販売員経由の注文は通常それぞれの販売員に帰属しますが、販売員が試用期間中であったり、注文が処理される前に退社した場合、注文が販売チームに帰属することがあります。注文は、階層レベルが変わりうる「誰が」のイベントです。欠損値を埋めるサロゲートキーのテクニックを応用することで、販売員ディメンションにさらにいくつかの特別な値を持つ行を加えることができます。これらの行は、営業組織における階層であるチーム、支店、地域、またはその他のレベルを表し、通常のファクトと例外的なファクトの関連付けを実現するためのマルチレベルディメンションを作成します。マルチレベル・デザインパターンについては、第6章で説明します。

サロゲートキーにより、マルチレベルディメンションで「階層レベルが変わりうる」ビジネスプロセスを記述できます

機密情報の保護

データ保護やセキュリティ上の理由から、個人のプライバシーにかかわる購買行動や給与支払いデータを分析するために、匿名化された顧客や従業員ディメンションを作成する必要がある場合があります。当然ですが、匿名化されたディメンションは、名前、正確な住所、生年月日、その他組み合わせると個人を特定できてしまう記述的な属性を格納してはいけません。一方で、ビジネスキー（顧客

サロゲートキーは、機密データを匿名化された状態に保ちます。ビジネスキーとは異なり、サロゲートキーは機密データを復号してしまう可能性のあるソースシステムと結合するためには使用できません

第 5 章　スタースキーマのモデリング

ID や社員番号など）を主キーとして使用する場合、ファクトテーブルにはビジ
ネスキーである外部キーが含まれるので、他のシステムと相互参照することで完
全に復号できてしまいます。これを防ぐためには、ビジネスキーをデータウェア
ハウスの外部に存在しないサロゲートキーに置き換えるとともに、匿名化を解除
できてしまう「ビジネスキーとサロゲートキーの対応表」へのアクセスをセキュ
アな ETL プロセスのみに制限することが対策として考えられます。

ファクトテーブルサイズの縮小

英数字のビジネスキーの代
わりに整数のサロゲートキー
を使用して、ファクトテーブ
ルとインデックスのサイズを
縮小します

　整数のサロゲートキーは、日時のキーやほとんどの英数字のビジネスキー、特
にビジネスロジックが埋め込まれた「スマートキー」と呼ばれるキーと比べてコ
ンパクトです。これにより、ファクトテーブルのサイズを大幅に削減できます。
例えば、よくある詳細なファクトテーブルに 10 種類のディメンションと 5 種類
の指標があるとします。このテーブルにおけるビジネスキーの長さの平均が 10
文字（バイト）である場合、各外部キーを 4 バイトの整数に置き換えると、ファ
クトテーブルとそれに対応するインデックスのサイズを半分にできます。たとえ、
いくつかの外部キーでしか節約できないとしても、ファクトテーブルに関しては、
1 バイトでも削減することが重要なのです。

ディメンションテーブルの大
きさは気にしないでくださ
い…

　ディメンションにビジネスキーに加えてサロゲートキーを追加すると、ディメ
ンションのサイズがわずかに増加しますが、これは無視できる程度です。一般に、
ディメンションのサイズは気にする必要はありません。ディメンションの行は、
記述属性が数十種類あることで長くなることがありますが、通常は「合計」で数
百～数千行しかありません。一方でファクトテーブルは「1 日あたり」数百万行
を記録するかもしれません。ストレージの節約で焦点を当てるべき場所を確認し
たい場合は、図 5-8 のスタースキーマの「スケール」図を見てください。データ
ウェアハウスでは、ファクトテーブルとそのインデックス、ステージングテーブ
ルが、ストレージ要件の 80％ ～ 90％ を占めています。

… ただし、顧客ディメンショ
ンは大きくなる可能性があり
ます

　もちろん、すべてのディメンションが小さいわけではありません。個々の消費
者を含む顧客ディメンションには、数千万～数億行が含まれることがあります。
これらはファクトテーブルと同じように慎重に扱われる必要があります。チェッ
クディジット[訳注5] を含む長い「スマートキー」である英数字の顧客 ID ではなく、
コンパクトな 4 バイトの整数を用いて主キーのインデックスを張ることで、ファ
クトテーブルと同様に恩恵を受けることができます。第 6 章では、「非常に大き
なディメンション（VLD：Very Large Dimensions）」、別名「モンスターディ
メンション」をうまく取り扱うための具体的な技術を説明します。

訳注 5　誤りを検知するために追加される特殊な数値のこと

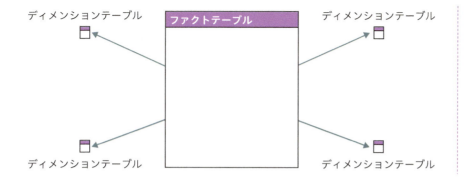

図 5-8
ストレージ使用量に基づく
スタースキーマの
大きさ比較図

　固定長のサロゲートキーについて、ほとんどのディメンションには 4 バイトの整数値が適しています。多人数（21 億人以上の「誰が」または「何を」）[訳注6] を想定している場合や、または特殊なカレンダーディメンション要件（第 7 章で説明）がある場合は、8 バイト整数のサロゲートキーを使用する必要があります[訳注7]。

クエリのパフォーマンス向上

　整数値のサロゲートキー（SK：Surrogate Key）はファクトテーブルとインデックスのサイズを縮小するため、1 回の読み取り操作でより多くのレコードを取得することができます。その結果、スタースキーマのテーブル同士の結合処理（JOIN）が改善され、クエリのパフォーマンスが飛躍的に向上します。

日付型や文字型のキーより整数の SK の方が速く JOIN できます

効率的な参照整合性の担保

　サロゲートキーは ETL に複雑なレイヤーを追加することになります。ビジネスキーをサロゲートキーに置き換えない場合、ファクトのレコードを DW により速く読み込むことができるのは事実です。しかし、上に挙げた利点によってこの読み込み負荷は十分に相殺されます。そして、サロゲートキーの副産物として効率的な「参照整合性（RI：Referential Integrity）」が得られます。

SK への置き換えはファクトのロードを遅くしますが、「参照整合性（RI）」を強制します

　参照整合性（RI）とは、すべての外部キーが対応する主キーを持つことを意味します。この RI チェックがなければ、既存のディメンション値と一致しない、破損したディメンション外部キーを持つファクトが読み込まれてしまう可能性があります。この場合、これらの誤った悪いキーを使用するクエリでは、適切なディメンションに結合できないため、それらのファクトを含めることができません。悪いキーがファクトテーブルに紛れ込むと、取り除くためのクエリ（SQL の "NOT IN"）は非常に高コストになります。

RI は、悪いキーが良いファクトテーブルに読み込まれてしまうのを防ぎます

訳注6　4 バイト INT 型の最大値は約 21 億
訳注7　他にも、履歴を持つことで 4 バイト整数の上限を超えてしまうことがあります

> 参照整合性があることを、DBMS の制約で担保させることもできますが、ETL 時に BK を SK に置き換えることで担保させた方が効率的なことが多いでしょう

データベース内で外部キー制約を定義することで、参照整合性を担保することができます。しかし、実際のところ、参照整合性（RI）を有効にした状態でデータウェアハウスに大量のデータを読み込むには、DBMS は遅すぎる場合があります。対照的に、ETL プロセスは、外部キーと主キーの照合に必要なインメモリルックアップ[訳注8]のような操作の実行に最適化されています。これはまさに、ファクトテーブルをロードする前にビジネスキーをサロゲートキーに変換する処理の中で ETL が行う操作と同様です。事実上、サロゲートキーを追加する処理の一部が参照整合性を担保しているため、専用の処理を追加する必要はありません。したがって、DBMS の参照整合性チェックを安全に無効化することができます。

DBMS のクエリ最適化プログラムは、ファクトテーブルに参照整合性制約が定義されていることで恩恵を受けることがよくあります。自動最適化の手がかりを残しながら ETL パフォーマンスを向上させるために、制約を絶対としない設定も可能です（これを「安心してください、私は私の ETL プロセスが何をしているか知っています」モードと呼ぶかもしれません）。これにより、ファクトとディメンション間の関係について必要な情報を最適化プログラムに渡し、クエリを高速化しつつも、ETL を遅くする不必要な挿入および更新チェックを回避することができます。

ETL 開発および初期データの取り込み中に、ファクトテーブルに対して DBMS による参照整合性制約を有効にし、二重の安全策としてデータ整合性を担保することで、ETL サロゲートキーのルックアップがテストできます。DBMS の参照整合性エラーが発生しない場合、ETL プロセスはファクトに有効なサロゲートキーを割り当てており、追加の DBMS チェックが不要になります。ロード時間に悪影響がある場合は、DBMS の参照整合性を無効にできます（制約を削除するか、強制しないように設定します）。

5.3.2 緩やかに変化するディメンション

> 変更ストーリーは、緩やかに変化するディメンションの挙動に対応しています

ステークホルダーとディメンションをモデル化する際には、各ディメンション属性がどのように変化を扱うべきかを質問します。そして、彼らの回答を変更ストーリーとして記録します。これは、3 つの挙動を表す属性を説明します。固定値（**FV**：Fixed Value）属性は修正のみが可能で、有効な履歴を持ちません。現在値（**CV**：Current Value）属性は履歴が不要で、履歴値（**HV**：Historic

---

訳注8　主キーのリストをメモリ上に保持することで、取り込むデータの外部キーが実際に存在するかを高速で照合する操作のこと

Value）属性は履歴を保持します。図 5-9 は、James Bond 氏の従業員属性の変更ストーリー 2 つを示しています。「結婚状況」と「居住地」の履歴値（**HV** 属性）は各ストーリーで丁寧に追跡されています。一方、彼の **CV** および **FV** 属性である「部門」と「生年月日」は、すべてのストーリーで現在の値または修正された単一の値のみを示しています。このデータ例は、サロゲートキーを使用したデータウェアハウスの ETL プロセスで実装される、「緩やかに変化するディメンション（SCD）」と完全に一致します。

図 5-9
緩やかに変化する
従業員ディメンション

新しい主キー
サロゲートキー（SK）を追加して、単一の主キーを作成します

主キー候補の属性
007 には複数のバージョンがあるため、ビジネスキーである「従業員 ID」と「有効開始日」を組み合わせて、主キーの候補を形成する必要があります。この複合キーは、テーブルにサロゲートキーを追加することで回避できます

従業員 [HV]

従業員キー	従業員	従業員 ID	部門	生年月日	結婚状況	居住地	有効開始日から	有効終了日まで	現在の値か
SK		BK, PK1	CV	FV	HV	HV	PK1		
1010	James Bond	007	営業	1930 年 9 月 25 日	独身	London	1962 年 1 月 1 日	1969 年 4 月 4 日	いいえ
1011	George Smiley	5002	営業	1939 年 5 月 12 日	既婚	London	1963 年 9 月 1 日	3000 年 1 月 1 日	はい
1012	Jed Bartlet	1009	物流	1940 年 8 月 1 日	既婚	DC	1999 年 9 月 22 日	3000 年 1 月 1 日	はい
1013	Connie Sachs	5004	物流	1955 年 12 月 7 日	独身	Oxford	1974 年 6 月 3 日	3000 年 1 月 1 日	はい
1014	Alex Leamas	5005	物流	1945 年 11 月 10 日	独身	Berlin	1961 年 6 月 15 日	3000 年 1 月 1 日	はい
2099	James Bond	007	営業	1930 年 9 月 25 日	既婚	Geneva	1969 年 4 月 5 日	1969 年 4 月 5 日	いいえ
2120	James Bond	007	営業	1930 年 9 月 25 日	死別	London	1969 年 4 月 6 日	3000 年 1 月 1 日	はい

付与

現在値および固定値属性
「部門」と「生年月日」は、Bond 氏の各履歴バージョンでも同じ値です。「生年月日」の修正または「部門」の変更を行う際には、Bond 氏の全バージョンを更新します

履歴値属性
「結婚状況」と「居住地」は決して更新されません。値が変更される際には、従業員の新しいバージョンを作成します

 履歴を書き換える：SCD タイプ 1

CV と **FV** のディメンショナル属性は、「SCD タイプ 1」として実装されます。ソースシステムでこれらの値が変更されると、ディメンションの値は上書きされます。生年月日などの **FV** 属性の場合、これで実装は完璧です。なぜなら、従業員や顧客は誕生日を 1 つしか持たないからです。更新処理はただの修正であり、値の情報は何も失われません。また、**CV** 属性の場合、ステークホルダーは、過去の値の履歴は重要ではなく、現在の値だけが重要であると判断しています。つまり、**CV** 属性と **FV** 属性の履歴は残されないため、この二種類に当てはまる属

CV および FV 属性は、SCD タイプ 1 として実装されます。変更は更新として扱われ、履歴は上書きされます

性を使用して作成されたレポートは「再現不可能」になります。レポートは「当時（as was）」の記述ではなく「現在（as is）」の記述でグループ分けやフィルタリングを行うため、時間を置いて再実行すると異なる答えが返ってくることになります。

 履歴を追跡する：SCD タイプ 2

HV のディメンショナル属性は、「SCD タイプ 2」として実装されます。ソースシステムでこれらの値が変更されても、ディメンションの値は上書きされません。代わりに、新しい値をもった新しい行が挿入されます。これは図 5-9 の変更ストーリーが Bond 氏のさまざまなステータスと場所を示しているとおりです。

> HV 属性は SCD タイプ 2 として実装されます

変更を追跡するために新しい行を作成すると、ディメンションを一意に識別するキーの設定に関する問題が発生します。例えば、Bond 氏のビジネスキー「007」ではもはや単一の従業員行を一意に識別できないので、有効な主キーとして提供するには変更履歴の有効期間と組み合わせる必要があります。しかし、従業員 ID と有効開始日のような複合キーを使うと、ファクトの履歴を正しいディメンションの履歴と結合するのが非常に煩雑になってしまいます。履歴を追跡し始めるまでは、以下のように単純な「等価結合」訳注9 で Bond 氏の経費を特定できたのですが：

> ディメンション内で履歴を追跡することは、ビジネスキーだけでは主キーとして信頼することができないことを意味します

```
従業員.従業員ID = 経費ファクト.従業員ID
```

有効開始日を含む複合キーでは、最適化が非常に難しい「複雑な結合（シータ結合）」になります訳注10。

> 有効開始日を含む複合キーの場合、ファクトテーブルへの複雑な結合が必要になります

```
従業員.従業員ID = 経費ファクト.従業員ID AND
経費ファクト.発生日
BETWEEN 従業員.開始日 AND 従業員.終了日
```

日付による「BETWEEN」結合がなければ、Bond 氏のすべての経費が Bond 氏の履歴の各バージョンに結合され、図 5-9 の Bond 氏の 3 つのバージョンに基づいて集計結果が 3 倍になります。上記の結合だけでも複雑に見えると思いますが、ファクトに結合しなければならない **HV** ディメンションは「従業員」だけではないことを想像してみてください。これは、一般的なデータウェアハウスの

訳注 9 「=」を用いた結合のこと
訳注 10 シータ結合とは「=」以外の比較演算子を用いた結合のことです

ファクトの量に対して実行可能なクエリ戦略ではないでしょう[訳注11]。

代わりに、SCD タイプ 2 では、ディメンションメンバーの各履歴バージョンを一意に識別する効率的な最小の主キーとして、サロゲートキーを使用します。図 5-9 は、ディメンションに追加されたサロゲートキーである従業員キーを示しています。これは、すべての従業員関連ファクトテーブルの外部キーになります。Bond 氏の場合、彼の最初の経費請求や販売取引の従業員キーは 1010 となり、最も最近のものは 2120 となるでしょう。SCD タイプ 2 のサロゲートキーを使うことで、効率的な等価結合が実現されます。これによって、ファクトの履歴は正しくディメンションの履歴に、また最新のファクトは現在のディメンションに自動的に結合されることができます。また、レポートが「冪等」になる効果もあります。例えば、Bond 氏の 1968 年の経費は、常に独身男性によるものとして報告されます。妻と死別した人によるものとしては報告されません。

SCD タイプ 2 のサロゲートキーは、単純な等価結合を使用して履歴を分割します

サロゲートキーは、可能な限りステークホルダーから隠す必要があります。BI ツールでは、サロゲートキーをファクトとディメンションを結合するための機械的な方法としてのみ使用しましょう。サロゲートキーは、データの並べ替え、グループ化、フィルタリングに使用することはできません。例えば、従業員に紐付くサロゲートキーの中で最も値が大きいものが最新バージョンであるとは限りません。後から到着した従業員情報の変更には、現在のバージョンよりも大きい番号のサロゲートキーが割り当てられることになります。また、BI ツールでは、従業員のバージョンごとではなく従業員 ID ごとにカウントして、表示する従業員のリストを一意にする必要があります。そうしなければ、ステークホルダーは「Bond 氏、Bond 氏、Bond 氏、...」のように同じ名前を繰り返し表示してしまうでしょう。

 現在値か履歴値？　両方に対応しませんか？

ディメンションを現在値（**CV**）のみ保持すると定義することは慎重に検討してください。履歴値が必要になる可能性がある場合は、これらの属性を **HV** として定義し、それに応じてディメンションと ETL プロセスを設計して、最初から履歴値を記録しておく必要があります。属性をリファクタリングし **HV** に変え、その「後から到着する」ディメンションの過去履歴を既存のウェアハウスに実装することは複雑でコストがかかり、すでに存在する何億ものファクトの外部キーを更新することになります。

第 3 章で説明したように、ステークホルダーがモデルに追加した **CV** コードは、データの保存方法に関する決定ではなく、「レポーティングに関する指示」とし

将来的に完全な履歴が必要になると思われる属性は、HV として定義してください。「後から到着する」履歴をリファクタリングするのは高コストです

CV は ETL への指示ではなく、レポーティング時のデフォルト値として扱います

訳注 11 2024 年現在はデータウェアハウスの性能が向上したため、日付による「BETWEEN」結合を行っても、ある程度までは処理を実行できるようになりました。詳細は、訳者解説「データウェアハウスに関する時代の変化について」をご参照ください

て扱うことが多いはずです。**CV** という記載は、ステークホルダーが、レポートのデフォルトの値を初期段階では「現在の値」にしたいと望んでいることを意味します（なぜなら、彼らはそのやり方に慣れているからです）。

しかし、分析要件がより洗練されたものになると、彼らは考えを改めるかもしれません。最新の DW/BI ハードウェアでは、ほとんどのディメンションについて、ディメンション履歴を保存し、処理することが標準的に行われています。また、履歴を追跡するからといって、それを必要としない BI ユーザーに渡す必要は（まだ）ありません。第 6 章では、モデルや ETL プロセスをさらに複雑にすることなく、現在値（as is）のレポートと履歴値（as was）のレポートの両方を提供する「ハイブリッド SCD パターン」を説明します。

> 可能であれば、ディメンション履歴を保存しましょう。ハイブリッド SCD の提供により **CV** レポーティングができます

The Data Warehouse ETL Toolkit, Ralph Kimball, Joe Caserta（Wiley, 2004）の 5 章、183 ～ 196 ページは、緩やかに変化するディメンションをサポートするために必要な ETL 処理に関する情報を提供しています。194 ～ 196 ページでは、後から到着するディメンション履歴の処理の複雑さについて説明しています。

5.3.3 ディメンション定義の更新

サロゲートキーを主キーとして追加した後、SCD 処理と監査要件をサポートするための ETL 管理属性[訳注12] も加え、各ディメンションを完成させます。列を追加するだけなので、ディメンションの別バージョンのスプレッドシートを作成する必要はありません。追加した列は、ステークホルダーとのモデルストーミングで再びテーブルを使用する際には簡単に非表示にできます。

> 主キーと監査列を追加してディメンションを完成させます

◆ サロゲートキーの追加

各ディメンションの先頭に、サロゲートキー列を **SK** として追加し、「[ディメンション] キー」という命名規則を使用します（例：製品キー）。通常、この方法は、「キー（KEY）」という接尾辞がビジネスキーにはほとんど使用されないため（ID、CODE、NUM がはるかに一般的）、うまく機能します。各ディメンションの「欠損行」に「0」としてサロゲートキーを埋め、他の例には単純な連続した整数を使用して、それらがサロゲートキーであることが明らかになるようにします。図 5-10 は、「製品」ディメンションに追加されたサロゲートキーを示しています。

> サロゲートキー（SK）の具体例を追加します。欠損行の SK「0」を具体例に含めます

訳注 12　ETL 処理を行うときに付与される、管理者向けの属性を指します。主に SCD タイプ 2 のディメンションで用いる「SCD 管理属性」と、監査要件を満たすための「監査属性」の 2 つから構成されます

図 5-10 「製品」ディメンションの更新

製品キー	製品説明	製品コード	有効開始日から	有効終了日まで	現在の値か	欠損値か	作成日	作成者	更新日	更新者
SK	MD, FV	BK, MD	NN, CV	NN, CV	NN	NN	NN	NN	NN	NN
2001	iPip Blue Suede	IPPBS16G	2009年3月30日	2009年9月1日	いいえ	いいえ	2006年2月1日	ETLV001	2009年9月1日	ETLV002
2002	iPip G1	IPPG15G	2000年10月23日	3000年1月1日	はい	いいえ	2006年2月1日	ETLV001	2006年2月1日	ETLV001
2003	iPOM Pro	IPMP35G	2006年8月6日	3000年1月1日	はい	いいえ	2006年2月2日	ETLV001	2008年1月2日	ETLV002
2004	POMBook Air	PBA20G	2008年1月28日	3000年1月1日	はい	いいえ	2006年2月2日	ETLV001	2006年2月2日	ETLV001
2005	iPOM + プリンター	PB009	2009年3月2日	3000年1月1日	はい	いいえ	2006年2月2日	ETLV001	2006年2月2日	ETLV001
2006	iPip Touch	IPMT8G	2007年9月4日	3000年1月1日	はい	いいえ	2006年2月2日	ETLV001	2006年2月2日	ETLV001
0	利用不可	N/A	2000年1月1日	3000年1月1日	はい	はい	2006年2月6日	ETLV001	2006年2月1日	ETLV001
2007	iPip Blue Suede	IPPBS16G	2009年3月30日	3000年1月1日	はい	いいえ	2009年9月1日	ETLV002	2009年9月1日	ETLV002

- **サロゲートキー（SK）**: ディメンションテーブルに追加され、主キーとして機能します
- **欠損フラグ**: 「欠損値」または「該当なし」の行を示します
- **サロゲートキーの値「0」**: デフォルトで、ディメンションの「欠損値」として予約されています
- **緩やかに変化するディメンション（SCD）管理属性**
- **監査属性**

最も一般的なサロゲートキーの例には、独自の値域を使用します。例えば、顧客の場合は 1 〜 1000、製品の場合は 2000 〜 3000 などです。これは、DW チームがファクトテーブルの外部キーの例を読むのに役立ちます（ステークホルダーはこれらの値を見ることはありません）。この表記は可読性を上げるためのものであり、物理データベース内の特定のディメンションキーのために値域を予約することは推奨されません。

SCD 管理属性と監査属性

ディメンションの履歴を追跡する方法をモデル化し、その **CV** および **HV** 属性を特定している場合、次に示す SCD 管理属性がディメンションにすでに含まれているかもしれません（含まれていない場合は、追加してください）。

- 有効開始日
- 有効終了日
- 現在の値か

有効開始日と有効終了日は、各ディメンション行の有効日付範囲を定義します。例えば、図 5-9 の従業員 Bond 氏の 3 つの「結婚状況（**HV**）」の変更には、重複や空白期間のない独自の有効日付範囲があります。また、各従業員の現在の

SCD を管理するための効果的な日付属性を追加

有効期間の日付属性によって、特定の時点でのディメンションのクエリが可能になります

191

バージョンには、有効終了日がありません。しかし、有効終了日を NULL のままにするのではなく、ETL プロセスで DBMS がサポートする最大の日付に設定するようにします。これにより、特定の時点のディメンションの状況に関する質問をする際に、クエリツールは単純な BETWEEN 演算子を使用できます。例えば、2011 年末の各都市の従業員数をカウントするクエリは、次のようになります。

```
SELECT 都市, count(*)
FROM 従業員
WHERE TO_DATE('2011/12/31','YYYY/MM/DD') BETWEEN
有効開始日 AND 有効終了日
GROUP BY 都市
```

クエリは、DBMS の最大の日付ではなく、「現在値フラグ」を使用する必要があります

「現在値フラグ」は行のバージョンが最新かどうか（「はい」であれば最新）を示します。これは「有効終了日」の値から推測することもできますが、これによりステークホルダーやクエリツールが、DBMS によって異なる意味のない最大の日付の値を覚える必要がなくなります。

SCD 管理属性は非 NULL にするべきです

SCD の管理属性はすべて非 NULL として定義されるべきです。「有効終了日」のデフォルト値は DBMS がサポートする最大の日付、「現在値フラグ」のデフォルト値は「はい」とするべきです。

図 5-10 の「有効開始日」と「有効終了日」は日付で表示されています。履歴情報の最小有効範囲が 1 日であるため、これによってディメンションは 1 日に付き 1 セットの変更を追跡することができます。同じ日の複数の変更は、（もしソースシステムのフィードから検出できるならば）ディメンションの 1 回の更新にまとめて処理する必要があります。これは、同じ日の同じ属性に対する複数の変更が修正される場合の妥当なアプローチです。同日中の変更がより重要で、同日中のファクトと一致するように追跡する必要がある場合は、「有効開始日」と「有効終了日」を完全なタイムスタンプとして保存する必要があります。

ディメンションに CV 属性と FV 属性しか存在しない場合、有効期間属性は不要です。それでも、この属性を実装しておけば、新しく HV 属性が追加される日や、実は常に正確な履歴属性が必要だったとステークホルダーが気付く日に備えることができます。初期にこれらの属性を余分に維持するコストは、ETL プロセスのリファクタリングにかかるコストと比較すると、取るに足らないものです。

ETL 管理属性を追加しておくと便利です …

図 5-10 には、すべてのディメンションで追加することを検討すべき、5 つの追加の ETL 管理属性があります。

- 欠損値か
- 作成日
- 作成者
- 更新日
- 更新者

欠損フラグの「はい」は、その行が特別な「欠損」ディメンションレコードであることを示します（通常は「0」または負のサロゲートキーを持ちます）。「いいえ」は通常のディメンションレコードであることを示します。これは、BIユーザーにサロゲートキー値を公開せずに、あらゆる形式の欠損（「N/A」や「エラー」など）をフィルタリングする際に役立ちます。

「作成」および「更新」は監査属性です。ディメンションの作成および更新に使用された日付や時刻およびETLバージョンに関する、基本的な監査情報を提供します。

... 特別な「欠損」行を識別したり...

... ディメンションの監査情報を提供したりする上で

既存のBEAM✲ディメンションテーブルをスプレッドシートとしてステークホルダーに提示する場合、サロゲートキーやその他のETL専用カラムを非表示にして、ビジネス上重要な属性に議論を集中させましょう。

5.3.4 時間ディメンション

まだ作成していない場合は、他のWタイプと同様に、「いつ」のディメンショナルモデルを設計する必要があります。「カレンダー（CALENDAR）」ディメンションは、すべてのビジネスプロセスを分析するために必要な、時間階層（第3章で説明）の適合ディメンションとその説明をステークホルダーに提供するため、データウェアハウスに不可欠です。また、「1日の時間帯」をモデリングして、ピーク／オフピークやシフト名など、1日における期間情報についてステークホルダーが独自の記述をしているかどうかを確認する必要があります。もし独自の記述がある場合、5年ごとに260万分の履歴を持つ単一の巨大な「時間（TIME）」ディメンションの実装を避けるため、分単位の粒度を持つ「時計（CLOCK）」ディメンションの属性として分けて実装すべきです。

図5-11は、「いつ」のイベント詳細の1つの時刻粒度である「通話日時」を、ファクトテーブル内で「通話日キー」および「通話時刻キー」の2つのサロゲートキーに置き換える方法を示しています。「日付」と「時刻」はどちらもロールプレイング（**RP**）・ディメンションで、すべてのイベントの「いつ」の詳細を置き換えるために使用します。第7章では、時間ディメンションとその特別な属性であるサロゲート日付キーの詳細について説明します。

時間のディメンションを「カレンダー」ディメンションと「時計」ディメンションに分けてモデル化します

日時の詳細を、日付と時刻のサロゲートキーに分けます

第5章　スタースキーマのモデリング

図 5-11
「いつ」の詳細を
「カレンダー」ディメンションと
「時計」ディメンションに分割

カレンダー［RP］

日付キー	日付	月	四半期	年	祝日フラグ
SK	D	C	C	C	[はい/いいえ]
0	-	?	?	?	-
20090101	2009年1月1日	1月	2009 Q1	2009	はい
20090102	2009年1月2日	1月	2009 Q1	2009	いいえ
20090201	2009年2月1日	2月	2009 Q1	2009	いいえ

時計［RP］

時刻キー	時刻	時	分	AM PM	昼夜	ピーク オフピーク
SK	C	N	N	C	C	C
0	-	-	-	-	?	?
1	00:00	0	0	AM	夜	オフピーク
2	00:01	0	1	AM	夜	オフピーク
1051	17:30	17	30	PM	昼	ピーク

通話日キーに	通話時刻キーに
SK	SK
20090201	1051

日付と時刻のファクトテーブルの
サロゲートキー

通話時刻に
DT
2009年2月1日 17:30

「いつ」イベントの詳細

5.3.5　ファクトテーブルのモデリング

イベントテーブルをファクトテーブルに変換する前に、そのコピーを保存しておきます

　すべてのディメンションにサロゲートキーを追加したら、イベントテーブルをファクトテーブルに変換します。このとき、「誰が、何を、いつ、どこで、なぜ」の詳細をディメンションの外部キーで置き換えつつ、数量（どれくらい）と退化ディメンション（**DD**：Degenerate Dimension）の「どのように」の詳細はそのままにしておきます。単なる新規追加ではなく列自体を変更しているので、今後のモデルストーミングのために、元のイベントテーブルのコピーを保存しておくとよいでしょう。変換後のファクトテーブルは、スタースキーマの作成やDW/BIチーム内での設計手法の共有で使用します。

ファクトテーブルの名前を変更し、ファクトタイプを記録します

　イベントテーブルのコピーを保存したら、イベント名をファクトテーブル名に変更し、ストーリータイプをファクトテーブルタイプに変更できます。図5-12では、「顧客の注文」の離散イベント名が「注文ファクト」に変更され、ストーリータイプ **DE**（Discrete Event、離散型イベント）がファクトテーブルタイ

プ **TF**（Transaction Fact）に置き換えられています。第 8 章では、各ファクト
テーブルタイプについて詳しく説明しています。

ファクトテーブルタイプを識別するために、以下のテーブルコードを使用します。

- [TF]：トランザクション・ファクトテーブル（Transaction Fact table）、離散
型イベントの物理バージョン
- [PS]：定期スナップショット（Periodic Snapshot）、反復型イベントの物理
バージョン
- [AS]：累積スナップショット（Accumulating Snapshot）、発展型イベントの
物理バージョン

 ## イベント詳細をディメンション外部キーに置き換える

　列の名前を変え、タイプも **SK** に変更することで、すべてのディメンションの
詳細をサロゲートキーに置き換えます。図 5-12 では、「顧客」「製品」「注文日」
「従業員」「広告」といったディメンション名が適切な名前のサロゲートキーに置
き換えられ、それらの例はサロゲートキーの整数値に変更されています。

　例を置き換えることは必須ではありません。もし BEAM✱ テーブルを使用し
てサロゲートキーの使い方をチームに説明する場合は、今行っているように整数
のシーケンス番号に変更してもよいかもしれません。あるいは、元のイベントモ
デリングで記述した例をそのままにしておくこともできます。そうすると、個
別のディメンションテーブルを参照せずとも、ファクトの背後にあるイベントス
トーリーを理解できるでしょう。いずれの方法を選ぶ場合でも、列タイプを **SK**
とすることで、物理データベーススキーマにおいてそのファクト列が整数型であ
り、ディメンションの外部キーであることを示すことができます。

> ディメンションの詳細を **SK** としてマークすることで、サロゲートキーに変更します

> 可読性のために説明的な例を残すか、**SK** の使い方を説明するために整数に変更します

図 5-12
「注文ファクト」テーブルの作成

注文ファクト [TF]

TF: トランザクション・ファクトテーブル（Transaction Fact table）

顧客キーは	製品キーを注文する	注文日キーに	販売員キーから	広告キーで	注文個数	売上で	割引で	注文 ID で
SK	SK GD	[カレンダー] SK	[従業員] SK	SK	[個] FA	[$] FA	[$] FA	DD GD
1	1	20090518	1	1	1	249	50	ORD1234
1	1	20090518	1	1	1	249	50	ORD4321
2	2	20091014	2	2	1	5,000	150	ORD0001
3	3	20009101	0	3	1	1,400	140	ORD007
4	4	20090810	9	4	100	150,000	20,000	ORD5466
4	5	20090810	9	4	100	25,000	1,000	ORD5466

詳細がディメンションのサロゲートキー（SK）に置き換えられています

完全加算型（FA：Fully Additive）ファクトに変換された数量

退化ディメンション（DD）をファクトテーブルに残すことにより、ファクトをソースのトランザクションと結び付け、トランザクションのユニーク数を計算できます

 ## 退化ディメンションのモデリング

注文 ID などの退化ディメンション（**DD**）は、参照する必要のある追加の記述属性がないため、サロゲートキーで置き換えられることはありません。ステークホルダーや ETL 処理は、退化ディメンションである「取引 ID」を使うことで、ファクトを元の業務システムの取引と紐付けることができます。また、特に「多値ディメンション」（第 9 章で説明）が存在する場合に、ビジネスイベントを一意にカウントする有用な方法を提供します。ファクトテーブルに退化ディメンションが大量に含まれている場合、ファクトテーブルのサイズを縮小するために、これらを新しい「どのように」のディメンション（「ジャンクディメンション」と呼ばれることもある）に移動することを検討する必要があります。「どのように」のディメンションについても、第 9 章で説明します。

残りの「どれくらい」の詳細を集計可能なファクトに変換します

 ## ファクトのモデリング

ファクトテーブルに残された数量の列は、ファクトとして定義されます。ファクトは、クエリ時に簡単に集約できるように、最も簡単に加算可能（Additive）な形式でモデル化すべきです。「加算可能な形式」とは、ファクトを合計して意味のある結果を得ることがいかに簡単か、または可能かを表すものです。理想的なファクトは、どのディメンションを使用しても合計できる「完全加算型（**FA**：Fully Additive）ファクト」です。

図 5-12 の 3 つの注文ファクトは、すべて完全加算型（**FA**）として定義されます。行の「どれくらい」の詳細を（完全）加算型ファクトに変換するには、「一貫した加算型の測定単位（UOM：Units Of Measure）」を使用して保存する必要があります。「注文個数」は、元のビジネスイベントの製品単位を使用できますが、「売上」と「割引」は、元々多くの通貨で具体例を示しているため、ETL 時にすべてドル［＄］に変換しておかなければ「非加算型（**NA**：Non Additive）ファクト」になります。「割引」の場合、ソースとなる数値の一部はパーセンテージでした。すべての割引をパーセンテージに変換することで一貫した UOM を作成することができますが、それは加算型の UOM ではありません。加算型ファクトの設計については、第 8 章で詳しく説明します。

どのディメンションを使用しても足し合わせられる完全加算型（FA）ファクトが理想です

［FA］：完全加算型ファクト（Fully Additive fact）、任意のディメンションで足し合わせられる
［NA］：非加算型ファクト（Non-Additive fact）、加算できない
［SA］：準加算型ファクト（Semi-Additive fact）、特定のディメンションでのみ足し合わせられる

パーセンテージは、レポートや BI ダッシュボードでは優れた指標や KPI になりますが、ファクトテーブルでは柔軟性に欠ける非加算型ファクトになってしまいます。パーセンテージ指標を構成する加算型ファクトを定義しておき、BI アプリケーションでパーセンテージを計算すべきです。

5.3.6 「拡張スタースキーマ」図の描画

すべてのディメンションにサロゲートキーが設定され、ファクトが定義されたら、スタースキーマを作成する準備が整いました。スタースキーマとは、ETL や BI の開発者にとって便利で馴染みのあるディメンショナルモデルにおける ER 図です。スタースキーマを作成および維持する最善の方法は、選択したデータウェアハウス・プラットフォームのための物理スキーマ定義も生成する、グラフィカルなデータモデリングツールを使用することです。

スタースキーマは、ER 記法でファクトとディメンションを表現します

BEAM✱Modelstormer のスプレッドシートで生成された SQL DDL を使えば、SQL インポートに対応したグラフィカルなモデリングツールにモデルを直接転送できます。また、DDL を使用してデフォルトの物理データベーステーブルを作成し、これを多くのモデリングツールでリバースエンジニアリングできます。

ファクトテーブルごとに別の図を作成する

> 1つのスタースキーマER図に1つのファクトテーブルを表示します

ディメンショナルモデルをグラフィカルなモデリングツールにインポートしたら、テーブルを読みやすいスタースキーマに簡単に配置できます。ほとんどのモデリングツールは、1つのモデルに対して複数のER図ビューをサポートしています。この機能を使用して、各ファクトテーブルごとに1つの図を作成し、関連するディメンションを追加してください。その際、基礎となるディメンションを複製しないように注意してください。

データウェアハウスのすべてのファクトテーブルとディメンションを1つのER図に表示しようとしないでください。たとえ小さなスターの一部であっても、すぐに線が重なり合う複雑なものになります。ER表記は、一度に1つのスターのみを表示するのが最適です。その代わりに、「データウェアハウスマトリックス（後述）」を作成して、複数のスターやモデル全体のより有用な概観を提供しましょう。

> 「拡張スタースキーマ」＝スター＋一貫したレイアウト＋BEAM✱コード

2つの簡単な取り組みで、標準的なスタースキーマを「拡張スタースキーマ」にすることができます。1つ目は、ディメンションをWタイプに基づいて一貫して配置することです。2つ目は、テーブルと列にBEAM✱ショートコードを追加して、そのディメンショナル属性を記述することです。

一貫したスタースキーマのレイアウトを使用する

> 一貫したスタースキーマのレイアウトにより、開発者は複数のスターを高速に読み取ることができます

一貫したディメンションのレイアウトでスタースキーマを描くことは些細なことに思えるかもしれません。しかし、スターの数はリリースごとに増え続けるため、DW/BIチームは複数のスターを毎日確認するのが段々と大変になります。レイアウトを揃えておくことで、彼らは確認が楽になったと実感するでしょう。図5-13は、7Wフレームワークを使用して設計されたスタースキーマの推奨レイアウトを示します。四隅は4つの主要なWタイプ：「誰が、何を、いつ、どこで」のために確保され、左上は最も一般的なWである「いつ」のために確保されています。これは、地図を「北を上にして」描くのと同じようなディメンショナルモデルだと考えてください。

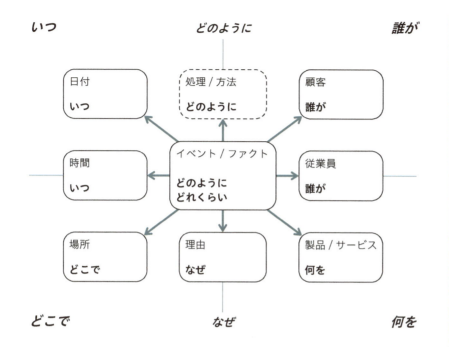

図 5-13
W タイプに基づく一貫した
ディメンションのレイアウト

modelstorming.com の
「モデルキャンバス」は、
このレイアウトを使って
共同でモデリングするの
に役立ちます

スタースキーマに BEAM✲ ショートコードを表示する

　BEAM✲ コードでスタースキーマを拡張すると、標準的な ER モデリングツールではサポートされていないディメンションの特性や設計上の決定を文書化することができます。図 5-14 は、「顧客の注文」イベント（第 2 章に記載）の拡張スタースキーマを示しています。BEAM✲ コードは、「注文ファクト」をトランザクション・ファクト（**TF**：Transaction Fact）テーブルとして、また「カレンダー」および「従業員」をロールプレイング（**RP**：Role-Playing）・ディメンションとして記述するために使用されています。テーブルレベルのコード（**FV**、**CV**、**HV**）は、各ディメンションが値の変化をデフォルトでどのように扱うべきかを記述します。列レベルのコードは、サロゲートキー（**SK**）、退化ディメンション（**DD**）、および完全加算型ファクト（**FA**）を識別します。

　モデリングツールで ER 図にテーブルや列のコメントや拡張属性を含めることができる場合、それらを使用して BEAM✲ コードを表示できます。または、この機能がない場合は、モデル内のビジネスまたは論理テーブルと列の名前にコードを追加し、ツールのモデルビューを概念または論理に設定することでコードを表示することができます。BEAM✲ Modelstormer のスプレッドシートには、名前とコードをコメントや拡張データベース属性としてエクスポートするための設定オプションがあり、多くのモデリングツールでインポートできます。

スタースキーマの BEAM✲
コードは、標準的な ER 表記
ではサポートされないディメ
ンションの特性を文書化しま
す

第 5 章 スタースキーマのモデリング

図 5-14
「顧客の注文」の
拡張スタースキーマ

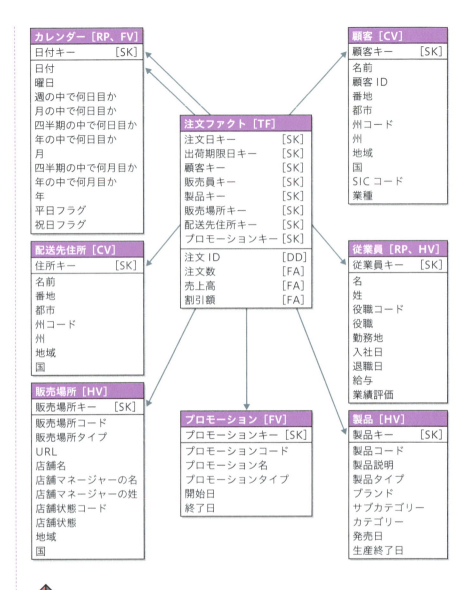

スノーフレークスキーマは、正規化されたディメンションを持つスターです

スノーフレークスキーマのアンチパターンを回避する

　スノーフレークスキーマは、1つ以上のディメンションが正規化され、「アウトリガー」[訳注13]と呼ばれる追加のルックアップテーブルが作成されたディメンショナルモデルです。これをファクトテーブルを囲む各ディメンションに対して行うと、図 5-15 のように、単純なスターがスノーフレーク（雪片）のように見えてきます。

訳注 13　ディメンションに紐付けられたディメンションを指します。例えば、図5-15 の「製品」に対する「製品タイプ」などです

使い慣れた ER モデリングツールでモデルを作成すると、あなた（またはデータベースの管理者）はデータの冗長性を減らし、ディメンションのメンテナンスを簡素化するためにスノーフレークスキーマを導入したくなるかもしれません。しかし、スノーフレークスキーマは一般的には推奨されません。スノーフレークスキーマは、エンドユーザーがデータを直接表示したり分析するには複雑すぎ（BI ツールで必要とされる場合）、大幅なスペースの節約にはならず（図 5-8 を参照）、かつディメンション参照のパフォーマンスが低く、ビットマップインデックスの利点が失われます。第 6 章で説明するように、「非常に大きなディメンション」にはスノーフレークスキーマを適用する正当な理由がありますが、単に ER モデリングツールを使用することで生まれたにすぎない第 3 正規形を使いたくなる衝動は抑えてください。

> スノーフレークにしたい衝動を抑えてください。ほとんどのディメンションで利点はありません

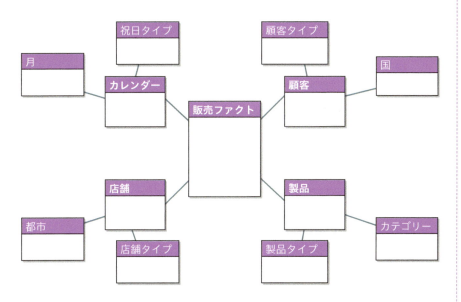

図 5-15
スノーフレークスキーマ

データベースや BI ツールセットで、階層を 1 対多の関係として明示的に定義する必要がない場合は、スノーフレークスキーマのアウトリガーを使用して階層を文書化しないでください（ほとんどの場合、必要ありません）。代わりに階層図を作成しましょう。ただし現実的な話として、ツールセットがスノーフレークスキーマでより良いパフォーマンスが得られる場合は、物理的な最適化としてスノーフレークスキーマを作成してください。

> 階層を定義するには、スノーフレークスキーマではなく、階層図を使用します

 ロールアップ・ディメンションを作成する

第 4 章で説明した製品をロールアップした「製品タイプ [RU]」や日付をロールアップした「月 [RU]」など、適合したロールアップ・ディメンション（**RU**）は、アウトリガーに似ており、かつその基礎となるディメンションとの関係とも

> ロールアップ・ディメンション（**RU**：RollUp dimension）は、アウトリガーに似ていますが、その基礎となるディメンションを正規化するものではありません

似ています（サロゲートキーは基礎となるディメンションでよく使用されます）。重要な違いは、ロールアップ属性が基礎となるディメンションから正規化されないことです。

ロールアップ・ディメンションは、基礎となるディメンションに存在しない属性や値を含むわけではないため、BEAM※ テーブルとして明示的にモデル化されないことがよくあります。ロールアップ・ディメンションをまだ定義していない場合は、その基礎となるディメンションの定義をコピーし、そのディメンションの階層のロールアップレベル未満にある属性をすべて削除したものを、ロールアップ・ディメンションの定義として先ほどのスタースキーマに追加する必要があります[訳注14]。これは、ETL プロセスがロールアップをソースデータではなく基礎となるディメンションのデータから作成し、2つを同期させて適合性を保証することに類似しています。

> 基礎となるディメンションをコピーして編集することでロールアップを定義します

5.4 物理スキーマの作成

ディメンショナルモデリングでは、論理データモデルと物理データモデルを強く区別することはありません。DBMS 特有のストレージやインデックスのようなオプション追加を除けば、論理的なスタースキーマと物理的なスタースキーマの差はほとんどありません。このようなデータベース特有の追加要素は、テーブルや列の種類ごとに一貫して適用できるデータモデリングツールを使って定義するのが最適です。これにより、「データ定義言語（DDL：Data Definition Language）」スクリプトを直接手作業で編集する必要がなくなります。

> 論理的なスタースキーマと物理的なスタースキーマは非常によく似ています

BEAM※Modelstormer のスプレッドシートを使用している場合、その DDL テンプレートを編集して、DBMS 用の独自の SQL を生成することができます。

5.4.1 BI に適した命名規則を選択する

どのような命名規則にしますか。データベース・オブジェクトの命名は不思議と感情的なテーマになることが多く、ファクトとディメンションの命名規則とは大きく変わってきます。本書の規定では、ディメンションには単数形の名詞（例：CUSTOMER や PRODUCT）、ファクトテーブルには 接尾語「FACT」を持つ複数形の名詞（例：SALES FACT や ORDERS FACT）を使用しています。皆さんにはおそらく独自のテーブル名の基準があるはずですが、従来のデータベー

> ビジネスに適した名称を物理的なファクトとディメンションに使用し、BI ツールのメタデータを削減します

訳注14 例えば「製品タイプ［RU］」ディメンションの定義を作成する場合、基礎となるディメンション「製品」の定義をコピーし、製品タイプより細かい粒度の属性（「製品説明」や「発売日」など）を取り除きます。これをスタースキーマに加えます

スアプリケーション開発に存在する半暗号化された基準を採用する前に、これらのテーブルを使う BI ユーザーは何を分析したいのか、テーブルをどのように操作するのかを考慮してください。BI ツールで使いやすいように命名規則を適応させましょう。ディメンションやファクトの名前を、ステークホルダーがレポートに表示したいラベル（モデルストーミングで使用した用語）に近付けるほど、DW/BI チームがメンテナンスしなければならない BI ツールのメタデータを減らすことができます。

一般的な命名規則では、すべてのディメンションテーブルの前に DIM_ を付けて、近くに並べられるようにしているでしょう。ステークホルダーや開発者は、DIM_CUSTOMER や DIM_EMPLOYEE を見るたびに（無意識のうちに）どう思うでしょうか。代わりに、共通のスキーマ名またはオーナー名（例えば「DIMENSION」）を作成した上でその配下にディメンションをまとめることで、同じ種類のテーブルをグループ化しつつ、見づらいテーブル名を避けましょう。

5.4.2 データドメインを使用する

多くのデータベースモデリングツールでは、データドメイン（またはユーザー定義のデータ型）を作成し、類似の列タイプの物理的な列のプロパティを標準化することができます。モデリングツールがドメインをサポートしている場合、それを利用して、BEAM✲ モデルからインポートされたデフォルトのデータ型を、適切な制約を持つデータベース固有のデータ型に変換できます。データドメインは、異なるデータベース管理システム間でデータウェアハウスの設計を使い回す際に特に有用です。表 5-3 は、ディメンショナルモデルに推奨されるドメインのスターターリストです。

データドメインにより、データベース固有のデータ型への一貫した変換が可能になります

ドメイン	使用方法	データ型	NULL	初期値
サロゲートキー	ディメンションの主キー、ファクトテーブルの外部キー	整数	非 NULL	0
フラグ	あり／なしフラグ	固定長文字列 (1)	非 NULL	'?'
コード	ショートコード、ビジネスキー	可変長文字列 (20)	非 NULL	'不明'
名称	長い名称	可変長文字列 (60)	非 NULL	'不明'
説明	全文説明	可変長文字列 (99)	非 NULL	'不明'
カウント	カウントのファクト	整数	NULL 許容	
金額	金額のファクト	通貨または番号	NULL 許容	
期間	期間のファクト	整数	NULL 許容	

表 5-3
ディメンショナルモデルのデータドメイン例

5.5 DW/BI 設計のプロトタイピング

> 実際のデータ、実際のBIツール、実際のステークホルダーを使ってプロトタイピングし、設計を検証します

データウェアハウスの設計が利用可能なデータにどれだけ適応しているかは、実際にそのデータをロードしてみるまでわかりませんし、ステークホルダーの実際の BI 要件にどれだけ適応しているかも使ってみるまでわかりません。だからこそ、DW/BI のリスクを低減するためには「動くソフトウェアを早期に提供する」というアジャイルの原則が不可欠なのです。そこで、物理的なスキーマ（動くソフトウェア）ができたらすぐに、実現の瞬間をこれ以上先延ばしせず、ステークホルダーがずっと議論の対象にしたがっていたレポートやダッシュボードをプロトタイピングして、設計を検証しましょう。

> ステークホルダーは、7W を使ってレポートの仕様を決める準備が整っています

スプリント終了時のデモをプロトタイピングのワークショップに変えましょう。このワークショップでは、実際にモデルストーミングを行ったステークホルダーが、実際のデータと実際の BI ツールを用いて、彼ら自身が設計したデータモデルを実際に触ります。そして、BI 開発者はこれを支援します（図 5-16 を参照）。7W を使用してデータ要件をモデル化したステークホルダーは、すでに 7W のディメンショナルな疑問詞を用いてビジネスの質問やレポートのレイアウトを検討済みなので、このワークショップは非常に生産的なものになるはずです。

図 5-16
DW/BI プロトタイピング

> プロトタイプのスターに、10,000 件の最近のファクトと、過去の類似サンプルをロードします

包括的な文書より動作するソフトウェアを重視し、やらなくてもいい開発を最大限に減らすべきです。データベーススキーマ、サンプルデータ、ステークホルダーが選択した BI ツールがあるのに、レポートやダッシュボードの仕様をモックアップする時間をスプレッドシートやワードプロセッサーで無駄にしないでください。

プロトタイプの場合、テストデータの作成は避けてください。これは何の証明にもなりません。代わりに、モデルに記載されているデータソースから抽出した少量の実データをサンプリングして、ETL プロセスを検証するようにしましょ

う。最終的なソリューションがどのようなものかをステークホルダーが実感できるようにするには、10,000件の最近のファクトとそれに紐付くディメンションの記述属性、および直近1、2年の類似のサンプルがあればだいたい十分でしょうか。クエリを実行する前に、データプロファイリングを使用してプロトタイプに対する現実的な期待値を設定してください。また、データのごく一部がサンプリングされているため、カウントや合計が低くなることをステークホルダーに伝えておきましょう。

データのインデックスを作成しないことで、ETLプロトタイピングを高速化することができます。最低限のハードウェアでインデックスのないサンプルデータを使ったBIプロトタイピングは、DW/BIの専門ハードウェアでインデックスのある完全なデータに対するクエリパフォーマンスの現実的な期待値を設定するのに役立ちます。

5.6 データウェアハウスマトリックス

「データウェアハウスマトリックス」は、物理ファクトテーブル（またはOLAPキューブ）と物理ディメンションテーブルの間の関係を文書化した、ディメンショナルマトリックスのバージョンの1つです。イベントマトリックスをコピーし、その行と列を編集して実際の物理テーブルを表現することで、初期の物理マトリックスを作成することができます。その際、DW/BIチームの助けになる技術的な詳細も追加する必要があります。図5-17は、データソース、ファクトテーブルタイプ、主要な時間ディメンションの粒度、およびファクトのデータ量に関する指標が追加されたマトリックスの例です。

この物理マトリックスとイベントマトリックスは可能な限り同期させる必要がありますが、機能は異なるため、時には乖離することがあります。イベントマトリックスは、ステークホルダーの要件を反映するモデリングおよびプランニングツールであり、一方でデータウェアハウスマトリックスはデータウェアハウスの現在の状態を反映する管理ツールです。これには「適合の失敗」も含まれます。

現在のスプリント内で妥協してディメンションの適合を延期しなければならない場合、または適合ディメンションがないまま進化してしまったウェアハウスを継承する場合は、「ディメンションのバージョン番号」を使用してデータウェアハウスマトリックスにこれらの適合の失敗を記録すべきです。適合していないディメンションのバージョンごとに別の列を作成するのではなく、予定された適合ディメンションごとに1つの列を使用し続け、使用中の異なる各バージョンごとに番号を付けます（単に使用状況をチェックするだけでなく）。各ディメンショ

データウェアハウスマトリックスは、ファクトテーブルとディメンションテーブル間の実際の関係を文書化したものです

イベントマトリックスは計画用です。物理マトリックスはモデルの現在の状態を記録します

ディメンションのバージョン番号を使用して、マトリックスに「適合の失敗」を記録します

ンの最良のバージョン（通常、最も新しく開発されたもの）には、最も高い番号を予約します。例えば、図 5-17 はザクロ社が製造、販売、顧客サポートにわたって「製品」を適合させることができず、代わりに「製品」の 3 つの異なるバージョン（おそらく本当は「DIM_製品」と呼ぶべきもの）が存在することを示しています。幸いなことに、「製品」は部分的に適合しています。最良のバージョンはすでに最も広く使われており、リファクタリングが必要なのは 2 つのスター（「顧客の注文」と「顧客の苦情」）だけです。

イベントマトリックスに適合性の問題があれば更新し、ステークホルダーと一緒に対処します

適合の失敗を文書化する必要がある場合は、各ディメンションのバージョン番号に、非適合ディメンショナルテーブルの定義への URL をリンクさせます。

各スプリント終了後に、適合の失敗（予定されていたが実現しなかった適合）や非適合である現状（予定されていたが間違っていたため実現できなかった適合）をイベントマトリックスに記録するべきです。そうすれば、次のモデルストーミングでステークホルダーとこれらの課題に取り組むことができます。更新されたイベントマトリックスを使用して、反復的な開発アプローチの一環として、古いスターをより適合したディメンションでリファクタリングする計画を立てます。

各スターにおける最新のデータ量に関する指標と現在の ETL ステータスをまとめた、**最新バージョンのマトリックスは、DW/BI チームにとって理想的なダッシュボードです**。BI ツールを使って ETL や DBMS のカタログのメタデータをまとめることで、このようなダッシュボードを開発できます。

5.6　データウェアハウスマトリックス

いつ
各ファクトテーブルの最も重要な時間ディメンションの粒度を記載します

適合の失敗：
製品ディメンションに異なる3つのバージョンが存在します

ファクトテーブル/キューブ	データソース アプリ.DB.スキーマ.テーブル	ファクトタイプ	データ量に関する指標 初期	増加量	最大	いつ	従業員[RP]	仕入先	再販業者	運送業者	顧客	部品	製品	製品タイプ[RU]	製造工程	検査	工場	倉庫	販売場所	配送先住所	契約	プロモーション	問題発生理由	配送方法	注文ID[DD]	出荷番号[DD]	発注[DD]
製造計画	ERP.本番環境.製造.製造計画	PS	10万	1万/月	50万	月								3				✓									✓
部品表	ERP.本番環境.製造.部品表	TF	10万	5,000/四半期	100万	日							✓	3				✓									✓
発注書	ERP.本番環境.在庫.発注書	AS	50万	1万/日	200万	分		✓				✓						✓									
部品の納入	ERP.本番環境.物流.配送	TF	50万	5,000/日	150万	時		✓				✓						✓								✓	
仕入先への支払い	ERP.本番環境.総勘定元帳.仕入先支払	TF	10万	1,000/日	100万	日		✓				✓						✓			✓						
部品在庫	ERP.本番環境.在庫.部品在庫	PS	10万	10万/日	50万	日						✓						✓									
品質検査	ERP.本番環境.製造.品質検査	TF	10万	1万/日	100万	分		✓				✓		3		✓	✓										
製品の生産	ERP.本番環境.製造.製造	TF	500万	100万/日	700万/日	分							✓	3	✓		✓										
製品在庫	ERP.本番環境.在庫.製品在庫	TF	10万	1万/日	50万	日							✓	3				✓									
倉庫からの出荷	ERP.本番環境.物流.出荷	TF	10万	1万/日	100万	時				✓				3				✓						✓			
販売の目標	Excel.販売計画.現行	PS	1万	1,000/月	10万	月								1					✓			✓					
顧客の注文	POS.本番環境.販売.注文	AS	50万	10万/日	200万	月					✓			3					✓			✓	✓				✓
製品の出荷	ERP.本番環境.物流.出荷	TF	40万	1万/日	150万	時					✓			3				✓		✓						✓	✓
運送業者の配達	ERP.本番環境.物流.配送	TF	20万	5万/日	100万	時				✓				3						✓			✓			✓	✓
顧客の苦情	CRM.本番環境.CRM.連絡先	AS	5万	1,000/日	50万	分					✓			2					✓				✓	✓	✓		✓
返品	ERP.本番環境.物流.返品	TF	1万	1,000/日	30万	日					✓			3									✓	✓		✓	✓

図 5-17　データウェアハウスマトリックス

207

第 5 章　スタースキーマのモデリング

5.7　まとめ

- 「アジャイルデータプロファイリング」は、BEAM✳ モデルに関係するデータソースを対象とします。データ駆動型のモデリング活動として、プロファイリングは早期に実施されます。これにより、詳細なスタースキーマを設計する前にステークホルダーのデータ要件を検証できます。BEAM✳ モデルに基づくプロアクティブな DW/BI 設計は、データソースがまだ存在しない場合でも、より良い BI 用データを新たに業務システムから供給してもらうための要件定義に役立ちます

- 「注釈付きモデル」は、ステークホルダーに馴染みのあるフォーマットでデータプロファイリングの結果を表現したものです。注釈付きテーブルには、データソース名、データ型、データプロファイリング指標の概要が記載されています。データの欠損や定義の不一致などデータソースに関する問題は、~~取り消し線~~を使って強調されます。追加データについては*イタリック体*で強調されます

- DW/BI チームは、注釈付きモデルと詳細なデータプロファイリングの結果を使用して、提案されたファクトとディメンションを構築しロードするための初期タスクを見積もり、共有します。この ETL に関する見積もり結果はイベントマトリックスに追加され、モデルレビューとスプリントプランニングで使用されます

- モデルレビューのタイミングでは、注釈付きモデルと DW/BI チームによる見積もりの結果を踏まえて、データの実態や利用可能な開発リソースを考慮した設計の修正と要件の優先順位をステークホルダーと再設定し、それに合意します

- BEAM✳ モデルは、ディメンショナルモデルの論理データモデルやスタースキーマに簡単に変換できます。ディメンションテーブルは、主キーと ETL 管理属性を追加することで変換することができます。イベントテーブルは、ディメンションの詳細を外部キーに置き換え、「どれくらい」の詳細にあたる数量を標準化、つまり適合された計測単位を持つ完全加算型（FA）、準加算型（SA）、または非加算型（NA）ファクトに変更することで、ファクトテーブルに変換されます

- 「（データウェアハウスの）サロゲートキー」をディメンションの主キーとして使用することで、ビジネスキーからデータウェアハウスを独立させ、ディメンションの柔軟性（SCD、欠損値、マルチレベルディメンションなどの管理）を提供し、クエリ効率を上げられます

- 「拡張スタースキーマ」は、ディメンションに関するより多くの情報を伝えます。一貫したディメンションのレイアウトは、W タイプごとにディメンションを文書化し、複数のスタースキーマモデルの可読性を向上させます。BEAM✳ ショートコードを使うことで、標準的な ER 表記では扱えない、テーブルや列レベルのディメンションの特性を記録できます

- データウェアハウスマトリックスは、モデリングツールが提供する標準的なドキュメントに加えて、データウェアハウス内のすべてのスタースキーマと OLAP キューブの概要を提供します。イベントモデリングやプランニングのマトリックスのレイアウトと似ていますが、この物理マトリックスは、技術者向けに実際のデータウェアハウスに関する追加情報を提供します。これはデータウェアハウスを管理するための重要なツールであり、データウェアハウスの設計の進化に応じて、イベントマトリックスやスタースキーマ図とともに最新の状態に保たれる必要があります

208

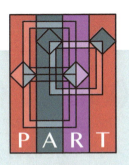

PART 2

ディメンショナルデザインパターン

パフォーマンス、柔軟性、ユーザビリティのための、
ディメンショナルモデリングの技術

コンピューターがデザインに与える影響は、
電子レンジが調理に与える影響と同じです。
Computers are to design as
microwaves are to cooking.
　　　　　　　　— Milton Glaser

第6章　誰が、何を（人々と組織、製品とサービス）
第7章　いつ、どこで（時間と場所）
第8章　どれくらい（ファクトと指標）
第9章　なぜ、どのように（原因と結果）

誰が（Who）、何を（What）
人と組織、製品とサービスの ディメンションのためのデザインパターン

最初に登場するのは誰?
Who's on first?

— Bud Abbott and Lou Costello

次は何をする?
What's next?

— President Jed Bartlet, *The West Wing*（邦題：ザ・ホワイトハウス）

「誰が」と「何を」は最も重要なディメンションです

この章では、柔軟で高性能な「誰が」と「何を」のディメンションを定義するためのデザインパターンを説明します

　「顧客」「従業員」「製品」といった、「誰が（Who）」「何を（What）」のディメンションは、データウェアハウスにある情報の中で最も興味深く、高度に精査され、複雑なディメンションの代表となるものです。これらのディメンションと、それに内在する階層構造をモデリングすることには多くの課題を伴いますが、デザインパターンを用いることで解決できます。

　「W」をテーマとしたデザインパターンの最初の章では、まず、大規模で不安定な顧客ディメンションを扱うための「ミニディメンション」と「スノーフレーク」、混在した顧客タイプのモデルにおける「スワップ可能ディメンション」、そして再帰的な顧客関係を表すための「階層マップ」について説明します。次に従業員ディメンションに移り、現在値／履歴値（**CV/HV**）の報告要件に対応した「ハイブリッドSCD」と、直属の部署以外にも上司がいる人事階層に対応した「多値階層マップ」を取り上げます。最後に、製品とサービスディメンションの課題を取り上げ、可変詳細ファクトのための「マルチレベルディメンション」と、構成要素を分析するための「逆階層マップ」を紹介します。

第6章 設計の課題一覧

- 大規模かつ急速に変化する顧客属性
- 法人と個人、製品とサービスといったビジネスモデルの混在
- 現在値と履歴値を同時に報告するという要件
- 可変深度階層および再帰的関係
- 多値階層マップ
- さまざまな粒度のディメンションの詳細を持つビジネスプロセス
- 製品の部品表

6.1 顧客ディメンション

　顧客ディメンションは、サイズが大きいため取り扱いが特に困難です。B2Cの顧客ディメンションは、深く（数百万人の顧客）、広く（多くの興味深い説明的な属性）、そして流動的（人々は変わりやすい）である可能性があります。データ量が多く流動性が高いことから、顧客ディメンションはしばしば「モンスターディメンション」と呼ばれます。少し怖い存在とされています。

顧客ディメンションは通常、「非常に大きなディメンション（VLD：Very Large Dimension）」です

　非常に大きなディメンション（あるいはあらゆる種類のテーブル）とは、どれくらいの大きさでしょうか。すべては相対的なものです。私たちが具体的な数値を挙げたとしても、それは将来のハードウェアによって処理可能になります。そして、さらなるビッグデータを取得するための、想像を超えた新たな要件が生まれるでしょう。時が経っても変わらない唯一の定義は、「非常に大きなテーブルとは、思い通りには動作しないテーブルである」ということです。

6.1.1 ミニディメンションパターン

◆ 課題／要件

　ステークホルダーは、顧客行動の変化を説明するために、顧客基盤自体もその記述的変化を追跡してほしいと強く思っています。そのため、多くの顧客属性を履歴値（HV：Historic Value）として定義してきました。しかし、各 **HV** 属性に対してSCDタイプ2を用いると、顧客ディメンションが爆発的に増大してしまいます。例えば、1000万行の「顧客［HV］」ディメンションに「年齢［HV］」属性を設定すると、1年に1000万行ずつ増加することになります。「年齢」をHV属性として取り扱うことは明らかに不適切な選択です。この対応だけでは、「顧客」が「急速に変化するディメンション」になってしまいます。この問題は、ディメンションテーブルにある「年齢」属性を固定値（**FV**：Fixed Value）の「生年月日［FV］」属性で置き換え、その時点における正しい年齢をBIのクエリ層で計算することですぐに解決します。ただし残念なことに、顧客ディメンションの履歴値に関する要件のほとんどは、年齢ほど簡単には解決できません。

顧客属性は変動が激しく、SCDのタイプ2では追跡できない場合があります

　「年齢」を常に使う場合は（医療データなど）、非加算型ファクト（NA：Non-Additive fact）として扱い、他のファクトと一緒にファクトテーブルに格納することができます。

顧客 1 人当たりの平均で 2 年に 1 回変更される可能性があり、計算によって求めることができない、**HV** 属性が 5 つあるとします。たったこれだけで、当初 1000 万行だった「顧客」ディメンションは、1 年で最大 2500 万行まで増える可能性があります。これを踏まえると、どの属性を **HV** として定義し、どのような種類の変化を追跡するかについて注意しなければなりません。履歴に意味がない属性を追跡することは避け、現在値（**CV**：Current Value）として定義すべきです。また、単純な更新として処理すべき修正の履歴を追跡することも避けるべきです。生年月日のような **FV** 属性では、変化することは起こりえず修正だけが発生するので、修正されているかどうかを把握するのは簡単です。しかし、真の変化を見つけるために、**HV** と **CV** の属性が一緒に変化している組み合わせを探すグループ変更ルール（第 3 章で説明）が必要な場合もあります。また、「マクロレベルの変化」の追跡は避けた方がよいかもしれません。

> 顧客の属性を HV とするかを慎重に決める必要があります。すべての変更が、追跡されるべきで、追跡可能で、追跡に値する、というわけではありません

◉ ミクロおよびマクロレベルの変化

ディメンションでは、ETL プロセスにおける HV 属性の処理方法に影響を与える 2 種類の変化が生じる可能性があります。

- **ミクロレベルの変化**は、個々のディメンションメンバーが、そのメンバー固有の変化を経験するときに発生します。例えば、ある顧客の顧客カテゴリーが変わり、「良い顧客」から「より良い顧客」になった場合などです。顧客カテゴリーが HV 属性であるなら、1 行が更新されて古い値の有効終了日が与えられ、新しい値を持つ 1 行が挿入されます。階層の観点から見ると、これは「下からの変更」です

- **マクロレベルの変化**は、多くのディメンションメンバーが一度に変更されるときに発生します。例えば、すべての「より良い顧客」が「最も良い顧客」になる場合などです。「より良い顧客」が 100 万行ならば、100 万行を更新し、100 万行を挿入します。階層的には、これは「上からの変更」です。変更されたのは顧客ではなく、顧客カテゴリー自体です。「より良い顧客」というカテゴリーを「最も良い顧客」に変更したのです

変動が緩やかな HV 属性のほとんどのディメンションでは、ミクロレベルの変更は容易に追跡できますが、マクロレベルの変更を正確に捉えることははるかに困難です。たった一度のマクロレベルの変更で、何百万もの顧客の履歴バージョンが作成されるにもかかわらず、ほとんど、あるいはまったく分析的な価値がないことがあります。すべての「より良い顧客」が「最も良い顧客」になる場合、通常の HV 属性の振る舞いを利用して同様に追跡しなければならないのでしょうか。多くの場合、特定のマクロレベルの変更を 1 回限りの修正として扱う ETL プロセスを別途定義する必要があります。

> ほとんどの SCD タイプ 2 は、個々のミクロレベルの変化にうまく対応できます

> マクロレベル、グローバルな変化はより困難です。変化と修正のどちらで扱うべきでしょうか

解決策

急速に変化する HV の顧客属性は、顧客と「カーディナリティが高い多対多の関係」を持ちます。これらの属性を追跡するための可能な解決策の1つは、顧客と多対多である他のリレーションシップ（製品の消費や販売拠点への訪問など）と同じようにモデル化することです。もちろん、製品や拠点は、異なるディメンションとしてモデル化し、ファクトテーブルを通じて顧客と関連付けられます。変動する顧客属性も、独自の「ミニディメンション」へ移動することで、同じことができます。

図 6-1 は、場所、家族構成、収入、クレジットスコアなどの変動しやすい HV の顧客情報を再配置して形成した顧客のミニディメンションである、「顧客属性」を表しています。このミニディメンションには独自のサロゲートキー「属性キー」があり、これを顧客関連のファクトテーブルに追加することで、各ファクトを記録した時点における顧客属性の履歴値を記述します。ファクトとのリレーションシップを用いて履歴を追跡すると、問題があるすべての HV 属性を顧客から取り除いたり、CV 属性のみに変えたりすることができます。これにより、新規顧客の獲得のみで増加する、完全に CV な顧客ディメンションが残ります。

変動する HV 属性とそれらのディメンションの間には、カーディナリティの高い多対多の関連があります

急速に変化する属性情報は、独自のサロゲートキーを持つ別のミニディメンションに格納でき、ファクトテーブルを通じてディメンションに関連付けることができます

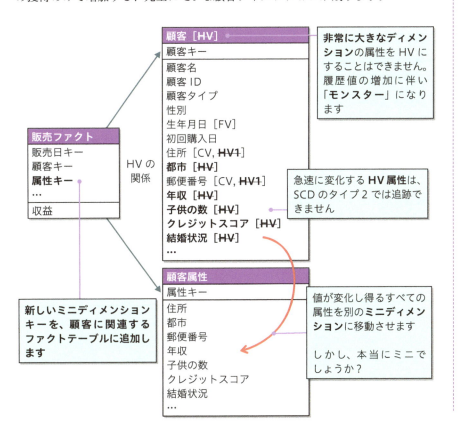

図 6-1
変動する属性を「顧客」ディメンションから削除

第6章 誰が（Who）、何を（What）

> ミニディメンションの設計が悪いと、元のディメンションとほぼ同じくらい巨大で不安定になることがあります

　それで、問題は解決したのでしょうか。残念ながら、それは単に問題を移動させただけかもしれません。ミニディメンション「顧客属性」にカーディナリティの高い属性がいくつか含まれていると、そのユニーク数は顧客の数とほぼ同じになる可能性があります。また、「顧客属性」にある既存のレコードは粒度が細かすぎて使い回せないので、顧客属性の情報に変更があるたびに新しいレコードを作ることになります。**CV** の顧客ディメンションは成長しなくなったかもしれませんが、いわゆる「ミニディメンション」は成長し、新しい「モンスターディメンション」となります。

> カーディナリティの高い属性を削除したり、連続値の数値を丸めて束ねることによりカーディナリティを下げることで、安定したミニディメンションを作成します

　VLD（Very Large Dimension、非常に大きなディメンション）の HV 問題を解決するためには、ミニディメンションがミニである必要があり、またミニに保つ必要があります。図 6-2 では、「顧客属性」を再設計しました。ここでは、「都市」や「郵便番号」といったカーディナリティの高い属性をいくつか削除し、「年収」や「クレジットスコア」といった連続値を持つ属性を、カーディナリティの低い離散カテゴリーに変換しました。これにより、「顧客属性」のレコードのユニーク数が劇的に減少し、顧客に変更があるときに再利用できる可能性が高まりました。

　小さく安定した顧客ミニディメンションを定義できた場合、そのサイズを大幅に増やすことなく、「性別」や「年代」といった頻繁に参照する低カーディナリティな属性を追加できるかもしれません。これらは、ミニディメンションのフィルタリング能力を高め、より大きい「顧客」ディメンション全体に何度もクエリを発行する必要性を減らします。

> メインディメンションにミニディメンションキーを追加し、効率的な ETL 処理をサポートします

　図 6-2 は、「顧客属性」ディメンションの **CV** 外部キーである「現在の属性キー」を「顧客」ディメンションに追加したことも示しています。これにより、顧客のビジネスキー（「顧客 ID」）と、顧客ファクトを関連付けするために必要な 2 つの顧客サロゲートキー（「顧客キー」と「現在の属性キー」）を含む単一のテーブルを作成します。ETL プロセスではこれを用いて、顧客属性を効率的に参照できるようにします。

6.1 顧客ディメンション

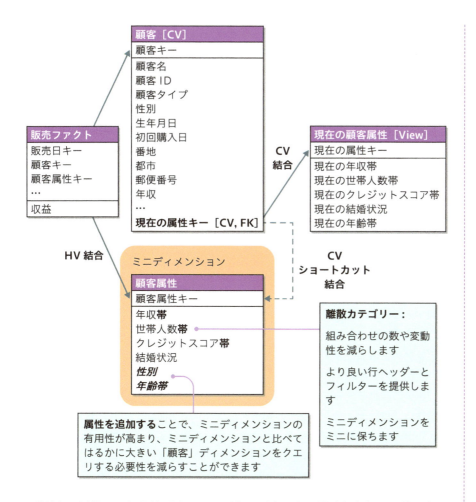

図 6-2
ミニディメンションの作成

ミニディメンションの外部キー（CV、FK）により、ミニディメンションを用いて現在値の質問に答えることができます

「現在の属性キー」を使用すると、現在の顧客の人口統計的学的な特徴や状況をもとに質問することもできます。例えば「年収の高い顧客はどれくらいいますか？」という質問は、現在の年収が高いことを意味しているため、ファクトテーブルを経由せずに、直接「顧客」と「現在の顧客属性」を結合することで回答できます。具体的には、BIツールがサポートしている場合は「ショートカット結合」[訳注1] 機能を使用します。ただしこの方法は、ファクトテーブルを必要とするクエリには適しません。ショートカット結合をサポートしないBIツール、または現在と過去両方の顧客属性を必要とするクエリの場合、図6-2のようにミニディメンションのビューを作成して、「現在の属性」の役割を担わせることができます。この顧客ディメンションのアウトリガー[訳注2] は、「現在結婚している顧

訳注1　A-B-Cのリレーションシップがあり、AとCに共通の列がある場合に、A-C間のリレーションシップを定義する機能。AとCのみをクエリする場合にBをショートカットすることで、クエリを最適化できる。例えば、SAP BusinessObjectsはこの機能をサポートしています

訳注2　特定のディメンションのみに紐付く追加のディメンションのこと。第5章「スノーフレークスキーマのアンチパターンを回避する」をご参照ください

215

客のうち、最後に当社から購入したのが独身時代である顧客は何人ですか？」といった興味深い質問に答えるために使用できます。

ミニディメンションのサロゲートキーを「履歴値」の外部キー（HV、FK）として、メインディメンションに関連付けられたすべてのファクトテーブルに追加する必要があります。また、ETL処理と「as is」なレポートをサポートするために、ミニディメンションのサロゲートキーを「現在値」の外部キー（CV、FK）として、メインディメンションに追加する必要があります。

おわりに

ミニディメンションはファクトテーブルに外部キーを追加で作成します

カテゴリーへの変換処理を行うとディメンションの詳細が失われますが、レポートのグループ化やフィルタリングに適した属性を作成します

外部キーを追加するため、ミニディメンションの存在によってファクトテーブルのサイズは増加します。カーディナリティの高い**HV**属性を多数追跡する必要がある場合は、メインのディメンションとミニディメンションの両方のサイズを制御するために、複数のミニディメンションに分離する必要があるかもしれません。作成する各ミニディメンションについて、ファクトテーブルに外部キーとインデックスを追加します。

「年収」や「クレジットスコア」などの連続値の属性をカテゴリーに変換すると、履歴の詳細を失ってしまいます。しかし、このようなカーディナリティの高い属性は「良いディメンショナル属性」にはなりません。ディメンションの役割は、レポートの優れた行ヘッダーとフィルターを提供することであることを忘れないでください。「年収」属性はカーディナリティが高いので、レポートの行ヘッダーとしては不適切です。年収の正確な値が顧客同士で一致することはまずないため、集約できるデータはごくわずかです。年収別の集計レポートは、BIレポートというよりデータベースのダンプのような、読みにくい長いレポートになってしまいます。「年収帯」のようなカーディナリティの低いカテゴリー化された属性をステークホルダーとともに慎重に設計していれば、はるかに優れた行ヘッダーになります。ステークホルダーがカーディナリティの高いディメンショナル属性の例を挙げてきたら、レポーティング時にグループ化して扱いたい表現やカテゴリー化のイメージを教えてもらいましょう。ステークホルダーが適当な数値のカテゴリーを定義したら、そのカテゴリーがモレなくダブりのないものであることを確認してください。

ステークホルダーが、連続値の顧客情報を履歴として取得する必要がある場合、これらをディメンショナル属性としてではなく、顧客情報のファクトテーブルのファクトとしてモデル化する必要があります。

6.1.2 合理的なスノーフレークパターン

 課題／要件

ステークホルダーは、顧客の初回購入日と市販のジオデモグラフィック情報[訳注3]を組み合わせて、マーケティングに活用するために顧客基盤を使って顧客をセグメンテーションしようとしています。初回購入日やジオデモグラフィック情報に関連するすべての必要な説明的属性（初回購入の四半期、休日に初回購入したか、など）を追加すると、すでに非常に大きい顧客ディメンションのサイズをさらに大幅に増加させてしまいます。ステークホルダーは、新しいマーケティング属性を必要としない既存のクエリに悪影響が及ぶことを懸念します。

カーディナリティの低い属性が大量にあると、ディメンションが非常に大きくなり、ストレージを浪費するかもしれません

 解決策

一般に、モデルを単純化しクエリのパフォーマンスを向上させるために、できるだけ多くの説明的属性を非正規化してディメンションに入れることは良い考えです。しかし、顧客ディメンションは、その大きさゆえに例外的で、合理的な正規化または「スノーフレーク」化の恩恵を受けることがよくあります。図 6-3 では、「初回購入日」と「ジオデモグラフィクス」のアウトリガーを、合理的なスノーフレークで表現します。これにより、カーディナリティが低くサイズが大きい日付属性とジオデモグラフィック属性が、「顧客」ディメンションに埋め込まれるのを回避できます。これらの属性を分離しておくと、特に初回購入日やジオデモグラフィック情報に関係しないすべてのクエリ性能を向上させ、貴重なストレージの節約になります。この特定のケースにおいて、「初回購入日」にアウトリガーを用いることは、標準の「カレンダー」ディメンションのロールプレイング・ビューとして実装できるため、さらに理にかなっています。

「顧客」ディメンションを「スノーフレーク」化します。カーディナリティが低い属性の大きな集合をアウトリガーに移動します

商用で供給されるジオデモグラフィック情報については、スノーフレーク化すべき追加の管理上または法律上の理由があるかもしれません。これらの情報は定期的に提供され、顧客データとは関係なく更新されるかもしれません。また、アクセスできるユーザー数にライセンス数の制限があり、BI のユーザーコミュニティ全体が利用できる顧客ディメンションでは保持できない場合があります。

管理方法が異なる属性は、スノーフレーク化する必要があるかもしれません

訳注3　地図データに性別、年齢、年収などのデモグラフィックデータを表示した情報のこと

第 6 章　誰が（Who）、何を（What）

図 6-3
顧客に関する
便利な「スノーフレーク」

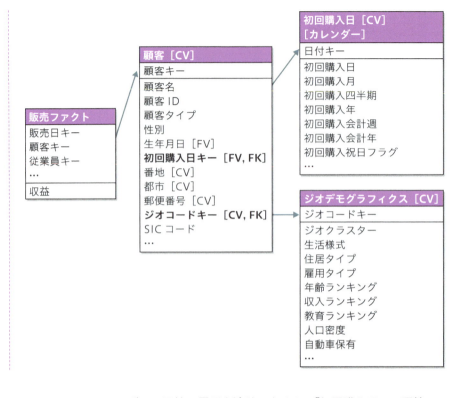

図 6-3 のアウトリガーは属性の履歴を追跡しません。「初回購入日」の属性については、値の修正しか行われない固定値なため、履歴がなくても問題にはなりません。「ジオデモグラフィック」の属性については、「顧客」を HV と定義すれば履歴を追跡できますが、ディメンションで管理できないほどレコード数が増加してしまうでしょう。代わりに、アウトリガー「ジオデモグラフィック」をミニディメンションとして使うことで履歴を追跡できます。具体的には「ジオコードキー」を、顧客ディメンションではなく、既存のファクトテーブルか新しく作成した「顧客属性」ファクトテーブルに追加します。

 おわりに

　アウトリガーはディメンショナルモデルを複雑にするので、基本的にほとんどのディメンションでは不要です。ある 1 つのディメンションに有用なアウトリガーを導入すると、特に第 3 正規形が好きな同僚は、そこまで良い効果が見込めない他のディメンションに対しても、あまり役に立たないアウトリガーを定義したくなるかもしれません。

6.1 顧客ディメンション

　アウトリガーは、関連付けられているモンスターディメンションよりもはるかに少ないレコード数でモデル化する必要があります。提案されたアウトリガーの属性に、元となるディメンションのカーディナリティに近いものがある場合は、そのままにしておきましょう。

6.1.3 「スワップ可能ディメンション」パターン

 課題／要件

　個人顧客と法人顧客の両方に異なる製品とサービスを販売する混合型ビジネスモデルの組織では、顧客と製品のディメンションはすぐに複雑で扱いにくいものになります。顧客や製品の異なるタイプごとに、他のタイプでは無効か関連性のない独自の属性の集合（**X**）が存在する場合があります。このため、ディメンションテーブルの列幅が広がり、データがまばらになることがあります。顧客数が非常に多い場合、これはパフォーマンスと利便性の問題につながる可能性があります。製品群が顧客群の規模に近付くことはほとんどありませんが、異なる製品やサービスでは、製品タイプに固有の属性の数が非常に多くなるため、同様の問題が発生する場合があります。

ビジネスモデルにおいて顧客と製品のディメンションに複数のタイプが混在している場合、まばらな排他的属性が多く含まれる可能性があります

 解決策

　1つまたは複数の「区分項目（**DC**：Defining Characteristic）」属性に基づく、排他的属性の大きなグループを含むディメンションをスワップ（交換）可能ディメンション（SD：Swappable Dimension）としてモデル化することで、利便性とパフォーマンスを向上できます。スワップ可能ディメンションは、同じサロゲートキーを共有する別のディメンションの代わりに（または追加で）クエリに組み込むことができるため、この名前が付けられました。図 6-4 は、ビジネスモデルが混在するデータウェアハウスで便利な、「顧客」ディメンションと「製品」ディメンションのスワップ可能ディメンションの例を示したものです。メインの顧客ディメンションには、顧客群全体に共通する属性が含まれます。区分項目である「顧客タイプ［DC1,2］」はその属性の中の1つで、2つの排他的属性グループ、個人顧客属性（**X1**）または法人顧客属性（**X2**）のどちらと関連するかを識別します。スワップ可能ディメンション「個人顧客」「法人顧客」は、これらの共通属性と、それぞれの顧客タイプにのみ関連する排他的属性を含みます。

　スワップ可能ディメンションには関連する行と列のみが含まれるため、多くのBIユーザーにとって扱いやすいものになります。例えば、法人営業を担当するBIユーザーは、顧客ディメンションの法人顧客バージョン（データベースにお

より効果的なスワップ可能ディメンションの属性は、区分項目に基づいて作成されます

219

ける同義語）を使うので、顧客を、彼らにとってのデフォルトである法人顧客に改名することがあります。「法人顧客」には法人顧客のみが含まれるので、必要なビジネス属性のみが表示され、すべてのクエリに「WHERE 顧客タイプ ='法人'」を追加する必要がありません。また、法人顧客が顧客全体の10%であれば、法人営業アナリストのパフォーマンスも大幅に向上するでしょう。

同じ列名を持つスワップ可能ディメンションは、クエリを書き換えずに入れ替えて使うことができるので、「ホットスワップ可能」[訳注4] と表現されます。ホットスワップ可能ディメンションは、アクセス制限（行レベルのセキュリティ）、研究グループ、サンプル群、多言語対応、および代替となる **CV/HV** レポートのビューを実装するために使用できます。本章で後述するハイブリッドSCDパターンを参照してください。

> ホットスワップ可能ディメンションは、クエリを書き換えることなく入れ替えて使うことができます

図 6-4
スワップ可能ディメンション

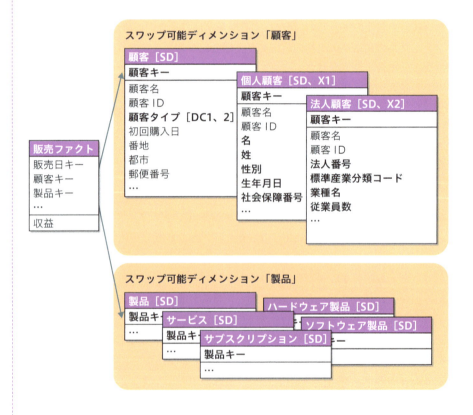

訳注4 「ホットスワップ」とは元々ハードウェアの用語で、電源を付けたまま脱着を行える構造を備えた機器を指します

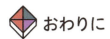 **おわりに**

スワップ可能ディメンションによって、メンテナンスする必要のあるデータベースオブジェクトの数が増えます。物理テーブルとして作成するのは、パフォーマンスが向上する場合のみにすべきです。可変長の列タイプをサポートするデータベースでは、排他的属性がまばらに配置されていてもスペースを取ることはほとんどなく、パフォーマンスの問題はあまり発生しません。このケースであれば、スワップ可能ディメンションは、ただ使い勝手を良くするためだけのビューとして実装することができます。

6.1.4 顧客との関係：埋め込まれた「誰が」

ステークホルダーが提供する顧客ディメンションの詳細には、各ビジネス顧客を他の2人の「誰が」に関連付ける属性が含まれています（図6-5）。アカウントマネージャー［HV］の役割を果たす従業員と、親会社［CV］の役割を果たす別の顧客です。これらの埋め込まれた「誰が」は両方とも、レポートのために現在値または履歴値をすべて記述する必要があります。

「誰が」のディメンションには、他の「誰が」への参照が含まれることがあり、それをすべて記述する必要があります

図 6-5
「誰が」属性を埋め込んだ顧客ディメンション

顧客［HV］

埋め込まれた「誰が」

顧客名	顧客ID	顧客タイプ	顧客カテゴリー	アカウントマネージャー	親会社
CV	BK	FV	HV	［従業員］HV	［顧客］CV
ザクロ社	BC2349	ビジネス	良い	LC	なし
iPip Design	BC2570	ビジネス	より良い	JS	POM Computing
PicCzar Movies	BC2571	ビジネス	良い	LC	ザクロ社
POM Computing	BC2565	ビジネス	まあまあ	LC	ザクロ社
POM Store	BC2567	ビジネス	より良い	JS	POM Computing
POMstore.co.uk	BC2569	ビジネス	まあまあ	LC	POM Store

図6-6 に示すように、「アカウントマネージャー」は「ミニディメンション」と「合理的なスノーフレーク」のパターンを組み合わせて別のディメンションとしてモデル化すべきです。「アカウントマネージャー」属性を「従業員」ディメンションへの外部キーとして実装します。これにより、「顧客」ディメンションを肥大化させることなく、アカウントマネージャーに関するすべての説明的な属性を利用できるようになります。また、外部キーを CV として定義し、ディメンションが「現在」のアカウントマネージャーを表すようにします。これにより、アカウントマネージャーと顧客の間の変化しうる関係が、「顧客」ディメンショ

埋め込まれた「誰が」は、別の「誰が」のディメンションとしてモデル化し直すことができます

ンを「急速に変化するディメンション」に変えてしまわないようにします。よって、それは「現在」のアカウントマネージャーを表します。アカウントマネージャーの **HV**（履歴）を報告したいというステークホルダーの要件は、ファクトテーブルとのリレーションシップを用いて対応します。ミニディメンションパターンと同様に、リレーションシップを直接的なショートカット結合として定義するか、従業員を元に2つ目のビューを作成して、「現在のアカウントマネージャー」ディメンションの役割を果たすアウトリガーとして実装することができます。

図 6-6
埋め込まれた「誰が」を、HV ディメンションと CV アウトリガーに分割してモデリングする

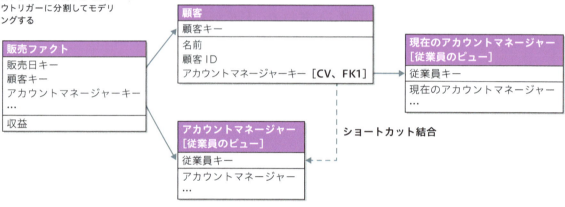

 再帰的な関係

同じタイプの「誰が」の中にある「誰が」は再帰的な関係です

　図 6-5 の「親会社」の例を見ると、「顧客」ディメンションに顧客として存在する企業が含まれていることがわかります。これは「再帰的な関係」を表し、ER 表記では図 6-7 のように、顧客エンティティとそれ自身の間にある多対1の関係として描かれます。この関係は、各顧客が1つ以上の顧客を**所有**し、各顧客が1つの顧客によって**所有される**可能性があることを示しています。

図 6-7
多対1の再帰的な関係

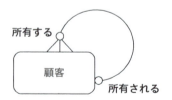

　埋め込まれた「誰が」を別の外部キーに置き換えることで、この関係性を「顧客」ディメンションに実装できます。しかし、この処理で新しく追加された外部キーである「親キー」は、別のディメンションを参照するのではなく、「顧客」

自体の主キーを参照し返します。このため、「親キー」は再帰的な外部キーとなります。図 6-8 では **RK**（Recursive Foreign Key）というコードで示されています[訳注5]。

HV - ディメンションは顧客の履歴を含んでいます。（このテーブルの例では HV 属性を表示しません）

顧客 [HV]

顧客キー	顧客名	顧客 ID	親キー
SK		BK	RK、CV
100	ザクロ社	BC2349	-
101	iPip Design	BC2570	104
102	iSongs Store	BC2572	*106*
103	PicCzar Movies	BC2571	*106*
104	POM Computing	BC2565	*106*
105	POM Store	BC2567	104
106	ザクロ社	BC2549	-
107	POMSoft	BC2566	104
108	POMstore.co.uk	BC2569	105
109	POMstore.com	BC2588	105
110	PicCzar Movies	BC2571	106

RK - 再帰的な外部キーは同じテーブルの主キーを指します。多対 1 の再帰的関係を表します

CV - 現在の親のみを追跡しています。（完全な HV の解決策は後述します）

いくつかの顧客は、106（現在のバージョンのザクロ社）によって所有されています

図 6-8
BEAM✲ の再帰的な関係

再帰的な関係は「可変深度階層」を表現するためによく使われます

再帰は親子関係を記録するのに非常に効率的な方法です。しかし、情報を記録するだけでは、DW/BI の提供価値のごく一部しか実現できていません。ステークホルダーがその情報を分析に活用できるようにすべきです。親となる顧客は別の顧客に所属し、その顧客はまた別の顧客に所属することがあるため、再帰的な関係は「可変深度階層」の形で表されることがあります。階層関係が存在する場合、ステークホルダーは必ずそれを使ってファクトを探索しようとするでしょう。所有階層では、個々の顧客の活動を最上位の所有者にまとめあげ、間接的な売上高がすべて統合されたときに誰が重要になってくるかを確認できます。さらに、所有権に基づくドリルダウン分析によって、子会社別の売上高の内訳を確認することもできます。

可変深度階層

顧客の所有権は、可変深度階層の典型的な例です。法人顧客の中には、1 層のみの階層を形成する自己完結型の企業や個人所有の企業もあります。しかし、企

顧客の所有権は、可変深度階層の模範的な例です。組織図を用いて最適に表すことができます

訳注5　以後は「再帰キー（RK：Recursive Key）」と呼ばれます

業の深い所有階層（リヒテンシュタインやデラウェア訳注6まで続く！）の上位、中位、下位に位置する顧客もいます。図6-9の組織図を見ると、図6-8で例に挙げた顧客はすべて、最終的にザクロ社が所有していることがわかります。

単独で意味のある名前を付けるのが難しい層が階層内にある場合、それはその階層を可変深度階層としてモデル化する必要があることを示す強力な手がかりとなります。バランス階層や不規則階層における深さのレベルは、異なる物事や概念を表すので、通常、異なる名前になります。例えば、バランス階層である時間情報では曜日や月、不規則階層である地理情報では番地や国などです。しかし、可変深度階層における深さのレベルは、通常、同じタイプのものを表すため、名前が異なることはありません。例えば、可変深度階層である顧客の所有の各レベルは、すべて「顧客」です。

図6-9
可変深度階層

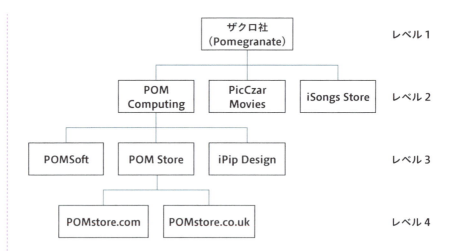

6.1.5 「階層マップ」パターン

課題／要件

あるコンサルティング会社は、今まで図6-9の顧客一社一社に個別に請求をしていましたが、会社の所有情報を使って、請求をすべて親会社に集約したいと考えています。この情報は請求システムで利用可能ですが、再帰的関係として格納されており、その形状から設計者は「豚の耳（pig's ear）」訳注7または「頭を掻く人（head scratcher）」訳注8と呼んでいます（図6-7 参照）。残念ながら、この

BIのSQLクエリで再帰的な関係を扱うのは難しいです

訳注6　有名な租税回避地。Appleなど大企業の登記上の本社があります
訳注7　作りそこなった物、という意味もあります
訳注8　頭を悩ませるもの、という意味もあります

2つの言葉は、再帰的関係のクエリがいかに難しいかを的確に表現しています。ここでの問題は、ほとんどのBIツールが生成する標準の非手続き型SQLでは、再帰的関係をうまく処理できないことです。一部のデータベースにはSQLで再帰を扱うための拡張機能（OracleのCONNECT BYなど）がありますが、BIツールではサポートされておらず、データウェアハウスの大量のファクトデータに対して適切に動作することはほとんどありません。

再帰的な関係をレポーティングに使いやすい状態にするのは難しいため、再帰的な関係を見つけたら、まずデータのプロファイリングを行い、実際に可変深度階層の形になっているかどうかを確認しましょう。データ自体が、一定のレベル数を持つバランス階層、または「わずかに」不規則な階層である場合は、データをフラット化（非正規化）して、標準的なディメンションにあるうまく名付けられた一定数の階層属性にします。こうすることで設計をシンプルに保つことができます。

> データをプロファイリングして、シンプルなバランス階層になっているかどうかを確認します

データプロファイリングを通じて可変深度階層であることが確認できたとしても、その可変深度が本当に分析の目的に必要であるかどうかを再確認することは重要です。もし必要であり、簡略化できない場合は、以下の「階層マップ」のテクニックが役立ちますが、可能な限り、管理下にあるすべての階層の深さを均一にし、バランス階層にすることを検討してください。ただし、会社の所有階層の分析においては、階層を簡略化する余地はありません。図6-9のザクロ社のような顧客に対して、「所有階層が他の顧客よりも複雑なので、整理してほしい」と要求することはできないからです。この階層は外部的、つまり制御できないものなので、そのまま表現しなければなりません。

> 複雑な解決策を導入する前に、可変深度が必要であり、階層が単純化できないことを確認します

 解決策

「階層マップ」は新たに追加すべきテーブルです。これを使って可変深度階層が表す距離の遠い親子関係を含めすべて格納することで、再帰的関係を解決します。通常、再帰的な関係は直接の親子関係のみを記録しますが、階層マップは、親と親、親と子、親と孫、親とひ孫などの関係を、どんなに離れていても「すべて」記録します。その構造は、BEAM✱の表である、図 6-10 の「会社構造」を見るとよくわかります。これは図6-9の顧客所有権の階層を表す階層マップです。現在値の階層マップであることを示すために **CV**、**HM**（Hierarchy Map）を用いて文書化しています。つまり、図6-5の親会社の **CV** 定義に基づき、現在の所有階層のみを記録します。

> 階層マップは、可変深度階層をBIに適したフォーマットで保存します

第 6 章　誰が（Who）、何を（What）

図 6-10
階層マップテーブル

会社構造 ［CV, HM］

親会社キーは	子会社キーを**所有する**	会社レベル	配列番号	最下位子会社	最上位親会社
SK, PK, CV	SK, PK, HV	N, CV	N, CV	［はい / いいえ］, CV	［はい / いいえ］, CV
ザクロ社	ザクロ社	1	1	いいえ	はい
ザクロ社	ザクロ社	1	1	いいえ	はい
ザクロ社	POM Computing	2	2	いいえ	はい
ザクロ社	POMSoft	3	3	はい	はい
ザクロ社	POM Store	3	4	いいえ	はい
ザクロ社	POMstore.com	4	5	はい	はい
ザクロ社	POMstore.co.uk	4	6	はい	はい
ザクロ社	iPip Design	3	7	はい	はい
ザクロ社	PicCzar Movies	2	8	はい	はい
ザクロ社	PicCzar Movies	2	8	はい	はい
ザクロ社	iSongs Store	2	9	はい	はい
POM Computing	POM Computing	1	1	いいえ	いいえ
POM Computing	POMSoft	2	2	はい	いいえ
POM Computing	POM Store	2	3	いいえ	いいえ
POM Computing	POMstore.com	3	4	はい	いいえ
POM Computing	POMstore.co.uk	3	5	はい	いいえ
POM Computing	iPip Design	2	6	はい	いいえ
PicCzar Movies	PicCzar Movies	1	1	はい	いいえ
PicCzar Movies	PicCzar Movies	1	1	はい	いいえ
Songs Store	iSongs Store	1	1	はい	いいえ
POMSoft	POMSoft	1	1	はい	いいえ
POM Store	POM Store	1	1	いいえ	いいえ
POM Store	POMstore.com	2	2	はい	いいえ
POM Store	POMstore.co.uk	2	3	はい	いいえ
iPip Design	iPip Design	1	1	はい	いいえ
POMstore.com	POMstore.com	1	1	はい	いいえ
POMstore.co.uk	POMstore.co.uk	1	1	はい	いいえ

階層マップはすべての階層関係を爆発させます（ビッグバンではありません）

　会社構造を見ると、まず、元の顧客ディメンションよりもはるかに多くの行が含まれていることに気が付きます。このため、この手法は「階層爆発」と呼ばれることがあります。しかし、心配する必要はありません。それは、たいして大きな爆発ではありません。行数が 1 桁多くなることは滅多にないですし、1 組のサロゲートキーとわずかな便利なカウンターおよびフラグで構成されるので階層マップの横幅は非常に狭いです。**表 6-1** で会社構造における属性について説明します。

階層マップでは、各ディメンションのメンバーを親として扱い、その子、孫などの関係をすべて記録します

　会社構造には、ザクロ社を親とする 11 行が含まれます。図 6-9 の組織図にある各子会社に対して 1 行です。「すべての」ザクロ子会社とその最上位の親との関係を明示的に保存することで、ザクロ社に関連する親についての質問に何でも簡単に答えられるようになります。もし、ザクロ社に関連する親に関する質問だけでよいのであれば、階層マップに必要な行はこれだけでしょう。しかし、どの

226

高さに位置する子会社に対しても完全に柔軟でアドホックなレポートを可能にするためには、マップに追加の行が必要であり、その行では「各子会社すべてを親として扱った小さな階層関係を格納します」。

属性	タイプ	使い方
親会社キー	サロゲートキー	親会社の役割を果たす「顧客」ディメンションへの外部キー。主キーの一部。
子会社キー	サロゲートキー	子会社の役割を果たす「顧客」ディメンションへの外部キー。主キーの一部。
会社レベル	整数	子会社のレベル番号。レベル1が一番高い階層の会社です。
配列番号	整数	子会社を正しい階層順で表示するための並べ替え順序。
最下位子会社	[はい／いいえ] フラグ	「はい」は、子会社キーが所有階層の最下層にある会社であり、他の子会社を所有していないことを示します。
最上位親会社	[はい／いいえ] フラグ	「はい」は、親会社キーが所有階層の最上位の会社であり、他の親会社によって所有されていないことを示します。

表 6-1
会社構造の属性

図 6-11 の親会社キーと子会社キーは SK（サロゲートキー）として表記されています。これらはモデルの可読性を高めるために会社名を含んでいます（実際の BEAM✲にならって）。物理的なデータベースのカラムには、整数のサロゲートキーが入ります。

完全な階層構造に必要な階層マップの行数は、各レベルのメンバー数にそのレベルを掛け合わせることで算出できます。図 6-9 の組織図のデータでは、1×1 + 3×2 + 3×3 + 2×4 = 24 行となります。会社構造では、HV の顧客ディメンションの顧客（ザクロ社と PicCzar Movies 社）について、緩やかに変化する顧客説明を扱うために3行追加しています。これらは、2×1 + 4×2 + 3×3 + 2×4 = 27 行の計算になります。

階層マップの行数を簡単に見積もるには以下の式を使います。

　　　ディメンションのメンバー数 ×（最大レベル − 1）

ザクロ社の場合、関連するディメンションのメンバーが 11 社（子会社は自社を含めて 9 社だけですが、履歴が 2 レコードあります）で、会社レベルの最大が 4 なので、見積もりは 11 ×（4 − 1）= 33 になります。この単純な式では、常に過大評価します。それはよいことです。階層マップを実際に入力すると、嬉しい驚きを感じられることでしょう。

各レベルにいくつのメンバーがいるかがわかれば、階層の大きさを計算することができます

階層マップと SCD タイプ 2

観察力のある読者は、会社構造（図 6-10）に、ザクロ社と子会社である PicCzar Movies 社に関する、重複しているように見えるレコードが 3 つあることに気付いたかもしれません。**図 6-11** のサロゲートキーの値を見ると、階層マップに「現在」の親会社キーと「履歴」の子会社キーの組み合わせがそれぞれ含まれていることがわかります。つまり、これらは微妙に異なるものなのです。この階層マップは CV（現在の階層の「形状」のみを記録）と定義されていますが、すべての子会社のサロゲートキーの履歴を含む必要があります。そうすることで、階層マップの作成元である SCD（緩やかに変化するディメンション）タイプ 2 の顧客ディメンションと同様に、すべてのファクトの履歴を結合し、足し合わせられるようになります。この設計要件を記録するために、親会社キーやその他すべての階層マップの属性が CV であっても子会社キーを HV としてモデル化します。

> CV 階層マップは、階層の履歴を追跡しない場合でも、すべての履歴ファクトに結合するために、すべての HV サロゲートキーの値を含む必要があります

図 6-11
SCD タイプ 2 のサロゲートキーを用いた階層マップ

会社構造 ［CV, HM］

親会社	子会社	親会社キーは SK, PK, **CV**	子会社キーを 所有する SK, PK, **HV**
ザクロ社	ザクロ社	106	100
ザクロ社	ザクロ社	106	106
ザクロ社	PicCzar Movies	106	103
ザクロ社	PicCzar Movies	106	110
PicCzar Movies	PicCzar Movies	110	103
PicCzar Movies	PicCzar Movies	110	110

HV：SCD タイプ 2 のサロゲートキーのすべての履歴値を含んでいるので、すべてのファクトに結合できます

CV：現在の親のサロゲートキー値のみを含むので、現在の親の記述にのみ結合します。階層履歴は追跡しません

 HV の顧客属性を変更した場合、たとえ所有関係が変わらないとしても、その新しいサロゲートキーの値を、新しい子会社キーの値として会社の所有階層マップにも挿入しなければなりません。

階層マップの使用

通常の方法で顧客ディメンションをファクトテーブルに直接結合すると、クエリによって「直接」関係を持つ顧客に関するファクトをレポーティングできます。一方、同じファクトを顧客の親会社のレベルで集計してレポーティングするためには、**図 6-12** に示すように顧客ディメンションとファクトテーブルの間に階層マップを挿入し、親会社キーと子会社キーで結合します。階層マップによる結合のビジネス上の意味をより明確にするために、顧客ディメンションのロールプレ

> 階層マップを通じてディメンションをファクトに結合することで、親会社ごとの合計をクエリします

イング・ビューを「顧客の親会社」という名前で作成し、それを用いて BI ツールで結合パスを定義すべきです。

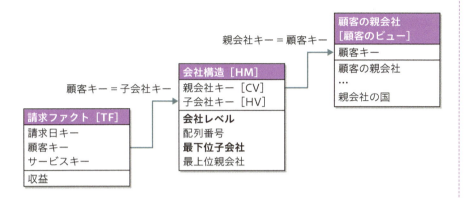

図 6-12
階層マップテーブルを用いて、収益を顧客の親会社のレベルで集計する

「顧客の親会社」「会社構造」「請求ファクト」を正しく結合すると、ステークホルダーは簡単に質問ができるようになります。

> 「すべての子会社」を含めたザクロ社の総収益はいくらですか？

階層マップが正しく結合されていれば、下位のファクトを合算するのは簡単です

「顧客の親会社 = ザクロ社」で絞り込んだクエリを実行すると、「顧客の親会社」の 1 行が階層マップに結合され、一致する 11 の子会社のレコードが見つかります。これらの 11 社の子会社キーはファクトテーブルに存在するため、それに応じて収益が集計されます。親会社キーと子会社キーの両方がザクロ社を表す「親会社 − 親会社」行のおかげで、総収益にはザクロ社に対し直接行われたすべての仕事が自動的に含まれます。これを合計から除外するには、クエリ条件に「会社レベル <> 1」を追加するだけです。ファクトテーブルには 9 つのキーだけが表示されるようになります。

「会社レベル」と「最下位子会社」のフラグを使用すると、クエリをさらに絞り込むことができます。例えば

階層マップのレベル列と最下位列を使用して、下位のレベルをフィルタリングできます

- ザクロ社が直接所有している顧客だけの総収入を得るには、「会社レベル = 2」に制約を変更します
- 他の顧客を所有していないザクロ関連会社のみの総収入を得るには、「最下位子会社 = はい」を追加します

階層マップの強みは、子会社やレベルの数を知らなくても（あるいは気にしなくても）、これらの質問にすべて回答できるということです。

一致するディメンションがSCDタイプ2のサロゲートキーを含む場合、会社構造のような親会社の履歴を追跡しないCV階層マップは、あらゆるクエリの目的を満たせるわけではありません。つまり、図6-12の結合を逆にして、任意の子会社の親会社の過去「すべて」の収益を集計することはできません。なぜなら、階層マップは各親会社について現在のサロゲートキーの値のみを記述してあるためです。もし、現在の子会社に関する情報を用いて、親会社のファクトの履歴を集計する必要があるのであれば、親会社のサロゲートキーの全履歴を含む階層マップを別途作成する必要があります。

　これまで説明したクエリ例では、階層マップを使用してファクトを親会社のレベルに集約しています。しかし、階層マップを使用して、レポート上に階層の全レベルを「表示」することもできます。これを行うには、図6-13 に示すように、階層マップを使用して顧客ディメンションを親会社である顧客ビューに結合します。こうすることで、親会社である顧客名「と」（子会社の）顧客名の両方がグループ化されてレポートに表示されるため、階層内の各レベルのファクトをレポートできるようになります。しかし、このようなレポートで階層自体を理解するには、子会社を正しい階層順序で表示する必要があります。

階層マップは、レポートにすべての階層を表示するためにも利用できます。ディメンションにその親会社のビューを結合します

図6-13
階層マップを用いて顧客階層を参照し、子会社レベルのファクトをレポーティングする

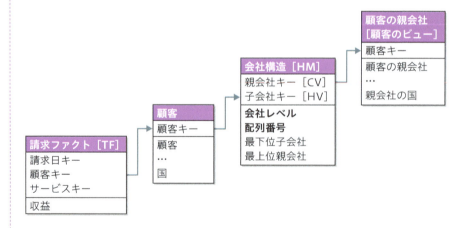

階層の配列

　会社名で並べ替えると、階層の順序が崩れてしまいます。しかし、階層レベルによる並べ替えもよくありません。なぜなら「レベル1のすべての顧客、レベル2のすべての顧客、レベル3のすべての顧客…」という順番で表示すると、レベル2のどの顧客がレベル3のどの顧客を所有しているのかわからなくなってしま

階層を正しく表示するには、階層を「左から右」に並べる前に「上から下」に並べる「配列番号」が、階層マップに含まれる必要があります

うからです。この問題を解決するには、図 6-14 で示すように、階層内のノードを
「上から下、左から右」に正しく並べ替える「配列番号」の属性が階層マップに
必要です。配列番号を用いることで、顧客の子会社（上から下）を同じレベルの
次の顧客（左から右）よりも先に並べることができます。つまり、あるレベル 2
の顧客が所有するすべてのレベル 3 の子会社を、次のレベル 2 の顧客よりも前
に表示するようになります。

図 6-14
階層配列番号

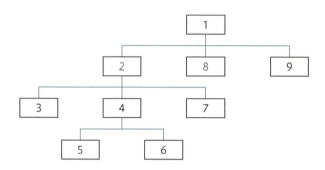

図 6-15 のレポートは、「配列番号」と「会社レベル」を用いて階層を表現す
る方法を示しています。「配列番号」でページを縦方向に並べ替え、「会社レベル」
でページを横方向にインデントします。次の Oracle SQL のスニペットは、イ
ンデントする会社名を BI ツールでどのように定義できるかを示しています。

配列番号で階層レポートを並べ替えし、レベルを用いてインデントする

```
LPAD( ' ', 3*(会社レベル-1))  || 顧客名
```

この場合、レベル 2 の顧客名をスペース 3 個で、レベル 2 をスペース 6 個で、
それぞれインデントします。レベル 1 の顧客は左端に表示します（スペース 0
個のインデント）。

**今後予想される成長に応じて 10 または 100 の単位で最初の配列番号を作成し
ておくことで、既存の配列番号を更新することなく新しいノードを階層に追加で
きます。**

図 6-15
子会社のレベルを
表示するために
インデントした階層レポート

ブラウザベースのレポートインターフェースで再帰的にハイパーリンクを使うことで、階層マップのドリルダウン分析が可能になります

おわりに

　配列番号カラムに正しい値を入れるためには、階層マップを階層の配列番号順に構築する必要があります。そのため、値を階層レベルごとに一括で入力するような SQL の手法は使用できません。また、ノードを移動させた場合、その配列番号と周囲にある多くのノードの配列番号を更新する必要があるため、メンテナンスがより複雑になってしまいます。この作業には複雑なコーディングが必要なので、階層マップを更新するよりも再構築（一度すべて削除して再読み込み）する方が（時間に余裕がある限り）簡単であることが多いです。

階層マップのドリルダウン

　ほとんどの BI ツールでは、デフォルトのドリルダウン機能を使って階層マップを扱うことは困難です。なぜなら、ドリルダウンするレベルの数が固定されていることを想定しているからです。ウェブブラウザを通じて操作する BI では、ハイパーリンク機能[訳注9]を使ってドリルダウンを実現できます。つまり、図 6-15 のような、選択された所有者とその直近レベル 2 以内の子会社の名前のみをハイパーリンクとして表示するレポートを作成できるということです。BI ユーザーがリンクをクリックすると、選択した子会社をパラメータとしてレポートに渡し、「同じレポート」が再度呼び出されます。新たに呼び出されたレポートには、階層内の次のレベル、つまり子会社の直近レベル 2 以内の子会社が表示されます。階層マップでは、クエリをシンプルに保つためにデータモデルから再帰性を削除しますが、「手続き的な再帰性」を利用して同じレポートを再帰的に呼び出すこと

訳注 9　ウェブページから他のページやファイルへ移動するためのリンクのこと

で、可変深度の効率的なドリルダウンを実装できます。

複数親へのクエリ

単一の親会社にクエリ対象を絞らない場合は注意が必要です。顧客の親会社で単純にグループ化する収益クエリが、ザクロ社は £30M、PicCzar 社は £5M を返すとき、これらを足し合わせた総計を £35M にしてはいけません。図 6-15 のレポートからわかるように、ザクロ社の合計 £30M には、子会社である PicCzar 社の £5M の収益がすでに含まれています。おそらくコンサルティング会社が望むのは、ザクロ社 £30M、EyeBeeM 社 £15M、MegaHard 社 £27M などを示すレポート、つまり、子会社を一切記載せず、すべてのトップレベルの顧客の総収益を示すレポートでしょう。ここで、「最上位親会社フラグ（図 6-10 を参照）」が役に立ちます。「最上位親会社 ＝ はい」と指定することで、クエリには各最上位顧客の全階層のみが含まれ、その子会社の収益数値は 1 度しか集計されません。

親会社である顧客を複数含むクエリで最上位の親会社のみに絞る制約がない場合、ファクトを過大評価しないように子会社を区別して取り込む必要があります。例えば、カリフォルニア州に親会社を持つすべての顧客の合計収益を求めるクエリは、収益を合計する前に、重複のない子会社キーのリストをファクトテーブルに提示する必要があります。そうしなければ、親会社と、親の親会社の両方がカリフォルニア州にある子会社の収益を二重にカウントしてしまいます。

> 単一親である制約がないクエリは、下位の会社のファクトを重複して集計しないように注意する必要があります
>
> 最上位親会社フラグを用いることで、特定の会社にのみ存在する部分的な階層を取り除き、集計の重複を回避できます

例えば、複数の親会社をクエリするときに、子会社を区別して処理する SQL は、以下を参照してください。
The Data Warehouse Toolkit, Second Edition, Ralph Kimball, Margy Ross (Wiley, 2002), page 166 訳注 10

階層マップの構築

先ほど、SQL で再帰を扱うための独自の拡張機能は再帰的な関係に対するアドホックな BI クエリには適さないと述べました。一方で、ETL 処理の際に再帰的な関係を解読し階層マップを作成するためには非常に有効です。

「会社構造」階層マップを読み込むための Oracle PL/SQL ストアドプロシージャーは、**modelstorming.com** からダウンロードすることができます。また、マップを作成するための SQL と、ザクロ社のサンプルデータを入力した顧客ディメンションも掲載しているので、このストアドプロシージャーや独自開発した ETL 階層マップローダーをテストするのに使えます。

> ETL で階層マップを読み込む際に、再帰クエリを使用できます

訳注 10　2024 年現在は第 3 版が発売されています

可変深度階層に対する履歴の追跡

履歴も記録する階層マップを設計する場合、その中で追跡する履歴を3つのうちどれにするか決めなければなりません。

> HVの親キーの値をすべて階層マップに追加することで、親の履歴を追跡できます

親履歴：親階層の**HV**ディメンショナル属性の変更を追跡します。例えば、親会社が再分類された場合や、管理職の給与等級が変更された場合などです。階層マップに親に関するすべてのサロゲートキー値を入力し、親の**HV**属性が変更されるたびに、その階層内のすべてのレベルについて新しい親のキー値を持つ新しい行を追加することが必要です。

> 各階層マップのレコードに有効期限を追加することで、階層履歴を追跡できます

階層履歴：階層関係の変化を追跡します。例えば、親会社が子会社を売却した場合や、従業員が新しい上司の下で働き始めた場合などです。これには、階層マップのすべての行の有効期間が含まれます。階層に新しい子が追加されると、適切な開始日を設定した新しい行を階層マップに追加します。そして、既存の階層関係が変更または削除されると、その有効終了日を調整します。例えば、ある従業員が別の管理職にレポートするようになった場合などの変更や移動は、論理削除と新しい関係として処理します。

> HVの子キーの値を階層マップに追加することで、子の履歴を追跡します。これは、ほとんどの階層マップのデフォルトであるべきです

子履歴：子レベルの**HV**属性の変更を追跡します。例えば、子会社の所在地や従業員の結婚状況が変更された場合などです。この履歴を新たなレコードとして追加するには、子の**HV**属性が変更されるたびに、階層マップに子のすべてのサロゲートキーの値を入力し、その上の親レベルごとに新しい子キーの値を持つ新しい行を追加することが必要です。「会社構造」などの**HV**ディメンションから構築した階層マップでは、子レベルのファクトに正しく結合し、そのすべての履歴を足し上げるために、少なくとも子の履歴は追跡する必要があります。

可変深度階層の履歴バージョン（HV）の追跡は、特に厄介な設計上の課題であり、ディメンションの他のすべての属性がHVとして定義されているからといって、簡単に着手できるものではありません。

履歴値の再帰キー

> 履歴を完全に追跡するためには、ディメンションの再帰キーを HV として定義する必要があります

「会社構造」を拡張して完全な階層履歴を追跡し、履歴情報として正しい所有階層を、履歴情報として正しい親会社の値を用いてロールアップまたはフィルタリングできるようにする場合は、まず「顧客」ディメンションの「親会社キー[RK]」を**HV**として再定義し、それに応じて再帰的なデータの正しい履歴を用いることでディメンションを作成する必要があります。

再帰キーの波及効果

図 6-16 では、「親会社キー」を **HV RK** と定義した場合に、ザクロ社などの上位の親会社に変更が発生すると、「顧客」ディメンションに何が起こるかを示しています。ザクロ社のカテゴリーが「良い」から「より良い」に更新されると、HV 属性である「顧客カテゴリー」の変更を記録するために、サロゲートキーの値が 106 である新しいレコードを作成します。この新しい顧客キーの値である 106 は、ザクロ社のすべての子にあたる親会社キーに反映されなければなりません。また、親会社キーも **HV** なので、履歴を保持するために子会社である顧客の新しいレコードを作成する必要があります。つまり、それぞれの新しい顧客キーが、順番に所有階層の一番下まで、その子にあたり親会社キーに反映されなければならず、いわゆる「波及効果」が引き起こされます。単一の顧客（ザクロ社）に対するミクロレベルの変更であったものが、ザクロ社とその子会社 8 社の合計 9 社の顧客に対するマクロレベルの変更となるのです。これだけでも十分驚きですが、この顧客ディメンションの 9 つの新しい行は、階層マップ「会社構造」の新しい 25 行に変換されるのです。

HV 再帰キーを使用してすべての親または子の変更を追跡するとディメンションがより急速に増大してしまいますが、階層のデータが少量である場合はこの手法は依然として有効です。例えば、一部の顧客だけが別の顧客に所有されており（「親会社キー」は基本的には NULL）、所有階層の深さが通常数段程度であれば、その結果として生じる追加分の増加は管理可能でしょう。

> HV RK 属性は「波及効果」を引き起こします。親の HV 属性が変更されると、その「すべて」の子にも影響があり、階層マップに新しいレコードを追加する必要があります

> ディメンションに少数の小さな階層が含まれている場合、波及効果による増加は管理可能です

> 図 6-16
> 再帰キーの波及効果

顧客 ［HV］

顧客キー	顧客名	顧客 ID	顧客カテゴリー	親キー	現在の値か
SK		BK	HV	RK, **HV**	［はい / いいえ］
100	ザクロ社	BC2349	良い	-	いいえ
106	**ザクロ社**	**BC2349**	**より良い**	-	**はい**
102	iSongs Store	BC2572	まあまあ	100	いいえ
110	**iSongs Store**	**BC2572**	**まあまあ**	**106**	**はい**
103	PicCzar Movies	BC2571	良い	100	いいえ
111	**PicCzar Movies**	**BC2571**	**良い**	**106**	**はい**
104	POM Computing	BC2565	まあまあ	100	いいえ
112	**POM Computing**	**BC2565**	**まあまあ**	**106**	**はい**
101	iPip Design	BC2570	より良い	104	いいえ
113	**iPip Design**	**BC2570**	**より良い**	**112**	**はい**
107	POMSoft	BC2566	良い	104	いいえ
114	**POMSoft**	**BC2566**	**良い**	**112**	**はい**
105	POM Store	BC2567	良い	104	いいえ
115	**POM Store**	**BC2567**	**良い**	**112**	**はい**
108	POMstore.co.uk	BC2569	まあまあ	105	いいえ
116	**POMstore.co.uk**	**BC2569**	**まあまあ**	**115**	**はい**
109	POMstore.com	BC2588	より良い	105	いいえ
117	**POMstore.com**	**BC2588**	**より良い**	**115**	**はい**

波及効果のメリット

　サロゲートキーを用いてあらゆる種類の変更を追跡することで、**HV** 階層マップを使った正しいファクト履歴と正しい履歴階層の結合をシンプルな SQL で実現できます。新しく作成したそれぞれのサロゲートキーを使うことで、日付ロジックを追加せずとも単純な内部結合で正しい階層パスを介すことができ、ファクトの履歴と親の正しい履歴バージョンを自動的に結合できます。これは、通常の緩やかに変化するディメンションのように動作します。したがって、**HV** 階層マップでは、階層の各履歴バージョンを記録するために行を追加する必要がありますが、波及効果のおかげでその構造と使い方は変わりません。

> サロゲートキーの波及効果によって、親、階層マップ、ファクトテーブル間の正しい HV 結合をシンプルで効率的な状態に保ちます

　小規模で比較的安定した可変深度階層は、他の HV 属性と同様に HV 再帰キーを用いて追跡できます。HV 再帰キーによってディメンションはさらに大きくなってしまいますが、階層マップとファクトテーブル間の結合をシンプルかつ効率的な状態に維持できます。

波及効果の課題

　残念ながら、**HV** 再帰キーを用いて追跡するにはあまりにも大きく変動しやすい可変深度階層もあります。例えば人事（HR）階層がよく挙げられます。これは、従業員ディメンションの「すべて」の従業員を含む、単一の階層です。最上位のレベルでわずかな **HV** の変更を行うと、その変更が「現場」にまで波及するため、在籍する従業員「全体」に新しい再帰キーを発行することになってしまいます。

> HV 再帰キーを従業員ディメンションに格納するには、人事（HR）階層はあまりにも大きく変動しやすいです

　大規模、または変動しやすい可変深度階層の履歴を、HV 再帰キーを用いて追跡することは、ディメンションが爆発的に増大するので避けてください。代わりに、有効期間属性を階層マップに追加して、ディメンションの外側で階層の履歴を追跡します。6.2.6 をご参照ください。

6.2　従業員ディメンション

> HV 従業員ディメンションは一般的に SCD タイプ 2 です

　顧客の次に BI によるレポート対象として注目される「誰が」は従業員です。ありがたいことに、通常従業員の数は顧客よりもはるかに少ないので、従業員の **HV** 属性の大部分を追跡するためには SCD タイプ 2 の手法が有効です。しかし、従業員の属性にも課題がないわけではありません。従業員やその所属する部門については、より詳細な情報が管理されている場合があります。そういった詳細情報の履歴まで追跡しておけば、現在・前回・履歴・年度末時点などのタイミングで組織がどうなっていたかを分析するための追加の BI 要件につながる可能性があります。

6.2　従業員ディメンション

The Data Warehouse Toolkit, Second Edition, Ralph Kimball, Margy Ross (Wiley, 2002) の 8 章 , "Human Resource Management" は、SCD タイプ 2 である従業員ディメンションを取り扱う際における、基本的な課題の多くをカバーしています。

6.2.1　ハイブリッド SCD パターン

課題／要件

従業員属性を **HV/CV** として定義しているので、ステークホルダーはデフォルトで「as was」（過去）のレポートに正しい履歴情報を使用できますが、「as is」（現在）のレポート時には現在の値を使用することもできます。例えば、以下のようなステークホルダーの質問は、

HV/CV の属性の要件

> 過去 5 年間の従業員勤務地別の
> 年間経費はいくらでしたか？

従業員が経費を発生させたときに拠点としていた勤務地の情報（履歴値）を求めています。一方、別の質問である

> 現在ロンドンオフィスに勤務している従業員全員の、
> 過去 5 年間の総支出額はいくらですか？

は、従業員が過去 5 年間にどこを拠点としていたかを考慮しません。この質問は、現在の勤務地（現在値）でフィルタリングすることだけを求めています。

解決策

デフォルトのレポート要件を満たすために、SCD タイプ 2 の ETL 処理を使用して、「従業員」の HV バージョンを作成し、それをメンテナンスしましょう。加えて、HV の従業員ディメンションとは別に、現在の値の「スワップ可能ディメンション（**CV SD**）」を作成します。図 6-17 は、HV である「従業員」ディメンションを、現在の従業員の定義のみに絞った自身のコピーに結合することで、「従業員」ディメンションに対する **CV** のスワップ可能バージョンを定義する方法を示しています。この例では、James Bond 氏のすべてのバージョンを、現在の James Bond の情報に結合しています。結果として得られる **CV SD** ディメンションは 3 つの同じ Bond 氏を含むため、最初はかなり無駄に見えますが、よく見ると各 Bond 氏には異なるサロゲートキーの値があることに気付きます。

HV と CV でのスワップ可能ディメンションを別途作成します

237

第6章 誰が（Who）、何を（What）

CV によるホットスワップ可能ディメンションは、HV ディメンションの自己結合ビューとして構築できます

図 6-17 の自己結合により、従業員キーの履歴値と現在値を選ぶことができます。この一見すると同じような従業員ディメンションをオリジナルの **HV** バージョンの代わりに使うと、Bond 氏の 3 つの異なる時間軸（従業員キーは 1010、2099、2120）のすべてのファクトを、London という単一の場所や「死別」という単一のステータスへロールアップできるようになります。**CV** と **HV** のスワップ可能ディメンションはまったく同じように記述されているので、互いに「ホットスワップ」して、SQL を書き換えることなくクエリの時間軸を変更できるのです。

図 6-17
CV スワップ可能ディメンションの定義

従業員［HV、SD］

従業員キー	従業員名	従業員ID	生年月日	結婚状況	都市	有効開始日から	有効終了日まで	現在の値か
SK	CV	BK	FV	**HV/CV**	**HV/CV**			
1010	James Bond	007	1953年5月14日	独身	London	1962年1月1日	1969年4月4日	いいえ
2099	James Bond	007	1953年5月14日	結婚	Geneva	1969年4月5日	1969年4月5日	いいえ
2120	**James Bond**	**007**	**1953年5月14日**	**死別**	**London**	**1969年4月6日**	**3000年1月1日**	**はい**

Bond 氏の現在値バージョン
これを Bond 氏のすべてのバージョンと結合することで、CV ビューを作成できます

HV［従業員］
従業員キー
従業員ID
従業員名
生年月日
結婚状況
都市
有効開始日
有効終了日
現在の値か

CV［従業員］
従業員キー
従業員ID
従業員名
生年月日
結婚状況
都市
有効開始日
有効終了日
現在の値か = 'はい'

```
CREATE MATERIALIZED VIEW 現在の従業員
SELECT
  HV.従業員キー
  ...
  CV.結婚状況
  CV.都市
FROM
  従業員 AS HV
  INNER JOIN 従業員 AS CV
    ON HV.従業員ID = CV.従業員ID
WHERE
  CV.現在の値か = 'はい'
```

現在の従業員［CV、SD］

従業員キー	従業員名	従業員ID	生年月日	結婚状況	都市
SK	CV	BK	FV	**CV**	**CV**
1010	James Bond	007	1953年5月14日	死別	London
2099	James Bond	007	1953年5月14日	死別	London
2120	James Bond	007	1953年5月14日	死別	London

現在のバージョン
サロゲートキーを除き、すべての Bond 氏の行は同一です

CV のスワップ可能ディメンションはビューとしても構築できますが、クエリのパフォーマンスを高めるために、実体テーブルまたはマテリアライズドビューとして格納しましょう。少し「余分」なスペースを用意しておくことで、クエリを発行するたびに自己結合を行う必要がなくなります。

HV と CV でのスワップ可能ディメンションは相互に排他的ではなく、両方を同じクエリでファクトテーブルに結合し、現在値と履歴値で同時にグループ化またはフィルタリングできます。これが一般的な要件である場合、CV と HV の両バージョンの属性を選択し、それらを同じスワップ可能ディメンションに配置することで、よりクエリ効率の高いハイブリッドな HV/CV ディメンションを構築します。また、簡単な比較やより複雑なクエリのために CV と HV の属性を並べて提供することもできます。例えば、ハイブリッドな「従業員」ディメンションを用いると、クエリで「現在値」の都市にフィルターを適用しながら「履歴値」の都市でグループ化することができます。

HV と CV でのスワップ可能ディメンションを、同じクエリで使用し、現在値と履歴値を提供できます

CV のスワップ可能ディメンションの作成と同様に、自己結合ビューの手法を使用して、「as at（ある時点の）」レポート用の「期末」ディメンションを作成できます。例えば、2011 年 4 月 4 日の期末ディメンションは、ビュー定義の「CV.現在の値か = 'はい'」制約を次のように置き換えることによって作成できます。

自己結合パターンは、「as at」レポートのための「期末」ディメンションを作成するのに利用できます

```
'2011年4月4日' BETWEEN CV.有効開始日 AND CV.有効終了日
```

おわりに

CV かつスワップ可能ディメンションは、アジャイルなデザインパターンの「金字塔」です。初日からディメンションの履歴を追跡していれば、CV レポートの要件が発生したときに、（マテリアライズドビューとして実装する場合は）ETL のプログラミング作業を増やしたり既存のクエリを書き換えたりすることなく、いつでも CV ビューを追加できます。なぜなら、ビューはホットスワップ可能だからです。

とはいえ、CV レポートが最初の選択肢となることはよくあることです。ステークホルダーは、HV/CV ではなく、CV/HV として属性を定義するでしょう（CV をデフォルトとして設定したがるはず）。なぜなら、彼らは、既存の業務レポーティングシステムが持つ CV のみの視点を BI ソリューションが模倣することを最初に望むからです。あるいは、単にステークホルダーが履歴の必要性を「まだ」感じていないため CV 属性のみと定義することもあります。いずれにせよ、顧客などの非常に大きなディメンションを扱うのでなければ、HV の ETL

必要なのは CV だけという要求を信用してはいけません。HV ディメンションを構築し、CV ビューを提供しましょう

処理をデフォルトとし、**HV**ディメンションを非表示にして、**CV**ビューを利用できるようにすべきです。そうしておけば、ステークホルダーが**HV**レポートを要求したときに、データウェアハウス全体をリロードせずとも単にビューを交換するだけで対応できます。

6.2.2 前値属性パターン

課題／要件

CV/PV属性の要件

BIユーザーは、ディメンショナル属性の全履歴ではなく、単に1つ前の値だけが必要な場合があります。例えば、支店の名称変更や移転など「1回限りの」マクロレベルの変更である場合には、1つ前の値だけを履歴として残しておけば十分です。また、BIユーザーが「もしも」のシナリオを見たい場合にも、1つ前の値が必要になることがあります。「as previously（前回と同じ）」な条件でレポートを作成することで、変更がなかった場合の状況を確認できます。ステークホルダーは、属性を**CV/PV**（Previous Value）として文書化することで、1つ前の値の要件を定義できます。

解決策

CVとPVを別の属性カラムに実装します

追加のPV列（SCDタイプ3とも呼ばれる）を定義することで、**CV/PV**属性を実装できます。図6-18は、従業員ディメンションに追加された「前担当地区」、**PV1**です。これは**CV1**と表示した現在値の「担当地区」属性とリンクするので**PV1**と表示します。ETL処理中に担当地区が更新されると、新しい値を保存する前に既存の値を前担当地区に保存します。**PV**属性は、追跡する必要があるが頻繁に変更されない少数の属性に対してのみうまく機能します。なぜなら、ユーザーは1つのバージョンにしかさかのぼることができないからです。例えば、現在の担当地区**CV1**にリンクした去年の担当地区**PV1**と、2年前の担当地区**PV1**のような複数のPV属性があればより多くのバージョンを作成することができます。しかし、これらはすぐに扱いにくくなってしまいます。

CV/PV ：現在値と前値の要件
CVn　 ：前値属性PVnとリンクする現在値属性
PVn　 ：前値属性。常にCVn属性とリンクします

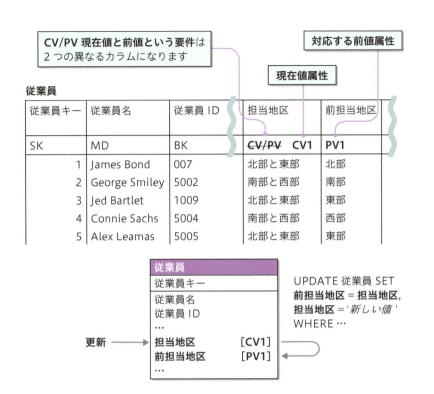

図 6-18
前値属性の実装

　PV 属性は、初期担当地区 PV1 や 2011 年の担当地区 PV1 のように、初期値や「特定の日付における」値を保持するために使うことができます。

 おわりに

　PV 属性をハードコードして定義することは、小規模であれば有用ですが、ハードコードされた PV 属性の大規模なセットをディメンション内でメンテナンスする作業は、ETL と BI どちらでも面倒なものになります。代わりに、**HV** のみのディメンションを定義し、ホットスワップ可能ディメンションのビューで **PV**（および **CV**）属性を提供しましょう。

6.2.3　人事階層

　組織におけるレポートラインの構造も、深さの異なる階層の一例です。このような人事 (HR) の階層は、相互の結び付きが強いため、顧客の所有権の階層よりもさらに悩ましい場合があります。従業員同士は、顧客よりもはるかに関係が深く、すべての従業員は最終的に同じ親である CEO のために働いています。その結果、人事階層マップには、変動の少ない小さな階層が何千何万と存在するので

人事階層マップは、従業員が相互に強く結び付いているので、取り扱うのが難しい場合があります

はなく、変動の多い大きな階層が1つだけ存在することになります。これに加えて、利用可能なデータの種類が多く、履歴をより正確に追跡する必要があることから、人事階層はデータウェアハウスに実装することが最も困難な階層になることがあります。

6.2.4 多値階層マップパターン

課題／要件

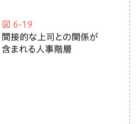
直属ではない上司との関係が含まれる人事階層は、従業員の活動を複数の管理者にロールアップする必要があります

図 6-19 のザクロ社の組織図は、人事階層の主な複雑さの1つである「従業員が複数のマネージャーを上司に持つ」という例を示しています。従業員の活動をマネージャーや部門レベルでロールアップする場合、これらの複数の関係を考慮する必要があります。この問題は、James Bond 氏が M 氏の部下でありながら、George Smiley 氏と間接的な関係を持っていることで表されています。この点線は、フルタイムのうちの20%での臨時またはパートタイムの配属を意味します。したがって、Smiley 氏が言うように、M 氏は Bond 氏の成果の8割を受け持っていると考えなければなりません。この点線（直属ではない上司）は、第3章で定義したように、どの子（社員）に対しても直属の親（マネージャー）が複数存在する可能性のある「複数親の可変深度階層」となります。

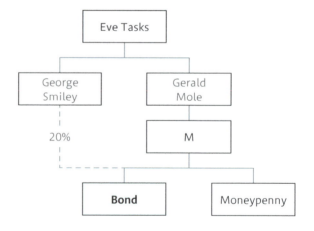

図 6-19
間接的な上司との関係が含まれる人事階層

複数親階層は、再帰的関係によってソースシステム内に表現できる可変長階層の別の例です。しかし、今回は多対多の再帰的関係です。図 6-20 が示すように、多対多の関係では、従業員の外部キーのペアを含み従業員同士の関係を表す追加のテーブルが必要です。

複数親階層は多対多の再帰的関係で表現します

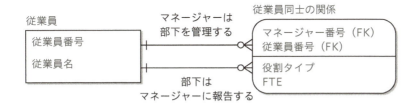

図 6-20
多対多の再帰的関係

 解決策

　多対多の再帰的関係は、複数親の関係を表す行を追加するだけで「多値階層マップ」（**MV**、**HM**）に記録できますが、各親子関係の意味と値を正しく記述するための追加属性（役割タイプと稼働割合）が必要です。図 6-21 は、図 6-19 の組織図を元に文書化されたすべての従業員の関係を表した多値階層マップ「レポートライン」[CV、MV、HM] を示しています。この階層マップで最初に注目すべきは Bond 氏のレコードの数です。階層マップは、その上のすべての親レベルで繰り返されるため、常に最下位レベルのレコードが多く含まれます。しかし、Bond 氏の場合、その数は彼の二重の役割によって余計に膨れ上がっています。これは、Bond 氏が 2 人いて、各マネージャーの下に 1 人ずつ配属されていると想像すると理解しやすいでしょう。このように、相互のつながりが強く、深いレポートラインを持つ大規模な組織の階層マップが、（特にその履歴を追跡していた場合に）どれほど大きくなるのかがわかります。

多値階層マップ（**MV**、**HM**）は、複数親階層を表現するために使います

MV：多値ディメンション、または多値階層マップ（HM と組み合わせて用いる場合）。通常、重み付け係数を含みます

第 6 章 誰が（Who）、何を（What）

図 6-21
人事階層マップ

多値階層マップ

最下位従業員フラグ
その従業員が他の従業員を管理していないことを示します

関係のタイプと値に関する追加属性

レポートライン ［CV, MV, HM］

マネージャーキー	従業員キーを**管理する**	従業員レベルで	配列番号で	最下位従業員	最上位マネージャー	役割タイプで	重み付け係数で
SK, PK, CV	SK, PK, HV	N, CV	N, CV	[はい/いいえ], CV	[はい/いいえ], CV	CV	N, CV
Eve Tasks	Eve Tasks	1	100	いいえ	はい	恒常的	1
Eve Tasks	George Smiley	2	200	いいえ	はい	恒常的	1
Eve Tasks	Bond	3	300	はい	はい	一時的	0.2
Eve Tasks	Gerald Mole	2	400	いいえ	はい	恒常的	1
Eve Tasks	M	3	500	いいえ	はい	恒常的	1
Eve Tasks	Bond	4	600	はい	はい	恒常的	0.8
Eve Tasks	Moneypenny	4	700	はい	はい	恒常的	1
George Smiley	George Smiley	1	100	いいえ	いいえ	恒常的	1
George Smiley	Bond	2	200	はい	いいえ	一時的	0.2
Gerald Mole	Gerald Mole	1	100	いいえ	いいえ	恒常的	1
Gerald Mole	M	2	200	いいえ	いいえ	恒常的	1
Gerald Mole	Bond	3	300	はい	いいえ	恒常的	0.8
Gerald Mole	Moneypenny	3	400	はい	いいえ	恒常的	1
M	M	1	100	いいえ	いいえ	恒常的	1
M	Bond	2	200	はい	いいえ	恒常的	0.8
M	Moneypenny	2	300	はい	いいえ	恒常的	1
Bond	Bond	1	100	はい	いいえ	恒常的	1
Moneypenny	Moneypenny	1	100	はい	いいえ	恒常的	1

MV 階層マップには、複数親の関係を表す行と、その種類や値を表す列が追加されています

 追加の多値階層マップ属性

「レポートライン」には、直属ではない上司の人事関係に対応するために、2つの属性が追加されています。

「**役割タイプ**」によって、人事マップでは、マネージャーと従業員の関係が恒常的なのか（実線）一時的なプロジェクトなのか（点線）を記録できます。

「**重み付け係数**」によって、従業員の貢献を役割ごとの稼働割合に基づいて複数のマネージャーに割り当てるクエリを作成できます。例えば、重み付けされた収益指標は「SUM(収益×重み付け係数)」と定義します。

複数親階層は、決して人事に限ったことではありません。先ほどの顧客関係階層も、分社化やジョイントベンチャーをサポートする必要があれば、複数の親を持つことになります。家系図も複数親階層です。

すべての複数親階層は、たとえ固定数の名前付き階層を持つバランス階層であっても、その複数親関係を適切な重み付け係数とともに保存するための階層マップが必要です。

点線の関係が複数ある場合、重み付け係数はより複雑になります

◆ 複数の重み付け係数を扱う

図 6-21 の重み付けは、パートタイム従業員（Bond 氏）が 1 人しかおらず、しかも彼が誰も管理していないため、比較的単純です。しかし、状況が変われば重み付けはより複雑になります。例えば、Moneypenny 氏が彼女の労働時間を恒常的に M 氏と Bond 氏に均等に割く場合、図 6-22 のように、Moneypenny 氏と Bond 氏の間に 50% の稼働割合で新しい実線を引く必要があります。

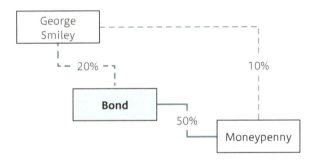

図 6-22
重み付け係数のロールアップ

再帰的なソースデータでは、この変更により、「従業員同士の関係」テーブル（図 6-20）に Bond 氏 - Moneypenny 氏の新しい関連レコードが 1 つ作成され、既存の M 氏 - Moneypenny 氏間の稼働割合が 50% に更新されます。展開された階層マップでは、新しく間接的な関係ができるごとにレコードを挿入し、既存のすべての間接的な関係を適切な重み付け係数で更新する必要があるので、より多くの作業が必要になります。図 6-22 は、新しい Bond 氏 - Moneypenny 氏の直接的かつ恒常的な関係によって、Smiley 氏と Moneypenny 氏の間に、10% の重み付け係数を持つ間接的かつ一時的な関係も作成されることを示しています。これは、離れた 2 人の社員間の直接的な関係の重み付け係数をすべて掛け合わせて算出します。0.2 × 0.5 = 0.1 または 10% です。

間接的な関係の重み付け係数は、中間の直接的な関係の重み付け係数を掛け合わせて算出します

第6章　誰が（Who）、何を（What）

6.2.5 階層マップの更新

階層の履歴が不要な場合、階層マップを更新するよりも、削除して再構築する方が簡単な場合が多いです

図 6-23 は、必要な処理をすべて行った後の「レポートライン」の階層マップで、新しく生成された 6 行と更新された 9 行を示しています。たった 1 つの新しい関係を処理するだけで、当初 18 行だったテーブルは、元の 50% が更新され、33% も増加したことになります。一見小さな変更でも階層マップの複雑な更新を多数引き起こす可能性があるので、履歴を追跡する必要がない場合はマップを削除して再構築する方が更新よりも簡単なことがあります。

図 6-23
階層マップの更新

レポートライン［CV, MV, HM］

マネージャーキー	従業員キーを**管理する**	従業員レベルで	配列番号で	最下位従業員	最上位マネージャー	役割タイプで	重み付け係数で
SK, PK, CV	SK, PK, HV	N, CV	N, CV	[はい/いいえ], CV	[はい/いいえ], CV	**CV**	**N, CV**
Eve Tasks	Bond	3	300	いいえ	はい	一時的	0.2
Eve Tasks	*Moneypenny*	*4*	*310*	*はい*	*はい*	*一時的*	*0.1* (0.2×0.5)
Eve Tasks	Bond	4	600	いいえ	はい	恒常的	0.8
Eve Tasks	*Moneypenny*	*5*	*610*	*はい*	*はい*	*恒常的*	*0.4* (0.8×0.5)
Eve Tasks	Moneypenny	4	**700**	はい	はい	恒常的	**0.5**
George Smiley	Bond	2	200	いいえ	いいえ	一時的	0.2
George Smiley	*Moneypenny*	*3*	*210*	*はい*	*いいえ*	*一時的*	*0.1* (0.2×0.5)
Gerald Mole	Bond	3	300	いいえ	いいえ	恒常的	0.8
Gerald Mole	*Moneypenny*	*4*	*310*	*はい*	*いいえ*	*恒常的*	*0.4* (0.8×0.5)
Gerald Mole	Moneypenny	3	400	はい	いいえ	恒常的	**0.5**
M	Bond	2	200	いいえ	いいえ	恒常的	0.8
M	*Moneypenny*	*3*	*210*	*はい*	*いいえ*	*恒常的*	*0.4* (0.8×0.5)
M	Moneypenny	2	**300**	はい	いいえ	恒常的	**0.5**
Bond	Bond	1	100	いいえ	いいえ	恒常的	1
Bond	*Moneypenny*	*2*	*200*	*はい*	*いいえ*	*恒常的*	*0.5*

Moneypenny 氏の新しい関係のための 6 つのレコード：2 つは一時的で、4 つは恒常的

マネージャーになったので、Bond 氏のレコードはすべて更新されます

既存の Moneypenny 氏のレコードはすべて重み付け係数が 0.5 に更新されます

6.2.6 多値階層マップに対する履歴の追跡

変動性の高い多値階層マップでは、HV 再帰キーに頼って履歴を追跡することはできません。代わりに有効期間を用いる必要があります

先ほど、顧客所有階層マップが、顧客ディメンションに保持されている再帰キーの HV バージョンから入力される場合、スキーマを変更せずに階層の全履歴を追跡できることを説明しました。複数の「マネージャーキー」を 1 つの従業員ディメンションに格納することはできないので、複数の親を持つ人事階層ではこのオプションは使用できません。人事階層が単一親であったとしても、**HV** 再帰

6.2　従業員ディメンション

キーが有効であるには大きすぎる上に変動しやすいので、波及効果によってディメンションが制御不能なほど大きくなってしまいます。その代わりに、人事階層マップを変更し、有効期限を用いて履歴を追跡する必要があります。

図 6-24 は、HV ディメンションに通常含まれる、属性の「有効開始日」「有効終了日」「現在の値か」を含む HV バージョンの「レポートライン」階層マップです。これらの属性により、BI ユーザーは現在の階層（現在の値か =' はい '）と任意の時点の階層（例：WHERE '2011/3/31' BETWEEN 有効開始日 AND 有効終了日）の両方を参照できます。この階層マップが、従業員、マネージャー、およびそれらの関係の変更をどのように記録するかを理解するために、図 6-25 における 2011 年の最初の 6 か月間の Bond 氏、M 氏、および Bond 氏の人事関係のタイムラインを見てみましょう。

HV、MV、HM の表に、有効開始日、有効終了日、現在フラグを追加します

図 6-24
有効期間付き
HV 階層マップ

レポートライン [HV、MV、HM]

> Bond 氏が M 氏の下で働き始めます

人事階層キー	マネージャー	従業員	マネージャーキー	従業員キーを**管理する**	重み付け係数で	有効開始日から	有効終了日まで	現在の値か
SK			SK、PK1、**HV**	SK、PK、**HV**	N、**HV**	D、PK1	D	[はい / いいえ]
1	Smiley	Smiley	999	999	1	1960 年 12 月 1 日	3000 年 1 月 1 日	はい
2	Bond	Bond	1001	1001	1	1960 年 12 月 1 日	2011 年 2 月 28 日	いいえ
3	M	M	1002	1002	1	1960 年 12 月 1 日	2011 年 1 月 31 日	いいえ
4	**M**	**Bond**	**1002**	**1001**	**1**	**2011 年 1 月 1 日**	**2011 年 1 月 31 日**	**いいえ**
5	M	M	1003	1003	1	2011 年 2 月 1 日	2011 年 5 月 31 日	いいえ
6	M	Bond	1003	1001	1	2011 年 2 月 1 日	2011 年 2 月 28 日	いいえ
7	M	Bond	1003	1004	1	2011 年 3 月 1 日	2011 年 3 月 31 日	いいえ
8	Bond	Bond	1004	1004	1	2011 年 3 月 1 日	2011 年 3 月 31 日	いいえ
9	**M**	**Bond**	**1003**	**1004**	**0.8**	**2011 年 4 月 1 日**	**2011 年 4 月 30 日**	**いいえ**
10	**Smiley**	**Bond**	**999**	**1004**	**0.2**	**2011 年 4 月 1 日**	**2011 年 4 月 30 日**	**いいえ**
11	M	Bond	1003	1005	0.8	2011 年 5 月 1 日	2011 年 5 月 31 日	いいえ
12	Smiley	Bond	999	1005	0.2	2011 年 5 月 1 日	3000 年 1 月 1 日	はい
13	Bond	Bond	1005	1005	1	2011 年 5 月 1 日	3000 年 1 月 1 日	はい
14	M	M	1006	1006	1	2011 年 6 月 1 日	3000 年 1 月 1 日	はい
15	M	Bond	1006	1005	0.8	2011 年 6 月 1 日	3000 年 1 月 1 日	はい

> Bond 氏は、20% を Smiley 氏、80% を M 氏の下で働き始めます

図 6-25
人事のタイムライン

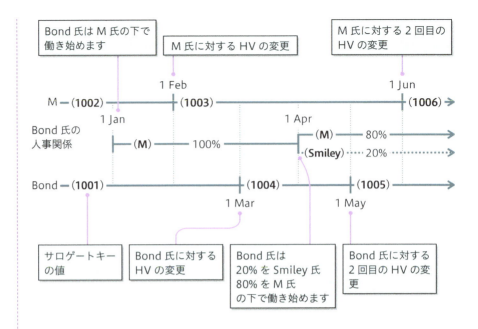

おわりに

「レポートライン [HV]」階層マップは、有効期間が結び付くことで、階層記述の正しい履歴を使用して従業員ファクトを集計できますが、ファクトテーブルへの結合は以前より複雑になってしまっています。従業員同士の関係の履歴が階層マップに含まれない頃であれば、販売ファクトへの結合は以下のように単純でした。

```
WHERE  レポートライン.従業員キー ＝ 販売ファクト.従業員キー
```

階層マップとファクトテーブルを正しく結合するために、有効期間を用いる必要があります

しかし今では、複数ある階層関係の正しい履歴をファクトの正しい履歴に結合して、集計の重複を回避する必要があります。これには、階層マップの有効期間ディメンション（有効開始日、有効終了日）とファクトテーブルの主要な時間ディメンション（販売日）を組み合わせた複雑な結合（BETWEEN 結合）が必要です。

```
WHERE  レポートライン.従業員キー ＝ 販売ファクト.従業員キー
AND
販売日 BETWEEN レポートライン.有効開始日 AND レポートライン.有効終了日
```

この結合は非常に高コストになる可能性があります。階層マップに常に結合しなければならない人事ファクトテーブルのこの問題を回避するには、図6-24の人事階層キーのように、サロゲートキーを階層マップに追加する必要があります。このサロゲートキーは他のディメンションのサロゲートキーと同様に機能し、有効期間での結合を回避します。専門の人事ファクトテーブルに追加すれば、結合を次のように簡単にすることができます。

これを避けるために、階層マップに独自のサロゲートキーを与え、これを人事ファクトテーブルに追加できます

> WHERE レポートライン.人事階層キー ＝ 給与ファクト.人事階層キー

このサロゲートキーを実装するには、通常の人事ディメンションと同様に、給与ファクトテーブルより先に「レポートライン」テーブルを構築し、更新する必要があります。人事階層キーの値が、ファクトテーブルのロードが始まる前に準備されている必要があるためです。より単純な **CV** バージョンの「レポートライン」では、専門のサロゲートキーがないので、この依存関係が不要で、ファクトから独立して維持できます。

これにより、新しい依存関係が生じます。人事のファクトテーブルの前に、階層マップを構築および更新する必要があります

有効期間の結合や階層マップのサロゲートキーを回避する別の方法は、組織の階層を1つにまとめるのではなく、階層マップから役員レベル（この場合はEve Tasks氏）を除外して、単一の組織階層を多数のより小さな部門階層に分割することです。これらの小さな階層は、上位からのマクロな変更やその結果の波及効果に対してより耐性があります。これにより、従業員のサロゲートキーを使用して、従業員と彼らの人事関係のすべての **HV** の変更を追跡できるようになります。

あるいは、大規模な人事階層をいくつかの小さな階層に分割し、サロゲートキーを使用して追跡することも可能です

6.3　製品やサービスのディメンション

製品のディメンションには、独自の設計上の課題があります。製品は、「誰が」のディメンションほど大きくはなく、不安定でもありませんが、非常に多くの異なるステークホルダーたちによって、非常に多くの異なる方法で説明されることがあります。そのため、「何を」のディメンションでありながら「誰が」と同じくらいモデル化するのが複雑になりうるのです。ステークホルダーたちは、顧客について常に理解不足の一方、自分たちの製品やサービスについてはあまりにも多くのことを知っています！

製品のディメンションが複雑なのは、ステークホルダーが製品やサービスについて知りすぎているからです

製品階層は、BIレポートにとって重要です。しかし、その重要性にもかかわらず、BIの観点からはうまく設計されていないかもしれません。ありがたいことに製品階層は可変深度ではなく、深さの最大数が決まっていますが、それでも定義することが難しい場合があります。すでに確立されている製品階層は、ア

製品の階層は一般的に最も重要な階層ですが、不規則階層になることが多く、適合させるのが困難な場合があります

249

第 6 章　誰が（Who）、何を（What）

ジャイルなデータウェアハウスの設計に適合させることが最も難しい問題であることがあります。なぜなら、製品階層は、長年にわたってさまざまな部署で場当たり的に拡張されたり再定義された結果、不規則階層になり、矛盾した定義でいっぱいになっているからです。

製品の「部品表」は、データウェアハウスがサポートする必要がある、異なるタイプの可変深度階層です

また、「何を」のディメンションに特有の課題として、製品やサービスの「内部」に何が含まれているのかについて BI を通じて調査できる必要があります。これは、医療データを扱っている場合を除き、「誰が」のディメンションではまれなことです。製品の分析を行う際、「内部に何が含まれているか」に対する答えは、製品のセット販売の場合は他の製品あるいはサービスを指すことが多いでしょう。または、設計や製造に関する問いの場合は部品などが該当します。これらの質問に答えるために、データウェアハウスは部品表（BOM：Bill Of Materials）情報を扱う必要があります。これも可変深度階層の一例です。

6.3.1　異なる種類の製品を説明する

異なる種類の製品やサービスは、専門的なディメンショナル属性が多すぎて、単一の製品ディメンションにうまく収まらないことがあります

ザクロ社のような組織が、ハードウェア、ソフトウェア、サードパーティのアクセサリー、コンサルティングサービス、ライセンス、サポート契約など、非常に異なる種類の製品を扱う場合、製品ディメンションは非常に複雑になることがあります。これらの異なる性質によって、特定の製品タイプにしか適用できない大きなディメンショナル属性のセットが生じる可能性があります。これは、複数の顧客タイプを扱う混合型ビジネスの問題と同じものです。一方で、組織は通常顧客よりも製品について多くのことを知っており、それらを記述する多くの専門的な方法を持っているので、製品ディメンションは非常に複雑になっています。製品ディメンションの行数が顧客ディメンションの行数に近付くことはほとんどありません。しかし、根本的に異なる製品タイプをすべて記述するために製品ディメンションの列数を大量に増やそうとすると、パフォーマンス、ユーザビリティ、管理上の問題を引き起こしてしまう可能性があります。異なる種類の製品やサービスに対する大規模な専門属性のセットでは、BI ユーザーが自分にとって興味のある属性を見つけるために多くのページをスクロールする必要があったり、関連する属性を探そうとするとあまりの多さに圧倒されてしまうかもしれません。また、DBMS がサポートする単一のテーブルの最大列数を超えてしまう可能性もあります。

大規模な専門属性のセットは、製品タイプなどの区分項目に基づいて、独自のスワップ可能ディメンションのサブセットにグループ化する必要があります

クエリのパフォーマンスとユーザビリティの両方の観点から、図 6-4 のように、製品タイプやサブカテゴリーなどの区分項目（**DC**）に基づいて、モノリシックな製品ディメンションをいくつかのスワップ可能ディメンション（**SD**：Swappable Dimension）のサブセットに分割することが考えられます。それぞれのスワップ可能ディメンションには、正しく使用または解釈するために専門

250

6.3 製品やサービスのディメンション

知識を必要とする排他的（**X**：Exclusive）属性グループが含まれます。例えば、ある小売業者にとって、衣料品は 300 以上の属性を持つかもしれません。これらの属性は、衣料品の購買担当者には魅力的ですが、財務やロジスティクス担当者はあまり関心がないでしょう。クエリのパフォーマンスに問題がなければ、スワップ可能ディメンションのサブセットをビューとして提供することができますが、そうでなければ、パフォーマンスの低下や列数の制限を克服するために、マテリアライズドビューや別のテーブルが必要になるかもしれません。

6.3.2 不規則階層のバランスを調整する

ERP（エンタープライズ・リソース・プランニング）パッケージの中でソースデータが再帰的な構造で保持されている場合や、各部門が壁に貼った製品階層図のレベル数が部門ごとに異なる場合、製品階層は可変深度に見えることがあります。しかし、一般に「製品階層」と呼ばれるものは、真の可変深度階層（製品の中の製品の階層）ではなく、製品の物理的、組織的、地理的特性に基づいてグループ化された、製品に関する不規則階層です。これらのグループに製品を割り当てるために使用される属性の多くは必須ではなく、または特定のサブセットに限定されているので、すべてのビジネスプロセスや部門にわたる、すべての製品の単一の適合階層を作成しようとすると、不揃いな状態になってしまいます。

第 3 章で説明したように、不規則階層は可変深度階層に似ていますが、最大数が既知である名前付きレベルを持つ、という重要な違いにより、取り扱いは比較的簡単です。つまり、欠損あるいは未使用のレベルを NULL 許容として定義するだけで、ディメンションに実装できるのです。図 6-26 は、不規則階層（図 3-8 の階層図と一致）を含む製品ディメンションの例です。これには「POMServer」という製品が含まれますが、おそらくそのタイプの唯一の製品なのでサブカテゴリーを持ちません。このように階層を単純に「平坦化」してディメンション内の固定数の列にするのはシンプルな方法です。新しく別の階層マップを構築する方法が複雑であるのとは対照的です。一方で、この方法だと、レポート上のギャップを表す「NULL の穴」でいっぱいの「スイスチーズ」ディメンションになってしまうことがあります。これらの穴は、ステークホルダーが望むラベル（該当なしなど）で埋めることが可能ですが、ドリルダウン分析に問題が生じる可能性があります。すべての「該当なし」値はグループ化され、それ以上掘り下げることができません。また、BI アプリケーションで「製品のサブカテゴリー」のような頻出の階層レベルに「モバイル／デスクトップ／該当なし」という値が使われていると、最後の値「該当なし」を見たステークホルダーはデータウェアハウスに不信感を抱くでしょう。

製品階層は、可変深度階層のように見えることもありますが、ほとんどの場合、不規則階層です

不規則階層には、一意に名付けられるレベルの数が決まっています。欠損値を持つ階層レベルに NULL 許容属性を定義することで、ディメンションに実装できます

251

第 6 章　誰が（Who）、何を（What）

図 6-26
不規則階層のバランス調整

> **不規則階層**
> サブカテゴリーは、製品ソースでは必須ではなく、
> 現在は NULL を含んでいます

製品［HV］

製品 キー	製品情報	製品タイプ	ブランド	サブ カテゴリー	カテゴリー
SK	MD, FV	MD, HV	MD, HV	MD, HV	MD, HV
1003	POMBook	ノート PC	POMBook	モバイル	コンピューティング
1004	POMBook Air	ノート PC	POMBook	モバイル	コンピューティング
1005	iPOM	デスクトップ PC	iPOM	デスクトップ	コンピューティング
1006	iPOM Pro	ワークステーション	iPOM	デスクトップ	コンピューティング
1007	POMServer	サーバー	iPOM	**NULL**	コンピューティング

サーバー　　コンピューティング

> **階層のバランスをとる**ために、上のレベルまたは
> 下のレベルの値を使用してギャップを埋めます

ステークホルダーの力を借りて、欠損している値を補ってもらうことで、少し不規則な階層のバランスをとります

　ほとんどの場合、最適なアプローチは、モデルストーミングのワークショップ中にステークホルダーと一緒に不足している値を埋めることで「製品」ディメンションの不規則階層のバランスをとることです。これは、ディメンショナル属性を適合させる取り組みの一環として行います。適切な新規値または既存値についてステークホルダーの合意が得られない、あるいは欠損値が多すぎて時間内に対応できないなど、ステークホルダーとともに欠損値を埋めることができない場合、欠損レベルに対して使用可能な暫定値を自動的に生成する方法が 3 つあります（これによりステークホルダーが自分自身で値を作るよう促されます）。

一時的なバランス調整は、1 つ上または 1 つ下のレベルから値を埋め込むことによって実現できます

トップダウンバランシング：1 つ上のレベルから欠損しているレベルに値をコピーします。例えば、POMServer の「カテゴリー」の値である「コンピューティング」を「サブカテゴリー」にコピーします。

ボトムアップバランシング：1 つ下のレベルから欠損しているレベルに値をコピーします。例えば、POMServer の「製品タイプ」の値である「サーバー」を「サブカテゴリー」にコピーします。

トップダウンとボトムアップのバランシング：欠損したレベルの 1 つ上と 1 つ下の値を連結して作成した新しい一意な値で埋めます。例えば、POMServer の「サブカテゴリー」のギャップを埋めるために「コンピューティング／サーバー」を用いるかもしれません。

データプロファイリングの結果、不規則階層が見つかった場合、そのごく一部（1〜2％）が歪んでいる（レベルが飛んだ）だけであれば、意図的な設計ではなくデータに誤りがあることがほとんどです。エラーを修正し、シンプルなバランス階層を定義する必要があります。

6.3.3 マルチレベルディメンションパターン

課題／要件

一般的に、製品階層の「異なる」レベルに連動する「異なる」ビジネスプロセスがあります。例えば、販売計画はブランドごとに月単位で設定されますが、販売取引は個々の製品ごとに毎日記録されます。これらの異なるビジネスプロセスは、別々のファクトテーブルで処理されます。同じように、製品の詳細さを表す異なるレベルも別々のディメンションで処理される必要があります。例えば、販売のファクトには完全な「製品」ディメンション、販売計画には「ブランド[RU]」ロールアップ・ディメンションを使用します。各ファクトテーブルに適切なディメンションを追加することで、固定化された製品の粒度を明確に文書化できます。ただし、「単一」のビジネスプロセスが製品階層の「さまざま」なレベルに関連付けることができる状況もあります。例えば、ザクロ社のウェブサイトにおけるウェブページに関するイベントでは、サイト訪問者が単一の製品／同じ製品タイプの複数の製品／製品カテゴリーの説明を見ていること、あるいは製品情報をまったく見ていないことを表現できます。

ビジネスイベントは、さまざまなレベルのディメンション階層を用いて表現できる必要があります

解決策

ザクロ社のウェブサイト、特にオンラインストアでのサイト閲覧履歴の大部分には製品に関する情報を結合できます。しかし、すべてのページが製品を参照しているわけではありません。製品カテゴリー全体、サブカテゴリー、または特定のブランドなど、複数の製品について説明しているページもあります。第5章で説明したように、「製品の欠損」を表す「特別な」ゼロのサロゲートキーを使用して、製品以外のページを簡単に扱うことができます。同様に、他の「特別な」サロゲートキーの値を使用して「マルチレベルディメンション」を設計することで、製品階層の上位レベルに関連するページの閲覧を記述するのに役立ちます。

マルチレベルディメンションには、異なるレベルが混在しているファクトの記述に必要な、階層内のすべてのマルチレベルを表す追加の行が含まれます。例えば、ファクトがすべてのレベルを必要とする場合、マルチレベルディメンション「製品」には各製品のレコードと各ブランド、サブカテゴリー、およびカテゴリー

マルチレベルディメンション（ML）には、その階層内のレベル値を表す追加の行が含まれます

第 6 章　誰が（Who）、何を（What）

に関する追加のレコードが含まれます。図 6-27 はマルチレベル製品ディメンション（「**ML**」と表記します）で、カテゴリー全体（**SK** が -1 または -2）、サブカテゴリー（**SK** が -3）、およびブランド（**SK** が -4）を表す追加行の例が含まれています。完全なテーブルには、必要なすべてのレベルのすべての値に対して、1 つの追加行が含まれることになります。

図 6-27
マルチレベルディメンション「製品」

マルチレベル（ML）ディメンションには、製品階層の上位レベルを表す追加レコードが含まれます

レベルタイプ
行の大部分は**製品**になります

製品　[MV]

製品キー	説明	重量	製品タイプ	ブランド	サブカテゴリー	カテゴリー	レベルタイプ
SK	MD, FV	MD	MD, HV	MD, HV	MD, HV	MD, HV	NN
1002	iPip G1	500g	MP3	iPip	音楽	エンターテインメント	製品
1004	POMBook Air	1Kg	ノート PC	POMBOOK	モバイル	コンピューティング	製品
1008	iPOM + プリンター	6Kg	セット製品	iPOM	デスクトップ	コンピューティング	製品
1009	iPip Touch	120g	PDA	iPip	マルチメディア	エンターテインメント	製品
0	利用不可	N/A	N/A	N/A	N/A	N/A	欠損
-1	非適用	N/A	N/A	N/A	N/A	コンピューティング	カテゴリー
-2	非適用	N/A	N/A	N/A	N/A	エンターテインメント	カテゴリー
-3	非適用	N/A	N/A	N/A	デスクトップ	コンピューティング	サブカテゴリー
-4	非適用	N/A	N/A	iPOM	デスクトップ	コンピューティング	ブランド

カテゴリーレベル行はすべての**エンターテインメント**製品を表します

ML：マルチレベルディメンション。その階層には複数のレベルを表す追加のメンバーが含まれます。また、イベント詳細や複数レベルのディメンションを表しているディメンションの外部キーを文書化するのにも使用されます。

マルチレベルディメンションには、各行の意味を記録するレベルタイプ属性が含まれます

マルチレベルディメンションには、ディメンション内の各行の意味を示す追加の属性であるレベルタイプも含まれます。行の大部分は、個々の製品を表す通常のメンバーになります（マルチレベルの従業員ディメンションの場合は従業員になります）。レベルタイプ列の既定値はディメンション自体の名前ですが、追加行ではそれらが表す階層内のレベル属性にちなんでラベル付けされます。レベルタイプは、これらの追加レコードの使用を管理する ETL プロセスで役立ちます。また、特定のレベルのファクトのみに絞り込むクエリを使用する際に使うことも

できます。さらに、単に特定のレベルへのすべてのファクトをロールアップするクエリを実行したいのであれば、ほとんどの状況でレベルタイプは無視できます。

例えば、各カテゴリーごとの総ページ閲覧数を取得したい場合には、製品[ML]をカテゴリーでグループ化し、ウェブページの訪問数をカウントするクエリを使うことができます。この数値には、カテゴリー自体のページだけでなく、各カテゴリー内の個々の製品、ブランド、サブカテゴリーのページも自動的に含まれます。

マルチレベルディメンションの要件は、ステークホルダーが、通常は階層の上位レベルに表示される例の値を使用して「グループテーマ」のイベントストーリーを語るときに把握できます。例えば、我々は「Bond 氏」を予想していたのにステークホルダーから「MI6」訳注11 と言われた場合です。

従業員マルチレベルディメンションを使用すると、「従業員のグループ」が時折1人の従業員のように振る舞うイベントを処理できます。例えば、販売取引は通常個々の従業員に割り当てられますが、複数のスタッフが関与している場合や従業員が利用できない場合（その個人が退職した場合や取引が顧客のセルフサービスだった場合など）は、チーム、支店、または部門を表す「従業員キー」を販売ファクトに割り当てることができます。第 9 章では、マルチレベルかつ多値である従業員ディメンションを組み合わせて、チームによる売上を「どのように」分配するのかを説明します。

マルチレベルディメンションの柔軟性はさらなる複雑さをもたらすため、その柔軟性が不要な場合は決して使用しないでください。ディメンションのシングルレベル版およびマルチレベル版を別々に作成し、その使用法を明確にしましょう。スタースキーマに対してディメンションの詳細度合いが固定されている場合は、レベルタイプ属性のない通常の（シングルレベルの）ディメンションを使用してください。それ以外の場合は、スターにレベルタイプが存在することによって、ファクトがマルチレベルであることが示されます。ファクトテーブルにマルチレベルディメンションが本当に必要な場合は、図 6-28 のようにファクトテーブルでディメンションの外部キーを ML としてマークすることで、明示的に文書化する必要があります。

> 固定レベルのファクトを記述するのにマルチレベルディメンションを使用してはいけません

訳注11 「MI6」とは、映画『007』シリーズにおいて「James Bond 氏」が所属するイギリスの諜報機関です。組織図の中で、「MI6」は「Bond 氏」より上位のレベルに位置します

図 6-28
シングルレベルおよび
マルチレベルの
ファクトテーブルの文書化

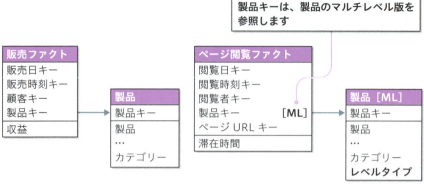

シングルレベルファクト
すべての販売は製品に対して行われます

マルチレベルファクト
ページ閲覧は、製品、サブカテゴリー、カテゴリーのどれに対しても行われます

マルチレベルディメンションを使用して、意味が混在するファクトを作成しないでください

おわりに

　マルチレベルディメンションを使用して、ファクトの意味を変えてはいけません。例えば、ブランドレベルの販売目標と製品レベルの販売実績を同じファクトテーブルに格納してはいけません。販売目標の計画と実際の販売は、2つのまったく異なるビジネスプロセスであり、2つの異なる動詞です。この2つが混在してでき上がってしまったファクトテーブルがあったら、どのように命名しどうやってシンプルに紹介しますか。単一のビジネスプロセスにとどまる場合でも、カテゴリーごとに集計した売上を製品販売ファクトテーブルに保存しないでください。サマリーを作ることでパフォーマンスを向上したい場合には、独自の集計ファクトテーブルが必要です（第8章で説明）。マルチレベルディメンションを用いて、販売目標、販売実績、販売実績のサマリーを同じファクトテーブルに保存したとします。複数の「レベルタイプ」にまたがってこの販売ファクトを合算すると、過剰集計になってしまいます。したがって、このファクトは「レベルタイプ」に対して非加算です。すべてのクエリで忘れずに「レベルタイプ」を1つに絞り込む必要があり、意図せぬ集計ミスにつながってしまいます。一方で、マルチレベル製品ディメンションは、図6-28のページ閲覧ファクトテーブルと組み合わせてもまったく問題ありません。なぜなら、ファクトの意味が変わらないからです。つまり、製品ページであろうとカテゴリーページであろうと、すべてのページビューはページの閲覧として扱われます。これが、滞在時間と総閲覧ページ数がレベルタイプに対して加算である理由です。

6.3.4 部品展開階層マップパターン

 課題／要件

ステークホルダーは、製品の部品表（BOM：Bill Of Materials）データを使って、製品に使用された部品のレベルまで、製品の売上を分析する必要があります。例えば、図 6-29 は、James Bond 氏が販売する新商品の部品表階層を示したものです。この図から、「POMCar」は既製品のアストンマーティン DB5 と強化された安全パックで構成されており、さらに安全パックはそれ自体が多くの興味深いガジェットで構成されていることがわかります。このような部品表は、通常、製品やサービスの構成要素を他の製品やサービスで構成できる多対多の再帰構造を使用して、業務システムに格納されます。

製品の部品表は、部品の可変深度階層を表します

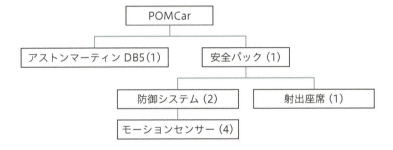

図 6-29
POMCar の部品表

 解決策

部品表は、図 6-30 の「部品展開」階層マップで表すことができます。これは「逆階層マップ」であり、図 6-31 のように親キー（製品キー）で製品ファクト（および製品ディメンション）に結合し、ファクトを子要素まで「ロールダウン」または「フィルタリング」できるようになります。これには、ある部品が他の識別可能な部品で構成されている場合に「はい」を示す中間製品フラグと、完成品に含まれる部品の数を記録する「数量」が含まれます。これは、親部品の数量に基づいて階層マップで調整する必要があるという点で、遠隔の重み付け係数と似ています。例えば、1 つの防御システムには 4 つのモーションセンサーが搭載されていますが、POMCar には 2 つの防御システムが搭載されているので、搭載されるモーションセンサーの数量は 8 になります。

「逆階層マップ」は、親キーでファクトテーブルに結合し、ファクトを子階層に割り当てることができます

図 6-30 部品展開階層マップ

部品展開 [HV, MV, HM]

製品キー	部品キーを**含む**	部品レベルで	配列番号で	中間製品	数量
SK, PK, HV	SK, PK, HV	N, HV	N, HV	[はい/いいえ], HV	N, HV
POMCar	アストンマーティン DB5	1	10	いいえ	1
POMCar	安全パック	1	20	はい	1
POMCar	防御システム	2	30	はい	2
POMCar	モーションセンサー	3	40	いいえ	8（2×4）
POMCar	射出座席	2	50	いいえ	1

コストや収益を配分する重み付け係数を部品表階層マップに追加して、その数量と単価に基づいて収益ファクトを製品の部品（または付随する中間製品群）に割り当てます。

図 6-31 部品分析

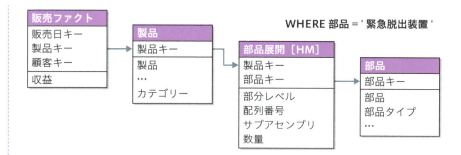

おわりに

よほど大きなテーブルを準備する覚悟がない限りは、実際の自動車、潜水艦、航空機のような複雑な製品の部品表を部品展開階層マップパターンで表現しようとしないでください。

6.4 まとめ

- **ミニディメンション**は、SCD タイプ 2 の手法を使用できない、非常に大きく変化しやすいディメンション（「顧客」など）の履歴値を追跡します。変化しやすい **HV** 属性を別のミニディメンションに移動することで、メインディメンションのサイズを制御できます。また、履歴値はファクトテーブルとの関係を介して元のディメンションに関連付けられます。ミニディメンションでは、通常、高いカーディナリティの値を丸めて離散カテゴリー化することで、サイズと変動性を制御し、より優れたレポート行のヘッダーとフィルターを提供します

- **スノーフレーク**化は、カーディナリティが低くあまり使用されない属性の大規模なセットを、アウトリガーに正規化できる、非常に大きなディメンションに対して有効です。カレンダーディメンションは、日付情報が含まれるあらゆるディメンションに対して、特に有用なアウトリガーとなります

- **スワップ可能ディメンション（SD）** は、大規模な混合型ディメンションを、より使いやすく、より速くクエリできる、特定の用途に特化した小さなサブセットに分割するために使用します。スワップ可能ディメンションは同じサロゲートキーを共有しているため、スタースキーマ内で互いに入れ替えることができます

- **ハイブリッド SCD** は、現在値と履歴値の両方をレポートする際に使います。ハイブリッド SCD の要件に対応する最適な方法は、**HV** ディメンションに対して、ホットスワップ可能な **CV** バージョンを個別に作成することです。これらの **CV** ディメンションは、**HV** ディメンションをシンプルに自己結合して実体化したマテリアライズドビューとして作成できます

- **階層マップ（HM）** は、深さの異なる階層をレポートしやすい形式で保存し、BI ツールでは簡単にクエリできない再帰的な構造を避けるために使用します

- **多値階層マップ（MV HM）** は、通常多対多の再帰的関係としてソースシステムに格納される、複数親階層を表現するために使用します

- **マルチレベルディメンション（ML）** は、ディメンションの詳細度合いが異なるビジネスイベントを表します。マルチレベルディメンションには、ディメンションの階層における、より高いレベルを表す特別な値が加えられます

第7章 いつ (When)、どこで (Where)
時間と場所のディメンションのためのデザインパターン

過去はまるで外国である。そこでは物事のやり方が違うのだ。
The past is a foreign country: they do things differently there.
— L.P. Hartley, *The Go-Between* (邦題：恋を覗く少年)

BI分析に最もよく使われるディメンションは「時間」です	すべてのビジネスイベントは、ある時点での発生と捉えられるか、特定の時間範囲で表現されます。時間は、BIクエリのグループ化（「月ごとの売上を教えてください」）、フィルタリング（「第1四半期の売上を教えてください」）、およびビジネスイベントの比較（「年初からの売上は昨年と比べてどうですか？」）を行うためによく使われます。そのため、すべてのファクトテーブルには、少なくとも1つの時間「いつ」のディメンションがあります。
場所を表すディメンションや属性もBI分析によく使われます	また、ほとんどのビジネスイベントは、特定の物理的な「場所（location）」やオンライン上の「場所」で発生します。そのうち、多くの興味深いイベントは場所の変化を表しています。したがって、多くのファクトテーブルには、顧客や製品などの「誰が」および「何を」のディメンションに含まれる場所属性に加えて、独自の「どこで」のディメンションがあります。
時間と場所は別のディメンションですが、互いに影響し合うことがあります	「いつ」と「どこで」は別のディメンションですが、互いに影響し合うことがあります。タイムゾーン、祝日、季節などはすべて「イベントの地理的な場所」の影響を受ける「場所固有の時間属性」の例です。同様に、一連のイベントの最初と最後の場所といった分析的に重要な場所の情報は、イベントの時系列に影響を受ける「時間固有の場所ディメンション」です。
この章では「いつ」と「どこで」のディメンションのためのデザインパターンを説明します	この章では、時間と場所を効率的に処理するディメンションのためのデザインパターン、特に年初から現在までのファクトを正しく分析するためのパターンや、「旅程」（空間と時間の変化を表すファクト、つまり「いつ」と「どこで」）に関するパターンを説明します。
第7章 設計の課題一覧	• 効率的な日付と時刻のレポート • 年初からの累計の正しい分析 • タイムゾーン、各国の祝日、季節 • 各言語のサポート

● 旅と旅程の分析

7.1 時間ディメンション

すべてのイベントには、少なくとも1つの「いつ」の詳細が含まれています。この詳細はファクトテーブルのタイムスタンプとして残すのではなく、常に時間ディメンションとしてモデル化すべきです。しかし、データウェアハウスのデータベースやBIツールには、datetimeのデータ型、日付関数、日付演算子が組み込まれているのに、なぜ時間ディメンションが必要なのでしょうか。

曜日、月、四半期、年などの説明的な時間属性は、BIレポートの情報をグループ化し、フィルタリングするために常に使用されるでしょう。すべてのクエリで生のタイムスタンプからこれらの属性を抽出することは非常に非効率的であり、BIユーザーとBIツールに不必要な負担をかけ、ミスや不一致の原因となります。他のディメンショナル属性のように一度ディメンションに格納すれば効率的かつ一貫して再利用できるのに、なぜ必要になるたびに月や曜日をデコードするのでしょうか。また、会計期間や祝日、季節など、一般的に使用される多くの時間属性は、組織や場所によって値が異なります。そのため、単にタイムスタンプからでは値を判断できません。

物理的な時間ディメンションを構築すべき理由は以下です。

- 各レポートやBIアプリケーションで日付ロジックが重複するのを避けるため
- WHERE句によるフィルタリングから日付の計算を取り除いてインデックスの使用を増やすため[訳注1]
- DBMS固有の日付関数からクエリを独立させるため
- 組織固有の会計期間をサポートするため
- 時間階層を適合ディメンションとして定義するため
- 時間に関連するビジネスのラベルや定義を一貫して提供するため

実際には、時間を「日付」と「時刻」に分割しディメンションとしてモデル化するのが最適です。これは一見奇妙に思えるかもしれませんが、実際のクエリにおける時間の扱いを反映しています。ほとんどのクエリは、日付のまとまり（年、四半期、月、週）を用いてグループ化またはフィルタリングを行います。また、多くのクエリは、1日の中の期間（AM/PM、勤務シフト、ピーク時間）でも同じことを行うでしょう。一方で、日付と時刻の両方にまたがる任意の期間を使用するクエリはほとんどありません（例：2日と8時間の間に発生した売上の合計）。金融関連のクエリは日付に関連する会計カレンダーでグループ化され、1日の中の

> 「いつ」の詳細は物理的な時間ディメンションとしてモデル化します

> 物理的な日付ディメンションは、BIクエリで最も一般的なグループ化およびフィルタリングの要件をシンプルにするのに役立ちます

> 日付と時刻を別々のディメンションとしてモデル化することで、ディメンションが実際の使われ方に沿うようになります。これにより特定の範囲を取り扱いやすくなり、かつ、ファクトの時間の粒度を明確にすることにもつながります

訳注1　例えば「WHERE DATE_TRUNC(売上日, MONTH) = '2024-08-01'」のようなWHERE句は、売上日カラムに作成されたインデックスを使用できません

時刻は完全に無視されます。一方で、日々の業務や行動に関するクエリでは、数か月分のデータを時間帯別にまとめて、活動レベルのピークや平均を確認することができます。このようなクエリの違いを認識した上で、「いつ」の詳細（論理的な時間ディメンション）を 2 つの異なる管理しやすい物理的なディメンションとして実装すべきです。それはすなわち、「カレンダーディメンション（日付）」と、「時計ディメンション（1 日の中の時刻）」です。それぞれが独自のサロゲートキーを持ちます。このように日付と時刻を分けることで、ファクトにおける時間の粒度を明示することにもつながります。例えば、ビジネスイベントで時刻が重要でない（または記録されていない）場合、そのファクトテーブルの設計では、時計ディメンションを省略し、カレンダーディメンションのみを含めるようにしましょう。

> 「カレンダー」と「時計」はロールプレイング・ディメンションです

図 7-1 は典型的な例で、注文ファクトテーブルが「カレンダー」ディメンションと「時計」ディメンションに結び付いています。「カレンダー」は注文と配達の日付、「時計」は注文と配達の時刻という 2 つの役割を果たします。各ディメンションの物理的なテーブルは 1 つしか存在しませんが、BI ツールはそれぞれの役割（ロール）に基づいて各時間属性の名前を変更するビューを使用して、2 つの役割を別のディメンションとして表示する必要があります。例えば、注文日時の役割を果たす「注文時刻」「注文日」「注文月」ディメンションと、配達日時の役割を果たす「配達時刻」「配達日」「配達月」ディメンションを、ビューを用いて作成します。

図 7-1
「注文ファクト」で 2 つの役割を演じる「カレンダー」と「時計」ディメンション

図 7-1 の注文ファクトテーブルには「配達時間」（所要時間）がファクトとして記録されています。これは注文から配達が完了するまでにかかった時間を 1 時間単位で表したものです。この所要時間を個別の時間ディメンションだけで計算したり集計したりするのは難しいので、ファクトとして保存するのが最適です。

7.1.1 カレンダーディメンション

カレンダーディメンション[訳注2]は、レポートの行見出しやクエリのフィルターとして必要な、日、週、月、四半期、年、会計期間、および季節のすべてによるグループ化をサポートする必要があります。例えば、図 7-1 のカレンダーには「曜日（日曜〜土曜）」「曜日番号（1 〜 7）」「月（1 月〜 12 月）」「年における月番号（1 〜 12）」「年」といったよく使われるカレンダー属性が含まれています。また、「全期間における日番号」や「全期間における月番号」といった「全期間」の属性も含まれています。これらは、データウェアハウス内の最も古い日付（エポック日付）から新しい日、週、月ごとに増分される「エポックカウンター」です。この全期間における番号は、年をまたぐ期間の条件を使って計算するために使われます。例えば、「過去 60 日間」または「過去 4 週間」などです。図 7-2 のザクロ社によるカレンダーについての BEAM✲ の抜粋には、同社が年間で 13 の会計期間を持ち、会計年度が 1 月から 12 月ではなく 2 月から 1 月であることが示されています。完璧なディメンションがあれば、ザクロ社のすべてのカレンダー情報がレポートで利用できるようになります。つまり、BI ユーザーは、生の日付を意味ある形式や情報に変換したり、どの会計期間が 28 日間ではなく 29 日間なのか記憶する必要はありません。現在の会計期間の名前でさえ覚える必要がなくなるのです。

> 優れたカレンダーディメンションには、ステークホルダーが必要とする日付関連の属性がすべて含まれている必要があります。また、適切なレポート行ヘッダーやフィルターを提供するために BI ツールが日付を変換する必要がないことが理想です

訳注2 2024 年現在はデータウェアハウスの性能が向上したため、クエリ実行時に日付計算を行った方が、カレンダーディメンションを用いるより運用コストを抑えられるかもしれません。詳細は、訳者解説「カレンダーディメンション / 時計ディメンションについて」をご参照ください

第 7 章　いつ（When）、どこで（Where）

図 7-2
ザクロ社のカレンダーディメンション（抜粋）

> 「カレンダー」は、注文日や配達日などを表現するために使用されるロールプレイング・ディメンションです。
> 日付の記述は変更されないので、固定値です。修正のみ可能です。

カレンダー［RP, FV］

日付キー	カレンダー日付	月	四半期	年	会計期間	会計年度	祝日フラグ
SK	D	C	C	C	C	C	[はい / いいえ]
20110101	2011年1月1日	1月	2011年Q1	2011年	12 F2010	F2010	はい
20110102	2011年1月2日	1月	2011年Q1	2011年	12 F2010	F2010	いいえ
…							
20110131	2011年1月31日	1月	2011年Q1	2011年	13 F2010	F2010	いいえ
20110201	2011年2月1日	2月	2011年Q1	2011年	01 F2011	F2011	いいえ
20110102	2011年2月2日	2月	2011年Q1	2011年	01 F2011	F2011	いいえ
0	-	不明	不明	不明	不明	不明	-
-1	-	割り当てなし	割り当てなし	割り当てなし	割り当てなし	割り当てなし	-

> 特別な値。日付がない状態（異常）や、日付がまだ割り当てられていない状態（正常）を表します。
> 後者は、例えば「配達完了日がまだない」という状況が挙げられます。

The Data Warehouse Toolkit, Second Edition, Ralph Kimball, Margy Ross（Wiley, 2002）の 38 〜 41 ページに、便利なカレンダー属性のさらなる例が記載されています。

 ## 日付キー

カレンダーディメンションは、他のすべてのディメンションと同様に、整数のサロゲートキーでモデル化する必要があります。しかし、他のサロゲートキーとは異なり、日付キーはカレンダーの日付順と一致する一貫した順序を持つ必要があります。連続した日付キーには 2 つの大きな利点があります。

日付キーは整数のサロゲートですが、カレンダーの日付順である必要があります

- 日付キーの範囲を使用して、大規模なファクトテーブルの物理パーティショニングを定義することができます。第 8 章では、この方法による利点について説明します
- SQL の BETWEEN 結合において、日付キーを datetime 型と同じように用いることで、ファクトを日付範囲に絞り込むことができます

有効期間を使用して履歴を追跡する履歴値階層マップ（HV、HM）訳注3 では、datetime 型の値ではなく順番に並んだ日付キー、具体的には「有効開始日キー」と「有効終了日キー」を使用して、ファクトテーブルに結合する際の効率を向上させることができます。例えば、以下のようにします。

```
WHERE  レポートライン.従業員キー ＝ 販売ファクト.従業員キー
AND
       販売ファクト.販売日キー BETWEEN  レポートライン.有効開始日キー  AND
                                        レポートライン.有効終了日キー
```

　このクエリでは、レポートラインにおける人事階層の履歴として正しいバージョンを、販売ファクトに結合しています。このような「＝」以外の演算子を用いた結合は複雑なので最適化が難しく、ユーザーは可能な限りのサポートを求めることになるでしょう。

ISO 日付キー

　図 7-2 の日付キーには他にも珍しい点があります。日付キーは国際標準化機構（ISO：International Organization for Standardization）が定めた日付形式である YYYYMMDD に基づいているので、サロゲートキーは「スマートキー」訳注4 であってはならないという規則を破っています。日付キーに限って言えば、この規則を破ることのメリットはデメリットを上回ります。

> ISO 日付キーは YYYYMMDD という形式です

- **ETL におけるメリット**：ISO 日付キーは、ソースデータの日付値から直接生成できます。別のテーブルにあるサロゲートキーを参照する必要はありません。これは、多くの「いつ」の詳細を含むイベントを処理し、それらをすべてファクトテーブルの日付キーに変換する必要がある場合に重要です
- **DBMS におけるメリット**：ISO 日付キーのフォーマットは読みやすいため、ファクトテーブルのパーティション範囲を簡単に設定できます
- **BI におけるメリット**：ありません。BI によるクエリにおいて、ファクトをフィルタリングしたり、一貫した日付の記述があるカレンダーディメンションへの結合を回避するために、手っ取り早い方法として YYYYMMDD 形式を使うのはやめましょう。ISO 日付キーは BI 開発者やユーザーには教えず、ETL チームとデータベース管理者（DBA）の間だけの小さな秘密にしておきましょう

> ISO 日付キーは簡単に生成できます

> ISO 日付キーは読みやすいので、（ETL にとって）良いことも（BI にとって）悪いこともあります

訳注3　HV：履歴値（Historic Value）、HM：階層マップ（Hierarchy Map）。「有効期間」の詳細な解説は第 5 章の SCD タイプ 2 をご参照ください

訳注4　値にビジネスロジックが埋め込まれたキー。詳細は 3.3.2 や 5.3.1 をご参照ください

第 7 章　いつ（When）、どこで（Where）

エポック日付キー

エポック日付キーは、1900/1/1 のような原点の日付に基づくものです

エポック日付キーも簡単に生成できます

エポック日付キーは ISO 日付キーよりコンパクトですが、見やすさは劣ります

　エポック日付キーは、「エポック（時間計測の起点となる日付）」訳注5 を対象の日付から減算して生成されます。例えば、図 7-5 の日付キーは、1900/1/1 をエポックとして生成されています。ETL ツールによる日付の再フォーマット訳注6 に時間がかかってしまう場合、INT 型の演算のみで高速に処理できるエポック日付キーは、ISO 日付キーの良い代替手段となり得ます。また、エポック日付キーは小さな連続した数字であり、一部の DBMS のクエリオプティマイザーでは、ISO 日付キー（12 月 31 日と翌年の 1 月 1 日の間に 8,870 のギャップがある訳注7）よりもクエリ効率が優れている可能性があります。エポック日付キーの欠点は、パーティション範囲を設定する際に読み取りにくいことです。しかし、これは BI における利点でもあります。クエリで日付パーティションに基づくフィルターやデコードを行う場合、カレンダーディメンションの適切な属性を使うのではなく、誤って代わりにエポック日付キーを直接使用してしまう可能性ははるかに低いためです。では、ISO 日付キーとエポック日付キー、どちらのアプローチが最適でしょうか。パフォーマンスを重視するのであれば、ETL ツールセットと DBMS プラットフォームの両方でスピードテストを行う必要があります。また、この章の後半にある「**日付バージョンキー**」を読んでから、日付サロゲートキー戦略を決定する必要があります。

　サロゲートキーではなく、日付キーを用いた「カレンダー」ディメンションのバージョンを作成しましょう（マテリアライズドビューとして）。これは、「顧客」の「初回注文日」や「従業員」の「入社日」など、日付データ型のディメンショナル属性に結合できるアウトリガーとして便利です。これにより、充実したカレンダー属性を使用してグループ化およびフィルタリングを行うことができます。ETL の余分な労力はほとんどかかりません。日付キー付きの「カレンダー」は、まだファクトテーブルにロードされておらず、日付キーに変換されていないサンプルデータを使用して、BI クエリのプロトタイプを作成する場合にも便利です。しかし、サロゲートキーをベースとした「カレンダー」の代わりに、ファクトテーブルへのクエリに使用してはいけません。

カレンダーディメンションの実装

カレンダーディメンションは、誕生日や将来の満期日に対応するため、想定より広い日付範囲をカバーする必要があることがよくあります

　カレンダーディメンションは比較的小さく、静的であるため、予測可能な将来に必要なすべての日付が事前に入力されることがよくあります。例えば、カレンダーに 20 年分のデータ（10 年間の履歴と 10 年後の未来をカバーするのに十

訳注5　例えば、UNIX 時間のエポックは 1970 年 1 月 1 日
訳注6　表示形式の変更やタイムゾーンの考慮など
訳注7　日付を ISO 形式の INT 型で保存した場合、例えば、2023 年から 2024 年へ年を越す際に発生する差分は 20240101-20231231=8,870 となります

266

分な量）をロードすると、わずか 7,305 レコード[訳注8]の控えめな大きさのディメンションが作成されます。とはいえ、カレンダーはしばしば、最初に想定したよりも広い日付範囲をカバーすることになります。例えば、金融サービスのデータウェアハウスでは、10 年分のトランザクションしか保存されていなくても、120 年前の顧客の誕生日や 50 年先の保険満期日に対応できるカレンダーディメンションが必要な場合があります。これら将来の日付の多くでは祝日情報を利用できないため、NULL のままにしておく必要があります。

スプレッドシート、データベース関数、ストアドプロシージャー、ETL ツールはすべて、カレンダーの実装に適しており、これらのどれでも、任意の起点となる日付から標準のカレンダー属性を迅速に生成できます。オンラインで "Date dimension generator" と検索すれば、再利用できる SQL コードやスプレッドシートを見つけることができます。表 7-1 には、自動化されていない、カレンダーを充実させるための追加のソースが含まれています。

表 7-1
カレンダー属性のソース

属性	例	ソース
標準のカレンダー	日、月、四半期	表計算ソフト、SQL 関数／ストアドプロシージャー、ETL ツール、オンライン日付ディメンションジェネレーター
財務カレンダー	会計期間、会計年度	財務部門
祝日スケジュール	祝日フラグ	人事、製造、国のカレンダー
季節情報	繁忙期	営業、マーケティング、国のカレンダー

 BI ツールとカレンダーディメンション

カレンダーディメンションは、BI ツールの機能および制限を考慮して設計する必要があります。例えば、一部の BI ツールでは、時系列の指標の計算や効率的な時間比較のために、特定の日付列が必要です。多くの BI ツールには、各列に対し既定の表示形式を定義する機能があります。例えば、「割引」は常に 2 桁のパーセンテージで表示するよう定義できます。この機能があれば、「月」を日付列として定義して各月の最初の日（または最後の日）を保存し、BI の表示形式を「YYYY 年 MM 月」とすることで「正しく並べられた月」というレポート項目を作成することができます。「月」は日付として表現されますが、含まれる値が 1 年あたり 12 種類しかないため、ファクトを正しくグループ化します。また、デフォルトの表示形式のおかげで月の名前が正しく表示されます。最も重要なのは、日付であるためカレンダー順に正しく並べ替えられることです。これにより、BI ユーザーは、表示する「月名」とソートする「月番号」の 2 つの列を選択する必要がなくなります。また、BI ツールが多言語対応していれば、月を日付として保持しておくことで、月の名前を BI ユーザーの言語に自動で翻訳できます。

カレンダーディメンションを設計して、BI ツールの機能を活用します

訳注8　365 日 × 20 年 +1 日 (うるう年) × 5 年 =7,305 レコード

7.1.2 期間カレンダー

標準的な日単位のカレンダーディメンションを、より集約された定期スナップショットや集約ファクトテーブルと一緒に使うのはやめましょう

必要なカレンダーは、日単位のカレンダーだけではありません。定期スナップショットおよび集約されたファクトテーブルでは、週次、月次、または四半期ごとのファクトが保持されたロールアップ（**RU**）・カレンダーディメンションが必要になります。理論的には、ファクトが表す期間の最終日を使用すれば「カレンダー」ディメンションをこれらのより集約されたファクトテーブルに付加することができます。例えば、毎月の販売スナップショットは、スナップショットが取得された月の最終日を使用して「カレンダー」ディメンションに結合することができます。しかし、これは良いアイデアではありません。なぜなら、ファクトにおける時間の粒度を明示的に記述していないため、BI ユーザーが、「曜日」や「営業日フラグ」のような日レベルの属性を含む任意のカレンダー属性を使用して月次販売ファクトを分析できる、と誤認してしまう可能性があるからです。

 ### 月ディメンション

月次ファクトテーブルでは、月ディメンションを使用して時間粒度を明示する必要があります

月別ファクトテーブルで日別カレンダーを使用する代わりに、図 7-3 に示すような「月」ロールアップ・ディメンションを作成し、外部キーとしての「月キー」を使用して月別ファクトテーブルを定義する必要があります。これにより、これらのファクトテーブルの粒度が明示され、有効な月属性のみを使用するようにクエリが制限されます。「月」ディメンションは、マテリアライズドビューを使用して「カレンダー」ディメンションを元に構築することができます。「月キー」は、各月の最終日の「日付キー」（マテリアライズドビューを月ごとに GROUP BY して日付キーの MAX を計算したもの）を使用して作成できます。

「カレンダー」ディメンションと「月」ディメンションは時間の粒度が異なりますが、共通の属性値を使用するため、これらは適合ディメンションです。つまり、属性レベルで適合します。

図 7-3
期間カレンダー

月 [RP, RU]
月キー
月
四半期における月番号
年における月番号
会計四半期における月番号
会計年度における月番号
全期間における月番号
四半期
年における四半期番号
全期間における四半期番号
年

「月」は「カレンダー」から派生したロールアップ・ディメンションです

「契約月」は、保険契約作成日からの保険契約ファクトの日付に使用されます

契約月
契約月キー
契約月
契約四半期における月番号
契約年度における月番号
契約四半期
契約年

BIツールによっては、日付と月のカレンダーテーブルを別々に扱うことが難しく、すべての共通する日付ディメンションの属性を1つのテーブルで定義することを好む場合があります。このような場合、月キーが月の最終日の日付キーと一致していると便利です。この方法を用いることで、BIツールは、必要に応じてクエリ時に月ディメンションの代わりにカレンダーディメンションを使用できます。

オフセットカレンダー

保険金の請求や保険料の支払いといったイベントには、標準のカレンダーに加えて、独自の特殊なカレンダーディメンションがあると便利です。通常のカレンダーディメンションは1月1日や会計年度の開始日からのファクトを計算するために使われますが、図7-3に示すような「契約月」ディメンションは、ファクトをオフセット[訳注9]して、保険の契約日や最終更新日からの値を計算するために使われます。例えば、ある保険が4月1日に更新される場合、その保険に対する8月の請求ファクトは、「カレンダー」では「8月」または「月番号8」と表示されますが、「契約月」では「契約4か月目」と表示されることになります。

オフセットカレンダーは、ファクト固有の起点となる日付でファクトに日付を設定します。例えば、契約ファクトは契約開始日からの日付が設定されます

「契約月」などのオフセットカレンダーを標準の月ディメンションとともに使用すると、月×契約月の粒度の「月ごとの契約スナップショット」を定義することができます。このファクトテーブルには、標準の月間スナップショットのちょうど2倍の行が含まれますが[訳注10]、ファクトをカレンダー、契約月、またはその両方の組み合わせでクエリできるようになります。

7.1.3 前年同期比

課題／要件

「年初からの累計（YTD：Year-to-Date）」同士の比較（例えば、2011年のYTD売上高と2010年のYTD売上高の比較）を行うには、日付範囲について次の情報が必要です。

- **1年の「開始日」**。これは当たり前のようですが、いま開始日として想定しているのは、一般的なカレンダーの年度なのか、組織の会計年度なのか、課税

正しく前年度と比較するための「年初からの累計」に用いる日付は何でしょうか？

訳注9　ある基準日から特定の期間だけデータをずらすこと
訳注10　契約更新が月半ばである場合、月前半は「契約nか月目」月後半は「契約n+1か月目」となるため、行数がちょうど2倍になる。例えば、2024/4/10に契約を開始し、毎月10日に契約が更新される場合、「月ごとの契約スナップショット」テーブルの2024年5月のレコードは{'月'：'2024年5月', '契約月'：'1か月目'}（5/1-5/9に適用）と{'月'：'2024年5月', '契約月'：'2か月目'}（5/10-5/31に適用）の2行となります

第 7 章　いつ（When）、どこで（Where）

年度[訳注11] なのか、どれを指しているのでしょうか

- **「終了日」**。YTD の計算は、現在までの期間で行うのでしょうか、それとも過去のある特定の日付までの期間で行うのでしょうか。もしデフォルトで「現在まで」とする場合、「現在」とはどういう意味でしょうか。今日まで、もしくは昨日までの完全なデータはロードされていますか？

- **対象とする日数**。前年の YTD の数値は、その年の同じ「今日まで」のファクトを含めるべきか、それとも同じ日数に揃えるべきでしょうか（後者は例えばうるう年の 2 月 29 日に起因する余分な日付を考慮します）。日数に基づく場合、月曜から日曜すべてを考慮しますか。それとも営業日のみに絞りますか（例えば、祝日を除く平日が同じ日数であるなど）

「カレンダー」ディメンションは、営業日および会計年度の定義に準拠することでYTDの比較を可能にします

　「カレンダー」ディメンションでは、各年度（暦年および会計年度）の始まりと、どの営業日を含めるかについて統一された定義を提供することで、一貫した年初からの累計（YTD）の計算を実現します。このために必要な属性は以下のとおりです。

- 年における日（番号）
- 会計年度における日（番号）
- 年度内の営業日数
- 会計年度内の営業日数
- 営業日フラグ

前年度との有効な比較のためには、YTDファクトが最後にロードされたのはいつかを知る必要があります

　これらのカレンダー属性は非常に便利ですが、「年初からの累計」を何日まで対象にするかという問題が残されています。毎晩ロードされるデータウェアハウスでは、一般的な感覚としては、「年初からの累計」は「前日まで（SYSDATE － 1）」[訳注12] であるべきかもしれません。しかし、すべてのビジネスプロセスが同じスケジュールで実行されるわけではなく、したがってすべてのファクトテーブルが毎晩ロードされるわけではありません。一部のファクトテーブルは、週次、月次、またはソースデータの抽出が利用可能になったときにオンデマンドでロードされることがあります（オンデマンドは外部データフィードに関して一般的な要件です）。このため、YTD の数値を今年と昨年で比較しようとすると問題が発生します。今年の YTD の数値には前日までのデータが含まれていないかもしれませんが、昨年の YTD の数値には昨年における前日までのデータが含まれています。

ETLエラーや「遅れて到着するデータ」のために、YTDファクトの最後の完全なロードを検知する必要があります

　また、ファクトテーブルが毎晩ロードされる場合でも、完全にロードされていないことがあります。ETL のエラーが発生するかもしれず、これらのエラーが

訳注11 日本の課税年度はカレンダーの年度と同じ 1 月 1 日から 12 月 31 日までですが、原著者の出身であるイギリスの課税年度はカレンダーの年度と異なり、4 月 6 日から翌年の 4 月 5 日までとなります（2024 年現在）

訳注12 SYSDATE は現在の日付を返す関数です

270

修正されるまで、完全なデータをレポートに利用することはできません。加えて、ETL の処理方法によっては、特定の日付までのイベントが、その日付から数日（または数週間）経たないと完全な状態で利用できないという、いわゆる「遅れて到着するデータ」に遭遇することもよくあるでしょう。例えば、国際携帯ネットワークのローミング通話料金や、治療が行われた後しばらく経ってから提出された医療保険料の請求などがそうです。昨年のデータが揃っていても、今年の分にまだ欠けがある場合は、今年と昨年を正確に比較することはできません。

 解決策

各ファクトテーブルのステータスに関する情報（最後のロード日、最後の完全なロード日など）は、ETL サポートスタッフや BI ユーザーの頭の中ではなく、データウェアハウスに保存される必要があります。BI ツールがすぐに使用できる形式のデータとして利用可能であるべきです。

「ファクトの鮮度」テーブル（図 7-4 に示す）は、「カレンダー」ディメンションで簡単に使用できる形式で、各ファクトテーブルの最新性と完全性を表す情報を格納することで有効な YTD 比較をサポートします。このテーブルには、各ファクトテーブルの「最新のロード日」と「最後の完全なロード日」が含まれます。最新のロード日は、ファクトをロードするすべての ETL プロセスによって自動的に更新される必要があります。予測不可能なデータの遅延が発生する ETL プロセスの場合は、「最後の完全なロード日」を手動で格納する必要があるかもしれません。

ファクトの鮮度テーブルには、各ファクトテーブルの「最新のロード日」と「最後の完全なロード日」があります

図 7-4
「ファクトの鮮度」テーブル

ファクトの鮮度 [CV]

各ファクトテーブルの「最新のロード日」「最後の完全なロード日」を使用して「カレンダー」ディメンションから導出された値

ファクトテーブル	最新のロード日	最後の完全なロード日	年における最新のロード日番号	年における最後の完全なロード日番号	年における最新のロード週番号	年における最後の完全なロード週番号
C, PK	D	D	N	N	N	N
販売ファクト	2011年11月12日	2011年11月10日	316	314	46	45
手数料ファクト	2011年10月31日	2011年10月15日	304	288	44	41
請求ファクト	2011年11月16日	2011年10月16日	320	289	47	46

ファクトの鮮度情報を使用するには、ファクトテーブルに対するクエリに「ファクトの鮮度」を追加し、使用中のファクトテーブル名でフィルタリングします。その後、SYSDATE ベースの計算の代わりに、その属性のいずれかを使用する

ファクトの鮮度テーブルには、必要な YTD 情報がすべて含まれていますが、BI クエリに使用するのは注意が必要です

ことができます。残念ながら、ファクトの鮮度テーブルはクエリ内の他のどのテーブルにも「適切に」結合できないため、多くのBIツールはCROSS JOINが発生する可能性があると警告するでしょう。BIツールが警告を出さなかったとしても、「ファクトの鮮度」をこの方法で使用すると、BIユーザーとBI開発者両方が混乱する可能性があります。この使い方は、言うまでもなく危険なのです。ただし、正しいファクトテーブルに適切に絞り込みされていれば、その限りではありません。この問題を解決するには、ファクトの鮮度情報をファクト固有のカレンダーディメンションの一部として提供します。

「ファクト固有のカレンダー」パターン

「ファクト固有のカレンダー」は、あるファクトテーブルの動的な「ファクトの鮮度」ディメンションの1行と、標準の「カレンダー」ディメンションの静的な複数行を結合することで構築されます。これによって、対応するそのファクトテーブルに固有のYTDステータスを「認識」するための新たなカレンダーが作成されます。図7-5は、「ファクトの鮮度」（WHERE ファクトテーブル = '販売ファクト'）の1行を「カレンダー」の各行と結合して作成された、ファクト固有のカレンダー「販売日」の例を示しています。

「ファクトの鮮度」情報は、使いやすい「ファクト固有のカレンダー」に再構成できます

図7-5
「販売日」：「ファクトの鮮度」情報が追加されたファクト固有のカレンダー

「ファクトの鮮度」テーブルを
ファクトテーブル = '販売ファクト'
で絞り込んで取得した、「最新の...」と「最後の完全な...」の値

「年における日番号」属性

販売日 [CV, カレンダー + ファクトの鮮度]

日付キー	カレンダー日付	最新のロード日	最後の完全なロード日	年における日番号	年における最新のロード日番号	年における最後の完全なロード日番号	年における...
SK	D, FV	**D, CV**	**D, CV**	N, FV	**N, CV**	**N, CV**	N, FV
40491	2010年11月10日	**2011年11月12日**	**2011年11月10日**	314	**316**	**314**	2010
40492	2010年11月11日	**2011年11月12日**	**2011年11月10日**	315	**316**	**314**	2010
40493	2010年11月12日	**2011年11月12日**	**2011年11月10日**	316	**316**	**314**	2010
40494	2010年11月13日	**2011年11月12日**	**2011年11月10日**	317	**316**	**314**	2010
...	...	...	...	...	...	...	...
40856	2011年11月10日	**2011年11月12日**	**2011年11月10日**	314	**316**	**314**	2011
40857	2011年11月11日	**2011年11月12日**	**2011年11月10日**	315	**316**	**314**	2011
40858	2011年11月12日	**2011年11月12日**	**2011年11月10日**	316	**316**	**314**	2011

一見すると、新しいカレンダーのすべての行で同じ「ファクトの鮮度」情報を複数行にわたり格納することは間違っているか、少なくとも無駄のように思えるかもしれません。しかし、このカレンダーはファクトテーブルの基準と比べるとまだ小さく、その属性を対応する「ファクトの鮮度」属性と比較することが簡単になりました。特定のファクトテーブルを含む重要なクエリでファクト固有のカレンダーを常に含めることになるため、「最新のロード日」と「最後の完全なロード日」の属性は、DBMS のシステム変数である SYSDATE と同じくらい簡単に使用できます。利用しているファクトテーブルと「ファクトの鮮度」による絞り込みが正しいかどうかや、BI ツール（または開発者）からうまく結合ができないと文句を言われることを心配する必要はありません。例えば、最新のロード日に基づいて 2011 年（現在の年）の YTD 売上を 2010 年と比較する場合、クエリは次のような簡単なものになります。

```
SELECT 年, SUM(収益) AS YTD売上
WHERE (年 = 2010 OR 年 = 2011)
AND 年における日番号 <= 年における最新のロード日番号
GROUP BY 年
```

　過去 4 週間において最後にロードが完全に行われたファクトを抽出するには、絞り込み条件を次のように設定します。

```
WHERE 全体における週番号
BETWEEN (全体における最後の完全なロード週番号 - 3
AND 全体における最後の完全なロード週番号)
```

　YTD の比較に使用される各ファクトテーブルについて、ファクト固有のカレンダーを作成する必要があります。理想的にはマテリアライズド（実体化）ビューとして作成し、「ファクトの鮮度」テーブルが更新されるたびに自動的に更新されるようにするとよいでしょう。ファクトテーブルにある日付ディメンションが1 つであれば、そのファクト固有のカレンダーには、図 7-5 に示した「販売日」など、役割に応じた固有で一意な名前を付けることができます。ファクトテーブルに日付ディメンションが複数ある場合には、それぞれに対して同じ（より一般的な名前の）ファクト固有のカレンダーを、ロールプレイング（**RP**）時間ディメンションとして使用する必要があります。このとき、ファクトごとに異なるデータベーススキーマが存在し、ファクトテーブルやそのファクト固有のカレンダーがそれらのスキーマ内で別々に定義されていれば、名前空間がスキーマごとに区切られるので、ディメンション「ファクト固有のカレンダー」の名前をすべてのファクトで揃えることができます。採用できる命名方法は、複数のスタース

ファクト固有のカレンダーがあれば、ETL のロード日をSYSDATE のように簡単に利用できます

YTD の分析に使用するファクトテーブルごとに、ファクト固有のカレンダーのビューを作成しましょう

「ファクトの鮮度」属性にカレンダーの属性にある内容を反映させることで、ビューをシンプルに構築することができます

キーマに同時にアクセスする際にBIツールがテーブルをどう認識するかによって異なります。

ファクト固有のカレンダーを構築するSQLをシンプルに保つために、カレンダー内のYTD（年初から現在まで）の比較属性は「ファクトの鮮度」にも反映されるべきです。例えば、カレンダーに「会計年度における四半期」という属性がある場合、「ファクトの鮮度」には「会計年度における最新のロード四半期」と「会計年度における最後の完全なロード四半期」という属性が存在するべきです。

ファクト固有のカレンダーには、追加のはい/いいえフラグを持たせてもよいでしょう。例えば、「最新の日か」「最新の月か」「前日か」「前月か」などで、これらはすべて「最新のロード日付」に基づくものです。また、一部のBIツールでは、カレンダー内のすべての日付を「最新のロード日付」と比べて数値化した「最新のロード日付からの日数」カラムを持つと便利かもしれません。すなわち、最新のロード日付は0、前日は-1、翌日は+1となります。

 ## レポートのフッターでファクトの鮮度情報を使用します

「ファクトの鮮度」情報は、利用可能なデータを説明したレポートフッターを提供するために使用できます

システム日付（SYSDATE）は、レポートの基本的な時間コンテキストを提供するために、レポートのヘッダーまたはフッターでよく使用されます。「ファクトの鮮度」情報を追加することで、以下のような詳しいレポートのフッターを作成することができます。

「**2011年3月23日**に作成されたレポートです。**2011年3月17日**までの利用可能なデータを反映しています。最後の完全なデータは第**10**週までです。レポートには第**12**週までのデータが含まれていますが、まだその期間のデータは不完全です。」

上記の太字の値は、それぞれ「システム日付」、「最新のロード日」、「年における最後の完全なロード週」、「年における最新のロード週」から取得したものです。「ファクトの鮮度」テーブルは、最新のファクトが正しいと確認されたかどうかなど、追加の監査情報およびデータ品質情報を保持するために拡張することができます。この情報も、レポートのフッターに印刷すると便利です。

 ## 適合日付範囲

「ファクトの鮮度」情報は、複数のスタースキーマを使用するビジネスプロセスを比較するために「適合日付範囲」を定義するのに役立ちます

「ファクトの鮮度」テーブルは、単一のファクトテーブルでYTD比較に意味のある日付範囲を定義することに加えて、ファクトテーブル横断で有効な比較の組み合わせを定義するのにも役立ちます。例えば「販売ファクト」に5月末までのデータが含まれていて、「手数料ファクト」には4月末までのデータしか含ま

れていない場合、売上と手数料をそれぞれ年初から現在まで足し合わせただけでは、意味のある YTD 比較を行うことができません。しかし、この 2 つのビジネスプロセスは「年初から 4 月末まで」の範囲であれば比較することができます。この「適合日付範囲」は「ファクトの鮮度」テーブルを用いて計算可能です。分析にかかわるすべてのファクトテーブルのうち最も古い「最後の完全なロード日」が適合日付範囲の終端にあたります。

7.2 時計ディメンション

　時計ディメンションには、例えば「時間帯（10 時や 15 時など）」「勤務シフト」「日中（朝、昼、夕、夜）」「ピークおよびオフピーク期間」などの 1 日の中の時刻を表す便利な情報が含まれます。このディメンションの粒度は通常、1 分、30 分、または 1 時間ごとに 1 行です。BI ユーザーが必要とする行ヘッダーおよびフィルターを提供するために必要であれば、どのような粒度でもかまいません。図 7-6 は、分単位の粒度を持つ典型的な「時計」ディメンションを示しています。このディメンションには、1 日の各分に対応する 1,440 行と、時刻が「不明」または「該当なし」の場合のキーとして 0 の時刻キー行とが格納されています。1 分未満のロールアップが本当に必要でない限り、時計ディメンションの粒度を 1 秒に付き 1 行と定義することは避けるべきでしょう。ほとんどのビジネスプロセスにおいて、1 秒以下の精度の時間は「ディメンション」として（つまり、レポート行ヘッダーまたはフィルターとして）有用ではありませんが、正確な期間を計算するための「ファクト」としては有用かもしれません。正確なタイムスタンプをファクトとして格納することで、時間のディメンションを小さく保つことができます。そうすれば、それらをレポート行ヘッダーやフィルターとして使うことに集中できます訳注13。

> 時計ディメンションには、通常、分単位の時刻の記述があります
>
> 秒単位の時間は、ファクトとして扱うのが最善です

訳注13 2024 年現在はデータウェアハウスの性能が向上したため、クエリ実行時に時間の計算を行った方が、時計ディメンションを用いるより運用コストを抑えられるかもしれません。詳細は、訳者解説「カレンダーディメンション / 時計ディメンションについて」をご参照ください

図 7-6
「時計」ディメンション

時計 [RP, HV]

時刻キー	時刻	時	分	午前 午後	1日における 分番号	昼夜	勤務 シフト	ピーク オフピーク
SK	C, FV	N, FV	N, FV	C, FV	N, FV	C, FV	C, FV	C, FV
1	00:00	0	0	午前	1	夜	深夜	オフピーク
2	00:01	0	1	午前	2	夜	深夜	オフピーク
3	00:02	0	2	午前	3	夜	深夜	オフピーク
…	…	…	…	…	…	…	…	…
1051	17:30	17	30	午後	1051	昼	通勤時刻	ピーク
1440	23:59	23	59	午後	1440	夜	夕方	オフピーク
0	-	-	-	-	-	不明	不明	?

　図 7-6 の「時計」は HV（履歴値）ディメンションです。なぜなら、勤務シフトやピークタイムは変わることがあり、ファクトの履歴を表現するためにはその名前と時間の履歴を使用する必要があるからです。一方、標準的な「カレンダー」は FV（固定値）ディメンションです。なぜなら、日付に関する情報は固定されており、変更されないからです。最後に、ファクト固有のカレンダーは CV（現在値）ディメンションです。なぜなら、このディメンションはその特定のファクトテーブルに関する現時点の ETL 状況等、鮮度を表す日付情報を含む必要があるからです。

7.2.1 「日時計」のパターン - 日付と時刻の関係

課題／要件

特定の時間帯を表す言葉は、日付の属性に基づいて変化します

　「時」「分」「午前／午後」「1 日における分番号」といった標準的な時刻の属性は、日付とは無関係です。例えば、午前 11 時 59 分は、日付や曜日に関係なく常に午前 11 時 59 分です。そのため、時計ディメンションをカレンダーディメンションと分けてモデル化します。しかし、ピーク／オフピークや勤務シフト名などの情報を時計に追加すると、時刻を表すこれらの言葉の意味がしばしば「日付によって異なる」ことが明らかになります。例えば、午前 11 時 59 分は、2010 年 3 月 27 日の金曜日には「勤務中」、3 月 28 日の土曜日には「休暇中」として分類されるかもしれません。これは、データウェアハウス内のすべての日について、日付と時刻を再結合し、1 分ごとの粒度でディメンションを作成する必要があるということでしょうか？

解決策

幸いなことに、この問題を解決するために日付と時刻を組み合わせる必要はありません。時間帯の説明、例えば勤務シフトやピーク／オフピークは、実際の日付（3月27日や3月28日）に依存することはほとんどなく、むしろ「日タイプ」（平日、週末、祝日、または通常と異なる日）[訳注14]に依存します。このレベルのバリエーションであれば、「時刻キー」を使用して1分ごとのバージョンを表現することで「時計」ディメンションで対応できます。図 7-7 は「日時計」ディメンションを示しています[訳注15]。粒度は1分、1曜日、1日タイプに付き1レコードです。このディメンションには1分ごとに14種類のバージョンがあります。各曜日に1つずつと、それぞれの曜日が祝日である場合に追加で1つずつです。そのため合計で 20,160 行[訳注16]になります。もし、「時計」の属性が平日、週末、祝日のみによって異なる場合、1分ごとの属性は3種類で済み、テーブルの行数は 4,320 行[訳注17]に減ります。

「日時計」は、平日、週末など、日ごとの分単位で構成されています

日時計［RP, HV］

時刻キー	時刻	時	分	曜日	日タイプ	勤務シフト	ピーク オフピーク
SK	C, FV	N, FV	N, FV	**C, FV**	**N, FV**	C, HV	C, HV
1	00:00	0	0	**月曜**	**平日**	深夜	オフピーク
481	08:00	8	0	**月曜**	**平日**	通勤時刻	**ピーク**
841	14:00	14	0	**月曜**	**平日**	通常	**ピーク**
1051	17:30	17	30	**月曜**	**平日**	通勤時刻	**ピーク**
1052	17:31	17	31	**月曜**	**平日**	夕方	オフピーク
1440	23:59	23	59	**月曜**	**平日**	夕方	オフピーク
...	...	...	...	...	...	...	...
7201	00:00	0	0	**土曜**	**週末**	深夜	オフピーク
7681	08:00	8	0	**土曜**	**週末**	週末	**オフピーク**
8251	17:30	17	30	**土曜**	**週末**	週末	**オフピーク**
10981	15:00	15	0	**月曜**	**祝日**	特別	**オフピーク**
0	-	-	-	**欠損**	**欠損**	不明	?

ピークの時刻は平日 8:00 〜 17:30

土日祝日はオフピークとなり、勤務シフト名が変わります

図 7-7
週末と祝日の
バリエーションを持つ
「日時計」ディメンション

訳注14「平日：毎週月〜金」「プレミアムフライデー：毎月最終金曜日」「元日：毎年1月1日」というように、任意の周期での「日」を表すタイプ
訳注15 太陽の時角の推移から時刻を定める「日時計」とは意味が異なるので注意してください
訳注16 7曜日 × 24時間 × 60分 × 祝日 / 非祝日の2パターン = 20,160
訳注17 24時間 × 60分 × 平日 / 週末 / 祝日の3パターン = 4,320

「カレンダー」と「時計」を1つにまとめようとする誘惑に負けないようにしましょう。その結果として生じるディメンションは、必要以上に大きく、維持が難しくなります。分単位の粒度で1年ごとに525,600レコード（365 × 1,440）を持つことになってしまいます。ましてや、秒単位にしようなんて考えないでください。

実際の日付に基づいて変化する時間帯の属性は、「季節時計」ディメンションを作成するか、「時計」ディメンションをHVと定義することで処理できます

勤務シフトの開始時刻や他の「時計」属性が、「土曜日」といった曜日ではなく特定の日に依存して変わることがあります。変更頻度が低ければ、「時計」ディメンションを**HV**、時刻キーを**SCD**タイプ2と定義することで対処できます。また、夏や冬に関する記述など、日付に基づく属性の変更が定期的に発生している場合、それは季節的なものかもしれません。まずは、値が循環していないか確認してください。その上で、循環していないならディメンションを通常の**HV**の変更として扱い、毎年追加していきましょう。場合によっては、曜日単位のものと同様に、季節ごとの記述を分単位でまとめたテーブルを用意するだけで済むかもしれません。

おわりに

「分」の特殊なバージョンを含む**HV**の時計ディメンション、例えば「日時計」を用いると、ディメンショナルモデルをシンプルに保つことができ、クエリが簡単になります。一方で、ファクトをロードするETLプロセスは、正しい時刻キーの値を割り当てるように設計する必要があります。具体的には、時間帯や以下の要素に基づきます。

特殊なバージョンの「分」を含む「時計」ディメンションでは、より複雑な「時刻キー」を用いたETLのルックアップが必要です

- **日のタイプ**。「カレンダー」ディメンションから調べることができます
- **場所のタイプ**。「店舗」などの明示的な「どこで」のディメンション、または「顧客」「従業員」「サービス」などのディメンションに組み込まれた暗黙的な「どこで」による詳細から得ることができます
- **現在のバージョンの「分」**。時計ディメンションから「時計.現在の値か = 'はい'」の条件で取得することができます。ただし、ETLプロセスが「遅れて到着するファクト」をロードしており、古いバージョンの時間記述が正しい場合はこの限りではありません

7.2.2　時刻キー

図7-7の時刻キーは通常のサロゲートキーです。ここに暗黙の時間的意味はありません。日付キーとは異なり、時間から派生したものではなく、時間順でもありません（最初の「1,440行」はそうですが）。時刻キーを「意味を持たないもの」にしておくことで、シンプルな「時計」ディメンションから作り始めて、（新

時刻キーは、時間順序に基づかない通常のサロゲートキーです。このため、変化や変動が起きても対応することができます

しい行を作成することで）それを拡張し、属性の変化に対応することができます。例えば以下のようなものです。

- **場所によって異なる時間帯属性**。例えば、とある支店は他の支店より営業時間が長いかもしれませんし、異なるテレビチャンネルは異なる広告枠の名前と長さを持っているかもしれません
- **時間帯に関する記述の変更**。時や分といった標準的な時刻の属性は（皆が新しい 10 進数の時計を持たない限り）変わることはなく、固定値（**FV**）属性として定義されています。しかし、組織がピークサービスの開始時刻を変更することを決定する場合があります。ピーク／オフピーク属性を **HV** として定義することで、過去の記述のピーク／オフピーク状態を維持することができます。時刻キーは他の **HV** サロゲートキーと同様に機能し、ETL プロセスでピークからオフピークへ、またはその逆に移行する、分の新しいバージョンを作成できるようにします

7.3 国際時間

 課題／要件

　グローバルなビジネスイベントを分析するために、データウェアハウスは国際時間を正しく取り扱う必要があります。つまり、顧客（または従業員）の行動を分析するためには、「現地」時間、曜日や祝日の状況、そして季節といった情報が重要です。一方で、同時進行する業務活動を測定し、正しい会計期間で財務取引を計上するためには、イベントが発生した場所に左右されない、組織全体の「標準」時間の視点も同じくらい重要です。

　イベントの記録方法が現地時刻であれ、グリニッジ標準時に設定されたセントラルアプリケーションサーバーの標準時刻であれ、両者の変換には、イベントの地理、タイムゾーン、サマータイムについて、個々のクエリを超えて理解する必要があります。はたして、タイムゾーンはいくつあるでしょうか。24 種類ではありません[訳注18]。

海外で発生したイベントは、現地時刻および標準時刻で分析する必要があります

タイムゾーンの変換は簡単ではありません

訳注 18　一部の地域では 30 分や 45 分単位でオフセットされるタイムゾーンが存在します

第 7 章　いつ（When）、どこで（Where）

ファクトに時間ディメンションをさらに追加して、2 つの異なる時間軸での視点を提供します

解決策

　組織の標準時刻と顧客の現地時刻がどちらも重要な場合、レポート内でタイムゾーン計算の一貫性がなくなってしまったり非効率になってしまうのを避けるために、データウェアハウスはすぐに利用できるディメンションとして標準時刻と現地時刻の両方を提供すべきです。一貫性を保つため、共通の ETL プロセスですべてのタイムゾーンの変換を行い、その結果を用いてグローバルなファクトにさらなる時間ディメンションのキーを追加する必要があります。図 7-8 は、スタースキーマで現地時刻をモデル化する方法を示しています。すなわち、グローバルな販売ファクトテーブルに追加の日付キーと時刻キー（現地日付キーおよび現地時刻キー）を追加することで、「カレンダー」と「時計」ディメンションが「標準販売時間」と「現地販売時間」という 2 つの役割を果たすようになります。

図 7-8
現地時刻および
標準時刻ディメンションを
追加した
販売ファクトテーブル

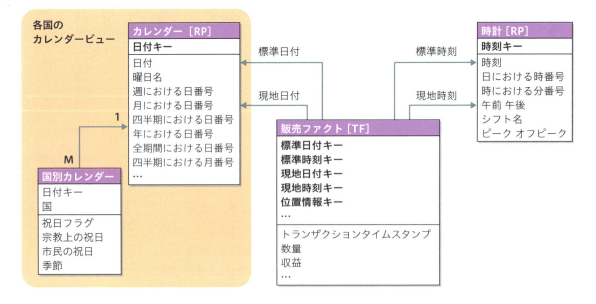

おわりに

　「ディメンションをさらに追加する」パターンは、常に追加の ETL 処理を必要とするのでファクトテーブルが大きくなってしまいます。しかし、その代わりに BI クエリがより速くシンプルになり、一貫性が増します。

7.3.1 多国籍カレンダーパターン

 課題／要件

1つの国に特化したデータウェアハウスでは、祝日のスケジュールと季節の説明をカレンダーディメンションに追加することは比較的簡単です。しかし、データウェアハウスがグローバルに展開されると、これらの属性は問題になります。なぜなら、祝日や季節は、タイムゾーンと同様に、場所によって異なる「地理的・政治的な時間属性」だからです。対象となる国の数が少なく、今後も状況が「変わらない」のであれば、さまざまな祝日を似たような少数のグループに集約することで、ディメンションとして取り扱うことができます。例えば、企業がイギリスのみで運営されている場合は、単一の「季節」ディメンションと以下の祝日の属性を準備するだけで十分かもしれません。

- イングランドの祝日フラグ
- ウェールズの祝日フラグ
- 北アイルランドの祝日フラグ
- スコットランドの祝日フラグ

しかし、データウェアハウスが数か国以上をカバーする予定である場合、より堅牢な解決策が必要です。図7-8の「国別カレンダー」は、日付と国の複合キーを使用して、日付と国の組み合わせごとに祝日情報を別々の行に記録することで、場所によって祝日が異なる問題を解決しようとしています。残念ながら、この設計では、BIユーザーと開発者は、ファクトをクエリするときに「国別カレンダー」を単一の国に絞り込むことを忘れないようにしなければなりません。そうしないと、クエリに含まれた国の数だけ重複して集計されてしまいます。例えば、「国別カレンダー」が10か国の祝日情報を保持している場合、多忙なセールスマネージャーがカレンダーを正しく絞り込み忘れると、祝日の売上高に関するアドホックな分析結果を10倍に過剰集計してしまいます。売上を1つの支店かつ1つの祝日に絞り込んだ場合でも、その集計結果は誤りです。なぜなら、販売取引履歴の1行1行は、その日が祝日である複数の国に結合され、重複してカウントされてしまうからです。成功報酬を受け取るセールスメンバーはこの見落としを喜ぶかもしれませんが、他のBIステークホルダーにとっては喜ばしいことではないでしょう。

祝日や季節の説明は、場所や日付ごとの「地理的・政治的な時間属性」です

国別のカレンダーテーブルは、国によって異なる時間属性を保持しており、日付と国の複合キーを用いるため、過剰集計を引き起こしてしまう可能性があります

図7-8の「国別カレンダー」は「多値ディメンション」です。各ファクトに複数の日付の値が含まれます。慎重に使用しないと、ファクトが過剰にカウントされてしまう可能性があります。第9章では、多値ディメンションについて詳しく説明します。

国別カレンダービューはより安全に使用できますが、分析対象が一度に1つの国に限定されてしまいます。ファクトが複数の国で記録されていると相性が悪いです

アドホックなクエリのためのより安全な解決策は、「国別カレンダー」を1つの国に絞り込んでから「カレンダー」に結合したビューを提供することです。そうすれば、BIユーザーは、最も適切なカレンダービューを選択できます（あるいは適切なものがデフォルトに設定されます）。しかし残念ながら、このソリューションでは分析が一度に1つの国に制限されてしまいます。そして、その場合でもBIユーザーは、選択したカレンダーの地理的範囲と正確に一致するように、ファクトの地理的範囲を絞り込むよう注意する必要があります。そうしないと、彼らが使用する地理的時間属性は実際のファクトと一致しないでしょう。1つの国に特化した「カレンダー」ディメンションを複数用意することは、複数の国をまたいで利用されるデータウェアハウスに対するアンチパターンです。ファクトが複数の国で記録されていると正しく紐付けができません。

 解決策

「一度に1つの国のみ」クエリするという制限を克服しつつカレンダーとファクトの不一致を防ぐには、複数の国のファクトテーブルに正しく紐付く別のカレンダーの設計が必要です。図7-9の「多国籍カレンダー」は、標準的なカレンダーディメンションと似ていますが、異なる意味を持つ日付の複数バージョンを、それぞれ固有の「日付キー」を用いて保存しています。これにより、地域ごとに異なる日付の情報を取り扱えるようになります。例えば、図7-9は、2011年3月17日の日付でイギリス、アメリカ、南アフリカ、およびアイルランドにおける「季節」と「祝日」の異なる組み合わせをサポートするために必要な3種類のバージョンを示しています。

7.3 国際時間

多国籍カレンダー [RP]						
日付キー	カレンダー日付	月名	四半期	季節	祝日	日タイプ
SK	D	C	C	C	[はい/いいえ]	C
4061800	2011年3月17日	3月	Q1 2011	春	いいえ	平日
4061801	2011年3月17日	3月	Q1 2011	春	はい	祝日
4061802	2011年3月17日	3月	Q1 2011	秋	いいえ	国際
4061900	2011年3月18日	3月	Q1 2011	春	いいえ	平日

- イギリス、アメリカ版
- 3月17日のバージョン 00、01、02について
- アイルランド版（聖パトリックの日）
- 南アフリカ版

図 7-9
2011年3月17日の3つのバージョンを示す多国籍カレンダーディメンション

　しかし、これらの複数バージョンの日付は、ファクトに対するクエリではどのように動作するのでしょうか。多国籍属性を無視すれば、答えは「単一バージョンの日付と同様に動作する」です。例えば、2011年3月17日のすべての売上を「カレンダー日付」のみでグループ化する場合、レポートは1行に集約されます。しかし、売上を「季節」や「祝日」（国によって異なる属性）でグループ化する場合には、レポートは2行以上で表現されます。これはまさに望み通りの挙動です。このように、多国籍カレンダーは、サロゲートキーの値を用いて従業員の履歴バージョンを表す HV 従業員ディメンションに似ています。ただ、ここではサロゲートキーが国ごとに異なる日付のバージョンを表しています。

多国籍カレンダーは、複数の国にまたがるファクトを集計するために、国ごとに異なる日付のバージョンを表す日付キーを使用します

　多国籍カレンダーの利点は、国ごとに特有の時間属性の複雑さを処理しながらも、モデルとクエリの両方をシンプルに保つことができることです。BI ユーザーは日付に複数のバージョンがあることを意識することなく、かつどの国のカレンダーを使うか考える必要もないまま、国境を越えたクエリを作成できます。また、彼らは自分が興味のある任意のカレンダー属性を使用することもできます。

多国籍カレンダーを用いることで、シンプルなクエリでも安全に国境を越えることができます

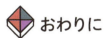 おわりに

　多国籍カレンダーに基づいて日付リストを提供する BI のユーザーインターフェースは「SELECT DISTINCT」を行う必要があります。しかし、むしろこれは選択肢のリストから値を選ぶ操作が含まれるすべてのクエリにおけるデフォルトの挙動であるべきです。ファクトをロードする ETL プロセスは、ビジネスイベントの「いつ」「どこで」の詳細に基づいて正しい日付キーを割り当てる方法を考慮する必要があります。そして、そもそも日付の複数バージョンに対する日付キーを ETL プロセス上でどのように作成するのか、慎重に考えなくてはいけません。

7.3.2 日付バージョンキー

 課題／要件

ある日付の複数のバージョンに対してサロゲートキーを作成する場合、その日付順序を維持することが重要です。例えば、2011年3月17日のすべてのバージョンが並んだ後に、2011年3月18日のすべてのバージョンが並ぶようにします（図7-9を参照）。これは、ファクトテーブルのパーティショニングやSQLのBETWEEN条件を用いた日付範囲の結合処理を効率的に行う上で非常に重要です。

 解決策

標準の連続した日付キーの末尾にバージョンを追加することで、サロゲートキーの日付順を担保することができます。つまり、バージョン番号の桁数分、サロゲートキーの桁数を増やすことで利便性を向上させます。図7-9では、1900年1月1日を基準日として生成したエポック日付キーに、2桁のバージョン番号が追加されています。この2桁の数字によって、カレンダーは各日付を最大100バージョン（0-99）サポートすることができます。この手法はISO日付キーにも適用できます。その場合「YYYYMMDD」は「YYYYMMDD**VV**」となります。ここでの**VV**はバージョンを指す番号です。

データウェアハウスやデータマートが複数の国をまたいだデータを取り扱わない場合でも、バージョン番号を日付キーに組み込んでおくことは良いアイデアです。追加の日付バージョンがいつ役に立つかは誰にもわからないからです。

日付のバージョンがいくつ必要になるかは、グローバルなビジネスの要件に依存します。すべての国（200以上）に対して日付バージョンを作成することがあるかもしれません。これは、地域特有の属性が多く、取り得る値の組み合わせが国の数より多い場合に適切かもしれません。一方で、国によって異なる属性が「祝日」（「はい」または「いいえ」）だけである場合、1日に対して必要なバージョンは「祝日='はい'」と「祝日='いいえ'」の2種類だけです。つまり、どの国においても、祝日または非祝日しかパターンがないのであれば、その日付に必要なバージョンは1種類のみです。また、金融機関では、それぞれのグローバルな証券取引所ごとに1つずつ、合計6つのバージョンを持つカレンダーを使用することがあります。

多くの国は同じ「地理的・政治的な時間属性」の値を共有するので、国ごとに日付のバージョンが必要になることはまれです。日付ごとに「00」の標準バージョンを作成し、地域や国際的な差異がある場合は必要に応じてバージョンを追加してください。

おわりに

「カレンダー」は最も一般的なロールプレイング・ディメンションなので、多国籍バージョンのモデリングを行う場合、日付キーを小さくすることが重要です。もし本当に 11 バージョン以上の日付が必要で、YYYYMMDD 形式の日付キーを選択した場合、2 桁のバージョン番号を追加するには 8 バイトの整数が必要です。10 バージョン以下で済む場合、あるいはエポック日付キーを使用する場合は 4 バイトの整数で十分です[訳注19]。日付キーが小さいことは常に良いことです。特に、大規模なファクトテーブルの場合はそうです。

7.4 海外出張

BI を用いて CO_2 排出量を分析できるようにするため、ザクロ社のステークホルダーは、グローバルな営業およびコンサルティングチームが行った国内外のフライトをモデル化しました。図 7-10 の「従業員のフライト」イベントテーブルには、2011 年 7 月に従業員 Bond 氏が利用した 6 つのイベントストーリー（フライト）が含まれています。これらは典型的な移動のストーリーで、距離、時間、速度などの「いつ」「どこで」に関連する指標をもたらします。それに加え、CO_2 排出量などの関連するコストといった他の明示的なファクトも含まれています。

「いつ・どこで」のペアを持つイベントは、通常、距離や時間、速度などの興味深い指標を持つ移動のストーリーです

訳注19　0 から 9 までのバージョン番号を付加しても、4 バイト整数値の最大値である 4,294,967,295（符号なしの場合）を超えないからです

図 7-10
従業員 James Bond 氏のフライトイベント

フライトは6回ですが、旅程は3つだけです

前置詞「から」「へ」は移動を表します

従業員のフライト [DE]

従業員は	飛行機に乗る	出発時刻に到着する	到着時刻に到着する	出発地から	到着地へ	飛行距離	CO_2 排出量	理由
[誰が]	[何を]	[いつ]	[いつ]	[空港]	[空港]	[マイル]	[ポンド]	[なぜ]
Bond	KL1000	2011年7月18日 06:35	2011年7月18日 09:05	London	Amsterdam	230	77	会議
Bond	KL6241	2011年7月18日 10:20	2011年7月18日 12:40	Amsterdam	Minneapolis	4154	1078	会議
Bond	NW2125	2011年7月18日 14:45	2011年7月18日 17:12	Minneapolis	Phoenix	1275	384	会議
Bond	DL746	2011年7月21日 07:10	2011年7月21日 01:59	Phoenix	New York	2147	550	コンサルティング
Bond	AF0007	2011年7月23日 19:10	2011年7月24日 08:35	New York	Paris	3618	895	帰宅
Bond	AF1280	2011年7月24日 10:00	2011年7月24日 10:20	Paris	London	215	105	帰宅

旅程1: London から Phoenix へ
旅程2: Phoenix から New York へ
旅程3: New York から London へ

移動は必ずしも物理的な場所の移動である必要はありません。ウェブサイトの URL 間の移動や、ソーシャルネットワークのメンバー間の移動など、仮想的な場所の移動も含まれます。物理的な移動イベントに対する質問の多くが、仮想的な移動に対しても聞かれます。A ページから B ページに移動するのにかかる時間や、James Bond 氏から Jason Bourne 氏に情報を伝えるのにかかる時間、そして両者の距離（km ではなくページリンク数[訳注20]や人数で測る）はどれくらいでしょうか？

図 7-11 は、フライトイベントをスタースキーマとしてモデル化したものです。「カレンダー」「時計」「空港」ディメンションは、出発と到着の時刻や場所を表すロールプレイング・ディメンションとして使用しました。このように設計することで、以下のようなステークホルダーの質問の多くに簡単に答えることができます。

どの社員が最も頻繁に、そして最も遠くへ出張していますか？
どの航空会社を最も頻繁に利用していますか？
私たちが利用する路線の中で、最も CO_2 排出量の少ない航空会社はどこですか？

しかし、これは以下のようなとても重要な質問に答えることを驚くほど困難にしてしまいます。

社員はどこに出張する必要があるのですか？

訳注20 あるページから別のページに移動するためにクリックしなければならないリンクの数のこと

航空会社が従業員をどこへ運んでいるかは「到着空港」を見ればわかりますが、求めている回答とは少し異なります。図 7-10 によると、Bond 氏は 7 月 18 日に 3 回のフライトを利用し、それぞれの目的は会議に参加するためでした。もちろん、1 日に 3 つの会議に出席したわけではありませんし、実際に Amsterdam や Minneapolis に行く必要があったわけでもありません。London から Phoenix で開催される会議に出席するために、そのルートを選択しただけなのです。どうやらそのルートはより大きく新しい航空機を使用しており、直行便よりも乗客 1 人当たりの CO_2 排出量が少なかったようです。

> デフォルトの出発地と目的地の項目は、最も重要な「どこで」の質問に答えていないかもしれません

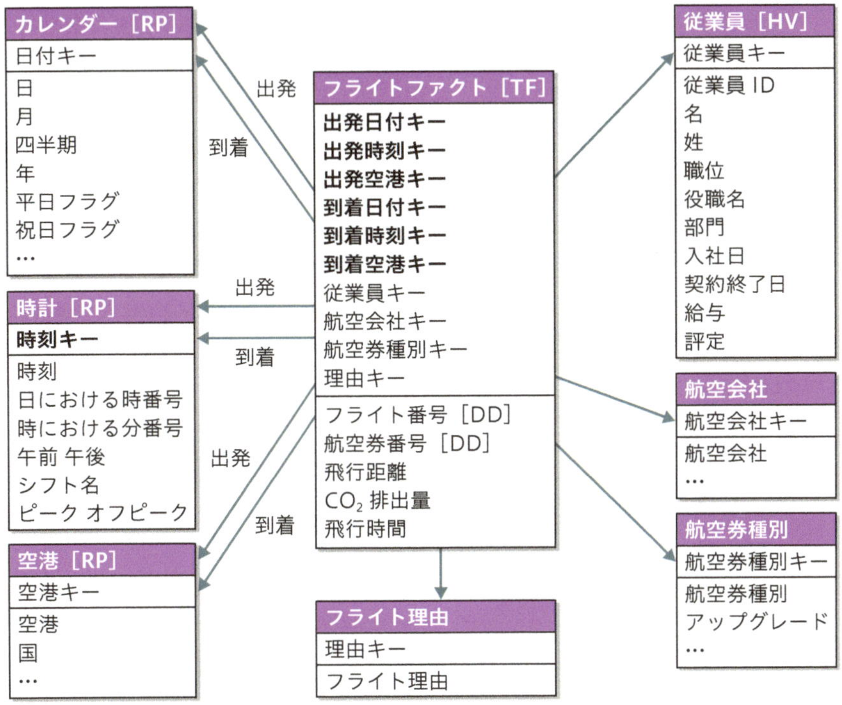

図 7-11
フライトに関するスタースキーマ

カレンダー［RP］

日付キー
日
月
四半期
年
平日フラグ
祝日フラグ
...

フライトファクト［TF］

出発日付キー
出発時刻キー
出発空港キー
到着日付キー
到着時刻キー
到着空港キー
従業員キー
航空会社キー
航空券種別キー
理由キー
フライト番号［DD］
航空券番号［DD］
飛行距離
CO_2 排出量
飛行時間

従業員［HV］

従業員キー
従業員 ID
名
姓
職位
役職名
部門
入社日
契約終了日
給与
評定

時計［RP］

時刻キー
時刻
日における時番号
時における分番号
午前 午後
シフト名
ピーク オフピーク

航空会社

航空会社キー
航空会社
...

航空券種別

航空券種別キー
航空券種別
アップグレード
...

空港［RP］

空港キー
空港
国
...

フライト理由

理由キー
フライト理由

（出発／到着）

Bond 氏の最初の乗り継ぎ便による旅は、彼のすべてのフライトを手作業で調べ、乗り継ぎ便の間の短い時間の差と、7 月 21 日のフライト（コンサルティング契約のための Phoenix から New York へ移動した別の旅）の前の長い時間の差を見つけることで判断できます。しかし、大規模なファクトテーブルに含まれるすべてのフライトについて、BI からのクエリで旅程全体に関する示唆を得るのはかなり難しいでしょう。なぜなら、従業員ごとにフライトのペアを正しい順序で比較する必要があるからです。

> 最も興味深い「どこで」の情報は、旅の最初と最後の地点にあります

第 7 章 いつ（When）、どこで（Where）

ステークホルダーが前置詞「from（どこから）」と「to（どこへ）」を使って、あるイベントの主節に「どこ」の詳細情報を紐付ける場合、それはそのイベントが移動を表していることを示す明白な手がかりとなります。図 7-10 のような関連するストーリーをステークホルダーに尋ね、個々の移動イベントが出発地から最終目的地までの旅程に含まれる一部かどうかを確認します。

すべてのファクトに、旅程の最初と最後の場所を追加します

解決策

図 7-12 に示す「フライトファクト」テーブルは、元の「従業員のフライト」イベント詳細にはない、旅の出発地と旅の目的地を表す 2 つの追加の空港外部キーを含むように変更されています。これらの「空港」ロールが追加されたことで、頻繁に飛行機を利用する従業員がどこにいるのか（旅の出発地）、どこに行く必要があるのか（旅の目的地）という質問に答えることが突然簡単になりました。最初と最後の場所の情報は非常に便利な一方、すべてのフライト情報の中に隠されています。このとき、「同じ従業員が 4 時間以上間隔を空けずに行ったフライトはすべて同じ旅程の一部である」という時間を基準にしたビジネスルールを適用することで発見できます。このテストは、非手続き型 SQL を使用する BI ツールにとっては難しいですが、手続き型ロジックを使って実装できる ETL プロセスにとっては比較的簡単です[訳注21]。

図 7-12
ディメンションの追加を伴うフライトファクトテーブル

空港 [RP]		フライトファクト [TF]
空港キー	出発 →	...
空港	到着 →	出発空港キー
国	旅の出発地 →	到着空港キー
...	旅の目的地 →	旅の出発地の空港キー
		旅の目的地の空港キー
		...
		...
		飛行時間
		フライトの遅延
		乗り継ぎ時間

最初のイベントと最後のイベントは、しばしば「なぜ」と「どのように」の詳細を含んでいます。これらは一連の動きのすべてに関する原因と結果を説明します

多くの場合、最初と最後のイベントが示す場所は、「どこで」のディメンションを追加するより興味深いものになるでしょう。それは「なぜ」と「どのように」に関する情報です。例えば、あるウェブサイトを訪れたユーザーの最初のアクセスログには、その直前にクリックした URL が含まれています。これは通常、検索エンジンやバナー広告であることが多いでしょう。この場合、ログは

訳注 21　SQL は宣言型の言語なので、前後のフライトを調べるために複数の JOIN や WINDOW 関数を使う必要があります。手続き型ロジックを用いれば条件分岐やループ、中間変数などを用いて複雑な処理の手順を記述できます

「なぜ」訪問したのかを表しており、広告パートナーや検索文字列などのリファラー（参照元）情報が含まれます。同様に、最後に訪れた URL も重要です。訪問の目的、すなわち「どのように」を表すことができるからです。例えば、最後の URL が注文完了ページであれば、その訪問は完了した販売取引を示しており、購入に至るまでの各クリックはそのようにラベル付けされます。

最初と最後という「タイミング固有」の場所情報は非常に重要なので、一連のイベント全体に追加して、より詳細に説明できるようにするべきです。これを実現するためには、追加の場所を表すディメンションの外部キーや、「なぜ」および「どのように」を表す新しいディメンションのキーをファクトテーブルに追加します。

おわりに

関連するイベントから有用なディメンションを流用して追加することは、追加の ETL 処理やファクトテーブルのストレージを必要とする「ディメンションの拡張」の一例です。この実装を行う場合、ETL 処理では入力データをあらかじめ読み込み、どのイベントが関連しているかを特定しておきましょう。その後、読み込み処理に戻り、先ほど特定した追加情報を用いて再度ファクトをロードする必要があります。それでも、この処理を行う価値は十分にあるでしょう。複雑で非効率的な SQL に頼ることなく、よくある BI の質問に答えられるようになるからです。

7.4.1 時間ディメンションか時間ファクトか？

フライトファクトテーブルに「どこで」のディメンションを追加することに加えて、「いつ」のディメンションを追加することも検討する価値があります。具体的には（利用可能であれば）各フライトの「実際の」出発時刻と「実際の」到着時刻を文書化することです。これにより、ザクロ社は航空会社の定時運航状況を測定できるようになります。しかし、これらの「いつ」に関する追加情報は、ディメンションとしてモデル化すべきでしょうか。また、既存の予定時刻のディメンションに加えて、データをグループ化する新しい有用な方法を提供できるのでしょうか。

もしステークホルダーが、フライトを「到着予定日」ディメンションではなく「実際の到着日」別に集計するよう求めたとしても、多くのフライトが 1 日以上遅れて到着しない限り、彼らが見る集計結果にほとんど違いはないでしょう。さらに、2 つの日付をディメンションで比較すると、航空会社のパフォーマンスに

フライトファクトは、「実際の」出発時刻と到着時刻のディメンションを用いて拡張することができます。しかし、それらは有用なディメンションになるのでしょうか？

実際の日付と予定された日付がほとんど変わらない場合、実際の日付をディメンションとして定義することに価値はないかもしれません

関する測定結果が歪んでしまう可能性があります。例えば、3月31日の23時59分に到着する予定だったフライトが2分遅れただけで、別の会計四半期に到着したと報告される可能性があります。一方、午前8時55分に到着する予定のフライトが15時間強遅れても、「実際の到着日」と「到着予定日」で比較すればどちらも同じ日付です。実際の到着日と出発日から時刻の要素を切り離したものは、ディメンションとしての価値がないように見えます。ファクトテーブルに追加の外部キーを作成し、インデックスを作成することは無駄になるでしょう。

> 実際のタイムスタンプは、追加の遅延や所要期間のファクトを計算するために使用できる良いファクトになります

一方で、実際のタイムスタンプ値をファクトテーブルで持つことはできます。ファクトの計算に使うからです。到着予定時刻と実際の到着時刻から「フライトの遅延」を計算し、航空会社のパフォーマンスを測定します（2分以内の遅延を無視して2時間以上の遅延を探すかもしれません）。図7-12に示すように、ETL処理中に「フライトの遅延」を計算し、「飛行時間」とともに加算型ファクトとして格納するとより良いでしょう。BIユーザーにこれらのファクトの時間を計算させるのではなく、両方とも事前に計算しておくということです。特に、関係するタイムスタンプが異なるタイムゾーンにある場合はそうすべきです！

> ファクトテーブルは、次のイベントを使用して計算されたファクトで便利に拡張できます

図7-12には「乗り継ぎ時間」という、時間に関連するもう1つのファクトがあります。これは、次の便に乗る前に到着空港（または都市）で過ごした時間です。これは「ファクトの拡張」例で、先ほどと同じように、ETL処理が入力データをあらかじめ読み込んで、次の関連するイベントから必要な情報を得ることで実装されます。

この例では、実際の出発日と到着日を時間ディメンションとして追加するのは適切ではありません。予定日から大きく変わることが少なく、通常は同じ日か1日遅れだからです。しかし、実際の日付が目標や予定から大きく変わる可能性のある他の多くのビジネスプロセスでは、実際の日付はとても有用な時間ディメンションになるはずです。

7.5 言語ディメンション

> 国際的なデータウェアハウスは多言語に対応している必要があります

国際的な場所や時間帯に対応しなければならないデータウェアハウスでは、各国の言語サポート（NLS：National Language Support）も提供しなければなりません。ステークホルダーは、ビジネス上の質問を自国語で行い、その結果を翻訳してもらいたいと思うでしょう。

7.5 言語ディメンション

7.5.1 言語カレンダー

多言語のカレンダー表示スタイルは、データベース管理システムや BI ツールに組み込まれているローカライズ機能でよく処理されます。例えば、データベースのスキーマレベルまたは BI ツールのメタデータレイヤーで言語とデフォルトの日付表示形式（アメリカは MM/DD/YYYY、ヨーロッパは DD-MM-YYYY）を設定し[訳注22]、日付を適切な現地言語の表示形式に再フォーマットすることができます。データベースまたは BI ツールレベルで表示形式を変更することで、元のクエリの正しい日付のソート順を維持できます。

BI ユーザーおよび開発者が、アドホックなクエリを構築する際にレポート要素名の言語対応をしてほしいと求めている場合（例えば、イタリアのユーザーは「Fiscal Month」や「Flight Reason」ではなく「Mese Fiscal」や「Motivo per il Volo」と表示されることを望んでいる場合）、属性名の翻訳はデータベースビューではなく BI ツールのセマンティックレイヤーで処理されるべきです。これにより、SQL や OLAP クエリの定義が国境を越えて移植可能になります。

BIツールやDBMSのローカライズ機能を利用して、現地の日付形式や月名の変換をサポートします

7.5.2 スワップ可能言語ディメンションパターン

 課題／要求

ザクロ社には、イギリス、アメリカ、フランス、およびイタリアに BI ユーザーがおり、彼らはレポートにある説明用のラベル（完全な製品説明やフライト理由など）を母国語で記述したいと考えています。実現可能な設計方法の 1 つとしては、必要な言語ごとに追加のディメンションの列を作成することが挙げられます（例えば、「フランス語のフライト理由」と「イタリア語のフライト理由」など）。しかし、この方法では、特に多くの属性をローカライズし、多くの言語をサポートする必要がある場合、ディメンションが複雑になりすぎてしまいます。また、他の国がレポートを使い始めるたびに、新しい言語の列を使用してレポートを書き直す必要があります。

ステークホルダーは英語、フランス語、イタリア語のレポートを求めています

訳注 22　日本は YYYY-MM-DD

291

第 7 章　いつ（When）、どこで（Where）

ホットスワップ可能ディメンションを使用します

 解決策

代わりに、より拡張性の高い設計として、言語ごとに別々のホットスワップ可能ディメンション（**SD**：Swappable Dimension）を作成します訳注23。各言語バージョンの構造は同じ（同じテーブル名、同じカラム名、同じサロゲートキー値）ですが、説明的なカラムのコンテンツは必要に応じて翻訳されます。これらの言語固有のディメンションは、BIユーザーがログインするスキーマ訳注24 に基づいて選択されます。例えば、イタリアのユーザー ID に対しては、イタリア語バージョンの「製品」や「フライト理由」ディメンションが含まれるスキーマがデフォルトで利用されるようにしましょう訳注25。

この方法では、標準的なレポートを一度作成すれば、翻訳結果に対してフィルターを適用しない限り、そのまま複数のオフィスで利用し、ローカライズされた結果を得ることができます。例えば、ロンドンオフィスの CO_2 排出量レポートで、出張の理由を「Conference」「Consulting」「Return Home」に分類すれば、ローマでは「Congresso」「Consulto」「Casa di Ritorno」と表示されるようになります。

それぞれのレポートで使われる言語に対するホットスワップ可能ディメンションを作成します

言語ごとに別々のホットスワップ可能ディメンションを使用することで、既存のスキーマやレポートに影響を与えることなく、いつでも新しい言語を追加できます。これにより、まずは単一言語でアジャイルにソリューションを提供し、その後グローバルに展開することができます。技術的負債にはなりません。

 おわりに

ディメンショナル属性を翻訳する際には、一意な要素の数が減らないようにしなければなりません。例えば、製品を説明する英単語が 50 種類ある場合、フランス語やイタリア語でも製品の説明用に 50 種類の単語を用意する必要があります。そうすることで、翻訳されたレポートも元のレポートと同じ数の行を含み、同じレベルの集計を行えるようになります。

ソート順と一意な要素の数を保持します

ディメンションの各言語バージョンは、そのままだと言語ごとに異なる順序でソートされる可能性があります。暗号化されたビジネスキー（**BK**：Business Key）は、表示目的で必要とされない場合は、しばしばディメンションから削除されてしまうからです。しかし、標準のレポートが多言語で提供されるのであれ

訳注 23 「ホットスワップ可能ディメンション」の説明は 6.1.3 をご参照ください
訳注 24 論理的なデータの所在のこと
訳注 25 具体的な実装方法は BI ツールによってさまざまですが、例えば Looker の場合、BI ユーザーの属性に応じて参照するテーブルのパスを動的に差し替える仕組みがあります。まったく同じスキーマの言語ディメンションテーブルを対応したい言語の数だけ用意し、BI ユーザーの言語属性に応じてテーブル参照パスが差し変わるようパスを動的に定義することで、このパターンを実装できます

ば、一貫した並べ替え順序を提供するために、暗号化されたビジネスキーを非表示のまま使うようにしましょう。

7.6 まとめ

- 時間は、日付と時刻を「カレンダー」ディメンションと「時計」ディメンションに分離してモデル化されます。これらのディメンションは、BI ユーザーが必要とするすべての説明的な時間属性を含むようにすべきです

- 「月」などの「期間カレンダー」は、標準的な「カレンダー」のロールアップとして構築されます。これらは、より集約されたファクトテーブルの時間の粒度を明示的に定義するために使用されます

- ETL におけるファクトの鮮度情報を用いて構築された「ファクト固有」のカレンダーは、年初からの累計（YTD：Year-to-Date）比較を行うために使用されます

- ファクトが複数の国で記録される場合は、標準時刻と現地時刻の分析を可能にするために、さらに時刻キーを追加すべきです

- 場所固有の日付の記述や曜日固有の時刻の記述は、時間のサロゲートキー「日付キー」と「時刻キー」を用いて日付や分のバージョンを表現することで扱えるようになります

- 順序に意味がある場合、その最初と最後の場所に基づいて、移動を表すファクトでは、最初と最後という重要な順序にある場所情報に基づき追加の場所キーや「なぜ」「どのように」のディメンションを追加することで、旅程に関する分析を強化できます

- 言語ごとに異なるホットスワップ可能言語ディメンションを採用すると、各国の言語に対応できます

どれくらい (How Many)
高性能なファクトテーブルと柔軟な指標のためのデザインパターン

人は何度見上げれば気が済むのか…。
How many times must a man look up...
— Bob Dylan, *Blowin' in the Wind* (邦題：風に吹かれて)

数えられるものすべてが必ずしも重要なものとは限らない。
重要なものがすべて、必ずしも数えることができるとは限らない。
Everything that can be counted does not necessarily count;
everything that counts cannot necessarily be counted.

— Albert Einstein

この章では、高性能なファクトテーブルと柔軟な指標を段階的に設計・開発するためのテクニックを紹介します

　この章では、「トランザクション・ファクトテーブル」「定期スナップショット」「累積スナップショット」というファクトテーブルにおける3つのパターンが、離散型、反復型、発展型のビジネスイベントを効率的に計測するためにどのように実装されるかを紹介します。特に、累積スナップショットのアジャイルな設計に焦点を当てます。便利ですが複雑になりがちなこれらのファクトテーブルの要件を、BEAM✱最後のモデルストーミングツールである「イベントタイムライン」を使用してイベントを視覚的に表すことで、発展型イベントとしてどうモデル化するのか説明します。また、ファクトの「加算性」を表すBEAM✱記法や、口座残高など「準加算型」ファクトの制約を完璧に文書化する方法も説明します。章の最後には、BIクエリを高速化および簡略化する「アグリゲート」やその他「派生ファクトテーブル」のデザインパターンに焦点を当てます。これらを用いて、ファクトテーブルのパフォーマンスを改善したり、複数のファクトテーブルを用いたレポートを効率よく行うテクニックを紹介します。

第8章　設計の課題一覧

- **ある時点で起こるイベントの計測**
- **定期的な計測**
- **発展型プロセスの計測**
- **発展型イベントのマイルストーンと期間計測のモデリング**

- 複雑なファクトテーブルのインクリメンタルな開発
- 柔軟なファクト定義
- ファクトテーブルのパフォーマンス
- 複数のファクトテーブルに対する正しいクエリの同時実行
- シンプルな BI ツールによるクロスプロセス分析

8.1 ファクトテーブルの種類

ファクトは、3 種類のファクトテーブルに格納されます。これらは「トランザクション・ファクトテーブル」「定期スナップショット」「累積スナップショット」であり、それぞれ離散型イベント、反復型イベント、発展型イベントという 3 つのイベントストーリータイプに対応しています。表 8-1 では、各タイプが時間の流れをどのように表現し、ETL によってどのように維持されるかを示しています。

「ファクトテーブル」は 3 種類あります。これらは、時間の流れをどのように表現するかが異なります

ファクトテーブルの種類	BEAM※コード	ストーリーの種類	時間	時間ディメンション	ETL 処理
トランザクション・ファクトテーブル	[TF]	離散型	ある時点または短い期間	取引日（および取引時刻）	挿入
定期スナップショット	[PS]	反復型	定期的で予測可能な期間	特定の期間（例：月）または期間の終了日（と時刻）	挿入（期間内の累計を表す指標は更新となる）
累積スナップショット	[AS]	発展型	不規則で予測不可能な長い期間	複数マイルストーンの日付（と時刻）	挿入と更新

表 8-1
ファクトテーブルの種類

8.1.1 トランザクション・ファクトテーブル

トランザクション・ファクト（**TF**：Transaction Fact）テーブルは、小売店での購入など、ある時点で起こるイベントや、データウェアハウスにロードされるまでに完了した短時間のイベント（例えば通話など）を格納するために使用されます。個々のイベントはビジネスプロセスにおける最小単位の詳細であり、業務システムで取得される個々のトランザクションです。ある時点で起こるファクト（point in time fact）には、そのファクトがいつ発生したかを表す単一の時間ディメンションがあります。一方で、短い時間続くファクト（short duration fact）の場合、時間ディメンションは通常「開始時刻」を表し、別途「終了時刻」

トランザクション・ファクトテーブルは、ある時点または短い期間のファクトを格納します

295

のディメンションが追加されるか、終了時刻がグループ化やフィルタリングに使われない場合は単に所要時間ファクトのみが追加されます。日付と時刻の両方が重要な場合、第7章で説明したように、それぞれの論理的な時間ディメンションは、物理的な「カレンダー」ディメンションと「時計」ディメンションに分割されます。図8-1は、BEAM✲のトランザクション・ファクトテーブルである「販売ファクト[TF]」を示しています。粒度は領収書番号と購入品目ごとに1レコードです。

図8-1
トランザクション・ファクトテーブル

TF：トランザクション・ファクトテーブル (Transaction Fact table)

FA：完全加算型ファクト (Fully Additive fact)

販売ファクト[TF]

顧客は	製品を購入する	販売日に	店舗で	数量	収益	割引で	領収書番号
SK	SK, GD	SK	SK	[小売単位] FA	[$] FA	[$] FA	GD
不明	iPIp Blue Suede	2010年12月9日	POMStore NYC	1	249	20	NYC1014
Phillip Swallow	iPOM Pro	2011年4月1日	POMStore London	1	1700	100	LON1212
Morris Zapp	POMBook air	2011年4月1日	POMStore LA	1	1400	0	LA90210
Martha Jones	iPip Touch	2011年6月5日	POMStore London	1	289	10	LON1983

　会計に関するトランザクション・ファクトテーブルには、遅れて到着する取引履歴データや修正仕訳を処理するために、「記帳日」や「その取引が含まれる会計期間」のディメンションを追加することがよくあります。これを一般化したものが「監査日ディメンション」で、いつファクトが挿入されたのかを記録するために、任意のファクトテーブルに追加できます。

トランザクション・ファクトテーブルは挿入のみです。そのため、ETL処理が高速になります

　トランザクション・ファクトテーブルは、データウェアハウスにロードされた時点でそのトランザクションに関するすべての情報が確定しており、エラーが発生しない限り変更されないため、「挿入のみ」行われます。エラーが発生していたとしても、エラーの原因がETLではなく業務システムにある場合は、補正のための調整トランザクションを追加で挿入し対応されることが多いため、既存の値は更新されません。これは、ETLの処理を可能な限りシンプルかつ効率的に保つためのもので、1日に何億行ものデータをロードする際に重要な考慮事項です。トランザクション・ファクトテーブルは非常に行数が多くなる可能性がありますが、通常、それらのデータは幅が「狭い」[訳注1]です。つまり、業務システムが各トランザクションで記録するファクトの種類はとても少ないのです。

訳注1　列数が少ないという意味

おわりに

　トランザクション・ファクトテーブルは、ディメンショナル・データウェアハウスの基礎となるものです。それは業務の情報を要約しないため、ビジネスプロセスのすべてのディメンションとファクトにアクセスできます。理論上は、このテーブルを使用して、あらゆるビジネス指標を計算できるはずです。しかし、このテーブルはサイズが大きく、多くのビジネス指標は計算が複雑なため、すべての質問に直接回答できるわけではありません。例えば、トランザクション・ファクトテーブルは、長期間の累積合計値を繰り返し計算するには向いていません。効率性を考えると、口座残高などの累積的なファクトは、反復型イベントとしてモデル化し、定期スナップショットとして実装するのが最適です。

トランザクション・ファクトテーブルは、BI の使い勝手やクエリのパフォーマンスを高めるために、しばしばスナップショットで補完される必要があります

8.1.2 定期スナップショット

　定期スナップショット（**PS**：Periodic Snapshot）は、一定の間隔で取得される定期的な測定値を保存するために使用されます。定期的な測定値には、最小粒度のファクトが定期的にしか取得できないものや（テレビチャンネルの分単位の視聴者数など）、より詳細なトランザクション・ファクトから作られた派生ファクトが含まれます。

定期スナップショットは、定期的に繰り返されるファクトを格納します

　多くのデータウェアハウスでは、日次または月次のスナップショットを使用して、残高などの指標を保存しています。これらの指標は、生のトランザクションから集計するのは非現実的です。例えば、2011 年 4 月 1 日の製品売上と在庫レベルを、最小単位の売上と在庫取引データを使って計算する場合のコストと比較してみましょう。製品売上の計算は、その 1 日分の販売取引を合計するだけですが、製品別の在庫レベルの計算には、2011 年 4 月 1 日以前の全在庫取引をまとめる必要があります。在庫に関する質問に効率的に答えるには、図 8-2 に示す「在庫ファクト」のような定期スナップショットが必要です[訳注2]。これは、店頭の製品在庫の日次スナップショットです。取引そのものではなく、1 日の取引の合計が在庫量にどう影響するのかを記録します。

定期スナップショットには最小単位のファクトを含めることもできますが、通常はより粒度の細かいトランザクションから派生した指標を保存するために使用されます

訳注 2　図中の加算型ファクト、準加算型ファクト、非加算型ファクトについては、8.4 で解説します

第 8 章　どれくらい（How Many）

図 8-2
定期スナップショットの
ファクトテーブル

PS：定期スナップショット
（Periodic Snapshot）

NA：非加算型（non-additive）ファクト

非加算型（non-additive）ディメンション「時間」（**NA1**）を持つ
準加算型（semi-additive）ファクト「在庫」（**SA1**）

在庫ファクト［PS］

店舗キーには	製品キーの**在庫**がある	納品日キーの	在庫数の	在庫価値の	販売収益	注文数	顧客数
SK, GD	SK, GD, **NA2**	SK, GD, **NA1**	**SA1**	[$] **SA1**	[$] FA	**SA2**	**NA**
POMStore NYC	POMBook Air	2011 年 3 月 31 日	60	84,000	11,200	8	6
store.POM.com	iPOM Pro	2011 年 3 月 31 日	1,000	1,700,000	170,000	100	100
POMStore NYC	POMBook Air	2011 年 4 月 1 日	55	77,000	14,000	10	10
POMStore London	iPOM Pro	2011 年 4 月 1 日	40	68,000	2,800	2	2
store.POM.com	iPOM Pro	2011 年 4 月 1 日	1,500	2,550,000	20,000	50	50

定期スナップショットは、トランザクション・ファクトテーブルよりもディメンションが少ない一方で、ファクトの数は多くなります

定期スナップショットは、通常「挿入のみ」でロードされます

　定期スナップショットは、対応するトランザクション・ファクトテーブルと多くのディメンションを共有しますが、トランザクションを日次または月次レベルにロールアップする際に一部の情報が失われるため、ディメンションの数は少なくなります。定期スナップショットには、トランザクション・ファクトテーブルより多くのファクトが含まれるのが一般的です。その設計はより自由で、トランザクションから取得されるものによってではなく、BI ステークホルダーの想像力によってのみ制限されます。トランザクション・ファクトテーブルに新しいファクトを追加することはまれです。業務システムを更新してより多くの情報を取得する必要があるからです。しかし、定期スナップショットについては、BI のステークホルダーが指標や KPI をより創造的に定義するのに合わせてファクトが追加されるなど、頻繁にリファクタリングされることでしょう。

　トランザクション・ファクトテーブルと同様に、定期スナップショットも通常は「挿入のみ」で管理されます。例えば、図 8-2 で示される各拠点での各製品の日次在庫数は、1 日の終わりに「在庫ファクト」テーブルに挿入されます。ほとんどの月次スナップショットも同じように、各スナップショット期間（月）の終わりに新しいファクトが挿入される形で管理されます。しかし、銀行の顧客口座のスナップショットなど、一部の月次スナップショットでは、「毎晩」更新することで以下のようなメリットを得ることができます。

298

- **ETL のワークロードを分散させます。**ETL 処理の実行を月末まで待つと、それぞれのアカウントに対して 1 か月分のトランザクションを一度に集計しなければなりません。そのため、月末の夜はデータ量による負荷が特に高くなります。ETL が失敗すると先月分のすべての情報が利用できなくなります。しかし、スナップショットを更新する ETL を毎晩実行する場合、その日に活動があったアカウントのみに対して、1 日分のトランザクションを挿入または更新するだけで済みます。ETL が失敗してもテーブルは 1 日分しか古くなりません

「月次」スナップショットでありながら、日次で更新されることで ETL 処理を改善し、月初からの累積指標を提供できるようにしたものもあります

- **月初からの累積ファクトを提供します。**月次スナップショットは、過去の顧客活動の傾向を把握するのに有効ですが、平均 15 日遅れで計算されます。各顧客のアカウントに、当月頭から現在までの累積値を表す追加の行を含めることで、業務レポートの要件をサポートすることができます

月次（および四半期ごとの）スナップショットを毎晩ロードすることで、ETL のパフォーマンスを向上させ、期初から現在までの累積値のレポートを実現します。

 おわりに

「期末時点での指標」訳注3 の多くは、集計ロジックが複雑なため、生のトランザクション・ファクトテーブルから計算すると時間がかかってしまいます。また、データウェアハウスの ETL 処理でこのロジックを再現しようとすると、うまくいかないこともあります。信頼できる業務システムの DB に、必要な「期末時点での指標」がすでに存在しているのであれば、そのデータソースを定期スナップショットとしてデータウェアハウスに直接読み込む方が、トランザクション・ファクトテーブルから計算するより効果的なことが多いです。

定期スナップショットの利用事例は、以下を参照してください。

- *Data Warehouse Design Solutions*, Christopher Adamson, Michael Venerable（Wiley, 1998）, Chapter 6, "Inventory and Capacity", and Chapter 8, "Budgets and Spends"
- *The Data Warehouse Toolkit, Second Edition*, Ralph Kimball, Margy Ross（Wiley, 2002）, Chapter 3, "Inventory", and Chapter 15, "Insurance"

訳注3　期間の末に値が確定する指標。例えば「日次在庫数」は当日の 24:00 に値が確定します

第 8 章　どれくらい（How Many）

8.1.3 累積スナップショット

累積スナップショットは発展型イベントを保存することができます

累積スナップショット（**AS**：Accumulating Snapshot）は発展型イベントを保存するために使用されます。発展型イベントは、複数のマイルストーンと、時間とともに変化するファクトを持つ、ビジネスプロセスを表します。このイベントは、完了するまでに長い時間がかかります。時間の経過とともにファクトやディメンションが追加・蓄積され、通常は数日、数週間、数か月かけて完了するため、「発展型イベント」という名前が付けられました。

累積スナップショットは、現在進行中のイベント活動によって更新されます

トランザクション・ファクトテーブルやほとんどの定期スナップショットとは異なり、累積スナップショットは特に更新しやすいように設計されています。ファクトは、イベントの開始直後に累積スナップショットへ挿入され、イベントの状態が変わるたびに更新されます。このため、ファクトテーブルには、完了したすべてのイベントの最終状態と、進行中のすべてのイベントの現在の状態が含まれることになります。

累積スナップショットには、マイルストーンを表す複数の時間ディメンションがあります

図 8-3 は、図書館の本の貸出に関する累積スナップショットです。これは、借りて返した本（完了したイベント）、貸出期限を過ぎた本（発展したイベント）、ちょうど借りたばかりの本（新しいイベント）の例を含んでいます。「貸出ファクト」には、貸し出された本がたどるマイルストーンを表す複数の時間ディメンションがあります。これらはすべての累積スナップショットに共通する特徴です。これらのうち 2 つ（「貸出日」と「返却期限日」）だけが、貸出イベントが作成された時点で利用できます。

図 8-3
累積スナップショット・ファクトテーブル

AS：累積スナップショット
（Accumulating Snapshot）

貸出ファクト［AS］

会員キーは	本キーを 借りる	貸出日キーに	返却期限日キー までに	返却日キーに 返す	図書館 キーから	ステータス キーで	料金	延滞 日数	延滞 カウント
SK, GD	SK, GD	SK	SK	SK	SK	SK	[S]	[日数]	[冊数]
L Corr	Tinker, Tailor, Sol…	2008 年 5 月 18 日	2008 年 6 月 8 日	2008 年 5 月 30 日	British	返却済	0	0	0
J Stagnitto	Casino Royal	2006 年 11 月 14 日	2006 年 12 月 5 日	未定	NYPL	紛失	13	0	0
L Corr	Agile Data Wareh…	2011 年 9 月 8 日	2011 年 9 月 29 日	2011 年 10 月 6 日	British	返却期限超過	1.67	7	1
J Stagnitto	Changing Places	昨日	21 日間	**未定**	NYPL	貸出中	**0**	**0**	**0**

返却日は後からわかります

累積ファクトの初期値は 0 です

累積スナップショットには、マイルストーンの時間ディメンションに合わせた期間と状態カウントのファクトを含めると便利です

「貸出ファクト」には、期間（「延滞日数」）と状態カウント（「延滞カウント」）も含まれます。期間は典型的な累積スナップショット・ファクトです。興味の対象となっている期間情報が少数であれば、それらは明示的なファクトとして保存

300

できます。マイルストーンの日付がたくさんあり、興味の対象になりうる期間も多くある場合は、ファクトテーブルにマイルストーンをタイムスタンプのファクトとして物理的に格納し、BI アプリケーションは期間を計算するビューを介してアクセスする必要があります。状態カウントは、累積スナップショット・ファクトのもう 1 つの特徴です。これらは通常マイルストーンの日付と一致し、マイルストーンに到達した場合は 1、到達していない場合は 0 を記録します。これにより、日付をデコードしたり複雑なフィルターを適用することなく、1 回のクエリで各マイルストーンのイベント数を素早く合計することができます。「貸出ファクト」は、返却済みカウント、紛失カウント、貸出カウント、といった本の状態カウントを追加して拡張することが可能です。

 おわりに

　ビジネスプロセスのエンドツーエンドな測定をサポートする累積スナップショットは、最も価値のあるファクトテーブルの 1 つであり、ステークホルダーからの人気が非常に高いですが、その構築は非常に困難です。ETL のトラブルの多くは、複数の業務ソースとトランザクションタイプを一度に統合して、完璧な累積スナップショットを作ろうとする過程で引き起こされます。ETL 処理に関連するコードは複雑になり、品質保証が難しく、しばしば遅延が発生します。また、ようやくスナップショットが完成して、いくつかの質問には完璧に答えられたとしても、その後ステークホルダーが情報をドリルダウンしようとすると、使いたい項目がスナップショットに存在せず困ってしまいます。このような状況が起こるのは、累積スナップショットが、プロセスのマイルストーン全体における最初のイベントの観点から要約を行い、その後のマイルストーンとなるイベントは現在の状態しか記録しないからです。例えば、各注文に対する配送の情報をまとめた注文処理スナップショットは、配送効率の問題を発見するのに役立ちますが、問題が発生している理由を説明するために必要な「配送に関する詳細」が欠けている場合があります。

累積スナップショットは、特に複数のソースシステムからのイベントを統合する場合、構築が困難です

　累積スナップショットをうまく提供するためのアジャイルなアプローチは、それを段階的に構築することです。スナップショットの要件は BEAM✲ を使って発展型イベント（後ほど詳細に説明します）をモデル化することで捉えられます。この発展型イベントは、マイルストーンをより単純な離散型イベントとして再モデリングすることにより、いくつかの短い開発スプリントを経て実装されます。その結果得られるトランザクション・ファクトのスタースキーマは、個別に構築およびテストするのがはるかに簡単です。また、累積スナップショットに先駆けて「早期の BI の価値」を提供することができます。累積スナップショットは、すでに適合ディメンションを使っている複数のファクトを簡単に組み合わせ

発展型イベントをモデル化し、マイルストーンのスタースキーマを提供することで、累積スナップショットを段階的に開発します

ることで、段階的に作られます。このアプローチの利点は、技術的負債の削減です。最小単位のトランザクション・ファクトに基づくスター構造には、ステークホルダーが将来ドリルダウン分析を行う際に必要なすべての詳細が含まれています。

The Data Warehouse Toolkit, Second Edition, Ralph Kimball, Margy Ross（Wiley, 2002）には、4つの興味深い累積スナップショットの事例が掲載されています

Chapter 5, "Order Processing"
Chapter 12, "Education"（college admissions）
Chapter 13, "Healthcare"（billing tracking）
Chapter 15, "Insurance"（claims processing）

8.2 ファクトテーブルの粒度

「粒度」はファクトテーブルの詳細度、すなわち各行の意味を表します。これは明確に文書化する必要があります

ファクトテーブルの「粒度」とは、テーブルの各行が持つ詳細度合いのことです。つまり、それぞれの行が何を意味するのかを表します。粒度は「ビジネス用語」や「ディメンション」を用いて記述できます。例えば、注文ファクトテーブルの粒度をビジネス用語で表すと「注文品目ごとに1レコード」、ディメンションで表すと「日付、時間、顧客、製品ごとの注文」となります。トランザクション・ファクトテーブルと累積スナップショットの粒度はビジネス用語で定義される傾向があり、定期スナップショットの粒度はディメンションで定義される傾向があります。どちらのアプローチを選択するにしても（ステークホルダーとDWチーム両方の利益のために、両方のアプローチをとることが多い）、粒度を明記し、明確に文書化することは、ファクトテーブル設計において不可欠なステップです。粒度の定義が曖昧なファクトテーブルや粒度が混在するファクトテーブルは、正しく構築して使用することが不可能です。

GDの列を並べることで、粒度を「ビジネス用語」や「ディメンション」で記述できます

粒度は、各ファクトを一意に識別する「粒度ディメンション（**GD**：Granularity Dimension）」[訳注4] の組み合わせを記録することでモデルに文書化されます。ほとんどのトランザクション・ファクトテーブルと累積スナップショットでは、**GD**列のリストに退化ディメンションのトランザクションIDディメンションが含まれます。例えば、粒度がビジネス用語で「電話1件に付き1行」と表される「通話詳細」ファクトテーブルでは、退化ディメンションの「通話参照番号［GD］」を使用して、各行を一意に識別できます。この簡潔な粒度の定義はETL処理を

訳注4　粒度項目（Granular Detail）と呼ぶこともあります

する上で非常に便利ですが、BIで利用する際は、クエリされる可能性が高いディメンションを使用して粒度を定義しておくと便利です。例えば、顧客は同時に複数の電話をかけられないと仮定すると、粒度は「顧客」と「通話タイムスタンプ」になります。このような複数の粒度の定義は、番号付きの**GD**コードを使用して文書化できます。例えば、「通話参照番号［GD1］」と「顧客キー［GD2］」「通話日キー［GD2］」「通話時刻キー［GD2］」などです。

更新が必要な、累積スナップショットと期間内の累計スナップショットの場合、特に退化ディメンションのIDなどのGD列は、高速なETL処理に利用される、一意な「更新インデックス」を定義するために使用されます。ファクトテーブルのインデックスに関するアドバイスについては、8.5.2「インデックスの作成」を参照してください。

8.3　発展型イベントのモデリング

複雑または完了までに時間がかかるビジネスプロセスは、発展型イベントとして表現されます。また、それらはより小さなマイルストーンであるイベントシーケンスの集まりとして説明されます。それぞれのマイルストーンは離散型イベント（動詞）として取り扱うことができるため、発展型イベントは「複数の動詞」から構成されるイベントと考えることができます。複数の動詞が含まれますが、以下の2つの方法で、1つの発展型イベントとしてモデル化できます。

プロセスシーケンスを表す関連イベントは、初めからまたは後から、複数の動詞を持つの発展型イベントとしてモデル化できます

- **初めから発展型として扱う**：ステークホルダーがイベントを時間のかかるプロセスの始まりと捉え、エンドツーエンドで測定する必要があると考えているとします。モデルストーミングで「誰が何をしますか？」と質問すると、それに応じて、発展型イベントの存在が早い段階で自然と明らかになることがあります。このような場合、ステークホルダーは、第2章で説明したように、複数の「いつ」の詳細が含まれる「プロセスストーリー」を自然な流れで語るでしょう。これらの詳細は、プロセスを完了するために到達しなければならないマイルストーンを表します。
- **発展型として後からモデリングする**：イベントマトリックスによって、複数の離散型イベントがプロセスシーケンス（第4章を参照）を表していることを発見した場合、発展型イベントとして改めてモデリングできます。

どの方法でアプローチするにせよ、発展型イベントをモデル化する際には、イベントテーブルに複数のマイルストーンを表す詳細を追加することになります。図8-4の例では、「顧客の注文」に出荷と配送のマイルストーンが追加されてい

イベント間に1対1の関係がある場合、マイルストーンの詳細を追加するのは簡単です

303

> 発展型イベントが「反復マイルストーン」を含む可能性がある場合、マイルストーンの詳細の合計値または最新値がイベントの一部として保存されます

ます。すべてのイベントの間に1対1の関係がある場合、これらのマイルストーンの詳細を追加するのは簡単です。なぜなら、イベントを統合しても粒度は変わらないからです。例えば、それぞれの注文が1つの出荷に紐付き、1つの配達が後に続く場合、すべての詳細は自然に一致します。複数のイベントを集約したり、イベントの一部を割り当てて「補完」しても、情報は失われません。

しかし、発展型のイベントストーリーに「反復マイルストーン」（特定のマイルストーンが複数回発生する）がある場合、イベント同士の関係が1対多になるので、すべてを同じ粒度にするために何らかの処置が必要になります。例えば、製品を100個購入する1つの注文があり、倉庫から4回に分けて出荷され、運送業者が2回に分けて配達する場合、4つの出荷イベントと2つの配達イベントを1つのレコードにまとめ、注文イベントと粒度を揃える必要があります。複数のマイルストーンで整合性をとる最も簡単な方法は、加算できる値は合計値、それ以外のすべては最新値を記録することです。例えば、図8-4の「配達日」と「運送業者」には、「最後」の配達日と（複数の運送業者を利用した場合は）「最後」の運送業者を記録します。「配送数」には、各注文品目について「これまでに配達された製品の総計」を保持します。

> 反復マイルストーンを発見するためには「どれくらい」の質問をします

マイルストーンのカーディナリティを発見するには、それぞれの「マイルストーンの動詞」について「どれくらい」の質問をします。これらは、マイルストーンの詳細、特にマイルストーンの「いつ」の詳細の前置詞に隠されています。発展型イベント「顧客の注文」の場合、「出荷日」に基づいて以下の質問をします。

> 注文した製品は、
> 何回に分けて出荷されることがありますか？

ステークホルダーの答えが「**2回以上に分けて出荷されることがある**」であった場合、追加で質問してください。

> ある注文の出荷日が複数ある場合、
> どれを使って注文処理を計測しますか？

複数のマイルストーンの値について、このような質問をする上で最も良い方法は、ステークホルダーに発展型イベントの表の具体例を埋めてもらうことです。

8.3　発展型イベントのモデリング

イベントタイプ
EE - 発展型イベント (Evolving Event)

顧客からの注文 [EE]

顧客書は	製品を注文する	注文日に	営業担当者から	販売場所で	注文数	収益	プロモーションで	割引で	注文ID で
[誰が]	[何を] GD	[いつ]	[誰が]	[どこで]		[$]	[なぜ]	[$]	[どのように] GD
J.B.Priestley	iPip Blue Suede	2011年5月18日	James Bond	POMStore NYC	1	249	お試し価格	$50	ORD1234
Vespa Lynd	POMBook Air	2011年6月29日	なし	store.POM.com	1	1,400	発売記念イベント	10%	ORD007
J.B.Priestley	iPip Blue Suede	2011年5月18日	James Bond	POMStore NYC	1	249	トライアル価格	$50	ORD4321
Phillip Swallow	iPOM Pro	2011年10月14日	George Smiley	POMStore London	1	5,000	スターターパック	£150	ORD0001
アメリカ上院	iPOM + Printer	2011年8月10日	行政担当チーム	1-800-MY-POM	100	150,000	新規契約	$20,000	ORD5466
アメリカ上院	iPip Touch	2011年8月10日	行政担当チーム	1-800-MY-POM	100	25,000	新規契約	$1,000	ORD5466

出荷イベントの詳細

出荷日に 出荷される	倉庫から 出荷される	出荷数	送料で	配送方法で
[いつ]	[どこで]	[小売単位]	[$]	[どうやって]
2011年5月20日	New Jersey	1	6	通常配送
2011年10月14日	Dublin	1	20	通常配送
2011年5月21日	Baton Rouge	1	4	通常配送
該当なし	該当なし	-	0	該当なし
2011年8月16日	New Jersey	70	500	お急ぎ
2011年8月18日	New Jersey	50	35	お急ぎ

出荷を伴わない注文
（店舗受け取り）

配達予定日までの 配達で	配送先住所に 配達で	倉庫作業担当によって 梱包される
[いつ]	[どこで]	[従業員]
2011年5月22日	Memphis, TN	AL
2011年7月4日	London, UK	CS
2011年5月22日	Memphis, TN	AL
該当なし	該当なし	該当なし
2011年8月20日	Washington, DC	JB2
2011年8月20日	Washington, DC	JB2

配達イベントの詳細

配達完了日に 配達される	運送業者によって 配達される	配達完了数
[いつ]	[誰が]	[小売単位]
2011年5月22日	Fedex	1
未定	UPS	0
2011年5月23日	USPS	1
該当なし	該当なし	-
2011年8月18日	Fedex	70
2011年8月20日	Fedex	50

図 8-4
発展型イベント「注文」

第 8 章　どれくらい（How Many）

反復マイルストーンのすべての値が必要な場合、それらは離散型イベントとしてモデル化されなければなりません

通常、BI クエリでは、反復マイルストーンの最新値が使用されますが、ステークホルダーがすべての履歴値を必要とする場合は、マイルストーンを個別の離散型イベントとして最小粒度でモデル化する必要があります。すでにモデル化されている場合は、そのイベントテーブルを使ってステークホルダーにその点を確認すると良いでしょう。いずれにせよ、反復マイルストーンの各詳細について、とる値が 1 つになるような定義を推し進め、発展型イベントに追加できるようにすることが必要です。なぜ最新値が有用であるかをステークホルダーに理解してもらうために、新しいイベントテーブルの役割が、それぞれの発展型イベントストーリーにおける現在の進捗または最終状態の要約であることを思い出させてあげてください。

マイルストーンイベントが多対多の関係である場合、それらを同じ発展型イベントにまとめることは適切でないかもしれません

ステークホルダーが、ある詳細について、有用な値を 1 つに絞り込めない場合、それはおそらく発展型イベントにふさわしくないでしょう。これは、マイルストーン間に多対多の関係があり、より複雑な割り当てが必要な場合に発生することがあります。その場合、マイルストーンの詳細を組み合わせることは適切でないかもしれません。最初のイベントとマイルストーンが多対 1 の関係である場合、これはそれほど問題にはなりませんが、加算型の数量を割り当てる必要があります。例えば、2 つの異なる注文がそれぞれ製品を 100 個ずつ購入し、そのうち 190 個が一度にまとめて出荷された場合、「出荷数」100 を最初の注文イベントに割り当て、90 を 2 番目のイベントに割り当てなければなりません。

マイルストーン間の標準的な間隔、最小間隔、最大間隔を表すプロセスストーリーを伝えます

あるマイルストーンの詳細がイベントに属すると判断した場合、その例を使用して興味の対象となるプロセスストーリーを言語化しましょう。マイルストーンの日付として、マイルストーン間の標準的な間隔、最小間隔、最大間隔を表す例をステークホルダーに求めます。詳細がすでに離散型イベントの一部としてモデル化されている場合、そのイベントテーブルの値を再利用できるかもしれませんが、それらは、発展型イベントにすでに存在する例と組み合わせて意味をなすものでなければなりません。例えば、「注文日」に「今日」のような相対的な時間の値を使用した場合、「出荷日」を欠損値にすることで、今日データウェアハウスにロードされた注文にはまだ出荷がないことを示すことができます。

イベントの初期状態を記述するには欠損値を使用します。また、最終的な状態（完了など）も記述すべきです

新しい詳細を追加する際、既存の例の日付をいくつか変更して、イベントの初期状態と最終状態のような興味深いシナリオを引き出す必要がある場合もあります。初期状態では、まだ起こっていないすべてのマイルストーンの詳細に欠損値があります。これは、離散型イベントでは必須であるいくつかの詳細について、発展型イベントでは必須ではないものとして扱う必要があることを意味します。例えば、「運送業者」は「運送業者による配達」イベントでは常に存在しますが、注文がまだ出荷されていない場合、発展型の「顧客の注文」イベントでは「割り当てなし」になります。複数の最終状態があり得る場合、それぞれの起こりうる最終状態について、追加のプロセスストーリーを把握するようにします。例え

ば、ステークホルダーに、正常に完了した注文やキャンセルされた注文のストーリーを提供してもらうように依頼します。

発展型イベントのモデリングが終わったら、主節の後に続く詳細をW順とプロセス順に並べ替えるとよいでしょう。つまり、「いつ（When）」「誰が（Who）」「何を（What）」「どこで（Where）」などをすべて、時系列に現れる順番に並べておくのです。そうすることで、複雑な発展型イベントがより読みやすくなるでしょう。

8.3.1 発展型イベントの指標

発展型イベントは、累積スナップショットとして実装されます。通常、それぞれが独自のファクトを持つ複数のイベントが組み合わされるため、発展型イベントは豊富なファクトを持つファクトテーブルになります。これらのファクトを組み合わせると、「イベント数」「状態カウント」「期間」といった追加の「発展型指標」を計算することができます。これらはプロセスのパフォーマンス集計を簡素化するために累積スナップショットに保存する価値があります。

> 累積スナップショットには、豊富なファクトが含まれています。さらに「発展型指標」も含まれています

 イベント数

発展型イベントがマイルストーンと一対多の関係にある場合、図 8-5 の「出荷数」または「配達完了数」といった追加のイベント指標を定義し、集計された／反復されたイベントの数を記録します。

> イベント数は、反復マイルストーンの数を記録します

図 8-5
イベント数と状態カウント

顧客の注文 [EE]

顧客は	製品を **注文する**	注文数	出荷数	配達完了数	出荷イベント数	配達完了イベント数	出荷済み	配達済み
[誰が]	[何を]		[小売単位]	[小売単位]	[数量]	[数量]	[数量]	[数量]
J.B.Priestley	iPip Blue Suede	1	1	1	1	1	1	1
Vespa Lynd	POMBook Air	1	1	0	1	0	1	0
J.B.Priestley	iPip Blue Suede	1	1	1	1	1	1	1
Phillip Swallow	iPOM Pro	1	-	-	-	-	-	-
アメリカ上院	iPOM + プリンター	100	70	70	2	2	0	0
アメリカ上院	iPip Touch	100	50	50	3	2	0	0

- 完了した注文
- イベント数
- 状態カウント
- 一部を出荷
- 注文が出荷されたが配達が完了していない
- 複数の出荷・配達を伴う注文
- 注文が一部しか出荷されていないため、「状態カウント」がゼロになる

状態カウント

発展型イベント内の各マイルストーンの日付や埋め込まれた動詞は、そのイベントが到達しうる状態を表しています。ステークホルダーは、何件の注文や請求、何人の申請者などについて、特定の状態に到達したかをよく質問してくるでしょう。これらの質問に対する回答は、図 8-5 の「出荷済み」や「配達済み」といった「状態カウント」を追加することで大幅に簡略化できます。これらの集計は、特定の状態に到達したかによって 1 または 0 になります。これらは非常に有用です。状態を判定するロジックは想像より複雑であることが多いからです。例えば「COUNT(配達日)」は「配達済み」状態に到達した注文を数える効率的な方法であると想像するかもしれませんが、一部のみ配送されることがあるため、それほど簡単ではありません。代わりに、「配達完了数 = 注文数」となる注文数を調べる必要があります。

> 「状態カウント」は、あるイベントがマイルストーンを完了したかどうかを記録します。このような計測方法は有用です。反復マイルストーンの場合、イベントの日付だけでは進捗を評価できないからです

イベントの状態に関するビジネスルールは複雑になる可能性があります。これらのルールは、ETL 処理中に一度検証され、その結果が加算型の状態カウントとして保存されるべきです。これにより、BI のクエリすべてに対してシンプルで一貫した回答を提供できます。

 期間

発展型イベントにおける複数の「いつ」の情報は、他の情報と同様に（グループ化やフィルタリングのために）ディメンションとして使用することができますが、マイルストーン間の期間を計算するためにペアで使用することもできます。これらの「期間」の中には、プロセスのパフォーマンスを測る重要な指標となるものがあります。どの項目が重要で、何と呼ばれるべきかは、「いつ」の詳細に関する生データを見ただけではわかりません。タイムラインを使い、ステークホルダーと期間のモデルストーミングを行うことで、重要な指標を見つけることができます。また、適切な時間測定単位（日、時間、分）や、条件付きレポートアプリケーションのアラート閾値として使用する、イベントとイベントの間で許容される最小および最大の間隔も発見しておきましょう。

> マイルストーンのタイムスタンプは、ペアで使用することで期間ファクトを作成できます。これらの指標はステークホルダーとのモデリングを通じて命名される必要があります

適切な期間指標を特定し、命名することで、ステークホルダーはプロセスのボトルネックを効率的に分析できるようになります。

プロセスのパフォーマンスを表す追加の指標

新しくモデル化された発展型イベントにある複数の「いつ」の詳細を組み合わせて興味深い期間を作成できるように、異なる離散型イベントにある他の数量情報を組み合わせてプロセスのパフォーマンスを表す追加の指標を作成できます。例えば「注文収益」「出荷コスト」「配送コスト」を使用して、「マージン」を計算できます。これらの派生指標をステークホルダーと追加でモデル化し、その計算式とビジネス名を把握し、具体例とともにイベントテーブルに追加すべきです。

> 異なるマイルストーンに存在する数量を組み合わせて、プロセスのパフォーマンスを表す指標を作成することができます

8.3.2 イベントタイムライン

発展型イベントにおいて、重要なマイルストーンである「いつ」の詳細と、期間指標を発見する最も良い方法は、図 8-6 のような「イベントタイムライン」を使用することです。発展型イベントにおける各マイルストーンの日付を時系列で示したタイムラインを作成し、各マイルストーンの組み合わせを視覚的に確認できるようにした上で、それらの間の区間を指すビジネス名をステークホルダーに確認する必要があります。最も重要な区間には、すでに名前があることが多いでしょう。これは、その区間にビジネス価値があり、ファクトとしてモデル化されるべきであるという確かな証拠です。もちろん、新しい「重要な」区間もこの方法ですぐに発見し、命名できます。

> イベントタイムラインを使用して、マイルストーンと期間を視覚的にモデル化します

重要な期間にはそれぞれ名前を付けるべきですが、マイルストーンとなる日付が複数ある場合、多くの期間が候補に挙がることがあります。状況によっては、それらすべてを命名するのが難しい場合もあります。期間の数は次のように計算されます。（タイムスタンプの数 ×（タイムスタンプの数 − 1）/ 2）。したがって、発展型イベントに 6 つのマイルストーンがある場合、6 × 5 / 2 = 15 個の期間が考えられます。

一般的に、ステークホルダーにとって最も関心があるのは、最初のイベント日（注文日）または目標日（配達期限日）を使って計測される期間です。まず、タイムライン上にこれらの固定の日付を追加してください。これらは、発展型イベントの固定値（**FV**）のディメンションです。これらを配置したら、タイムライン上の空白部分を利用して、他のマイルストーンイベントとその年表をステークホルダーに作成してもらいます。

> まず、タイムライン上の固定の日付（最初のイベント日とすべての目標日）をモデル化することから始めます

タイムライン上にすべてのイベントを配置したら（イベントマトリックスからイベントシーケンスをコピーするのもよいでしょう）、マイルストーンのペアを指し、それらの間の区間についてステークホルダーに質問していきましょう。こ

> マイルストーンイベントの間の期間に名前を付けて、期間をモデル化します

の取り組みによって、「期間」を見つけ始めることができるはずです。意味を持つ期間を見つけたら、図8-6に示すように、タイムラインに追加してください。この図は、発展型イベントである「注文」に関する3つの重要な期間を表しています。

図 8-6
反復マイルストーンを表す、「顧客の注文」のイベントタイムライン

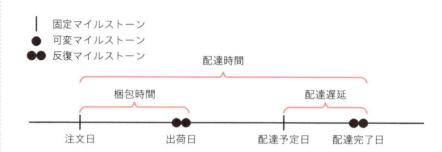

期間を派生ファクトとして発展型イベントテーブルに追加し、その測定単位（UoM）と値の範囲を文書化します

タイムライン上の期間に名前を付けた後、具体例を用いて発展型イベントテーブルに追加します。第2章で述べたように、イベントテーブルにこれほど多くの派生ファクト（DF）を追加するという判断に疑問を持つかもしれません。しかし、イベントテーブルはまだBIへの要件モデルであり、物理的な累積スナップショットの設計ではありません。つまり、イベントテーブルの目的は、ステークホルダーが必要とするであろう指標を文書化することであり、物理的な構造を規定することではありません。イベントテーブルに期間を追加することは、その名前、測定単位（UoM：Unit of Measurement）、値の範囲を文書化するのみを目的としており、それを物理的に保存するか、あるいはどのように保存するかを決めるためではありません。ここで決めた期間の定義は、データベースビュー、あるいはBIツールのメタデータのレイヤーにおけるレポート項目として実装できます。

期間の定義でマイルストーンの日付を参照するために、それらにDT1～DTnという番号を振ります

図8-7では、「梱包時間」「配達時間」「配達遅延」の3つの期間を派生ファクトとしてイベントに追加しました。これらの定義は、イベントのマイルストーンにDT1からDT4までの番号を付け、スプレッドシートのような簡単な計算式を用いることで、記録することができます。例えば、「梱包時間」は、「DT2 − DT1」、すなわち「注文日［DT1］」と「出荷日［DT2］」の間の差分の日数で定義されます。DTnの番号付けは、マイルストーンの時系列順序を記録するためにも使用できます。

8.3 発展型イベントのモデリング

図 8-7
期間指標

顧客の注文［EE］

顧客は ［誰が］	製品を 注文する ［何を］GD	注文日に DT1	配達期限日までに 配達される DT4	出荷日に 出荷される DT2	配達完了日に 配達される DT3	梱包時間 ［日数］ DF=DT2-DT1	配達時間 ［日数］ DF=DT3-DT1	配達遅延 ［日数］DF
J.B.Priestley	iPip Blue Suede	2011年5月18日	2011年5月22日	2011年5月20日	2011年5月22日	2	4	0
Vespa Lynd	POMBook Air	2011年6月29日	2011年7月4日	2011年10月14日	未完了	107	-	200
J.B.Priestley	iPip Blue Suede	2011年5月18日	2011年5月22日	2011年5月21日	2011年5月23日	3	5	1
Phillip Swallow	iPOM Pro	2011年10月14日	該当なし	該当なし	該当なし	-	-	0
アメリカ上院	iPOM + プリンター	2011年8月10日	2011年8月20日	2011年8月16日	2011年8月18日	-	-	0
アメリカ上院	iPip Touch	2011年8月10日	2011年8月20日	2011年8月18日	2011年8月20日	-	-	0

- 時系列順に番号が振られた、マイルストーンの日付／時刻（Date/Time）の詳細
- 測定単位（UoM）は日数を表します
- 派生ファクト
- 梱包時間＝出荷日－注文日
- 配達遅延＝期限に間に合っていれば 0、そうでなければ（配達完了日－配達期限日）または（今日の日付－配達期限日）

DF ：派生ファクト（Derived Fact）。同じテーブルの他の列を用いて計算します
DTn：日付／時刻（Date/Time）。時系列に沿って番号を付けたもの。期間の計算式で使用します

イベント内のすべての期間は同じ単位で定義する必要があります。例えば、すべて［日］としたり、すべて［時間］とします。これにより、期間を比較したり計算で使用したりする際のエラーを防ぐことができます。

 ## 文書化にタイムラインを活用する

図 8-7 の列タイプにある **DF** の式は ETL や BI の開発者にとって有用ですが、より多くの人にそれぞれの期間の意味を理解してもらうためには、イベントタイムラインを使うのが最適です。モデルストーミングのワークショップで作成したタイムラインは、BEAM✲ の他の成果物（イベントテーブル、ディメンションテーブル、階層図、イベントマトリックス）とともに、モデル文書の永続的な一部に残し続けるべきです。

発展型イベントに対するタイムラインは、ディメンションに対する階層図のようなものです。ディメンションテーブルには、適合階層のレベルを文書化するために、階層図が必要です。累積スナップショットには、そのイベントシーケンスと期間を文書化するために、タイムラインが必要です。階層図の相対的な間隔を利用して相対的な集約度合いを示すことができるように、タイムラインの間隔を

> モデル内の期間定義を永続的に文書化するために、タイムラインを使用すべきです

> タイムラインは、累積スナップショットの定義の一部です。また、BI ユーザーの素晴らしいトレーニング教材にもなります

311

利用してビジネスプロセスにおける各段階の相対的な期間の長さを示すことができます。また、慎重に監視すべき最も時間のかかるイベントを強調することもできます。タイムラインは、複雑な発展型イベントを扱う必要があるステークホルダーにとって、参考資料として欠かせないものなのです。

報告書のフッターやサマリーに、シンプルな画像としてタイムラインを追加することで、レポートに含まれる期間の数値の意味を説明できます。

ビジネスインテリジェンス（BI）にタイムラインを活用する

動的なタイムラインを使用して、レポートやダッシュボードのデータを可視化します

タイムラインはイベントシーケンスのモデリングや文書化に役立つだけでなく、BI アプリケーション上でもプロセスの流れを視覚化するのに最適なツールです。モデル化したタイムラインの動的なバージョンやアニメーションのバージョンを、レポートやダッシュボードで使用すれば、状態カウントや期間をリアルタイムに表示することができます。図 8-8 は「顧客の注文」を監視するダッシュボードの例で、マイルストーンイベント間の平均期間と各ステージでの注文アイテムの数が表示されています。

BI 開発者は、期間指標を水平積み上げ棒グラフで表示することで、レポート内に動的なタイムラインを作成することができます。

The Back of the Napkin, Dan Roam（Portfolio, 2008）の第 12 章「When can we fix things」には、「いつ（When）」の問題を解決するためのタイムラインを描くという素晴らしいアイデアが書かれています。他の章では、when 以外の 7W（who, what, where, how many, why, how）に関連するビジネス上の問題を解決するための図表やイラストの描き方について書かれています。

図 8-8
タイムラインダッシュボード

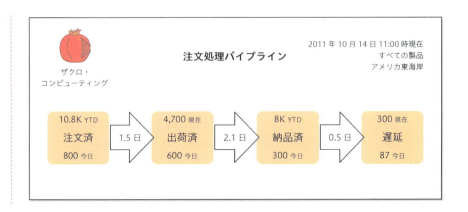

8.3.3 累積スナップショットを開発する

　有益だと思われる発展型指標をすべて発展型イベントに追加したら、そのデータソースをプロファイリングします。問題がなければ、図 8-9 に示す「注文ファクト［AS］」などの累積スナップショット・ファクトテーブルの設計に取り掛かります。これは第 5 章で紹介したトランザクショナルな「注文ファクト［TF］」の累積スナップショット・バージョンです。これらの累積スナップショットをどのように開発するかは、データプロファイリングの結果次第です。プロファイリングにより、すべてのマイルストーンが 1 対 1 の関係にあり、かつ同じソースシステムから取得できることが確認されれば、累積スナップショットはすぐに構築できます。これは、図 8-3 の「貸出ファクト［AS］」スナップショットのアプローチです。本の貸出と返却の間には 1 対 1 の関係があるため、詳細は失われません。また、ETL にとって最も重要なのは、これらの異なるトランザクションが（各図書館の）「単一」の業務システムによって処理されるため、それらをマージする際に適合性の問題が生じないことです。

　「注文ファクト［AS］」のマイルストーン間には、複雑な 1 対多または多対多の関係があります。この関係は、ザクロ社、その販売業者、および運送業者が管理する複数の販売および物流システムによって処理されます。このファクトテーブルに直接データを入力しようとするのは、リスクが高い戦略「最初に行う十分な開発（BDUF：Big **Development** Up Front）」になってしまいます。これは「最初に行う十分な設計（BDUF：Big Design Up Front）」と同じく避けるべきです。このような複雑なデータソースの課題を含む累積スナップショットを構築しても、通常の長さの開発スプリントを 1, 2 回行うだけでうまく価値を提供できる可能性は低いでしょう。では、開発中に行うステークホルダーとのプロトタイピングによって、何が実証され、何が検証されるのでしょうか。何もないのでしょうか。それではアジャイルとは言えません。そうではなく、累積スナップショットのマイルストーンを、最初は別々のトランザクション・ファクトテーブルとすることで、よりアジャイルに開発とデリバリーを行うことができます。

　発展型イベントを過去にさかのぼってモデリングする場合、そのマイルストーンを計測するためのほぼすべての離散型イベントについて、すでに定義が存在しているはずです（発展型イベントをモデリングする中で追加のマイルストーンを発見することもあります）。これらは、最終的な累積スナップショットでマージする前に、マイルストーン・イベントをステージング（保存）できる、トランザクション・ファクトテーブルの設計図です。これらがまだない場合は、第 2 章から第 4 章で説明したテクニックを使って、マイルストーンの前置詞から動詞を取

> マイルストーンイベントが 1 対 1 の関係、かつ同じ業務システムで処理される場合、累積スナップショットはすぐに構築できます

> マイルストーンイベントの関係がより複雑、あるいは異なる業務システムで処理される場合は、累積スナップショットを段階的に開発すべきです

> トランザクション・ファクトテーブルは、累積スナップショットのデータを更新するために、入力データのステージングや設計の検証、初期の BI における価値の提供に用いられます

第8章 どれくらい（How Many）

り出し[訳注5]、「誰がそれ（それぞれのマイルストーンとなる行動）をしますか？」と尋ねることでモデル化することができます。

図 8-9
「注文ファクト」の累積スナップショット

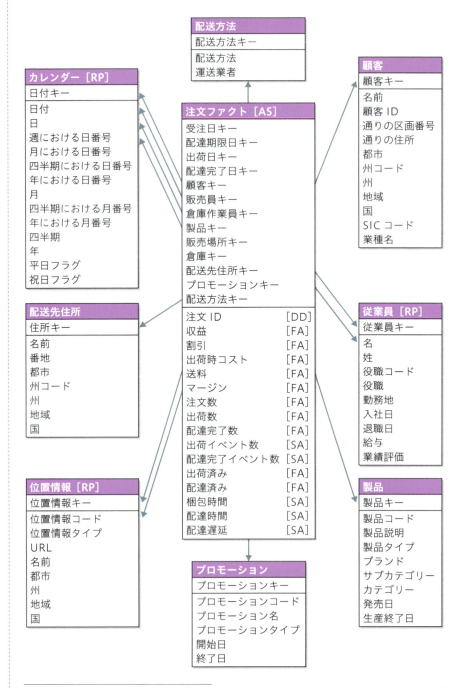

訳注5 例えば、図8-7のマイルストーン「出荷（出荷日に出荷される）」列では「に出荷される」から「出荷」を取り出します

リアルタイムな DW/BI の場合、各マイルストーンをそれぞれのファクトテーブルに最初にステージングすることで生じる遅延により、累積スナップショットが当日のレポート要件に対して十分な鮮度で更新されない可能性があります。ETL プロセスの合理化が最優先で、かつマイルストーンのファクトテーブルがクエリに不要な場合は、インデックスを張らずにそれらのマイルストーンのファクトテーブルをステージングし、累積スナップショットの更新が終わったら削除します。あるいは、ステージング処理を「仮想テーブルとして機能する ETL プロセス」[訳注6] に置き換えて、マイルストーンのファクトに対する挿入データや更新データが、累積スナップショットのデータ更新処理の入力に直接送られるようにします。リアルタイムなスナップショットとクエリ可能で詳細なファクトテーブルの両方が必要な場合は、ステージングテーブルをインデックスのない「リアルタイムパーティション」として実装し（後ほど説明します）、従来の夜間に行う ETL 処理によって完全なインデックスを張り、ファクトテーブルとマージすることができます。

> リアルタイムな DW/BI が必要な場合、ステージングテーブルを用いた累積スナップショットの ETL 処理を効率化する必要があります

8.4 ファクトの種類

「ファクトテーブル」において最も重要な性質を「粒度」とするならば、「ファクト」において最も重要な性質は「加算性」です。これは、ファクトの値を合計して意味のある答えを生み出せるかどうかを表します。ステークホルダーが個々のファクトの値を見たいと思うことはほとんどないため、加算性の有無は重要です。ステークホルダーはむしろファクトの値を要約することを望んでおり、そのための最も簡単な方法はファクトを合計することです。ファクトは、加算性に基づいて 3 つのタイプに分けられます。「完全加算型」「非加算型」「準加算型」です。

> 「加算性」は、あるファクトを要約して意味のある結果を得ることがどれくらい簡単か、あるいは難しいかを表します

8.4.1 完全加算型ファクト

「（完全）加算型（**FA**：Fully Additive）」ファクトは、利用可能なディメンションをどう組み合わせた上で合計しても、意味のある結果を得ることができます。例えば、図 8-1 の「収益」は、顧客、製品、時間、場所をどう組み合わせて合計しても、正しい総収益を常に計算できます。加算型ファクトは、使用可能なディメンションの組み合わせについて特に制約がないため、最も扱いやすいです。BI ツールにおけるデフォルトの指標は、SQL の SUM() 関数を用いて素早く定義できます。このため、なるべく完全加算型に近い形式でファクトの情報を記録することが常に最適です。

> 「（完全）加算型」ファクトは、利用可能なディメンションの任意の組み合わせで合計することができます

訳注6　実体テーブルが存在しないのにテーブルとして振る舞うような機能のこと。具体的には、データウェアハウスのビューテーブルや外部テーブルなどを指します

加算型ファクトを定義するための最初のルールは、単一の測定単位を使用することです。例えば、イベントのモデリング中に、複数の通貨（[£、$、¥] など）で記録された金額を見つけることがあります。その場合、対応するファクトを単一の「標準」通貨に変換する必要があります。そうしなければ、ファクトは通貨をまたいで加算できません。

> 加算型ファクトは、単一で標準の測定単位を使用しなければなりません

ファクトを単一の測定単位で保存することで加算可能にし、集計エラーを回避しましょう。また、例えば、売上を現地通貨と標準通貨で報告したり、製品の移動を個々の製品単位ではなく輸送に用いる箱単位で報告したりなど、BIアプリケーション上でファクトを異なる測定単位で表示する必要がある場合は「変換係数」を合わせて提供するようにしましょう。変換係数は変更される可能性があるため、BIアプリケーションではなく、データウェアハウスに（ファクトとして）一元的に保存すべきです。

8.4.2 非加算型ファクト

「非加算型（**NA**：Non-Additive）」ファクトは、測定単位が同じであっても合計することはできません。例えば、「単価」は、すべての単価がドル建てで記録されていても、その合計値には分析上の意味がありません。代わりに、単価は平均をとるか、または加算型である「販売額」（「単価」×「販売量」）ファクトを作成するために使用できます。BIユーザーは、おそらくこの加算型の指標を「単価」よりも頻繁に使用したがるはずなので、これはファクトテーブルに格納すべきです。もしストレージが何よりも重要な懸念事項であれば、レポートで必要になるときだけ、非加算型ファクトを集計クエリ上で導出します。

> 非加算型ファクトを合計しても、意味のある結果は決して得ることができません

割合の値は非加算型ファクトです。50％の割引で2つの製品を購入しても100％の割引にはなりません。このため、ファクトとしては不適切です。一方で、割合はBIユーザーがレポートやダッシュボードで確認したい優れた指標やKPIを作成できます。「割引」といったファクトは、図8-1のように加算型の金額として保存されるべきです。これにより、BIツール上ではレポートのコンテキスト内で正しい割合を計算できるようになります。

> 割合は非加算型です。加算型の要素のみをファクトとして保存すべきです

タイムスタンプは非加算型ファクトですが、タイムスタンプ同士の差分を計算することで、加算型または準加算型として扱える期間ファクトを生成できます。

割合と単価は容易に加算型ファクトに変換できますが、他の数量はそうではありません。これらのファクトは、非加算型であることを明確に記録し、有用な指標を作るための代替的な集計方法を記載する必要があります。例えば、「気温 [NA]」は、MIN、MAX、AVERAGE などの関数を使用して集計できる非加算型のファクトです。

> 非加算型ファクトは、MIN、MAX、AVERAGE などの他の関数を使用して集計することができます

8.4.3 準加算型ファクト

加算型ファクトは問題なく合計することができるので、扱いが簡単です。非加算型ファクトは、集計するのに少し工夫が必要ですが、適切な関数が見つかれば、これも比較的簡単に扱えます（単に合計しなければいいのです）。しかし、「準加算型」ファクトはより扱いが難しいです。

> 「準加算型」ファクトは、加算型ファクトや非加算型ファクトよりも扱いが難しいです

「準加算型（**SA**：Semi-Additive）」ファクトは、特定の条件下では合計できますが、いつでも合計できるわけではありません。より正確に言うと、準加算型ファクトは少なくともある特定のディメンション（「非加算型ディメンション」）に対して合計することができません。例えば、昨日の「在庫レベル」を今日の「在庫レベル」に足すことはできません。これは時間ディメンションに対して非加算です。しかし、「在庫レベル」は他のディメンションでは加算型として扱われます。クエリが1日間のデータのみを対象にする、つまり非加算型ディメンションに対して単一の値に絞り込まれている限り、すべての店舗やすべての製品（リンゴとザクロ？）について合計して、正しい総在庫量を出すことができます。

> 準加算型ファクトは合計値を計算できますが、「非加算型ディメンション」をまたいで合計してはいけません

準加算型ファクトを **SA** とマークし、そのファクトに対する非加算型ディメンションを **NA** とマークすることで、仕様をすべて文書化します。ファクトテーブル内に準加算型ファクトが1つしかない場合、またはすべての準加算型ファクトに対する非加算型ディメンションが同じである場合は、これで十分です。ただし、異なる非加算型ディメンションを持つ複数の準加算型ファクトがある場合は、**SA** と **NA** のコードに同じ番号を割り振り、各 **SA** のファクトと、対応する **NA** のディメンションを紐付けます。例えば、図 8-2 および図 8-10 は、店舗在庫の日次定期スナップショットである「在庫ファクト」の BEAM✻ テーブルと、対応する拡張スタースキーマを示したものです。「在庫レベル [SA1]」は「在庫日付キー [NA1]」に対して非加算であるのに対し、「注文数 [SA2]」は「製品キー [NA2]」に対して非加算であることを示しています。この準加算型ファクトのドキュメントは、BI ツールや一部のマルチディメンショナル・データベースで指標を正しく定義するために使用できます。SQL は、いくつかの数値が準加算型であることを本来理解できないため、BI 開発者が注意を怠ると平均やカウントの問題を引き起こしてしまう可能性があります。

> 準加算型ファクトを完全に文書化するには、ファクトのコード SA を、少なくとも1つの非加算型ディメンションのコード NA と組み合わせて使用します

第8章 どれくらい（How Many）

 平均の問題

準加算型ファクトは、非加算型ディメンションをまたいで合計することはできませんが、（慎重に）平均を計算することは可能です。しかし、残念ながらSQLのAVG()関数はそのような処理を行うことができません。例えば、以下のように質問された場合です。

> 先週、SW地域の「Advanced Laptop」の平均在庫はどれくらいでしたか？

図 8-10
準加算型ファクトを含む定期スナップショット

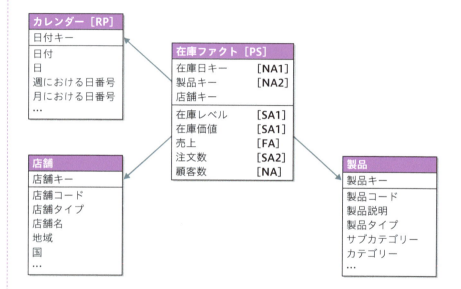

そして、在庫データは以下のとおりです：製品カテゴリー「Advanced Laptop」には2つの製品（POMBook AirとPOMBook Pro）が含まれています。SW地域には10店舗があります。（説明を簡単にするため）先週は毎日、SW地域のすべての店舗にPOMBook Airが20台、POMBook Proが60台あったとします。先週は7日間（他の週と同じ）でした。

AVG(在庫レベル)は40を返しますが、これはステークホルダーの質問に対する間違った回答です。40は60と20の平均であり、データの半分が60で残りの半分が20のときに得られる数値です。このAVG()関数は、「SUM(在庫レベル) / COUNT(*)」に相当します。5,600（POMBook Airの在庫数「20」× 70レコード（10店舗 × 7日間）＋ POMBook Proの在庫数「60」× 70レコード）を140（レコード数の合計）で割ったものです。ある地域のあるカテ

準加算型ファクトは平均化できますが、AVG()は使えません

残高などの、定期的に記録される準加算型ファクトは、時間に対して平均をとる必要があります。この操作は、クエリに含まれる期間数で合計値を割ります。期間数は非加算型です

ゴリーの正しい平均を求めるには、(カテゴリー内の)製品数や(地域内の)店舗数で割ってはいけません。代わりに、非加算型ディメンションの値の数(7日間)でのみ割る必要があります。この質問に対する正しい SQL は「SUM(在庫レベル) / COUNT(DISTINCT 在庫日)」です。正解は「800」です。

準加算型ファクト「残高」の正しい平均を求めるには、そのファクトテーブルの時間粒度を理解する必要があります。日次スナップショットの場合、平均は日数(非加算型ディメンション「期間」のユニーク数)で割ることによって計算されます。

カウントの問題

図 8-2 と図 8-10 の「注文数」は、慎重に扱わなければならない準加算型ファクトのもう 1 つの例です。クエリが単一の製品に絞り込まれている限り、日付や場所をまたいで「注文数」を合計して、注文のユニーク数を計算できます。しかし、「Advanced Laptop」カテゴリー全体の注文のユニーク数を計算する必要があるクエリでは、「在庫ファクト」に記録された製品ごとの注文数を合計すると、POMBook Air と POMBook Pro の両方を含む注文の集計が重複してしまうため、問題が発生します。残念ながら、「在庫ファクト」から正しい答えを得る方法はありません。

「注文数」や「顧客数」などのカウントを定期スナップショットに保存することは、クエリの効率化(数百万レコードをカウントし直す必要がなくなる)にとって素晴らしいアイデアに思えます。しかし、一度スナップショットの粒度に合わせて集計すると、期待通りの加算性が失われ、さらに合計しようとすると準加算型または非加算型になってしまうことがあります。そのような場合は、元のトランザクション・ファクトテーブルに、ユニーク数を計算するクエリを発行しましょう。これがユニーク数を正しく計算できる唯一の方法です。図 8-5 と図 8-9 の状態カウント「出荷済み」と「配達済み」は、最小粒度のデータから状態ごとのユニーク注文数を計算するのでこの問題は発生しませんが、イベント数「出荷数」と「配達数」は、注文レベルで集計された出荷数と配達数を合計するのでこの問題が発生します。ステークホルダーが今月と先月の配達の合計数を知りたい場合、「注文ファクト [AS]」から「SUM(配達完了イベント数)」を使用して答えを得ることはできません。代わりに、「配達ファクト [TF]」を使用して「COUNT(DISTINCT 伝票番号)」を計算する必要があります。

> ユニーク数は、準加算型ファクトまたは非加算型ファクトです

> 最小粒度のファクトテーブルは、完全加算型のユニーク数を提供するために必要です

退化ディメンションは非加算型ファクトであると考えましょう。これらを合計することはできませんが、有用な加算型の指標を生成するためにユニーク数を計算することはできます。例えば「COUNT(DISTINCT 領収書番号)」は、販売取引や買い物カゴのユニーク数を提供します。この指標は加算型です。

8.4.4 「異なる種類のファクト」のパターン

第6章では、異なる種類の製品を扱うための製品ディメンション設計について説明しました。これは、大きな排他的属性セット（**Xn**）を、より効率的な「スワップ可能ディメンションのサブセット」に移動させるというものでした。幸いなことに、異なる種類の製品も同じ方法で測定されることが多いです。例えば、大手小売業者は、牛乳からDVDプレーヤーまであらゆるものを販売します。脂肪含有量（2％低脂肪）と技術仕様（ブルーレイ録画機能）など、製品によって重要な特徴は異なります。しかし、測定方法は変わりません。同じ販売ファクトテーブルを用いて、同じ方法（売上数、収益、費用、利益）で測定されます。

課題／要件

しかし、銀行のような特定のビジネスでは、異なる種類の製品には、大きく異なる測定方法、つまり「異なる種類のファクト（heterogeneous fact）」が存在します。したがって、ビジネスのための統合的なビューを提供するファクトテーブルの設計は、非常に非効率なものになる可能性があります。例えば、図 8-11 は、すべての主要な製品タイプ（当座預金、貯蓄、住宅ローン、ローン、およびクレジットカード口座）を分析できる口座の月次スナップショットの一部を示しています。残念ながら、この「万能（one size fits all）」なファクトテーブルには非常に列が多く、一方で格納されている値は少ないという状態になります。ディメンションキーと、口座タイプを判定するためのいくつかのコアとなるファクト（「口座残高」と「決済回数」）は常に存在していますが、ファクトの大部分は排他的（**Xn**）としてマークされ、区分項目「製品カテゴリー [DC]」に基づいて利用可否が決まります。これらのファクトはほとんどの場合 NULL になり、テーブルは「ファクトは豊富だがデータは貧弱」な状態になります。使用するデータベース技術によっては、NULL ファクトは有効なファクトよりもはるかに少ない記憶容量しか必要としませんが、すべての事業分野を合わせると合計で何百ものファクトがある場合、この設計では管理が非常に困難で、パフォーマンスも悪くなってしまう可能性があります。

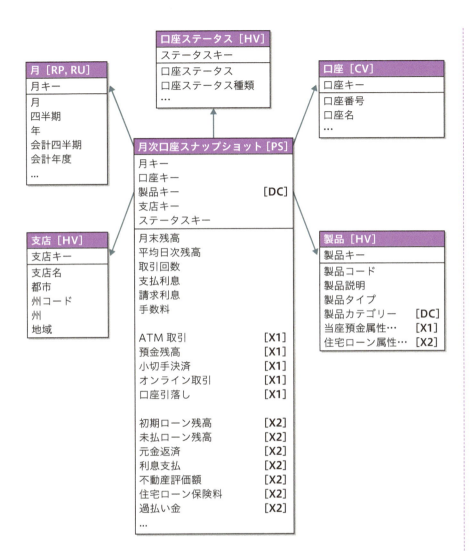

図 8-11
排他的ファクト

 解決策

「月次口座スナップショット」を共通のファクト（および場合によっては「請求利息」や「手数料」などの頻繁に使用される専門的なファクト）に絞り込んだ上で、図 8-11 のように排他的ファクトの組み合わせに基づき主要製品群ごとに分割して、小さな「カスタムファクトテーブル」セットを作成します。「コアファクトテーブル」には、毎月すべての口座の行が含まれ、図 8-12 に示す「月次当座預金ファクト」および「月次住宅ローンファクト」などのカスタムファクトテーブルには、それぞれの口座タイプのレコードのみが含まれます。カスタムファクトテーブルには共通ファクトも含まれるため、BI ユーザーはコアファクトテーブルとカスタムファクトテーブルを結合してクエリする必要がなくなります。

製品横断的な分析のための「コアファクトテーブル」と、排他的ファクトセットごとの「カスタムファクトテーブル」を作成します

図 8-12
排他的ファクトの
コアファクトテーブルと
カスタムファクトテーブル

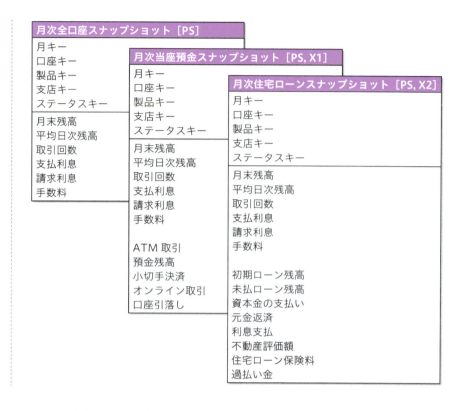

異なる種類の製品に多くの異なるファクトがある場合、たとえ粒度が共通していても、すべての情報を1つのファクトテーブルにまとめることが最適であるとは限りません。アクセス方法やメンテナンスサイクルの異なる業務システムからファクトを取り込む場合は、コアファクトテーブルとカスタムファクトテーブルを別々にした方が、構築と保守が容易になり、BIユーザーグループにとってもより使いやすいものになるでしょう。

8.4.5 ファクトレスファクトパターン

「ファクトレスファクトテーブル」は、発生したイベント以外に測定するものがないイベントを記録します

ファクトが多すぎるファクトテーブルもありますが、ファクトが1つもないファクトテーブルもあります。「ファクトレスファクトテーブル」は、イベントの発生自体以外に測定するものがないイベントを追跡するために使用されます。例えば、図 8-13 の「セミナー参加ファクト」には、ザクロ社の製品説明を受けるために販売セミナーに参加した見込み客（および既存顧客）ごとに1行が含まれます。このセミナーは無料であり、参加者はそのための費用を負担しないので、金銭的なファクトは存在しません。測定するのは参加者の数だけで、これはファクトテーブルの行をシンプルに数えることで得られます。

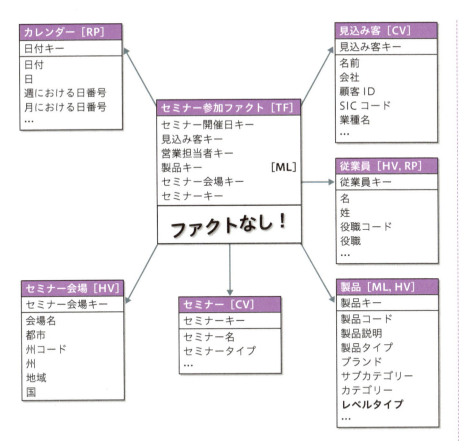

図 8-13
ファクトレスファクトテーブル

　ファクトレスファクトテーブルは、他のイベントがない場合にディメンションの関係を追跡するための「カバレッジテーブル（coverage table）」としても使用されます。例えば、販売に関係なくプロモーション中の製品を記録するプロモーションカバレッジテーブルや、ある人がその月の医療保険に加入しているという「ファクト」を記録する月次医療受給資格スナップショットなどがあります。カバレッジ・ファクトテーブルは、トランザクション・ファクトテーブルと組み合わせて、「どの製品がプロモーションされたが売れなかったか」、「何人が保険に加入したが請求しなかったか」など、起こるはずだったが起こらなかった事柄についての質問に答えるためによく使用されます。

　セミナーについて「参加しなかったが、参加するべきだった人は誰か」という質問に答えるには、「参加者」ファクトを追加して、「セミナー参加ファクト」を通常のファクトテーブルにするケースがあります。これは、招待された見込み客が参加した場合は 1、「来なかった」場合は 0 になります。通常、ファクトテーブルには、発生しなかったイベントは記録されません。なぜなら、それらは膨大な数になるからです。例えば、飛行機のフライトにおいて、たとえあなたが最も登場頻度の高い客であったとしても、今日乗らなかった便は大量に存在します。

ファクトレスファクトテーブルは、他のイベントがない場合にディメンショナルな関係を記録する「カバレッジテーブル」として使用できます

発生しなかったイベントの数がそれほど多くなければ、0/1 のファクトを追加して「何が起こらなかったのか」をカウントできます

集計ナビゲーションをサポートするために、ダミーの加算型ファクト（常に値は1である）を追加できます

それらは1つも記録されません。しかし、販売セミナーの場合、ザクロ社は世界中の人々を招待したわけではないので、出席しなかった招待客の追加レコードの数は管理可能なものになるでしょう。

ダミーファクト（常に1の値を持つファクト）をファクトレステーブルに追加すれば、加算型ファクトを提供できます。これにより、大規模なファクトレスファクトテーブル群を簡単に構築することができ、集計ナビゲーションによって「目に見えない形」で使用されます（この章で後述する「**アグリゲーション**」の節を参照）。アグリゲートも同じファクト列を持ちますが、1以外の集約された値を保持することになります。また、BIツールによっては、少なくとも1つのファクトを持つテーブルのみをファクトテーブルとして認識するものもあります。

図8-13では、「製品」ディメンションがマルチレベル（ML）ディメンション[訳注7]として定義され、「セミナー参加者ファクト」の「製品キー」もMLとしてマークされています。これは、そのディメンションのマルチレベル機能を使用することを示しています。この設計により、スタースキーマは、単一の製品の発表会であるセミナーと、製品カテゴリー全体を宣伝するセミナーの参加者を記録できます。

8.5　ファクトテーブルの最適化

ファクトテーブルは非常に大きく、ディメンショナル・データウェアハウスのストレージとI/Oアクティビティの大部分を占めているため、高いパフォーマンスを得られるように設計することが重要です。ファクトテーブルのパフォーマンスを最適化するための手法として、「ダウンサイジング」「インデックス作成」「パーティショニング」および「アグリゲーション」があります。

8.5.1　ダウンサイジング

行幅の縮小によってファクトテーブルのパフォーマンスを向上させます

パフォーマンスを向上させる最初の方法は、ユーザビリティを損なうことなく、ファクトテーブルを可能な限りコンパクトに設計することです。以下のチェックリストは、ファクトテーブルの行幅を縮小する[訳注8]ためのテクニックをまとめたものです。

- ディメンションへの外部キーに整数のサロゲートキーを使用する。ビジネスキーをディメンション内に保持する

訳注7　詳細は6.3.3「マルチレベルディメンションパターン」をご参照ください
訳注8　行指向データベースにおける1行のデータにおいて、列の数を減らしたり列の長さを短くすることで、1行のデータの長さを短くすること

- 特に時刻を使用しない場合は、datetime 型の「時間」列ではなく、int 型の「日付キー」列を使う
- ディメンションキーの数を減らす。小さな「なぜ」と「どのように」のディメンションを組み合わせる（第 9 章を参照）
- 自由記述のコメントや、多すぎる退化ディメンションのフラグを、独立した物理ディメンションに移動し、短い外部キーに置き換える（第 9 章を参照）
- レコード内で簡単に計算できるようなファクトを大量に保存しないようにする。例えば、より少ないマイルストーンのタイムスタンプから計算できる期間をすべて保存しない

次に考慮すべきは、各ファクトテーブルの長さです。履歴データは、BI ユーザーが本当に必要なものに限定する必要があります。ファクトテーブルを高価なアーカイブ目的で使用しないようにします。監査担当者が BI ユーザーよりも多くの履歴を必要とする場合は、データウェアハウスではなく、記録用の業務システムから取得すべきです。規制要件は分析要件ではないので、20 年分の取引履歴が存在するからといって、何も考えずにロードしてはいけません。これまでの間にビジネスが大きく変化していた場合、クエリはどこまでさかのぼって有効な比較を行えるでしょうか。また、過去にさかのぼるほど、データ品質の問題が増える傾向にあるため、データのロードが難しくなります。

ファクトの履歴データを、BI ユーザーにとって便利な範囲のみに限定します

ビジネスイベントをステークホルダーとモデル化する際には、BI ユーザーが作業に必要とする最も古い「いつ」の詳細を説明するイベントストーリーを尋ねてください。

最も興味があるのは最新のデータです。過去の履歴データを読み込む必要がある場合は、現在の年から作業を始め、過去にさかのぼっていきます。ステークホルダーからの要求があるまでは、最も古いデータをロードする必要はありません。

8.5.2 インデックスの作成

ファクトテーブルのサイズを圧縮するためにできる限りのことをしたら、次に検討すべき問題は、クエリのパフォーマンスを向上させるためのインデックスを作成する方法です。ここでは、何らかの形の「スター結合インデックス（star join index）」の定義について、DBMS ベンダーの助言を求めるべきです。一般的には、各ディメンションの外部キーにビットマップインデックスを作成することを含みますが、その手法は DBMS やバージョンによって異なり、新しいデータウェアハウスインデックス戦略が常に追加されています（そうなるよう願っています）。

外部キーにクエリインデックスを作成し、「スター結合の最適化」をサポートします

第8章 どれくらい（How Many）

> クエリインデックスを増やすと、BIのパフォーマンスは向上しますが、ETLの速度は低下します

どのようなインデックスを使用するにしても、クエリパフォーマンスとETL処理時間の間には必ずトレードオフがあります。クエリパフォーマンスの向上を最も優先すべきですが、BIユーザーは利用可能な時間内にロードできたものしかクエリできないため、慎重にインデックスを作成する必要があります。

> 累積スナップショットと期間内の累計スナップショットにも、ETL更新インデックスが必要です

クエリインデックスに加えて、累積スナップショットおよび「期間内の累計」定期スナップショットでは、効率的な更新をサポートするために「ETLインデックス」が必要です。これは、「顧客の注文」にある「注文ID」のような退化ディメンションなどの **GD** 列を使用した、OLTPシステムでよくある一意なインデックスです。一方で、トランザクション・ファクトテーブルや定期スナップショットのほとんどは挿入専用なため、ETL処理でファクトの一意性を保証できる限り、一意なインデックスは必要ありません。

順位付けや値域ごとのグループ化にファクトを頻繁に使用する場合は、ソートを高速化するためにインデックスを作成し、「範囲帯ディメンション」（第9章で説明）に結合することを検討すべきです。

8.5.3 パーティショニング

> 大きなファクトテーブルは、日付キーを用いて、パーティション分割テーブルにできます

「パーティショニング」を使用すると、大きなテーブルを、値の範囲に基づく多数の小さな物理データセットとして保存できます。DBMSがテーブル・パーティショニングをサポートしているなら、主要な日付ディメンションのサロゲートキーで大きなファクトテーブルをパーティショニングすることを検討すべきです。日付に基づいたパーティショニングは、カレンダーディメンションのサロゲートキーを丁寧に設計することでより簡単にできます（詳細については、第7章「**日付キー**」を参照してください）。パーティショニングには、ETL、クエリのパフォーマンス、管理において多くの利点があります。

> 空のパーティションにロードすることで、ETL処理を高速化できます。パーティションの交換により、BIはいつでもアクセスできます

- **ETLパフォーマンス**：ローカルインデックスを持つパーティションは、独立しており削除と再構築が可能です。そのため、ETLプロセスでは、インデックスがない状態で空のパーティションに一括で高速にロードできます。累積スナップショットおよび期間内の累計スナップショットの、最新パーティションのみを更新するのであれば、過去のパーティションにおける更新用の一意なインデックス（クエリではなくETLにのみ使用されるもの）を削除できます。また、パーティションの交換[訳注9]により、クエリの実行を継続したままETLでデータウェアハウスを更新できます

訳注9　最新パーティションのデータをクエリとは関係ない別のテーブルで作成し、その後にファクトテーブルの対応するパーティションと交換すること

- **ファクトテーブルのプルーニング**：多くのファクトテーブルでは、一定期間（24 か月、36 か月など）の履歴データが必要です。月単位のパーティションでは、数百万件のレコードを行ごとに削除するのではなく、パーティションごと切り捨てる（TRUNCATE PARTITION）ことで古いデータを効率的に削除できます

    パーティションの切り捨てにより、不要な履歴を高速に削除できます

- **リアルタイム対応**：1 日中頻繁に更新する必要があるファクトテーブルは、リアルタイムな「ホットパーティション」を使って実装できます。これは通常のパーティションと異なり、インデックスがなく、メモリ上に保持されます。そして、業務ソースから少しずつデータが供給されます。日中には、これらのパーティションを通常のパーティションとしてクエリし、夜間には、完全なインデックスが張られた履歴パーティションにデータをマージして取り扱います

    インデックスを持たない「ホットパーティション」は、ETL のリアルタイムなインサートに対応できます

- **クエリパフォーマンス**：DBMS のクエリオプティマイザーは、クエリの日付範囲外のパーティションを無視します。また、複数のパーティションを並列に読み込むことができるものもあります。しかし、テーブルを多くの小さなパーティションに分割しすぎると、特に多くのパーティションを「つなぎ合わせる」必要がある広範囲なクエリにおいて、パフォーマンスが低下するかもしれません。これは、広範囲なクエリに対応するアグリゲートを作ることで回避できます

    クエリオプティマイザーは、パーティションのプルーニングと並列アクセスにより、特定のクエリを高速化できます

リアルタイムなパーティションと ETL 処理の詳細については、以下を参照してください。

- *The Data Warehouse Toolkit, Second Edition,* Ralph Kimball, Margy Ross (Wiley, 2002), pages 135–139
- *The Data Warehouse ETL Toolkit*, Ralph Kimball and Joe Caserta (Wiley, 2004), Chapter 11, "Real-Time ETL Systems"

DBMS の中には、複数のディメンションに基づいてパーティショニングできるものがあります。これは、特定のディメンションがクエリの制約として頻繁に使用される場合や、データソースの抽出方法が ETL 処理のために整理されている（例えば、組織ごと、地域ごと、データプロバイダーごと）ことを表す場合に便利です。

8.5.4　アグリゲーション

「アグリゲート（**AG**：Aggregate）」（およびアグリゲートされたファクトテーブル）は、元となるファクトテーブルのサマリーを保存したものです。これは基本となるファクトに対して「Group By インデックス」[訳注10]のように機能し、詳

アグリゲーションは、既存のファクトテーブルに対する「Group By インデックス」として機能します

訳注 10　データベースにおけるインデックスが WHERE 句や ON での条件指定を高速化するように、アグリゲートは GROUP BY 句による集計を高速化します。このことから、本文では「Group By インデックス」と表現されています

細な数値を返す必要のないクエリを高速化します。これは、従来の「Where インデックス」を補完する重要な機能です。スター結合インデックスは、少量のデータを要約する必要がある制約の多いクエリを最適化しますが、アグリゲートは、大量のデータを要約する必要がある制約の緩い幅広いクエリを最適化します。アグリゲートは、ディメンションおよび粒度の点で、定期スナップショットにとても似た派生ファクトテーブルです。定期スナップショットとの違いは、新しいファクトを提供しない点です。その代わり、元となるファクトテーブルの加算型ファクトを要約したものが含まれます。

歴史的に、データウェアハウスのクエリは、サマリーデータマートという形で特定のアグリゲートを使用するように書かれていました。今日では、多くの DBMS は、クエリを自動的に最適な（最小の）集計にリダイレクトする「集計ナビゲーション」を提供しています。このような場合、BI ユーザーやクエリツールからはアグリゲートが見えなくなります。

> DBMS の集計ナビゲーションでアグリゲートの利用を自動化できます

アグリゲートは、最も頻繁に使用されるクエリの GROUP BY 句および WHERE 句の結果と合致するように設計する必要があります。そうでなければ、それらは使われないものになるでしょう。また、アグリゲートは、既存のファクトテーブルよりもはるかに小さくなるように設計し、維持コストを正当化できるような性能向上を図る必要があります。20 倍小さくすることは有用なガイドラインであり、これにより対応するクエリのパフォーマンス向上が見込まれます。ディメンショナル・データウェアハウスにおけるアグリゲートの設計は、「削除 (lost)」「縮小 (shrunken)」「折り畳み (collapsed)」の 3 種類があります。

> 削除、縮小、折り畳みの各パターンを使用し、小さくて高性能なアグリゲートを設計できます

「ディメンションの削除によるアグリゲート」パターン

ディメンションの削除によるアグリゲート (lost dimension aggregates) は、ディメンションのサブセットを使用してファクトテーブルを要約することで作成されます。図 8-14 は、「顧客」ディメンションと「店舗」ディメンションの削除によるアグリゲートを示しています。

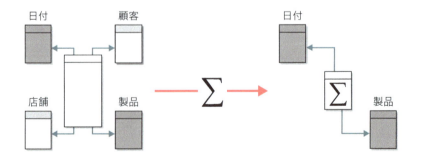

図 8-14
ディメンションの削除によるアグリゲート

ディメンションの削除によるアグリゲートは、ディメンションの結合が不要なため、最も作成しやすいタイプのアグリゲートです。例えば、ディメンションの削除によるアグリゲートは次のようにして作成できます。

```
CREATE MATERIALIZED VIEW 日別製品売上 AS
SELECT 日付キー，製品キー，SUM(売上)
FROM 販売ファクト
GROUP BY 日付キー，製品キー
```

アグリゲートテーブルが、元となるファクトテーブルより小さくなるためには、削除するディメンションの少なくとも1つが「粒度ディメンション（GD）」、つまりファクトテーブル粒度を構成する一部である必要があります。アグリゲートが十分に小さくなっても、さまざまなクエリへの回答に使用できるように、削除するディメンションを慎重に選択しましょう。

 「ディメンションの縮小によるアグリゲート」パターン

ディメンションの縮小によるアグリゲート（shrunken dimension aggregates）は、元となるディメンションの代わりに1つ以上の縮小ディメンション（つまりロールアップ（**RU**）・ディメンション）を使用してファクトテーブルを集約することで作成されます。図 8-15 は、「日付」を「月」に、「店舗」を「地域」にロールアップして作成された、ディメンションの縮小によるアグリゲート結果を示しています。

縮小によるアグリゲーションにはロールアップ・ディメンションを使用します

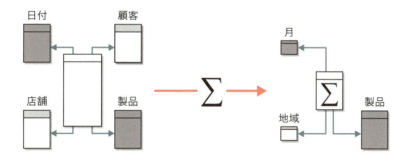

図 8-15
ディメンションの縮小によるアグリゲート

「顧客」ディメンションが削除されていることに注意してください。ディメンションの縮小によるアグリゲートにおいて、こういった変化は珍しいことではありません。アグリゲートのサイズを大幅に削減するには、最も細かい粒度のディメンションを削除する必要がある場合が多いからです。売上を月、地域、製品、および「顧客」別に集計しても、行数は元となるファクトテーブルとほぼ変わらないでしょう。そのため、パフォーマンスの利点が損なわれてしまいます。

アグリゲートによって、ディメンションが縮小したり削除されることがあります

縮小によるディメンションのアグリゲートは、追加のロールアップ・ディメンションやディメンション同士のJOINを追加する必要があるため、構築が複雑になりがちで、差分更新を使用した保守がより難しくなります。その代わり、さまざまなクエリ要件を満たすように設計できます。

縮小によるアグリゲートを行い、対応するロールアップ・ディメンションを構築するために、マテリアライズドビューを使用できます

アグリゲートを行い、対応するロールアップ・ディメンションを構築するために、マテリアライズドビューを使用できます。ロールアップ・ディメンションを構築する際、その粒度に一致する最初または最後のキー値を慎重に選択すると、元となるディメンションのキーを再利用してロールアップ・キーを作成できます。例えば、各月の最終日の「日付キー」を「月」ディメンションの「月キー」として使用したり、地域内の最初の店舗の「店舗キー」を「地域」ディメンションの「地域キー」として使用できます。ロールアップ・ディメンションで一貫して使用される限り、実際に選択されるサロゲートキー値は重要ではありません。

◆「ディメンションの折り畳みによるアグリゲート」パターン

ディメンションの折り畳みによるアグリゲート（collapsed dimension aggregates）は、選択したディメンション属性を使用してファクトテーブルを要約し、ファクトとディメンション属性を単一の非正規化されたサマリーテーブルに格納することで作成されます。図8-16は、「四半期ごと、製品種別ごとの売上」に対するディメンションの折り畳みによるアグリゲートを示したものです。

折り畳みによるアグリゲートとは、あらかじめ結合された集計結果です

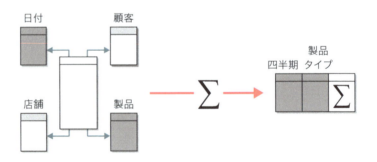

図8-16
折り畳みディメンションによるアグリゲート

ディメンションとファクトが事前に結合されているため、折り畳みディメンションによるアグリゲーションではクエリが高速化されます。ただし、多くの属性が含まれると、レコードの列数が増え、結果としてテーブルが大きくなりすぎます。元となるファクトテーブルと比べてアグリゲートのレコード数が20分の1でも、もしテーブルの列数が3倍になると、アグリゲートの作成を正当化できるだけの十分な性能向上は望めません。

アグリゲーションガイドライン

以下のガイドラインを参考にすれば、よいアグリゲートのセットを作成することができます。

- アグリゲートのストレージと ETL 処理のために、最大で同額の予算を追加で計上します
- 元となるファクトテーブルよりも約 20 倍小さいアグリゲートを作成します。さらに、アグリゲートのアグリゲート（元となるファクトテーブルよりも 400 倍小さい）を設計することで、アグリゲートをより広く活用しましょう
- 可能な限り（高速更新可能な）マテリアライズドビューを使用してアグリゲートを構築し、DBMS の集約ナビゲーションとクエリ書き換え機能を有効にします
- DBMS が自動的にクエリをリダイレクトするような、「目に見えないアグリゲート（invisible aggregates）」を設計します。BI ユーザー、レポート、またはダッシュボードをアグリゲートに直接依存させてはいけません。クエリやレポーティングツールから見えないようにしましょう
- 元となるスタースキーマを信頼し、絞り込み条件の多いクエリの処理にはスター結合インデックスを使用します。アグリゲートは、全体的な傾向やパターンを把握するためのサマリー集計クエリに特化させます
- アグリゲートの利用状況を監視し、あまり使われていないアグリゲートを削除し、クエリパターンの変化に応じて新しいアグリゲートを追加します
- 予算、目標、予測の比較を素早く行うためのアグリゲートを最初に構築しましょう。これらは最も明らかにクイックウィンできるアグリゲートです

Mastering Data Warehouse Aggregates, Christopher Adamson（Wiley, 2006）は、ディメンショナル・データウェアハウス内の見えないアグリゲーションを設計、構築、使用するための信頼できるアドバイスを提供します。

8.5.5 「ドリルアクロス」クエリパターン

 課題／要件

新しいスタースキーマやビジネスプロセスがデータウェアハウスに追加されると、BI ユーザーの質問は必然的に高度なものになります。なぜなら、「クロスプロセス分析」を行いたいと思うようになるからです。このような場合、クエリがどのように複数のファクトテーブルにアクセスし、指標の比較や結合を行うべきかを理解することが重要です。例えば、図 8-17 は「給与支払い」と「欠勤

クロスプロセス分析では、複数のファクトテーブルにアクセスするクエリが必要です

/休暇」という2つの人事プロセスを表しています。これらを比較することで、「2011年に、給与が多いのによく欠勤した社員は誰ですか？」という質問に答えることができます。

図 8-17
複数のファクトテーブルへのクエリ

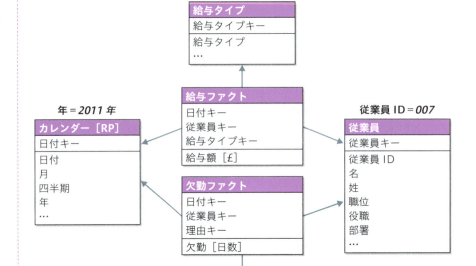

ファクトテーブル同士の結合はやめておきましょう

2つのファクトテーブル「給与ファクト」および「欠勤ファクト」は、適合ディメンション「従業員」「カレンダー」を共有しています。そのため、以下のクエリのように、共通のサロゲートキーを使用してこれらをJOINするのは簡単そうに見えます。

```
SELECT 従業員ID, 従業員, SUM(給与), SUM(欠勤)
FROM 給与ファクト, 欠勤ファクト, カレンダー, 従業員
WHERE 給与ファクト.従業員キー = 従業員.従業員キー
AND 欠勤ファクト.従業員キー = 従業員.従業員キー
AND 給与ファクト.日付キー = カレンダー.日付キー
AND 欠勤ファクト.日付キー = カレンダー.日付キー
AND カレンダー.年 = 2011
AND 従業員.従業員ID = '007'
GROUP BY 従業員ID, 従業員 SORT BY 3
```

上記のSQLは完全に有効であるように見えますが、James Bond氏の正しい合計を出すことはできません。また、「007」の絞り込みを削除しても、他のどの従業員の正しい合計も出すことはできません。

図 8-18 の「レポート 3：2011 年の従業員分析」は、前のクエリの結果を示していますが、まずはその前にある 2 つの小さなレポートを見てください。レポート 1 は、従業員 James Bond 氏が 3 回の給与支払いで合計 160,000 ポンドを受け取ったことを示しています。レポート 2 は、彼が 6 日間欠勤したことを示しています。次に、レポート 3 を見てください。これによると、James Bond 氏は 320,000 ポンドを稼ぎ、18 日間欠勤したことになります。何かが明らかに間違っています。給料は 2 倍、欠勤日数は 3 倍になってしまっています！

単一の SQL SELECT 文を使用してファクトテーブルを直接 JOIN しようとするクエリでは、ファクトを過剰に集計してしまうことがあります

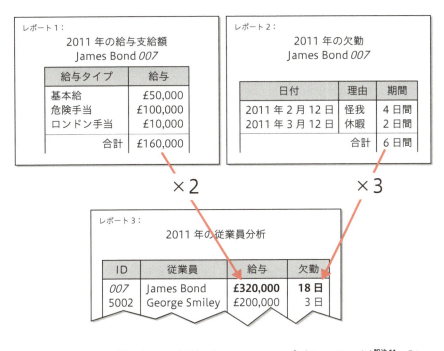

図 8-18
ファクトの過剰集計

この過剰集計は、「多対 1 の問題」、「ファントラップ（Fan Trap）」[訳注11]、「キャズムトラップ（Chasm Trap）」[訳注12] などと呼ばれており、結合されるテーブルが多対多の関係である場合に発生します。上記の SQL は JOIN を行う WHERE 句[訳注13] を GROUP BY 句より先に評価しなければならないため、この例では多くのボンド氏の給与（3 行）が多くのボンド氏の欠勤（2 行）と JOIN され、行数が過剰になってしまいます。その後、これらが集計されます。たとえファクトテーブルが 1 対多の関係であっても、「1」側のファクトはすべて過剰に集計されます。さらに、ほとんどの BI ではクエリを裏側で処理するため、「多すぎる行」を隠してしまいます。これは厄介な問題です。ファクトテーブル同士を結合しても 100% 安全なのは、それらの間に 1 対 1 の関係がある場合だけです。これは非

多対多の関係を JOIN すると、SQL は先に JOIN を行い、その後、JOIN によって生じた「多すぎる行」を集計するため、過剰集計になってしまいます

訳注11 ファントラップは、1 対多対多の結合による過剰集計を指します
訳注12 キャズムトラップは、多対 1 対多の結合による過剰集計を指します
訳注13 上記の SQL クエリでは、FROM 句の後ろに複数のテーブルを並べる暗黙的な JOIN を行っています

第 8 章　どれくらい（How Many）

常にまれなケースであり、保証するのは困難です。その場合ですら、数百万件のファクトを結合すると、パフォーマンスが低下することがあります。

 解決策

BI アプリケーションは、「ドリルアクロス（drill-across）」クエリを実行することで、多対多の問題を回避できます。ドリルアクロスとは、異なるビジネスプロセスの指標を、適合した行ヘッダーを使用して揃えることです。ドリルアクロスクエリは、「マルチパス」SQL を発行してそれを行います。まず、各スタースキーマに別々の SELECT 文を発行します。この 2 つのクエリは、ファクトを共通した適合行ヘッダーの粒度で集計します。その後、それらをマージして単一の回答セットを作成します。従業員 ID ごとに給与を集計するクエリと、従業員 ID ごとに欠勤を集計するクエリを実行し、正しく集計された 2 つの回答セットをマージ（FULL JOIN：完全外部結合）することによって、ドリルアクロスはレポート 3 に対する正しい回答を提供します。

ドリルアクロスまたはマルチパスクエリのサポートは、BI ツールの重要な機能です。個々のクエリをシンプルに保つことで、クエリのパフォーマンスを管理するのに役立ちます。ファクトテーブルに 1 つずつアクセスすることで、クエリはスター結合として最適化され、集計ナビゲーションを利用できます。また、DBMS によって並列に実行されることもあります。

複数のファクトテーブルにアクセスするには、「マルチパス」SQL を発行する「ドリルアクロス」クエリを使用する必要があります

マルチパス SQL はファクトテーブルを 1 つずつ集計し、その結果を結合します

ドリルアクロス／マルチパス機能を持つ BI ツールを選びましょう。マルチパスの代わりに、1 つのクエリで複数のインラインビュー^{訳注 14}を生成するツールもあります。

ドリルアクロスは、分散型データウェアハウスを可能にします。スターを異なる DBMS に配置できます

ドリルアクロスは分散型データウェアハウスにも対応しています。スタースキーマや OLAP キューブを複数の場所にある複数のデータベースプラットフォームに配置することで、ディメンショナル・データウェアハウスをスケールすることができます。マルチパスクエリにより、これらを単一のデータウェアハウスとしてアクセスできます。分散データウェアハウスでは、データベースサーバーごとに異なるハードウェア、オペレーティングシステム、および DBMS を使用できます。ただし、ドリルアクロス技術を使用して共通の BI ツールでクエリを実行できる、適合ディメンションを持つスターまたはキューブが含まれている必要があります。

訳注 14 FROM 句の中に SQL 文を置くサブクエリのこと

一般的に、ファクトテーブルを直接結合するべきではありません。ほとんどのファクトテーブル同士の関係は1対多または多対多になるため、指標を計算する際にファクトが過剰集計されてしまいます。代わりに、「ドリルアクロス」を用いてクエリを実行しましょう。

ドリルアクロスクエリは、サマリーレベルのプロセス比較に有効です

集計済みのファクトを組み合わせる必要があるクエリに対して、ドリルアクロスは非常にうまく機能します。例えば、ビジネスプロセスを月次または四半期レベルで比較する場合、個々のマルチパスクエリは数百万のファクトにアクセスしますが、回答セットは結果が返される「前」に適合行ヘッダーの粒度で集計されます。そのため、BIツールはレポートに必要な分のデータ（数百行）をマージするだけでよくなります。

おわりに

しかし、ドリルアクロスは、クロスプロセスまたはマルチイベント分析のすべてのタイプで機能するわけではありません。例えば、図 8-19 は、注文と出荷を比較しようとしている BI ユーザーの困難な状態を示しています。彼は、「過去6か月間に注文された製品の平均出荷遅延はどれくらいか」「年初から現在までの間に、未出荷な製品はどれくらいあるのか。昨年と今年で比べるとどうなのか」などの質問をしようとしています。しかし、彼のクエリは決して終了しないか、おそらく開始すらしないようです。問題は、これらの質問では各トランザクション・ファクトテーブルからの抽出結果を、集計する前にマージする必要があることです。これはマルチパス SQL になるので、BI ツールがマージする必要のある行数は何百万行にもなってしまいます。スマートな BI ツールがデータベース内で正しく結合を行えたとしても、パフォーマンスが低下する可能性があります。

クロスプロセス分析において最小粒度でマージを行うと、ドリルアクロスのクエリが非効率になります

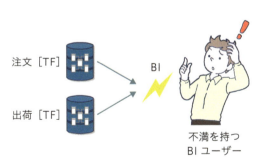

図 8-19
BI ユーザーの不満：
困難なドリルアクロス分析

第 8 章　どれくらい（How Many）

8.5.6 「派生ファクトテーブル」パターン

課題／要件

発展型イベントを見逃すと、BI ユーザーに苦痛を与えます

図 8-19 で BI ユーザーの不満につながっている「注文」と「出荷」の比較が困難であるという問題は、ドリルアクロスの限界というよりも、設計の不備や見逃しによるものです。注文と出荷は、トランザクション・ファクトテーブルを使用して単独で完璧に分析できるような離散型イベントではありません。発展型イベントのマイルストーンです。プロセスの進捗を測る主な指標を集計するために、常に配達、返品、支払いと比較される必要があります。特に、イベント間に複雑な多対多の関係がある場合、アドホックなクエリでこれらのイベントを毎回結合せずに済ませられるようにすべきです。

解決策

図 8-20 は、ユーザーが本当に必要としているもの、つまり、単純なシングルパス SQL を使用してクエリを実行できる累積スナップショット「注文」を示しています。この章で前述した「累積スナップショットの開発」のアジャイルなアプローチに従って、2 つの既存のトランザクション・ファクトテーブル「注文」と「出荷」をマージすることで、このスナップショットは「派生ファクトテーブル（**DF**：Derived Fact table）」として提供されます。

図 8-20
幸せな BI ユーザー：
派生ファクトテーブルによる救済

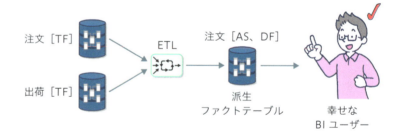

「派生ファクトテーブル」は、複雑な SQL ではなく、シンプルな ETL によって困難な BI の課題を解決します

派生ファクトテーブルは、既存のファクトテーブルから構築され、クエリをシンプルにします。これらは、より複雑な BI や SQL ではなく、追加の ETL 処理や DBMS のストレージを使用して、困難な分析上の質問に答えます。派生ファクトテーブルには、アグリゲートの他に、「スライス」「ピボット」「マージ」の 3 つのタイプがあります。

- **スライスされたファクトテーブル**は、元となるファクトテーブルからサブセットを切り出したものです。例えば、グローバルな販売ファクトテーブルから派生したイギリスの売上などがこれにあたります。スライスされたファクトテーブルは、行レベルの制限付きアクセスやデータ配布のニーズをサポートするだけでなく、データのサブセットのみを必要とするユーザーのクエリパフォーマンスを向上させることができます。また、ファクトのサブセットに含まれるサロゲートキーと紐付くスワップ可能ディメンション（**SD**）と、一緒に使用されることがよくあります

> スライスされたファクトテーブルには、元となるファクトテーブルからサブセットを切り出したものです

- **ピボットされたファクトテーブル**は、元となるファクトテーブルの行の値を列に転置したものです。例えば、元となるトランザクション・ファクトテーブルに、9種類の取引タイプを表す1つのファクト列があるとします。これを用いて、9つのファクト列を持つファクトテーブルを作成できます。ピボットされたファクトテーブルを使用すると、ファクトの比較と計算がより簡単になります。これと同様に、行から列へのアプローチを使用して、組み合わせ制約クエリをサポートする「ビットマップ・ディメンション」（第9章を参照）[訳注15]を作成することも可能です

> ピボットされたファクトテーブルでは、元となるファクトテーブルの行をファクト列に転置します

- **マージされたファクトテーブル**は、元となる2つ以上のファクトテーブルからファクトとディメンションを組み合わせ、共通の粒度に要約したものです。例えば、「売上目標」と「集計された実際の売上」を組み合わせたファクトテーブルや、それぞれが発展型イベントのマイルストーンを表す複数のトランザクション・ファクトテーブルを組み合わせた累積スナップショットなどが挙げられます。マージされたファクトテーブルでは、複雑なドリルアクロスのクエリや高負荷なJOINをシングルスター・クエリに置き換えることで、クロスプロセス分析をシンプルにします

> マージされたファクトテーブルは、元となる複数のファクトテーブルを結合し、共通の粒度に要約したものです

DF：派生ファクトテーブル（Derived Fact table）。1つ以上の既存のファクトテーブルから構築された派生ファクトテーブルを識別するためのテーブルコードとして使用されます。他のファクトから（場合によってはビュー内で）計算できる派生ファクトを識別するための列コードとしても使用されます。

データウェアハウスの設計では、派生ファクトテーブルを十分に活用できていないことがよくあります。多くの場合、マトリックス上のファクトテーブルがロードされると、「データが保存されるようになったので、ETLの主な開発は終わりです。ここから先の領域はすべてBIの責務です」という誤った印象を与えてしまいます。これでは、BIユーザーや開発者は、ますます複雑化するビジネスの質問への回答に苦労することになりかねません。アジャイル開発を行う場合、プ

> DW/BI開発のレトロスペクティブでは、ETLや派生ファクトテーブルの追加によって複雑なクエリをシンプルにできるか確認するために、定期的な設計の再検討を行うべきです

訳注15 第9章では「ピボットディメンション」と呼ばれています

ロジェクトチームはスプリント終了後に「レトロスペクティブ」と呼ばれるミーティングを開き、何が成功したか、何が改善できるかを話し合います。アジャイルな DW/BI 開発を行う場合、BI 開発者はレトロスペクティブにおいて、レポート業務で最も頻出する複雑なクエリをチームに共有すべきです。チームは、派生ファクトテーブルやその他の ETL の改良によって、それらの複雑なクエリをシンプルにできるかどうかを検討します。

マージされたファクトテーブルは、複数の異なるビジネスプロセスから定期的にファクトを結合して要約するために使用される場合、しばしば「統合データマート（consolidated data mart）」と呼ばれます。これらの「ワンストップ・ショップ（one-stop shop）」なデータマートは、よりシンプルな BI ツールに適したフォーマットで高性能なファクトへのアクセスを提供するため、ステークホルダーから絶大な人気を誇っています。一般的な統合データマートには、以下のようなものがあります。

> 統合データマートは、累積スナップショットと同じように定期的なものです

- 顧客接点に関連する個々のファクトテーブルの指標を集約し、いわゆる「360°顧客ビュー」を提供する**顧客関係管理（CRM）データマート**
- 収益とコストのすべての要素を組み合わせた、製品やサービスの収益性分析をサポートする**収益性データマート**

おわりに

詳細な情報を省略し粗い粒度に要約された統合データマートを業務データソースから直接構築して、重要業績評価指標（KPI）ダッシュボードを「素早く（quick win）」提供するよう、ビジネス・ステークホルダーから圧力を受けることがよくあります。しかし残念ながら、多くの異なるビジネスプロセスを要約し、複数の業務ソースを統合したデータマートは、最後に構築すべきものなのです。ETL のリスクだけが理由ではありません。詳細な情報が省略されると、数値の原因を理解したり改善を行うために、十分に深くドリルダウンした分析を行うことができません。すると、KPI の信頼性が急速に損なわれてしまいます。代わりに、統合データマートは、最小粒度のファクトテーブルから「派生」した、派生ファクトテーブルとして段階的に開発されるべきです。

> 最小粒度の詳細なスタースキーマをロードする前に、統合データマートを構築しようとしないでください

8.6 まとめ

- 「トランザクション・ファクト（TF）テーブル」は、離散型イベントに関連する、ある時点で起こる最小単位のファクトを記録します

- 「定期スナップショット（PS）」は、連続したビジネスプロセスから数値を計測し、最小単位のファクトを追加で提供します。最小単位のトランザクション・ファクトを一定間隔で要約し、新しい集約されたファクトを提供します

- 「累積スナップショット（AS）」は、ビジネスプロセスのマイルストーンとなるイベントをまとめ、それらのトランザクション・ファクトを組み合わせて、追加のパフォーマンス指標を提供します

- 定期スナップショットや累積スナップショットを用いることで、最小単位のトランザクション・ファクトテーブルだけではクエリ時に計算することが不可能または非現実的な指標への高速なアクセスが可能になります

- ファクトテーブルにおいて、テーブルの種類以外で最も重要な定義は、テーブルの「粒度」です。粒度は、ビジネス用語または「粒度ディメンション（GD)」を用いて、各ファクトテーブル行の意味と一意性を正確に表さなければなりません

- 「イベントタイムライン」を使って、発展型イベントのマイルストーンイベントと期間指標を視覚的にモデル化します。発展型イベントは累積スナップショットとして実装することができます

- 複数の業務システムからのデータソースが必要であるか、「反復マイルストーン」（1対多または多対多の関係）を含む累積スナップショットは、まず個々のマイルストーン・イベントのトランザクション・ファクトテーブルを実装することで、「段階的」に開発されるべきです

- ファクトの「加算性」とは、ファクトを合計して意味のある値を求める方法に関する制約を表します。「完全加算型（FA）」ファクトは、利用可能なディメンションの任意の組み合わせを用いて合計できます。制約はありません。「準加算型（SA)」ファクトは、「非加算型（NA）ディメンション」をまたいで合計してはいけません。「非加算型（NA)」ファクトは合計してはいけません

- ファクトテーブルは、適切な「ダウンサイジング」「インデックス作成」「パーティショニング」「アグリゲーション」によって最適化できます

- クロスプロセス分析では、マルチパスSQLを使用して複数のファクトテーブルを一度に「ドリルアクロス」するか、よく比較されるファクトテーブル同士をマージした「派生ファクトテーブル（DF)」を構築する対応が必要です

第9章 なぜ（Why）、どのように（How）
原因と結果のディメンションのためのデザインパターン

すべての物事には、機会や原因があり、理由と結果が存在する。
There is occasions and causes why and wherefore in all things.
— William Shakespeare (1564-1616), *King Henry V*, Act 5, scene 1

私の仕事ぶりはどうですか？
How am I doing?
— Ed Koch, Mayor of New York (1978-1989)

「なぜ」「どのように」のディメンションは密接に関連しています。それらは原因と結果を表しています

この章では、「なぜ」と「どのように」のディメンションのためのデザインパターンについて説明します

データウェアハウスで最も価値のあるディメンションの中には、イベントがなぜ、どのように発生するかを説明しようとするものがあります。「なぜ（Why）」のディメンションは、直接的および間接的な要因を説明するために使用されます。これらは多くの場合、「誰が、何を、いつ、どこで」という主要なディメンションタイプに関連しない、残りのイベントに関する説明を提供する「どのように（How）」ディメンションと密接に関連しています。「なぜ」と「どのように」が一緒になって、原因と結果を表すことで、ビジネスイベントの7Wディメンションの記述が完成します。

この最終章では、イベントが「どのように」発生し、「なぜ」ファクトが変化するのかを記述するディメンションのためのデザインパターンを取り上げます。特に、複数の因果関係と多値のディメンションを表現するためのブリッジテーブルパターンに焦点を当て、次の2点について説明します。1点目は、ブリッジテーブルの重み付け係数を使用して、ファクトの最小単位を維持し、ETL実行時にファクトの配分を回避する方法です。2点目は、ブリッジテーブルをマルチディメンションやピボットディメンションで拡張し、「まれに多値」なレポートや複雑な組み合わせ制約を効率的に処理する方法です。また、この章の最後には、範囲帯ディメンションを用いたファクトによるグループ化、ステップディメンションを用いた連続するイベントの分析、監査ディメンションを用いたETLメタデータの処理、といったテクニックを紹介します。

- 直接的および間接的な要因
- 単一のファクトに複数の原因を帰属させる
- 「まれに多値」なディメンションを効率的に扱う
- 複雑な組み合わせの制約を扱う
- 範囲帯のレポート
- 行動の連なりを理解する
- データの品質と系統を追跡する

第 9 章　設計の課題一覧

9.1 「なぜ（Why）」のディメンション

　「なぜ」のイベントの詳細は、プロモーション、天気、または単なる理由といった「因果ディメンション」になります。因果ディメンションは、ビジネスイベントがそのとき、そのように発生するのはなぜなのかを説明します。つまり、ステークホルダーにとって、ビジネスイベントに影響を与える要因だと考えられるものが因果ディメンションとして表現されます。例えば、値引きによって売上が伸びたり、嵐によって住宅保険を請求する場合などです。要因は「直接的な要因」と「間接的な要因」の 2 つのカテゴリーに分類されます。

　プロモーション割引は、ファクトに対して直接的に関係する要因の例です。プロモーションコード（または商品割引コード）と割引価格が、販売取引の一部として記録されていれば、それらが販売に関係していると確信できます。

　天気、スポーツイベント、広告キャンペーンなど、ファクトと間接的にしか関係しない要因もあります。ステークホルダーは、これらが測定したいファクトと同じ時間、同じ場所で起こったことを知っていても、それらがファクトに影響を与えたと「推測」することしかできません。

　また、要因には「外的要因」と「内的要因」があります。天気やスポーツイベントは、組織がコントロールできない外的要因の例です（スポーツイベントのスポンサーは例外です）。一方、値引きや広告は、組織がコントロールできる内的要因の例です。内的要因の中には、セミナーや営業訪問、広告など、それ自体が重要なビジネスイベントとなり得るものもあり、その関連するコストや活動を「誰が、何を、どこで、いつ」によって分析するための、専用のファクトテーブルが必要です。このような場合、因果ディメンションは、一般にプロセスシーケンスを表す複数の「原因と結果」のスタースキーマにまたがる、適合ディメンションになることがあります。

「なぜ」の情報は、ファクトがなぜそのように発生するかを説明するのに役立つ因果ディメンションです

「直接的な要因」は、ファクトに与える影響が記録されます

「間接的な要因」は、ファクトに影響を与えたかもしれないし、与えなかったかもしれません

要因は、組織の管理下にある「内的要因」であったり、組織の管理外である「外的要因」であったりします

341

9.1.1 内部要因の「なぜ」のディメンション

「プロモーション」は、直接的および間接的な因果属性を含むことができる、内部要因の「なぜ」ディメンションです

図9-1は、シンプルな「プロモーション」ディメンションを示しています。これは内部要因の「なぜ」のディメンションで、通常は割引、表示、および広告に関する情報の組み合わせが格納されています。ここには、直接的および間接的な因果関係のある要因が混在しています。例えば「割引タイプ」は、合計額「割引」ファクト（割引がない場合は0ドル）とともに、すべての取引に記録される直接的な要因です。一方で「チャネル」などの広告属性は、顧客が広告を見たかどうかを確実に知る方法がない場合、間接的な要因となります。ただし、「割引タイプ」が「クーポン」や「割引コード」で、顧客が購入時に入力しなければならない情報が広告に含まれている場合、それは直接的な要因になります。

ほとんどの製品が毎日プロモーションされるわけではないのであれば、特殊な「プロモーションなし」レコード（「プロモーションキー」の値が「0」）が「プロモーション」ディメンションで最も使用されるレコードになります。

図9-1
「プロモーション」ディメンション

プロモーション

プロモーションキー	プロモーション名	プロモーションコード	割引タイプ	開始日	終了日	日数	チャネル
SK	C	C	C	D	D	N	C
0	プロモーションなし	None	None	-	-	1	N/A
1	春の祭り (Spring Fling)	FLING	パーセント割引	2011年3月1日	2011年6月1日	93	ウェブ
2	真夏 (Dog Days)	DOGS	1つ買うともう1つ無料	2011年6月2日	2011年9月1日	92	テレビ
3	学校へ戻ろう (Back to School)	RODNEY	クーポン	2011年9月2日	2011年11月1日	61	雑誌
4	祝日 (Holiday)	HOLIDAY	パーセント割引	2011年12月1日	2011年12月31日	31	新聞

間接的な要因は、直接的な要因よりも情報の入手が難しいことがよくあります

「プロモーション」ディメンションは、プロモーション条件の組み合わせが数百しかないような小さいディメンションであるかもしれませんが、直接的および間接的な要因が混在しているため、構築およびファクトへの割り当てが難しい場合があります。直接的な要因については、通常、業務システムによって取得されるため割り当てが簡単ですが、より興味深いであろう間接的な要因の多くはそうではないかもしれません。例えば、販売システムは、割引が単に行われるだけでなく、テレビ広告や（店舗やウェブサイトでの）特別な商品展示によって、割引情報が拡散されたかどうかまでを（正確に）記録することはないでしょう。なぜなら、各販売取引を完了し、有効な請求書や領収書を印刷するためには、直接的な要因である「割引」の詳細が必要ですが、間接的な要因である「割引情報が拡散されたか」は必要ないからです。詳細に記述された「プロモーション」ディメ

ンションでは、この情報を別の場所、通常はスプレッドシートやワープロの文書など、形式が緩いデータソースから取得する必要があり、ETL 処理はプロモーション条件の完全な組み合わせを正しく割り当てるために十分に洗練されていなければなりません。

この情報が「ビジネスでは知られているが、どのシステムでも知られていない」場合、DW/BI チームは、因果関係の説明やタイムテーブルを取得するための小さなデータ入力アプリケーションを構築する必要があるかもしれません。

BI ユーザーがプロモーションの投資対効果（ROI）を分析する必要がある場合、データウェアハウスには、同じ適合ディメンションである「プロモーション」を使用した追加の「プロモーション費用」ファクトテーブルが必要です。BI ユーザーは、「プロモーション費用ファクト」と「販売ファクト」の両方に対して「ドリルアクロス」クエリを実行し、プロモーション費用と売上高の増分を比較できます。

「プロモーション」ディメンションを、スタースキーマ「売上」と「プロモーション費用」に対して適合させることができるかもしれません

9.1.2 構造化されていない「なぜ」のディメンション

場合によっては、有益な情報である直接的な要因が、構造化されていないコメントとしてトランザクションに追加されていることがあります。これらの大きなテキスト列をファクトテーブルから削除し、別のディメンションに移動することで、加算型ファクトを素早く集計するだけのクエリに対するパフォーマンスを最大化できます。こうして作成されたテキストのディメンションが「なぜ」のディメンションです。図 9-2 は、営業担当者が特定の顧客向けの価格を変更する理由を記載した「コメント」ディメンションの例です。興味深いキーワードに基づいて符号化した属性を追加することで、自由形式のテキストで表された理由を、より優れた「なぜ」のディメンションにすることができます。カーディナリティの低い説明的なタグでテーブルを装飾することで、レポートの行ヘッダーが改善し、フィルターがより一貫性を持つようになります。

直接的な要因は、しばしば自由形式のテキストで書かれた理由として記録されます。これらの非加算型のテキスト列は、ファクトテーブルから削除し、ディメンションに配置するべきです

図 9-2
「コメント」ディメンション

第9章 なぜ（Why）、どのように（How）

構造化された「なぜ」の詳細がなくても、シンプルな「コメント」ディメンションさえあれば、BIユーザーの助けになるでしょう。具体的には、BIユーザーが例外取引を見つけるとき、このディメンションを使うことで、彼らは因果関係を表すキーワードを使用してイベントを探したり、レポートにコメントを表示できるようになります。「コメント」ディメンションは、手動で属性を追加したり、テキストマイニング技術を用いて自動でタグ付けすることが可能です。将来のイテレーションでこれらの処理を行うことで、ディメンションを後から使いやすくすることができます。

9.1.3 外部要因の「なぜ」のディメンション

図9-3は、「天気」ディメンションの例を示しています。これは外部要因を示す「なぜ」のディメンションです。このディメンションは、気温と天気に関する情報についてすべての組み合わせを記録しようとするものではありません。このディメンションは、気温と天気に関する情報についてすべての組み合わせを記録するものでも、天気に関するファクトイベントの報告や分析に使用するものでもありません。天気以外のファクトイベントに関する報告や分析に役立つ、天気に関する一般的な情報が、このディメンションに含まれています。天気は時間と場所に依存するため、「どこ」の詳細があるイベントは、潜在的に天気をディメンションとして含めることができます。例えば、天気によって有益な分析ができる可能性のあるイベントには、製品販売、旅行予約、セミナー参加、保険請求、テレビ視聴などがあります。天気のディメンションを追加するには、イベントの時間および場所の粒度に一致する外部フィード[訳注1]を取り込む必要があります。

「天気」は、外部の「なぜ」のディメンションです。これは、天気フィードに一致する時間および場所の粒度を持つ任意のファクトテーブルに追加できます

図9-3
「天気」ディメンション

天気

天気キー	天気の説明	降水	気温の説明	嵐の1週間前か	嵐の1週間後か
SK	C	C	C	[はい/いいえ]	[はい/いいえ]
0	通常	なし	通常	いいえ	いいえ
1	嵐の前の静けさ	なし	通常	はい	いいえ
2	嵐の後	なし	通常	いいえ	はい
3	猛暑	なし	季節外れの暑さ	はい	いいえ
4	雨の日	雨	通常	いいえ	いいえ
5	冷たい雨	雨	季節外れの寒さ	いいえ	いいえ
6	雪の日	雪	通常	いいえ	いいえ

ファクトテーブルの粒度を変更しない天気などの因果ディメンションは、信頼できる外部データソースが後から見つかったときに追加できます。

訳注1　データ販売業者やオープンデータなどの外部データソースから提供されるデータのこと

9.2 多値ディメンション

因果ディメンションの課題の1つは、特定のファクトに対して複数の要因が存在する可能性があることです。特に、外部の間接的な要因が関与する場合によく見られます。例えば、図9-4は、2010年7月の製品販売に影響を与えたと思われる複数のスポーツイベントを記した「イベントカレンダー」テーブルを示しています。このテーブルを使用すると、BIユーザーは「ワールドカップ開催中の売上はいくらでしたか？」という質問に簡単に答えることができます。なぜなら、彼らは日付を覚える必要がなく、ドロップダウンリストからイベントを1つ選ぶだけで済むからです。このテーブルはWHERE句に適しており、動的な日付範囲を持つ他のイベントタイプを保存するためにも使用できます。例えば「今年かつ過去60日間」「今年かつ過去90日」「去年の同じ期間」といった会社固有のイベント期間に対して、一貫した日付範囲フィルターを適用するのに役立ちます。

> 要因は、同じタイプのファクトに対して複数の要因が存在する「多値ディメンショナル属性」です

9.2.1 「重み付け係数」パターン

課題／要件

BIユーザーが、複数のスポーツイベントをレポートのフィルターとして使うのではなく、グループ化のために使う場合、注意が必要です。これらのイベントの多くは開催時期が重なっているからです。例えば「2010年のワールドカップ開催中に3000万ドルの売上があり、2010年のウィンブルドン開催中に1000万ドルの売上があった」というレポートに対して、合計で4000万ドルの売上があったと解釈すると、これは過大評価になってしまいます。ウィンブルドンはワールドカップ開催中に開かれたため、2つのイベント期間中の合計売上は3000万ドルです。この問題はイベントが「多値ディメンショナル属性」であるために発生します。つまり、顧客の製品購入のような1つの最小粒度のファクトに対して、複数のイベントが紐付いてしまうのです。

多値の属性でグループ化すると、集計が重複することがあります

イベントカレンダー

イベント	開始日キー	終了日キー	日数	イベントタイプ
PK	PK, SK	SK	N	C
ワールドカップ	2010年6月11日	2010年7月11日	31	スポーツ
ウィンブルドン	2010年6月21日	2010年7月4日	14	スポーツ
ツール・ド・フランス	2010年7月3日	2010年7月25日	23	スポーツ
イギリスGP	2010年7月11日	2010年7月11日	1	スポーツ
全英オープンゴルフ	2010年7月15日	2010年7月18日	4	スポーツ

図9-4
イベントカレンダー

重み付けを行うことで集計の重複を回避できます

 解決策

複数のイベントでグループ化する必要があるBIユーザーのために、図9-5は、よりGROUP BYに適したスポーツスケジュールの代替バージョンを示しています。「イベント日カレンダー」は、各（スポーツ）イベントと日付の組み合わせを保存します。ウィンブルドンのような14日間のイベントは、14行として保存されます。これは少し無駄なように見えるかもしれませんが、2つの利点があります。

- 日付とイベントの組み合わせに重み付けをすることで、同じ日に発生した複数のイベントにファクトを配分できます
- ファクトテーブルとの結合をシンプルにします。これは、ファクトの日付キーをカレンダーの開始日キーと終了日キーの間でBETWEEN結合するのではなく、標準の「カレンダー」ディメンションと同じように、単一の「イベント日キー」とシンプルに内部結合するだけになります[訳注2]

図9-5
イベント日カレンダー

イベント日カレンダー

イベント日キー	イベント	イベントタイプ	重み付け係数
PK, SK	PK	C	[%]
2010年6月21日	ワールドカップ	スポーツ	50%
2010年6月21日	ウィンブルドン	スポーツ	50%
…	…	…	…
2010年7月11日	ワールドカップ	スポーツ	**33%**
2010年7月11日	ツール・ド・フランス	スポーツ	**33%**
2010年7月11日	イギリスGP	スポーツ	**34%**
…	…	…	…
2010年7月14日	ツール・ド・フランス	スポーツ	100%
2010年7月15日	ツール・ド・フランス	スポーツ	50%
2010年7月15日	全英オープンゴルフ	スポーツ	50%

どの日も合計が100%である必要があります

各「多値グループ」（例：ある日の全イベント）の重み付け係数の合計は1でなければなりません

図9-5のデータを見ると、1日の重み付け係数は合計で1（100%）になることがわかります。例えば、2010年6月21日にはワールドカップとウィンブルドンが両方開催されているため、両方に0.5（50%）の重み付け係数を与えることで、売上を50%ずつに分配します。一方、2010年7月14日は、ツール・ド・フランスが唯一の重要なスポーツイベントであるため（おそらくこの日、ザクロ社がスポンサーを務めた唯一のイベント）、重み付け係数は1（100%）になり

訳注2　JOINの条件が「日付キー BETWEEN 開始日キー AND 終了日キー」から「日付キー = イベント日キー」になります

ます。このように、イベントごとに売上を集計するときは、以下のSQLのように、各イベントの売上にその日のスポーツイベントの重み付け係数を掛けることで、売上を「正しく重み付け」できます。

```
SELECT
    イベント,
    SUM(収益 * 重み付け係数) AS 加重配分収益
FROM
    販売ファクト
INNER JOIN イベント日カレンダー
    ON 販売ファクト.販売日キー = イベント日カレンダー.イベント日キー
GROUP BY
    イベント
```

 おわりに

もちろん、これらの数字が「正しく」重み付けされているとは限りません。企業がサッカーボールよりもテニスラケットをより多く販売している場合、ウィンブルドンとワールドカップの重み付け係数は大きく異なるはずです。一般に、配分は解決が難しい問題です。なぜなら、最小単位のファクトをどのように配分すべきかについて、ステークホルダーごとに異なる考えを持っているからです。それでも、重み付けされた合計値に議論の余地はありません。重み付け係数の合計がどの日でも常に1であれば、レポートが対象とするすべての日の総計は、イベントがフィルタリングされない限り、正しいものになります。

「正しい」重み付け係数による配分は、クエリされるファクトやクエリを行う人によって結果が異なることがあります

重み付けされたファクトと、重み付けされていないファクトの両方をクエリすることで、有益なレポート「スポーツイベントによる収益インパクト」を作成できます。重み付けされていないファクトは、レポート本文の行ヘッダーに表示できます。例えば「ワールドカップ：3000万ドル」「ウィンブルドン：1000万ドル」です。重み付けされたファクトは、BIツールで集計され、レポートの正しい総計が算出されます。例えば「2つのイベントの総計：3000万ドル」です（イベント期間が完全に重複するため）。

9.2.2 多値グループのモデリング

前の例でのスポーツイベントは、多値の「間接的」な要因です。これらは製品売上イベントにおける重要な詳細ではありません（時間に関係しているだけです）。そのため、多値のモデリング上の問題は、売上スターが実装された後で対処するか、（より良い方法としては）完全に無視することができます。しかしこ

多値（**MV**：Multi-Valued）イベントの詳細は、「グループストーリー」を語ることで発見されます

れは、イベントの重要な「多値の詳細」に「直接的」な要因が含まれている場合には当てはまりません。例えば、ザクロ社の医療保険請求のモデルストーミングをしていると想像してください。ステークホルダーに「誰が何をしますか?」と尋ねると、彼らはこう答えます。

> 医者が金額を請求します。

7Wの作業により、図9-6のBEAM✻イベントテーブルに示されているように、特定の「治療日」(いつ)に「患者[従業員]」(誰に)に行った「治療」(何を)の費用を、「医者」(誰が)が請求することがわかります。これらはすべて単値の詳細であり、ディメンションに容易に変換できます。しかし、「なぜ」という質問をすると、問題が生じます。

> なぜ
> 医者は患者を治療するのですか?

結果得られる「診断」の「なぜ」の詳細について具体例を求めると、請求に「複数」の診断が含まれていることが判明します。患者には通常、「複数」の病気がありますが、それぞれの請求の一部として提出された診断コード(ICD10コード)訳注3 は、特定の治療に紐付くわけではありません。

図9-6
「グループストーリー」の例を含む「治療」イベントテーブル

MV:多値の「なぜ」の項目。
「グループストーリー」のデータの例では、1つの治療に対して複数の診断が行われています

治療 [DE]

医者は	治療費を請求する	治療日に	治療のため	患者に	診断で	請求IDで
[誰が]	[$] FA	[いつ]	[何を] GD	[従業員]	[なぜ] **MV**	[どのように] GD
Goldfinger	$500	2011年3月9日	石膏模型	Bond	腕の骨折、ストレス、近視	G-2011-4
Goldfinger	$5,000	2011年3月9日	レーシック	Bond	腕の骨折、ストレス、近視	G-2011-4
Dr. No	$100	2011年6月2日	痛み止め	Bond	頭痛、クラゲの刺傷	N-2011-7

「グループストーリー」を語ることで、多値(MV)やマルチレベル(ML)のイベント詳細を発見します

MVと記入することで「診断」が「多値の詳細」であると示し、複数の診断に関するこのビジネスロジックを記録します。一般には、ステークホルダーに「グループストーリー」を語ってもらうことで、MVの詳細を発見します。ステークホルダーが他のテーマのストーリー(典型的な、極端な、欠損、反復)をすべて語った後に、各詳細を指し示し、その詳細のグループを含む同じタイプのイベ

訳注3 疾病、傷害および死因の統計分類のこと

ント例（例えば、顧客のグループや製品のグループ）を挙げられるかどうかをステークホルダーに尋ねましょう。しかし、ほとんどのイベントや詳細に対して、ステークホルダーは例を挙げることができないはずです。なぜなら、多値の詳細や、同じ方法で見つかるマルチレベル（ML）の詳細が存在する可能性は、幸いにも低いからです。

9.2.3 多値ブリッジパターン

 課題／要件

各治療に対する診断結果の多値グループは、イベントと診断ディメンションの間に多対多の関係を作成します。これは、スタースキーマ設計において、物理ファクトテーブルの粒度を「請求項目ごとに1行」から「請求項目×診断ごとに1行」に変更することで対処できます（「請求ID GD」「治療キー GD」「診断キー GD」）。しかし、これには重大な配分の問題が生じます。1000万件の請求に平均3つの診断コードと平均5つの治療項目がある場合、5000万行のファクトテーブルは3倍の1億5000万行になってしまいます。1億行の増加はクエリパフォーマンスに悪影響を及ぼしますが、本当の問題は、これらの追加の行にどのようなファクトを配置するかということです。医者が提出した5000万件の請求金額は、これ以上粒度を細かくできません。これらを診断ごとに配分して、1億5000万の加算型「請求金額」ファクトを作成するには、どうすればよいでしょうか。イベントの例を見て、Bond氏の治療費がどのように彼の症状に割り振られるべきかについていくつかのアイデアが浮かぶかもしれません。しかし、何億もの請求ファクトを処理しなければならないため、これを自動化することは困難です。これらのファクトの配分をどのように「ハードコード」すべきか[訳注4]について同意するステークホルダーはほとんどいないでしょう。

ファクトテーブルの粒度を変更して多対多の関係を削除すると、ファクトの割り当てが「ハードコード」されます

 解決策

ファクトテーブルの粒度を変更せずに残し、代わりに「多値ブリッジテーブル（**MV**：Multi-Valued）」を使用して多対多の関係を整理することで、ファクトの配分問題を回避できます。例えば、図9-7 に示すように「診断グループ[MV]」を使用して、変更されていない請求ファクトを「診断」ディメンションに結合できます。これは、請求における複数の「診断キー」を「診断グループ」の別々の行として保存することで実現されます。そして、それぞれの行には、今ではお馴染みとなった「重み付け係数」が付与されます。ETL中に一意な請求と診断の組み合わせが確認されると、診断グループが作成され、サロゲートキー（「診断

ファクトテーブルとディメンションの間にある多対多の関係を解決するために、「多値ブリッジテーブル（MV）」を使用してください

訳注4　固定的なルールに基づきファクトをどのように割り当てるかという意味

図 9-7
多値ブリッジテーブル
「診断グループ」

グループキー」）が割り当てられます。これらのブリッジテーブルのキーは、ファクトがロードされる際に追加され、図 9-8 のようにテーブルを結合できるようになります。

診断グループ [MV]

診断グループキーは	診断キーを含む	重み付け係数で
SK, PK	SK, PK	
1	腕の骨折	0.33
1	ストレス	0.33
1	近視	0.34
2	頭痛	0.50
2	クラゲの刺傷	0.50

1 つの診断グループに対する重み付け係数の合計は 1 でなければなりません

ブリッジテーブルは、ファクトの配分をハードコーディングすることに伴う政治的な問題を回避します

ブリッジテーブルは、柔軟な多値のレポートを提供します。ユーザーは、クエリ時にファクトをどのように重み付けするか選択できます

　ブリッジテーブルは、多対多の関係という技術的な問題を解決するだけでなく、最小単位のファクトをどのように分割するかという政治的な問題を回避し、より高いレポート性能と柔軟性を提供します。また、ブリッジテーブルの実装は、ファクトの数を増やさず、値も変更しません。したがって、最も忙しい医者や最も重い病気の患者、最も高価な治療法を分析するための、通常の単値のディメンションに沿って実行されるクエリは、できるだけ速く実行されるようになり、「明白な」答えを得ることができます。特定の ICD10 コードでフィルタリングするクエリでも、同様にクエリ実行が速い「明白な」答えを得ることができます。BI ユーザーが複数の診断名で分析したい場合のみ、重み付け係数を考慮し、配分について議論する必要があります。その場合、重み付け係数を無視して重み付けなしの治療費を見ることもできますし、「診断グループ」のデフォルトの（粗い）重み付け係数（診断グループごとに 100% になる）を使うこともできます。また、「診断グループ」のスワップ可能バージョンで独自の重み付け係数をモデル化し、それを代わりに使用することもできます。

　「診断」のような多値のディメンションが 1 つの値に絞り込まれている場合、そのクエリでは多値の配分問題がなくなるので、「請求額」のような加算型ファクトを過剰集計せずに合計できるようになります。

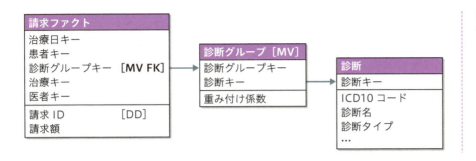

図 9-8
多値ブリッジテーブルの使用

　同じ診断名の組み合わせで請求ファクトに複数回現れることがほとんどないのであれば、簡単な ETL プロセスで「請求 ID」を「診断グループキー」として使用し、「それぞれの」請求に対して新しい診断グループを作成できます。この場合、退化ディメンション「請求 ID」がすでに存在するため、請求ファクトに新しい外部キーを追加する必要はなくなります。ただし、同じ組み合わせが頻繁に現れる場合は、より洗練された ETL プロセスを実装する必要があります。専用のサロゲートキーを使用して共通の診断グループを再利用しましょう。これにより、ブリッジテーブルを小さく保つことができます。この方法では、サロゲートキーを隠すというルールを破り、「請求ファクト」を利用するユーザーに「診断グループキー」を見せます。このキーでランク付けすることで、頻繁に発生するグループをより簡単に発見できるようになります。また、サロゲートキーによって診断グループを一意に識別できるので、必要に応じてグループ内の重み付け係数を手動で調整できるようになります。これらの利便性によって、BI の価値が高まるかもしれません。

おわりに

　多値の可能性があるディメンションを発見したときには、ブリッジテーブルで設計を複雑にする前に、まずファクトの粒度が正しいかどうかを確認してください。これが利用可能な業務情報の集まりである場合、最小単位まで粒度を細かくすることで、多値ディメンションを通常のディメンションに変更できる可能性があります。例えば、請求書ファクトテーブルを請求書ごとに 1 行の粒度でモデル化した場合、「製品」は MV のディメンションになります。最小単位である請求書の品目でモデリングすれば、これを簡単に解決できます。ただし、すでに最小単位（atomic-level）である場合、原子（atom）をさらに細かく（subatomic-level に）分割すると、意味のない不安定な指標を作成してしまうかもしれません。ブリッジテーブルを使用することでこれを回避できます。

ブリッジテーブルを設計する前に、ファクトの粒度が正しいか（最小単位であるか）どうかを確認してください

9.2.4 オプションのブリッジパターン

 ### 課題／要件

「なぜ」を表す因果ディメンションだけが多値であるとは限りません。1つのファクトに対して「誰が」のディメンションが多値になることはよくあります。例えば、複数の医者が同じ外科手術を行う場合や、複数の顧客が共同で保険に加入する場合です。前のパターンと同様にブリッジテーブルを構築すると、「誰が」のディメンションで多値が使えるようになります。一方で、複数の値を持つ「誰が」のディメンションがほんのわずかで（まれに多値）、ファクトを複数人の個人ではなく、単一の値を持つより高い「誰が」の階層レベルにロールアップしたいクエリが大半である場合、すべてのクエリでブリッジテーブルを使うのは過剰です。例えば、製品の販売は従業員が1人で行うことがほとんどで、2人の従業員が一緒にチームで販売することはごく一部です。従業員レベルの売上レポートでは、チーム内の売上を年次や役割に応じて従業員間で分配する必要がありますが、ほとんどのレポートでは、支店単位またはそれ以上の単位で売上を合計するだけで十分です。チームのメンバーは無視し、チームが所属する支店を使用して集計します。

ブリッジテーブルを使用すると、「まれに多値」なディメンションを単値のレベルにロールアップするクエリが必要以上に複雑になってしまいます

 ### 解決策

ディメンションが「まれに多値」である場合、ディメンションをマルチレベル（ML）にし、必要な数だけ多値グループのレコードを追加することで、ブリッジテーブルを回避できます。例えば、図9-9のマルチレベルディメンション「従業員［HV、ML］」には、営業担当者の通常の従業員レコードと、2人以上の営業担当者で構成される営業チームの追加レコードが格納されます。これには、2人の従業員であるHolmes氏とWatson氏の例が含まれており、彼らのチーム"Holmes & Watson"を擬似従業員として扱うことで、（獲物が飛び出したときに）[訳注5] 彼らが一緒に仕事をしたというファクトを処理します。これにより、「従業員」を（図9-10のように）販売ファクトテーブルに直接結合し、販売時に彼らの個人および共同売上をすべて適切な支店にロールアップできます。例えば、Watson氏の個人売上は、発生した時期に応じてアフガニスタンまたはロンドンにロールアップされます。Sherlock Holmes氏との共同売上は、常にロンドンにロールアップされます。

マルチレベル（ML）ディメンションを使用して、ブリッジテーブルを介した結合を回避します

訳注5 「獲物が飛び出したぞ！（The game is afoot）」とはシャーロック・ホームズの有名な台詞です。アーサー・コナン・ドイル（著）日暮雅通（訳）『シャーロック・ホームズの生還』光文社（2006）

> 図 9-9
> 追加のチーム行を含む
> マルチレベルディメンション
> 「従業員」

従業員 [HV, ML]

従業員キー	従業員名	支店	開始日	終了日	現在の値か	レベルタイプ
SK	C, MD, CV	C, MD, HV			[はい / いいえ]	C, MD, NC
Holmes	Sherlock Holmes	ロンドン	2008年1月14日	3000年1月1日	はい	従業員
Watson	John Watson	アフガニスタン	2008年1月14日	2010年9月19日	いいえ	従業員
H & W	Holmes & Watson	ロンドン	2008年1月14日	2010年9月19日	いいえ	チーム
Watson (2)	John Watson	ロンドン	2010年9月20日	3000年1月1日	はい	従業員
H & W (2)	Holmes & Watson	ロンドン	2010年9月20日	3000年1月1日	はい	チーム

　物理モデルでは、SK列の値をすべて整数のサロゲートキーに置き換えます。図9-9における「従業員キー」列の値に「(2)」が含まれる行は、従業員John Watson氏のHV属性の変更（ロンドンに戻る）による影響を表しています。

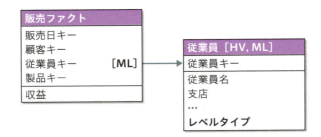

> 図 9-10
> マルチレベルディメンションを
> ファクトに直接結合する

　売上を合計する必要があるクエリのほとんどでは効率的な直接結合が理想的ですが、チームごとの売上を計算するクエリでは、「従業員」を多値として扱う必要があります。図9-11に示す「チーム」のような「オプションのブリッジテーブル」を介して、各チームメンバーのチーム分割割合（重み付け係数に相当）を提供できます。オプションのブリッジがあることで、「割合」が不要な場合はいつでも使えるショートカットとして、直接結合を効果的に利用できます。

> 多値の重み付け係数を使用する必要があるクエリでは、ブリッジテーブルが依然として必要です

353

第9章　なぜ（Why）、どのように（How）

図 9-11
オプションのブリッジテーブル
「チーム」を介した結合

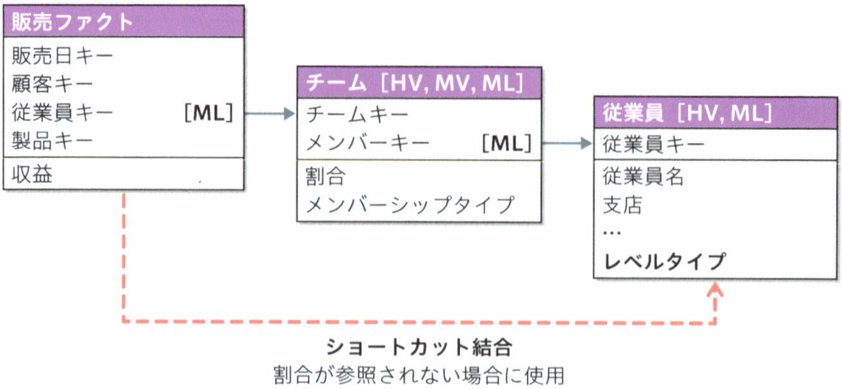

販売ファクト
販売日キー
顧客キー
従業員キー　　　　[ML]
製品キー
収益

チーム［HV, MV, ML］
チームキー
メンバーキー　　　　[ML]
割合
メンバーシップタイプ

従業員［HV, ML］
従業員キー
従業員名
支店
…
レベルタイプ

ショートカット結合
割合が参照されない場合に使用

「オプションのブリッジテーブル」は、そのマルチレベルディメンションと同じサロゲートキーの値を使用する必要があります

　ブリッジを介したオプションの結合、またはファクトへの直接結合を可能にするには、オプションのブリッジテーブルとマルチレベルディメンションの両方で同じサロゲートキーを使用する必要があります。これにより、実質的にスワップ可能ディメンションになります。例えば、**図 9-12**の「チーム」のBEAM✳図は、ブリッジテーブルのキー「チームキー」が実際には「従業員キー」の外部キーの役割を果たしていることを示しています。「チーム」は、図 9-9 に示す特殊な擬似従業員キーの値を使用して、各チームのメンバーおよび割合の記録を行います。また、「チームキー」と「メンバーキー」が同じで「割合」が 100 のレコードには、通常の従業員キーの値を使用します。これらは 1 人のチームとして機能するため、ブリッジテーブルによって従業員と個々の販売ファクトの 100% を結合できます。これは、直接結合と同等です。

図 9-12
多値かつマルチレベルな
ブリッジテーブル

チーム［HV, MV, ML］

チームキーは	メンバーキーを含む	割合で	メンバーシップタイプで
SK［従業員］	SK［従業員］	[%]	C
H & W	Holmes	80	チーム分割
H & W	Watson	20	チーム分割
Holmes	Holmes	100	従業員
Watson	Watson	100	従業員
Watson (2)	Watson (2)	100	従業員
H & W (2)	Holmes	50	チーム分割
H & W (2)	Watson	50	チーム分割
H & W	**H & W**	**100**	**チーム**
H & W (2)	**H & W (2)**	**100**	**チーム**

「チーム」には、これらの「チーム分割」と「従業員」レコードを記述するための追加属性「メンバーシップタイプ」が含まれています。また、100%であるレコードの一部（図9-12に太字で表示）には、3つ目のメンバーシップタイプである「チーム」が記録されています。これらのレコードにより、ブリッジは通常の従業員レコードだけでなく、「従業員」のチームレベルのレコード（例えば「Holmes氏 & Watson氏」）にもファクトを結合できるようになります。これにより、「チーム [HV, MV, ML]」は多値ブリッジテーブルであると同時にマルチレベル（**ML**）テーブルとなり、チーム売上と社員売上の両方を柔軟にクエリできるようになります。例えば、次のようなクエリを考えてみましょう。

> ブリッジテーブルに複数のレベルを追加することで、レポートの柔軟性が向上します

```
SELECT
  従業員名,
  SUM(収益)
FROM
  収益ファクト
INNER JOIN チーム
  ON 収益ファクト.従業員キー = チーム.チームキー
INNER JOIN 従業員
  ON チーム.メンバーキー = 従業員.従業員キー
GROUP BY
  従業員名
```

これは、チームの売上と従業員の売上の合計（チームの売上を含む）の両方を返す、非常に便利なレポートですが、チームの売上を二重にカウントしてしまうため、総計を追加しないように注意する必要があります。「メンバーシップタイプ」でフィルタリングすると、この制限がなくなり、以下の追加レポートが利用できるようになります。

> ブリッジテーブルのレベルは、二重計算を避けるために慎重にフィルタリングする必要があります

- 従業員の個人売上（チーム売上を除く）

  ```
  WHERE メンバーシップタイプ = '従業員'
  ```

- 従業員チームの売上（個人売上を除く）

  ```
  WHERE メンバーシップタイプ = 'チーム分割'
  ```

- 従業員総売上高

  ```
  WHERE メンバーシップタイプ IN ('従業員', 'チーム分割')
  ```

- チームの売上

    ```
    WHERE メンバーシップタイプ = 'チーム'
    ```

- チームの売上と従業員の個人売上 (チームの売上を個人に分配したものを除く)

    ```
    WHERE メンバーシップタイプ <> 'チーム分割'
    ```

この最後のフィルターは、ブリッジテーブルを回避するショートカット結合に相当します。

 ## おわりに

マルチレベルのブリッジテーブルの構築は複雑です。正しく使用することも複雑です

マルチレベルのブリッジテーブルは複雑です。複数のレベルを含めることで、完璧なレポートの柔軟性が得られますが、それには代償が伴います。クエリは、ブリッジテーブルを正しくフィルタリングして、二重計算や結果の誤解を避ける必要があります。また、ディメンションとブリッジをマルチレベルで同期させ続けるには、大幅な追加のETL処理が必要です。例えば、Watson氏の場所を変更した場合、Watson氏と、Holmes氏 & Watson氏のチームの同期を維持するために、「従業員」に2行、「チーム」に4行の新しい行が必要になります。図 9-9 と図 9-12 にあるこれらすべての新しい行は、アフガニスタンからロンドンに戻ったことによって作成されたWatson氏、彼のチーム、そして彼のチーム分割の2つのバージョンを強調するために、(2) と記されています。

9.2.5 ピボットディメンションパターン

 ### 課題／要件

BIユーザーは、イベントの組み合わせを分析したいと考えています

ザクロ社の製品の中には、オプションを柔軟に追加できるものがあります（例：POMCar）。マーケティングや製造の目的で、BIユーザーは顧客のオプション選択を分析したいと考えています。特に、どのオプションが一緒に選ばれることが多いかや、すでに「標準オプション」を持つ基本の製品にどのオプションが個別で追加されているのか、という2点を分析したがるでしょう。オプション自体も「製品」ディメンションに格納されている製品やサービスであり、単体で販売できるものとそうでないものがあります。図 9-13 は、オプション分析の要件を満たすために提案された、注文処理スタースキーマに対する拡張を表しています。この図では、「オプションパック [MV]」ブリッジテーブルを追加することで、「製品」ディメンションをロールプレイング・ディメンションとして使用できるようにしています。具体的には、「注文ファクト」に外部キー「追加オプ

ションパックキー」を追加することで、「製品」は「追加オプション」として振る舞います。また、「製品」に外部キー「標準オプションパックキー」を追加することで、「製品」は「標準オプション」として振る舞います。

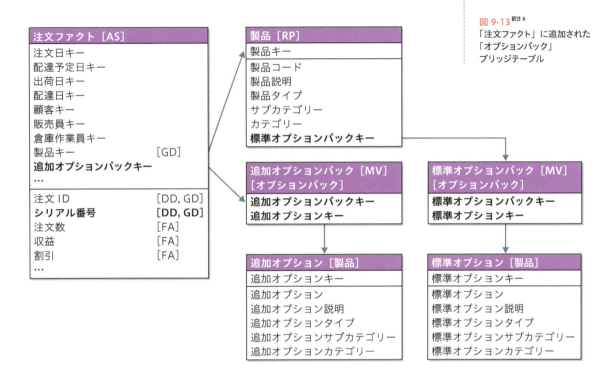

図 9-13 [訳注 6]
「注文ファクト」に追加された「オプションパック」ブリッジテーブル

2つのロールプレイング・ビュー（「追加オプション」と「標準オプション」）を作成することで、ユーザーの1つ目のタイプの質問に対するクエリを簡単に構築できます。

訳注6　図の中央上にある「製品」ディメンションには、製品のレコードだけでなく、オプションに関するレコードも記録されています。一部のオプションは、特定の製品では標準オプションでも他のより廉価な製品では追加が必要になったり、アップグレードや追加アイテムとして個別に販売されることもあるためです。
　　　「製品」ディメンションは、結合の仕方によってさまざまな役割を果たします。つまり、ロールプレイングすることがあります。例えば、「注文ファクト」に「製品キー」を使って結合すると、注文された製品のレコードのみが残ります。一方で、「追加オプションパック」に結合すると、追加オプションのレコードのみが残ります。このことから、図の下段中央のテーブルは「追加オプション」と名付けられています。同様に、これを「標準オプションパック」に結合すると、標準オプションのレコードのみが残ります。したがって、図の下段右のテーブルは「標準オプション」と名付けられています。
　　　また、図の中段にある「追加オプションパック」と「標準オプションパック」は、どちらも「オプションパック [RP]」から作成されました。元となった「オプションパック [RP]」には、標準オプションパックと追加オプションパックの両方のレコードが含まれています。
　　　「オプションパック [RP]」も、結合の仕方によってさまざまな役割を果たします。つまり、ロールプレイングすることがあります。このテーブルを「注文ファクト」の「追加オプションパックキー」と結合すると、追加オプションパックのレコードのみが残ります。したがって、図の中段真ん中のテーブルは「追加オプションパック」と名付けられています。一方で、このテーブルを製品ディメンションの「標準オプションパックキー」と結合すると、標準オプションパックのレコードのみが残ります。したがって、図の中段右側のテーブルは「標準オプションパック」と名付けられています。

第 9 章 なぜ（Why）、どのように（How）

> オプション 4 が標準装備されている製品のうち、
> オプション 5 が個別に追加された製品は
> いくつありますか？

2 つ目のタイプの質問は以下です。

> オプション 2 かオプション 3 が追加された製品のうち、
> 最も人気な製品とオプションの
> 組み合わせはどれですか？

これも簡単に求められます。なぜなら「注文ファクト」には、製品とオプションの組み合わせに対して一意になる「シリアル番号」が追加されているからです。これにより、カスタマイズ後の製品に対するユニーク数を計算できます。もし顧客が同じ製品にオプション 2 とオプション 3 の両方を付けていたとしても、二重にカウントされることはありません。

複数の多値ディメンションで絞り込んだイベントのユニーク数を求めるには、ファクトテーブルにある退化ディメンション（ID 列）から適切なものを選び、その ID 列に対してユニーク数を計算する必要があります。

残念ながら、ロールプレイング・ディメンションであるブリッジテーブル「オプションパック」と、一意な ID 列があっても、図 9-13 で提案された設計では、以下に示す 3 つ目のタイプの質問に答えるのは難しいです。

> オプション 2、3、14 は追加されたが、
> オプション 4、5、190 は追加されていない製品は
> いくつ購入されましたか？

組み合わせ分析では、複雑な集合演算を含む SQL が必要となることがあります

オプションの組み合わせの AND ロジックが問題を複雑にしています。「WHERE 追加オプション =2 AND 追加オプション =3...」というような単純な SQL ではこの質問に答えることができません。なぜなら、「オプション」のレコードは一度に 1 つの値しか持てないからです。オプション 2 かオプション 3 のどちらかと等しくなることはありますが、同時に 2 と 3 に等しくなることはありません。代わりに、以下の手順を踏む必要があります。

1. 3 つのクエリを実行し、必要な 3 つのオプションのそれぞれが付いた製品を見つけます
2. 1 の結果の積集合（INTERSECT）を計算して、必要な 3 つのオプションすべてが付いた製品のみに絞り込みます

3. さらに 3 つのクエリを実行し、不要な 3 つのオプションのそれぞれが付いた製品を見つけます
4. 3 の結果の積集合（INTERSECT）を計算して、不要な 3 つのオプションすべてが付いた製品のみに絞り込みます
5. SQL の MINUS 関数を使用して、最初の製品群から 2 番目の製品群を取り除きます

これら 9 つのサブクエリは 1 つの SQL の SELECT 文として実行できますが、ユーザーは単純なアドホッククエリツールを使ってこれら（または他の組み合わせの質問）を作成することは難しいでしょう。たとえできたとしても、クエリのパフォーマンスが必ずしもよいとは限りません。

多値ブリッジテーブルは、しばしば複雑な多値の組み合わせ制約を引き起こしてしまいます。ブリッジテーブルの複数の行に対し、同時に絞り込み条件を適用する必要があるため、AND ロジックが複雑になります。このような制約は、複数の行ではなく複数の列に適用すると、SQL の AND ロジックをとても簡単にすることができます。

解決策

すべてのカスタマイズ可能な製品においてオプションの数に上限があり（例：合計 200 個）、かつ比較的静的である（例：新しいオプションは年に 1 回しか追加されない）場合、この「行の問題」はちょっとした発想で「列の解決策」に変えることができます。図 9-14 は、「追加オプションパックフラグ」ディメンションを示しています。これは、ブリッジテーブルと同じオプションの組み合わせを、行ではなく列として格納する「ピボットディメンション」（**PD**：Pivoted Dimension）です。この実現には 200 列が必要ですが、これらの列は単なるビット（または 1 バイト）フラグであり、組み合わせ制約を SQL でとても簡単に構築できます。例えば、前のユーザーの質問に対するフィルターは以下です。

「ピボットディメンション」を使用して、複雑な行制約を単純な列制約にします

```
WHERE
オプション2 = 'はい' AND オプション3 = 'はい' AND オプション14
= 'はい'
AND
オプション4 = 'いいえ' AND オプション5 = 'いいえ' AND オプション190 = 'いいえ'
```

図 9-14 のサンプルデータから、ユーザーが探している追加オプションパックの「追加オプションパックキー」は 1 であるとわかります。この値は、ブリッ

ブリッジテーブルとピボットディメンションは、一緒に使用できるスワップ可能ディメンションです

ジテーブルと集合演算子を用いた先ほどの複雑なクエリの結果と一致します。なぜなら、ピボットディメンションとブリッジテーブルは同じサロゲートキーを使用するからです。つまり、これら2つはスワップ可能ディメンションなのです。ファクトテーブルにブリッジテーブルキーがすでにある場合、ピボットディメンションを追加するためにファクトテーブルを変える必要はありません。両方のテーブルを持つことには価値があります。なぜなら、ブリッジテーブルと「オプション」ディメンションの組み合わせは「GROUP BY 句」や「単値の WHERE 句」と相性が良い一方で、ピボットディメンションは「WHERE 句の組み合わせ」と相性が良いからです。ピボットディメンションをユーザーにとって使いやすくするには、各オプション列に意味のある名前を付けるべきです。例えば、「メモリーアップグレード」「CPU アップグレード」「RAID 構成」などです。

図 9-14
ピボットディメンション
「追加オプションパックフラグ」

追加オプションパックフラグ [PD]

追加オプションパックキー	オプション1	オプション2	オプション3	～	オプション14	～	オプション200	オプションパック
SK	C1, ND1	C1, ND1	C1, ND1		C1, ND1		C1, ND1	T, ND1
0	いいえ	いいえ	いいえ		いいえ		いいえ	オプションなし
1	いいえ	**はい**	**はい**		**はい**		いいえ	2, 3, 14
2	いいえ	いいえ	いいえ		はい		はい	14, 200
3	はい	はい	はい		いいえ		いいえ	1, 2, 3
4	はい	いいえ	いいえ		はい		いいえ	1, 14

ピボットディメンションにカンマ区切りのリスト属性を追加して、レポート表示に適したものにします

　図 9-14 では、ピボットディメンションに「オプションパック」属性が追加されました。これはカンマで区切られたオプション番号のリストです。GROUP BY 句で使用したり、レポートのヘッダーやフッターに表示して適用中のフィルターの一覧を表示したりします。オプション番号の代わりにオプション名を使い、アルファベット順に並べることで、可読性を高めることもできます。ただし、文字列が長くなります。両方のバージョンを提供することは有用です。例えば、番号のリストである「オプションパック番号」と名前のリストである「オプションパック名」です。

　ピボットディメンションを構築する必要がある場合は、まず多値ブリッジテーブルを作成します。標準の ETL 処理とシンプルな SQL を使用すると、このタイプのテーブルを簡単に維持できます。ブリッジテーブルが準備できたら、より洗練された ETL 処理を作成して、その行を列にピボットします。これにより、列指向のバージョンのテーブルを作成し、維持します。「SQL を生成する SQL」を

使用して、説明的な行の値から意味のある列名を生成し、テーブルで使用します訳注7。

　ブリッジテーブルとピボットディメンションはよく一緒に使用されますが、ピボットテーブルが必要なのは多値ディメンションだけとは限りません。例えば、「注文ファクト」の粒度が「製品オプションの注文品目ごとに1レコード」である場合（ファクトの行は製品とそのカスタムオプションになります）、多値ブリッジテーブルの作成を回避できます。しかし、複数の絞り込み条件が組み合わされた質問に簡単に答えるためには、やはりピボットディメンションが必要になります。ブリッジテーブルなしでピボットディメンションをゼロから構築するのはさらに手間がかかりますし、「追加オプションパックキー」列を追加するにはファクトテーブルのスキーマを変更する必要があります。

> ブリッジテーブルがなくても、複雑でアドホックな、複数の絞り込み条件が組み合わされたクエリに対応するためにはピボットディメンションが必要です

　ピボットディメンションには、観測された組み合わせのみを入力すべきです。そうしないと、すぐにファクトテーブルよりも大きくなってしまいます。20列しかないピボットフラグディメンションには、100万以上の可能な組み合わせがあります。

　製品を構成する各オプションについて、その数量も選べるとします。より複雑なこのビジネス課題に対応するには、「追加オプションパック」ブリッジテーブルに「オプション数量」列を追加し、「追加オプションパックフラグ［PD］」のピボットディメンション列には［はい／いいえ］フラグではなく各オプションの数量を挿入する必要があります。もう1つ似た事例を考えます。オプションの種類が少なく、それぞれの数量が個別のファクトとして扱われており（ブリッジテーブルを避けるため）、さらにオプションの組み合わせによる絞り込みやオプション間の比較が頻繁に行われているとします。この場合、オプションごとのファクトを1つにまとめ、オプションごとに数量を表す列を持つ「ピボットファクトテーブル」を作成することが考えられます。

> ブリッジテーブルの行に数量が含まれている場合、ピボットディメンションの値に数量を挿入することができます

 おわりに

　ピボットディメンションは、データベーステーブルで利用可能なカラムの最大数（通常は256〜1,024列）に制限されます。値の組み合わせが変動する場合、それを自動で維持するためのETLは複雑です。ピボットディメンションは、オプションが比較的安定しており（年に数回手動で追加される程度）、種類も数百しかないザクロ社には適していますが、最大で155,000種類になりうるICD10診断コードには適用できません。

> ピボットディメンションが適するのは、種類が比較的少なく安定した値の集団だけです

訳注7　PIVOT関数があれば「SQLを生成するSQL」の代わりに使用できます。ただし、一部のDBしかPIVOT関数に対応していません

9.3 「どのように (How)」のディメンション

> 「どのように」のディメンションは多くの場合、退化 (DD) ID です。これを使うことで、ソースとなる業務システムのレコードとの紐付けを行ったり、ユニーク数を計算したりすることができます

「どのように（How）」のディメンションは、他のディメンションでは取得できない、ファクトに関する追加情報を記録します。最も一般的な「どのように」のディメンションは、ファクトテーブルに格納されている「退化 ID」です。ここでの「退化」は退化ディメンション（**DD**：Degenerate Dimension）を指し、「ID」はトランザクションの識別子を指します。これらのディメンションは、ファクトを元のソースシステムにおけるトランザクションに関連付けることで、ファクトがどのように発生しているかを説明します。また、トランザクションのユニーク数を提供する上で非常に重要です。例えば、「注文ファクト」テーブルの「注文 ID」を使用して、1 台以上のノート PC が品目に含まれる注文数を集計できます。「COUNT（DISTINCT 注文 ID）」を使用すると、同じ注文の品目に複数の異なるノート PC が含まれていても、注文数を重複して集計しないことが保証されます。前述のように、スタースキーマに 1 つ以上の多値ディメンションがある場合、ユニーク数を集計できる退化 ID は不可欠です。

適合した退化ディメンションに注目し、イベントマトリックスに加えることで、発展型イベントとしてモデル化できるイベントシーケンスやマイルストーンの依存関係を発見しやすくなります。

9.3.1 退化ディメンションが多すぎませんか？

> ファクトテーブルにある退化ディメンションの大規模な集合は、別のディメンションとしてモデル化し直すべきです

ほとんどのトランザクション・ファクトテーブルには、退化ディメンションであるトランザクション ID が少なくとも 1 列含まれています。この列は、カーディナリティがファクトテーブルとほぼ同じくらい高く、追加の説明的な属性がないため、別のディメンションテーブルに移動してもストレージコストの削減は難しいです。それでも、ファクトテーブルに多くの退化ディメンションが存在する場合は、以下のガイドラインに従ってそれらを整理し、ファクトテーブルのレコード長を抑えることを検討すべきです。

- 退化ディメンションがグループ化やフィルタリングに使われたり、組み合わせて参照される場合は、それらを別のディメンションの属性としてモデル化し直します
- 構造化されていない長いコメントを含む退化ディメンションは、「コメント」ディメンションのサロゲートキーに置き換えます（図 9-2 のように）

- 退化ディメンションの［はい／いいえ］フラグが頻繁にカウントされる場合は、0 か 1 の値をとる、カーディナリティの低い加算型ファクトとしてモデル化し直すことができます。このファクトを用いてアグリゲートを構築できる点が特に便利です
- 退化ディメンションのカーディナリティが高く、それがユニーク数の計算に使われる場合は、そのディメンションをファクトテーブルに残し、非加算型ファクトとして機能させましょう
- 退化ディメンションフラグが、隣にあるファクトの値の種類を表す場合、そのデータを「フラグ」ではなく「別の加算型ファクト列」としてモデル化した方がよいかもしれません。例えば、「収益」ファクトと「収益タイプ」フラグ（値は 2 種類。"E"：予測（Estimate）と "A"：実績（Actual））は、代わりに「収益予測」「収益実績」という 2 つのファクトとしてモデル化すべきです
- 退化ディメンションは、これらの基準のうちの複数を満たすこともあります。例えば、フラグが頻繁にカウントされ、かつ、グループ化やフィルタリングにも使用されるような場合です。このようなケースでは、ファクトとディメンショナル属性の両方としてモデル化できます

> 退化ディメンションには、有用な加算型および非加算型ファクトとしてモデル化し直すことができるものがあります

9.3.2 「どのように」ディメンションの作成

　ディメンションとしてモデル化し直す必要がある退化ディメンションを特定した場合、それらが既存のディメンションに属しているかを確認します。属していないものについては、独自のサロゲートキーを持つ新しいディメンションを定義して、退化ディメンションをそこに移した上で、ファクトテーブル内の退化ディメンションを新しいサロゲートキーに置き換えます。この新しいディメンションは、さまざまな属性が混在しており分類が難しいため、「ジャンク」訳注8 ディメンションとよく呼ばれます。しかし、実際にはまったくジャンクではありません。この一連のファクトに特化した、非適合の「どのように」のディメンションなのです。これらは対応するファクトテーブルに基づいて、よく便利な名前が付けられます。例えば、「通話詳細ファクト」テーブルには「どのように」のディメンション「通話詳細」が必要であり、「販売ファクト」テーブルには「売上タイプ」ディメンションが必要であるかもしれません。ファクトテーブルに複数の小さな非適合ディメンションがある場合は（通常「なぜ」と「どのように」）、ファクトテーブル内のキーの数を減らすために統合される訳注9 ことがよくあります。

> 退化ディメンションを「どのように」のディメンションに移動します。元のファクトテーブルに基づいてディメンションに名前を付けます。サロゲートキーを用いてファクトテーブルの値を置き換えます

訳注8　がらくたのこと
訳注9　複数のディメンションを同じジャンクディメンションテーブルにまとめ、同じサロゲートキーを共有する操作を指します

ステークホルダーの前で、自分たちのデータが「ジャンク」であると言わないでください。特に、一緒にモデルストーミングを行うときは避けましょう。非適合の「どのように」のディメンションに対して、あまり否定的でない用語を探しているのであれば、それらを「雑多なディメンション」と呼びましょう。

9.3.3 「範囲帯ディメンション」パターン

 課題／要件

BIユーザーは、「収益」や「注文数」などのファクトをグループ化し、顧客、製品、または決済のユニーク数を集計したいと考えています。この場合、ファクトをディメンションのように使用し、ディメンショナル属性を指標のように扱う必要があります。「顧客ID」のようなディメンショナル属性を指標に変換するには、「COUNT(DISTINCT ...)」を使用すれば簡単に行えます。しかし、生のファクトを、GROUP BYするための優れた項目に変換するには、より多くの作業が必要です。ファクトのほとんどはカーディナリティが高く連続的な値を持つ数値であるため、それらをグループ化してもデータはほとんどロールアップされず、レポートの行数は多くなりすぎます。その結果、読みやすいレポートというよりも、むしろデータの塊になってしまいます。

BIユーザーはファクトをグループ化に使いたいと思っていますが、そのためには結果をロールアップする必要があります

 解決策

図9-15に示す「範囲帯」などの、数値を範囲で区切るディメンションは、異なるタイプの「どのように」のディメンションです。これらは、連続的な値を持つカーディナリティの高いファクトを、より良い離散的な行ヘッダーに変換する「どのように」のディメンションです。「どのようにファクトをディメンションに変換するか」を表現しています。第6章では、高カーディナリティなディメンショナル属性を、グループ分けに便利な範囲帯ラベルとして保存する方法について説明しました。範囲帯ディメンションを用いることで、ファクトやその他の数値のディメンショナル属性に対して、この変換をクエリ時に動的に実行できます。

「範囲帯」ディメンションを提供し、「ファクトをディメンションに変化」させます

9.3 「どのように（How）」のディメンション

範囲帯

範囲帯グループ	下限	上限	範囲帯名
PK, C, ND1	PK, N	PK, N	C, ND1
5 つの金額帯	0	99.99	$0 以上 $99 以下
5 つの金額帯	100	499.99	$100 以上 $499 以下
5 つの金額帯	500	999.99	$500 以上 $999 以下
5 つの金額帯	1,000	1,999.99	$1,000 以上 $1,999 以下
5 つの金額帯	2,000	*最大値*	$2,000 以上
4 つの年齢帯	0	10	0 歳以上 10 歳以下
4 つの年齢帯	11	29	11 歳以上 29 歳以下
4 つの年齢帯	30	59	30 歳以上 59 歳以下
4 つの年齢帯	60	*最大値*	60 歳以上

図 9-15
「範囲帯」ディメンション

　図 9-15 は、任意の「範囲帯グループ」を保存できる汎用的な範囲帯ディメンションの例です。サンプルデータには「5 つの金額帯」と「4 つの年齢帯」という 2 つのグループが表示されています。「5 つの金額帯」を使うと収益を 5 つのグループに分けることができます。「4 つの年齢帯」を顧客や従業員の年齢に JOIN すると、彼らを 4 つのグループに分けることができます。図 9-16 は、「範囲帯」ディメンションを「販売ファクト」に JOIN して、販売された製品数を 5 つの収益帯ごとに集計する方法を示しています。これにより、「収益」ファクトはディメンションへと即座に変換されます。変換を行う SQL クエリは次のようになります。

範囲帯ディメンションは、カーディナリティの高いファクトをカーディナリティの低い便利なレポート行ヘッダーに変換します

```
WITH 範囲帯 AS (
  SELECT * FROM 範囲帯
  WHERE 範囲帯グループ = '5つの金額帯'
)
SELECT
  範囲帯名,
  SUM(販売数)
FROM
  販売ファクト
INNER JOIN 範囲帯
  ON 収益 BETWEEN 下限 AND 上限
GROUP BY
  範囲帯名
```

　BI ユーザーは新しい範囲帯をいつでも定義できます。範囲帯ディメンションの行を追加したり変更するだけです。これは柔軟性がありますが、SQL の「BETWEEN JOIN」は最適化しづらいので、クエリパフォーマンスが悪くなります。特定のファクトが頻繁に範囲帯で使われる場合は、インデックスを張って、

範囲帯の計算でよく使われるファクトにインデックスを張ります

365

結合やソートの処理を改善できます。通常、ファクトテーブルにインデックスを張るのは、ディメンションの外部キー列のみです。ファクト列にインデックスを張っても集計が速くなることはないので、通常は張りません。ただし、範囲帯を計算するクエリでは、ファクトがディメンションの外部キーのように機能します。

図 9-16
ファクトの範囲帯を計算

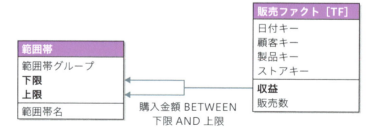

おわりに

「範囲帯グループ」「下限」「上限」は、「範囲帯」ディメンションの主キー（**PK**）を形成するため、一意である必要があります。各範囲帯の「下限」と「上限」の値は、重ならないように、かつ隙間ができないように、注意して設定する必要があります。また、「範囲帯名」は各「範囲帯グループ」内で一意でなければなりません。図 9-15 のショートコード **ND1**（No Duplicates、重複なし）は、これらの列が重複のないグループ（番号 1）であることを示すために追加されています。グループ内の列の値の組み合わせは一意である必要があります。

9.3.4 「ステップディメンション」パターン

課題／要件

第 7 章では、フライトやウェブページの訪問などの連続したイベントに、最初と最後の場所を追加するための技術を取り上げました。これらの強力なディメンションは、追加の場所の情報（どこで）を提供するだけでなく、一連のイベントが通常「なぜ」始まり、「どのように」終了したのかを説明します。例えば、ウェブ訪問の最初の URL は、各クリックのきっかけとなったバナー広告や検索文字列を記述する「リファラー」（なぜ）ディメンションに変換でき、最後の URL は「閲覧しただけ」や「大規模な買い物」などに変換し、各クリックの結果を説明する「どのように」のディメンションにすることができます。この追加の「なぜ」と「どのように」の情報を手に入れた BI ユーザーは多くの場合、これらの重要な原因と結果のイベントの間にあるすべての関連イベントの位置を分析したいと考えます。

範囲帯は慎重に定義されなければなりません。隙間や重複のない一意なものでなければなりません

BI ユーザーは、原因や結果に関係するシーケンス内のイベントを分析することで、連続した行動を理解したいと考えます

解決策

図 9-17 にある地味な見た目の「ステップ」ディメンションは、BI ユーザーが連続した行動を理解するのに役立ちます。これにより、ETL プロセスはシーケンス内のイベントの位置（その始まりから終わりまで）とシーケンスの長さを明示的に付与できるようになります。例えば、同じ訪問者（IP アドレス）が合意した時間枠内で 4 回のページビューを行ったウェブ閲覧セッションは、「ページビューファクト」テーブルの 4 行として表されます。最初のページビューイベントは、「ステップキー」を 7（図 9-17 参照）とすることで、4 つのうちのステップ 1 としてラベル付けされます。次のページビューは、「ステップキー」8 を使用して、4 つのうちのステップ 2 としてラベル付けされます。以下同様に続きます。

ステップディメンションは、シーケンス内の各イベントに番号を付けます

ステップ

ステップキー	ステップ番号	総ステップ数	最終までのステップ数	最終ステップか
SK	N	N	N	[はい / いいえ]
0	0	0	0	-
1	1	1	0	はい
2	1	2	1	いいえ
3	2	2	0	はい
4	1	3	2	いいえ
5	2	3	1	いいえ
6	3	3	0	はい
7	1	4	3	いいえ
8	2	4	2	いいえ
9	3	4	1	いいえ
10	4	4	0	はい

図 9-17
「ステップ」ディメンション

BI ユーザーは「ステップ」ディメンションを使用して、任意の長さのセッションに属するページビューを簡単に識別し、セッション内の位置によってページをランク付けしたり、顧客や時間、製品の興味深いサブセットに関するセッションの始点、中間点、終点に関する質問に回答したりすることができます。シンプルなシングルパス訳注10 SQL を使用して、セッションの良い終了や悪い終了（セッションキラー）に該当する最後のページ閲覧（最終ステップか='はい'）や、その直前のページ閲覧（最終までのステップ数=1）を素早く見つけることができます。ステップディメンションがなければ、これらの質問に答えるのは SQL に精

「ステップ」ディメンションによって、シンプルなシングルパスクエリで位置分析（より良いストーリーテリング）ができるようになります

訳注10 1 回のクエリ実行のこと

ステップディメンションは、シーケンスの中のシーケンスを説明するために複数の役割を果たすことができます

通した BI ユーザーでない限り非常に困難です。

ステップディメンションは、イベントに対して複数の役割を果たすこともできます。例えば、図 9-18 にある「ページビューファクト」テーブルには、「ステップ」ディメンションの役割が 2 つあります。「セッション内のステップ」はセッション全体におけるページの位置を表し、「購入までのステップ」は各ページが購入の意思決定にどれだけ近いかを表します。訪問者がリンクをクリックして製品をショッピングカートに入れるたびに、「購入までのステップ」がリセットされ、その次の短いシーケンスの長さが計算されます。

図 9-18
「ステップ」ディメンションを使用したウェブページの訪問の説明

ステップ [RP]		ページビューファクト [TF]
ステップキー	← セッション内のステップ ←	日付キー
ステップ番号	← 購入までのステップ ←	時刻キー
総ステップ数		訪問者キー
最終までのステップ数		ページキー
最終ステップ		製品キー [ML]
		セッション内のステップキー
		購入までのステップキー
		セッション ID [DD]
		数量
		収益
		…

シーケンスに含まれないイベントは、「ステップ」の行 0 を使用します

「購入までのステップ」ディメンションの役割によって、BI ユーザーは製品購入につながるページ訪問シーケンスと、そうでないものを分析できます。購入につながらないページビューの「購入までのステップキー」は、「該当なし」を表す「ステップ」ディメンションの行 0 を指しているはずです。

おわりに

「ステップ」ディメンションはすぐにサイズが大きくなってしまいます。大半のシーケンスでは、最大ステップ数を設定する必要があります

「ステップ」ディメンションは、スプレッドシートから比較的簡単に生成できますが、最大ステップ数が増えると急速に行数が増えます。総ステップ数 n に必要な行数の計算式は、n × (n+1)/2 です。したがって、200 ステップの場合は 20,100 行、1,000 ステップの場合は 50 万行以上になります。99% のシーケンスで 200 ステップが十分であるなら、それに応じてステップディメンションを事前に準備し、200 を超える特別なステップ番号レコードを必要に応じて作成してください。これらのレコードは、「ステップキー」の値が特別（例えば負の番号）で、「ステップ番号」はあるが他の属性に欠損値があることから、「特別に長い」シーケンスのステップであることが示されます。シーケンスが長すぎる原因は、ETL 処理のエラー、通常のシーケンスの終わりを検出するビジネスルールが不十分、というものが多いです。

「ステップ」ディメンションの設計と作成は簡単ですが、それをファクトに追加するには、大幅な追加のETL処理が必要になることがあります。最初のデータパスで、同じシーケンスに属するイベントを、適切なビジネスルール（例：同じIPアドレスからのページ訪問、かつ訪問間隔が10分未満のもの）を用いて特定し、集計します。その後、2回目のパスで初めて、正しい「ステップキー」をファクトの各行に配分できます。

「ステップ」ディメンションでは、2回のデータパスを作る必要があるために追加のETL処理が必要です

「ステップ」の情報や、その他の豊富で説明的な「なぜ」「どのように」のディメンションをファクトに追加するには、ETLチームの多大な追加作業が必要です。あなたは、定期的に彼らを昼食に誘うべきです^{訳注11}。

9.3.5 「監査ディメンション」パターン

課題／要件

「どのように」「なぜ」に関する対応を完了するためには、困惑したステークホルダーによる以下の質問に答える必要があります。

> このデータはどのようにして
> データウェアハウスに取り込まれましたか？
> なぜ数値がこれほど高い／低いのでしょうか？

ステークホルダーは、データリネージをクエリしたいです

しかし、回答に必要な情報は、ETLツールのメタデータリポジトリに保存されていることが多いです。そのため、この情報を最も必要とするBIユーザーにはアクセスできません。

解決策

図9-19は「監査」ディメンションです。ETLの統計量とデータ品質の説明をディメンション形式（ファクトに直接関連付けた形）で表示します。BIユーザーは、このディメンションをクエリすることで、レポートの本文やヘッダー、フッターにこれらの情報を追記できます。「監査」ディメンションのサロゲートキーである「監査キー」は、ETLプロセスの各実行を表します。例えば、データウェアハウスの夜間更新をサポートする5種類のETLモジュールがある場合、毎晩少なくとも5つの新しい行が「監査」ディメンションに追加されます。これらの行にはそれぞれ一意な「監査キー」があり、所定のETL実行によって作成また

監査ディメンションは、ディメンション形式でETLメタデータの要約を提供します

訳注11 「ETLチームが複雑で労力のかかる作業を担当するため、定期的に感謝の気持ちを示すべき」という意味の比喩です

は更新されたファクトテーブル（およびディメンション）の行に表示されます。これにより、各ファクト（およびディメンション）の基本的なデータリネージ情報（どこから来たのか、どのように抽出されたのか、どのようにロードまたは最終更新されたのか）が提供されます。

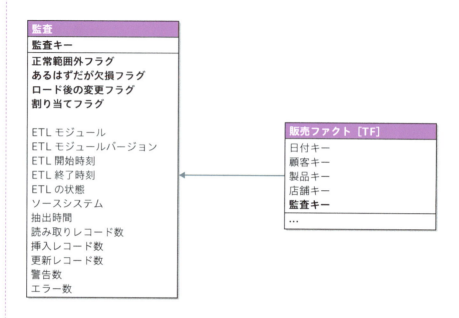

図 9-19
「監査」ディメンション

基本的なデータ品質の指標を提供するために、監査ディメンションを拡張できます

図 9-19 には、データの品質と完全性を示す指標（太字の列）も追加されています。各 ETL モジュールの実行時に、「監査」ディメンションに行が追加されます。ETL によって処理されたファクトのレコードが異常な場合、フラグを立ててそれを明示します。異常には次のようなものがあります。「正常範囲外（データの例、プロファイリング、過去の基準に基づいて判定）」「あるはずだが欠損」「ロード後に変更」「割り当て」。

監査ディメンションは、メタデータを通常のデータに変換します。ファクトをクエリするために使用できるようになります

監査ディメンションは、ETL メタデータの値を活用します。メタデータを各スタースキーマで利用できるようにすることで、「実データ」としての地位に引き上げます。「実データ」とはもう 1 つの「どのように」や「なぜ」ディメンションです。BI ユーザーはこれを使ってレポートをグループ化したりフィルタリングしたりして、彼らが見ている数値を説明するのに活用します。

監査ディメンションの作成と入力に関する詳細は、*The Data Warehouse ETL Toolkit*, Ralph Kimball and Joe Caserta (Wiley, 2004) の 128 〜 131 ページに掲載されています。

9.4 まとめ

- 「なぜ」のディメンションは、直接的および間接的な要因を保存するために使用します。価格割引などの直接的な要因は、ビジネスイベントの一部として取得されるため、追加の内部または外部ソースから推論する必要がありません。そのため、通常、間接的な要因よりも実装やファクトへの属性付けが簡単です

- 構造化されていない「なぜ」の詳細は、自由記述のコメントとして取得されることがよくあります。これらは、ファクトテーブルに保存して退化ディメンションとして扱うのではなく、「コメント」ディメンションに保存して「なぜ」を表すものとして扱うべきです

- 「多値（**MV**）ブリッジテーブル」は、複数の因果関係やその他の多値ディメンションの関係を解決するために使われます。ブリッジテーブルを使うと、ファクトテーブルの自然な最小単位を変更したり、ETL 時にファクトの配分をハードコードしたりせずに済みます。ブリッジテーブルを使用することで、BI ユーザーはクエリ時にファクトの重み付けを選択できるようになります。また、クエリで多値ディメンションを使用しなければ、多値の問題を完全に回避できます

- 「オプションのブリッジテーブル」と、共通のサロゲートキーを共有するマルチレベルディメンションを使用すると、「まれに多値」であるディメンションを効率的に処理できます。多値のディメンションレベルとその重み付け係数を扱う必要がないクエリは、マルチレベルディメンションをファクトに直接追加して、単値の階層レベルにロールアップできます

- 「ピボットディメンション（**PD**)」は、行の値を列のフラグまたは列の数量に置き換えることで構築されます。これは、複数の行にまたがって配置することが困難な組み合わせ制約を簡略化するために使用されます。ピボットディメンションは、多値ブリッジテーブルのスワップ可能バージョンとしてよく実装されます。クエリの柔軟性を高めるには、グループ化のための行指向のブリッジテーブルと、組み合わせフィルタリングのための列指向のピボットディメンションの両方を持つと便利です。また、ブリッジテーブルを配置すると、ピボットディメンションの構築が簡単になります

- 「どのように」の退化ディメンション（**DD**）であるトランザクション ID は、ファクトがソースシステムまでさかのぼって追跡できることを保証します。また、多値のクエリでイベントのユニーク数を計算できるようにします

- 「物理的」な「どのように」のディメンションは、通常、単一のファクトテーブルに固有の非適合ディメンションです。これらの「雑多なディメンション」は、ファクトテーブルに残しておくには多すぎる退化ディメンションの一意な組み合わせに対して置き場所を提供します。これにより、ファクトテーブルのサイズが小さくなり、ユーザーがディメンションの値の組み合わせを簡単に閲覧できるようになります

- 「範囲帯ディメンション」は、連続的に変化するファクトやディメンショナル属性を、グループ化やフィルタリングのために、レポートに適した離散の範囲帯にアドホックに変換することをサポートします

- 「ステップディメンション」では、イベントシーケンス内の相対的な位置を使用して、ファクトを分析できます。これにより BI ユーザーは、他の重要な原因と結果のイベントに密接に続く、または先行するイベントを発見することができます。また、データウェアハウスがより良いストーリーを伝えるのに役立ちます

- 「監査ディメンション」は、ETL データのリネージとデータ品質のメタデータを、スタースキーマ内で利用できるようにします。これらのデータは BI レポートで簡単に使えるようになります

私には 6 人の信頼できる召使いがいる
(私が知っていることはみな彼らが教えてくれた)。
彼らの名前は「**何を**」「**なぜ**」「**いつ**」
「**どのように**」「**どこで**」「**誰が**」である。
私は彼らを陸と海へ送る。
私は彼らを東へも西へも送る。
しかし、彼らが私のために働いた後、
私は彼ら全員を休ませる。
…

I keep six honest serving-men
(They taught me all I knew);
Their names are **What** and **Why** and **When**
And **How** and **Where** and **Who**.
I send them over land and sea,
I send them east and west;
But after they have worked for me,
I give them all a rest.
…

— Rudyard Kipling, *The Elephant's Child*

DW/BI のレトロスペクティブを行う時間です

付録A アジャイル宣言

アジャイルソフトウェア開発宣言[訳注1]

　私たちは、ソフトウェア開発の実践あるいは実践を手助けをする活動を通じて、よりよい開発方法を見つけだそうとしている。
　この活動を通して、私たちは以下の価値に至った。

>　　プロセスやツールよりも**個人と対話**を、
>　　包括的なドキュメントよりも**動くソフトウェア**を、
>　　契約交渉よりも**顧客との協調**を、
>　　計画に従うことよりも**変化への対応**を、

価値とする。すなわち、左記のことがらに価値があることを認めながらも、私たちは右記のことがらにより価値をおく。

アジャイル宣言の背後にある原則[訳注2]

私たちは以下の原則に従う：

- 顧客満足を最優先し、価値のあるソフトウェアを早く継続的に提供します
- 要求の変更はたとえ開発の後期であっても歓迎します。変化を味方につけることによって、お客様の競争力を引き上げます
- 動くソフトウェアを、2-3週間から2-3ヶ月というできるだけ短い時間間隔でリリースします
- ビジネス側の人と開発者は、プロジェクトを通して日々一緒に働かなければなりません
- 意欲に満ちた人々を集めてプロジェクトを構成します。環境と支援を与え仕事が無事終わるまで彼らを

訳注1　下記URLより転載
　　　 https://agilemanifesto.org/iso/ja/manifesto.html
訳注2　下記URLより転載
　　　 https://agilemanifesto.org/iso/ja/principles.html

付録 A　アジャイル宣言

　　信頼します
- 情報を伝える最も効率的で効果的な方法はフェイス・トゥ・フェイスで話をすることです
- 動くソフトウェアこそが進捗の最も重要な尺度です
- アジャイル・プロセスは持続可能な開発を促進します。一定のペースを継続的に維持できるようにしなければなりません
- 技術的卓越性と優れた設計に対する不断の注意が機敏さを高めます
- シンプルさ（ムダなく作れる量を最大限にすること）が本質です
- 最良のアーキテクチャ・要求・設計は、自己組織的なチームから生み出されます
- チームがもっと効率を高めることができるかを定期的に振り返り、それに基づいて自分たちのやり方を最適に調整します

BEAM✱ 記法とショートコード

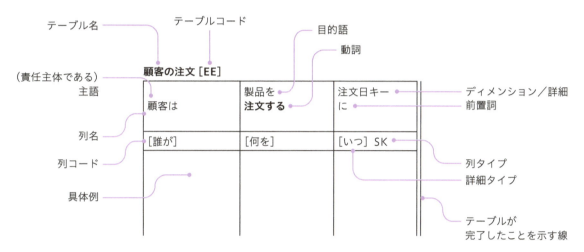

テーブルコード

イベントストーリーとファクトテーブルのタイプ

コード	意味・用途	章
[DE]	**離散型イベント**（Discrete Event）。イベントは、完了した「時点」または「短時間」のトランザクションを表します。トランザクション・ファクトテーブルとして実装されます。	2,8
[RE]	**反復型イベント**（Recurring Event）。イベントは、予測可能で定期的な間隔で取得される測定値を表します。定期スナップショット・ファクトテーブルとして実装されます。	2,8
[EE]	**発展型イベント**（Evolving Event）。イベントは、完了するまでに時間がかかるプロセスを表します。累積スナップショット・ファクトテーブルとして実装されます。	2,4,8
[TF]	**トランザクション・ファクトテーブル**（Transaction Fact table）。離散型イベント[DE]に対応する物理ファクトテーブルです。通常の操作は挿入（INSERT）のみです。	5,8
[AS]	**累積スナップショット**（Accumulating Snapshot）。発展型イベント[EE]に対応する物理ファクトテーブルです。挿入（INSERT）と更新（UPDATE）操作によって維持されます。通常、複数のマイルストーンの日付／時間ディメンションと、それらに対応する期間の長さや状態カウントのファクトが含まれます。	8

コード	意味・用途	章
[PS]	**定期スナップショット**（Periodic Snapshot）。反復型イベント［RE］に対応する物理ファクトテーブルです。通常、準加算型ファクトが含まれます。	8
[AG]	**アグリゲート**（Aggregate）。既存のファクトテーブルを要約したファクトテーブルです。	8
[DF]	**派生ファクトテーブル**（Derived Fact table）。既存のファクトテーブルをスライス、ピボット、マージして作られたファクトテーブルです。	8
{ソース}	**データソース**。デフォルトのソースシステムのテーブル名やファイル名です。	5

 ## ディメンションテーブルタイプ

コード	意味・用途	章
[CV]	**現在値**（Current Value）。テーブルには、現在値のディメンショナル属性のみが含まれます。「SCD（緩やかに変化するディメンション）のタイプ1」としても知られています。	4,5,6
[HV]	**履歴値**（Historic Value）。テーブルには、少なくとも1つのディメンショナル属性について、値の履歴が含まれています。「緩やかに変化するディメンションのタイプ2」としても知られています。	4,5,6
[RP]	**ロールプレイング**（Role-Playing）。複数の役割を演じるために用いられるディメンションです。例えば、「従業員［RP］」ディメンションは「営業」と「マネージャー」の役割を演じます。「カレンダー［RP］」は、最も一般的なロールプレイング・ディメンションです。	4
[RU]	**ロールアップ**（Rollup）。ディメンションは、より粒度の細かいディメンションから作成されます。例えば、「月［RU］」ディメンションは「カレンダー」ディメンションのロールアップです。これには月・四半期・年という「適合属性」が含まれます。	4
[SD]	**スワップ可能ディメンション**（Swappable Dimension）。共通のサロゲートキーを持つディメンションの中でも特に、互いに置き換えられるものを指します。スワップ可能ディメンションは、効率化のため、大きなディメンションの値の一部をサブセットに切り出して提供するためによく使われます。例えば、「法人顧客」は「顧客」と置き換え可能なサブセットです。スワップ可能ディメンションは、異なる履歴ビューを提供したり多言語対応を行うためにも使われます。	6
[ML]	**マルチレベル**（Multi-Level）。ディメンションの階層において、より上位のレベルを表す追加の値を含むディメンションです。ファクトテーブルを異なるレベルのディメンションに割り当てることができる場合に使われます。例えば、「販売取引」を個々の「従業員」や「チーム／支店」に割り当てたり、「ウェブ広告」を特定の「製品」や「製品カテゴリー」に割り当てたりすることができます。	6
[HM]	**階層図**（Hierarchy Map）。再帰的な関係を解決するために使うテーブルです。可変深度階層を表します。例えば、「会社の組織図［CV, HM］」は現在値の階層図です。階層の履歴は追跡しません。	6
[MV]	**多値**（Multi-Valued）。以下のいずれかです。 ● ファクトテーブルと多値ディメンションが多対多の関係になっているのを解決するために使うブリッジテーブル ● 直接の親が複数いる子のメンバーを含む階層図［HM］。例えば「レポート構造［MV, HM］」の階層図では、従業員が複数の直属のマネージャーに属します MVのテーブルには重み付け係数が含まれることが多いです。これにより、クエリ時にファクトを複数の値に配分できるようになります。	6,9
[PD]	**ピボットディメンション**（Pivoted Dimension）。複数の行の値を列（ビット）フラグのセットとして表現するディメンションです。組み合わせの選択をシンプルにするために使われます。多くの場合、多値ブリッジテーブルやファクトテーブルをピボットすることで構築されます。	9
{ソース}	**データソース**。デフォルトのソースシステムのテーブル名やファイル名です。	5

列コード

 ## 一般的な列コード

コード	意味・用途	章
MD	**必須項目**（Mandatory）。通常、列には必ず値があります。エラーに対応できるように、列はNULL許容（nullable）と定義します。	2
NN	**非NULL**（Not NULL）。列はNULLを許可しません。デフォルトでは、すべてのSKとFKの列は非NULLです。	5
ND NDn	**重複なし**（No Duplicates）。列は重複した値を含んではなりません。番号付きバージョンは、一意でなければならない列の組み合わせを定義するために使われます。	9
Xn	**排他的属性**(Exclusive)。ディメンションの一部の値のみに有効なディメンショナル属性です。DC（区分項目）と一緒に使われます。 番号付きのコードは、相互に排他的な属性または属性グループを識別し、対になる区分項目を識別するために使われます。 また、特定のディメンションの値に対してのみ有効な、排他的なファクトを示すために使われます。	3,8
DC DCn,n	**区分項目**（Defining Characteristic）。列の値はどの排他的属性またはファクトが有効であるかを表します。例えば、「製品タイプ」はどの「製品属性」が有効であるかを表します。番号付きコードは複数の区分項目が同じテーブルに存在する場合に使われます。	3,8
[Wタイプ] [ディメンション]	**ディメンションのタイプや名前**。イベント詳細の「Wタイプ（誰が：Who、何を：What、いつ：When、どこで：Where、なぜ：Why、どのように：How）」です。詳細がロールの場合はディメンション名です。例えば、「販売員［従業員］」は「従業員」ディメンションのロールです。テーブル内の再帰的な関係を示すためにも使われます。	4,6
{ソース}	**データソース**。ソースシステム内の列名やフィールド名です。必要に応じて、テーブル名またはファイル名を指定できます（テーブルのデフォルトと異なる場合）。	5
使用不可 ~~MD~~	**使用不可または不正確**。列名または列コードの注釈です。ソースデータが利用できないか、現在の列タイプ定義に準拠していないことを示します。例えば「~~MD~~」は、ソースシステムにNULL値または欠損値が含まれるため、ソースシステムはそのデータを必須として扱わないことを示します。「性別」は性別が使用できないことを示します。	5

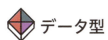 ## データ型

コード	意味・用途	章
C Cn	**文字データ型**（Character）。番号付きバージョンは、最大長を定義するために使われます。デフォルトの長さを上書きします。	5
N Nn.n	**数値データ型**（Numeric）。番号付きバージョンは、精度を定義するために使われます。デフォルトの精度を上書きします。	5
DT DTn	**日付／時間データ型**（Date/Time）。番号付きバージョンは、派生ファクト（DF）の期間の計算式で使われます。例えば、「配送遅延 DF=DT2-DT1」です。番号付けは、発展型イベント内のマイルストーンのデフォルトの時系列順序を示すこともできます。	4,5,8
D Dn	**日付データ型**（Date）。番号付きバージョンは、派生ファクトの期間の計算式で使われます。例えば、「プロジェクト期間 DF=D2-D1」です。番号付けは、発展型イベントのマイルストーンの時系列を表すこともできます。	5,8

コード	意味・用途	章
T Tn	**テキスト**（Text）。自由形式のテキストを保存するために使われる Long 型の文字（Long Character）データです。番号付きバージョンは、最大長を定義するために使われます。デフォルトの長さを上書きします。	5
B	**Blob**（Binary Long Object）。文書、画像、音声、オブジェクトなどを保持するために使われるバイナリデータです。	5

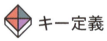

キー定義

コード	意味・用途	章
PK	**主キー**（Primary Key）。テーブルの各行を一意に識別する列や列のグループです。	5
SK	**サロゲートキー**（Surrogate Key）。ディメンションテーブルの主キーとしてデータウェアハウスが割り当てる整数です。ファクトテーブルでは外部キーとして使われます。 BEAM✲ テーブルの列のサンプルデータが、物理モデルでは整数の外部キーに置換される、ということを示すために使われます。	5
BK	**ビジネスキー**（Business Key）。ソースシステムのキーです。	3,5
NK	**ナチュラルキー**（Natural Key）。実世界で使われる（ソースシステムの）キーです。	5
FK	**外部キー**（Foreign Key）。他のテーブルの主キーを参照する列です。	5
RK	**再帰キー**（Recursive Key）。自分自身のテーブルの主キーを参照する外部キーです。可変深度階層を表現するためによく使われます。階層図を作成するために必要な情報を保存します。例えば「会社」の「親会社キー」です。	6

 ディメンショナル属性タイプ

コード	意味・用途	章
CV CVn	**現在値属性**（Current Value attribute）。現在の値のみを保持するディメンショナル属性です。ソースシステムの更新により、前の値が上書きされます。現在の値（as is）を使ったレポーティングをサポートします。「緩やかに変化するディメンションのタイプ 1」としても知られています。 番号付きバージョンは、現在値属性を自身の前値属性のバージョンと関連付けます。例えば「担当地区 [CV1]」と「前担当地区 [PV1]」です。	3,6
HV HVn	**履歴値属性**（Historic Value attribute）。履歴値を追跡するディメンショナル属性です。ソースシステムが更新されると、ディメンションのレコードについて新しいバージョンが作成され、履歴情報として正しい値が保存されます。履歴値（as was）のレポーティングをサポートします。「緩やかに変化するディメンションのタイプ 2」としても知られています。 番号付きバージョンは、CV と組み合わせて使うことで、条件付き HV 属性を定義します。これは、同じ番号を持つ他の HV 属性が変更された場合にのみ HV 属性として機能する CV 属性です。例えば、「番地 [CV, HV1]」は、「住所 [HV1]」が同時に変更された場合のみ変更を追跡します。	3,6
FV	**固定値属性**（Fixed Value attribute）。「生年月日」などのように、変更してはならないディメンショナル属性です。ただし、修正は可能です。FV 属性が修正された場合、CV 属性のように動作します。以前の不正確な値は保存されません。	3
PVn	**前値属性**（Previous Value attribute）。ある現在値属性の 1 時点前の値を記録するディメンショナル属性です。「緩やかに変化するディメンションのタイプ 3」としても知られています。 PVn は対応する CVn と一緒によく使われ、前の値を現在の値と関連付けます。例えば「前担当地区 [PV1]」と「担当地区 [CV1]」です。 PV 属性はまた、初期値や「特定の日付時点の（as at specific date）」値を保持するためにも使用できます。例えば「初期担当地区 [PV1]」と「2010 年末の担当地区 [PV1]」です。	6

イベント詳細とファクト列タイプ

コード	意味・用途	章
MV	**多値**（Multi-Valued）。イベント詳細には複数の値が含まれており、ディメンショナルモデルに変換する際にはブリッジテーブルを使用して解決する必要があります。ファクトテーブルの外部キーは、多値ブリッジテーブルを指します。	6,9
ML	**マルチレベル**（Multi-Level）。イベントの詳細は、階層内のさまざまなレベルを表します。例えば、個々の従業員、チーム、支店です。これらの詳細は、必要なレベルを表す追加の値を含む、マルチレベルディメンションで処理される必要があります。ファクトテーブルの外部キーは、マルチレベルディメンションを参照することで、追加のレベルを活用します。	6
DD	**退化ディメンション**（Degenerate Dimension）。ファクトテーブルに格納されるディメンショナル属性です。追加の説明的な属性はないため、物理ディメンションテーブルには結合されません。通常、トランザクションID（「どのように」の詳細）に使われます。例えば「注文ID（DD）」などです。	2,3,4,5
GD GDn	**粒度ディメンション**（Granular Dimension）、もしくは**粒度項目**（Granular Detail）。ファクトテーブルの粒度を定義するディメンションまたはディメンションの組み合わせです。番号付きバージョンは、粒度を定義できるディメンションの組み合わせが複数ある場合に使用します。例えば、以下はどちらも通話詳細ファクトテーブルの粒度を定義します。 ・「通話参照番号（GD1）」 ・「顧客（GD2）」と「通話時間（GD2）」	2,8
FA	**（完全）加算型ファクト**（Fully Additive fact）。このタイプのファクトは、そのディメンションのどの組み合わせを使って足し合わせても、合計を正しく計算できます。ファクトが加算型であるためには、単一の測定単位で表される必要があります。パーセンテージや単価は加算型ではありません。	5,8
SA SAn	**準加算型ファクト**（Semi-Additive fact）。あるディメンションで正しく合算できるが、他のディメンションでは合算できないファクトです。準加算型ファクトには、少なくとも1つの非加算型（NA：Non-Additive）ディメンションがあります。例えば、「口座残高」は「時間」に対して合計することができません。つまり「時間」は非加算型です。準加算型ファクトは、しばしばそれらの非加算型ディメンションに対して平均が計算されます。 SAは常に、少なくとも1つのNAディメンションの外部キーと組み合わせて使われ、準加算型ファクトをその非加算型ディメンションに関連付けます。 番号付きバージョンは、同じテーブル内の複数の準加算型ファクトを適切なNAディメンションに関連付けるために使用します。例えば、「在庫レベル（SA1）」は「在庫日キー（NA1）」に対して非加算であるのに対し、「注文数（SA2）」は「製品キー（NA2）」に対して非加算です。	8
NA NAn	**非加算型ファクト**（Non-Additive fact）。SUMを使用して集計することができないファクトです。非加算型ファクトは、MIN、MAX、AVERAGEなどの他の関数を使用して集計できます。 このコードは、準加算型ファクトの非加算型ディメンションを表すこともあります。番号付きバージョンは、同じテーブルに複数のSAが存在する場合に、非加算型ディメンションを特定の準加算型ファクトに関連付けるために使用します。	8
DF DF=式	**派生ファクト**（Derived Fact）。同じテーブル内の他のカラムから派生して作ることができるファクトです。他のファクトや日時の詳細を数値で参照する簡単な数式が続くことがあります。例えば「単価（DF）＝売上高／数量」です。	8
[UoM] [UoM1, UoM2, ...]	**測定単位**（Unit of Measure）。測定単位の記号や説明です。例えば「注文収益［$］」や「配達遅延［日数］」です。 レポーティングに必要な複数の測定単位を並べ、デフォルトの標準単位（**UoM1**）を先頭にします。すべての数量を標準のUoMで保存することで、加算型ファクトを生成できます。	2,4

アジャイルなディメンショナルモデリングを実践する人のための参考資料

ここでは、本書に含まれるアイデアを実践するための、おすすめの参考資料をご紹介します。

ツール：ハードウェアとソフトウェア

包括的なツールを使う。写真を撮る

　私たちは、協調型モデリングにタブレット端末を使うことにとても興味があります。しかし、タブレット端末を複数人が同時かつシームレスに操作できるようになり、タブレット端末が普及して誰もが自由に新しいデザインに書き込みできるほど快適に使えるようになるまでは、ローテクなホワイトボード、フリップチャート、大きな付箋、ホワイトボードロールをモデルストーミングのセッションに使用することをおすすめします。

　スマートフォンやタブレットに搭載されているWi-Fi対応カメラは非常に便利です。モデルストーミングの結果の写真を撮って、PCに転送し、さらにレビューを行うことができます（そのためには、ホワイトボードやフリップチャートに黒インクを使用してください）。ホワイトボードの画像を綺麗にし、グループで閲覧できるように共有フォルダーに移動する、といったワークフローを自動化できるアプリが多数あります。

拡大する

　デジタルプロジェクターは、私たちにとって最も重要な、ハイテクな協調型モデリングツールです。驚くべきことに、データモデルが壁に大きく映し出されると、誰もがすぐに改善点を見出すことができるのです。同僚を最新のデータモデルの上映会に招待してください。もしかしたら、その後に映画を見ることもできるかもしれません。

データベースと対話しないときは、データベースモデリングツールを避ける

ビジネス・ステークホルダーとのコミュニケーションにはスプレッドシートやプレゼンテーション用のソフトウェアを使いましょう。また、データベースやDBA（データベース管理者）とのコミュニケーションにはER図のモデリングツールを使いましょう。ER図のモデリングソフトウェアは、技術者向けにデータベースの物理テーブルを作成およびリバースエンジニアリングし、詳細なスタースキーマ図を描くのに非常に有効ですが、ビジネス・ステークホルダーとの作業では邪魔になることがあります。

私たちのテンプレートを試す

BEAM✲Modelstormerスプレッドシートのテンプレートを試してみることをおすすめします（**ウェブサイト**をご覧ください）。これは、多くの商用データベースモデリングツールでインポート可能なSQL DDLを生成することにより、BEAM✲モデルと物理データベースモデルとの間の移行をサポートします。

プランニングポーカーを行う

スマートフォンのアプリには、プランニングポーカーのシミュレーションが多数あります。

書籍

アジャイルソフトウェア開発

Scrum and XP from the Trenches, Henrik Kniberg (InfoQ.com, 2007)[訳注3]

（多くの書籍のような）「なぜアジャイルなのか」ではなく、Henrik氏がどのようにアジャイルを行ったのかについて書かれています。

Agile Analytics, Ken Collier (Addison-Wesley, 2011)

この本はアジャイルなDW/BIデータモデリングに焦点を当てていますが、Ken氏の本はDW/BIの他の多くの側面で「アジャイルである（being agile）」ためのガイドです。

訳注3　Henrik Kniberg（著）、後藤章一（訳）『塹壕よりScrumとXP』InfoQ（2008）
https://www.infoq.com/jp/minibooks/scrum-xp-from-the-trenches/

ビジュアルシンキング、コラボレーションとファシリテーション、ビジネスモデリング

The Back of the Napkin: Solving Problems and Selling Ideas With Pictures, Dan Roam (Portfolio, 2008)[訳注4]

Blah Blah Blah: What To Do When Words Don't Work, Dan Roam (Portfolio, 2011)

　Dan 氏の本には、ディメンションデータストーリーや BI デザインを発見、理解、提示するために、7W のシンプルな絵を描くようにインスピレーションを与えてくれる素晴らしいアイデアが含まれています。

Gamestorming: A Playbook for Innovators, Rulebreakers, and Changemakers, Dave Gray, Sunni Brown, James Macanufo (O'Reilly Media, 2010)[訳注5]

Visual Meetings: How Graphics, Sticky Notes and Idea Mapping Can Transform Group Productivity, David Sibbet (Wiley, 2010)

　モデルストーミングセッションの進行や、紹介したコラボレーション手法の改善に役立つ書籍です。

Business Model Generation: A Handbook for Visionaries, Game Changers, and Challengers, Alexander Osterwalder, Yves Pigneur et al. (Wiley, 2010)

　より高度な協調型モデリングのアイデアについては、この本にある「ビジネスモデルキャンバス」をチェックしてください[訳注6]。

ディメンショナルモデリング

Star Schema The Complete Reference, Christopher Adamson (McGraw-Hill, 2010)

訳注4　ダン・ローム（著）、小川敏子（訳）『描いて売り込め！超ビジュアルシンキング』講談社（2009）
https://bookclub.kodansha.co.jp/product?item=0000184475

訳注5　Dave Gray ほか（著）、野村恭彦（監訳）、武舎広幸・武舎るみ（訳）『ゲームストーミング』オライリー・ジャパン（2011）
https://www.oreilly.co.jp/books/9784873115054/

訳注6　アレックス・オスターワルダー（著）、イヴ・ピニュール（著）、小山龍介（訳）『ビジネスモデル・ジェネレーション ビジネスモデル設計書』翔泳社（2012）
https://www.shoeisha.co.jp/book/detail/9784798122977

ディメンショナルモデリングの事例

Data Warehouse Design Solutions, Christopher Adamson, Michael Venerable (Wiley, 1998)

The Data Warehouse Toolkit, Second Edition, Ralph Kimball, Margy Ross (Wiley, 2002)

ETL

The Data Warehouse ETL Toolkit, Ralph Kimball, Joe Caserta (Wiley, 2004).

Mastering Data Warehouse Aggregates, Christopher Adamson (Wiley, 2006)

　5章と6章では、ディメンショナルETLについても網羅されています。

データベース固有のDW/BIに関するアドバイス

The Microsoft Data Warehouse Toolkit, Joy Mundy, Warren Thornthwaite (Wiley, 2011)

ウェブサイト

decisionone.co.uk

　DecisionOne Consulting。Lawrence Corr氏のトレーニング＆コンサルティング会社。

llumino.com

　Llumino。Jim Stagnitto氏のコンサルティング会社。

modelstorming.com

　本書の関連ウェブサイトです。BEAM✲Modelstormerスプレッドシート、BIモデルキャンバス（ビジネスモデルキャンバスに触発されました）、その他の有用なBEAM✲のツール、この本やその他のモデルの例をダウンロードできます。また、おすすめの書籍、記事、ウェブサイト、トレーニングコースへのリンクも掲載されています。

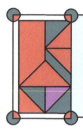

訳者あとがき

訳者解説

全体：データウェアハウスに関する時代の変化について（打出）

原著の初版は 2011 年に発売されました。それから約 13 年の間に、データウェアハウスの技術は大きく進化しています。そのため、本書で紹介されている「ディメンショナルモデリング」の手法の中には、現在ではより良い選択肢が存在するものもあります。

まず、コンピューティング性能が向上したことで、利用者は分析用クエリを発行するたびに複雑な日付計算や JOIN を行えるようになりました。SCD タイプ 2（5 章）や日時の計算（7 章）の例を後述しています。

次に、ストレージ費用が安くなったことで、同じ予算でより多くのデータを保存できるようになりました。これにより、ストレージ消費量を節約するためにかつて必要だった複雑なデータ処理の手法が、現在では不要になる場合があります。

このように、ディメンショナルモデリングを実装するときに推奨されていた手法のいくつかは、現在ではより簡便に済ませることができるようになりました。ディメンショナルモデリングを実務で適用するときは、このような時代の変化を理解し、それぞれの状況に合わせて工夫することが重要です。

1 章：セマンティックレイヤーについて（ゆずたそ）

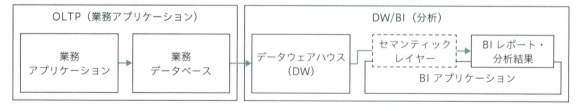

OLTP、データウェアハウス、BI ソフトウェア、セマンティックレイヤーの位置付けを図示すると、上図のようになります。複雑なデータ集計のロジックをセマンティックレイヤーで一元管理すれば、1 人 1 人のデータ利用者がクエリを作成せずに済むようになります。本書ではクラシコム社の寄稿文にて、BI ソフトウェア「Looker」を紹介し、設定ファイルで集計の定義を管理している事例に言及しております。なお、近年では BI ソフトウェアではなくデータウェアハウスやデータ加工ツールにセマンティックレイヤーを実現できるソリューションも登場しています。

5章：SCDタイプ2について（打出）

近年のデータウェアハウスの性能向上によってシンプルにできる可能性があります。SCDタイプ2など日付範囲を持つテーブルをファクトテーブルにJOINするときに、サロゲートキーを用いるのではなく、タイムスタンプ同士のBETWEEN JOINを用いる運用を検討してもよいでしょう。

また、SCDテーブル特有の列「有効開始日」「有効終了日」「現在の値か」のうち、後ろ2列をSQLの関数で定義することで、複雑なETL処理の実装を避けることができます。この方針は、当該のテーブルのレコード数が少なければ有効ですが、レコード数が多いと計算に時間がかかることに注意してください。例えば、従業員ディメンション [HV] を実装する場合、以下のSQLクエリを書くことができます。

```
SELECT
  従業員ID,
  有効開始日,
  LEAD(有効開始日, 1, '3000年1月1日') OVER (PARTITION BY 従業員ID ORDER BY 有効開始日)
    AS 有効終了日,
  CASE
    WHEN LEAD(有効開始日, 1) OVER (PARTITION BY 従業員ID ORDER BY 有効開始日) IS NULL
      THEN TRUE
    ELSE FALSE
  END AS 現在の値か
FROM
  従業員
```

7章：カレンダーディメンション / 時計ディメンションについて（打出）

近年のデータウェアハウスの性能向上によってシンプルにできる可能性があります。日時の計算を行うために「カレンダーディメンション」や「時計ディメンション」を物理テーブルで持つより、BIツールで日時を動的に計算する方が、現在では運用コストを抑えられるかもしれません。具体的には、タイムスタンプの値をファクトテーブルに保存し、SQLのユーザー定義関数やBIツール側で、タイムスタンプから週や月などの時間属性を計算できるように設定します。

9章：多値ディメンションについて（濱田）

近年では、半構造化データに対応したデータウェアハウス製品が多く登場しています。配列型や構造体型の活用により、「多値ブリッジパターン」や「ピボットディメンションパターン」などを利用しなくても、多値ディメンションの課題を解決できるケースも増えています。しかし、半構造化データに対するクエリ実行にはそれに対応する新しいSQL記法への一定の習熟が必要なこと、BIツールが半構造化データに対応しているとは限らないことから、データ利用者にとっての利便性という観点において、これらのデザインパターンには依然として採用を検討する価値があります。

謝辞・挨拶

最初に、原著者である Lawrence Corr 氏、Jim Stagnitto 氏のお二人に、素晴らしい書籍を執筆してくださったことを改めてお礼申し上げます。本書はテクニカルな手法とアジャイルな姿勢を融合した名著であり、日本の多くの組織がデータ活用を推進するための実践的なガイドといえます。

また、本書の翻訳プロジェクトは多くの方々にご支援いただきました。ご協力いただいた当時の所属名を掲載しており、最新状況とは異なっている可能性があるので、ご了承ください。

日本語版の寄稿文については、ランサーズ株式会社 中嶋信博・上野諒一・倉林昭和・日吉陽介、エイベックス株式会社 高畑信吾、株式会社クラシコム 高尾清貴、株式会社商船三井 清家久詞、株式会社ビズリーチ 前田晴美・小林直哉、NE 株式会社 熱田亮・甲斐愛佳・三原信基、北陸大学 田尻慎太郎、嘉悦大学 白鳥成彦、東京大学 渡辺努、株式会社リクルート 白子佳孝・林田祐輝、福岡地所株式会社 寺師岳陽、住友化学株式会社 奥野弘尚・吉田英昭（いずれも敬称略・寄稿掲載順）にご協力いただきました。

本書のレビューにあたっては、グーグル・クラウド・ジャパン 山田雄、データブリックス・ジャパン 桑野章弘、株式会社 primeNumber 廣瀬智史、株式会社 Quollio Technologies 松元亮太、デジタル庁 長谷川亮、dbt Japan User Group 瀧本晋也、SnowVillage - Japan Snowflake User Group 渋谷亮太、KT、大薗純平、蒲生弘郷、池田将士、阿部将典、木村宗太郎、小野広顕、加藤顕、奥村エルネスト純、坂口遥、出相早織、池田将汰、中村大輔、宮原翼、遠藤嵩良、ウィスロー妙子、笹川裕人、星野太紀（いずれも敬称略・順不同）にご協力いただきました。

本書の翻訳作業にあたっては、株式会社草世木 大槻洋次郎、磯村知成、ランサーズ株式会社 大和正幸（いずれも敬称略）、CASTER BIZ assistant の皆様にご協力いただきました。

他にも、編集担当である横山真吾氏をはじめとした講談社サイエンティフィクの皆様、オンラインコミュニティ datatech-jp の参加者など、多くの方々から温かいご支援をいただきました。この場をお借りして、感謝の意を述べさせていただきます。

本書の翻訳プロジェクトは、株式会社風音屋の有志によって始まりました。風音屋ではデータモデリングの研修やワークショップを提供しておりますので、本書の内容を組織展開するときにはぜひお声がけください。また、「ディメンショナルモデリングを実践できる場がほしい」「ディスカッションできる仲間がほしい」といった場合は、ぜひ風音屋の採用応募ページをご覧いただければと思います。

監訳者プロフィール

株式会社風音屋（@Kazaneya_PR）

大手企業からスタートアップまで幅広いクライアント企業のデータ活用を支援する IT コンサルティング企業。100 社のデータ経営を実現し、諸産業の活性化に貢献することをミッションとして掲げています。データエンジニアたちが技術相談やノウハウ共有しあう副業ギルドとして始まり、日本全国から多数のご相談・ご要望を受けて法人化。ステークホルダーにご協力いただきながら、会社組織としてアジャイルに成長してきました。

訳者プロフィール

打出紘基（@hanon52_）

株式会社風音屋にアドバイザーとして参画。慶應義塾大学院経済学研究科にてマーケティングサイエンスを専攻。データ分析を支えるエンジニアリングに興味を持ち、2021 年 4 月にピクシブ株式会社にエンジニアとして入社。広告のデータ基盤や BI、広告配信システムの開発、Salesforce 導入を担当。現在は、データを価値につなげる領域を中心に、マーケティングやカスタマーサクセスなど事業部の枠を超えたデータ利活用を推進している。技術カンファレンス Google Cloud Next Tokyo'23 等で登壇。

佐々木江亜（@0610Esa）

株式会社風音屋にアドバイザーとして参画。技術コミュニティ Looker Japan User Group の元幹事。大学卒業後、調査会社にてデータアナリストとしてマーケティングのコンサルティング業務に従事。2019 年 11 月に分析推進室（現データ戦略室・分析推進部）の設立と同時に株式会社マネーフォワード入社。分析推進室長・データ戦略室長として全社横断でのデータ利活用プロジェクトを推進後、現在は B2B 領域の事業部に軸足を移し、事業により深く踏み込むデータ利活用を推進中。

土川稔生（@tvtg_24）

株式会社風音屋にアドバイザーとして参画。技術コミュニティ datatech-jp 運営。東京工業大学情報理工学院にて、コンピューターサイエンスを専攻。在学中、AI エンジニアとしての活動を通じて、AI などのデータ活用を支えるデータパイプライン構築に興味を持ち、2020 年 4 月に株式会社タイミーにデータエンジニアとして入社。DRE チームの立ち上げと初期データ基盤の構築を担当し、現在はプロダクトオーナーとしてデータプロダクトの開発に携わっている。

訳者あとがき

濱田大樹（@hrkhjp）

株式会社風音屋。大学卒業後、地方公共団体にて事務職として勤務。担当業務領域における制度改正への対応や基幹系システムに関する調整業務にも従事した。その後、データ分析企業にてデータアナリストとして働く中でデータ整備に興味を持ち、データ基盤を担当するデータエンジニアへとキャリアチェンジ。事業会社2社におけるデータ基盤担当を経て現職。データエンジニアとして、データ基盤の整備を主軸にクライアント企業のデータ活用支援を行っている。

妹尾拡樹

株式会社風音屋。大学卒業後、ラグジュアリーブランドのeコマースを運用するベンチャー企業にてエンジニアとして入社。運用保守・開発業務を担当した後、グローバルのサイト移管プロジェクトを担当。その後、大手人材サービス事業会社にてデータエンジニアへとキャリアチェンジし、データ基盤担当を経て現職。データエンジニアを主業務としながら、エンジニア採用や組織改善にも携わっている。

ゆずたそ（@yuzutas0）

本名は横山翔。株式会社風音屋 代表取締役。ランサーズ株式会社にてデータ分析チームのリーダーを、東京大学 金融教育研究センターにて特任研究員を兼任。Googleが認定するグローバルの技術エキスパートGoogle Cloud Champion Innovatorsの1人。リクルートやメルカリにて多数のデータ活用プロジェクトを推進した後、AWSを経て現職。1,400名以上が参加する技術コミュニティdatatech-jpや、延べ視聴者数15,000名を超えるデータエンジニア向け勉強会Data Engineering Studyの立ち上げ・運営にかかわる。主な著者に『実践的データ基盤への処方箋』『データマネジメントが30分でわかる本』がある。

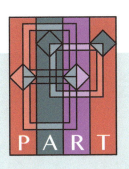

PART

事例集

日本語版によせて

　本書では実践的な手法を解説してきました。一方で、読者の中には「データエンジニアが不在で専門的な内容はすぐには実践できない」「ディメンショナルモデリングを始めようとしてもどこから手をつけて良いか分からない」と迷ってしまった人もいるのではないでしょうか。

　そこで、日本語版の翻訳書を出版するにあたって、12件の国内事例を掲載いたします。本文と重複するような技術解説はなるべく省略し、具体的なツール名や実践的なエピソードを盛り込みました。

　いずれも風音屋とかかわりのある企業・大学で、本企画に快く協力を申し出ていただきました。万が一、内容の不備や誤解を招く点がありましたら、すべては監訳である風音屋の責任によるところです。

　また、説明のために簡略化している箇所、サンプル画像やダミーコンテンツに置き換えている箇所がありますのでご了承ください。

　必ずしも派手な成果が出ている事例ばかりではありませんが、だからこそ読者の皆様の参考になるはずです。100点を目指そうとして身動きが取れなくなるようでは本末転倒です。まずは「明日から自分たちが実践できることは何か」を考えてみてはいかがでしょうか。

　事例集をお読みいただき、「この組織の状況は自社に似ている」「このように解釈すればよいのか」「この取り組みは真似できそうだ」といったヒントを見つけていただければと思います。

（風音屋 ゆずたそ）

- ランサーズ株式会社
- エイベックス株式会社
- 株式会社クラシコム
- 株式会社商船三井
- 株式会社ビズリーチ
- NE株式会社
- 学校法人 北陸大学
- 国立大学法人 東京大学
- 株式会社リクルート
- 福岡地所株式会社
- 住友化学株式会社
- 株式会社風音屋

ランサーズ株式会社

寄稿者：データ分析チーム リーダー
横山翔（ゆずたそ）

　ランサーズ株式会社は、フリーランスに仕事を依頼できるマッチングプラットフォーム「ランサーズ」を中心に、複数のサービスを運営しています。風音屋は5年以上にわたってランサーズのデータ活用を支援してきました。一部メンバーが出向・兼務し、社員と同等の責任と権限のもとでデータ基盤構築やデータ分析を推進しています。

　本稿では、ランサーズのデータ分析チームの活動事例を取り上げつつ、本書の内容を実践につなげるための5つのノウハウを解説します。

【1】データ分析のプロセスにディメンショナルモデリングを組み込む
【2】異なるファクトを束ねたファクトを定義する
【3】複数のデータを統合して部署横断のディメンションを整備する
【4】複数サービスのデータを統合してグループ会社横断のディメンションを整備する
【5】データ加工ツールを導入してデータモデリングを加速させる

　ランサーズは「個のエンパワーメント」をミッションに掲げ、「仕事を依頼したい企業」と「仕事を受けたい個人」をオンライン上でマッチングする、日本初・日本最大級のクラウドソーシングサービスです。フリーランス人材（ランサー）と企業（クライアント）のデータを集約・蓄積し、両者への提供価値を最適化すべく、試行錯誤しています。

【1】データ分析のプロセスにディメンショナルモデリングを組み込む

　ランサーズのデータ分析では、分析対象となる「ファクト」と「ディメンション」を事前に明らかにしています。データウェアハウスにテーブルを作らなかったとしても、ディメンショナルモデリングを意識することで、データ分析の手戻りを減らすことが可能です。

　例えば、「パッケージ」という機能を2021年11月にリニューアルしました。ランサーが得意な業務を商品として出品し、商品が購入されたら成果物を納品する仕組みです。図1のように、成果物、納品期間、金額を事前にランサーが指定することで、要件定義や見積もりのステップを短縮します。

　リニューアル後にサービスの利用状況をモニタリングし、改善サイクルを回すにあたって、次のステップでデータ分析の要件を明らかにしました。

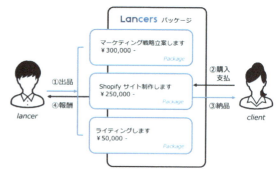

図1　パッケージ機能のサンプルイメージ

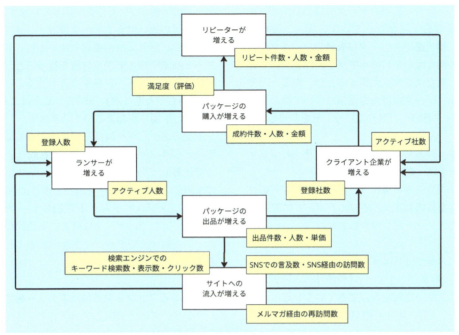

図2 パッケージ機能のグロースサイクル

ステップ①：ビジネス構造を整理し、図2のように、事業成長の流れ（グロースサイクル）を図示します。
ステップ②：データ分析によって確認したいこと（分析テーマ）を特定します。今回の問いは「リニューアルによってパッケージ機能の利用が増えたか？」です。
ステップ③：データ分析の結果に応じてどのように対応するか、図3の形式で、アクションの方針案を事前に決めておきます。
ステップ④：図4のようにビジネスイベント（ファクト）を、図4のように比較軸（ディメンション）を洗い出し、分析対象を特定します。今回の分析では、パッケージ機能の「成約」に注目しました。

集計単位	指標名
件数	● 成約件数
人数	● 受注者数（成約したランサーの人数） ● 発注者数（成約したクライアントの人数）
単価	● 成約単価（総額÷件数） ● 受注単価（総額÷受注者数） ● 発注単価（総額÷発注者数）
金額	● 成約総額
期間	● 出品開始から初成約までの平均日数 ● 出品開始から初成約までの最長日数 ● 出品開始から初成約までの最短日数

7W	ディメンション名
When	● 成約年月
What	● 依頼カテゴリー
Who	● クライアントの業種 ● ランサーの職種

利用状況	施策の評価	アクション方針
○○%以上の増加	順調	広告宣伝を強化
△△%以上の増加	兆しがある	利用者にヒアリングし、この機能が使われるときのパターンを特定する
△△%未満の増加	変化なし	改善に労力を投下すべきか再検討
マイナス成長	悪化	すぐに広告宣伝を止めて、悪化の原因を特定する

図3 分析結果に応じたアクション方針

図4 分析対象となるビジネスイベント（ファクト）と比較軸（ディメンション）の列挙

ステップ⑤：分析に必要なデータを確認します。まだデータを取得・保存できていない場合、要件を定義して、担当部署やデータ保有者にリクエストしましょう。例えば、モバイルアプリの開発チームに相談して、新たにログを取得するといったことが考えられます。データ取得の方法論については、拙著『実践的データ基盤への処方箋』の1章を参照してください。

ステップ⑥：図5のようにデータ可視化（ビジュアライズ）の手法・項目要件を決めます。

ステップ⑦：データ可視化（ビジュアライズ）のプロトタイプを作成します。ホワイトボードに図6のようなラフスケッチを手書きします。

この分析によって「リニューアル前後で本機能での流通総額が32%増加したこと」「機能リニューアルだけでは新規ユーザー登録を促進できていないこと」が分かりました。2022年3月期第3四半期決算説明会や年次セレモニー「Lancer of the Year 2022」にてその旨を発表。システム開発者が中心となって機能改善を進めていましたが、データ分析の結果を踏まえて、マーケティング担当者の関与を増やすことになりました。その後も成長を続け、2024年4月にはパッケージ出品数が10万件を突破しています。

担当者の思い付きでデータ集計・グラフ作成するのではなく、事前に検討要素を洗い出し、ステークホルダーと認識を揃えてから分析を行うことがポイントです。成果物のイメージをすり合わせることで、後から「ほしいものと違った」「知りたいことはこれではない」といった手戻りが起きるのを防ぎます。

上記のステップを何回も繰り返すうちに「これが重要なビジネスイベントだ」「いつも同じディメンションで比較している」と気付き、「データ利用者が本当に求めていたテーブル」を構築できるようになります。データエンジニアが考える理想のテーブルを押し付けるのではなく、データ分析者の実践的なノウハウやニーズを踏まえてテーブルを設計することで「使われるデータ基盤」となります。

【2】異なるファクトを束ねたファクトを定義する

ランサーズの「依頼」ファクトテーブルを紹介します。異なるビジネスイベントを横断して分析できるように「複数のファクトを束ねたファクト」を定めています。

ランサーズで仕事を受発注するときには、前述の「パッケージ方式」だけではなく、「プロジェクト方式」「コンペ方式」など、複数の方式から選ぶことができます。方式ごとに仕事のステップは異なるのですが、方式を横断して指標を比較したい、という分析ニーズがありました。

例えば「デザインの仕事はこの方式での受発注が多い」と分かれば、フリーランスのデザイナーにはその方式をおすすめできます。また、パッケージのリニューアル後には、「どのカテゴリーでパッケージ利用が増えたのか」「パッケージの影響で利用が減ってしまった方式はないか」といった疑問が生じました。

そこで、横断でデータを比較できるように、図7の形式で、共通のステップを定義しました。ランサーズ社内では、クライアント企業のニーズが顕在化するステップを「依頼」として定めています。依頼の件数、UU（ユニークユーザー数）、金額を比較することで、マーケティング活動やプロダクト改善に活かすことができます。この「依頼」という概念は、あくまで社内のデータ分析で使うための非公式のキーワードであり、ウェブサイトで社外向けに掲載している言葉の使

観点	内容	性質
グラフ	積み上げ棒グラフ	3次元での比較
y軸（1次元）	成約件数	ファクト
x軸（2次元）	成約年月	ディメンション - When
内訳（3次元）	カテゴリー	ディメンション - What

図5　データ可視化の項目要件

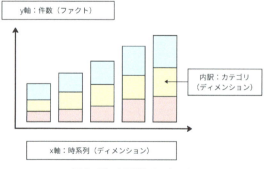

図6　データ可視化のスケッチ

方式	ステップ					
	1	2	3	4	5	6
プロジェクト		公募	提案	合意	作業開始	納品・完了報告
コンペ		公募		制作物の提出		当選発表
パッケージ	出品	相談		購入	作業開始	納品・完了報告
横断指標		依頼		成約		完了

図7 方式別のステップと横断指標

い方とは必ずしも一致していません。

データウェアハウス上で、各方式のデータを結合して「依頼」というファクトテーブルを作成しました。データ分析者はBIツール経由でこのテーブルにアクセスします。図8が構成図です。

方式ごとに表示画面や扱う項目が異なるため、プロダクトのデータベース（OLTP）ではテーブルを分けています。一方で、データ分析の観点ではテーブルを横断して分析できるように、データウェアハウス（OLAP）に専用のファクトテーブルを作成しています。

業務システムやプロダクトの仕様に依存せず、ビジネスとして計測したい単位にあわせてテーブルを作っていくことが、データ分析を加速させるためのポイントとなります。このようなデータ分析用のテーブルが増えて、横断での集計が容易になると、データウェアハウスやデータモデリングの恩恵を実感できることでしょう。

【3】複数のデータを統合して部署横断のディメンションを整備する

先ほどの「依頼」ファクトテーブルの取り組みでは、1つのデータベースに含まれる3つのテーブルを統合しました。一方で、「ユーザー」ディメンションでは、図9のように、2つの異なるシステムのデータを統合し、ユーザー行動を複眼的に分析できるようにしています。

1つはウェブサイトのデータベース（MySQL）に含まれている「ユーザー登録情報」です。デザイナーやライターといった「職種」情報や「2024年2月に

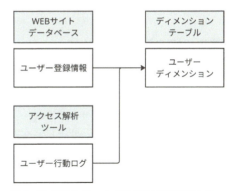

図9 MySQLとGoogleアナリティクスを統合した「ユーザー」ディメンション

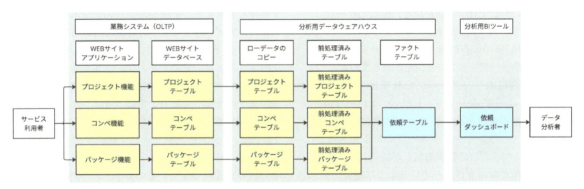

図8 依頼ファクトテーブルの構成図

○○円の報酬を得た」といったデータが保存されています。

もう1つは、アクセス解析ツール（Googleアナリティクス）に含まれている「ユーザー行動ログ」です。「2024年1月に https://www.lancers.jp/work/search/design ページにアクセスした」といった情報が保存されています。

これらのデータを組み合わせることで「このウェブページを訪問したユーザー」が「どのような職種」で「どのくらい報酬を得ているのか」といった分析が可能になります。

さらに、まだ取り組みの途中ではありますが、営業チームが使っている営業管理ツール「Salesforce」や、マーケティングチームが使っている問い合わせ対応ツール「Zendesk」「Channel Talk」のデータを統合すれば、さらに多面的なユーザー像を把握できるようになります。全員が同じデータ基盤上で「ユーザー」の利用状況を確認し、部署横断で一致団結してユーザー体験向上を追求できるようになると期待しています。

【4】複数サービスのデータを統合してグループ会社横断のディメンションを整備する

「依頼」ファクトや「ユーザー」ディメンションは、ランサーズという1つのウェブサービス内でのデータ統合でした。さらに広げて、複数サービスのデータを統合した「グループ会社の横断ユーザー」テーブルの事例を紹介します。

ランサーズグループでは、これまで紹介してきた「ランサーズ」とは別に、専任エージェントがマッチングを仲介する「ランサーズエージェント」や、現役のエンジニアやデザイナーと学びたい人をオンラインでマッチングする「MENTA」など、複数のサービスを運営しています。この3つのサービスの「ユーザー」テーブルを図10のように統合し、グループ会社横断での「ユーザー」ディメンションを作成しました。

データ統合により、グループ会社横断でLTVを計測できるようになります。LTVとはLife Time Valueの略で、顧客1人が生涯にわたって企業にもたらす価値）の略で、ランサーズグループのビジネスモデルだと「ユーザーごとの報酬総額」が該当します。ランサーズ単体では稼ぎが減っているように見えても、エージェント経由の仕事をメインで扱うように切り替

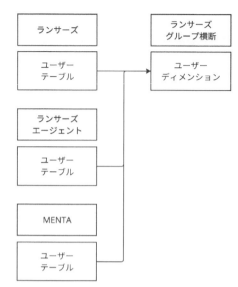

図10　グループ会社横断の「ユーザー」ディメンション

えたり、MENTAで弟子を育てて仕事を任せたりしているのかもしれません。事業部単体のデータだけを見ると「ユーザーの利用が減った」とネガティブな評価になりますが、横断で見ると「ランサーズグループのサービスを利用し続けている」とポジティブな評価になります。事業部横断での集計が容易になると、データ基盤の恩恵を実感できます。

また、2020年にランサーズグループがMENTAを買収した際には、ランサーズとMENTAの利用状況の重なりを集計し、M&Aの成果（シナジー効果）をモニタリングすることにも役立ちました。サービス間でのシナジー効果を確認できると、データ分析によってM&Aや新規事業の立ち上げといった経営施策を後押しできます。データエンジニアが本書の意義を経営陣にアピールするときの好例と言えるでしょう。

最近では「ランサーDB（データベース）」という社内ダッシュボードで上記のテーブルを参照しています。ランサーDBのダッシュボード画面は、社長室のモニターに投影しており、常にコーポレートミッションを意識しながら経営がなされるようになっています。「1人のランサーがサービス横断でどのくらい報酬を得ているのか」「カンパニー全体でどのくらい仕事の機会を提供できているのか」「ランサーズの仕事だけで生活できる水準の報酬を何人に提供できている

のか」を確認できます。

本書はディメンショナルモデリングがメインですが、データの前処理についても本稿で補足説明します。サービス横断でのデータ統合は、必ずしも100%の精度ではなく、「ユーザーIDが紐付くケースではユーザーIDで判定する」「そうでない場合はメールアドレスをハッシュ化した値で判定する」など、利用可能なデータを組み合わせて「分かる範囲で統合する」というアプローチを取ることになるでしょう。

そのため、各テーブルに紐付く「ユーザーID」や「メールアドレスのハッシュ値」のようなキーとは別に、複数のデータを統合した後のサロゲートキーが必要となります。ランサーズの横断分析では、サロゲートキーとして「crm_id」という分析用IDを独自に発行し、「1人のユーザー＝1つのcrm_id」となるようにデータを整備しました。各テーブルのキーからサロゲートキーを取得できるように、図11のような変換用の「Hub」（ハブ）テーブルを用意しています。

このような前処理を得意とするデータモデリング手法として、ディメンショナルモデリングとは別に、近年「Data Vault 2.0」という手法が注目されています。Data Vault 2.0は、データの役割に応じてHub、Link、Satellite、PIT（Point In Time）、Bridge、Referenceといったテーブルに分ける設計手法です。

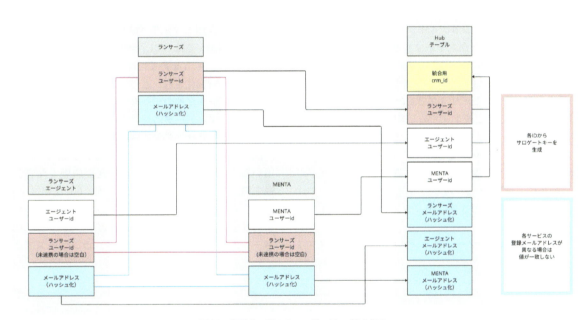

図11　複数サービスのユーザーテーブルの統合

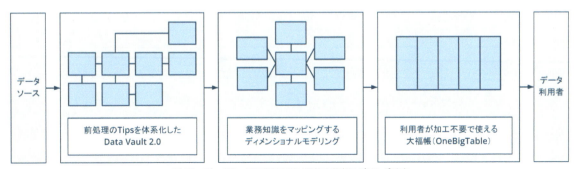

図12　データウェアハウスにおける代表的なモデリング手法

複数のデータを統合するときに、データ構造の変化を吸収し、柔軟性を持ちやすい特性があります。今回紹介した Hub テーブルは、Data Vault 2.0 で紹介されている同名のテーブル設計手法を参考にして、独自に解釈・拡張した実装となります。

また、Data Vault 2.0 やディメンショナルモデリングと並んで紹介されることが多いのが「OBT：One Big Table」というテーブル設計手法で、大福帳やワイドテーブルと呼ぶこともあります。OBT では、ファクトとディメンションを事前に結合して、列の多い（横長）1 つの大きなテーブルをデータ分析者に提供します。OBT の実践例については、NE 株式会社の寄稿で紹介できればと思います。

図 12 のように、Data Vault 2.0 で前処理を行い、業務知識をディメンショナルモデル（スタースキーマまたはスノーフレークスキーマ）として表現した後、OBT の形式でデータ利用者に提供するといった構成が考えられます。いずれにせよ設計の中心となるのはディメンショナルモデリングですので、まずは本書の内容を押さえることをおすすめします。

【5】データ加工ツールを導入して
　　データモデリングを加速させる

最後に、ランサーズのデータ活用を支えるテクノロジーについて紹介します。主なシステム構成は図 13 のとおりです。

プロダクトユーザーがウェブアプリにアクセスすると、ユーザー登録や成約といった情報がデータベース「Amazon Aurora MySQL」に保存されます。データ転送ツール（ETL ツール）「Embulk」でデータベースからデータを抽出し、データウェアハウス「BigQuery」にコピーします。BigQuery に保存したローデータを、データ加工ツール（ELT ツール）「Dataform」で、分析用のテーブルへと加工します。Embulk や Dataform の処理は、ワークフロー管理ツール「Digdag」を経由して起動します。最後に、データ分析者は BI ツール「Redash」を使って BigQuery のデータを参照します。ソフトウェアの動作環境は、コンテナ管理ツール「AWS Fargate」で構築しています。

データモデリングの推進には、Google Cloud の提供するデータ加工ツール「Dataform」が欠かせません。Dataform では SQL でデータ加工処理を管理・実行します。SQL を書くだけで図 14 のように処理の依存関係が可視化され、どのデータが先に処理されるか、どのデータが他のデータに影響を与えるかが一目でわかります。データ処理の全体像を把握しやすくなり、データモデリングが容易になります。

Dataform ではバージョン管理システム「Git」を用いることで、SQL ファイルの変更履歴を保存し、過去の集計ロジックを復元できます。Git をホスティングするサービス「GitHub」で SQL ファイルの変更内容を表示し、プルリクエストという機能で他メンバーへのレビュー依頼も可能です。ランサーズでは、

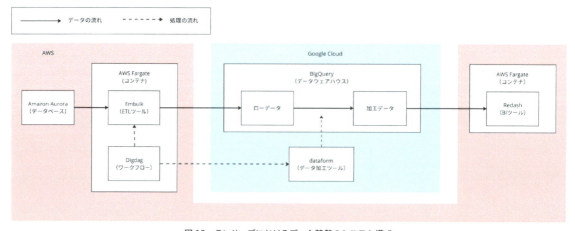

図 13　ランサーズにおけるデータ基盤のシステム構成

図14　Dataformの画面サンプル[*1]

GitHubでプルリクエストが承認されると、SQLの変更内容が自動で本番環境に反映されるようになっています。レビュー、変更、復元が容易だと「データ加工処理を間違って削除してしまったらどうしよう」といった不安を軽減し、安心してデータモデリングを推進できます。

また、Dataformには、データの品質と正確性を保証するための「アサーション」というテスト機能が備わっています。「値が0以上であること」や「NULLではないこと」など、データが満たすべき条件を定義すると、データが更新されるたびに自動チェックが行われます。問題が検出された場合はメールやチャットに通知を送り、迅速にデータ品質問題を検知・修正することが可能です。テストが充実すると品質の担保されたテーブルをデータ分析者に提供できるようになります。

Google Cloudが外部からDataformを買収した後、公式機能として一般提供を再開したのは2023年6月でした。ランサーズではそれまで、3つの異なるシステムでデータ加工処理を作成・管理していました。

- データウェアハウス「BigQuery」のコンソール画面でビューを作成・管理
- ワークフローエンジン「Digdag」の設定ファイルで加工テーブルを作成・管理
- BIツール「Redash」で集計クエリを作成・管理

1つディメンションを追加しようと思っても、3つのシステムで影響範囲を調べ、個別に変更していかないといけません。Dataformで一元管理するとSQLファイルの影響反映を検索・一括置換するだけで完了できるようになります。従来のシステムを5年以上運用してきたこともあり、まだ完全に移行・統合しきれてはいないのですが、Dataformの活用が広がるに連れて、徐々に運用保守が容易になっています。

なお、Dataformと同様の機能を持つOSS（オープンソースソフトウェア）として「dbt」（data build tool）があり、NE株式会社と株式会社クラシコムの寄稿で事例を紹介しています。

【まとめ】

本書の内容を活かすための5つのノウハウを解説しました。必ずしも教科書通りのプロセスや成果を出せたわけではなく、まだ挑戦中の取り組みも含まれていますが、その試行錯誤も含めて、実践的な視点を提供できたのであれば幸いです。本稿が、データ分析にかかわるプロフェッショナル1人1人の役に立ち、個として活躍するための一助となることを願います。

[*1] Google Cloud 公式記事 https://medium.com/google-cloud/modern-data-pipeline-building-with-bigquery-dataform-a5dff0565d3 から引用

エイベックス株式会社

寄稿者：マーケティング・アナリティクスユニット
チーフ・プロデューサー　　　　高畑信吾

　エイベックスは日本を代表するエンタテインメント企業の１つです。BI ツール「Domo」の画面上でファクトとディメンションを選び、自由自在にデータを分析しています。風音屋は５年以上にわたってエイベックスのデータ活用推進に伴走してきました。

　データモデリングによってファクトとディメンションを整備した先にどのような世界が待っているのか。その過程でどのような工夫やマインドが求められるのか。ビジネスの最前線でデータを扱っているエイベックスの事例を通して、ぜひ読者に追体験していただければと思います。

　エイベックスは東京に拠点をおく総合エンタテインメント企業です。主要なビジネスは音楽であり、J-POP、ダンスミュージック、アニメ音楽、EDM など、さまざまなジャンルのアーティストをサポートしています。またライブイベントの企画・制作も手がけており、日本国内外で多くのコンサートやフェスティバルを開催しています。そのほか、アーティストのマネジメントやプロモーションに加えて、音楽出版、映像制作、グッズ販売さらにはアニメ・映像、海外事業など、エンタテインメント産業のさまざまな領域でビジネスを展開しています。

　2017 年 10 月にデータ活用推進をミッションとした組織が立ち上がりました。当時はまだデータ基盤構築に関する情報発信が少なく、公開されている事例はベンチャー企業やスタートアップなど、いずれも社内にソフトウェアエンジニア部隊を有する組織ばかりでした。我々のように社内にソフトウェアエンジニア部隊を持たず、システム開発を外部ベンダーにお願いする立場からすると、参考にすべき箇所と無視すべき箇所を見極めなければいけません。かといって、エンタープライズ企業と取引のある SI ベンダーに相談しようにも、クラウドデータウェアハウスの案件実績を持つところは、当時はほとんど見つかりませんでした。

　そこで風音屋の横山さん（ゆずたそさん）に声をかけ、データ基盤構築のプロジェクト企画・推進を支援していただきました。横山さんは 2017 年当時からデータ基盤構築の事例を積極的に発信しており、しかも複数の SI ベンダーを巻き込んだプロジェクトマネジメントの経験が豊富だったため、我々の社内状況を汲み取ってベストな提案をしてくださいました。

　データ基盤構築にあたり、データ活用プラットフォーム「Domo」とクラウドデータウェアハウス「BigQuery」という２つのツールを導入しました。Domo（ドーモ）を提供する Domo, Inc. はアメリカ合衆国ユタ州に本社があり、社名・サービス名は日本語の「どうもありがとう」から取っているそうです。社内外の各システムから BigQuery にデータを連携するためには、各システムを担当する外部ベンダーにエクスポート処理の開発を依頼しなければならず、データが使えるようになるまでにリードタイムが生じます。BigQuery のデータ連携の開発プロジェクトを進めながら、同時に「ダッシュボードの利便性」を早期に実感するため、Domo の持つデータコネクターの機能を使いデータを収集し、簡単な加工・集計を行った上で可視化し（図1）、関係者にそれらのデータを見てもらうところからスタートしました。

　我々の主要ビジネスである音楽事業において、代表的な指標（ファクト）としては次のようなものがあり、新譜（新しく発売される音楽作品）の企画時やリリース前後にモニタリングしています。

- ストリーミングサービスの再生数
- CD、DVD、BD の販売数
- 各種 SNS のフォロワー数
- YouTube の MusicVideo の再生数
- TikTok や YouTube ショートなどでの UGC（UserGeneratedContents）数

エイベックス株式会社

図1　Domoによるデータ可視化の例（架空のアーティスト）

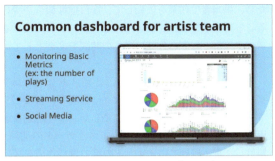

図2　アーティストチーム向けのダッシュボード

これらの指標を「アーティスト名」といったディメンションごとに分けて集計し、アーティストチームにダッシュボードとして提供しています（図2、図3）。

これらの指標のモニタリングはデータウェアハウスとBIツールの導入前には、人の手で集計・加工して作成した膨大なExcelシートとPowerPointスライドで報告がなされていました。意思決定にかかわる役職者が「別の切り口でデータを見ておきたい」と思っ

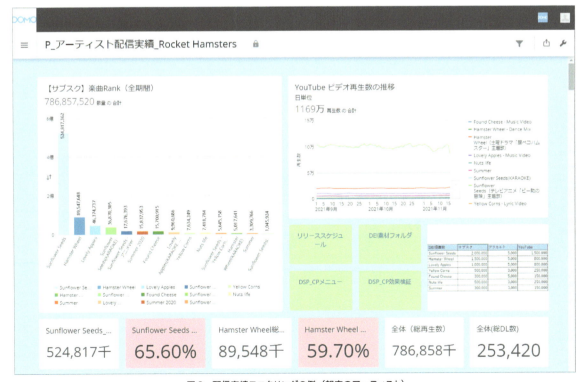

図3　配信実績モニタリングの例（架空のアーティスト）

たら、担当者に作業を依頼して、後日進捗報告を受けることになります。このようにモニタリングに関するデータ集計・転記の作業に多くの時間を必要としておりました。

一方で、動画サイトやSNS、音楽ストリーミングサービスといったチャネルが次々に登場し、音楽ビジネスの環境は急激に変化していました。より迅速な意思決定が求められる反面、参照すべきデータの種類・量は日々増え続けています。人の手で資料作成を続けるには限界がありました。

しかし、データ基盤構築によって状況が一変し、一部の会議では会議の仕方そのものが変わりました。会議の参加者は、その場でダッシュボード上の数値を確認し、建設的なディスカッションを行えるようになりました。データの収集・加工・可視化が自動化されたことで、データの用意に時間を費やすのではなく、意思決定に向けた準備・議論に専念できるようになったのです。

特に意思決定の場面において、BIツールの利用体験は衝撃的でした。画面上でクリックするだけでディメンションとファクト（Domoでは「メジャー」と呼びます）を選んで自由自在にデータの切り口を変えることができます。誰もが自分でデータを探索し、試行錯誤しながらビジネスの改善方針を検討できるようになったのです。こうしたBIツールの価値は、実際に業務で体験して初めて理解できるようになりました。正直なところ、書籍で解説を読んだり、ベンダーの営業デモを見るだけではイメージできていませんでした。

BIツールを使いこなすコツは、後からデータを集計できる状態にしておくことです。ExcelシートやPowerPointスライドで数字を報告する場合は「月次単位」のようにデータを集約して扱うことが多かったのですが、その考え方ではBIツールの機能を活かすことはできません。月次データから日次の集計はできませんが、日次データから月次の集計をすることは可能です。なるべく細かい粒度でデータを保持することが重要となります。

同様に、他システムからデータウェアハウスにデータを取り込む際には、あらかじめデータを加工するのではなく、加工前の生データ（ローデータ）をそのまま受け取ることが重要です。手元にローデータがあれば、後からデータウェアハウスやBIツールで加工することは可能です。しかし、手元に加工済みのデータしか存在しない場合、後から加工方法を見直したいと思ったら、他システムからデータを送り直してもらわ

図4　エイベックスにおけるデータ基盤のシステム構成

ユーザー利用状況

Monitoring	○○を参照
Discussion1	Q. 改善されているか？ ○○部門：YES / NO。理由。 ○○部門：YES / NO。理由。 ○○部門：YES / NO。理由。 結論：YES / NO。理由。 →（YESの場合） 各社内に成果をPRしてください。次の協力を引き出す布石に
Discussion2	Q. 利用状況と提供品質にギャップがないか？ ○○部門：YES / NO。理由。 ○○部門：YES / NO。理由。 ○○部門：YES / NO。理由。 結論：YES / NO。理由。
	→ Q.（問題がある場合）どのような打ち手を打つか？ ○○部門：目標品質を挙げる/下げる。具体案。理由。 ○○部門：目標品質を挙げる/下げる。具体案。理由。 ○○部門：目標品質を挙げる/下げる。具体案。理由。 結論：目標品質を挙げる/下げる。具体案。理由。

システム障害

Monitoring	○○を参照
Discussion	Q.問題があるか？ ○○部門：YES / NO。理由。 ○○部門：YES / NO。理由。 ○○部門：YES / NO。理由。 結論：YES / NO。理由。
Next Action	Q.（問題がある場合）どのような打ち手を打つか？

ジョブ実行状況

Monitoring	○○を参照
Discussion	Q.問題があるか？ ○○部門：YES / NO。理由。 ○○部門：YES / NO。理由。 ○○部門：YES / NO。理由。 結論：YES / NO。理由。
Next Action	Q.（問題がある場合）どのような打ち手を打つか？

インフラキャパシティ

Monitoring	○○を参照
Discussion	Q.問題があるか？ ○○部門：YES / NO。理由。 ○○部門：YES / NO。理由。 ○○部門：YES / NO。理由。 結論：YES / NO。理由。
Next Action	Q.（問題がある場合）どのような打ち手を打つか？ ○○部門：チューニング / インフラ増強。具体案。理由。 ○○部門：チューニング / インフラ増強。具体案。理由。 ○○部門：チューニング / インフラ増強。具体案。理由。 結論：チューニング / インフラ増強。具体案。理由。

システムコスト

Monitoring	○○を参照
Discussion	Q.問題があるか？ ○○部門：YES / NO。理由。 ○○部門：YES / NO。理由。 ○○部門：YES / NO。理由。 結論：YES / NO。理由。
Next Action	A.（問題がある場合）どのような打ち手を打つか？ ○○部門：チューニング / 予算の見直し。具体案。理由。 ○○部門：チューニング / 予算の見直し。具体案。理由。 ○○部門：チューニング / 予算の見直し。具体案。理由。 結論：チューニング / 予算の見直し。具体案。理由。

図 5　風音屋のシステム運用改善シート

なければいけません。そのため、BigQuery にはローデータを保存するための置き場を用意しています。

システム構成は図 4 のようになっています。エイベックスが提供するサービスに加えて、外部の動画サイトやソーシャルメディア、音楽ストリーミングサービスのデータを BigQuery に統合し、Domo をはじめとする各ツールに連携しています。これら一連のデータパイプラインのジョブは Airflow というワークフローエンジンで管理しています。

データ基盤の利用人数やジョブの実行時間など、システムの運用状況を継続的にモニタリングしています。毎月 1 回、関係者が風音屋さんのシート（図 5）に記入して、定例会議で改善アクションをディスカッションし、Todo チケットとして進めていきます。このサイクルを 5 年以上ずっと繰り返してきました。システム構築はゴールではなくスタートです。納品して終わりではありません。データ利用者の意見やシステム運用の現状を可視化し、システムの使いにくい点は修正しつつ、データ活用を前進させることが重要です。

データ基盤の利用状況をモニタリングするにあたり、最初は MAU（Monthly Active User）という指標を重視していました。対象月に 1 回以上のアクセスがあったユーザーの人数です。図 6 を見ると、利用拡大期には社内ユーザー数が右上がりとなり、データウェアハウスや BI ツールが徐々に普及したことが分かります。一定の利用人数に達した後は、質を重視

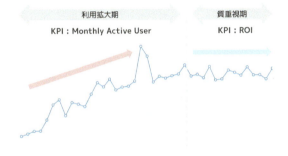

図 6　データ基盤の利用状況

する方針に切り替えました。頻繁に使われるデータを共通化してデータ分析者の工数を削減するなど、ROI（費用対効果）の向上にフォーカスした施策を講じています。

2024 年現在、会議でのダッシュボード閲覧に閉じず、データ基盤の活躍はさらに広がっています。図 7 では、BI ツールの機械学習・AI 機能を使って、旧譜（過去にリリース済みの音楽作品）の再生実績から今後の再生数の予測値を算出しています。予測値が黒線、実績値が青線、閾値の範囲が水色です。予測値と実績値の差異の大きさが一定の閾値を超えた際に、プレイリスト戦略チームやアーティストチームにアラートが飛ぶように設定されています。予想を上回る再生数の急上昇、要するに「バズり」を早期に検知する仕組みです。

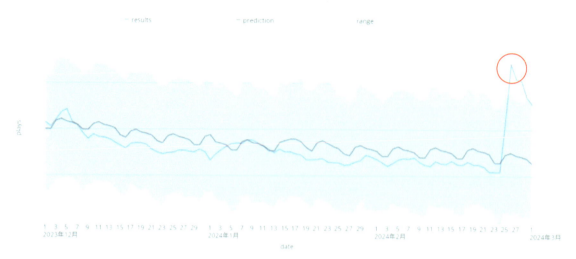

図7　閾値を超えた「バズり」の検知

　2023年10月には8曲がアラートに上がりました。いずれもSNSやYouTubeで話題になり始めているようでした。「バズリ」の要因を分析し、あるプレイリストの需要があるという仮説を立て、これら8曲を含むオウンドのプレイリストとして即日公開した結果、音楽ストリーミングサービスのプレイリストランキングにチャートインを果たしました。BIツールの機械学習・AI機能を使いこなしてマーケティング活動に組み込んだ事例となります。Domoが機械学習・AIの機能「Domo.AI」を一般公開したのは2023年9月です。そこから1か月足らずのうちに業務成果につなげることができました。

　最後にお伝えしたいこととしては、データを自由自在に扱える楽しさやビジュアライズの美しさなど、テクノロジーを使って「楽しい」と思えることが一番大事だということです。2017年に取り組みを始めた当初は途方に暮れていましたが、「データを使ってこんなことができたらいいな」と思っていたことを、次々と実現できるようになりました。お世話になっている風音屋さんをはじめとして、社内外の関係者が楽しみながら挑戦を続けてきた結果です。エイベックスは、人が持つ無限のクリエイティビティを信じて、世の中に驚きや感動を届けることを使命としています。この寄稿を通して、エンタテインメントを楽しむのと同じように、データ活用の試行錯誤を楽しむためのヒントを得ていただければと思います。

株式会社クラシコム

寄稿者：執行役員 ビジネスプラットフォーム部 部長
高尾清貴

> 株式会社クラシコムは「北欧、暮らしの道具店」を運営し、ネットショップでの商品販売やメディアでのコンテンツ発信を行っています。風音屋では3年以上にわたって、クラシコムのデータ活用推進を支援してきました。
> どのようにECサイトのKPIを設計し、モニタリングしているか。どのように集計ロジック（ファクトとディメンション）を管理しているか。どのようなツールやテクノロジーを活用しているか。実践的な事例やノウハウを紹介できればと考えております。

クラシコムは、「フィットする暮らし、つくろう。」をミッションとして掲げています。「自分の生き方を自分らしいと感じ、満足できること」を「フィットする暮らし」だと考え、多くの人のフィットする暮らしづくりに貢献することを目指しています。クラシコムが運営するライフカルチャープラットフォーム「北欧、暮らしの道具店」には3つの側面があります。

- D2C（direct to consumer）：ユーザーの暮らしにフィットする商品の販売を行っています。アパレル、キッチン、インテリア雑貨などが主力商品です。
- コンテンツパブリッシャー：ライフカルチャーを表現する記事や動画等のコンテンツを、自社サイトやSNS等の多様なチャネルから配信しています。
- ブランドソリューション：当社の保有するブランドやケイパビリティを活用し、クライアント企業のブランディング上の課題に対する総合的なマーケティングソリューションを提供しています。

図1で示すように、事業を運営する過程で「コンテンツ」や「ブランド」、そして「データ」を自社のカルチャーアセットとして蓄積・活用しています。具体的には以下のようなデータを扱います。

- ECにまつわる注文データ、会員データ
- ウェブ、アプリ上の行動ログ
- 読み物や動画などコンテンツに関するデータ
- 商品の在庫データ、発注データ
- 顧客対応データ
- SNSアカウントのデータ
- 予算データ

D2Cの売上高を図2のようなKPIツリーに分解して、時系列での推移をウォッチしています。新規会員登録数や顧客継続率（リピート率）についても確認しており、一般的なEC小売と同じ構造になっています。

KPIダッシュボードではプラットフォーム（ウェブ／アプリ）ごとに各指標を一覧化し、YoY（Year on

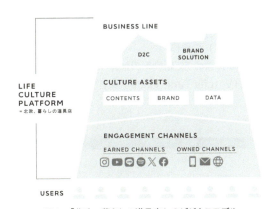

図1 「北欧、暮らしの道具店」のビジネスモデル

図2 D2C事業のKPIツリー

Year：前年比）の値と比較できるように表示しています。Looker という BI ツールを用いて、柔軟にディメンションを指定してデータを絞り込めるように設定しました。図 3 が画面イメージです。

- 出荷日（集計を会計年度、会計四半期、月次、週次、日次で変換可能）
- プラットフォーム（ウェブなのかアプリなのか、アプリは iOS なのか、android なのか）
- 定価販売なのか、セール販売なのか
- 新規注文なのか、リピート注文なのか
- 決済手段は何か
- 流入経路はどこからだったのか

KPI の推移を確認するのとあわせて、「発注数量に対する消化率」や「ユーザーを新規・リピートに切り分けた上での売上推移」など、多面的な軸でデータを探索できるようになっています。

他にも「継続購入分析」と呼んでいるダッシュボードを重視しています。EC における「注文」のビジネスイベントに注目し、以下のような指標をモニタリングすることで、事業の健全性を確認しています。

- 1 か月後の F2 転換率（初購入月ごとに初購入から 1 か月後に 2 回以上のお買い物をしたお客様の割合）の推移
- 2 か月後の F2 転換率の推移
- LTV（Life Time Value：顧客生涯価値）の推移

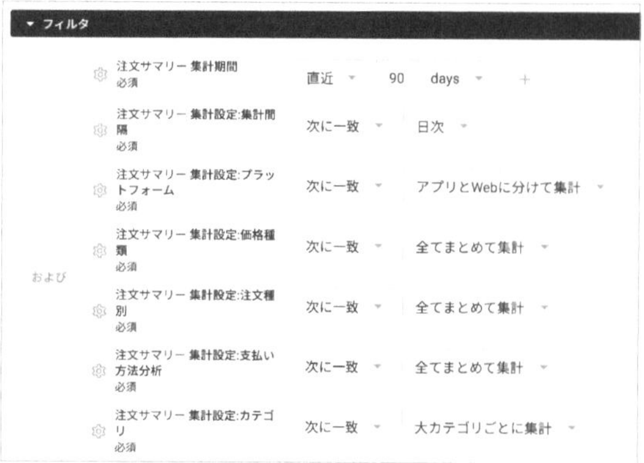

図 3　ディメンション指定によるデータの絞り込み

毎月の取締役会では、これらの KPI レポートの数字を経営陣で確認しています。予算立案時の予測値とのずれについて「想定と異なることが起きていないか」とみんなで考察を行っています。予測と実測が乖離するようであれば、「何かがおかしいのかもしれない」「前提を見直すべきかもしれない」と議論することで、経営を健全な状態に保つようにしています。

弓道には「正射必中」という言葉があります。動作を正しく行うことに集中すれば後から結果はついてくるという意味です。的にあたった（最終的な売上高が好ましい結果になった）としても、フォームが崩れている（各指標の予測と実測に乖離がある）場合、どこかに不調をきたす可能性があります。データ分析はフォームを確認するための「健康診断」の役割を果たします。

データ分析は「会社の意思決定をドラマチックに動かすような活動ではない」と位置付けています。KPIレポートで扱う指標の多くは、変動させるためのレバーを会社側が握っていません。例えば、CVR（コンバージョンレート：購入者数÷お店の訪問者数）は、売上高に直結する指標ですが、仮に「明日の CVR を○○％にしよう！」と言ってみたところで、目標を達成できる方法はありません。良い商品企画をし、良いコンテンツを作り、適切なマーケティングチャネルでお客様に呼びかけることで、結果として CVR が高かったり、低かったりする日が生まれるのであって、CVR そのものをコントロールするのは難しいと考えています。

同様に、商品やコンテンツの企画段階で「アイデア出し」をサポートするのは難しいと考えています。企画とは新しいものを生み出す作業に他ならず、担当者が日々の暮らしの中で抱いた「動機」に勝るような提案を、データ分析から提出するのは難しいと感じています。

一方で、自社がコントロールレバーを握れるような指標については必達の目標としておいています。商品の購入はお客様の意志によって行われますが、発注はクラシコムの意志によって行われるので（もちろん取引先様の状況もありますが）制御が可能です。マーチャンダイジングの部門が見ている「在庫指数」は「当月月末の在庫金額÷来月の売上額予測値」で計算される指数で、バイヤーはこの数字が適正な範囲に収まるように月内の発注を調整します。在庫指数が高すぎるのであれば、商品の販売につながるような施策を行い、在庫が消化されるまで発注を控えます。逆に、在庫指

数が低すぎれば、売れ行きを見ながら発注を行います。
　企業活動は「キャッシュをアセットや商品に変換し、商品を販売することでキャッシュを得る活動」と捉えることができます。KPI モニタリングでは、図4の「矢印の流れ」を可視化することで、健康診断を行いつつ、商品の生産量や仕入れ量を適正化し、在庫回転率や定価消化率の改善に寄与しています。

　企業の健康診断を機能させるには「はかる」「わかる」「かわる」という3つのステップがあるように思います。「はかる」とは、体重計で体重を計るように、データで現状を確認することです。「わかる」とは「自分の体調はこういう状態なのか」と発見（インサイト）を得ることです。「かわる」とは「怠けずに運動をしよう」などのアクションにつなげることです。健康診断の土台にあるのが体重計、つまりデータ基盤です。体重計に乗るだけで体重を計れるように、正確なデー

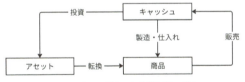

図4　モニタリングすべき企業活動の流れ

```
# dimension

dimension_group: order_date {
  label: "注文日"
  type: date
  timeframes: [
    date, week, month, fiscal_year
  ]
  sql:  ${TABLE}.order_date ;;
}

dimension: platform {
  label:"プラットフォーム"
  description: "IOS / ANDROID / WEB"
  type: string
  sql: ${TABLE}.platform ;;
}

dimension: product_name {
  label:"商品名"
  type: string
  description: "色やサイズで分けた商品名"
  sql: ${TABLE}.product_name ;;
}
```

```
# fact

measure: price {
  label: "注文金額"
  description: "税抜注文金額"
  type: sum
  sql: ${TABLE}.price ;;
}

measure: quantity {
  label: "商品点数"
  type: sum
  sql: ${TABLE}.quantity ;;
}

measure: member_count {
  label: "注文者数"
  type: count_distinct
  sql: ${TABLE}.member_id ;;
}

measure: unit_member_price {
  label: "顧客単価"
  description: "注文金額 / 注文者数"
  type: average_distinct
  sql_distinct_key: ${member_id} ;;
  sql: ${TABLE}.price ;;
}

measure: unit_product_price {
  label: "商品単価"
  description: "注文金額 / 商品点数"
  type: number
  sql: ${price} / ${quantity} ;;
}
```

LookML の画面イメージ

```
summary_order.view ▼
756   dimension: order_date {
757     label: "注文日"
758     hidden: yes
759     allow_fill: no
760     type: date
761     datatype: date
762     sql: ${TABLE}.order_date ;;
763   }
```

図5　LookML によるディメンションとファクト（メジャー）の指定

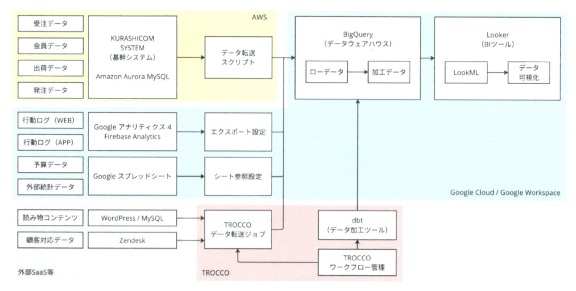

図6　クラシコムにおけるデータ基盤のシステム構成

タに素早くアクセスできる環境を作ることで、迅速な意思決定を行えるようになります。

先ほど紹介したLookerのダッシュボードでは、ディメンションを指定するとデータを絞り込めるようになっていました。Lookerでは、図5のLookMLと呼ばれる設定ファイルにディメンションとメジャー（ファクト）を記載することで、ディメンショナルモデリングを実現することができます。

データ分析者がLookerを使う裏側は、図6のシステム構成になっています。左から右への矢印がデータの流れを表しています。

データ転送ツール「TROCCO」で複数の業務システムからデータを取得して、データウェアハウス「BigQuery」に書き込み、社内外のデータを1箇所に統合しています。例えば、お問い合わせ対応システム「Zendesk」と注文を管理しているデータベース「MySQL」のデータを統合すると、問い合わせ件数と注文件数を比較できます。注文件数が増えていないのに、問い合わせ件数だけが増えている場合、トラブルを早期発見できます。

BigQueryのデータを加工する形でデータモデリングを行っています。データ加工ツール「dbt」で複雑な前処理を行い、Lookerで最終的なディメンションとファクトを設定しています。dbtはオープンソースのソフトウェアで、集計処理の依存関係を管理できる機能や、集計結果をテストできる機能があります。データの品質担保に関する処理はdbtが、利用者へのデータ提供に直結する部分はLookerが責務を担っています。

ちなみに、クラシコムはTROCCOの「dbt連携機能」を世界で初めて導入したユーザーとなります。風音屋さんがTROCCOの開発責任者と連携して導入を推進しました。便利なサービスを活用することや専門家に支援を受けることで、データ基盤の構築を加速できたように思います。

最後に本稿のまとめです。クラシコムではデータ分析を「健康診断」と位置付けており、D2C運営のKPIをモニタリングしています。実測値が予測値と乖離している場合には、BIツールの機能でディメンションごとにデータを探索し、原因を特定します。「社内に専任のデータ人材が1人もいない」と話すと驚かれることがあるのですが、風音屋さんをはじめとした外部の力を借りながら、BigQueryやTROCCOといったデータ基盤システムを活用し、Lookerによるディメンショナルモデリングを導入することで、柔軟な「健康診断」を実現できているのだと思います。これからも自分たちの組織にフィットするデータ基盤の在り方を模索していきます。

株式会社商船三井

寄稿者：経理部　　　　　　　　清家久詞

> 株式会社商船三井は、貨物船などのアセット（資産）を活用し、世界中で海運事業を営んでいます。経営指標として、資産の収益性を図る「ROA: Return On Asset」（総資産利益率：利益÷資産）に注目し、2035年の目標を定めております。この寄稿では、会計データを柔軟に分析するためのデータモデリングについて、実践的な事例を紹介します。
>
> 風音屋では3年前から商船三井とのお付き合いがあり、直近では会計データの集計・分析を効率化・高度化するためのプロジェクトを支援してきました。経理部のスタッフによるExcelシートの転記作業・集計作業をシステムによって自動化し、BIツールで柔軟に分析できる状態を目指しています。

商船三井は海を起点とした社会インフラ企業として、世界中の人々の暮らしや産業を支える世界経済の持続的発展に不可欠な企業として重要な役割を果たしています。海運事業としては世界第2位の船隊規模で、運航隻数873隻を運航し100か国以上に寄港しています[*1]。

商船三井は、近年、財務体質が大きく改善したことを踏まえて、事業フィールドを拡張しながら新たな成長を目指すため、経営計画「BLUE ACTION 2035」[*2]を策定しました。この経営計画の中で、2035年に向けた事業ポートフォリオを変革していく基本方針を打ち出しました（図1）。

事業別ROAを重要指標に設定し、各事業の成長性・環境戦略性も踏まえつつ、全社の収益性がボラティリティ（変動）を上回るようにアセット配分を進めます。海運事業は比較的市況のボラティリティの高い業種で

[*1] 2024年3月時点での公開情報に基づいております
[*2] https://www.mol.co.jp/ir/management/plan/pdf/blueaction2035.pdf

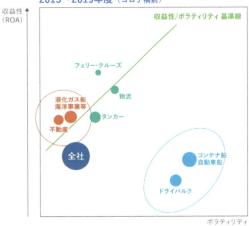

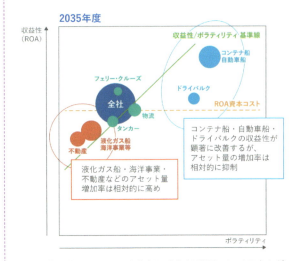

図1　事業ポートフォリオの変革（円の大きさは投下アセット量を表す）

すが、安定収益型の事業と非海運事業の比率を高めることで、投資拡大によるリスクテイクと海運不況時でも黒字を維持できる事業ポートフォリオを両立させることがねらいです。

事業ポートフォリオの変革にあたって、より良い意思決定を行うために、事業別ROAを精緻かつタイムリーに分析する必要があります。

事業別 ROA 算出のベースとなる事業セグメントごとの損益と資産の実績値は会計システムから出力できます。しかし、将来の損益見通し数値や管理会計の観点から事業セグメント間で調整するアセット量など、会計システムでは保持していないデータがあります。さらに、現在の日本会計基準ではオフバランスシートとなる傭船料（借りている船舶に対して将来支払う予定の借船料）に関して、事業別のアセット量を独自に算出しています。

これらの数値を組み合わせて事業別 ROA を計算するのですが、いずれも Excel ファイルとして別々に管理されており、社内のオンラインストレージに散在しています。以前は、これらをさらに別の集計用の Excel に転記して分析を行っていました。手作業での転記のため、集計と計算結果にミスがないかの確認に時間を要していました。

事業別 ROA 集計業務が財務部から経理部へ移管されたタイミングで、データ分析の業務フローを見直しました。経営管理高度化に向けて、風音屋さんのサポートを受けながら会計データのデータモデリングを進めました。最初に取り組んだのはアウトプットの要件定義です。

これまでは、事業セグメントと勘定科目のマトリックスからなる巨大な Excel 帳票と、前回からの差異要因を文章で定性的に説明したワードファイルを用いて経営への報告が行われていました。何が起きているか細かく説明されている良い資料ではあったのですが、課題がある事業セグメントや科目を一目で把握するのには向いていない報告形式でした。

新しい報告では、まず全社的な ROA の推移を示し、そこから事業セグメントや勘定科目でドリルダウンし、課題を発見しやすい形式にしています。ペーパーモックアップで複数のビジュアライズを検討したのですが、派手なグラフは適さないことが分かったので、最終的にはシンプルなテーブル表示を採用しました（図 2）。

次に、ダッシュボードを表示するために必要なデータ項目を洗い出しました。図 3 のように、ファクト（から生成される指標）とディメンションのマトリックスを書き出し、階層構造を整理しています。これらを組み合わせることで「○○年○月の○○事業における○○科目は○○円で、昨年度に比べて±○○円（±○○％）の差異が生じている」といった柔軟なデータ分析を実現できるようになります。

ただし、Why または How に相当するであろう「前回差異要因」を構造化データとして持たせることは、

全社時系列 ROA

2021	2022	2023	2024
10%	15%	10%	15%

事業セグメント

事業セグメント	ROA	前回比
○○○事業	10%	+ 1pt
○○○事業	12%	− 2pt
○○○事業	15%	+ 3pt
○○○事業	17%	− 4pt

勘定科目

勘定科目	金額	前回比	
○○費	100,000	+ 1,000	+ 1%
○○費	120,000	+ 3,500	+ 3%
○○費	130,000	− 1,200	− 1%
○○費	110,000	+ 1,100	+ 1%
○○費	170,000	− 2,800	− 2%
○○費	110,000	+ 2,100	+ 2%
○○費	180,000	− 1,900	− 1%
○○費	100,000	+ 2,800	+ 3%

前回差異要因

- XXXXXXXXXXXX
- XXXXXXXXXXXX
- XXXXXXXXXXXX

図 2　会計ダッシュボードのスケッチ（値はダミー）

株式会社商船三井

指標	集計単位	When: 事業年度	四半期	年月	Where: 全社	事業セグメント	Who: 全社	会社別	What: 勘定科目（階層1）	勘定科目（階層2）	勘定科目（階層3）	相手勘定・摘要（階層1）	相手勘定・摘要（階層2）	相手勘定・摘要（階層3）
ROA	値（○○%）													
ROA	YoY 変化率（±○○%）													
B/S	金額（○○円）			✓		✓					✓			
B/S	YoY 変化量（±○○円）			✓		✓					✓			
B/S	YoY 変化率（±○○%）			✓		✓					✓			
B/S	割合（例：A 社が○○%）													
P/L	金額（○○円）													
P/L	…													

図3 会計モニタリングにおける「指標×分析軸」のマトリックス

初期フェーズでは諦めました。階層を深堀りしていけば「この勘定科目の数字が変動している」「この事業の数字が変動している」といった「差異が生じている箇所」を特定することは可能です。しかし、為替変動のようなケースを除き、なぜその差異が生じたかは会計データからはわからず、各現場部署へのヒアリングが必要となります。差異要因に関するレポート生成の自動化は将来的にチャレンジしたいテーマの1つです。

以上の方針を踏まえて、分析用のテーブルを整えていきました。ファクトテーブルに相当するデータとしては「金額」（○○円）だけを持たせておいて、ROA（利益÷資産）の計算は BI ツールで行っています。その金額に紐付くディメンションの列を設けることで、事業セグメントや会社単位など、任意の切り口でデータの絞り込みを行えるようにしています。BI ツールには「Tableau」を採用しています。

分析用のテーブルを作るには、各部署が作る Excel データを統合する必要があります（図4）。経理部に

受け渡されるまでに日数を要するデータも多く、決算日から ROA 集計の開始するまでにリードタイムが生じていました。各部署の担当者と打ち合わせを重ね、1つずつデータ連携のタイミングを確認・調整しなければなりません。一連のデータの流れを見直した結果、事業別 ROA の報告までのリードタイムを大幅に改善できました。

また、各部署の Excel データは、データ分析で使われることを想定しておらず、人間にとって見やすい（Human Readable）帳票として作成されており、プログラムが自動処理しやすい（Machine Readable）形式ではないケースが多かったです。現行業務はそのデータ形式を前提としているため、勝手にフォーマットを変更することはできません。対象となるすべての部署に働きかけて業務フローや管理システムを変えるには、それなりに期間や予算が必要となります。いきなりの変更は現実的ではありません。

そのため、既存のファイルをそのまま取り込み、「Alteryx」というツールを用いて、データの加工・整

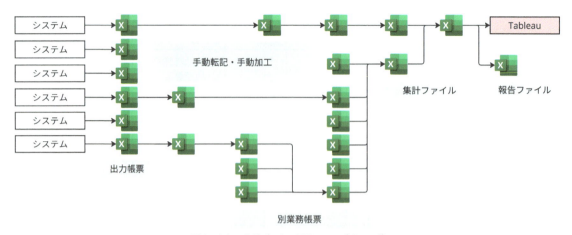

図4　当初の会計データの処理フロー（イメージ）

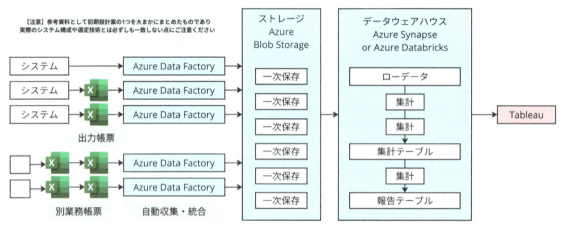

図5　システム移行後の会計データの処理フロー（初期設計案の1つを参考として掲載）

形を行っています。AlteryxはGUIで操作でき、集計途中の値を確認できるといった機能もあるため、ツールの使い方を覚えてしまえば、経理部のメンバーでもクイックに開発が可能でした。ただ、人事異動や後任への引き継ぎを考慮すると、ある程度のITリテラシーが求められ、経理部だけで運用を続けるには限界があります。継続的な運用を見据えると、本格的なデータ基盤への移行が必要です。

現在は並行してMicrosoft Azure上で全社データ分析基盤の構築を進めています。Excelで管理しているインプットデータも、元をたどれば社内外の何らかのシステムから出力しているものが多いです。将来的には図5のように周辺システムとAzureを連携させ、データの取得・加工を自動化できるように仕組みを整えたいと思います。さらに、現状のデータをBIツールで可視化するだけではなく、新規投資の意思決定に利用可能なシミュレーションツールへと進化させていき、経営計画で目指す事業ポートフォリオの実現に寄与したいと考えています。

株式会社ビズリーチ

寄稿者：CTO 室データソリューショングループ
前田晴美

> 株式会社ビズリーチは、即戦力人材と企業をつなぐ転職サイト「ビズリーチ」など、HR Tech のプラットフォームや SaaS 事業を運営しています。風音屋では 2 年以上に渡ってビズリーチのデータ利活用を支援してまいりました。
> ビズリーチのデータ利活用を推進する過程は、本書の特徴である「アジャイル」「データモデリング」「コラボレーション」という 3 つのキーワードを体現しているように思います。個々のテクニカルな手法だけではなく、根底にある価値観をぜひ学び取っていただければと思います。

データソリューショングループが目指すのは、「データ利活用の質を高めること」と「データ利活用者を増やすこと」です。組織にはデータアナリストやデータエンジニアが在籍し、社内でデータを活用している社員向けにデータ基盤構築、データ整備、集計・分析、データ利活用に向けた教育を担当しています。

利活用の「質」と「量」を高めるために、図 1 に示す「データ利活用の推進サイクル」という流れを実施してきました。①データ利活用者から問い合わせを受ける、②勉強会やワークショップによって要求・課題の全体像を整理する、③中間テーブルやダッシュボードを構築する、④取り組みの結果を振り返って次の①につなげる、という流れになります。

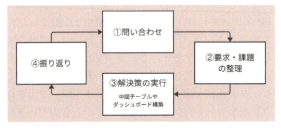

図 1　データ利活用の推進サイクル

「①問い合わせ対応」では、チャットツール「Slack」に問い合わせの専用窓口を用意しています。マーケティング部門やプロダクト部門、営業部門など、ビズリーチの全社内からデータに関する依頼を受け付けています。問い合わせの内容は、テーブル作成や集計・分析の依頼、BI ツールの使い方に関する相談などさまざまです。

最初は 1 つ 1 つの相談に対応していればよかったのですが、徐々に依頼数が増加し、リソースが不足するようになりました。問い合わせのたびに「どのようなデータ（ログ）を取得するか」「どのようにデータをモニタリングするか」を決め、データ基盤作成や分析を行っていたため、収拾がつかなくなったのです。

部門や部署を横断して「データのあるべき姿」についての目線合わせが必要ではないかという課題が出てきました。本書で紹介されている「ディメンションとファクトのマトリックス」は作成していたのですが、まだステークホルダーに浸透しておらず、シートを見せるだけでは共通認識のすり合わせが難しい状態でした。

そういったケースでは「②要求・課題の整理」として、勉強会やワークショップによって全体像を把握するステップを挟むようにしています。例えば、プロダクト部門を対象に、プロダクトマネージャーやソフトウェアエンジニア、デザイナーなど、さまざまな職種のメンバーに集まってもらい、勉強会とワークショップを実施しました。

勉強会では、風音屋さんに「プロダクト開発におけるログ設計やモニタリングの勘所」を講義していただきました。その内容を踏まえた上でワークショップを実施しています。ワークショップでは、ログ要件定義やテストといった各工程の 1 つ 1 つ取り上げて、KPT 法で「Keep」（現在できていること）「Problem」（解決したい課題）「Try」（改善アクション）を議論しました。

勉強会とワークショップを実施した結果、参加者の視野が広がりました。ログ取得やモニタリングについ

株式会社ビズリーチ

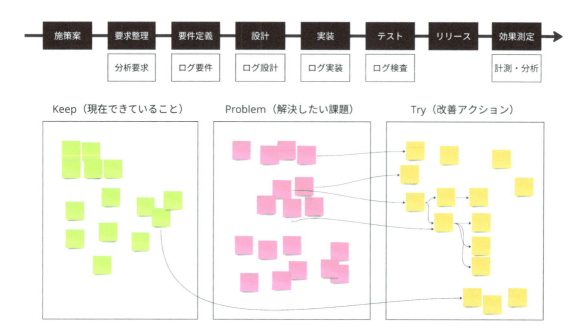

図2　Miroを使ったディスカッションの様子

て相談を受けるときには「このデータがあれば自分の担当業務の要件は満たせる」というコミュニケーションが多かったのが「どういうログの取り方をしたら今後のデータ利活用において使いやすいだろうか」といった事業目線での相談へと変わっていきました。

また、新しいプロダクト施策を企画するときには、企画の初期段階からログ設計やモニタリングについて部署間で活発に相談や議論が行われるようになりました。データ利活用の「質」と「量」を高めるという目標に向かって一歩前進したのではないかと考えています。その後、徐々に「ディメンションとファクトのマトリックス」を活用できる土壌も整ってきたように思います。

ワークショップは、オンライン会議ツール「Zoom」のブレイクアウトルーム機能を使ったチーム分けや、オンラインホワイトボード「Miro」でリアルタイムに書き込みながらディスカッションを行うなど、すべてオンライン上で完結しています。図2はMiroの画面イメージです。オンラインツールを活用することで「他チームの発表資料が各自の端末で見やすい」「在宅でも参加可能となる」「記録を残せる」などメリットも多いと感じています。

「③解決策の実行」では、中間テーブルやダッシュボードを実際に構築します。中間テーブルでは、本書で紹介されている「スタースキーマ」を採用しています。採用の背景には、社内のデータの複雑さに起因する問い合わせが多数よせられてきた、という理由があります。

- データ定義書が一部欠損しており、データの仕様を把握するのが難しい。
- 1,000個以上のテーブルが散在し、各部署で独自に作ったデータも混ざっている。
- データ分析時に複数のテーブルを結合すると、処理量が膨れ上がってしまう。

こうした問題に対応するため、第1ラウンドとして、「ビズリーチ」の「契約企業」に関する中間テーブルを整備しました。「7W」における「Who」に該当するディメンションです。このテーブルは2023年3月に社内に公開・告知を行いました。利活用者に向けてデータの仕様を案内するドキュメント（データカタログ）をセットで提供しています。そのときのデータ整備の工程は図3のようになります。

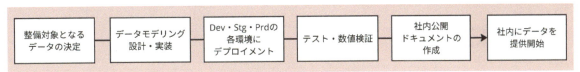

図3　ラウンドごとのデータ整備工程

結果としてデータウェアハウスの利用のうち20〜25%はこの中間テーブルを利用するようになりました。2023年12月時点で1か月あたり約5,000回ほど参照されています。

取り組みの実施後には「④振り返り」を行い、改善アクションにつなげます。中間テーブル整備の場合、第1ラウンドの学びを活かし、第2ラウンドを進めています。

第1ラウンドでは、リソース面で制約があったため、リードアナリストが大部分を設計しました。公開までの期間は短縮できましたが、利用者の意見を十分に反映しきれておらず、設計ノウハウの属人化といったデメリットもありました。

第2ラウンドでは、中間テーブルを利用した人たちの反応を踏まえて設計を見直しています。また、他のメンバーも設計に携わることで、スキルアップやノウハウ共有を実現し、属人化を回避しています。本書のテーマである「アジャイル」や「コラボレーション」に通じる活動ができているのではないでしょうか。

また、社内から要望の多かった「登録者」(求職者)に関する中間テーブルも、第2ラウンドで整備しています。こちらも「7W」における「Who」に該当するディメンションです。ビズリーチは「契約企業」と「登録者」をマッチングするビジネスなので、その2つの「Who」を優先的に構築しました。

本稿では「データ利活用の推進サイクル」について紹介しました。一連の活動の根底には「アジャイル」「データモデリング」「コラボレーション」という3つのキーワードがあったように思います。

- アジャイル：データ利活用者からのフィードバックを踏まえて、データウェアハウスのテーブル設計を見直し、改善サイクルを回している。
- データモデリング：「人材」と「企業」をマッチングするビジネスなので、その2つの「Who」に関する中間テーブルを優先的に構築した。
- コラボレーション：プロダクトマネージャーやデザイナーなど、社内の多様なステークホルダーと対話し、ZoomやMiroといったオンラインツールによってワークショップを実施した。

データ利活用の「質」と「量」を高めるために、引き続きこうした活動を行っていきます。今後はプロダクトへAI技術を実装するためのデータ整備など、さまざまな施策についても同じようなサイクルをスモールスタートで進めていこうとしています。その中でさらにビジネスの成果に大きく貢献できそうなものがあれば、部署横断でプロジェクト化し、多くのステークホルダーと一緒に挑戦していきたいと考えています。

NE 株式会社

寄稿者：マーケティング統括部　　　　　　　熱田亮

　NE 株式会社は、複数ネットショップを管理する SaaS 型 EC Attractions「ネクストエンジン」を運営し、5,600 社以上（2023 年 1 月時点）の EC 事業者を支援しております。年間 1 兆円を超える流通データを扱っており、2021 年に 13.2 兆円であった国内物販の EC 市場[*1]と比して相当の割合を占めており、EC モール横断のデータとして他に類を見ないものとなっています。

　風音屋では 2 年以上にわたって、NE のデータ基盤構築を支援してきました。ディメンションやファクトのテーブルを作る前後でデータをどのように持つのか。どのようなテクノロジーを用いてデータモデリングを実現するのか。実践的な事例やノウハウを紹介できればと考えております。

　NE のデータ基盤の全体像は図 1 のようになっています。本稿ではこれらのテーブル構成や技術スタックについて紹介します。

　弊社のデータ基盤では Google Cloud の BigQuery を採用しており、保守性や拡張性、変更容易性等を担保するため「Data Lake（DL）」「Data Warehouse（DW）」「Data Mart（DM）」の 3 つのレイヤーに分けて構築しています。この 3 層構造は『実践的データ基盤への処方箋』や『データマネジメントが 30 分でわかる本』といった書籍を参考にしました。

　Google Cloud では「プロジェクト」と呼ばれる単位でコストを管理できるため、3 つの層に対応させる形で 3 つのプロジェクトに分けました。DW 層では大規模なデータ集計が行われることが多いため、DW 層のプロジェクトに予算枠を多く割り当てる、といったコスト最適化を行っています。

　Data Lake（DL）層は図 2 のようになっています。社内の業務データベースを Embulk で、社外の広告データを Airbyte で取り込み、加工せずに元データのコピーをそのまま BigQuery に保存しています。Embulk や Airbyte はデータの取り込み処理を簡単に実現できる OSS です。Google が提供するサービスについては、BigQuery の機能でデータ取得を完結しています。

　BigQuery には複数のテーブルをまとめた「データセット」と呼ばれる箱があります。DL 層のデータセットは、データソース（データの取得元）と 1 対 1 の関係になるように構築しました。どのシステムから流れてきたデータなのかがすぐに判断できるようになるため、長期的にチームの管理コストが下がるだろうと考えました。

[*1]　経済産業省「令和 3 年度 電子商取引に関する市場調査 報告書」より

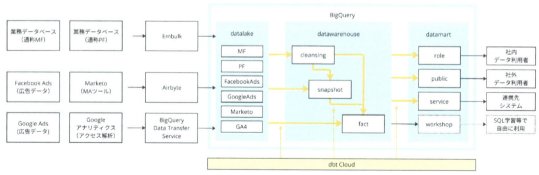

図 1　NE におけるデータ基盤のシステム構成

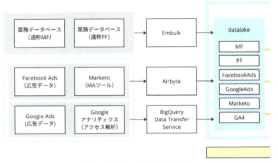

図2　DL層へのデータ連携

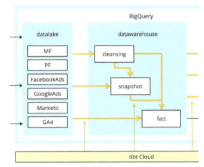

図3　DW層でのデータ加工

　DL層に蓄積されたデータは、データ加工ツールであるdbtを利用してデータクレンジング（手直し・前処理）を行い、DW層へと流し込んでいます。「加工後のデータを蓄積するだけで十分だ」とDL層を作らないでおくと、クレンジングの処理内容に問題があった場合やビジネス状況の変化によって加工処理を変更する場合に、各システムから再度データを取得することになります。ちょっとした修正のために、わざわざ10年以上の取引データを再取得するのは合理的とは言えません。そのため、DL層とDW層を分けて構築しています。

　Data Warehouse（DW）層は図3のようになっています。データを加工するための中間レイヤーです。なるべく管理しやすく、変更に耐え、柔軟かつ安全にデータ利用ができるように工夫しました。各データセットの役割について説明します。

　「cleansing」データセットには、クレンジング済みのデータが格納されています。クレンジングでは、重複データを削除する、文字列型になっているデータを適切な型に変換する、タイムゾーンをUTC（協定世界時）からJST（日本標準時）へ変換する、機密情報をマスキングするなど、データ利用者がデータを扱いやすいように加工しています。

　「snapshot」データセットにはログや履歴を格納し、日次や月次でスナップショットを取得しています。顧客の契約ステータスを管理しているシートでは、ステータスが日々更新されてしまい、最新状態しか分からないといったケースがあります。スナップショットを毎日取得・格納することで、過去の推移を確認できるようになります。特定の時期に契約ステータスが滞りやすいといった特徴が分かったり、「契約ステータスが1か月前から変化していないので架電して状況を確認しよう」といったアクションにつながります。本稿執筆時点ではシンプルな定期保存にしていますが、dbtにはSCDタイプ2でスナップショットを自動保存できる機能があるため、切り替えを検討しています。

　「fact」データセットには、ビジネスイベントごとのファクトテーブルを構築しています。ユーザーのクリック単位でレコードを追加するなど、ビジネス上の最小粒度でデータを管理することで、今後の変更に耐える設計にしています。月次集計されたものをファクトテーブルとしてしまうと、後から日次で見たいと思ったときに戻すことができなくなるためです。cleansingやsnapshot内にディメンションに相当するテーブルがあるため、それらのデータと結合することで柔軟なデータ探索が可能となります。

　Data Mart（DM）層は図4のようになっています。データ利用者が直接アクセスできるレイヤーで、「データの利便性」と「データの安全性」を両立することが重要です。利用者ごとにデータの置き場を分け、権限管理を徹底しています。テーブル更新時には影響範囲やアナウンス先を限定できるため、利用者の要件に応じて柔軟に設計を見直せるようになります。

　社内利用者には「role_xxx」データセットを提供しています。営業向けにはrole_salesデータセット、カスタマーサクセス向けにはrole_csデータセットがあります。role_engineerデータセットにはシステム監視用のテーブルを配置するといった用途も考えられます。

　社外利用者には「public_xxx」データセットを提供しています。グループ企業（Hamee株式会社）や研究機関（東京大学）に対し、Google Cloudが提

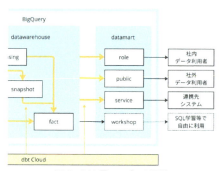

図4　DM層でのデータ提供

供するAnalytics Hub経由でデータを連携しています。東京大学へのデータ提供時には、店舗名や商品名をマスキングし、代わりに機械学習・生成AIによる商品カテゴリー分類の推定結果を付与しています。

他システムには「service_xxx」データセットを提供しています。Chatシステムにはservice_chat、商品システムにはservice_productなど、連携先を容易に判別できる名前を付けます。

上記とは別に「workshop」データセットを用意しています。他社ではsandboxと名付けることもあるようです。利用者が自由にテーブルやビューを作成できる環境で、唯一dbtによるコード管理の対象外となります。SQLを勉強したり、単発のリスト抽出を行うときに使います。

DM層では、DW層のファクトテーブルとディメンションテーブルを結合し、必要な列をすべて備えた横長のテーブル（大福帳：ワイドテーブル）を作っています。利用者はデータ結合に手間を割かずに済みます。SQLを書けなくても、GoogleスプレッドシートからBigQueryにアクセスして、1つのテーブルからデータを抽出すれば、後はシート上でフィルタリングや集計をすることが可能です。BIツール（Looker Studio）からアクセスするときにも、加工処理が不要で、すぐにデータを可視化できます。

紹介した内容はあくまで弊社の事例です。プロダクトや企業によっては必ずしもこのデータ構成が合うとは限りません。現在のデータセット構成を決めるにあたって、風音屋さんにサポートをいただいて複数の設計パターンを比較検討し、関係者で話し合いながら設

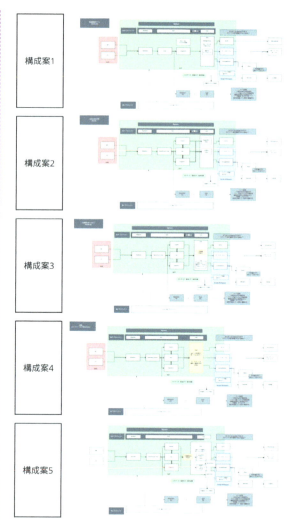

図5　複数の設計パターンの比較検討した例（モザイク加工済）

計を進めていきました（図5）。

安易な思い込みで自社に合わないデータモデリングを進めてしまうと、いざ組織にデータ活用を普及させようとしても、都度変化する要求の対応に追われ、本質的な活動をする余裕がなくなってしまっただろうなと思います。データ基盤構築をアジャイルに進めるには「専門的な知見」「関係者との対話」「自社に合う設計を考える姿勢」が重要ではないでしょうか。

学校法人 北陸大学

寄稿：経済経営学部教授／学長補佐（情報・IR 担当）
　　　田尻慎太郎

北陸大学における「IR（学校運営のためのデータ収集・整備・分析）」や「データサイエンス教育」といった取り組みを紹介します。大学のような非営利組織を運営するにあたって、データエンジニアリングやデータモデリングの知見が役に立つことをお伝えできればと思います。

北陸大学や嘉悦大学をはじめとする各大学のIR 担当者には、以前より風音屋の活動を参考にしていただき、教育学術新聞[1]や MJIR（大学情報・機関調査研究集会）の発表[2]といったオフィシャルな場で関連書籍を引用いただいております。

大学には、学生数、教職員数、授業の出欠や成績、入試結果、学納金や奨学金、図書館利用、就職、国家試験の点数、ひいては運動部の成績までさまざまなデータが存在し、何十年にもわたって在籍したすべての学生のデータを保持しています。民間企業と比較してもこれだけ詳細で大量の顧客情報を持つ会員制のサービスは珍しいのではないでしょうか。

これらのデータは主に学校基本調査という統計目的に使用され、大学運営には活用できていませんでした。企業であれば営業努力次第で売上を伸ばせますが、大学の場合は顧客となる学生数の定員が国に管理されており、学納金収入をそれ以上増やせません。定員相当の学生が集まっていた時代においては、大学は必死に経営努力をする必要はなかったのです。

データのサイロ化も阻害要因の 1 つです。個人情報が含まれることから、データは担当課内にとどめたほうが良いとされていました。各課が利用するシステムは別々で、成績データを見られるのは教務課だけ、入試の成績はアドミッションセンターだけ、就職先を知っているのは就職課だけとなります。ある入学者層が、どのような学習過程を経て、どの進路に向かうのかという縦断的な分析はできませんでした。

一方、アメリカでは 50 年以上前から IR の取り組みがなされてきました。IR とは、インスティテューショナル・リサーチの略で、学校運営における意思決定や計画立案のための調査活動です。アメリカの各大学にはデータ収集・整備・分析を扱う部署（IR オフィス）が存在し、大規模大学や州公立大学システムの情報部門にはデータエンジニアが配置されています。

日本の状況は少子化の影響を受けて 2000 年代から急激に変化します。2002 年に認証評価制度が定められ、国公私立すべての大学は第三者評価を受けることが義務付けられました。特定の評価項目について自己点検評価書を作成し、データ編と資料編からなるエビデンス集を添付して提出しなければなりません。各大学の評価担当部署が学内のデータの収集・整理・報告・公開の役割を担うようになりました。

2010 年代になると、認証評価制度の評価項目や補助金申請の調査票で IR について言及されるようになり、各大学で IR オフィスが急ピッチで整備されました。文部科学省の調査によると、IR 専門部署を設置している大学は 2012 年度に 81 大学であったのが 2021 年度には 775 大学中 400 大学まで増加しました。専門部署は設けていないが、教職員の併任による委員会方式の組織を設けている大学は 207 大学あり、あわせると 78.3% の大学で IR が業務として位置付けられているようになったのです[3]。

新設された IR 専門部署に異動を命じられた大学職員の多くが「一体何をすれば良いのか」と頭を抱えたものでした。2019 年、筆者は北陸大学（石川県金沢市、学生数：約 2,400 名）に情報・IR 担当の教員と

---

[1]　田尻慎太郎（2022）データ分析基盤としての IR ─ 学内でどのように実現するか ─, 教育学術新聞, 2888 号

[2]　白鳥成彦（2022）予算・人材が少ない小規模大学のための IR 基盤とデータ分析基盤の作成 ─ データの集める場所と方法に注目したデータインフラガイド ─, 第 11 回 大学情報・機関調査研究集会

[3]　日本 IR 協会監修, 塚本浩太編, 井芹俊太郎, 近藤伸彦, 松田岳士他（2022）大学 IR 標準ガイドブック ─ インスティテューショナル・リサーチのノウハウと実践, インプレス R&D

して着任しました。担当スタッフは1人しかおらず、学生アンケートの結果をExcelで集計するくらいのことしかできていませんでした。IRで評判の8大学を訪問調査することから始めたのですが、大学ごとに仕組みはまったく異なり、ヒアリングでは「BIツールを使うべき」「Excelだけで十分」など、正反対の意見がよせられました。データマネジメントやデータエンジニアリングの知見が大学に普及しておらず、各大学が独自に工夫を凝らしていた段階だったのです。そういった状況で、データ基盤領域の第一人者である風音屋さんの情報発信は大きな助けとなりました。

北陸大学では、2020年度に規程の整備、データ収集・活用のルール作り、セキュリティ対策などの環境を整え、2021年度からBIツール「Tableau Cloud」を活用した「分権型教学IR分析システム」の運用を開始しました。SQLを書ける職員がいないという状況を鑑み、Googleドライブにデータを集約させ、データ加工ツール「Tableau Prep」による加工を経て、Tableau Cloudへと連携しています（図1）。Googleドライブの大学向けライセンス「Google Workspace for Education」では100TBまで無償で使えるため、費用を大幅に削減できました。

現在、Tableau Cloudには、入試、学籍、学内成績、出席、外部試験、課外活動・奨学金、進路、留

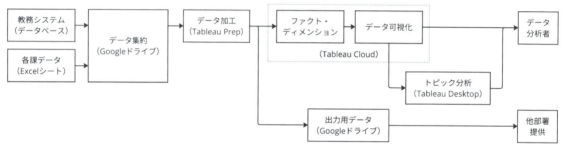

図1　北陸大学におけるデータ基盤（分権型教学IR分析システム）の構成

階層	ディメンション	ファクト（メジャー）
全学レベル	学部、学科、入学年度、履修年度、学期、学年、出身高校分類、オープンキャンパス実施日、入試種別大分類、入試種別小分類、入試科目、就職先企業名、企業コード、就職先業種、進学先大学院名、進学先研究科名、奨学金区分、奨学金名称、課外活動区分、クラブ区分、クラブ名、教室名	収容定員数、収容定員充足率、入学定員数、入学定員充足率、学生数、教員数、S/T比、留年者数、留年率、休学者数、休学率、退学者数、退学率、入試得点、オープンキャンパス参加者数、志願者数、受験者数、合格者数、手続き者数、入学辞退者数、入学者数、志願倍率、実質倍率、歩留まり率、卒業率、標準修業年限卒業率、就職希望者数、インターンシップ参加者数、内定者数、内定率、進学希望者数、進学決定者数、進学決定率、進路決定率、教室稼働率
学科レベル	科目群、必修／選択、科目名、科目コード、クラス名、クラスコード、担当教員名、教員コード、専任／非常勤、教員性別、教員国籍、教員年代、曜日、時限、アクティブラーニング実施、オンライン教育実施	合格科目数、履修単位数、修得単位数、修得単位率、GPA、通算GPA、科目単位数、不合格率
科目レベル	成績評価名称、成績評価コード、科目合否	成績評価点、科目GP、授業回数、履修者数、出席者数、出席率
学生レベル	受験番号、入試合否、学籍番号、性別、国籍、留学生、出身国、出身地、出身高校、留年、休学、休学開始日、休学終了日、退学、退学日、留学、留学学期、留学先国名、留学機関名	高校評定平均値、TOEIC点数、コンピテンシーテスト点数

図2　北陸大学のIRで活用しているデータの種類

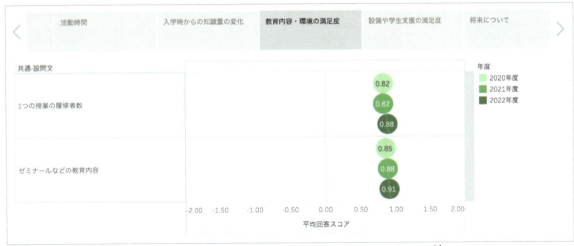

図3　Tableau Public で公開されている学生調査（2020-2022）の結果[*4]

学、アンケート調査、トピック分析の10個のプロジェクトが用意されています。ディメンションとファクト（Tableau では「メジャー」と呼びます）には図2のようなデータが含まれます。

　Tableau Cloud ではこれらのデータを用いて可視化を行います。本稿執筆時点で28個のダッシュボードが学内に公開されており、学内の上部会議である教学運営協議会のメンバー全員にライセンスを配布しています。各学生向けには、個人単位の学修履歴データをダッシュボードにした「ディプロマ・サプリメント」を作成し、学期ごとに PDF で配布しています。また、各種アンケート調査の集計結果は、オンラインサイト「Tableau Public」で一般公開しています（図3）。

　従来、大学組織では Google Workspace や Tableau Cloud などのクラウドサービスの利用は一般的ではありませんでした。2021年に政府情報システムのためのセキュリティ評価制度（ISMAP）に基づいて安全性の評価を受けたクラウドサービスのリストが公表されたことにより、積極的にクラウドサービスを採用する大学が出てきました。参考までに他校の取り組みについても紹介します。

　嘉悦大学[*5]（学生数：約1,000名）は IR システムを自前で構築し、月2万円という低コストで運営しています（図4）。Google Cloud のデータウェアハウス「BigQuery」と BI ツール「Looker Studio」により、学業成績を「学修ポートフォリオ」として可視化しています。学部レベルのポートフォリオは教授会でカリキュラムの見直しに使われています。個人単位のポートフォリオは学生と担当教員に学期ごとに配布し、当該学期の目標を一緒に立てるなど、IR データを教学施策に役立てています。

　桜美林大学[*6]（学生数：約1万名）では、教学データに基づいて将来の GPA を予測し、個々の学生にフィードバックする取り組みを行っています。2021年度からは学生データの一元管理のためにデータ基盤を構築し、学生が1年間でどれくらい成長したのかを把握できるようにしています。

　東京理科大学[*7]（学生数：約2万名）では、データ活用による学生1人1人への最適な教育の提供を目指しています。BigQuery でデータを一元管理し、ア

[*4]　https://public.tableau.com/app/profile/hu.ir/viz/2020-2022_16915628414400/2022

[*5]　白鳥成彦（2024）学生の成長と教学 IR, 嘉悦大学・北陸大学 IR シンポジウム 2023

[*6]　・川崎昌（2021）機械学習による GPA 予測を用いた e ポートフォリオ活用の試み，2021年度私立大学情報教育協会教育イノベーション大会
・マイナビ進学総合研究所（2023）大学として提供する"教育の質"を、データによって保証したい，https://souken.shingaku.mynavi.jp/column/interview-obirin/

[*7]　Google Cloud 公式ブログ（2022）東京理科大学：全学の教学データを集約するデータ分析基盤を Google Cloud 上に構築し、個別最適化した教育の実現へ，https://cloud.google.com/blog/ja/topics/customers/tokyo-university-of-science-data-analysis-platform-on-google-cloud

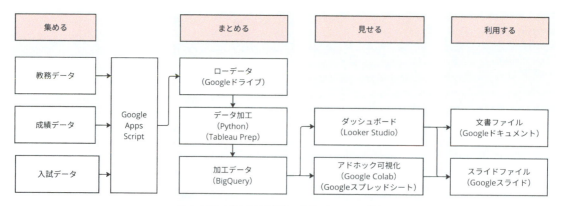

図4　嘉悦大学における学生の成長のためのIR基盤

クセス管理やデータ分析が容易にしました。Google Cloudが提供するVertex AIのAutoML機能を用いてGPA予測モデルを構築予定とのことです。

北陸大学はIRだけではなくデータサイエンス教育にも注力しています。政府は「AI戦略2019」において、文理を問わずすべての大学・高専の卒業生全員にあたる年間50万人が数理・データサイエンス・AIに関するリテラシーを習得するという国家目標を掲げました。文部科学省によって「モデルカリキュラムを満たしている」と認定された教育機関は、2021年から本稿執筆までの3年間で382件です。特に優れたプログラムはプラス選定されますが、その基準は厳しく、選定された私立大学は6校のみで、北陸大学はそのうちの1校となります。

2022年度から始めた「データサイエンス・AI教育プログラム」[8]は、全学部の1年生全員を対象とした必修科目です。Tableauを提供するセールスフォース・ジャパンと連携してカリキュラムや教材を作成しました。ハンズオン動画でTableauの基本操作を学んだ後、キャンパス内の売店やカフェテリアの販売データ、IR室が保有する学生調査アンケートの回答データを用いてデータ分析に挑戦します。

経済経営学部の2年生全員が履修する「統計学Ⅰ」では、データ分析ソフトウェア「Exploratory」を用いて検定から統計分析までを学び、選択科目となる「統計学Ⅱ」では機械学習を学びます。その他、データウェアハウス「Snowflake」を用いた金沢市内の出店分析や、機械学習プラットフォーム「Dataiku」を提供するDataiku Japanと連携した携帯電話顧客の解約予測の特別授業を実施しています。

一部の教職員や学生は学外コミュニティでも活躍しています。Snowflake Japan主催のデータ分析コンテストでの受賞、Tableauの認定制度「DATA Saber」への挑戦、Salesforce本社によるコミュニティリーダー「Tableau Academic Ambassador」の任命など、多数の実績を北陸大学のサイト[9]で公開しています。

政策主導で進んできたIRとデータサイエンス教育ですが、その背景にはデータ利活用を巡るグローバル競争で苦戦を強いられている現状があります。各大学がさらなるデータ活用を実現するには、これまで以上に民間企業との連携が不可欠です。また、本書の内容をはじめとして、民間企業が開拓してきたデータ整備のナレッジや取り組みには、参考にすべき点が多々あります。大学組織に限らず、多くの非営利組織にとってデータ活用推進のヒントになることでしょう。

---

[8] 田尻慎太郎・杉森公一（2024）教室内反転学習と企業連携によるデータサイエンス・AI教育

[9] https://www.hokuriku-u.ac.jp/sptopics/datascience.html

国立大学法人 東京大学

寄稿者：経済学研究科 金融教育研究センター
特任研究員　　　　　　　　　　横山翔

　東京大学の授業におけるデータ分析の事例を紹介します。民間企業の提供データを「ファクト」、オープンデータを「ディメンション」として扱い、シンプルなスタースキーマの形式で提供することで、学生たちが柔軟なデータ分析を行うことができました。

　風音屋では2023年度、2024年度の2年間に渡り、東京大学における今回の授業を支援してまいりました。民間企業だけではなく教育現場や研究活動といったアカデミックな環境でもデータモデリングが役立つことをお伝えします。

　筆者は風音屋で培った知見を社会に還元すべく、東京大学の特任研究員を兼任し、「民間企業のデータを用いた経済分析」や「学生向けのデータ分析の授業」に取り組んでおります。本稿では授業の取り組みを紹介します。

　授業概要は図1となります。プロアクティブラーニングセミナーはいわゆる「サブゼミ」なのですが、正規の授業として位置付けられており、本ゼミとは別に単位が出ます。渡辺先生に代わり、筆者（横山）がメインの講師を担当しております。

　授業は4つのステップに分かれております（図2）。初日はプログラミング言語である「Python」の基本的な紹介とハンズオンを行いました。授業の前半では、Pythonを使って計量経済分析のハンズオンを行いました。

　授業の後半では「ネクストエンジン」が保有するECサイトの取引データを使って実証分析を行いました。天候などのオープンデータと組み合わせて重回帰分析を行ったり、商品カテゴリー別に物価指数の推移を可視化するといった取り組みを行いました。

　最終日にはゲストを招いて成果発表会を行いました。NE株式会社からは執行役員・三原様とデータマ

内容	Pythonによるデータ分析の実践
大学	東京大学 経済学部（東京都文京区）
授業名	プロアクティブラーニングセミナー
期間[*1]	2023年5月～2023年7月
参加者	渡辺努ゼミに所属する学部3年、4年の学生14名
講師	横山翔
ゲスト[*2]	● NE株式会社 マーケティング統括部執行役員 三原信基 ● NE株式会社 データマネジメント部 熱田亮 ● グーグル・クラウド・ジャパン合同会社 カスタマーエンジニア 山田雄

図1　Pythonによるデータ分析の授業概要

STEP	日程	教材	実施内容
#1	初日	神戸大学 春山鉄源先生 「Pythonで学ぶ入門計量経済学」[*3]	Pythonの基本的な紹介とハンズオン
#2	5月-6月		計量経済分析（パネルデータ分析まで）
#3	6月-7月	● ネクストエンジンの取引データ ● オープンデータ（例：天候データ）	実証分析 ● 外部データと組み合わせた重回帰分析 ● カテゴリー別の物価指数の推移の可視化
#4	最終日		成果発表会

図2　授業スケジュール

ネジメント担当・熱田様、グーグル・クラウド・ジャパンからは山田様が参加しました。学生によるプレゼンテーションの後、ゲストと学生とで質疑応答を行いました。

　ネクストエンジンを運営しているのがNE株式会社

[*1] 本稿では23年度春学期の内容を紹介しております。秋学期や翌24年度のプロアクティブラーニングセミナーでも講師を担当しました
[*2] 所属情報は実施当時のものとなります
[*3] https://py4etrics.github.io/

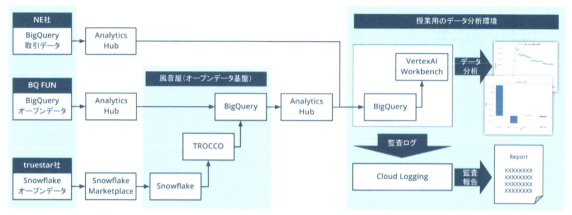

図3 東京大学の授業におけるデータ基盤のシステム構成例

です。例えば、筆者が「ゆずたそストア」という通販ショップを運営して、「ゆずたそシャツ」を2,800円で売りたいと思ったときに、楽天やアマゾンといった複数のプラットフォームで商品を販売し、横断管理できるツールです。

日本国内のEC市場が年間で13.2兆円だと言われており[*4]、ネクストエンジンでは、そのうち1兆円を超える流通データを保有しています。商品名や購入者情報のマスキングやサンプリングをしていますが、それでも1兆円規模の取引データを授業や研究で扱えるというのは、研究機関・教育機関としては極めて有益です。

EC取引データとは別に、天気、気温、カレンダーといったオープンデータも利用しています。天候や気温で売れ行きが変わるのではないか。休日と平日とで通販サイトの使い方が変わるのではないか。そういった仮説をもとにしてデータ分析を行えるようになります。

筆者が事前準備したデータに加えて、学生たちは分析に必要となるデータを自主的に集めてくれました。例えば、楽天やアマゾンでの大型セールの期間を調べて、「日付」「サイト名」「セール詳細」の3列からなるシンプルなテーブルを整備しました。大幅な値引きやポイント還元がなされる場合、顧客の消費行動が変化するであろうことが予想されます。

取引に関するデータは「ファクト」に該当し、天気、気温、休祝日、セール有無といったデータは「ディメンション」に該当します。これらのデータをシンプルなスタースキーマの形式で扱うことで、学生たちはスムーズにデータ仕様を把握することが可能となります。Pythonでファクトとディメンションを自由自在に結合し、データ分析を実施していました。

システム構成は図3となります。図の左半分ではデータ連携の方法を記載しています。データ提供者がGoogle CloudのBigQueryを利用する場合はAnalytics Hubという機能を経由してデータを受け取り、データ提供者がSnowflakeを利用する場合はデータシェアリング機能でデータを受け取っています。オープンデータについては風音屋社内のオープンデータ基盤にて統合し、SnowflakeとBigQuery間のデータの受け渡しにはデータ転送ツールTROCCOを利用しました。複数のExcelシートを学生1人1人が個別にダウンロードせずとも、1箇所にアクセスすれば常にすべてのデータが揃っているという状態を実現しました。

図の右半分は、データ分析の授業で使うための独立したインフラ環境です。権限を厳密に管理し、この環境の中でデータ分析作業が完結するようにしています。学生たちはVertex AI Workbenchでデータ分析を行い、分析結果をレポートとしてまとめました。Vertex AI Workbenchは、Jupyter LabやJupyter Notebookと呼ばれる有名なオープンソースソフトウェアに相当するクラウドサービスで、Pythonの実行環境を提供し、データ分析を支援する機能が充実し

[*4] 経済産業省「令和3年度 電子商取引に関する市場調査 報告書」

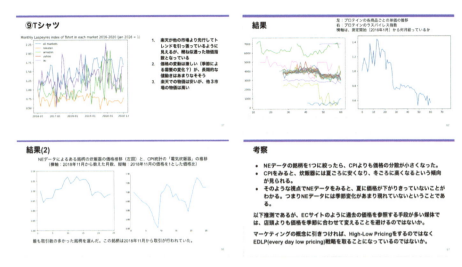

図4 データ分析の授業の成果報告スライド（一部抜粋）

ています。わざわざ教室に集まってモニターにPC画面を投影せずとも、ブラウザ経由でサンプルコードの受け渡しやレビューが完結します。

最終日にはデータ分析の成果発表が行われました（図4）。特定の商品カテゴリーの物価がどのように変動しているのか。国が出しているCPIという物価指数と連動してるのか、それとも違うのか。物価変動の内訳が、高価格帯の商品がたくさんあるのか、低価格帯の商品がたくさんあるのか、それともどの商品も同じような価格帯なのか、といったことを可視化しています。物価班とは別に、マーケティング分野に関心のあるチームでは、重回帰分析を用いてセールや天候の影響を分析していました。

最後に、授業アンケートの結果を紹介します。文意を損ねない範囲で抜粋・編集しております。授業の雰囲気が少しでも伝わればと思います。

- データ分析の雰囲気を体験できて楽しかったです。データ量が多く、最初は戸惑いましたが、調べながらやれば意外とできるんだなと思いました。
- データの結合や重回帰分析など、実践的な分析プロセスを学べました。Pythonを使うのは初めてだったため、手探りの中でコードを書いたり、エラーに立ち向かったりと、大変ではありましたが、達成感を得られました。
- 最初はコーディングや統計手法を難しく感じていましたが、実際に分析を始めると「何をどのように分析するか」「どのように考察するか」のほうがよっぽど難しかったです。
- マーケティングの最前線で働かれている方々の前で成果発表をして、フィードバックをいただけたことは、貴重な機会だったなと感じました。とても良い経験になりました。
- 計量経済学の授業で学んだことを、Pythonで手を動かして再現できました。さまざまな応用方法を想像できるようになったと思います。他の授業を受けるときのモチベーションも上がりました。

プログラミングやデータベースに不慣れな学生たちが、3か月という短い期間で成果報告までたどり着けたのは、本人たちの努力や創意工夫に加えて、モダンなデータ分析環境を整備・提供できたことも大きかったと考えています。テーブル設計の観点では、民間企業の提供データを「ファクト」、オープンデータを「ディメンション」として扱い、シンプルなスタースキーマの形式で提供することで、学生たちが柔軟なデータ分析を行うことが可能となりました。

本稿では大学の授業におけるデータ分析の事例を紹介しました。データモデリングが民間企業だけではなく教育現場や研究活動にも役立つことを理解していただければと思います。

株式会社リクルート

寄稿者：SaaSデータマネジメントグループ
　　　　グループマネージャー　　　　　白子佳孝

　株式会社リクルートのSaaSデータマネジメントグループでは、アジャイルなデータ分析を行えるようにさまざまな取り組みを行っています。より多くの人が、より迅速にデータを分析できるようになることを重視しています。風音屋では1年以上に渡ってリクルートのデータ整備に伴走しています。

　リクルートの事例では、データモデリングはビジョン達成のための武器の1つです。綺麗なテーブルを設計することがゴールではありません。組織にデータ分析を広めるにあたって、データモデリングという活動の位置付けを考えるヒントにしていただければと思います。

　SaaSデータマネジメントグループでは「Airビジネスツールズ[*1]」のプロダクト関係者が意思決定の速度と精度を向上できるように、データ整備やデータ活用支援を行っています。メイン業務を担う役割を当社ではアナリティクスエンジニアと呼んでいます[*2]。

　「Airビジネスツールズ」を利用するクライアントが日々直面する困りごとを解決するには、早期に課題を特定し、迅速に意思決定することが必要です。リクルートでは30分という短いミーティングで意思決定を行う場面があります。

　プロダクトにかかわる人が、限られた時間内で迅速かつ正確な意思決定を行えるように、SaaSデータマネジメントグループでは「1秒で数値の確認」「2分で原因の深堀り」「30分で意思決定」できる状態の実現をビジョンとして掲げています（図1）。

　「1秒で数値の確認」とは、ブックマークしておけばワンクリックで最新かつ正確な数値にアクセスできる状態を指します。そのためにダッシュボードとポータルサイトを整備しています。

　ダッシュボードはステークホルダーに役立つものでなければいけません。「どのデータをどのように視覚化したいのか」「その数値をもとにどのような行動を取るのか」という点について、意思決定者の要望を聞き取りながら、段階的にダッシュボードを構築しています（図2）。

　ダッシュボードのカラーコードや表現方法についてはデザインガイドラインを定めています（図3）。一貫性のあるUI（ユーザーインターフェース）を提供

図1　SaaSデータマネジメントグループが掲げるビジョン

図2　段階的なダッシュボード構築

[*1]　「Airビジネスツールズ」は、『Airレジ』『Airペイ』『Airシフト』をはじめとしたリクルートの業務・経営支援サービス
[*2]　https://blog.recruit.co.jp/data/articles/analytics_engineer_introduction/

カラー	カラーサンプル	カラーコード
注意色（濃）	■	#ff9700
注意色（薄）	□	#ffeacc
警告色（濃）	■	#f55851
警告色（薄）	□	#FDDEDC
成功色（濃）	■	#20aee5
成功色（薄）	□	#D2EFFA

図3　ダッシュボードのカラーコード

することで、ステークホルダーが短時間で直感的に数値を読み取ることが可能となります。

社内ポータルサイトではKPI（重要業績評価指標）の論理定義および物理定義（SQL）を公開しています（図4）。データ利用者がサイトを開けば、すぐに用語や算出方法を確認できるようになっています。GitHub PagesとSphinxで構築しました。

「2分で原因の深堀り」を実現するには、データ分析の迅速化が不可欠です。複雑なSQLを書かなくてもデータを深堀りできるように「信頼できる唯一の情報源」（SSOT：Single Source of Truth）となるテーブルを整備し、SSOTマートと呼んでいます。SQLレシピ集も提供しており、簡単なデータ集計であればサンプルSQLをコピー＆ペーストするだけで実現可能です。

利用者に「信頼できる」と思ってもらうには、品質の維持・担保が重要です。SQLのコーディング規則を設けて保守性や再利用性を高める、テーブル名やカラム名の命名規則を適用して認識しやすくする、データの重複やNULL値の混入を監視するなど、さまざまな取り組みを行っています。その1つがテーブル設計の見直しです。

SSOTマートはワイドテーブル（大福帳）と呼ばれる形式で提供しています。ファクトとディメンショ

図4　KPI定義の社内ポータルサイト

ンを結合した横長のテーブルです。最初はローデータからワイドテーブルを直に作成していたのですが、品質や保守性を向上させるべく、中間のレイヤーを設けるように作り直しているところです。ローデータに前処理や集計ロジックを適用した後、ファクト（fact_xxx）とディメンション（dim_xxx）のテーブルを作成し、最後にワイドテーブルにまとめるという構成を目指しています（図5）。入口と出口は変えずにデータ集計過程を整理するプロジェクトなので「SSOTマートのリファクタリング」と呼んでいます。

このテーブル設計にあたって、風音屋さんとワークショップを開催し、本書に出てくるイベントマトリックスの軽量版を作成しました（図6）。プロダクト利用をモニタリングするためのビジネスイベントとしては「申込」や「契約」が、分析の切り口となる7Wとしては「業種」「都道府県」などの企業属性や「申込日」などの契約情報が挙げられます。データモデリング推進の第一歩として、データの全体像と意味付け

425

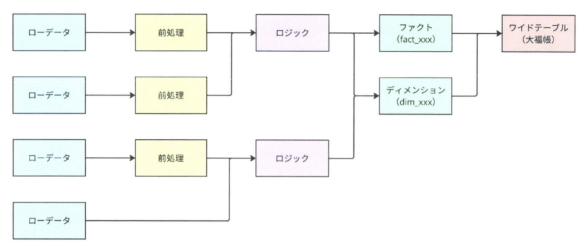

図5 SSOTマートに至るまでのテーブル構成

ビジネスイベント	Who	Where	When			...
	業種	都道府県	申込日	契約日	利用日	
申込	✓	✓	✓			
契約	✓	✓		✓		
利用開始					✓	
...						

図6 Airビジネスツールズのイベントマトリックス（サンプル）

を把握できるようになりました。

SaaSデータマネジメントグループでは「1秒・2分・30分」のビジョン達成に向けて、さまざまな取り組みを行ってきました。データモデリングはビジョン達成のための武器の1つとして位置付けています。綺麗なテーブルを設計することがゴールではありません。我々はまだ目指す世界を実現する途上にあります。さらなるデータ活用推進のため、今後もデータ分析環境を継続的にアップデートしていく予定です。

福岡地所株式会社

寄稿者：DX 推進部　　　　　　　　寺師岳陽

福岡地所グループは九州を代表する不動産総合デベロッパーです。福岡地所では各部署がファクトデータを、DX 推進部がディメンション（マスター）を整備しています。マスターデータの整備にあたっては、業務支援 SaaS やクラウドデータウェアハウスの導入選定から始まり、業務フローの見直しや管理職向けの研修まで行っています。

風音屋では 2 年以上にわたって福岡地所を支援してまいりました。企業がデータモデリングを始めるにあたって、必要なファクトやディメンションのデータを整備しなければいけない場面は多々あるかと思います。福岡地所の取り組みが参考になることでしょう。

福岡地所グループは「福岡をおもしろく」を目指し、不動産総合デベロッパーとして街づくりに邁進しています。成長著しい福岡市において、天神・博多エリアを中心にオフィスを供給しており、近年では天神ビッグバンや博多コネクティッドといったプロジェクトに深くかかわっています。また、キャナルシティ博多といった福岡の象徴となるような商業施設の運営や FORZA というビジネスホテルブランドを全国に展開しています。ビルマネジメントと呼ばれる領域では、建物の運用保守事業を行っています。そのほかにも物流事業やエネルギー、創業支援施設運営などさまざまな活動を行っています＊1。

DX 推進部はグループ全体の IT システムを統括しながら、これらの事業を支援しています。また、「IT を使って意思決定のスピードと確度を継続的に向上させる」という目的を掲げ、会社全体をデータドリブンな組織に変革するために日々活動しています。

担当者が業務に習熟していけば、いわゆる勘・経験・度胸（KKD）だけでも意思決定のスピードと確度は十分な水準になりますが、そのままでは担当者個人のノウハウや暗黙知の域を出ません。データを活用し、再現性を高めることで、組織全体がより早く正確に意思決定ができるようになると考えています。

あらゆる社員がデータを使って意思決定できるように、社内のデータを活用・整備してきました。特に、マスターデータ（ディメンション）の整備については、グループ全体を巻き込み、システムや業務フローを抜本的に見直すことが必要でした。どのようにプロジェクトを推進していったのか、弊社の事例を紹介することで読者の皆様に少しでも参考になれば幸いです。

弊社では図 1 の「データ利活用テーマ設計シート」を用いて、データをどのように意思決定に活用するのかを明記し、いつでもビジネス目的に立ち返ることができるようにしています。ダッシュボードを見せたときに上司から「それで？」と言われてしまったり、「AI を導入する」「データサイエンスで分析を行う」など手段ありきの話ばかりで意思決定につながらない、といったアンチパターンを回避するための仕組みです。

データ利活用テーマは「○○ごとに××を見て、××を増やす（減らす）ために△△する」という形で表現します。○○がディメンション、××がファクト、△△が施策の意思決定となります。これがビジネス要件とデータ要件をつなぐための架け橋となります。例えば、「取引先（ディメンション：Who）ごとに売上（ファクト）を見て、売上を増やすために営業効率の良い業種や規模にアプローチ（施策）する」といったテーマを設計することができます。

シートの項目はシンプルですが、初めて記入するときは苦戦することが多いです。「××を増やす、減らす」の部分を「最適化する」と書き、「△△する」の部分を「検討する」「確認する」と書くなど、曖昧な記載に逃げてしまいがちです。どの指標をどのくらいの目標値に近付けたら最適化できたと言えるのか。検討・確認によってどのようなアウトプットにつながるのか。なるべく具体的に言語化・文書化することがデータドリブンな意思決定に向けたスタートラインだ

＊1　　https://fukuokajisho.com/

図1　データ利活用テーマ設計シートの様式

と考えています。

すべての部門でこのシートを活用するように取り組みを始めました。各部門長、経営企画部門、DX推進部が内容をレビューし、経営戦略と現場ニーズに齟齬がないようにフィードバックを行います。弊社の経営戦略はBSC（バランススコアカード）というフレームワークで全社員に共有されているため、シートの冒頭に「BSCのこの項目と連動しています」と書くだけで、スムーズに社内の認識が揃います。

シートの内容をダッシュボードで表現するにあたって、BIツール「Tableau」を利用します。ディメンションとファクト（Tableauではメジャーと呼びます）はシート記入時に明確にしたので、後は必要なデータが揃えば簡単に可視化できます。「地域ごとに物件を見る」といったディメンションが定まっていれば、ドリルダウン（地域の粒度を細かくする）やフィルター（この地域に注目する）の活用について、DX推進部から現場チームに提案しやすくなります。

必要なデータが揃っていない場合は、データ整備から始めます（図2）。ファクトテーブルを整備した例としては「管理施設の来場客アンケート」を挙げることができます。アンケート用紙を回収した後、紙のまま管理するのではなく、PCでデータを入力するように運用を見直しました。その結果、施設の集客イベントの費用対効果をBIツールで比較するなど、マーケティング施策の改善に向けてデータを分析できるようになりました。ファクトテーブルの整備は各部門の管轄となります。

ディメンションテーブルの整備は、グループ全体に影響を与えるため、主にDX推進部が担います。代表例としては取引先、組織、社員、商品、科目といったマスターデータになります。弊社DX推進部ではこれらを「経営資源データ」と呼んでいます。現代においてマスターデータは経営資源の1つだからです。

マスターデータの統合は容易ではありません。「顧客データを一元管理しよう」「顧客マスターを作ろう」と検討を始めると、個人（ToC）と法人（ToB）、物件のユーザー（利用者）とオーナー（保有者）など、顧客の属性が異なっていることに気付きます。家族でホテルに宿泊するときはプライベートのメールアドレス、出張でホテルに泊まるときは会社のメールアドレスで登録するでしょう。それぞれのデータを管理して

福岡地所株式会社

よくある質問へのご回答

Q.どのくらい工数がかかりますか？

A.テーマの難易度やデータの複雑性で変わりますが、データ準備・加工に最も時間がかかるケースがほとんどです。
過去の事例では、データ準備だけで半年間ほどかけたチームもありました。
（作業だけでなく、利用システムのベンダーと打ち合わせなど）

ダッシュボード作成自体は最短1時間～半日程度で終わるため、最初のデータ準備が終わればそれ以降は2週間～1か月で
PDCAを回すチームが多かったです。

管理職レベルの社員コミットが高いと、レビューの精度が上がるため、作業工数の短縮化につながります。

図2　データ整備に関する社内案内

		商業施設				ホテル		・・・	ビルマネジメント	オフィス			
		来店客（会員）	来店客（非会員）	テナント	オーナー	宿泊客	オーナー	・・・	・・・	テナント社員	ゲスト来館者	テナント	オーナー
商業施設	来店客（会員）	○		×		△							
	来店客（非会員）		○										
	テナント	×		○									
	オーナー				○								
ホテル	宿泊客	△				○							
	オーナー						○						
・・・	・・・							○					
ビルマネジメント	・・・								○				
オフィス	テナント社員									○			
	ゲスト来館者										○		
	テナント											○	
	オーナー												○

図3　顧客データの統合可否チェック（内容はダミー）

いるシステムも異なります。個人情報保護のために分けて管理しなければいけないケースもあります。

そこで「事業Aの顧客データ」と「事業Bの顧客データ」を統合できるかどうかを図3のマトリックスに書き出しました。データを統合できる組み合わせには「○」を、統合できない組み合わせには「×」を、一部のレコードしか統合できない場合や何らかの工夫が必要になる場合は「△」を記載しています。このマトリックスを「現在はどうなっているか」「既存デー

タで名寄せを行う案」「システム改修案A」「システム改修案B」で比較し、マスターデータ統合後の状態を明らかにします。

このマトリックスを応用すると、縦軸をマスター（ディメンション）ではなく1つ1つのデータ利活用施策に書き換えることができます。「事業Aのデータ」を「事業Bのマーケティング施策」に使える場合は「○」を、使えない場合は「×」を記載します。どのような施策が実現可能で、どの事業にインパクトを出

429

せるかがわかるようになります。

今回は法人（ToB）データのマスター、つまり「取引先マスター」に注目します。福岡地所グループ全体の取引先ごとの売上について、手元のデータを用いてTableauで可視化しようとすると、次のような課題が生じます。

- システムや用途によって、取引先名が、得意先、仕入先、請求先、支払先といったデータに細分化されていました。データを統合する必要があります。
- 取引先IDはシステムごとに個別で採番されており、データはサイロ化していました。また、オフィス賃貸とビルマネジメントでは業務システムも異なります。法人名で一致しないケースがありました。「福岡地所株式会社」が「福岡地所㈱」と省略されている、未記入で「福岡地所」になっているなど、イレギュラーが次から次へと出てきました。法人名を名寄せする必要があります。
- 住所での名寄せもうまくいかないことがありました。請求書の送付先が必ずしも本社とは限りません。その場合、同じ取引相手であっても登録住所は異なることになります。業務特性に応じて住所を保持するか統制範囲を決める必要があります。
- 商業施設に入居しているテナントの中には、契約している法人名ではなく、店舗名が登録されているケースがありました。これでは会社単位で分析できません。事業所単位でIDを管理する必要があります。
- リースで取引した場合、営業先の企業は直接支払うのではなく、リース会社を経由することになります。システムによってはリース会社の入金データしか取得できず、営業活動に活かすことは難しいでしょう。得意先（発注元）と請求先は分けて考える必要があります。
- 企業名の変更や合併、分割が起きると、データ修正や集計対象の引き継ぎが必要となります。

個々の事情や制約を読み解き、「取引先マスター」と呼ぶデータの構造を整理すると、図4のER図（概念モデル）となりました。企業ごとのIDだけではなく事業所ごとにIDを持つ、親会社や関連会社のIDを持つといった特徴があります。このER図を見ると、

図4　取引先マスターのER図の例

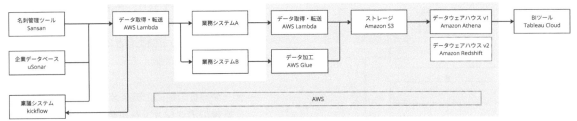

図5　取引先マスターを生成するデータ基盤のシステム構成

　取引先マスターという言葉を安易に使っていましたが、本当に「取引先」単位のデータが必要なのか、それとも企業や事業所を集計単位にすべきかなど、ディメンションの要件がより明確になるでしょう。

　取引先マスターの実現にあたって、業務支援SaaSで個々のデータを入力・生成し、AWS（アマゾンウェブサービス）で横断的にデータを集約・管理する構成としました。一般的にはマスターデータ管理（MDM：Master Data Management）と呼ばれる活動になります。図5の左側がデータの取得元、右側がデータの利活用先となります。

　スクラッチでのITシステム構築を最小限に抑えることで、費用対効果を最大化し、短期間でマスターを整備しました。SaaSはカスタマイズ性に乏しいため、業務要件や分析要件を踏まえて必要な粒度のデータを扱える製品を選定する必要があります。IT部門の腕の見せ所と言えるでしょう。

　取引先データの入力場所には名刺管理ツールのSansanを選びました。SansanはCRM（顧客管理）基盤としての機能が豊富で、企業名の名寄せや属性情報の付与が自動でなされます。企業データベースのuSonarと組み合わせると事業所レベルで名寄せした上でIDを付与することが可能です。任意のプログラムを実行できるAWS Lambdaでこれらのデータを取り込みます。

　取引申請・決裁稟議に用いるワークフローシステムにはkickflowを選定しました。WebAPIやWebhookで他システムとデータを相互に連携できることが決め手の1つです。AWS LambdaでSansanとuSonarのデータを取得し、kickflowのデータベースに書き込みます。決裁稟議を出すときには、いちいち取引相手の情報を調べて記入せずとも、kickflowの検索画面から対象を選ぶだけで、必要な情報がすべて入力されるように自動化しています。Sansanで登録しないとkickflowの検索結果に出てこないため、データ入力を徹底させるねらいもあります。

　Sansan（取引先）、uSonar（事業所）、kickflow（稟議）データをAWS Lambdaで取得した後、複数の業務システムを経由して、ストレージAmazon S3にファイル形式で保存します。一部の経路ではデータ処理ツールAWS Glueによる加工を挟んでいます。S3のデータはデータウェアハウスAthenaに連携し、BIツールTableauはAmazon Athenaに接続して一連のデータを分析・可視化します。本稿執筆時点ではAmazon Athenaから高性能なデータウェアハウスAmazon Redshiftに切り替えを進めているところです。

　システム構築後には、業務手順の切り替えや過去データの移行作業が必要になります。各事業で使っている販売管理システムの取引先情報を、SansanやAWSの取引先データと連動させなくてはなりません。なるべく現場の負担や混乱を抑えるには、既存の業務フローに乗せて、自然な流れでデータを連携できるのが理想です。取引先管理では定期的にリスクチェックがなされており、図6のように台帳データベースを更新する形で、洗い替えを行っています。台帳の更新時に取引先マスターを同期するように統制をかけることで、徐々に取引マスターに統一されていくようになります。

　ルールを決めるだけでは必ずしも現場に浸透するとは限りません。運用を徹底し、データ入力の不備を減らすには、部門長・管理職がデータ入力業務やマスターデータの意義を認識し、厳しく目を光らせなければいけません。そこで管理職向けにデータマネジメント研修を実施しました。ヒト・モノ・カネと並び、情報（データ）は経営資源です。人材や予算を同じよう

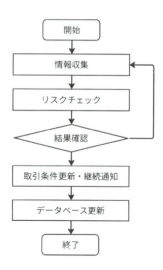

図6　取引先管理の台帳更新フロー

に、マスターデータを正しく維持・運用することが重要です。

　研修で多くの管理職に伝わりやすかったのがExcelデータの管理方法です。「セルを結合しない」等のノウハウを展開しました。来場客アンケートのようにデータをExcelで管理するケースは多々あります。Tableauで他のデータと組み合わせるには、物件マスターや取引先マスターを正しく入力しなくてはいけません。研修参加者からは「もっと前から知りたかった」「データ整備の重要性を理解できた」といった前向きなコメントが出ており、今後も継続的に実施していく予定です。

　本稿では、弊社の事例をもとに以下のようなノウハウを紹介してきました。

- データ分析の前に、ディメンション、ファクト、分析後のアクションを決めて、シートに明記する。
- 必要なデータが揃っていなければ整備する。ディメンション（マスター）は会社横断で、ファクトは各部署が担当する。
- 「○○マスターがほしい」を深く掘り下げていくには、影響範囲や粒度を整理しながらER図に落とし込む。
- データ入力箇所では業務支援SaaSを導入し、それらのデータをクラウドデータウェアハウスに統合する。
- データ入力を徹底できるように、既存の業務フローに組み込み、管理職向けの研修を実施する。

　このような取り組みを通して、組織全体でデータ活用に対する解像度を上げていくことが、意思決定のスピードと確度を継続的に向上させていく方法であると考えています。今後も「福岡をおもしろく」を目指し、DX推進の旗振り役としてデータドリブンな組織づくりに邁進していきます。

住友化学株式会社

寄稿者：デジタル革新部　　　　　　奥野弘尚

> 住友化学は、国内外に多くの工場や研究所を有している総合化学メーカーです。このような大規模組織において、少数のメンバーが１つ１つの作業に打ち込むだけでは、全社的なデータモデリングを実現することは困難です。大手各社が同様の課題に陥るでしょう。
>
> 風音屋は２年以上にわたり住友化学のデータ活用を支援してまいりました。住友化学では、人材育成や解析環境整備といったスケーラブルな土台を作り、「全国の工場からデータを取得する」「データを利用しやすい形に整える」「全国の研究所でデータを活用してもらう」といった積み重ねでデータモデリングを進めています。

住友化学は、2022〜2024年の中期経営計画にて、「Change and Innovation 〜 with the Power of Chemistry 〜」をスローガンに、その基本方針の１つとして、「デジタル革新による生産性の向上と事業強化」を掲げています。特に今中期は、DX（デジタルトランスフォーメーション）戦略として、「既存事業の競争力確保」への注力を掲げており、データドリブン経営による事業競争力の強化を目指しています。私が所属する「デジタル革新部」は、全社的なDX推進を目的に設立された部署であり、データサイエンス活動の中核となる"Center of Excellence"です。

デジタル革新部では、「誰でもMI、データ解析の民主化」をコンセプトに掲げ、MIやPIといったデータ解析技術の全社的な展開・活用による課題解決・価値創出を目指しています。MI（マテリアルズ・インフォマティクス）は、データサイエンスやAI（人工知能／機械学習）によって、新しい材料の開発・探索を効率化する手法を指します。PI（プロセス・インフォマティクス）は、材料を量産できるように製造プロセスを最適化する手法を指します。

この寄稿では、生産（プラント）領域における取り組みを紹介します。プラントは、材料を生産する施設のことであり、一般の方々には「大規模な工場」と表現したほうが伝わるかもしれません。当社では、実験科学、理論科学、シミュレーションに加え、PIを含むデータサイエンス技術の積極的な活用を推進しています。当社がこれまで培ってきた製造技術の知識（ドメイン知識）とデータサイエンスを組み合わせることで、事業活動の基盤強化・労働生産性の飛躍的な向上を目指しています。データサイエンス・AIの活用により、日常業務の効率化、品質安定化、収率改善などを図り、プラントの生産性と安全安定操業の確立を推進しています。収率とは「目的物質を取り出せた量÷理論的に取り出せると仮定した量」のことで、化学分野の代表的な指標の１つです。

当社は、データ解析の民主化を実現するために「①

図1　データ解析の民主化を実現するサイクル

人材育成」「②データ活用基盤整備」「③解析環境整備」「④課題解決」という4つの柱をもとに活動サイクル（図1）を展開してきました。

「①人材育成」では、製造プロセスが抱える課題に対してドメイン・データ解析の両面から解決できる人材を育成しています（図2）。ここでいう「製造プロ

図2　データ人材の育成

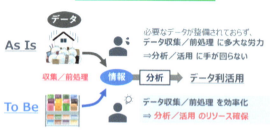

図3　データ利活用を進める上での課題

セス」とは、原材料から製品を生み出すための化学反応や物理的操作を含む一連の手順を指します。これまでプロセスエンジニアとして、製造技術にかかわるドメイン知識を培ってきた人たちに対して、データサイエンス・AIに関する体系的なトレーニングを提供することで、現場で自律的にデータ解析を活用し課題解決ができるスキルを習得してもらっています。教育は、当社独自のプログラムを構築しており、座学パートに加え実践的な演習を取り入れ、実務に即したスキルの習得を目指しています。

「②データ活用基盤整備」と「③解析環境整備」では、主にITインフラの整備に注力しています。従来の環境では、データ利活用を進めようとした場合、「データ収集や前処理に時間を要している」、「解析業務が属人化している」という課題がありました。それらの課題を解決すべく、2つの取り組みを推進しています（図3）。

「②データ活用基盤整備」においては、データ収集・前処理の効率化を推進しています（図4）。時系列のプロセスデータを取り込み、適切な形式に加工・蓄積し、プロセス情報基盤として構築しました。データ解析業務を効率化し、収集・加工に要する工数を90％削減することに成功しました。さらに、データ構造を全社的に標準化することで、担当者による試行錯誤が

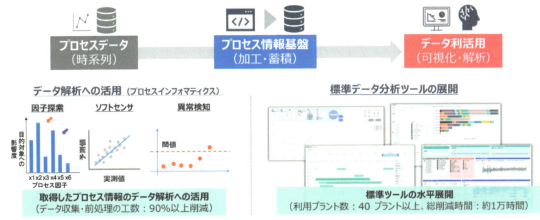

図4　データ活用基盤整備

図5　全社的なデータガバナンス

不要になり、データ分析ツールを40以上のプラントに水平展開できるようになりました。この「データ構造の標準化」が、本書の「データモデリング」に該当する取り組みとなります。データ整備は他の施策にも良い影響を与え、取り組み全体をより加速できるようになりました。

また、全社あるいは領域横断的なデータの標準化を推進するためには、全社的なデータガバナンスに対する取り組みが必要不可欠です。データを資産として管理・運用する文化を育むことで、データを「適切な形で蓄積できる」「適切に共有できる」「すぐに見つかる」「素早く利用できる」状態を実現し、データに基づくリアルタイムで質の高い意思決定によるビジネス成果の創出につなげています（図5）。

「③解析環境整備」においては、ウェブアプリやダッシュボードを構築しています（図6）。前者では、さまざまなデータ解析手法を試せるウェブアプリを社内に提供しています。後者では、プロセスや機械の状態監視が可能なオンラインシステムを開発し、誰もが意思決定に活かせるようになっています。

「④課題解決」では「育成したデータエンジニアによる課題解決」と「コーポレートによる課題解決支援／サポート」の大きく2つの取り組みを進めています（図7）。データエンジニア人材を中心に、PI（プロセス・インフォマティクス）にかかわる250件以上のテーマに着手しており、原単位や品質の改善につながっています。「因子探索」と「異常検知」の事例について紹介します。

「因子探索」では、粉体製品の製造プロセスについて解析し、設備改善を果たした事例があります（図8）。前述のプロセス情報基盤のデータを用いることで、解析に要する工数・リードタイムを大幅に低減しました。また、データ解析結果についてドメイン知識を含めて考察することで、収率低下原因の解明・改善につなげ

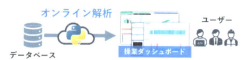

図6　解析環境整備

分類	内容	テーマ例
因子探索	異常原因の探索／運転条件の最適化	・粉体製造プロセスでの収率影響因子の探索 ・電池部材の特性向上に寄与する因子探索
異常検知	機器／工程の監視、異常予兆検知	・ポリマー製造プロセスの異常検知 ・ガスタービン、コンプレッサーの異常検知
性状推定	品質予測（ソフトセンサ）	・抽出・分離工程における不純物濃度の推定 ・晶析槽における結晶粒径の推定
ガイダンス	運転調整に関する意思決定支援	・焼成炉における品質推定および運転支援 ・熱交換器切換タイミングの判断支援

図7　データサイエンスによる課題解決

因子探索：粉体製造プロセスでの収率影響因子の探索

- データ解析結果をドメイン知識で考察し、原因の解明／設備改善による収率改善に繋げた。
- 構築したプロセス情報基盤のデータを用いることで、データ収集・加工に要する工数・リードタイムを低減

図8　因子探索の事例

異常検知：ポリマー製造プロセスの異常検知

- 機械学習で構築した予測モデルにより、押し出し機の状態監視を実現、不調の早期発見を可能とした
- データ収集〜解析〜可視化まで自動化することで、誰もがタイムリーに異常兆候の検知が可能に

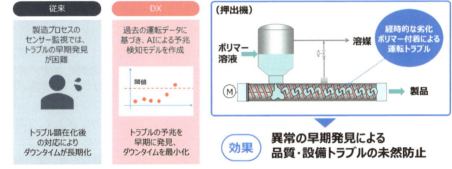

図9　異常検知の事例

ました。

「異常検知」では、プラントの操業ダッシュボードが役立った事例があります（図9）。機械学習で構築した予測モデルを操業システムとして実装し、データ収集〜解析〜可視化まで自動化することで、ポリマー製品の押出機の不調を早期発見し、設備トラブルを未然に防止できました。このようなタイムリーな操業判断が可能になっています。

住友化学では、当社が掲げる「データドリブン経営による事業の競争力強化」を目指して、領域横断的あるいは全社横断的に展開できるスケーラブルな仕組みを整えており、データ管理の方針の策定やデータ構造の標準化を推進しています。今後も、体制・仕組みを整え、「ビジネス価値の高いデータを適切に取得・蓄積する」「データを利用しやすい形に整える」「全社・組織横断的にデータを共有・活用する」といったアクションを繰り返すことで、全社視点でのデータモデリングを進展させていきます。

株式会社風音屋

寄稿者：Analytics事業部 データエンジニア
妹尾拡樹

　ウェブサービスのアクセスログに対してディメンショナルモデリングを適用する場合、どのようなテーブル設計にするのが良いでしょうか。本書の翻訳メンバーでディスカッションを行いました。

　この寄稿を通して「データ分析者にとっての使いやすさ（ユーザービリティ）を意識すること」「初期フェーズでの過度なモデリングを避けること」「ユーザーのニーズに応じて段階的に設計を進化させること」「1人の思い込みではなく多様な意見を持つ人たちが集まって設計すること」など、アジャイルな姿勢こそがデータモデリングにおいて重要であることをお伝えします。

　風音屋ではクライアント企業のデータ基盤を開発・運用しており、各案件でディメンショナルモデリングを実践しています。あるウェブサービスで「商品ページにアクセスしたユーザーをリストアップしたい」という相談がよせられました。ディメンショナルモデリングを採用する場合、どのようなテーブル設計にするのが良いでしょうか。本書の翻訳メンバー（風音屋の社員とアドバイザーたち）でディスカッションを行いました（図1）。

　ユーザー行動を扱うデータとしては、ウェブサーバー（例：Nginx）のアクセスログやアクセス解析ツール（例：Googleアナリティクス）のイベントログが存在します。これらのログはクリックや画面遷移のタイミングで生成されます。ログには「13時30分にこのIPアドレスから商品Aのページにアクセスした」といった詳細情報が含まれています。精緻なデータ分析を実現できる反面、データ量や項目の多さから「うまく使いこなせない」と悩むデータ分析者も多いのではないでしょうか。データエンジニアが「使いやすく加工されたテーブル」を用意することで、簡単にデータを活用できるようになります。

　ディスカッションでは2つの設計方針があがりました（図2）。1つは「商品ページへのアクセス」に限定したファクトテーブル（fact_商品閲覧）を作る方針、もう1つは「全ページへのアクセス」を横断して1つのファクトテーブル（fact_サイトアクセス）で管理する方針です。

　「fact_商品閲覧」テーブルは「商品閲覧」を1つのビジネスイベントと捉えます。対象データを商品ページに絞っているため、必要最小限のカラムやレコードだけで済み、「データの使いやすさ」と「パフォーマンス」を両立できます。「商品ページにアクセスしたユーザーをリストアップしたい」という当面のゴールに対して、最短距離の設計をするならば、おそらくこの方針になるでしょう。

　一方で、商品以外のページに関する分析や、複数のページを横断した分析を行う場合、「fact_商品閲覧」テーブルだけでは不十分です。「商品ページから購入ページへ遷移したユーザーのリストがほしい」など、商品ページに閉じない要望が後から挙がるであろうことは容易に想像できます。「fact_商品閲覧」テーブルとは別に、ページごとに新しいファクトテーブルを作らなければならず、修正や管理のコストがかかってしまいます。

　「fact_サイトアクセス」テーブルでは、商品ページや購入ページなど、各ページへのアクセスを汎用的に扱います。一度このテーブルを用意してしまえば、さまざまなデータ分析に活かせます。カラムやレコードは多くなってしまい、パフォーマンス観点では必ずし

図1　翻訳メンバーによるディスカッション

fact_商品閲覧

閲覧日時	ユーザーID	取得元IP	閲覧商品
2024-05-01 13:00:00	001	198.51.100.xxx	商品A
2024-05-01 13:12:00	002	203.0.113.xxx	商品B
2024-05-01 13:18:00	003	192.0.2.xxx	商品C
2024-05-01 13:19:00	003	192.0.2.xxx	商品D

fact_サイトアクセス

閲覧日時	ユーザーID	取得元IP	ページタイプ	詳細情報
2024-05-01 13:00:00	001	198.51.100.xxx	検索	{"検索ワード":"お歳暮"}
2024-05-01 13:12:00	001	198.51.100.xxx	商品	{"商品名":"A","価格":1500}
2024-05-01 13:14:00	001	198.51.100.xxx	購入	{"商品名":"A","価格":1500}
2024-05-01 13:18:00	002	203.0.113.xxx	商品	{"商品名":"B","価格":2700}

図2 ファクトテーブル設計の2つの案

もベストではありませんが、利便性や保守性の高い選択肢です。

ディスカッションでは「fact_サイトアクセス」から始めるのが良いだろうという結論になりました（図3）。データ分析者の要望が変化しても柔軟に対応できるため、アジャイルに価値を創出しやすいからです。保有しているデータの量や種類が想定よりも少なければ、デメリットを無視できるかもしれません。もしデメリットが目立つようであれば、後から「fact_商品閲覧」テーブルに切り出すことも可能です。

ソフトウェア開発の世界には「早すぎる最適化は諸悪の根源」（ドナルド・クヌース）という格言があり

ます。最初から過度に複雑なモデリングをするのは避け、状況に応じて軌道修正できるようにしておくのがスマートな設計だと考えました。

ウェブサイトには異なる種類のページがあります。例えば、商品ページ、購入ページ、コンテンツページ、検索ページがあります。これを「ページタイプ」と呼ぶことにしましょう。アクセスログでは、ページタイプごとに異なる情報が保存されます。商品ID、コンテンツID、検索クエリといった情報です。本稿ではこれらを「ページ属性」と呼びます。システムによっては「ページ属性」をJSON形式などの半構造化データで1つのカラムに格納することがあります。先ほど挙げた図2の「fact_サイトアクセス」テーブルの「詳細情報」カラムではJSON形式の例を掲載しています。

ファクトテーブルを作る際には、JSON / STRUCT型などの半構造化データのままテーブルで管理するべきでしょうか。それともフラット化して別々のカラムで管理するべきでしょうか。「STRUCTやJSON型を使用する」「横長のテーブルを作成する」という2つの設計方針についても、ディスカッションを行いました。

図4は「STRUCTやJSON型を使用する」方針のサンプルです。必要となるページ属性を、すべて1つのカラムにまとめて管理しています。この方針では1つのカラムの中で階層構造を表現できるといった柔

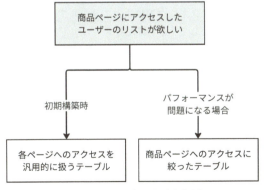

図3 ファクトテーブルの設計方針まとめ

fact_ サイトアクセス

閲覧日時	ユーザー ID	ページタイプ	ページ属性
2024-01-01 10:00:00	001	商品検索	{" 検索クエリ " : " 掃除機 コードレス "}
2024-01-01 10:00:10	001	商品閲覧	{" 商品 ID " : 1234}
2024-01-01 10:05:00	002	コンテンツ閲覧	{" コンテンツ ID " : 5678}

図 4　半構造化データを使用する案

fact_ サイトアクセス

閲覧日時	ユーザー ID	ページタイプ	商品 ID	コンテンツ ID	検索クエリ
2024-01-01 10:00:00	001	商品検索	NULL	NULL	掃除機 コードレス
2024-01-01 10:00:10	001	商品閲覧	1234	NULL	NULL
2024-01-01 10:05:00	002	コンテンツ閲覧	NULL	5678	NULL

図 5　横長のテーブルを作成する案

軟性の観点でメリットがあります。

先に述べたとおりアクセスログは半構造データを含むことが多いため、ファクトテーブルを作る際にデータ加工の手間を省くことができます。アクセスログに新しい項目が頻繁に追加されるようなフェーズでは、ファクトテーブルにも項目が自動反映されたほうが、メンテナンスの労力は少なくて済むでしょう。ただし、最終的にはデータ分析者が半構造化データを処理することになるので注意ください。

この設計方針を採用した場合のデメリットとしては、他ツールとの連携面の弱さが挙げられます。例えば、多くの BI ツールでは JSON 形式のデータをうまく表示できません。BI ツールのデータ加工機能を使って前処理を挟む必要が生じます。ディメンショナルモデリングは、データ分析者が「ファクト」と「ディメンション」を組み合わせるだけで、手軽にデータを分析できることがメリットです。そのメリットを損なってしまっては本末転倒です。

データカタログツールでのメタデータ付与も困難になります。メタデータとは、「取りうる値の範囲」や「個人情報に該当するか」など、データを説明するためのデータです。データカタログは「○○テーブルの XX カラムにはこういう値が含まれている」といった仕様を利用者に案内するツールです。現状、多くのデータカタログツールでは、カラム単位でメタデータ

を付与するため、異なる意味を持つデータを 1 つのカラムに格納した場合、適切にラベリングができなくなってしまいます。

セキュリティ観点のデメリットも無視できません。例えば、商品購入ページに「購入者メールアドレス：xxxxx@example.com」のような項目が含まれているケースを想像してください。個人情報などのセンシティブなデータが含まれていると、データ分析者に閲覧権限を付与できなくなるおそれがあります。「購入者メールアドレス」カラムが独立している場合は、そのカラムだけ無視して、データ分析に必要なカラムに絞って閲覧権限を付与すれば良いでしょう。しかし、複数項目が 1 つのカラムに含まれてしまうと、その区別ができなくなってしまいます。

同様に、マスキング等によってメールアドレスを匿名化しようとしても、「購入者メールアドレス」カラムを一括で「***」に書き換えるのと、JSON の中からメールアドレスに該当する箇所を探して書き換えるのとでは、前者のほうが開発スピード、保守性、安全性など総合的に優れているように思います。

対して、図 5 は「横長のテーブルを作成する」設計方針のサンプルです。ページ属性のカラムをそれぞれ分けています。半構造化データをフラット化して、1 つのデータが 1 つのカラムに含まれるように加工しています。データ分析者がわざわざ加工処理をする必

要がなく、すぐにデータ分析を始めることができるようになっています。

　直感的には「データを探しにくい」というデメリットを挙げられるでしょう。ページタイプやページ属性が増えるとカラムが増えていき、横に長いテーブルになってしまいます。データ利用者がほしいカラムを探すのに苦労してしまうかもしれません。

　テーブル内に「NULL」が多くなってしまうのも気になる点です。ページタイプに対応しないページ属性のカラムにはNULLが入ります。例えば、「商品閲覧」ページのレコードでは「コンテンツID」が含まれていないため、NULLになっています。第3正規形に慣れ親しんでいるソフトウェア開発者やデータベース管理者にとっては不適切な設計に見えることでしょう。

　ディスカッションの結果、「横長のテーブルを作成する」という設計方針を採用するのが良いだろうという結論になりました（図6）。セキュリティ要件に対応しやすい、BIツールやデータカタログと連携できる、データ分析者が前処理・加工せずにデータを利用できるといった点が理由です。データモデリングの目的に立ち戻ると、やはり「データ分析に使えるか」「データ分析に使いやすいか」を重視したいと考えました。

　「STRUCTやJSON型を使用する」方針が有効になるのは、データ整備担当者が少ない、SQLの扱いに慣れたデータ分析者が多い、ログの種類が多く仕様が頻繁に変わる、といった場合でしょうか。例えば、研究部門などの組織には向いているかもしれません。普段はデータ分析者たちが各自の判断で半構造化データを加工・処理しつつ、頻繁に参照する項目が明らかになったら、データ整備担当がファクトテーブルを作成するのが良いでしょう。データ分析者が半構造化データを扱いやすいように、サンプルクエリやユーザー定義関数（UDF：よく行う処理や計算を定義したカスタム関数）を社内ポータルサイトで公開している会社もあります。

　最後に、ページ属性をディメンションテーブルに分割すべきか検討します。これまでの議論を経て、「fact_サイトアクセス」が、横に長いテーブルになってしまったため「ファクトテーブルに要素を詰め込み過ぎではないか」「ディメンションとして分けるべきではないか」といった意見があがりました。

　ディメンショナルモデリングにおいて、「ページ」は本来、What（アクセスする対象物）やWhere（情報の置き場所）にあたる存在だと解釈できます。ページディメンション（dim_ページ）に切り出す設計についても検討する必要があります。また、商品IDやコンテンツIDはページに紐付く情報ではなく、商品ディメンションやコンテンツディメンションに紐付く情報と捉えることもできます。

　ディメンションテーブルへの分割について、「ページディメンション（dim_ページ）に切り出す」「スノーフレークスキーマを用いる」「ファクトテーブルで管理する」という3つの設計方針を比較検討しました。

　ページディメンション（dim_ページ）に切り出す場合（図7）は、「ページを閲覧する」以外にも「ページをSNSでシェアする」「ページを公開・編集する」など複数のビジネスイベントで使用できるテーブルになります。社内でデータ分析が進むほど、専用のディメンションを切り出すことが求められるはずです。

　注意点として、ウェブサービスが大量のページを持っている場合、縦長のディメンションテーブル（モンスターディメンション）になり、クエリのパフォーマンスが悪化します。動的ページをグループ化してレコード数を抑えるなどの工夫が必要です。例えば、「会員1人1人のマイページ」（例：「/mypage/senoo」や「/mypage/hamada」）を人数分のレコードとして持つのではなく、「マイページ機能」（例：「/mypage」）を1つのレコードとして管理することで、テーブルのデータ容量を抑えることができます。

　スノーフレークスキーマを用いる設計方針（図8）では、ページの属性値である「商品ID」を商品ディ

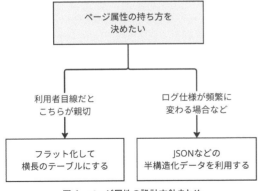

図6　ページ属性の設計方針まとめ

fact_ サイトアクセス

閲覧日時	ユーザー ID	ページ ID
2023-01-01 10:00:00	001	100
2023-01-01 10:00:10	001	101
2023-01-01 10:05:00	002	102

dim_ ページ（ページ ID で紐付ける）

ページ ID	ページタイプ	商品 ID	商品サイズ	商品カラー	コンテンツ ID
100	商品検索	NULL	NULL	NULL	NULL
101	商品閲覧	1234	S	blue	NULL
102	コンテンツ閲覧	NULL	NULL	NULL	5678

図 7　ページタイプやページ属性をディメンションテーブルとする案

fact_ サイトアクセス

閲覧日時	ユーザー ID	ページ ID
2023-01-01 10:00:00	001	100
2023-01-01 10:00:10	001	101
2023-01-01 10:05:00	002	102

dim_ ページ（ページ ID で紐付ける）

ページ ID	ページタイプ	商品 ID
100	商品検索	NULL
101	商品閲覧	1234
102	コンテンツ閲覧	NULL

dim_ 商品（商品 ID で紐付ける）

商品 ID	商品サイズ	商品カラー
1234	S	blue
1423	FREE	green
1608	M	red

図 8　スノーフレークスキーマを用いる案

メンション（dim_ 商品）と紐付けます。5 章で述べられているように、階層を 1 対多の関係として明示的に定義する必要がある場合は、スノーフレークスキーマを前向きに検討できます。商品ディメンションを別のファクトと結合することも可能です。

　一方で、ディスカッションでは以下のデメリットについて懸念する声もあがりました。

- BI ツールがスノーフレークスキーマに対応していない。
- データを利用するたびに、テーブル結合の前処理が必要となる。
- dim_ ページと dim_ 商品が履歴値を持つディメンションの場合、カーディナリティが高くなり、件数が増えてしまう。クエリのパフォーマンスが悪化する。

fact_サイトアクセス

閲覧日時	ユーザーID	ページタイプ	商品ID	コンテンツID	検索クエリ
2024-01-01 10:00:00	001	商品検索	NULL	NULL	掃除機 コードレス
2024-01-01 10:00:10	001	商品閲覧	1234	NULL	NULL
2024-01-01 10:05:00	002	コンテンツ閲覧	NULL	5678	NULL

図9　ページタイプやページ属性をファクトテーブルで管理する案（図5と同一内容）

近年はデータウェアハウス製品の高性能化、ストレージコストの低価格化など、データを冗長に持たせやすくなってきたこともあり、シンプルなスタースキーマで十分な場面は増えているように思います。

ファクトテーブルで管理する設計方針（図9）では、ファクトテーブルにディメンションの属性を持たせます。この設計を採用する場合、ビジネスイベント発生時の属性をファクトテーブルで管理することになるため、属性の履歴値を取得する際、SQLでの取り扱いが簡単になります。一方でディメンションとして再利用できないテーブルになってしまうというデメリットがあります。

ディスカッションの結果、ページタイプやページ属性は「ファクトテーブルで管理する」のが良いだろうという結論になりました（図10）。今回のケースだと、ページディメンションはユーザーのアクセス分析で使用される以外の用途がまだ見えていない（「適合ディメンション」ではない）ため、ディメンションテーブルとしての汎用性は低いだろうと考えました。

データ活用のフェーズが進み、複数のビジネスイベントで使用できる場合は、ページタイプやページ属性を「ディメンションテーブルで管理する」方式に切り替えることも可能です。その上で、ディメンションに対して1対多の関係になる属性を持つケースにおいては、「スノーフレークスキーマを採用する」ことも検討できます。

初期フェーズでは1つのテーブルで柔軟に対応できる構成にしておき、データ分析者（ユーザー）のニーズの変化に応じて段階的に設計を進化させていくことで、アジャイルなデータモデリングが実現できるのではないでしょうか。もともと「fact_サイトアクセス」案はその思想で採用したため、設計ポリシーを一貫する意図でも「ファクトテーブルで管理する」が妥当のように思えます。

今回議論した3つの論点について、検討した選択肢と採用基準の結論についてまとめます。

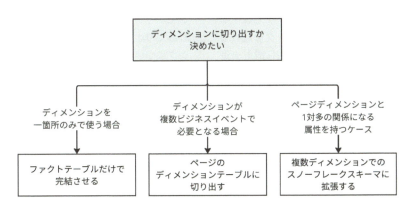

図10　ディメンションの設計方針まとめ

論点①：「商品ページにアクセスしたユーザーのリストがほしい」という要望に対するファクトテーブルはどのように設計すべきか。
1. ページアクセスに関するファクトテーブルが存在しない場合は、全ページへのアクセスを格納するファクトテーブルを用意する。
2. ページアクセスに関するファクトテーブルがすでに存在し、なおかつパフォーマンスが問題になっている場合は、商品ページへのアクセスに絞ったファクトテーブルを用意する。

論点②：ページ属性をどのように管理するか。
1. セキュリティ要件やツール連携面で支障がなく、なおかつデータ分析者が半構造化データを扱える場合は、STRUCT型／JSON型を使用する。
2. 上記以外のケースでは、NULLを許容して横長のテーブルを作成する。

論点③：ページディメンションの作成やスノーフレークスキーマの採用を検討すべきか。
1. 最初はページ属性をファクトテーブルで管理する。
2. データ活用が進み、ページディメンションが複数ビジネスイベントで必要となる場合は、ページディメンションテーブルを切り出す。
3. ページディメンションに対して1対多の関係を持つページ属性が存在する場合は、スノーフレークスキーマに拡張する。

今回のディスカッションを経て「データ分析者にとっての使いやすさ（ユーザービリティ）を意識すること」「初期フェーズでの過度なモデリングを避けること」「ユーザーのニーズに応じて段階的に設計を進化させること」など、アジャイルな姿勢こそがデータモデリングにおいて重要だと実感できました。ホワイトボードでの対話から始めて（from Whiteboard）スタースキーマの構築へと（to Star Schema）一歩ずつ進めていくことを徹底していきたいです[*1]。

ディスカッションから学べることは多く、何よりも純粋に楽しかったです。誰かが「半構造化データのま

図11　アジャイルなデータモデリングの実践

まで管理すればデータを加工しなくて済む」と言ったら、他のメンバーが「データ分析者に負担がよってしまう」と別の視点を提示し、多面的に論点を検討しました。1人で本を読んだだけでは気付けなかったことも多々ありました。

本書でもステークホルダーとのコミュニケーションの重要性が強調されています。データエンジニアの立場だと、「いかに専門的な手法を使いこなすか」という手段にこだわってしまい、「データ分析者に寄り添っているか」という目的を見失いがちです。データエンジニアの思い込みで決めるのではなく、多様な意見を持つ人たちが集まって設計することが必要不可欠だと思います。

本書の翻訳やディスカッションを通してアジャイルなデータモデリングについて学ぶことができました。この学びを実践に活かせるように、風音屋では、データモデリングの議論をするためのSlackチャンネルを作ったり、社内勉強会を開催したりと、データモデリングについてワイワイ話す場所や機会を設けています。

よかったら皆様の組織でも、アジャイルなデータモデリングを実践し、楽しむための工夫をしてみてはいかがでしょうか。周囲の人々がデータモデリング（特にディメンショナルモデリング）を知らないようであれば、ぜひ本書をおすすめしていただければと思います。組織にデータ分析を広めるためのテーブル設計ガイドとして本書をご活用ください。

[*1] 本書の原題のサブタイトルは「from Whiteboard to Star Schema」となります

索引

和字

■あ
アウトリガー..................................200, 215, 218
アグリゲーション.....................................327, 339
アグリゲーションガイドライン 331
アグリゲート...327, 376
アジャイル
　——なデータウェアハウス開発........................20
　——なデータモデリング..................................21
　——の実践者..xvii
アジャイル開発者 xvii
アジャイル手法..xiv
アジャイル宣言の背後にある原則.......................373
アジャイルソフトウェア開発宣言.......................373
アジャイルデータプロファイリング 165, 208
アジャイルモデラー..xvii
頭を悩ます人..xvii
ある時点で起こるファクト 295
アンバランス階層..95

■い
一意な値 168
いつ（When）..47, 260
一般化 141
イベント
　——の一意性..74
　——の詳細..101
　——の発見..42
　——の評価ゲーム...148
　——の評価ルール...148
　——の粒度..69
　——を記録する..45
　——を説明する..46
　些細な——...116, 120
　重要な——...117, 120
イベント階層図..100
イベント数...307
イベントシーケンス.........................121, 130, 132
イベント詳細...379

イベントストーリー.....................................74, 375
イベントタイムライン................................309, 339
イベントテーブル..45
イベントマトリックス...............32, 121, 130, 160, 162
因果ディメンション..341
インクリメンタルなデータモデリング..................21
インデックスの作成...................................325, 339
インメモリルックアップ....................................186

■え
エポック日付キー..266
エンティティ..4

■お
オプションのブリッジテーブル...................353, 371
オフセットカレンダー..269
重み付け係数..244, 345
親履歴...234
オンライントランザクション処理..................2, 3
オンライン分析処理..3

■か
海外出張...285
階層..94, 120
　——の配列..230
階層図...31, 78, 98, 120, 376
階層爆発...226
階層マップ..224, 228, 259
階層履歴...234
概念データモデル..29, 165
外部キー...181, 216, 378
拡張スタースキーマ........................32, 197, 199, 208
加算型ファクト 10
カスタムファクトテーブル...............................321
カーディナリティ...4, 78
カバレッジテーブル..323
可変深度階層.................95, 97, 120, 223, 234, 250
カラスの足...4
カレンダーディメンション ...194, 262, 263, 266, 293, 385

445

索引

監査属性	191, 193
監査ディメンション	369, 371
完全加算型ファクト	197, 315, 339, 379

■き

期間	65, 308
期間カレンダー	268, 293
期間指標	37, 309
記述属性	87
キー定義	180, 378
逆階層マップ	257
キャズムトラップ	333
協調型モデリング	22, 24
協調的なデータモデリング	21
業務システム	3
極端なストーリー	50
記録システム	166

■く

クエリ	6
具体例の略語	153
具体例を用いたモデリング	50
国別カレンダー	281
区分項目	90, 120, 377
グループストーリー	53, 75, 348
グループ変更ルール	113, 120
クロスプロセス分析	12, 121, 331, 339

■け

経験豊富なディメンションモデラー	xvi
結合パス	6
欠損イベントの発見	146
欠損ストーリー	52, 75
欠損値	52, 89, 168
言語カレンダー	291
言語ディメンション	290
現在値	212, 376
──属性	107, 186, 378

■こ

コアファクトテーブル	321
候補キー	181
国際時間	279
国際標準化機構	265
固定値属性	108, 186, 211, 378
異なる種類のファクト	320
コメント	343

子履歴	234

■さ

再帰キー	223, 234, 378
再帰的な階層	95
再帰的な関係	222
再帰的な結合関係	97
最小粒度	74
最初に行う十分な設計	19
最初に行う十分な要件収集	20
サイロ型データマート	122
サブカテゴリー	102
サブセット	91
サロゲートキー	115, 180, 181, 189, 190, 208, 213, 378
参照整合性	185

■し

ジオデモグラフィック情報	217
時間ディメンション	193, 261
時系列データベース	111
時刻キー	278, 293
シータ結合	188
実体テーブル	239
ジャンクディメンション	196, 363
重複なし	366, 377
重要度	130, 148, 177
主キー	81, 180, 378
主節	42, 74
準加算型ファクト	197, 317, 339, 379
詳細の詳細	46, 59, 101
状態カウント	308
使用不可	377
書記	xvii
ショートカット結合	215
ショートコード	80, 375
人事階層	241

■す

数値データ型	377
スター結合インデックス	325
スター結合最適化	11
スタースキーマ	8, 33, 164, 179
ステークホルダー	xvii
ステークホルダーグループ	130
ステップディメンション	366, 371
スノーフレーク	217, 259

446

スノーフレークスキーマ 200
スプリントプランニング 150, 175, 178
スマートキー 87, 88, 184, 265
スワップ可能言語ディメンションパターン 291
スワップ可能ディメンション 125, 219, 259, 376

■ せ
責任主体 43
セマンティックレイヤー 384
前置詞 48
前値 112
前値属性 240, 378
先手を打ったちょうどよい設計 20, 128
前年同期比 269

■ そ
聡明なモデラー xvi
属性 4
測定単位 65, 197, 310, 379

■ た
退化 ID 362
退化ディメンション 79, 119, 194, 362, 371, 379
第 3 正規形 5
代替キー 82, 181
タイムシーケンス 132, 162
タイムライン 31, 37, 311
ダウンサイジング 324, 339
ターゲットデータプロファイリング 23
多国籍カレンダー 281, 282
多値階層マップ 242, 259
多値ディメンション 243, 345, 376, 385
多値ブリッジテーブル 349, 371
多値ブリッジパターン 349
誰が（Who） 57, 210
単一親階層 97

■ ち
チェックマーク 128
注釈付きモデル 208

■ て
定期スナップショット 38, 195, 297, 339, 376
ディメンショナル属性 10, 76, 82, 119, 378
ディメンショナル・データウェアハウス 13, 26, 33
ディメンショナルマトリックス 128
ディメンショナルモデリング .....xiv, 12, 13, 33, 162, 384

ディメンショナルモデル ....xv, 7
ディメンション ....xv, 10, 33, 77, 190
——の折り畳みによるアグリゲート 330
——の削除によるアグリゲート 328
——の時間的特性 106
——の縮小によるアグリゲート 329
——の主語 80
——の評価ルール 150
——の粒度 80
——の履歴 106
——を記録する 79
——を発見する 79
急速に変化する—— 117
雑多な—— 364, 371
非常に大きな—— 184, 211, 214
緩やかに変化する—— 106, 112, 115, 186
ディメンション階層 93
ディメンション外部キー 195
ディメンションテーブル 9, 376
適合指標 126
適合属性 125
適合ディメンション 121, 124, 129, 162
適合日付範囲 274
テキスト 378
テスト駆動設計 166
データウェアハウス ....xiv, 3, 33
データウェアハウス／ビジネスインテリジェンス xiv
データウェアハウス・バス 127
データウェアハウスマトリックス 198, 205, 208
データ型 172, 377
データキューブ 7
データ駆動型分析 14, 33
データストーリー 26, 35
データソース 172, 376, 377
データドメイン 203
データの範囲と長さ 169
データプロファイリング 165, 167
データマート 13, 414
データモデリング xiv
データ例テーブル 26, 31
テーブルコード 375
典型的なストーリー 50, 74

■ と
同音異義語 126
等価結合 188
同義語 126

447

索引

統合データマート 338
動詞 44, 56
時計ディメンション 193, 262, 275, 293, 385
どこで（Where） 59, 260
トップダウンバランシング 252
どのように（How） 68, 340
トランザクション・ファクトテーブル ...38, 195, 295, 339, 375
トランザクション ID 371
トランザクション処理 5
ドリルアクロス 123, 162, 334, 339
ドリルダウン 232
どれくらい（How Many） 64, 294

■ な
なぜ（Why） 66, 340
ナチュラルキー 181, 378
7W ....xv, 11, 26, 33, 39
何を（What） 58, 210

■ ね
年初からの累計 270, 293

■ の
ノートテイカー xvi

■ は
排他的属性 89, 90, 120, 377
排他的ファクト 321
ハイパーリンク機能 232
ハイブリッド SCD 237, 259
波及効果 235
派生数量 66
派生ファクト 310, 379
派生ファクトテーブル 336, 337, 339, 376
パターンユーザー xviii
発展型イベント 37, 55, 72, 133, 303, 307, 375
パーティショニング 326, 339
ハードコード 349
バランス階層 95, 96, 120
バリューシーケンス 132, 162
バリューチェーン 132
範囲帯 364
範囲帯ディメンション 326, 364, 371
半構造化データ 385
反復型イベント 37, 55, 72, 375
反復ストーリー 51, 74

反復的なデータモデリング 22
反復マイルストーン 304, 339

■ ひ
非 NULL 17, 88, 175, 377
非加算型ファクト 197, 211, 316, 339, 379
ビジネス・ステークホルダー 24
ビジネスイベント 34, 74
　　――分析とモデリング xiv
ビジネスキー 79, 81, 82, 112, 119, 180, 181, 292, 378
ビジネスプロセス 121
非正規化 ER 表現 9
日付／時間データ型 377
日付キー 264, 293
日付データ型 377
日付バージョンキー 266, 284
必須属性 120
必須項目 52, 80, 88, 168, 377
ビットマップ・ディメンション 337
必要最小限 123, 162
必要なものを、必要なときに、必要なだけ行う 20
非適合ディメンション 127, 129
日時計 276
ピボットディメンション 337, 359, 371, 376
ピボットディメンションパターン 356
頻度 168

■ ふ
ファクト 315
　　――の鮮度 271
　　――列 379
　　――固有のカレンダー 272
　　短い時間続く―― 295
ファクトテーブル 9, 33, 38, 194, 295, 375
　　――の最適化 324
　　――の粒度 302, 339
　　スライスされた―― 337
　　ピボットされた―― 337
　　マージされた―― 337
ファクトレスファクトテーブル 322
ファクトレスファクトパターン 322
ファントラップ 333
不規則階層 95, 96, 120, 251
複合キー 181
複数親階層 97
複数親へのクエリ 233

不正確	377
物理スキーマ	202
物理データモデル	29, 202
部品展開階層マップ	257
部品表	250, 257
フラットファイル	18
ブリッジテーブル	350
プロアクティブなデータウェアハウスの設計	171
プロセスシーケンス	132, 143, 162
プロダクトバックログ	151
プロトタイピング	204
プロモーション	342

■ へ

変更ストーリー	78, 109, 120
変更データキャプチャ	17

■ ほ

ホットスワップ可能	220
ホットスワップ可能ディメンション	220, 292, 293
ホットレベル	105
ボトムアップバランシング	252
ホワイトボード	101
——を使ったモデルストーミング	62
本の虫	xvii

■ ま

マイルストーンイベント	132
マスターデータ管理システム	167
マテリアライズドビュー	239, 259
マルチパス	334
マルチレベルディメンション	183, 253, 254, 259, 352, 371, 376, 379

■ み

見積もり	130, 176
ミニディメンション	211, 259

■ め

命名規則	202

■ も

文字データ型	377
モデルストーマー	xvi, xvii
モデルストーミング	xv, 134
モデルレビュー	175, 176, 208
モデルを駄目にする警告	141

■ ゆ

有効日付範囲	115

■ り

離散型イベント	36, 57, 72, 158, 194, 375
リファラーディメンション	366
粒度項目	70, 158, 302, 379
粒度ディメンション	158, 302, 339, 379
履歴値	211, 376
——属性	108, 186, 378
リレーショナルモデル	5
リレーションシップ	4

■ る

累積スナップショット	38, 195, 300, 313, 339, 375
ルックアップテーブル	7

■ れ

列コード	377
レポート駆動型分析	14, 33
レポートユーザーストーリー	150

■ ろ

ローカルディメンション	127
ロールアップ・ディメンション	105, 125, 201, 376
ロールプレイング・ディメンション	125, 138, 376
論理データモデル	29, 179, 202

英字

■ A

[AG]（アグリゲート）	327, 376
[AS]（累積スナップショット）	375

■ B

B（Blob, Binary Long Object）	378
BDUF	19
BEAM✽	xv, 26, 31, 33, 74
——記法	375
——シーケンス	40, 130
——テーブル	26, 31
——モデルストーマースプレッドシート	46
——イベント	74
——ショートコード	xvii, 27, 75, 375
——モデラー	74
BI バックログ	16
BigQuery	398, 414, 422

449

索引

BK（ビジネスキー）...82, 378
Blob（Binary Long Object）...378
BOM...250, 257
BRUF...20

C

C（文字データ型）..377
CDC..17
Cn（文字データ型）..377
[CV]（現在値）..376
CV（現在値属性）..107, 378
CVn（現在値属性）..378
CV 属性...107

D

D（日付データ型）...377
DC（区分項目）...90, 377
DCn,n（区分項目）..377
DD（退化ディメンション）..............................79, 194, 379
[DE]（離散型イベント）..........................72, 158, 375
[DF]（派生ファクトテーブル）...............336, 337, 376
DF（派生ファクト）...310, 379
Dn（日付データ型）...377
Domo...398
DT（日付／時間データ型）...377
DTn（日付／時間データ型）...377
DW/BI...xiv

E

[EE]（発展型イベント）...72, 375
ERP システム...14
ER 図..4, 9, 28
ER モデリング..4, 13
ER モデル..5
ER ベースのモデル...xv
ETL 管理属性..190, 192
ETL プロセス...17

F

FA（完全加算型ファクト）...379
FK（外部キー）...378
FV（固定値属性）..378
FV 属性...108

G

GD（粒度ディメンション）.............................70, 158, 379
GDn（粒度ディメンション）..70, 379

H

[HM]（階層図）...376
[HV]（属性値）...376
HV（履歴値属性）..378
HVn（履歴値属性）..378
HV 属性...108

I

ISO...265
ISO 日付キー...265

J

JEDUF...20, 128
JIT...20

L

Looker..292, 384, 404

M

MD（必須項目）...52, 80, 88, 168, 377
MDM システム...167
[ML]（マルチレベル）..254, 376
ML（マルチレベル）...379
[MV]（多値）..243, 376
MV（多値）...349, 379

N

N（数値データ型）...377
NA（非加算型ファクト）...379
NAn（非加算型ファクト）...379
ND（重複なし）...377
NDn（重複なし）...377
ND1（重複なし）...366
NK（ナチュラルキー）..378
NN（非 NULL）...377
Nn,n（数値データ型）..377
NULL 許容..251

O

OLAP...3
OLTP...2, 3

P

[PD]（ピボットディメンション）...............................359, 376
PK（主キー）...378
[PS]（定期スナップショット）..376
PVn（前値属性）...378

450

PV 属性 240

■ R

[RE]（反復型イベント）..................................72，375
RI（参照整合性）..185
RK（再帰キー）... 223，378
[RP]（ロールプレイング）...............................125，138，376
[RU]（ロールアップ）...................................... 125，376

■ S

SA（準加算型ファクト）.......................................379
SAn（準加算型ファクト）......................................379
SCD .... 106，112
　——管理属性 ....115，191，192
　——タイプ 0...112
　——タイプ 1.. 112，187
　——タイプ 2 ....112，115，188，228，385
　——タイプ 3 .... 112，240
[SD]（スワップ可能ディメンション）........................ 125，376
SK（サロゲートキー）..378
SoR 166

■ T

T（テキスト）..378
Tableau......................................409，418，428
TDD...166
[TF]（トランザクション・ファクトテーブル）......................375
Tn（テキスト）...378
TROCCO...406

■ U

UOM...197
[UoM]（測定単位）...379

■ V

VLD .... 184，214

■ W

[W タイプ]（ディメンションのタイプや名前）....................377

■ X

Xn（排他的属性）..90，377

■ Y

YTD.. 270，293

451

NDC007	473p	24cm

アジャイルデータモデリング
　組織にデータ分析を広めるためのテーブル設計ガイド

　　2024 年 12 月 24 日　　第 1 刷発行
　　2025 年 3 月 24 日　　第 4 刷発行

著　者　　ローレンス・コル，ジム・スタグニット
監訳者　　株式会社風音屋
訳　者　　打出紘基・佐々木江亜・土川稔生・濱田大樹・
　　　　　妹尾拡樹・ゆずたそ

発行者　　篠木和久
発行所　　株式会社　講談社　　　　KODANSHA
　　　　　〒112-8001　東京都文京区音羽 2-12-21
　　　　　　　販　売　(03) 5395-5817
　　　　　　　業　務　(03) 5395-3615
編　集　　株式会社　講談社サイエンティフィク
　　　　　代表　堀越俊一
　　　　　〒162-0825　東京都新宿区神楽坂 2-14　ノービィビル
　　　　　　　編　集　(03) 3235-3701
本文データ制作　株式会社トップスタジオ
印刷・製本　株式会社ＫＰＳプロダクツ

　　落丁本・乱丁本は，購入書店名を明記のうえ，講談社業務宛にお送り下さい．
　　送料小社負担にてお取替えします．
　　なお，この本の内容についてのお問い合わせは講談社サイエンティフィク
　　宛にお願いいたします．定価はカバーに表示してあります．
　　© Kazaneya, Inc., 2024
　　本書のコピー，スキャン，デジタル化等の無断複製は著作権法上での例外
　　を除き禁じられています．本書を代行業者等の第三者に依頼してスキャン
　　やデジタル化することはたとえ個人や家庭内の利用でも著作権法違反です．
　　Printed in Japan

ISBN 978-4-06-533078-4

講談社の自然科学書

データサイエンス入門シリーズ

教養としてのデータサイエンス　改訂第2版	北川源四郎・竹村彰通／編	定価1,980円
応用基礎としてのデータサイエンス	北川源四郎・竹村彰通／編	定価2,860円
データサイエンスのための数学	椎名洋・姫野哲人・保科架風／著	定価3,080円
データサイエンスの基礎	濵田悦生／著	定価2,420円
統計モデルと推測	松井秀俊・小泉和之／著	定価2,640円
Pythonで学ぶアルゴリズムとデータ構造	辻真吾／著	定価2,640円
データサイエンスのためのデータベース	吉岡真治・村井哲也／著	定価2,640円
Rで学ぶ統計的データ解析	林賢一／著	定価3,300円
最適化手法入門	寒野善博／著	定価2,860円
スパース回帰分析とパターン認識	梅津佑太・西井龍映・上田勇祐／著	定価2,860円
モンテカルロ統計計算	鎌谷研吾／著	定価2,860円
テキスト・画像・音声データ分析	西川仁・佐藤智和・市川治／著	定価3,080円

実践Data Scienceシリーズ

RとStanではじめる ベイズ統計モデリングによるデータ分析入門	馬場真哉／著	定価3,300円
PythonではじめるKaggleスタートブック	石原祥太郎・村田秀樹／著	定価2,200円
データ分析のためのデータ可視化入門	キーラン・ヒーリー／著　瓜生真也ほか／訳	定価3,520円
ゼロからはじめるデータサイエンス入門	辻真吾・矢吹太朗／著	定価3,520円
Pythonではじめるテキストアナリティクス入門	榊剛史／編著	定価2,860円
Rではじめる地理空間データの統計解析入門	村上大輔／著	定価3,080円
Pythonではじめる時系列分析入門	馬場真哉／著	定価4,180円
Pythonでスラスラわかる　ベイズ推論「超」入門	赤石雅典／著	定価3,080円
Python数値計算プログラミング	幸谷智紀／著	定価2,640円
面倒なことはChatGPTにやらせよう	カレーちゃん・からあげ／著	定価2,750円
ゼロから学ぶGit/GitHub	渡辺宙志／著	定価2,640円
データサイエンスはじめの一歩	佐久間淳・國廣昇／編著	定価2,200円
プログラミング〈新〉作法	荒木雅弘／著	定価2,860円
事例でわかるMLOps	杉山阿聖・太田満久・久井裕貴／編著	定価3,300円
Polarsとpandasで学ぶ　データ処理アイデアレシピ55	冨山吉孝・早川裕樹・齋藤慎一朗／著	定価3,960円

※表示価格には消費税（10%）が加算されています。　　　　　「2024年12月現在」

講談社サイエンティフィク　https://www.kspub.co.jp/